文明破晓时

Religion in Essence
and Manifestation

Gerardus van der Leeuw

[荷] 范德莱乌 著

高师宁 宋立道 曹静 王六二 译

何光沪 校

南京大学出版社

中译本导言 / 何光沪

一

世界各民族的文明史①,迄今都不过数千年——那些被认为是最古老的文明(不论是美索不达米亚文明还是埃及文明),也不例外。

但在文明破晓之前,人类创造文化,则已经有了上万年的历史——考古学家所谓旧石器时代的文化,竟可追溯至 200 万年前。

文化是人类特有的、与万物不同的生活方式;它使人区别于动物——当人把自然状态的石头、树枝等打磨成工具,人就开始创造文化,使人的生活方式同动物、同自然区分开来了。

而文明则是源于特定文化、行于特定地域的政治、经济、社会等方面的体制,包括法律、宗教、道德等方面的惯例的内部相适的总体系;它使一个文化圈区别于另一个文化圈——当周公根据其传承的文化,制定并实行了包含王权继承、人伦宗法、礼乐庙制等各种因素的"周礼"之时,他就开始完善文明体制,使后来被称为"儒教文明"的当时的中国文明,同周边所谓"蛮夷"(现代人当然不该这样称呼周边民族)区分开来;类似地,当穆罕默德及其继承者建立了不仅是"政教合一",而且包括社

---

① 本文所用"文明"概念,是指以农业革命、定居城市和国家出现等为标志的、不同人群在不同时期开始的历史发展阶段,而无"文明"一词同"野蛮"、"粗鄙"、"矇昧"、"不人道"等相对立的现代含义。

会、经济、道德、法律在内的整套体制时，他们就使阿拉伯民族的文明（后来被称为"伊斯兰文明"）同当时邻近的基督教文明、波斯文明和远方的印度教文明、儒教文明等区分开来了。

因为文明产生的条件和标志，如定时农牧、定居城镇、行政管理、文字使用……都需要文化的长期发展（如渔猎变畜牧、采集变农耕，需时漫长）；所以可以说，文明犹如文化之树长时间生长后结下的果实。

事实上，文化的许多组成因素，不但在文明中长期存在，甚至在文明衰亡之后（汤因比在《历史研究》中列举的人类文明，二十余种或绝大多数已因内部腐朽而衰亡）依然继续存在——例如古希腊罗马文化的许多因素，在所谓希腊化的"古典文明"衰亡多年之后，依然继续流传，"游魂"存活至今；所以也可以说，文化犹如文明肌体中内在的灵魂。

在文明破晓之前上万年的人类文化，以及文明破晓之后数千年的人类文化中，最为费解因此也最难研究的组成因素之一，也许就是广义的宗教——从原始部落时代的图腾崇拜、生殖崇拜、祖先崇拜、万物有灵论、自然神灵崇拜等，到文明轴心时代的"儒教"、佛教、道教、基督教、伊斯兰教等，再到现代以及当代多元并存的传统宗教、新兴宗教、民间宗教和形形色色的准宗教、伪宗教……由于宗教在文明破晓前的原始文化中长期占有核心或主导的地位，在文明破晓后不但继续存在、发展演化，而且还对各族各国的文明发展产生着巨大深刻的影响，所以，它们在数千年的文明史中，一直吸引着数不清的学者、哲人、智者、贤人，为之殚精竭虑、思考探索。

但是，正是由于绝大多数的民族成员在绝大多数的历史时期，都是该民族传统宗教的信仰者，历史上绝大多数的宗教研究者，也都是在不同程度上，出于自己宗教的立场，论证自己宗教的神圣性，指斥其他宗教的荒谬性。真正能够跳出自己的信仰，站在理性的立场，力求客观地探究各种宗教的学者，一直是少之又少；真正能够设身处地、推己及人，力求真切地理解其他宗教的学者，则更是凤毛麟角。这种情况同历史上的宗教迫害、宗教战争，不能说毫无关系——因为学术上的排斥或不宽容,同生活中的排斥和不宽容,至少会间接地相互促进。

这种状况,当然是各方面的历史条件影响学术研究必然导致的不幸结果。

二

但是,在 19 世纪后期,这种情况在欧洲的学术界发生了根本性的变化。

15 世纪趋于巅峰的文艺复兴,促进了对古典文献(包括圣经本身)客观实证的学术研究;16 世纪风起云涌的宗教改革,打破了天主教会不容置疑的绝对权威;17 世纪蓬勃兴起的科学革命,确立了"观察实验"的基本方法和"实事求是"的科学精神;18 世纪到 19 世纪早期席卷全欧的启蒙思潮和浪漫主义,在把推崇理性变成了新的时尚的同时,更把人的内在体验(包括各民族的历史体验)变成了关注的焦点。所有这些加在一起,形成了于对待各种不同的宗教(包括自己的和"相异者"或"他人"的宗教)采取新态度有利的思想气候。

19 世纪晚期,在地质学和生物学(尤其是达尔文进化论)等自然科学进一步挑战宗教的权威之后,人类学、考古学、语言学、神话学等人文和社会科学的兴起、发展和惊人的成就,更直接促成越来越多的学者对宗教采取了"科学"的研究态度。如果说从走向五大洲的探险家和传教士发回家乡的报道开始,文化人类学发现的世界各地五花八门千奇百怪的宗教现象资料,为研究宗教的学者们提供了横向比较不同民族的宗教的可能;那么,从法国大学者商博良(J.-F. Champollion)破译古埃及文字、德国考古迷石里曼(H. Schliemann)发掘特洛伊古城开始,古文字学和考古学发现的世界各国云遮雾绕扑朔迷离的原始时代、文明时代的宗教实存的证据,就为研究宗教的学者们提供了纵向比较不同时代的宗教的可能。

但是，正如管理图书馆，若不采用读者熟悉的索引方法进行整理、分类、编目，那么，图书或资料越丰富，越会成为杂乱无章无法利用的废物，图书馆也会变成大仓库或垃圾场。同理，对于浩如烟海可供比较的宗教资料，若不采用一种学界普遍认可的理论或方法来作向导或工具，也是无法进行研究的。

恰好是在 19 世纪后期，这样一种理论应运而生，那就是从生物学界扩展到其他自然科学界，甚至扩展到人文社会科学界的达尔文"进化论"。那时候的欧洲学术界，甚至一般知识界都相信，自然的生物和社会的事物，包括人类的一切现象，都是从低级到高级逐步进化的，进化是宇宙的普遍规律。宗教从低级到高级的进化和发展，也是这种规律的体现（在更早的时代，黑格尔就在哲学上论证过这种观点）。于是，要整理、分类、分析纷繁复杂的宗教现象，进化论自然成了现成的、普遍接受的理论或工具，被学者们广为采用。

终于，在前述其他学科的科学成就基础之上，在上述基本条件具备之后，以"科学地"认识宗教为己任的现代宗教学，就在横向和纵向的"比较研究"蔚成风气、进化理论广为传播的 19 世纪晚期诞生了。

1870 年，专治印欧历史、语言、神话和宗教，深谙比较方法真谛的德裔英国学者缪勒（F. M. Muller，1823—1900）在英国科学院发表了四次系列演讲，提出"一门关于宗教的科学，以不带偏见地、真正科学地比较人类的一切宗教，或至少是比较人类所有的最重要的宗教为基础的宗教学的建立，现在只是一个时间问题了。……因此，对于那些立志从原始文献来研究世界主要宗教的人来说，对于那些珍视并尊重以任何形式表现的宗教的人来说，以真正科学的名义占领这块新领域，就成了他们的责任。"当然，当时各学科学者对宗教的研究硕果累累，远非缪勒一人所为。但是，由于缪勒个人的巨大贡献（包含波斯、印度、中国等国古经在内的五十卷《东方圣书集》之翻译和编辑，仅仅是其众多成果之一）及其崇高声望，提出并论证这门"关于宗教的科学"（Science of

Religion)的这个系列演讲(1873年辑为《宗教学导论》一书出版),被视为现代"科学的宗教学"诞生的标志,自是顺理成章,也是名至实归。

科学的宗教学(百余年后在英语世界通称为Religious Studies)诞生不久,就以令人惊讶的速度发展,巨匠大师辈出,杰作名著如林,并以"比较宗教学"或"宗教史学"的课程名称进入了欧美大学的课堂。这一新学科发展历程中一个引人注目的现象,是它犹如一棵茁壮成长的大树长出繁茂的分枝,产生了许多分支学科;其中花果最为茂盛者,除了虽然古老却不断更新的宗教史学和宗教哲学,更有全新的宗教人类学、宗教心理学、宗教社会学,以及较晚出现的宗教现象学。

如果把对某一宗教或某些教派的历史叙述或研究视为宗教史学,那么它的确属于最古老的学科(如希罗多德的《历史》就包含不少宗教内容),但是作为宗教学分支学科的宗教史学,却从一种新的角度把所有宗教视为具有"家族相似性"的整体来加以研究,并采用进化论的观点把从原始宗教到高级宗教的各种宗教描述成进化或发展中的例证。类似地,如果把哲学家们讨论宗教的著述视为宗教哲学,那么它的存在至少已有两千几百年了。作为现代宗教学分支的宗教哲学同以往不同,多半都有意识地"退出庐山看庐山",走出信仰的立场,采用理性的方法来研究宗教。由于关注世界本原问题的哲学家自然会讨论关注类似问题的宗教,所以历史上的哲学大师们多半也都堪称宗教哲学家。事实上,19世纪后期以来,不同观点不同流派的宗教哲学大师,也依然层出不穷,不胜枚举。

至于全新的宗教学主要分支学科,例如宗教人类学方面的泰勒(Sir E. B. Taylor)、列维-布留尔(Lucien Lévy-Bruhl)和施密特(Wilhelm Schmidt)等,宗教心理学方面的詹姆士(William James)、弗洛伊德(Sigmund Freud)和荣格(Carl Jung)等,宗教社会学方面的斯宾塞(Herbert Spencer)、涂尔干(Émile Durkheim)和韦伯(Max Weber)等,全都是人类学、心理学和社会学诸学科本身的泰斗,早已为我国这几门学科的学者所熟悉,不少人也应早已读过这些大师在宗教研究方面的

著作(几乎全都有中译本)。当然,这里提到的,仅仅是 19 世纪后期到
20 世纪初期的有关学者,由于本书作者只比这一时期稍晚,在此并未
提到 20 世纪后来大部分时间的众多学者及其重要成就(如宗教人类学
方面的马林诺夫斯基、埃文斯-普理查德等,宗教心理学方面的埃里克
森、阿尔波特等,宗教社会学方面的贝格尔、斯达克等)。

这几个分支学科的共同特点,是所谓"实证的"或"经验的"态度:强
调只采用观察或实验(人类学、社会学和心理学各有侧重)的科学方法;
强调摈弃一切先入之见,只对相关事实做客观的经验描述,而不做主观
的价值判断;只关注宗教的"经验的"或形而下的层面,不关注宗教的
"超验的"或形而上的层面。以宗教社会学为例,它会关注宗教同性别、
家庭、职业、阶层的相互关系或相互作用,但对发生作用的宗教信念之
对象或内容的真实与否不做判断,因为那超出了其学科研究的范围和
目的,也是其研究方法力所不及的。所以,这几个重要的分支学科,尽
管各有自身所长,各有巨大贡献,具有不可取代的功能和价值,但也的
确具有不可避免的局限。这种局限的主要后果是,我们既然不能突破
"经验"的藩篱,也就不可能透过宗教的现象而抵达宗教的本质。

三

认识到文明破晓时宗教已经长期存在,文明破晓后宗教对于世界
各民族的文明进程仍然产生着重大的影响,因而几千年来它一直吸引
着无数杰出的学者、哲人和有识之士探索研究;尤其是认识到十九世纪
后期以来,科学的宗教学尽管采取了客观理性的态度和方法对宗教进
行研究,却存在着某种自我设置的重大局限,我们就更能在宏观的层面
上,理解本书的意义了。

1933 年本书德文版的出版,在某种意义上标志着宗教学发展的一

个新阶段，即一个力求直面宗教现象，"直观"而抵达宗教本质的新的分支学科——宗教现象学的正式诞生和持续发展①。

我国读者对于史学、哲学，甚至人类学、心理学、社会学等学科，至少名称都相当熟悉，但是对于"现象学"，大多数人就很陌生，只有熟悉哲学专业的人才有所了解。

现象学是以德国哲学家胡塞尔（Husserl）为代表的一场哲学观念的变革和运动，实际上其影响早已扩大到哲学以外的诸多领域，因为它改变了传统的主体对客体，也可以说是人对世界认知方式的认识，这必然会引起各门学科中愿意思索这类根本问题的学者的关注。至少，现象学关于直面事物本身、打破主客分隔、排除偶然因素、直观事物本质等主张②，对很多学科富有哲学修养的学者产生了重大的影响。

本书作者范德莱乌（Gerardus van der Leeuw, 1890—1950）出生于荷兰海牙，有着一个典型学者的一生，只是考虑到其多方面的才华和可能有更多的成就，其英年早逝实在令人惋惜。他18岁进入莱登大学，师从宗教学名师克里斯滕森和索萨耶，又到德国柏林大学和哥廷根大学学习，26岁取得博士学位。他做过牧师，但除了神学，更显示出哲学、宗教学、伦理学、礼仪学、教会学、艺术学特别是音乐学，以及埃及学等多学科、多领域的惊人才华。他28岁就被聘为格罗宁根大学教授，教授宗教史、教义史、古埃及语言文学、礼仪学、宗教现象学等学科，他倡导伦理神学和礼仪改革，并主持了神学百科全书和许多别的工作。第二次世界大战后，他以多方面的学术成就和巨大声望，成为荷兰王国教育、艺术与科学大臣。1950年，世界各国宗教学者的第一个跨国学术团体——国际宗教史协会（International Association for History of

---

① 本书德文版标题为 *Phenomenologie der Religion*（《宗教现象学》），英文版标题为 *Religion in Essence and Manifestation*（《宗教的本质与现象》）。

② 常听人感叹说，现象学被讲得太晦涩、太难懂。我曾对学生举一例讲这四点，似觉有效：1. 你别听人解释椅子凳子的区别，坐上去，体会一下"什么是椅子"；2. 屁股和背部感到阻力，既是主观感觉又是客观事实，这感觉是"主客融合的"；3. 排除椅子的颜色、材料、外形、重量等非本质的或偶然的因素；4. 你已经"直观"到了椅子的本质：它是能托住屁股又撑住背部的物，这就是它不同于凳子的本质。

Religion)成立,他被选举为第一任主席,但不久之后就与世长辞。

范德莱乌同当时欧洲哲学界和其他学术界的诸多巨擘,都有师生、同事或朋友关系,虽未同胡塞尔直接交往,但在宗教研究方面亦受到现象学的影响,事实上更主要是继承了受黑格尔精神现象学影响的前辈们的思想。他把自己这部资料极其宏富、学识极其渊博、方法极其连贯、体系极其周全的两卷本传世之作,第一次题名为《宗教现象学》,遂使这门学科从此屹立于学术之林,并产生了久远的影响。

当然,这绝不是说范德莱乌一个人创立了这门学科。事实上,有着真正学者的一大标志——真诚谦虚的范德莱乌,在书中再三指出前辈学者,如荷兰的向特比·德·拉·索萨耶、瑞典的索德布洛姆、丹麦的克里斯滕森和德国的奥托①等人的巨大贡献,感谢他们和别的诸多学者对自己的启发和帮助。事实上,这些学者(和后来的瓦赫、北川、伊利亚德、坎特韦尔·史密斯等人)确实一直在努力"理解,更多地理解"世界各民族的宗教——这正是 1900 年在巴黎举行的第一届宗教学国际学术大会(以后每四年举行一次)为宗教学提出的一以贯之的主旨,更是宗教现象学本身,以及范德莱乌这本宗教现象学经典的主旨。

在欧洲两千年来形成的基督教历史传统和社会氛围中,要真正地"理解"世界上其他各民族、历史上其他各时期的宗教,首先就要克服把它们视为"异教"而敌对的传统流行观念,要放弃"欧洲中心论"并且平等地对待各族各国的大小宗教。这对那个时代的欧洲学者来说,仍然是一个严峻的挑战。不过,总体而言,领潮流之先的学术界一般都比社会其他各界更加开放。宗教学界成功地应对了这个挑战,其成果之一显现为 1893 年芝加哥世界博览会期间,由一些教会人士召集、各大宗教都有代表出席的世界宗教大会。这次大会开创了后来宗教之间平等对话、相互理解、和平共处的思潮,堪称一大创举、一大突破。1993 年,

---

① 奥托(Rudolf Otto)的宗教现象学名著 *The Idea of the Holy* 的中译本《论神圣》(成先聪译),作为我主编的"宗教与世界丛书"之一,在世纪之交由四川人民出版社出版。

为纪念这次大会一百周年召集的"世界宗教议会"(组织者故意用"议会"一词来强调与会者的平等地位),更提出以"各宗教之间的和平"来促进"各民族之间的和平",并一致通过了划时代的"走向全球伦理宣言"①。

这个创举和突破能够实现,同当时宗教学术界的客观研究态度造成的思想气候,有着密切的关系。由此看来,学术上的理解和宽容,同生活中的理解和宽容,也可以直接地相互促进。

但是,如前所述,受到现象学影响的宗教现象学,并不局限于以往的"客观性",而是要更进一步,力求理解纷纭万象的宗教。先是如克里斯滕森所代表的进路,力求理解各民族各时代的不同宗教,而后如奥托所代表的进路,力求透过宗教现象直观宗教本质,达到一种哲学的而不是历史的理解。按照范德莱乌的分析,正如心理学的位置是在追求"解释"事实的自然科学同追求"理解"事件的人文学科之间,宗教现象学的位置则是在追求"理解"宗教现象的人文学科(如宗教人类学和宗教社会学)同追求探索终极意义的形上学科(如哲学和神学)之间。前者立足于人类的经验,满足于澄清人在此岸的宗教性,后者却力图走出人类的经验,去寻求彼岸的意义。

作为宗教现象学的系统性奠基之作,本书以对研究对象的类型分析为基础。读者对于五个部分的分类描述,应该不难理解。但是十分独特而需要注意的是,在宗教中,认识者与被认识者即书中所谓主体与客体,是会互换位置而且密切互动的。关于这一点,读过奥托《论神圣》一书的读者,应该较容易理解。

曾任"国际宗教史协会"秘书长的比较宗教学家夏普(E. Sharpe)就此书写道:"对许多学者来说,它长期以来一直是一本光彩夺目的汇编,激动人心的指南。"②此话也许难以"实证",但是,从对宗教进行学术

① 有关评述和文件合为 *Global Ethic* (Kung, Kuschel eds.)一书。中译本《全球伦理》(何光沪译),同样作为"宗教与世界丛书"之一,1997年由四川人民出版社出版。
② 夏普:《比较宗教学史》(吕大吉、何光沪、徐大建译,上海人民出版社,1989),"宗教现象学"章。

x

研究的需要出发,我们的确可以说,范德莱乌这部在学术界历久不衰的经典名著,是任何关注宗教,关注人类文化中这一古老的精神因素,关注人类文明中这一普遍的重要现象,愿意对之加深理解的读者,都不应该忽略的。

2023 年 4 月 2 日
改定于开始本书翻译三十周年之际

德文版作者序

当 1925 年出版《宗教现象学导言》(*Einführung in die Phänomenologie der Religion*)那本小书时,我就感到必须说明,它实际上只是**将来**要完成的一本大书的一个**提纲**。现在已经充实了很多内容,但是,我必须承认,我只是做了一点点(如果有的话)的推进。因为,在许多方面,现在所看到的这本书只是它应然面貌的一个概要。宗教现象学的领域是如此广阔,以至于即便是某一详细的陈述,都必然让我深深地感到,其内容的深不可测,其现象的无边无际,都适合于用一部专著来论述。

在此期间,我相信,对于那些研究领域与宗教历史密切相关的人来说,我已经作了一个理解历史资料的概论;我已经假定读者对这类历史资料具有某些知识。说到现象学本身,应当参考向特比(Chantepie)的书,特别是由伯托勒(Bertholet)和莱曼-哈斯(Lehmann-Haas)编辑的两个集子。在本书的文本中,凡是可能的地方,几乎都参考了这些书,以便说明具体的事例。

我在对宗教现象的陈述中,尽可能从各种不同的角度赋予它们以很大的价值;并且,为了这样的目标,我求助于观点极不相同的作者们,也包括极不相同的民族。在任何时候,如果我觉得某种现象的描述已经被什么人赋予了典型的形式,我就不去改进它,而是直接使用其已有的措辞和方式。我希望这样一种方法,在某种程度上赋予了本书一种为准确理解宗教现象而合作努力的特点。

　　我几乎不需要补充说我极大地受惠于其他许多人。但是，我必须对我的朋友和同事鲁道夫·布尔特曼（Rudolf Bultmann）特别致谢。他不仅仅在最大程度上以自我奉献和尽职尽责的方式处理了一部分清样，而且对内容也表现出极大的兴趣，他的慷慨大度常常出乎我的预料，并且毫无疑问地有助于这本著作。同样，对于出版者，我也应当表示真诚的感谢，他那宽宏大量的态度促进了本书的完成。

　　根据雅斯贝尔斯（Jaspers）的观点，我已经努力避免了任何专断的占主导地位的理论，在这本书中，读者既不会发现进化论，也没有所谓的反进化论，确实也没有任何其他理论。更具体地说，那种要揭示宗教"原始起源"的企图，从一开始就被排除在外了，不管它们是要在原始动力论中寻找宗教的起源，还是要在万物有灵论或者一神论中寻找宗教的起源。我自己的思考大概与种种理论是对立的，因为对历史的现象学理解，应当从"现象之后"（Epilegomena）出发才会清楚。

　　我十分明白，这本书目前的形态存在很多缺陷，与我从其他著作中所学习的内容相比，它过于关注我自己研究中所熟悉的宗教史的那些方面。尽管如此，我相信，我的书将对宗教所包含的无法估量的文化财富和对人类信仰呼召的理解，作出某些贡献。

1933 年于格罗宁根

英文版作者按语

现在所呈现的这本书是德文版的全译本，然而，对于德文版我没有发现还可以做任何修订。从德文版出版到现在的这段时间里，许多杰出的研究者都进行了最重要的和最有价值的研究，其中，我应提及的有马丁·布伯先生（Herr Martin Buber）、布朗尼斯拉夫·马林诺夫斯基（Bronislaw Malinowski）教授和 R. R. 马雷特（R. R. Marett）博士。非常遗憾，至今我尚未能够对他们的重要结论给予他们应该得到的那种仔细的研究。

关于本书主题的方法论和历史学方面的讨论，放在了"后论"（Epi-legomena）那几章。

G. 范德莱乌

英文版译者按语

翻译一本在我看来其范围的广阔和显著的创造性值得与威廉·詹姆士(William James)《宗教经验之种种》(*Varieties of Religious Experience*)相比拟的著作,我的责任是巨大而多样的。首先是对作者的责任,他在整个工作中表现出极大的关注,从而对自己的观点作出了负责任的陈述;就这一方面来说,不待多言,自詹姆士的经典著作首次发表以来,在关于事实的知识以及对事实解释的同样重要的变更方面,已经有了许多十分重要的增进。我也同样要感谢 W. H. 约翰斯顿(W. H. Johnston)先生和诺曼·韦尔斯(Norman Wells)先生,他们给予了我非常有价值的帮助;感谢我的朋友 T. 霍姆(T. Holme)牧师和 H. 古德诺夫(H. Goodenough)先生,他们让我随便利用利物浦教区图书馆的资料;感谢伦敦威廉斯博士图书馆,他们所提供的书籍对我帮助极大。借此机会,我要感谢所有有关的人;感谢所有允许我引用其著作的作者和出版社;我要一如既往地感谢乔治·阿伦和昂温(George Allen and Unwin, Ltd.)有限公司的先生们,在付梓之前,他们对本书所有技术性方面的问题提出了内行的意见;我还要感谢我的妻子,她承担了校对清样和其他重要工作。当然,我个人应该对所有因疏忽而造成的问题承担全部责任。

我还要感谢哈利·斯图尔特·特拉斯特(Halley Stewart Trust)爵士对翻译费用的极其慷慨的支持。

按照通行的方式,对所增加的少量译者注释,采用方括号形式标出。

J. E. 特纳

征引文献

GENERAL LITERATURE CITED

Bibliography

C. CLEMEN, *Religionsgeschichtliche Bibliographie*, 1914—1923.

K. D. SCHMIDT, *Bibliographisches Beiblatt der Theologischen Literaturzeitung*, from 1922.

O. WEINREICH, *Berichte über Allg. Religionswiss. in AR.*, from 1926.

Encyclopaedias and Lexicons

ERE. (*Encyclopaedia of Religion and Ethics*), 1908 *ff*.

H. TH. OBBINK, *Godsdienstwetenschap*, 1920.

RGG. (*Die Religion in Geschichte und Gegenwart²*), 1927—1932.

Sources

A. BERTHOLET, *Religionsgeschichtliches Lesebuch²*, 1926 *ff*.

C. CLEMEN, *Fontes historiae religionum*, from 1920.

H. HAAS, *Bilderatlas zur Religionsgeschichte*, from 1924.

E. LEHMANN and H. HAAS, *Textbuch zur Religionsgeschichte²*, 1922.

W. OTTO, *Religiöse Stimmen der Völker*.

R. PETTAZONI, *Mite e Leggende*, from 1948.

Quellen der Religionsgeschichte, published by Gesellschaft der Wiss., Göttingen.

General History of Religion

A. BERTHOLET and E. LEHMANN, *Lehrbuch der Religionsgeschichte*, 1925 (4th Edition, P. D. Chantepie de la Saussaye, *Lehrbuch der Religionsgeschichte*, cf. *infra.*).

A. C. BOUQUET, *Comparative Religion*, *A Short Outline* (Pelican Books), 1950.

C. CLEMEN, *etc. Religions of the World*, 1931.

J. G. FRAZER, *The Golden Bough³*, 1911—1915 (Abridged Edition, 1923; revised ed. by Th. Gaster, 1959).

M. GORCE and R. MORTIER, *Histoire Générale des Religions*, 1944 *ff*.

R. E. HUME, *The World's Living Religions*, *An Historical Sketch*, 1944.

Illustreret Religionshistorie, edited by J. Pedersen, 1948.

A. JEREMIAS, *Allgemeine Religionsgeschichte*[3], 1923.

G. VAN DER LEEUW, *etc.*, *De Godsdiensten der Wereld*, 1948.

MANA, *Introduction à L'histoire des Religions*, since 1944.

G. MENSCHING, *Allgemeine Religionsgeschichte*, 1949.

F. G. MOORE, *History of Religions* I[2], 1920, II, 1919.

S. REINACH, *Orpheus*, 1909. Eng. Trans. 1931.

TIELE-SÖDERBLOM, *Kompendium der Religionsgeschichte*[6], 1931.

Introductions to the History and Phenomenology of Religion

TH. ACHELIS, *Abriss der vergleichenden Religionswissenschaft*, 1904.

TOR ANDRAE, *Die Letzten Dinge*, 1940.

K. L. BELLON, *Inleiding Tot De Natuurlijke Godsdienstwetenschap*, 1948.

K. BETH, *Einführung in die vergleichende Religionsgeschichte*, 1920.

C. J. BLEEKER, *Inleiding Tot Een Phaenomenologie Van Den Godsdienst*, 1934; also, *Grondlijnen Eener Phaenomenologie Van Den Godsdienst*, 1943.

P. D. CHANTEPIE DE LA SAUSSAYE, *Lehrbuch der Religionsgeschichte*[1] I, 1887.

R. DUSSAUD, *Introduction à l'Histoire des Religions*, 1914.

MIRCEA ELIADE, *Traité d'Histoire des Religions*, 1949, Engl, tr., *Patterns In Comparative Religions*, 1958.

H. FRICK, *Vergleichende Religionswissenschaft*, 1928.

J. W. HAUER, *Die Religionen*, I, 1923.

E. O. JAMES, *Comparative Religion*, *An Introductory and Historical Study*, 1938.

F. B. JEVONS, *An Introduction to the History of Religions*, 1896.

G. VAN DER LEEUW, *Einführung in die Phänomenologie der Religion*, 1925.

E. LEHMANN, in: CHANT. I, 1925.

G. MENSCHING, *Vergleichende Religionswissenschaft*, 1949.

H. TH. OBBINK, *De Godsdienst in zyn verschyningsvormen*, 1933.

A. SETH PRINGLE-PATTISON, *Studies in the Philosophy of Religion*, 1930.

N. SOEDERBLOM, *The Living God*, *Basal Forms of Personal Religion*, 1933.

C. P. TIELE, *Elements of the Science of Religion*, 1897.

G. WIDENGREN, *Religionens Värld*, *Religionsfenomenologiska Studier och Oversikter*, 1945.

W. WUNDT, *Völkerpsychologie* IV—VI[2~3], 1914—1920.

Journals

L'Année Sociologique, from 1898.

Anthropos, Edited by W. Schmidt, from 1906.

AR. (*Archiv für Religionswissenschaft*), from 1898.

RHR. (*Revue de l'Histoire des Religions*), from 1880.

SM. (*Studi e Materiali di Storia delle Religioni*), from 1925.

Zalmoxis, *Revue des Études Religieuses*, edited by M. Eliade, since 1938.

Zeitschrift für Religionspsychologie, Edited by K. Beth, from 1926.

More specific Bibliographies are appended to the relevant chapters, together with special Articles, especially in *RGG*.

目录

第一部　宗教的客体

第二部　宗教的主体

A 神圣的人

第三部　相互作用中的客体与主体

B 内在的活动

第四部　世　界

第五部　形　式

后　论

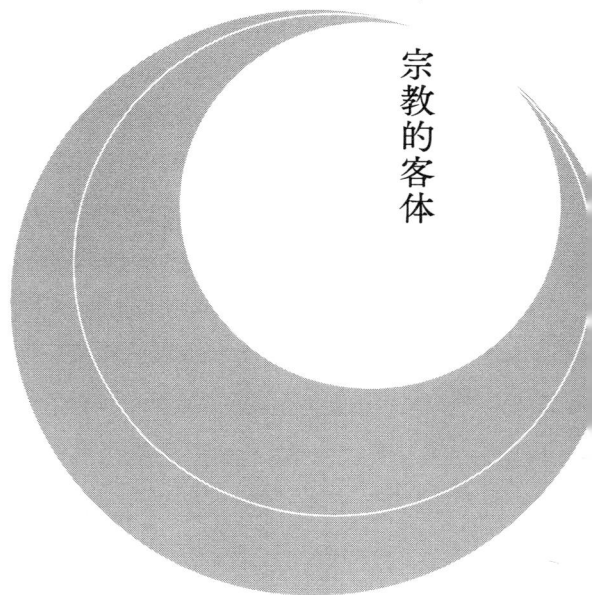

第一部

宗教的客体

第 1 章 / 力量

1. 与宗教有关的那些学科认为是宗教**客体**的东西,对于宗教本身来说,是在宗教情景中,或者是在**主体**一词意义上的主动的和原初的行动者。换言之,宗教信仰者这样认为,他的宗教把这一客体看作原初的、起始的或者是作为原因的;仅仅是对于于反思性的思考,它才成为被思量的经验的客体。因此,对宗教而言,上帝在与人的关系中是主动的行动者,而那些学科只能关注在人与上帝关系中的人的活动,至于上帝自身的行动,他们不能给出任何说明。

2. 但是,当我们说**上帝**是宗教经验的客体时,我们必须意识到,"上帝"常常是一个极不确定的概念,与我们通常对它的理解不完全相同。换言之,宗教经验涉及的是"某种东西"。但是,这个说法常常不过是指,这个"某种东西"仅仅是一个含糊不清的"某物";为了使人能够对这个"某种东西"作出更有意义的说明,它必须强加于人,必须使自己作为**相异的**事物与人对立。因此,我们对宗教客体所能作出的第一个断言是,它是一个**非常例外的、令人印象极为深刻的"相异者"**。此外,从主观上说,人的最初心理状态是惊异,正如索德布洛姆(Söderblom)所说,不仅对于哲学,同样对于宗教都是如此。然而,还必须进一步注意到,我们无法关注超自然者或者超验者:我们只能在纯粹比喻的意义上谈论"上帝";但是,有一种经验产生并持续着,这种经验与闯入的"相异者"联系或者结合在一起。就此而言,理论,哪怕是最低程度的概括,都依然十分遥远;人们仍旧满足于那种纯粹的实践性认知,即:这一客体是对所有日常和熟悉的东西的一种背离;这也是它所产生的**力量**的结果。因此，最原始的信念完全是经验的；所以，对于原始宗教经验，甚至古代的大部分宗教经验，我们必须在这个方面使我们自己习惯于用"相异者"——某种陌生的和极不寻常的事物——这个简单的概念来解释上帝概念中的超自然因素，同时，用一种不确定的和一般的对遥远的感觉，去解释我们自己所熟知的绝对依赖（absolute dependence）意识。

3. 在一封由传教士 R. H. 科德林顿（R. H. Codrington）所写，并由马克斯·缪勒（Max Müller）于 1887 年出版的信中，玛纳①的观念作为"美拉尼西亚人对无限者的称呼"，被第一次并自然地以那个时代的方式提到，当然，这个描述归功于缪勒②；而科德林顿本人则在他的信和他自己 1891 年的书中对此给出了一个更具特色的定义："它是一种力量或者支配力，不是物质的，并且采取一种超自然的方式；但是，它以物质强力，或者以一个人所具有的任何类型的力量或卓越来显示自己。玛纳不固定在任何东西之中，而且几乎能在任何东西中传递；但是，各种精灵……拥有它并能够传递它……事实上，美拉尼西亚人的宗教的全部，就是由为自己获得玛纳，或者为自己的好处利用它而构成的。"③一般而言，这一描述完全证明了其自身的正确性。在南太平洋诸岛上，玛纳通常意味着一种力量；但是，那些岛民们在使用这个词时包含了它的派生词和复合词，诸如各种各样的名词、形容词和动词概念，比如支配力、力气、名望、威严、智力、权力、神性、能力、超凡之力，只要是成功的、强壮的、丰硕的，让人敬畏的、有能力的、值得敬拜的和能够预言的，统统包括在内。然而，非常明显的是，在这里，并不意指我们所理解的超自然者；勒曼（Lehmann）甚至责备科德林顿竟然指涉到超自然者，提议保留"成功的，有能力的"这种简单的意义。现在，玛纳实际上具有这样的意义：例如，一个战士的玛纳就是通过战斗中的不断成功来证实的，而屡遭失败则表示玛纳已经离弃了他。但是，对勒曼而言，他在"超

---

① Mana，南太平洋岛屿神话中的物、地、人所体现的超自然力量，魔力，神力。——译者

② *The Origin and Growth of Religion*，53.

③ *The Melanesians*，118，Note 1.

常者"和"令人惊异者"与"有力者"和"强大者"的原始观念之间,建立了一种虚假的对立。最早时代思维的一个明显特点就是,不把巫术以及所有同超自然者毗连的东西,与有力量者严格区别开来;[①]事实上,对于原始思维来说,所有显著的"效力"本身就是巫术的,而"巫术"本身就是强有力的;科德林顿自己的"采取一种超自然的方式"一语,似乎已经表达了这种准确的含义。在此,我们必须确确实实地把这些观念与我们自己所认为是超自然的东西清楚地区别开来。力量是在经验中被证实(或验证)的:在任何情况下,当任何东西显示出非同寻常或者伟大,有效或者成功时,人们就会谈起玛纳。同时,在这里完全没有理论方面的旨趣。在人们通常所期待的意义上说的"自然的"东西,绝对不能激发起对玛纳的认识;霍卡特(Hocart)岛上的一位居民宣称,"当某个事物显著有效时,它就是玛纳;如果无效,它就不是玛纳。"一个敏捷入海的动作与一位部落酋长的行为一样,可以明白无误地证实玛纳。玛纳既指好运也指能力;在世俗与神圣活动之间不存在任何对立;每一个非同寻常的行动都能产生这种对力量的体验,对力量的这种信念完全是务实的:"因此,巫力与一般能力的观念,最初极有可能是完全相同的。"[②]力量可以用于巫术,而巫术的特点则属于任何非同寻常的活动;然而,如果把一般能力当作巫力,把活力论当作巫术的理论,则是极为错误的。巫术当然要通过力量来表现;但是,利用力量本身不是巫术活动,尽管原始人的每一种非同寻常的活动都具有巫术的味道。[③]大地的创造是神圣玛纳的作用,但是,所有能力也都是如此:首领的力量,地区的福祉,都依赖于玛纳。与之类似,毛坑桁条有自己特定的样式,大概是因为排泄物像身体的各个部分一样,作为力量的容器起作用。从

---

①　参见 Rudolf Otto, *Das Gefüehl des Überweltlichen*, 1932, 55: "被当成'力量'来理解的东西,也被当成令人战栗的东西来理解,它使其对象变成禁忌";参见 E. Arbmann, *Seele und Mana*, AR. 29, 1931, 332。

②　Preuss, *AR*. IX, 1906.

③　"寻求从巫术中获得神秘力量,都是为了转化处境,因为在巫师能够运用和操纵这种力量很久之前,它就被'看作神秘',存在于植物和动物之中,存在于自然过程和客体之中,存在于骷髅的恐怖之中,并且也独立于所有这些东西。"Otto, *Gefühl des Überweltlichen*, 56。

技术意义上谈论巫术是多余的,这一点从下面这句话可以看得很清楚:"外来者终究胜利了,现在毛利人完全臣服于英国人的玛纳".[①] 然而,对于原始思维来说,异己者的权威并不像我们自己所理解的那样,是一种完全理性的力量;科德林顿所说的"采取一种超自然的方式",再一次恰如其分地描述了这种情境。土著人用以解释基督徒仪式的力量[②]的方式,也是很独特的:"如果你到教士那里去,请他祈祷让我死,他答应了,然后做仪式让我去死。我突然死了,人们就会说教士的仪式是玛纳,因为一个年轻人竟然死了。"

进一步说,由于对力量的理解是非系统的,所以,它就不可避免地既不同质,也不齐一。一个人既可能拥有很大的玛纳,也可能拥有有限的玛纳;两个巫师可以用两种类型的玛纳相互攻击。力量不具有任何道德价值。玛纳既存在于毒箭之中,也同样存在于欧洲人治病的药物之中,而一个人拥有易洛魁人(Iroquois)的奥伦达(orenda)[③]时,既能赐福,也能诅咒。这只不过是个力量的问题,可以行善,也可以作恶。

4. 在世界极不相同的区域内,人们都有类似于科德林顿的发现。我们刚刚提到了易洛魁人的奥伦达;"看来,人们把自然的种种活动解释为这一个和那一个奥伦达之间的永不停息的冲突。"[④]另外,苏族印第安人(Sioux Indians)相信瓦堪达(wakanda):有时是一位原创者类型的神[⑤],有时又是一种非人格的力量——在任何非同寻常的事物发生的时候,人们就会要求经验性的证实。太阳和月亮,一匹马(被称为瓦堪达狗!),膜拜工具,具有鲜明特征的地方:这一切都被看作瓦堪(wakan)或瓦堪达,它的意义必须是由极不相同的词语来表达的——有力的、神圣的、古老的、伟大的,等等。在这个事例中,同样也没有产生有关瓦堪达的普遍性的理论问题,人们的思维仍然停留在以经验证

① Lehmann, *Mana*, 24.
② 同上,58(Willis Island)。
③ 参见下文。
④ Hewitt, "Orenda and a Definition of Religion", *Amer. Anthropologist* IV, 1902.
⑤ 参见本书第18章。

实力量的显现方面。

但是，与玛纳和其他一些关于力的观念形成对比，瓦堪达代表一种特殊的类型，因为它能够转化为某种程度上的人格神的概念。北美西北部印第安人的阿尔贡金族（Algonquins）的曼尼图（manitu）也属于这种情况，曼尼图是一种力量，它可以将他们的能力施加在有害或有利的对象之上，并且，赋予欧洲传教士超越当地巫医的优势。只要动物具有了超自然力量，它们就是曼尼图；[1]但是，曼尼图也被用于表示一种人格意义上的精灵，吉特西曼尼图（kitshi manitu）就是大精灵，即创始者。与之类似，婆罗洲的迪雅克人（Dyaks）认识到了佩陀罗（petara）的力量，它既是某种事物也是某个人，在马达加斯加岛，哈西拿的力量（hasina-power）能够赋予国王、异邦人和白人以突出的和超常的能力。

在古代日耳曼人中，力量的观念也占据支配地位。生命的力量，即哈明伽（运气，hamingja），是一种巨大的效能。男人通过祈求于他们的运气与另一些人（古北欧日耳曼语：elita hamingju）战斗，如果他们被打败了，是因为他们所拥有的"运气"太小了。[2] 瑞典的农夫意识到面包、马匹等事物中的"力量"，而在北欧民间传说中，不可以追求一个被洞穴巨人偷走了孩子的妇人，因为"她的力量已经被夺走了"。

最终，力量可以被归于发出力量的某个载体或拥有者。阿拉伯人的巴拉卡（baraka）[3]就是这样一种力量，它被看作从圣人们那里散发出来的，与这些圣人的墓地有着密切联系。人们通过朝圣获得这种力量，为了治愈某种疾病，一个王后就会去寻求一位圣徒的巴拉卡。这种有益的力量也被限定在某些特殊场所，因此，就学习的效果而言，地点是有差别的，在麦加，"当地的巴拉卡有助于人们获得知识"。[4]

---

① 参见阿尔贡金族人的一则动物童话："麋鹿，就是曼尼多（manido），它们能够预先知道猎人要做什么"；它们能够"随时逃生，因为它们是曼尼多"。W. Kricheberg, *Indianermarchenaus Nord-Amerika*, 1924, 69。

② V. Gronbech, *Vor Folkeaet i Oldtiden*, I, 1909, 第 189 页以下。

③ 由词根 brk 衍生而来，意为祝福。

④ O. Rescher, *Studien ueber den Inhalt von 1001 Nacht*, *Islam 9*, 1918, 第 24 页以下。

5. 但是，甚至当力量尚未具有一个明确的名称时，力量的观念也常常构成宗教的基础，这一点我们在后面将不断地看到。在形形色色的原始民族中，以及在古代各民族那里，宇宙中的力量几乎总是一种非人格力量。因此，我们会提到物力论（Dynamism）——从力量的角度对宇宙作出的解释；我更愿意用这个名词而不使用万物有灵论（Animatism）和前万物有灵论（Pre-Animism）；不愿使用万物有灵论的原因在于，"宇宙的灵性"（Universal Animatism）带有太多的理论色彩。原始思维从来不把自然分成有机的和无机的；它关注的从来不是看上去可以自我解释的生命，而是力量，通过纯粹经验的方法在一个又一个的事件中所证实的力量。因此，苏族人中的温尼伯各族向所有非同寻常的对象供奉烟草，因为那是瓦堪。然而，就"前万物有灵论"来说，它则意味着，在与万物有灵论之类观念的对比中，力量的观念在时间上是在先的。[①] 但是，在这里不存在什么较早或较晚发展阶段的问题，而只涉及简单的宗教精神的结构或者构成的问题，因为，这种观念不但在其他和比我们早的文化中占主导地位，而且，甚至在我们的时代也仍然存在并且活跃。

6. 要点重述：我已经论述了力量的观念，在某种经验的形式之内，在人和事物之中，力量为经验所证明，并且，借助力量，这些人和事物有了影响力和效力。这种效能具有不同的类型：它被归于我们认为是崇高的事物，比如创造（Creation），确切地说，是被归之于纯粹的能力或者"运气"。它仍然只是动力，丝毫不具有任何伦理的或"精神"的性质。我们也不能说什么"原始一元论"（primitive Monism），因为这样做就预设了那时还不存在的理论。一方面，只有当力量以某种极不寻常的方式展现出来时，人们才会想到它；人们并不关注其自身，而只关注赋予

---

① Lehmann 批评 Marett（见 *Mana*，83）放弃了他的作为某个阶段的前万物有灵论这个概念，而这个概念不仅在"逻辑上而且在某种意义上从时间顺序上说也先于万物有灵论"（*The Threshold of Religion*，II），因为"只有发生学的研究方法才能解答我们的问题"。但是，这种方法决不可能达到我们的目的，即对现象的理解与现象的精神内容相一致。

日常环境中的事物和人以效力的那种东西。同时,不容置疑的是,力量的观念一旦与其他文化条件相结合,它就会扩展和深化为一种宇宙力量(a Universal Power)的观念。

最后,对于这种力量,人的反应是惊异(Scheu),在极端的情况下是畏惧。马雷特(Marett)用了一个很好的词:"敬畏";这种态度是由被关注的力量所形成的,力量确实不是被看作超自然的,但它却是非同寻常的,属于某种显著地不常见的类型,而被赋予这种效能的事物和人,就具有了他们自身的、被我们称为"神圣"的那种基本性质。

第 2 章 / 关于力量的理论解释

1. 有一位爱沙尼亚农夫,他的邻人越来越富有,而他却仍然处在穷困之中。一天夜里,他遇见了这位邻人的"运气",它正在田里播撒黑麦。农夫随即叫醒了正在一块大石头旁睡觉的他自己的"运气",但是,他的"运气"却拒绝为他播种,因为,它原本不是农夫的"运气",而是商人的运气;于是,这个农夫改做商人,很快也富了起来。[①]

在这则故事中,力量已经成为一种专门或特定的力量,这样一种转变在很早的时候就发生了。那种效果可以很容易被证实的力量,变成了具体事例中的力量——王室权力、某种技艺的能力,等等。在印度,力量的这种转变导致了社会分层,形成了占统治地位的种姓制,每一个种姓拥有一种相应的力量:婆罗门(Brahman)属于贵族,刹帝利(kshatra)属于武士(kshatriyas)。[②] 同样也是以这种方式,一种特殊的巫力有时从其他力量中区别出来,如埃及人的"萨"(sa),它是一种流体,通过涂抹在手上或以其他控制方法传递;[③] 而在印度人的苦行(tapas)[④]观念中,从依靠经验证实且不确定的力,到理论上进行详细描述的效力的演进,也是值得注意的。与之类似,在澳大利亚和其他地方,"被力量充满""温暖"和"热"是一些密切相关的概念。原始思维以

---

① A. von Löwis of Menar, *Finische und Esthnische Volksmaerchen*, 1922, No. 56。同样,在 *Odyssey* 中, Eumaeus 是神圣的,并不"因为他实际上是天狼星和他的猪是普勒阿得斯(Pleiades),而是因为他具有独特的能力,确实部分地属于巫术的能力,这些能力属于 major porcarius, 即猪猡长,或者猪猡市长、猪猡主,如同当时那些优秀官员被称呼的那样"。Otto, *Gefühl*, 第 96 页以下。

② H. Oldenberg, *Die Lehre der Upanishaden*, 1915, 48.

③ G. Maspero, *Études égypt*, 卷 1, 308。

④ tapas 在印度教、耆那教中指通过苦行散发出"热"的一种修行方法,苦行可使人获得一种神秘的力,并得解脱;作 tapasya 时字面意义:heat。——译者

一种近乎现代科学观察的准确性相信，力产生热；在塞兰岛（Ceram），染上天花（力量随之于其中出现）的房子被认为是"暖房"。[1] 同样，tapas 是热，是进行磨炼的特殊能量的热，即它的力量。[2]

但是，效能的这种系统区分还有另一个方面，因为，力量的普遍性问题明显地成为先决的和肯定的条件。一种一直存在着的，但是被实用性定位的原始思维所掩盖的确定的一元论，现在明白无误地进入了视野；那种至此一直被错误地坚持着的关于力量的实际观念，成为相当正确的了，即："这幅有趣的对自然和宇宙统一理解的略图，凭借它的统一性原则，使我们想起了一神论，由于它的现实主义，使我们想起了能动的一元论。"[3]确实，后者比前者更加不容置疑。因为，力量绝不是人格的。无论是在心理学意义上和对人类的直接作用上，还是从另一方面说，作为宇宙的力量上，它都成了一种普遍的能量。在前一种情形中，力量成了灵魂，却是与力量十分相似的超人格的灵魂；在后一种情形中，力量采取了一种神圣原动力的形式，这种神圣动力内在地激活了宇宙。"泛神论者和一元论者都是非常古老传统的继承人；他们在我们当中维持着这样一种观念，这种观念的最初创立者——原始的或者野蛮的民族——都应得到比通常更多的尊敬和同情。"[4]

2. 这样一些对于原始世界来说通常陌生的理论思考，在所谓的中等或部分发达文化的条件下，其影响得到了持续增长。于是，宇宙的变化和进程不再是不同力量——在每一个事件中出现，然后又消失——的偶然和任意的作用，而是一种统一的世界－秩序的各种表现，显示为与规则（事实上是法则）的一致。许多古代民族都熟悉一种世界－过程的观念，不过，这种过程不是被动地跟随，而是自身自发地运动，它绝非仅仅与像我们的自然规律那样的法则抽象一致，恰恰相反，它是一种运

[1]　F. D. E. van Ossenbruggen, *Bydr. Taal-Land-en Volkenk.*, 1915, 70; 1916, 71.
[2]　Olderberg, *Lehre*, 49; 参见 Soederblom, *Das Werden des Gottesglaubens*, 83。
[3]　R. Ganschinietz, *Religion und Geisteskultur*, 卷 8, 1914, 第 316 页以下。
[4]　Saintyves, *La Force Magique*, 46.

行在宇宙之中的活的力量。中国的"道"（Tao），印度的"拉"（Ṛta），伊朗的"阿夏"（Asha），古代埃及人的"玛阿特"（Ma'at），希腊人的"戴克"（Dike），都是一些这样的有秩序的体系。从理论上说，它们确实构成了包罗万象的宇宙演化，但是，它们不过是作为活生生的、非人格的力量，有着类似玛纳的特性。

因此，"道"是宇宙遵循的路径，从狭义上说，是季节有规律的循环运转。共同限定这一循环的"两极"：暖和热（阴和阳），构成了"道"；在这里没有给一个"从外部实施强力"的上帝留出位置（歌德语）。[1] 创造是大自然的一年一次的更新。进一步说，这种有规律的循环是完全公平与公正的；人们应当努力与"道"保持一致。但是，在这样做时，人不必激励自己："道"要求一种平静，确实是一种几近天主教寂静主义[2]者的精神状态。它反对人的善行："大道废，有仁义，智慧出，有大伪。"人们应当正确地遵从于"道"，即："为无为，则无不治。"因而，从这种对原初力量的信念中，产生了一种寂静主义者的神秘主义。它自身是自足的，既不需要神灵，也不需要人："人法地，地法天，天法道，道法自然。"[3]另外，道对万物是"生之，畜之，长之，育之，亭之，毒之，养之，覆之"。但是，它与玛纳完全在经验的事物中的显现不同："道"的基本性质是不可理解的。"无名，天地之始，有名，万物之母。……强为之名曰大。"在这里，古老的玛纳意义又回来了，但是，它的内容现在已经被"置换"了，它不再是经验的，而是思辨性的神秘。[4]

另外，《吠陀》（Vedic）的"拉"（Ṛta）是与道德律同一的宇宙法则，它被认为是伐楼拿（Varuna）和密陀罗（Mitra）这样一些神灵的律法，世界过程只不过是隐藏其后的真实的"拉"的表象："这里指的是神灵：尊

---

[1] 参见本书第 20 章。
[2] Quietism，寂静主义，是天主教神修学派的一种主张，认为人要修德成圣，在于绝对寂静，逃避外务，合一于天主。——译者
[3] 参见本书第 13 章结尾。
[4] 参见 J. J. M. de Groot, *Universismus*, 1918。"置换"（transposed）这个术语指的是一个现象的意义的变化，而同时它的形式又不变。详见本书第 610 页。

敬的'拉'（法则），它隐藏在那个'拉'（宇宙的过程）的后面，永恒不变，在那里，太阳的坐骑是未上挽具的。"因此，它成为最高的上诉法庭，宇宙的根据，宇宙的被隐藏的和激活的力量。如同琐罗亚斯德（Zarathustra）教中的"阿夏"（Asha）一样，"拉"同时是善性、正确的信念、神灵的法则和世界之力量。占支配地位的信仰是对世界根基的信赖，于是，对原始条件的无序经验被一种对秩序的坚定信念取代。

3. 当神灵存在时，他们或者被提升到世界秩序之上，或者臣服于世界—秩序。以色列人和希腊人意识到了神圣能量燃烧着的力量，意识到了奥尔格（orge）恶魔强力的打击——惩罚在此是毫无疑问的；但是，与以色列人相对，希腊人未能把这种恶魔似的力量带入与神灵的关系之中。[1] 他们强烈地意识到了那种对立，即这个世界的各种力量的任性的统治与一种宇宙公正秩序的观念之间的对立：莫伊拉（Moira）或者艾萨（Aisa），最初指神灵们分配给每一个人的命运——命运是 $\delta\iota\acute{o}\theta\epsilon\upsilon$，意为"由宙斯所给予的"——在埃斯库罗斯式的那种沉思的头脑中，成了一种比神更大的力量，如果这样的话，它就一定甚至是与神灵相对的，保证着一种对世界的符合道义的控制。从神灵们——诗人们已经把他们转变为人——那种不可估量的统治那里，人们努力逃避到命运之中，命运作为一种宇宙的根据和领地，神灵们对之只享受着有限的行动自由。

因此，在自然过程的进程中，人们甚至为人的生活发现了一种安全的和至少是公正的（如果不是同情的）基础。对于许多民族而言，甚至对最原始的民族来说，如果他们把太阳运行过程作为自己生活的规则的话，那么，宗教理论仍然没有认识到在这种自然的必然之中的冷酷命运，而仅仅把它视为世界—秩序的一种保证。所以，这种态度不是宿命论的，因为，这一活生生的力量，尽管有那些理论化的解释，却仍永久性

[1] 波斯人成功地做到了这一点，但也只是求助于一种大胆的二元论，并把所有恶魔似的东西都归于邪恶之灵。

地保持着它的中心位置。与法则一致，并不意味着盲目的必然性，而是正在实现一个目标的生命力。如同印度的"拉"一样，它被称为"戴克"；但是，它的途径是自然过程的循环，如赫拉克利特（Heracleitus）所说："太阳不会超出他的尺度"，"如果他超出了，正义的复仇女神厄里倪厄斯（Erinyes）将会与他清算。"[①]类似地，索福克勒斯（Sophocles）也对法则表示虔诚地顺从：

> 愿我的命运一直被引向
> 纯洁的生活，
> 并且避开
> 不敬的言辞和行为，
> 为了一直遵循那些在高天之上注定的法则，
> 他们的诞生地在荣耀飘缈的天上。
> 他们拥有不朽的诞生，
> 在奥林匹斯山上唯有他们的祖先：
> 他们绝不会在冰冷的遗忘中昏睡，
> 他们中的神强壮而不会衰老。[②]

稍后诞生的悲剧作家欧里庇得斯（Euripides），这位怀疑一切的鼓吹者和所有不满现实者的朋友，也借用赫卡柏[③]（Hecuba）之口道出了这种奇异的平静和由衷的祈祷：

> 你是深深的世界之根基，
> 你是高高的世界之上的宝座，
> 无论你是谁，

---

① Diels, *Fr.* 94（Burnet）.
② *Oedipus Rex*，第 863 行以下（Storr）。
③ 希腊神话中特洛伊王 Priam 之妻。——译者

　　　　未知的,无法猜测的,

　　　　或者是事物之链,

　　　　或者是我们的理性之理性,

　　　　上帝,

　　　　我要对你高声赞美,

　　　　凝视那沉默的道路,

　　　　它在行进结束之前带来正义,

　　　　对一切人,

　　　　不管是活着的还是死去的。[①]

　　因此,早期希腊人的思辨,即:力图去发现一种阿克(arche),一种原初统一体或者原始的合为一体之力量的思想,最终产生了一种非人格的、神圣而有活力的宇宙法则,神圣者逐渐取代了诸神灵。于是,斯多亚学派作出了最终的结论:赫玛曼尼(Heimarmene)——那被分配的东西,或者命运——就是逻各斯(Logos),是万有根据它而运行的宇宙的理性;克利安西斯[②]向决定命运者皮普罗曼尼(Pepromene)祷告。但是,甚至这种命运观也并不比悲剧作家和前苏格拉底学派的必然性更抽象。宇宙的本质始终是力量,不过,现在是一种内在的力量,一种世界—灵魂;或更确切地说,是一种存在于宇宙中的"流溢",是"渗透在多种元素实体中的众神的人格和本质"。[③] 对叛教者朱利安(Julian the Apostate)的同时代人来说,神圣之力量与自然之创造的必然性最终是绝对的一:"说上帝转身不理睬罪恶,就像是说太阳向盲人掩藏了自己一样。"[④]

　　4. 迄今我们所呈现的对力量的理论性探讨,具有明显的宇宙论特

---

① 　*The Trojan Women*,第 884 页以下。(Murray)

② 　克利安西斯(Cleanthes,前 331 或 330 -前 232 或 231),希腊斯多亚派哲学家,认为宇宙和上帝是同一的。——译者

③ 　Ciero,*De Deorum Natura*,第二卷,第 71 页。(Rackham)

④ 　Sallustius,*Five Stages of Greek Religion*,260. (Murray)

征,但是,它也可以具有心理学上的意义。因此,在人身上起作用的力量,并没有被视为我们所熟悉的意义上的那种人的灵魂,而是作为一种特殊的力,在一种与它的拥有者的特殊关系中存在着。它是拥有者自己的力量,尽管它是优越于它的拥有者的。

在莫伊拉成为命运的力量之前,它就已经是人的个人命运了,直到今天,它仍然作为米拉(Mira)保留在现代希腊人中。另外,日耳曼人的哈明伽(运气)也不是灵魂,而是控制人并超越人的力量。灵魂绝不是一种原始观念,即使当原始心智开始进行说明时,就一般情况来说,它也没有掌握灵魂这一观念。我们自己谈论我们的心灵特性,可以在任何我们想证明的时候来“证实”这些特性。但是,从另一方面来说,我们所认为纯粹是个人的和属于“灵魂”的东西,对于原始头脑则显现为实际的内在于人但又高于人的东西,在任何情况下都与人有所区别。按照北美红种印第安人(the Red Indian)所自认为的和我们所想象的,他们是非常勇敢的人,但是,如果他们没有所谓战争药(war-medicine),即为战斗的目的而逐渐累积的那种力量,勇敢就毫无用处。力量可以与各种各样物质的或有形的客体紧密相连,正是这种事态导致了“灵魂—质料”的这一名称。① 但是,由于力量是非人格的,所有这些观念都与灵魂不同,而一个人对于力量的拥有既可以大也可以小,既可能丧失它也可以获得它,换言之,力量独立于人又超越于人。

在希腊人和基督徒的世界中,我们发现力量的各种观念借助于普纽玛(pneuma)这个概念,在理论上被转化成了单一力量的观念。斯多亚学派已经把个体灵魂(hegemonikon,它来自心,是掌管整个身体的中心)与世界—灵魂(pneuma,作为力量流溢在所有事物之中)放在了相同的范畴之中;人的普纽玛与宇宙的普纽玛属于同一个类型。于是,原始的力量观念,与同样原始的灵魂—气息的观念,或者更准确地说是与

---

① 参见本书第 39 章。

灵魂的气息—质料的观念[1]，被结合在一个单一的理论中。

在诺斯替主义中，同样对圣保罗而言，普纽玛与普赛克（psyche）和神之力量一起，是人的生命原则，普纽玛从外面进入人体，使人转变成为"有灵的"或"灵性的"人。但是，在圣保罗本人那里，非人格的神圣"流液"的观念发生了一点变化，通过与基督的结合而受到了限制："主就是那灵"。[2] 另一方面，对斐洛（Philo）来说，从上帝发出的普纽玛仍然是非人格的，尽管在他看来，如同在后期斯多亚学派看来那样，普纽玛在与普赛克和肉体对比时，是一种优越于人的力量。

但是，撇开源自柏拉图哲学视精神的和非物质的东西为同一不说，在异教徒的眼中，普纽玛与在基督徒眼中一样，不是我们意义上的纯粹灵性的。它作为灵魂—质料的称谓，总是意味着比一个单纯名称更多的东西。例如，在《新约》中，普纽玛像某种流液一样被传送，如同其他一些心理学上的力量卡里斯（charis）、戴纳米斯（dynamis）和多克萨（doxa）[3]那样。它们从神流向人，通过赐福祈祷的程序，神的卡里斯被分授。我们把卡里斯翻译为上帝的恩典，尽管它并不应被理解为友善的意向或者慈悲，而应当是流溢出来的和被吸收的力量。它能使人行奇迹：司提反被卡里斯和戴纳米斯充满，"满得恩惠能力，在民间行了大奇事和神迹。"[4]卡里斯产生卡里斯玛塔（charismata），即恩典的礼物（Gifts of Grace），但是，这些并非神之慷慨的礼物，如同我们从理性主义来解释的那样，而是神之力量的结果。古代基督教的术语使这些观念传之久远；在圣餐中，基督带着他的力量、他的普纽玛、他的多克萨或戴纳米斯出现。[5] 另外，在圣约翰的福音书中，"荣耀"是人的一种转变，是通过神的力量的注入而产生的。像维特尔（G. P. son Wetter）相当正确地断言的那样："当古典作家提及像宗教的诺斯（gnosis）、卡

34

---

① 参见本书第 39 章。
② 《哥林多后书》3:17。
③ 参见 G. P. son Wetter, *Charis*, 1913。Joh. Schneider, *Doxa*, 1932。
④ 《使徒行传》6:8。
⑤ 参见 G. P. son Wetter, *Altchristliche Liturgien*, *Das Christliche Mysterium*, 1921。

里斯或者多克萨时,谁不感到那些原始音调(力量观念的音调)常常回响在其中呢?"[①]

　　不只是普赛克的(psychic)力量,还有人的行为、思想和原则,也常常表现为一个在很大程度上独立于其承载者的力量仓库。在这里,我所指的是"宝库"(thesaurus)的观念,由于其不断积累的行动的结果,构成了一种效能,这种效能产生了有利于行动者的作用,但是,最终也是有利于他人的。因此,通过基督和圣人们的业绩而积累起来的恩典宝库,是一种活生生的力量,以有利于教会的方式"运作"。当然,在这一点上,力量与历史上的基督之间的联系早已变得虚幻,人们已经忘记了上主是灵,基督的力量施予在信仰者中。

　　在印度,宝库这个概念是绝对非人格的;羯磨(karma)同时是力量、法则和宝库:"无论在天上还是在海中,即使躲在大山的峡谷里,人都逃不脱羯磨的力量"。于是,行动就成为一种非人格的机械作用,这样一来,人的价值被作为一笔有利或有害的羯磨的总和来评估,类似一种金融价值,可以被转移给他人。[②]

35　　5. 后来,在印度,完成了那种一般的齐一化,这是一种力量理论中的最终结论,人与宇宙力量的统一,心理学与宇宙论的同一。自我的本质与一切事物的本质是一体的,是相同的,它们的分离只是暂时的,而且最终不过是误解。原初作为灵魂—气息——最原始的灵魂—质料——的阿特曼(ātman),在《奥义书》(Upanishads)的理论中,成为一种与法则一致的默默发挥作用的、内在的力量:"如果杀人者认为他杀了人,被杀者认为他是被杀了,那么这二者都没有理解:一个没有杀人,而另一个没有被杀。阿特曼在被造物的心里休眠,比细小更细小,比伟大更伟大。一个摆脱了欲望和没有忧虑的人,通过造物主的恩典看到

---

① G. P. son Wetter, *Die "Verherrlichung" im Johannesevangelium*: *Beitr. zur Rel. wiss.* 2, 1914 - 1915, 72 - 73. (*Rel. wiss. Ges.*, Stockholm.) Rudolf Bultmann 博士曾经惠告我,他也相信 δοξασθῆναι 这个概念是由神圣力量的注入而产生的一种转变,它构成了圣约翰(St. John)的术语的基础,但圣约翰自己并没有保留这一观念。
② 参见 H. Oldenberg, *Die Lehre der Upamishaden*,1915,第 113 页以下。

阿特曼的伟大。坐下时,他徘徊在远方;斜靠时,他却在云游天下。除了我,谁能认识这位处于变化入神状态中的神?"[①]在另一方面,本为言之力量的大梵,当它在祭祀的言辞和朗诵者中向婆罗门显示自己时,就变成了宇宙力量的称谓。然而,阿特曼和大梵最终就是一:此即彼,彼即此;懂得 tat tvam asi——"那是汝"的人,知道包罗万象的那个力量就是一。于是,原始的带有强烈经验色彩的力量观念,就发展成为宗教一元论了。

36

---

① *Kathaka Upanishad.*

第 3 章 / 物与力量

1. 我们现代人习惯于将物体视为不过是无生命的客体,我们可以随意处置它们。只有一位诗人能够为物体作出辩护:

> 我愉快地倾听物的歌唱。
> 触摸着它们——它们多么刚强,默不作声!
> 你们毁掉了我所有的物。[1]

在这里,还有一位哲学家也敏感于物的效能,物拥有它们自己的一种生命,尽管"从希腊时代以来,那种力量的丧失已经降临到它们头上"[2];作为与纯粹是体制化的东西的对照而流行的对灵性和内在东西的强调,对人格的崇拜(唯灵主义),最后还有现代的机械论,导致活生生的、"自我激活"的物变成了仅仅是死的材料。

与之相反,对于原始心理来说,物是一种力量的载体;它能影响事物,具有自己的、展现自我的生命,而且那也完全是实用的。例如,在一次重大探险活动中,一个非洲黑人踩在一块石头上,大声喊道:"嗨! 你在这里吗?"然后他把石头带在身边,以给自己带来好运。这块石头似乎是给了他暗示,即它是强有力的。还有,在西非,一个埃维(Ewe)部落的人走进灌木丛中,在那里发现了一块铁;回到家后,他病倒了,祭师解释说,一个特洛(tro,神圣的存在者)在那块铁中显了自己的效能,以

---

① Rilke。[Rainer Maria Rilke,1875—1926,奥地利诗人,生于布拉格,对西方现代文学有巨大影响,著名诗作有《祈祷书》《杜伊诺哀歌》《献给俄尔浦斯的十四行诗》等。——译者]

② 参见 P. Tillich,*Die Ueberwindung des Persoenlichkeitsideals*,*Logos*,XVI,1927。

后应该崇拜那块铁。[1] 因此，每件物都可能成为一种力量的载体，即使它本身并没有证明它的影响力，只要有人说它是强有力的就足够了。里尔克在他那本《上帝的故事》中的一节里，让孩子们所做的，就是让他们自己一致同意顶针应该就是上帝："任何东西都可能是上帝。你只需要说它是就行了。"这就是在所谓的物神崇拜（Fetishism）后面的思想框架。

37

2. 因而，再重复一遍，每个物都可能成为一种力量的载体。与灵魂—质料密切联系的客体具有不容置疑的效能；正是由于这个原因，毛利人如我们所说过的那样认为厕所充满了玛纳：病人为了得到医治而去咬厕所的桁条。[2] 这种对存在于物中的力量的系统看法，我们称之为物神崇拜。科学意义上的这个术语，是由德·布罗塞（de Brosses）于1760 年创造的，最初它被葡萄牙人用来指黑人的信仰和习俗。[3] 但是，它只适用于人自己制造的有效能的物，因而不是指自然客体。不过，它逐渐包容了更多的广泛的含义，有时甚至宽泛到将自然崇拜也包括在其中，以至于这个概念因此成为无形式的。但是，如果确实想用这个词通常使用的意义来说明一种精神性观点的结构，那么，只把它用在我们称之为"物"的那些客体上才是明智的，不过，这里不存在自然的和人工的之区分，因为原始人崇拜他们自己所制造的东西[4]以其是否"有效"为条件，当所制造的东西显示出力量时，它就如同自然所给予的一样。在后一方面，任何使客体区别于周围自然的独特之处都具有本质上的重要性：一根枝条引人注目的弯曲形状，一块圆圆的石头，等等，都成为力量存在的指示物。另外，这一点也是必要的，该客体不能太大，以便于搬走或者随身携带。尽管山和树像物神一样，因为它们的效能而被认为是神圣的，但是，它们仍然不能被称作物神；因为，正是这种人能够

---

[1] J. Spieth, *Die Religion der Eweer in Sued-Togo*，1911，第 110 页以下。

[2] Lehmann, *Mana*, 50.

[3] 葡萄牙语 feitiço 指人工的，人为的（factitius），后来指巫术的。

[4] 此外，在这里，应在最一般的意义上理解"崇拜"一词。A. C. Kruyt 更准确地谈到，为使物神保存力量而"供养"物神，见其著作 *Het Animisme in den Indischen Archipel*，1906，200。

随身携带神圣力量的感觉，才构成了物神崇拜的特征。当非利士人（Philistines）围困以色列人时，以色列人说道："我们不如将耶和华的约柜，从示罗抬到我们这里来，好在我们中间救我们脱离敌人的手。"①

物神的一个绝佳例子是澳大利亚人的楚林伽（churinga），那是一块形状特别的木板，在上面刻有一种图腾象征的轮廓。这个词本身的意思是"私密"，此物对妇女和小孩保密。它作为一种力量的载体，一方面与个人相连，另一方面与个人的图腾相连；②在这里，再次显示了那种高于人类，又充溢在人类之中的力量。楚林伽被极为小心地隐藏在类似庇护所一类的地方。③

较早时期的研究假定，一个物神的效能是一种永久驻留其内的精神，但是，在今天，与之对立的假说更为流行。同时，对于这种物神崇拜的构成来说，表现这种力量的方式可能是次要的。因此，约柜的力量来自雅威神（Yahveh）楚林伽的力量来自一个图腾；而且，物神的有力影响就自然常常只被假设为与任何暗含着的对精神或神灵的态度无关，因而成为纯粹的物力的。实际上，物神崇拜总是物力论的；而且作为一种理想型，它本来就是如此，因为它的本质在于这样一种观念，力量存在于一物之中，又从此物中发出。但是，那力从哪里产生却成了一个问题。

鉴于这些思考，我们就能够理解从物神到偶像的转化。在世界上许多地方，都有一些堆积起来的石堆，每个旅行者都把自己的石块添加在已经被放在那里的石头之上；在南非发现的这种石堆跟古代以色列的一样。在后来的时代中，这些圆锥形石堆被认为是纪念物或坟堆；但是，在原初之时，正是累积起来的石头的效能，是人要为自己得到的东西。在希腊，那些石堆被称为赫耳迈（hermae），是一种神性的起源——"他出自石堆"：赫耳墨斯（Hermes）。但是，在赫耳墨斯从普拉克西特

---

① 《撒母耳记上》4：3。
② 参见本书第 8 章。
③ 参见本书第 57 章。

列斯（Praxiteles）的手中获得令人惊奇的人形之前，不得不以阴茎形象
的石头或石碑（herm）在路边站立了许多年。① 另外，帕拉斯（Pallas，智
慧女神雅典娜）的高贵形象是从带着双雷盾的物神即帕拉迪翁
（palladion）的形象演化而来的。就如同得墨忒耳（Demeter）一样，帕拉
斯的雕像半是石头物神半是女人，就像阿佛洛狄忒（Aphrodite）原本是
一个锥形体那样。事实上，在神灵甚至动物的力量出现之前，物的力量
只是非常缓慢地逐渐消失。在古埃及，物神与力量的动物和人类形式
一起持续存在。在希腊，人们喜爱克索阿那（xoana）——一种粗糙的木
块，胜过菲迪亚斯（Pheidias）的非凡塑像；他的"阿提卡的帕拉斯（Attic
Pallas）和拉瑞安（Rharian）的克勒斯（Ceres，谷物女神），以不加雕刻的
粗糙和不成形的木头形式站立在那里"（德尔图良［Tertullian］语），对
他来说，那比利姆诺斯岛人（Lemnian）的雅典娜（Athene）或克尼迪亚
的（Cnidian）的得墨忒耳更珍贵。与人相对立的形式，实际上指示着一
种比拟人力量更神圣的遥远，同时又有一种更亲密的联系。这种超越
性与内在性之间的极其原始的联系，是物神崇拜的本质特征。这些久
受尊敬，且已发黑，被虔诚的信仰者看作来自上天的木块，是人们心中
的珍爱；在天主教的地区，它们至今仍然如此。因为，既不是在伟大的
艺术作品面前，也不是在能够唤起同情的形式面前，而是在这类"黑色
圣母"面前，人能够最自发和最热烈地祈祷并且去朝圣。② 正是这些东
西在创造神迹；在物神面前，神秘的敬畏与由物所唤起的亲密感和主宰
意识结合在一起。③

甚至在今天，物神崇拜所具有的那种吸引力的强度，从现代体育运
动中对所谓吉祥物的使用上也明显地表现出来：各种玩偶和动物的形
象本身仍然作为有效能的东西展示它们自己，这已经不再是作为人们
信仰的神灵化身来展示，而纯粹是并仅仅是"物"了。例如，1925 年在

39

---

① 参见 M. P. Nilsson，*Griechische Feste*，1906，388。
② 参见 Th. Trede，*Das Heidentum in der römischen Kirche*，II，1890，第 90 页以下。
③ 参见第 65 章。

尼斯(Nice)的传教展览会上，可以看到许多崇拜物品，数不清的参观者想出高价购买这些物品。这种要求自然被拒绝了，而展览会的组织者们却发现，他们不得不小心地保管这些物品，因为人们企图窃取它们。[①]

3. 在有效能的物中，**工具**占据着一个突出位置。确实，对于原始人来说，劳动成果是技术性职业的反题——它是创造性的。原始工匠体验到那种力量，凭借那种力量，他完成其工作，不是依靠他自己；此外，在这里，能力是现代效率远不能表达的某种东西。因此，早期的工匠，特别是铁匠，是在行使着一种力量，他非常明白如何使用这种他并不是其主人的力量。由此，我们可以明白，为什么在非洲和印度尼西亚的许多地区，铁匠的工作被看作神圣的。还有，在卢安果，无论是谁，只要在前一夜有同居行为，就不能去监管工匠，以免他的不洁破坏了工作；因为，从人手中制造出来的任何东西，其成为现实都归功于超越人之上的一种力量。因此，在工具的把手和吹风口上，都不仅仅有手臂和腿脚的力气，而且还有一种特殊的力量也居住在工具本身之中。这就解释了为什么工具总是按照相同的模式来制造，因为最微小的偏离都会使力量受到损害。还有，不仅工具的工作部分是重要的，它们的装饰也很重要。[②] 苏门答腊的托巴巴塔克(Toba-batak)人，向他们的锻炉、铁锤和铁钻以及独木舟、来复枪、家具献祭；西非的埃维人则向他们的长柄刀、斧头、锯子等献祭；尽管吉卜赛人被认为是没有宗教信仰的人，他们也凭着铁钻发誓。

另外，在工具中，具有特殊效能的是武器；的确，许多武器只不过是工具——斧子和铁锤。对克里特岛双面斧的崇拜是广为人知的。最初，手杖也是一种武器，后来变成了王权力量的储藏器。在埃及，不仅是手杖被崇拜，而且表示手杖的词 shm 也成为代表一般"力量"的词，又表示"有效能"，后来更用来表示一种神圣强力，可以与其他像玛纳般

---

① R. Allier, *Le non-civilisé et nous*, 1927, 181.
② Lévy-Bruhl, *How Natives Think*，第 40 页以下；关于铁匠，进一步参看 M. Merker, *Die Masai*, 1910，第 111 页以下。

的力量一起,使死去的国王在来世重新成为一个统治者。① 于是,我们
在这里发现了三个阶段:王杖——王杖的力量——最终成为一般的力
量。当国王图特摩斯(Tuthmosis)三世派他的将军抵抗雅法(Joppa)
时,他授给他以王杖,那很像埃及甚至是私人都有的手杖那样,王杖上
刻有一个特别的名字——"美的装饰"。② 另外,在喀罗尼亚,希腊人用
牺牲祭拜阿伽门农的王杖,③ 而罗马人则把长矛视为神灵马尔斯
(Mars,战神)的物神。无论谁参与战争,都要乞灵于那神圣的长矛:
Mars vigila,即:"马尔斯,醒来吧!"像哈斯塔(hasta)一样,安西勒
(ancile)或者盾牌也被认为是神圣的,人们相信它们是努玛(Numa)时
代从天上降下来的。

4. 最后一个例子,从物的几乎纯粹无知觉的效能中,引向了它作
为一种共同本质之宝库的意义。因为,安西勒的存在保证了最高统治
的存在。同样,帕拉迪翁是特洛伊的力量—客体的宝库,它最初是一块
石头或双面盾,后来成了克索阿农(xoanon),即女神雅典娜的木制形
象。如果失去了它,城市就将毁灭。在古代以色列,约柜起着同样的作
用。福克斯(Fox)族的印第安人也有一种保证部落力量的"圣束",由
一只猫头鹰、一支烟斗、两只海龟、一块燧石和一支笛子组成。④ 南非
的阿曼德布勒族(Amandebele)有他们自己的玛姆查利(mamchali),那
是一只没有开口的装有"神圣"物件的小篮子,一个真正的保障;如果落
到敌方手中,它能够保证自己不会被伤害。⑤ 在苏拉岛的塔利阿波
(Taliabo),有一个神圣的地方,地下埋藏着诸如碟子、贝壳等物,只有
一个人知道这个地点,如果有瘟疫,他就会用一只这样的贝壳,把水带

41

① 参见 W. Spiegelberg,*Der Stabkultus bei den Ägyptern*,*Rec. de Trav.* 25,1903,184;参见 28 期,
  1906,163 页以下。
② Maspero,*Popular Stories of Ancient Egypt*, 第 109 页 以 下。G. Roeder, *Altaegyptische
  Erzaehlungen und Maerchen*,1927,67。
③ Pausanias, IX,40,II。[Pausanias,活动时期 143—176 年,希腊地理学家、旅行家,著有《希腊记
  事》,详细记述古希腊的艺术、建筑、风俗、宗教、社会生活等。——译者]
④ K. Th. Preuss,*Glauben und Mystik im Schatten des hoechsten Wesens*,1926,32.
⑤ H. C. M. Fourie,*Amandebele van Fene Mahlangu*,1921.

给卡姆彭(kampong)或者当地的村庄。印度尼西亚人提供了更多有启
发性的例子,说明了这种对部落或共同体宝库的信仰。望加锡人
(Macassars)和布吉斯人(Bugis)赋予了国家标志以特殊意义:谁拥有
这些标志,国家就由谁掌权,因为,在这些标志中,"似乎集中了那块土
地的统治权"①。在鲁伍(Luwu)的一次骚乱中,荷兰的司令官只要求去
夺取那个国家标志,以此来迅速制服反抗者。这些东西具有不同的种
类:古老的矛,匕首,可兰经,石块,等等——但是,它们通常必须是由部
落祖先传递下来的。甚至在中世纪,神圣罗马帝国的帝国标志也具有
一种类似的聚集效能。它们被认为是神圣的物体,要以列队行进方式
去接近,向人们展示它们的日子被看作盛大节日。因此,对于新选出来
的皇帝,拥有这个标志极为重要:②像罗马的马尔斯的武器一样,它们
是 pignora imperii,即:王国的保障。③

　　不只是部落或王国的力量,家庭的力量同样也与古老的物体联系
在一起。在印度尼西亚,每个家庭都有自己所谓的普萨卡(pusaka),通
常是价值很小的物体,然而,却被认为是神圣的,并且由父亲传给儿子。
古代日耳曼人也将衣服、武器和珠宝视为幸运物,家庭的福祉常常与某
个有这种效能的物体密切相连。同样,勇士之剑的力量——常常使持
剑的人战无不胜,成为传奇、神话和童话故事的永恒主题。

　　5. 护身符与物神有所不同,当然,它们也是力量的容器,只是它们
可以放在衣兜里。神圣物体的各种代表形式,十字形物体、太阳形物体
等,还有意在把力量合成一体的各种结、石头,以及几乎一切可以想象
的东西,都成了随身携带的护身符,以驱邪避凶,带来祝福。这些东西
像物神一样,也可以从某些圣人或者圣地那里获得影响力。但是,对于
这样的东西,我们宁可把它们称作圣物。④

---

① C. Spat, *De Rykssieraden van Loewoe*, *Ned. Indie oud en nieuw*, 3, 1918.
② 参见 L. von Ranke, *Weltgeschichte*, Ⅷ, 第 4 版, 1921, 44。
③ 饰有纹章的盾、横幅和旗帜都属于这一类,它们甚至在今天也没有失去其宗教意义。
④ 参见本书第 30 章。

第4章／效能、敬畏、禁忌

1. 对物或者人的效能的经验可以发生在任何时候，决不限于特殊的季节或者场合。力量总是以某种完全出乎意料的方式显示自己，因此，人生是一个危险的事件，充满了紧要关头。如果一个人因此比较仔细地考察这些关头，甚至是在最普通的事情中，比如与邻居的习惯性交往或者在一个人长期熟悉的工作中，都会证明其中充满了"神秘"的相互联系。我们确实可以认为（例如像马雷特所坚持的那样），对任何事实的解释，不论看起来多么自然，最终总是"神秘"的。但是，如果完全忽略我们自己单一原因的解释框架而以一种普遍的趋势取代之，也就是说，把生活解释为那些不能具体观察却常常通过破坏或者洪水泛滥来显明自己的强大力量的一种普遍趋势，那么，我们也许应当用一种更加原始的方式来表达我们自己。例如，如果西里伯斯岛（Celebes）[1]上的托拉查（Toradja）族中的一个部落准备远征，这时，一只陶罐被打碎了，那么，他们就会因此而留在家里，把这说成是 measa。[2] Measa 可以被翻译为"征兆"：不只是在任何理性意义上作为某种未来不幸的指示，而且生活之流已经被打断了。如果一样东西这时被打碎了，为什么不可能会有更多的东西被打碎呢？同样，当一个埃维部落的人在一座白蚁山上躲过了敌人，他们就会把自己的逃脱归因于居住在那里的力量。[3] 因此，那些力量在其中显明自己的地方、行动和人，都具有了一种具体的特征。例如，玛纳的各种载体都与世界上所有其他东西具有

---

① 印度尼西亚中部苏拉威西岛的旧称。——译者
② A. C. Kruyt, "Measa", *Bydr. Taal-, Land- en Volkenkunde Ned. Indie*, 74—76, 1918—1920.
③ K. Th. Preuss, *Glauben und Mystik in Schatten des höchsten Westens*, 1926, 25.

极其明显的区别：它们是自足的。同样，对希腊人来说，闪电击中的物体被看作神圣的，ἱερός，因为力量在其中显示了自己。[1]

被力量充满的客体、个人、时间、地点或活动被称为塔布（tabu, tapu），塔布一词来自与玛纳相同的文化区域。它表示"被特意命名的东西"，"例外的"，而动词的塔布则表示"使神圣"。[2] 因此，塔布是某种警告，等于现在所说的"危险！高压！"。力量已经贮存在这里，我们必须小心提防。塔布是那种明显证实了的充满力量的状态，人们对它的反应应该建立在对这种有效的力量充满清醒认识之上，应该保持适当距离和采取安全防护措施。

人们以不同的方式，就塔布作为具有明显不同的客体进行了观察。对希腊人来说，**国王和异邦人**或陌生人是作为艾多斯（aidos）即敬畏的客体而出现的，应当保持距离以示尊敬。[3] 几乎在所有的地方，国王都被看成是有力量的，因而只能以最谨慎的方式去接近；而异邦人作为某种未知的并因此应加倍提防的力量的载体，则等同于敌人：hostis 既表示陌生人或者异邦人，又表示敌人。一个人既可杀死陌生人——如果他所处的情境需要这样做的话，也可以对他表示欢迎；但是，无论怎样，对于陌生人的来去都不能漠然置之。因此，致以问候是一种宗教行为，目的在于阻止那种力量的第一次攻击，在问候中，引入了上帝的名字，或者附加了一种安抚的感化力（例如，闪族人的平安问候：adieu: Gruessgott）。因此，如同**战争**一样，**好客**也是一种宗教行为，意在抵制异己力量或者使其无效。**性生活**也充满了效能，**女人**靠种种神秘特性区别于男人；因此，**面纱**在成为害羞的象征物之前，甚至是作为防御物来使用的。[4] 任何与性有关的事物都是"特殊的"：当一个人在性方面不洁时，他就必须小心谨慎，如不能参与像战争之类的重要活动。一个

---

[1]　参见 Euripides, *The Suppliant Women*，第 934 行以下。

[2]　Söderblom, *Das Werden des Gottesglaubens*, 31.

[3]　参见《新约神学词典》的 Aidώς 一词。

[4]　参见《哥林多前书》11：5 以下。

正在月经期的妇女是不可接近的,她常常因为这个原因而被排除在崇拜仪式之外——她的有效的影响力会与崇拜所祈求得到的力量相敌对。所以,那句套话"让所有的陌生人、被束缚的人、妇人或处女站在一边"与某种罗马人的祭祀相关联。类似地,加图(Cato)的警告与这样的说法相关联:"向做牺牲的牛起誓:女人不能参与这种供奉,也不能看见这种供奉是怎样完成的。"[①]另外,某个日子或者连续的几天,被认为比其他的日子具有更大的效力。安息日、礼拜天、圣诞日以及相当于这些日子的原始的和异教徒的日子都是神圣的;在这些日子里不能作工,或者至少不能从事重要的事务。因此,温泉关之战失败了,因为"神圣的日子"迫使斯巴达人停战;由于同样的原因,他们到达马拉松也太迟了。在最神圣的日子里,即使最轻微的劳动也被禁止;对于一些关键的时期,决不允许毫不在意地度过,而必须以人的某种相关的特殊行为迎接,比如斋戒。所以,塔布是对某种行为和言词的规避,来源于对在场力量的敬畏。与重要事件相关的词,比如狩猎、战争、性交,是不能说出来的,而被特意修饰了的塔布语言代替,在今天的运动员俚语和窃贼行话中,仍然具有这种禁忌语言的残余。甚至与男性特殊用语并列,产生了一种女性专门用语。

但是,只有这种对效能的规避是不够的。例如,在婆罗洲中部的卡伊安(Kaian)人中,当女人怀孕时,男人和女人都不能触摸被宰杀的飞禽,男人也不能捣土,等等。[②]对我们而言,这种联系和目的在此都不清楚。不过,塔布绝不是一种功利手段:力量显示其自身,要么显示为中止或者过量。因此,问题不仅仅在于规避,还必须考虑一些防护措施。对我们来说,这种保护方式有时是容易理解的,如戴面纱,或者某些仪式,或者如斋戒之类的戒律;然而,更多的时候我们却完全无法了解。于是,就出现了我们现代人完全不能理解的联系,以及我们全然无

44

---

① *De Agri Cultura*, 83; *votum pro bubus*: *mulier ad eam rem divinam ne adsit neve videat quo modo fiat.*

② A. W. Nieuwenhuis, *Quer durch Borneo*, II, 1907, 101.

法体验的情感。而且,即使当我们确实明白时,我们所认为引起关联的东西并没有出现,那只不过是在我们敬畏或虔诚的意义上产生的一种情感反应,尽管在原始人的态度中,这两者也许是结合在一起的。进一步说,塔布是可以宣布的;某个力量的载体,一个国王或者一个祭师,都可以把他自己的力量赋予一个客体,并且宣布一个有效时期。所以,在波利尼西亚,国王的信使可以宣布这样的塔布:

> 塔布——任何人都不准离开屋子!
> 塔布——任何狗都不准叫!
> 塔布——任何公鸡都不准叫!
> 塔布——任何猪都不准咕噜!
> 睡觉,睡觉,直到塔布过去![1]

45

在阿萨姆邦的曼尼普尔(Manipur),乡村祭师规定出一种类似的共同体塔布,叫作根纳(genna):关闭村子的大门;外面来的朋友必须留在那里,偶然在村里的陌生人也得留在里面;男人们为自己烹调食物,独自吃饭,不许女人参与;所有食物塔布都被小心地遵守着;交易、捕鱼、狩猎、割草以及砍伐树木都被禁止。因此,一种有意造成的生活中断发生了:那是一种关键时刻,人们屏息凝神!事实上,在特别庄重的时期,甚至在欧洲一些农村地区,过节仍然保留着一种仪式气氛。例如,五十年前,在荷兰的格尔德兰(Gelderland),圣诞前夜,屋子里的所有东西都是仔细摆放的,无论是犁还是耙都不能留在外面,所有的工具都要放到谷仓里,并把通向田野的大门关上。所有的东西都必须锁起来,在适宜的地方遮盖好,"否则,野蛮的猎人就会把它们拿走"。[2]

违反塔布所招致的后果不是惩罚,而是力量的一种自动回应;当力

---

[1] P. Hambruch, *Suedseemaerchen*,1921,注释 66;又参见 Frazer, *The Belief in Immortality*,卷 II,第 389 页;不许生火,不许独木舟下水,不许游泳。把狗和猪的嘴绑起来,既不许叫也不许咕噜。

[2] H. W. Heuvel, *Oud-achterhoeksch boerenleven*, 1927,471.

量自动回击的时候，人没有必要去施加任何惩罚。例如，乌撒出于好意去扶约柜，但是，触摸这个神圣的物体却带来了死亡。[1] 不过，那既不是神的专横，也不是神的正义，击杀他的是上帝的纯粹能动的愤怒，即 יהוה אף。[2] 甚至一则有点滑稽的杂闻可以说明这个问题：在图林根的"黄金主日"，即三位一体主日，一切形式的工作都受到极为严格的禁止。一个男孩不管这种严格禁忌，在圣日那天为自己的裤子钉了一颗纽扣，于是，在第二天他只得竭尽全力去逃脱被闪电击中的命运，他用这条裤子献祭，把它丢进水中，让它被复仇女神带走。[3] 当然，从我们的观点来看，只有那男孩而不是他的裤子才是有过错的！但是，力量并不关注有罪还是无辜；它只作出回应，恰如电流会电击任何不小心触摸到电线的人一样。在西里伯斯岛中部，乱伦者被处以死刑，但是，这不是一种惩罚，而仅仅是作为一种手段，限制乱伦带给过失者的邪恶后果；他们应当死，这被认为是一个事件进程的问题[4]。罗马人将叛徒从 Saxum Tarpeium（塔尔佩乌斯岩石，判死刑的因犯都从这里被推下去）上抛下去摔死，同样也不是一种惩罚，而是力量的回应；古罗马的护民官是神圣的，也就是说，他们是一种令人生畏的力量的载体，他们以行刑者身份出现，无论是谁，如果被扔下来而没有摔死，那么，这人就保全了自己的性命——"这不是一种行刑，而是一次有意的事故"。[5]

人们自然会毫无保留地相信塔布的效力。一个毛利人宁愿饿死，也不会到酋长有火的厨房里去点火。[6] 霍维特人（Howitt）听说一个库尔耐（Kurnai）男孩偷了一些负鼠肉，并在食物塔布解禁前吃了下去，这个部落的长老们就会使这个男孩相信，他将绝不可能长大成为一个

46

---

① 《撒母耳记下》第 6 章。
② 事实上，不是耶和华的愤怒，而只是"愤怒"本身；"谈论不属于任何人的愤怒，对'原始人'来说并不困难"。Otto, *Gef. des Ueberwelt*, 55。
③ O. von Reinsberg-Dueringsfied, *Das festliche Jahr*, 1898, 204.
④ Krupt, 前引书。
⑤ A. Piganiol, *Essai sur les Origines de Rome*, 1917, 149.
⑥ Frazer, 前引书，第 44 页。

男子；男孩吓倒在地，三周之内就死了。[1] 类似的例子不胜枚举。

2. 我们把这种有力者与相对无力者之间的距离描述为**神圣与凡俗的**（或世俗的）关系。"神圣者"就是被放在界限之内的东西，是例外者；它的有力为它创造了一个属于它自己的地方。因此，"神圣的"既不意味着完全道德的，如果没有进一步的限定，甚至也不是令人渴望或者值得赞扬的。相反，神圣与不洁甚至可能是同一的：无论如何，其效力是危险的。上面所提到的罗马护民官，由于极为神圣，以致仅仅在街上见到他就会使一个人不洁。[2] 在毛利人中，塔布与表示"神圣"一样，也表示"被玷污的"。但是，无论怎样，塔布本身带有一种禁忌，因此，规定人与它保持适当距离。由此，那种认为神圣与世俗之间的对照，来自威胁性危险与不危险的东西之间的区别的看法，不大可能是正确的。[3] 力量有它自己特殊的性质，那种性质强制性地给人以危险的印象。当然，危险的并非都是神圣的，但是神圣的都是危险的。索德布洛姆以相当经典的方式，把神圣与世俗之间的对立描述为所有宗教中原初的与支配性的反题，并且显示了那种古老的观点，即哲学起源于惊异（Θαυμάξειν），如何能够也更加公正地应用到宗教方面。因为，无论谁与力量遭遇都显然会意识到，他正处在某种品性面前，就他先前的经验来说，它完全是陌生的，它不可能被任何其他东西所引发，而只能用"神圣的"和"神秘的"这样的宗教术语来指称。这些术语都具有一种共同的关系，在这种关系中，它们所指的是一种对那完全不同，即绝对独特的东西的坚定信念，但是，同时却没有明确的概念。由此而引发的第一冲动就是回避，但是，还有探寻：人应当躲避力量，但是，又需要寻求力量。在这里，不再存在着"为什么"或"为何"的问题，当索德布洛姆在这种联

47

---

① Elsie C. Parsons, "Links between Morality and Religion in Early Culture"，载于 *Amer. Anthrop.*，1915，第17期，第46页。
② Plutarch, *Quaestiones romanae*，81。此节似乎不太清楚，但无论如何，暗示了由护民官的神圣性牵扯的不洁。
③ 正如 B. Ankermann 所写的那样，参见 Chantepie，152；参见 General Literature。

系中,把所有宗教的本质定义为神秘时,他无疑是正确的。[1] 就这方面而言,甚至还不存在对神的祈求时,就已经存在着一种很深的主观信念了。因为,对宗教而言,"神"是一个后来者。

3. 因此,力量在人的灵魂中唤起了一种深深的敬畏感,这种敬畏感既表现为畏惧,又表现为神往。无论怎样,没有恐惧就没有宗教,但是,同样,没有爱,或者没有与普遍道德水平相当的吸引人的**细微差异**,也不会有宗教。对于宗教情感最单纯形式的表达,马特雷提出了一个很好的词,即"**敬畏**"(awe);而奥托则采用 Scheu 一词,不过这个词的含义没有前者那么广;希腊语 aidos 也是一个非常贴切的词[2]。所采用的词必须是最一般的,因为问题在于要确立一种态度,这种态度包括了整个人格的各个层次和无数**细微差异**。身体的战栗、精神的恐惧、害怕、突然的恐怖、崇敬、谦卑、敬拜、深刻的领悟、热情,所有这些具体态度,都存在于面对力量时所体验到的敬畏之中。因为这些态度表现出两种主要倾向,一种是远离力量,另一种是接近力量,所以,我们会谈论敬畏的**双重**性质。

当然,塔布意味着一种禁忌,力量总是首先作为某种被回避的东西显示自己。在所有的地方,禁忌也比命令出现得早;但是,弗洛伊德非常巧妙地表明了前者如何总是隐含着后者[3]。人们充分意识到的只有禁忌,而命令却常常不能识别出来。我们爱我们所恨的,我们也能同时恨我们真诚地所爱的。奥斯卡·王尔德(Oscar Wilde)所说的"因为每个人都在扼杀他所爱的东西",远不只是一句精彩的短语。在那种我们认作"全然相异者"的不同事物面前,我们的行为举止总是双重的。爱也许可以描述为一种强制自己进入相异者地方的企图;恨则是对爱的恐惧。

但是,无论神圣者是引起恨和恐惧的感情,还是爱和崇敬的感情,

---

①　此观点在"关于传教工作的联系要点"一文中有透彻的表达,载于 *Int. Review of Missions*,1919。

②　参见 Murray,*The Rise of the Greek Epic*。

③　*Totem and Taboo*,第 31 页,第 41 页以下。

它总是以某种绝对的任务与人对立。因此，把塔布描述成绝对命令的最古老形式并非没有理由。① 当然，我们不必考虑康德关于这种联系的论述。不过，塔布与绝对命令都具有完全非理性以及绝对性的特点。"你应该"——一个人应该做什么是次要的问题；一个人为什么应该做则根本不是一个问题。人们与体验为完全不同本性的力量相遇，领悟它的绝对要求。在人的生命中，发生了一种侵入，人被引向两个方向：既被恐惧抓住，但是，又爱这恐惧。

4. 敬畏一旦确立起来，就会发展成为**仪式**；在罗马人的宗教（religio）概念中，我们可以追寻到这个发展过程，它最初所指的无非就是塔布。在维吉尔对一个奇异地方的描述中，原始的敬畏就已经隐现：卡皮托山的神圣树林具有一种令人"恐惧的敬畏"②。但是，古代人的恐惧也表现在风俗习惯中：突然的死亡是一种 portentum，即一种进入的 religionem populo 的力量的征兆，③或者我们所说的"使人不洁"。于是，与其让塔布继续强力控制百姓，还不如定期仪式性地重复执政官的选举。④ 还有，一种疾病是这样来祛除的：hanc religionem evoco educo excanto de istis membris ……⑤"我喊出，我引出，我唱出，这来自肢体的污染。"因此，我们可以理解玛苏留斯·萨比努斯（Masurius Sabinus）所下的这样一个定义："religiosum 是由于某种神圣性质而从我们这里分离的东西。"⑥这正是神圣者；并且，对它的不断关注是人与一切非凡事物之间关系的首要因素。这个词极有可能是从观察或注意等词衍生出来的；因此，宗教的人（homo religiosus）与不在乎的人（homo neligens）

---

① Freud，同上书，是在前言而不是在 114 页以下论述了关于与良心等同的概念。就我所知而言，人们认为 J. E. Harrison 是第一个提出有这种相似性的作者，参见其著作 *Epilegomena to the Study of Greek Religion*，II。
② *Aeneid*，VIII，347.
③ Cicero，*De Deorum Natura*，II，4，10.
④ Cicero，*De Deorum Natura*，II；quam haerere in re publica religionem.
⑤ G. Appel，*De Romanorum precationibus*，1909，43.
⑥ Gellius，IV，ix，8；religiosum est，quod propter sanctitatem aliquam remotum ac sepositum a nobis est.

是两个对立的词。[1]

至此，我们可以进一步理解，敬畏在一个长期过程中如何必然成为纯粹的仪式，极度恐惧如何成为纯粹的形式主义。在这方面，弗洛伊德的结论完全是正确的：原始禁忌"像遗传疾病一样传下来"。[2] 不过，弗洛伊德忘记了，不管在多大程度上人们实际的宗教行为因此而被可传递的塔布所控制，那种深深的敬畏和"使人敬畏"的力量必然是从一开始就已经存在了。因此，仪式只是随时可以苏醒的麻木了的敬畏。甚至在我们自己的乡下人的"古老风俗"中，在印度尼西亚人的阿达特（adat）以及宫廷和大学的庆典中，都还保留着对同力量接触的那种敬畏之感。在西班牙腓力四世（Philip IV，死于 1665 年）的宫廷里，一位把王后从失控的马背上解救下来的军官，不得不被赶走；在这个事件中，表明了对塔布的触犯如何演化成为一种宫廷礼仪。

甚至当明显的敬畏消失时，仪式也继续用于极为实际的目的。例如，在印度尼西亚和波利尼西亚，塔布是宣称对一片土地拥有不容置疑的占有权的一种手段；某种标志表示禁止窃据或者侵犯这块土地[3]。但是，如果由此得出结论说，塔布产生于那些纯粹功利的考虑，或者甚至认为它们是那些世上伟大人物为他们自己的利益和好处而发明出来的，那我们就完全错了。在通常情况下，塔布确实只是常规性的活动，但是，它却总是以强烈的敬畏作为其前提。另外，"标志"与我们的事先警告十分相似，以至于很容易把它们混淆；但是，塔布没有警察威胁的那种惩罚，尽管它无疑也会有它自己的惩罚：在阿蒙波伊纳（Amboina）岛上，侵犯他人土地者将受到麻风病的折磨。还有，禁忌自身并不建立在理性之上；也是在上述那座岛上，一张绘有女性性器官的粗糙图画，

---

[1]　参见 W. F. Otto, *Religio und Superstitio*, AR. 12, 1909; 14, 1911。Felix Hartmann, *Glotta*, 4, 1913, 368 页以下。Max Kobbert, *De verborum religio et religiosus usu apud Romanos quaestiones selectae*, 1910。

[2]　*Faust*，第一部。

[3]　在这里可参考《马可福音》第 7 章第 2 节往下；孩子赡养父母的责任被认为是无益的，因为一种被宣称的塔布把这种赡养作为一种献祭。

50 即一种有特殊"效力"的东西,等于是法院的通知书①。所以,"财产"在
其原始意义上,与我们今天的理解非常不同,它是所有者与所有物之间
的一种"神秘"关系,并非 beatus possidens(拥有者是幸福的),而是对
一种高于所有者的力量的保管者。

　　一旦对**塔布**的信念完全变成了纯粹的仪式、一种空壳,那么,人就
挣脱了所受到的束缚。在欧里庇德斯的悲剧《赫拉克勒斯》中,被死亡
塔布所败坏的既不是自然,也不是纯粹的人性;赫拉克勒斯只需要丢开
面罩,把他的头伸向光明:

> 那元素是永恒的:
> 必死者,你不能玷污天堂。

还有:

> 萦绕不去的诅咒,
> 不能在朋友中传递。②

51 　　这本质上就是"现代的"感情,它与自然和人格中的力量相对立。

---

① 　J. G. Riedel, *De Sluik-en Kroesharige rassen tusschen Selebes en Papoea*,1886,62.
② 　*Herakles*,1232 行以下(Way)。

第5章 / 神圣的环境：圣石与圣树

1. 在上个世纪结束的时候，与万物有灵论一起出现的是所谓"自然崇拜说（Naturism）"，即那种认为对神圣者的崇拜起源于自然力量人格化的假说。希腊宗教中各种自然力量的代表早为人们所熟知；五彩斑斓且美丽动人的吠陀诸神世界则刚刚被揭示出来，那似乎也是在一个很高的水平上把自然的各种现象作为它的基础。因此，很容易产生这样一种观念，即，在反思自然事件的起因时，原始人虚构了神、灵魂和魔鬼作为他们的创始者。甚至在今天，每个诗人都与此类似。而在语言把自然过程看作一系列活动的程度上，似乎同样假设了这些活动背后有一个动因，我们也说风暴怒吼、电闪颤抖、大海翻滚。因此，尽管文字表达最初肯定只是比喻，正如我们所做的那样，但是，难道所谓的"语言病"就不会诱使人们接受这些非常文学化的表达吗？采用这样的方法，对宗教做解释就不存在太大困难，因为在上个世纪末，在宗教与科学的关系中，宗教处于一种相对多余和诗化的位置上。

但是，今天"解释"宗教的需要基本上丧失了基础；无论如何，我们已经认识到，对自然现象的原因的思考本身不能构成宗教。此外，把宗教视为一种普遍的谬误，或者像涂尔干（Durkheim）清楚表明的那样，是一种"幻觉形象的系统"、一种"没有客观价值的巨大隐喻"，则是更加困难的。另外，撇开这些普遍性的思考不论，那种对自然的限制是完全站不住脚的，因为，首先，在宗教中，自然既不是唯一的，甚至也不是主要的特征；其次，人们崇拜的既不是自然，也不是自然的客体，而是在其中显示自身的力量。

因此，宗教产生于"自然崇拜"这不可能是事实，原因非常简单，"自然"的概念是相当现代的概念,是卢梭和浪漫派首先把自然与人类文化相对立的。因为,无论是原始时期还是古代世界,都不存在一个被认为是与人和人的行为相对立的"大自然";此外,也不存在被原始人和古代人从人造物中区别出来的一般意义上的个体的自然客体。[①] 因此,如同先前人们所常常做的那样,把"物神崇拜"一词扩展为所谓的自然崇拜,并不是错误的,尽管这不可否认地会令人困惑;因为,在"自然"中,就如同在"文化"中一样,从来都有神圣力量的问题,而有机的与无机的一般而言并不构成对立面。在这方面,我们所熟悉的最接近于此的区别,是可耕地与周围未开垦荒地之间的对比,因为这种区分实际上首先出现在农耕民族之中。但是,在那个阶段,那种超凡能量是在"自然"与"文化"之间平均分配的:一方面,可耕地具有可繁殖的力量,而另一方面,森林和荒地、坡地和"草木不生"的大海也都有它们自己的力量,尽管它们是神秘的(后边,我们将会更全面地考察这种区分)。但是,这不是力量与无效力之间的对比,而总是在两种力量之间的对比。

　　事实上,我们现代人称之为"自然"的那种东西,在所有宗教中无一例外地都有着显著的作用。当然,人们所崇拜的从来都不是我们意义上的自然或者自然现象本身,而总是内在于其中或隐藏于其后的那种力量。如同我们在许多例子中已经看到的那样,那种力量被用完全相同的方法经验性地实体化了,并且,以同样的方式赋予了它所应有的地位。换言之,神圣与世俗、强有力者与无效力者之间的对比,总比自然与文化之间的对比要宽广得多,并且前者总是超越后者。

　　2. 无论如何,从**石头崇拜**的例子中,我们可以清楚地看到,物神崇拜与"自然崇拜"的分离并非不可逾越的深渊。任何体积和形状特殊的石头,都总是与那种对力量在场的坚定主观信念[②]联系在一起的。例

---

① Rudolf Bultmann 使我注意到这样一个事实:即使在科学发端之初,在希腊的爱奥尼亚派哲学中,宇宙也被理解成一件"艺术作品",是包含 ἔργον 和 τέχνη 的技巧的产物;因此,自然活动是类比于"人为的"操作来解释的。不管怎样,希腊人对这种区别的充分意识,显明了希腊思想的独特性。
② 在此被称为 Ahnung。

如,当雅各把一块石头"枕"在头下躺卧时,做了一个不同寻常的梦,他以纯粹经验的方式这样解释说:"这地方何等可畏! 这不是别的,乃是神的殿,也是天的门";[①]他把所枕的石头立作柱子,把油浇在上面。虽然这种叙述是原因论的,意在解释对一块不同寻常的石头的崇拜,但是,它仍然是那样一种典型的方式,据此可以把石头与人的经验非常紧密地结合在一起。

另外,从北方移民到希腊的古希腊各民族,非常熟悉一种他们称为"Aguieus"(即"他来的道路")的石头;当他们在希腊永久性地定居下来以后,就把阿归乌斯石立在市场上,予以装饰,佩以花环:因为这种石头曾经保护了他们的迁移,所以它将保护这片居留地。这种石头呈阴茎形状,像许多其他"直立的石头"一样,很可能最初被视为一种生殖力的表现。后来,在希腊,从这种石头产生了阴茎崇拜的赫尔姆(herm),并最终成为这种神的形象;而另一方面,在以色列,这种演变则交织着对拟人做法的厌恶。

关于生长的力量,后一个例子十分重要,以后我们还会考虑。另一方面,霹雳是天上力量的显示。朱庇特圣骨龛堂的矽土或称朱庇特宝石被供奉在神殿里,用于正式宣誓:据说发假誓者将遭到雷击。罗马人也树起有效力的石头作为界标,并向这些石头献祭:存在于这些石头之中的力量具有保护的作用,即所谓特米尼(termini)。但是,其他力量也可能隐藏在石头之中;对古罗马人来说,一种被称为 lapis manalis 的石头能带来降雨。这种降雨的咒语,其回声会回荡在 Yvain(法国中世纪文学叙事诗)的咏叹调中。在其中,一旦主持者把水泼在布罗塞利昂德(Broceliande)森林中的一块石头上,就会雷声大作,暴雨倾盆。

金属也是力量的载体,越是稀有,效力越大。具有太阳光彩的金子,也是具有太阳那种生气勃勃的力量的某些东西。希腊人用金子制

---

① 《创世记》28:17。如果我们凭借来自"伯特利"这一名称(希腊语 βαιτύλιον)的精灵或魔鬼,推论出石头必然具有生气,那么,我们就错了。在这里,Elohim 仍然是很一般的,是一种物后边的力量。

作死者的面部模型,而认为金属与生命直接相关的埃及人,则在其较晚的时代造出了木乃伊的金面像。另外,国王用黄金在他所宠信的人中分配生命。对希腊人来说,众仙女守护的金苹果是生命的象征,对金苹果的这种守护,传给了冰岛的伊杜娜(Iduna)以力量。

但是,山更加显要。不论是把力量简单地归于大山,还是把它想象成魔鬼或神灵,世界各地都有圣山。遥远而难以接近的大山,常常火焰喷发,拒人于千里之外,而且总是那么雄伟,不同寻常,因此而具体表现了"全然相异者"的力量。日本有神圣的富士山,希腊有奥林匹斯山,或者更确切地说,是奥林匹斯群山,每一地区都有自己的神圣山峰。从自然的角度说,在神灵们进入瓦尔哈拉殿堂①之前,殿堂所在的那座大山已经巍然屹立在那里了;但是,一旦神灵们进入了那殿堂,他们就不可能再挪动驻地了。最古老的天堂就是那山巅。类似地,在《旧约》里,神居住在山上:

> 南北为你所创造,
> 他泊和黑门都因你的名欢呼。②

耶和华出现在西奈山上,在《诗篇》第 121 篇中有"我要向山举目,我的帮助从何而来"的诗句。

山作为坚硬的石头,被看作世界的一种原初和永恒的元素:从混沌的水中,升起了原始的山,所有生命从山上涌现出来。埃及人把他们作为创造者之神搬到了这种古老的高地上,高地上的许多庙宇中都描绘了这一神像;高地被看作大地的"肚脐",大地的中心和开端。同样,在

---

① 北欧神话中主神兼死亡之神奥丁接待战死者英灵的殿堂。——译者
② 《诗篇》89:12。

希腊人的寺庙中，**脐**是大地和所有起源的原始象征；[1]在古代思想中，从石头里诞生与从肥沃的土壤中生长出来是一样平常。密特拉（Mithra）就被认为是从岩石中生出来的：女神雅典娜是从宙斯的头中即奥林匹斯山巅上生出来的。[2] 此外，丢卡利翁（Deucalion）与妻子皮拉（Pyrrha）的故事尽人皆知，夫妻俩把"他们母亲的骨骸"，也就是石头，抛到身后，用来繁衍子孙后代。

3. 如同石头和山一样，**树**也是力量的载体。自然崇拜说把树解释成天象的一种象征，据说有云树、气象树或者光树，树叶是云，树枝是阳光，果实是星星。[3] 不过，更现代的研究表明，并不是树隐含着天上的各种能力，而是这些能力产生了树。举世无双的海伦曾经是斯巴达的一株悬铃木，在罗得岛上她被称作 dendritis，即"她来自那树"。只有狄俄尼索斯同她共用这个称号。宙斯在某些特殊场合也是一棵树。在希腊，树很可能总被认为是力量的场所：hamadryads，即"与树同生共死"[4]。有些树很幸运，成为著名的女英雄，如海伦和欧罗巴。但是，古埃及人已经很熟悉"围绕着神"的无花果树，以及给予死者以水和食物的慈悲女神所坐的那种树。据埃及最古老的**经文**某处记载，众神灵曾经坐在那种无花果树上。更值得进一步注意的是，在埃及和希腊，不结果实的、已经枯死的树常常被人们认为是效能或者神的载体：使人印象如此深刻的树的秘密，是生死变迁。

因此，对于我们从理性角度看作自明的自然过程规律，原始思维并未毫无疑问地接受。对原始人来说，生活就是力量，不是法则。甚至当某种意志占据上风的时候，力量也会自发地显现自己。因此，在这一方

55

---

① 参见 A. de Buck, *De Egyptische Voorstellingen betreffende den Oerheuvel*, 1922。W. H. W. H. Roscher, *Der Omphalosgedanke bei verschiedenen Völkern* (*Ber. ü. d. Verh. d. Saechs. Ges. d. Wiss. Phil. -hist. KL.* 70,2, 1918)。A. J. Wensinck, "The Ideas of the Western Semites concerning the Navel of the Earth", (*Verh. d. Kon. Akad. v. Wet. te Amsterdam*, *Afd. Lett. N.R.* 17, I)。

② H. Diels, "Zeus", *AR.* 22, 1923–24.

③ W. Schwarz, in Chantepie，注释 1, I, 64–65。参见 GENERAL LITERATURE。

④ Servius, in *Ecl.* 10,62.

面,力量与电力的比较就不再适用了。对于原始人的思想来说,自然的衰亡与复苏的确不是奇迹——因为在法则效力无法起效的地方,奇迹就没有位置——而只是一种自发的、令人惊异的事件,这种事件也可以不发生。在这里,树的生命力量与人的生命结成了一种非常特殊的关系。如曼哈特(Mannhardt)所提出的,不可能单单是对生长的观察,就诱发了人们推论出人的本性与树的本性的相似性。因为,尽管人的成长确实与树相像,但是,人不可能在一系列显然的死亡之后继续生长。更确切地说,是人们对树的力量的经验,在树对死亡的不断重复的挫败中,树的力量迫使人承认它,使人们坚信树的存在是更有力量的存在。曼哈特以他深刻的洞察力认识到,树与人的"连合生长"(在后面,我们将结合农耕社会的宗教作更充分的讨论)根本不是一种合理的相似,而是一种神秘的合一,那是人的愿望以一种巫术方式运作的结果。在梅克伦堡(Mecklenburg),有一种风俗,或者曾经有一种风俗,就是把新生胎儿的胞衣埋在一棵幼树下;此外,在印度尼西亚,人们也把树种在埋有胎盘的地方。这两种情况,都同样表示孩子与小树一起成长。R. 安德烈(R. Andree)曾经编纂了许多例子,说明孩子的生命与树的生命紧密相连的情况。[1] 在童话故事中,我们也保留着这种遗迹,一株小树的枯萎或开花,预示着英雄的灾难或安宁。在现代表示尊敬的方式中,人们也在一个皇室孩子出生时,种植菩提树之类。但是,这些都只是一种古代的回声。在俾斯麦群岛,"当一个男孩出生时,会种下一棵椰子树。当椰子树结出第一批果实时,这个男孩就进入了成年人的行列……当伟大的恩高(Ngau)酋长塔玛特卡—尼尼(Tamatewka-Nene)的生命树成长时,他的玛纳也随之变得非常伟大"。[2] 这是真正的"连合生长"。

　　但是,这种连合生长的假定是在自然本性中的关系,事实上是人与

---

[1]　*Mitt. Anthr. Gesellsch. in Wien*, 14 (62).
[2]　Lehmann, *Mana*, 42.

植物等价的假定，这实际上暗示着"自然"的概念还没有出现。[1] 在印度尼西亚，事实上只有一个词用来表示人和谷类植物的灵魂。即使在把植物界作为人的文化质料的地方，植物显然绝不可能成为一种物：人所利用的不是什么物质，而是要激发出存在于他的环境中的以及他自身中的力量。这还意味着，就环境这个词的严格意义来讲，实际上在那里并不存在"环境"。女人是被开垦的土地，被开垦的土地是女人：在植物世界尚未垦殖的地方，这个比喻更加合适。

树的成长不仅与个人有关，而且还维系着整个共同体的生命力。在世界各地，我们都发现了五月柱和复活节枝条，装饰着彩带和水果，像希腊人的艾勒西翁（eiresione）和犹太人的鲁拉布（lulab）之类，它们带给社会群体以新的生命。但是，关于这个主题我将回头再讨论。埃及人以盛大的仪式种下一棵不结果实的树，由此而复兴生命；在希腊人之前的时代，克里特岛上的人也用一棵圣树来举行类似的仪式。树是拯救者，是生命的承载者。共同体聚集在树的周围。法国革命表明，树的象征是如何牢固地扎根于人的意识之中——在那时候，甚至对革命的人性来说，也只有很少的象征！——因此，当人们立起自由之树的时候，只不过是在继续着围绕五月柱的原始舞蹈。[2]

最终，一旦人们对树的存在有了意识，也就是说，一旦理论思考开始出现，即使当这种思考还保留着神话形式的时候，树就与整个世界一起成长了。赫拉克勒斯在世界末日从诸神的花园中发现了生命之树，亚当则是在世界开端的乐园里发现了生命之树。埃及人和巴比伦人也熟悉这种观念，前者在东方的天堂中寻找"众神坐过的"高大的无花果树，那是"他们生活于其上的生命之树"。[3] 波斯人和印度人同样熟悉神圣植物，它们以一种圣礼形式，给共同体带来神圣生命：在波斯称为

57

---

[1] 布尔特曼善意地告诉我，以他的观点来看，在《约翰福音》第15章那些众所周知章节的基础中，存在着这种生命树转化为藤本植物的观念。

[2] "这种传统的标桩五月柱，是农民在节日其间的聚会点，从1790年五月起，在法国佩里戈尔变成了革命的符号。"A. Mathiez, *Les Origines des cultes revolutionnaires*, 1904年，第32页。

[3] K. Sethe, *Die altagyptischen Pyramidentexte*, II, 1910, 1216.

浩玛(haoma),在印度称为索玛(soma)。印度人把杜拉西(tulasi)植物视为神的新娘。而对于罗马人和日耳曼部落而言,槲寄生树的常青叶意味着生与死的秘密;在维吉尔看来,它们还打开了地狱的大门。[①]

最后,世界树即伊格德拉西尔(Yggdrasil)作为瓦特拉(Vårträd),即被想象成一颗巨树的共同体的保护树,从日耳曼人的宗教幻想中出现了。[②] 乌普沙拉(Uppsala)的圣树被看成是它的世间形象,但是,更有可能的是,那是根据它的世间形象创造出来的。即使基督教的十字架概念也可能对日耳曼人的那一观念产生过影响,即,伊格拉德西尔的意思是"奥丁的马",指神话中的奥丁被吊在上面烧死的柱子——我们仍然必须把对圣树概念的巨大扩展,看作它最有说服力的表达。伊格拉德西尔怀抱着三个世界,站立在那里,高大而有力,而它上边和下边的东西却会朽坏。世界与它一起终结。它是将要死去的神的绞架,所暗示的并不与异教之树的象征相矛盾(如戈尔特[Golther] 所说的那样),[③]而实际上是其意义的最鲜明的表达,那就是生与死的秘密。

---

① 参见 E. Norden, *P. Vergilius Maro*, *Aeneis*, Buch VI, 1916, 第 163 页以下。
② 参见 Groenbech, *Vor Folkeaet*, II, 9,那里有对家的"世界"与一般世界、家树与世界树之间关系的极好描述。
③ *Handbuch der germanischen Mythologie*, 1895, 第 527 页以下。

第 6 章 / 神圣的环境：圣水与圣火

1. 在圣水的观念中，这一点十分清楚，就崇拜环绕着世界的力量而论，在一种极其有限的意义上，那实际上是一个关于**环境**的问题。因为，力量在人自己的体验中显示给人，而这种体验本身则意味着人逐渐意识到了所崇拜的客体本性与作为主体的个体本性之间的联系。人感受到，他自己的生命依赖于环境的力量，并由其所支撑。但是，在人看来，这不只是环境，因为环境这个概念预设了一种冷漠的观察态度，这对于宗教的人是完全陌生的态度，尤其不可能被原始头脑理解了；相反，环境是人生活的核心之处。正像人与树一起生长一样，在古埃及，生活随着洪水的涨落而变动；在古老的**经文**中，常常提到"年轻的水"，那是一种祭祀死去的国王并为他注入新生命的酒。事实上，在缺水的国家，人们对死后生命所能形成的最美好的景象，就是人可以在那里饮水，一位慷慨的女神从她的树上把水递下来，给那些渴晕了的人。

不过，顺便提一下，这种情境绝不限于水源匮缺的国家。因为，水井与树相伴，在世界各地，人们都把活水的源泉看作一种快乐的神迹；"生命之水"带来了丰产和繁荣。但是，水的力量甚至扩展得更远：它能赐予永恒的生命，造成奇迹和伟大的事业，并且最终意味着共同体与神同在。水给原始人以丰产和繁衍的结果，对他们来说，田野因洪水、降雨和泉水而呈现出勃勃生机，那是对力量显示的一种体验；而对于不再完全原始的心灵来说，神圣则被限制在某些特别的水域、特定的泉水或者河流，比如，希腊的德墨式耳长眠在旁的圣泉以及印度的圣河。神圣也限制于特殊的"圣水"，它被赋予了由供奉所检验、证实或者保证的力量。在这些例子中，水的效力就成为神迹。对此，无数传奇提供了证

59　明，有的讲述了英雄被珍贵的生命之水所拯救，而另外的则讲述了水使
人恢复活力；青春之水和青春之泉使人重新焕发青春，甚或使人重新纯
洁。但是，在世界各地，也都有利用神奇之水的实用仪式。在古埃及，
用水净化是有效的，对虔敬的罗马天主教徒也是如此：圣水由于咒语而
不受一切有害的影响，保护洒有**圣水**的人或者东西免受魔鬼的支配，驱
散幽灵和疾病，保佑出入、房屋和牲畜的平安。① 最后，在洗礼中，水驱
逐魔鬼，浇灌进圣化的恩典。但是，对于奋力从物质向精神靠近的心
灵，如圣约翰这样的人来说，水则成了永恒生命的表达，他赞美水井"直
涌到永生"，胜过被敬奉的雅各之井。②

　　2. **火**在两类力量之间占有适当的位置，一方面，对于第一类力量，
人确实可以参与却不能激发，另一方面，对于另一种力量，人确实认识
到其优越性，因此可以按照自己的意志去把握。雷米·德·古尔蒙
(Rémy de Gourmont)指出："所有动物都熟悉火，但是，对它们来说，火
没有传递任何东西；只有对人来说，火焰才具有某种意义……唯有人具
有关于火的天资。"③或者用现代术语来说：火只有部分属于自然，其余
部分属于文化。当然，原始思维并不进行这种区分，但是，却相当清楚
地意识到火是人的财富：即使火是来自天上，它仍然靠人来点燃和保
存。这就是普罗米修斯神话中的真理，尽管火来自天上，但这并不是崇
拜火的最早和最重要的原因。一方面，火焰是传播温暖和光明的力量，
另一方面，作为一种**非同寻常**的力量，④它同时是一种人类的获得物。
我们还可以说，闪电和太阳的天上之火，无疑很快就与地上所点燃的火
焰产生了联系；这保留在印度教徒对火神阿格尼(Agni)双重诞生的信
念之中。但是，在各个地方对火的膜拜中，看重的是地上的火，是由人

---

① 参见 Fr. Heiler, *Der Katholizismus*, 1923，第 168 页以下。水就像火一样，被看作具有抵制死
　亡的保护作用。参见 I. Goldziher, *AR*. XIII, 1910，第 20 页以下。E. Samter, *Geburt*, *Hochzeit
　und Tod*, 1911，第 83 页以下。
② 《约翰福音》4:13-14。
③ R. Allier 引自 *Le non-civilisé et nous*，第 238 页。
④ 参见本书第 2 章。

点燃的并与人在一起的火。

最古老的火是用燧石或者钻火器点燃的，按照原始的意义来说，应该说火是"生出来的"。在印度人对火神的思考中，反复使用了来自性生活的词语。在两片钻火器之间的摩擦，被看成是生产和诞生；它们构成一对配偶。[①] 有一种仪式规定，司祭者要"用刨花保持当夜的火的燃烧，在火上烤热钻火器，一直持续到黎明时分。这的确就像一头可产犊的母牛正准备着与那公牛交配"；[②]这两片木块被看成受了孕，从它们中孕育了孩子阿格尼，即火神。[③] 在很长的时期，古老的生火方法都在一般风俗中保持着原样：在日耳曼国家，"祛邪之火"靠摩擦木头引燃，而在施洗约翰节前夕和在其他火已熄灭的时候，炉火也是以这种方式重新点燃的。[④] 这个传统来源于原始印度日耳曼语系人的生活条件，那时火是最宝贵的财富，重新点燃十分不易，其困难很可能不只是因为取火过程本身的艰辛，而肯定地和主要地是因为绝不能让火的生命力量被毁灭，并且，必须用传统的、神圣的方式重新点燃。由于这个缘故，以及这种点火方式具有极强效力的特性，在中世纪，祛邪之火被视为"亵渎神圣"，并在八世纪时被教会公会议明令禁止，[⑤]就如同许多其他残存的古老力量不得不在新的神圣力量面前让步一样。

在许多因为火而产生的故事中，人的生命与火的生命显而易见地紧密交织在一起。[⑥] 正如火是靠人用工具所点燃的一样，火本身也造就了人的生命；例如，婆罗洲的一个蒂阿克族妇人偶然发现，通过在一块木头上摩擦一根藤条可以产生火，这根藤条就给她带来了一个孩子，这被称为 Simpang Impang。[⑦] 另外，在古罗马，婚床要立在炉灶的旁

---

① H. Oldenberg, *Die Religion des Veda*, 1917, 第 125 页以下。
② W. Caland, *Das Strautasutra des Apastamba*, 1921, 144.
③ 同上。
④ Reinsberg-Dueringsfeld, *Das festliche Jahr*, 1898, 231 - 232.
⑤ *Concilium germanicum*, 742; Council of Lestines, 743, *de igne fricato de ligno*, *id est nodfyr*, 参见 H. C. A. Grolman, *Tydschr. Ned. Aardr. Gen.*, 2. R., 46, 1929, 596。
⑥ Ad. Kuhn, *Die Herabkunft des Feuers und des Göttertrankes*, 1886, 第 64 页以下。
⑦ P. Hambrunch, *Malauesche Maerchen*, 1922 年, No. 30。

边,而古老的基本传说,比如,像普来尼斯特(Praeneste)的传说,都讲述
了一个坐在炉灶边的女孩,如何因着火焰迸发出的火星而受孕,生下了
城市的缔造者。[1]

61

　　所有这些观念都以**炉灶**的火为基础。炉灶是家庭力量的中心,这
一观念在印度日耳曼语系的国家中尤其突出,当然别的地方也有。炉
灶那温暖的火光是一切美好事物的保证,并使房子真的成为家——在
这个使用中央空调的时代,不幸地,我们是通过炉灶的消失才认识到这
一点的。同样,对印度人来说,**火神**是不会"离开的,它是家的主人"。[2]
我们现代人不得不努力想象与外界隔离的没有火的原始村庄,如同一
则冰岛民间故事中所描述的那样:"一旦火在冬天的格林索(Grimsö)岛
上熄灭,那么,就没有任何一个村庄还能再有火。没有风,天气很冷,到
处都结了厚厚的冰,所以,人们认为海上的冰足以坚硬可以穿越。因
此,他们派出三个强壮的人去大陆取火⋯⋯"[3]。弗雷泽描述过原始时
期的意大利的相同情境。至此,我已经说明了这一点,不只是重新点火
的困难使火的熄灭变得那么致命的重要,火——与它一起的生命——
死了,火焰熄灭的房子于是被剥夺了生命的力量。进一步说,这种情况
对共同体、对国家也具有同样的意义:只有定期重新点火才能保证它的
繁荣昌盛,力量的形式明显地从家庭转换到了更大的共同体。例如,在
伦诺斯(Lemnos),圣火每九年熄灭一次,而新的火将从德罗斯(Delos)
岛取来,于是,如他们所说,"新的生命开始了"[4];在那里,盛行的是对
生命的这种原始解释。后面我们将会经常涉及这个问题。**我们**应当
说,一个共同体或一个国家繁荣而后衰落。但是,在这种变化中,我们

---

① Wissowa, in Roscher's *Lexikon*, Article "Caeculus", Cato, Fr, 59, in H. Peter, *Veterum Historicorum*, romanorum reliquiae, I, 1870; 参见 Pliny, *Nat. Hist.* XXXVI, 204. 也可与古代
教会仪式比较,在这种仪式中,复活节蜡烛被插到洗礼用的水中,作为以性表达占主导的祝福文
的伴随物(*regenerare*, *admixtio*, *foecundare*, *concipere*, *uterus*, etc.)。Fr. Heiler, *Der
Katholizismus*, 1923, 229。

② Oldenberg, *Rel. des Veda*, 130.

③ H. u. I. Naumann, *Islandische Volksmärchen*, 1923, No. 22. C. Andersen, *Islandske Folkesagn*,
1877, 201.

④ Farnell, *The Cults of the Greek States*, IV, 302,429.

看不出有规律的节奏,看不出力量的增加和减少,正如我们也不能够维
持国家的力量,也不能够给它提供滋养一样。今天,我们在这样的生命
与活力、活动、兴旺等等之间作出区分。但是,对于原始人来说,生命就
是生命,他们不懂得"繁荣的文明",就如同他们不懂得"有生命的虔诚"
一样。①

　　在古罗马,我们发现,对火的力量的各种崇拜形式得到了最完美、
最系统的发展;这些形式起源于原始的家内崇拜,在那种崇拜中,炉火
被交托给妇女(后来是处女)照管,而一家之父作为祭火的祭司,他的儿
子们充当点火者。火是最古老的家庭崇拜的对象,其中,凝聚着这一共
同体本质的力量;在三月的第一天,即罗马旧历年开始的第一天,火被
熄灭,立即又被重新点燃。由此,来年的兴盛繁荣得到了保证。对于国
家来说,炉火(火神)成了最神秘的东西,共同体的安全有赖于它:"维斯
太(Vesta)②的神庙,永恒的火,那是与罗马帝国的延续命运攸关的保
证,被存放在神龛之中。"③人的生命与火的生命存在于一种互动的关
系之中:它们相互参与,奥登伯格相当正确地提到人与火之间的友好关
系,火带给人以生命的基础和一个家。印度行吟诗人远游归来的第一
件事,就是对着火炉上的火焰宣布他的成就,而欧里庇得斯的阿尔舍斯
提斯(Alcestis)则在死前对火炉作了仪式性的告别,乞求它保护她的孩
子们。④因为,火炉提供安全:它是庇护所;赫卡柏把老普里安
(Priam)⑤带到火炉面前:"一切都将因这个祭坛而得救"。⑥在现代卡
拉布里亚(Calabria)人中,如果死了人,也要让炉灶的火熄灭。⑦而根据
古代日耳曼人的风俗,火则要在那些特殊节日里,或者,当"糟糕的运气

62

---

① 新的火似乎是创造的更新;参见 Grönbech, in Chantepie, II, 573。O. Huth, *Janus*, 1932, 73。
② 罗马的女灶神。——译者
③ Livy, XXVI, 27, 14;参见 Fowler, *The Religious Experience of the Roman People*, 第 68 页以
　下,以及 *The Roman Festivals of the Period of the Repulic*, 第 147 页以下。
④ 同上,第 168 页以下。
⑤ 希腊神话中特洛伊的最后一位国王。——译者
⑥ Virgil, *Aeneid*,第二卷,第 523 行。
⑦ Th. Trede, *Das Heidentum in der Romischen Kirche*, IV, 1891, 415。

使得重新点火显然成为必要"之时[1]，重新点燃。一个印第安部落，由
于一个小女孩不慎熄灭了火，就必须付出逐渐衰败的代价。[2] 这些例
子足以证明，有关火的效力的观念流行甚广，决不只限于印度日耳曼语
系的诸民族之中。

　　火的生命力量保护人们免受魔鬼的影响："**火神驱散妖魔，火神那
明亮的火焰，不朽、光明、纯洁，值得崇敬。**"[3]另一方面，任何对生命而
言不洁和危险的东西不能接触火，如罗马人所说的那样，"不允许任何
皮革的东西靠近；因此，周围就不会有腐臭的尸体味"；[4]必须用纯洁的
火炬来保存火种。[5] 但是，火炬的纯洁程度可以靠咒语和手势来加强：
类似地，在德国的许多主教辖区，所有灯火在圣星期四被熄灭之后将点
起新火，并为之祈祷，然后，所有的灯火和蜡烛将在新火上点燃。[6] 这
种圣火具有净化的力量：它与水一起，是净化的重要手段；而"净化者之
火"则确实被认为具有更大的效力。施洗约翰提到用火来施洗礼，[7]在
奉献仪式上，原有生命的延续被火取消了，一个新的生命成为可能。

　　最后，火甚至变成了世界的原则（World-principle），与火炉有关的
观念因而扩展到一个极大程度。这种情况主要发生在印度，在那里，**火
神**被认为是无处不在的有生气的力量，甚至在水中也是如此。它既是
人类的爱，又是神的不朽："啊！所有人的朋友，您是各族的中心，就像
一根牢牢站立的柱子，您支撑着人。"[8]还有："独一的是**火神**，它在许多
地方被点燃；独一的是太阳，它渗入一切事物；独一的是黎明的霞光，它

――――――――――

[1]　V. Grönbech, *Vor Folkeaet*, II, 1912, 57.

[2]　K. Knortz, *Maerchen und Sagen der nordamerikanischen Indianer*, 1871, No, 60. 在复活节前
　　　的礼拜六，"新的光明"被带进天主教教堂中，在"新火"上点燃蜡烛时，要重复说三遍 lumen
　　　Christi. 当拯救之火快要熄灭时时，就必须点燃起新的火。参见 J. Braun, S. J. *Liturgisches
　　　Handlexikon*, 1924, 86。

[3]　Caland, 同上书，第 144 页。

[4]　Varro, *de lingua latina*, VII, 第 84 页；参见 Ovid, *Fasti*, I, 629 行。"把皮革带到她的圣坛是不
　　　合法的，至少她纯净的火炉会被杀死的野兽皮所污染。"（Frazer）。［*Scortea non illi fas est
　　　inferre sacello, ne violent puros exanimata focos.*］

[5]　Virgil, *Aeneid*, VII, 71；*castis taedis.*

[6]　Mannhardt, *Wald-und Feldkulte*, 503.

[7]　《马太福音》3：11；《路加福音》3：16。此处，也可以参照曼达派的火洗礼。

[8]　Bertholet, 前引书，9, 48。

照亮了全世界。那独一者,它把自己展现在整个宇宙之中。"[1]为了尊崇**火神**,《梨俱吠陀》(*Rig-Veda*)那最庄严的诗行被创造出来,而在西方人的思考中,火在赫拉克利特那里变成了 arche,即宇宙的最终极的实质和力量。随着各种仪式渐渐被废止,古代支配生命更新的方式因着灵魂寻求稳定的节奏,而转换成了一种内在的世界过程。世界和宇宙的统治力量仍然是"永远活跃着的火,按一定的方式点燃,又按一定的方式熄灭"。[2] 但是,在基督教祭坛上,那不只是靠灵魂滋养的永恒之光,仍然是永远自我更新的上帝之爱的保证。

64

---

[1]　Bertholet,前引书, 9,48。
[2]　*Fr*, 30(Diels; Cornford).

第 7 章 / 在上边的神圣世界

1. 当人寻找他自己存在的边界时,发现边界在他自身之中,在他的环境里,在这个世界之上。一个埃维(Ewe)部落人这样说:"天堂在哪里,上帝就在哪里。"[①]不难理解,天堂以及天堂现象不仅在所有民族的诗歌和思想中总是占有显著位置,而且也一直是与"全然相异者"的种种概念相联系的纽带。因为,那些天神或者众神所采取的形式不是必然如此。正因为如此,天堂先于那些天神或者居住者。例如,在墨西哥,普罗伊斯(Preuss)发现,天的概念从整体上说先于单个星星的概念;[②]在一种不同的连接中,天或天神与宇宙或社会秩序之间的关系,是在更晚的时期才变得可以理解的。[③]但是,我们现在考察的不是在上界支配人类生活的法则和有序的过程,而是那些发生在上面世界的戏剧性事件,它们与下面世界的事件好像是并行的,甚至是有密切关系的。

2. 这意味着,原始人并不把天上发生的事情视为法则范围内的事情。他们从不认为天上的光每天都会重现,[④]对他们来说,担心太阳会在某一天走错路线绝不是幻觉。确实,对我们的头脑而言,太阳是整个太阳系恒常运行的中心点,对原始人来说,太阳既不是持续不变的,甚至也不是唯一的。例如,多哥(Togo)黑人从前相信,每个村子都有自

① J. Spieth, *Die Religion der Eweer*, 1911, 5.
② K. Th. Preuss, *Die geistige Kultur der Naturvoelker*, 第二版,1923。
③ 参见第 18 章。
④ Boll, *Die Sonne*, 9.

己特殊的太阳,直到很晚的时候他们才改变了这种看法。[1]

因此,天界的事件没有形成完整的过程,而是一种力量的显示。天上的生命自发地展开自己,就如同地上的生命所做的那样。例如,可拉族(Cora)的印第安人把星星说成是"绽开的花蕾",[2]而在一首古代巴比伦人对月神欣(Sin)的赞美诗中,月亮被称为"自己形成的果实"。[3] 另外,在古埃及语中,天神或者日神总是被称为"来源于自身的他"。就这样,上界的有力量的生命是自我显现的。

65

但是,由于这种生命还没有受到任何秩序规则的约束,被我们看作如此自明的自然之"自然性"还不存在。因此,对强有力者的理解不是它的不变性,而是它的效力,这种效力可以最强有力地展现自己,但是,也能撤回,甚至完全消退。在世界各地,原始民族解释日食和月食的方法都十分接近,埃及人有一个传说,叙述太阳曾如何发怒而抛弃人去了一个陌生国家。[4] 因此,原始或半原始思维决不会把每天的日出日落看作一个当然事件,而是那个永恒的恐惧与希望的主题。切斯特顿(Chesterton)在一段优美的文字中说到日出,那不是重复,而是戏剧性的 da capo(从头开始),"每天早晨,上帝对太阳说'再做一次';每天晚上对月亮说'再做一次'",[5]这是真正"原始"的感觉,就如同他把这种类型的观念与精灵故事中的观念结合起来一样,相当正确。[6]

与日出联系在一起的这种希望与焦虑的感觉,就产生了伟大的光的神话,而这在大多数不同的文化圈中都有其形式。光,即太阳,或者月亮,都是一位征服性的英雄,一位战胜黑暗恶魔的勇士。太阳"又如勇士欢然奔路";[7]而华丽的巴比伦赞美诗则这样称赞月亮:

---

① Spieth,同上书,355。
② K. Th. Preuss, *Die Nayarit-Expedition*, I, 1912, XXXIX.
③ Lehmann, *Textb.*, 302.
④ K. Sethe, *Zur altaegyptischen Sage vom Sonnenauge, das in der Fremde war*, 1912.
⑤ *Orthodoxy*,第四章,"仙界的伦理学"("The Ethics of Elfland"),第 107 页。
⑥ 参见本书第 60 章。
⑦ 《诗篇》19:5。

啊,主！谁与您相像？谁与您等同？

伟大的英雄！谁与您相像？谁与您等同？

主,月亮！谁与您相像？谁与您等同？

您抬起头来看时,谁能溜掉？

当您临近时,谁能逃开？[1]

　　黎明的曙光是对敌人的胜利:猛龙、毒蛇,或者其他凶残的死亡与黑暗,都被打败了。这种**光的神话**广泛支配着一般的宗教想象:上帝作为胜利者或者国王——这些观念的整个领域都建立在黎明之上,而创造的思想与这些观念交织在一起。[2] 基督教圣诞节 crescit lux 的象征,也是对这种自然过程的一种重新解释。[3] 胜利与光明,主宰与太阳,它们必然全部结合在一起;罗马皇帝的尊贵与征服之光的关系,由库蒙特(Cumont)令人信服地表达了出来,而在给克里奥佩特拉(Cleopatra)[4]的一对孪生子赫里奥斯(Helios)与西勒尼(Slene)取名时,安东尼(Antony)把他们称为 kosmokratores——宇宙的统治者。[5]

　　进一步说,光的神话与**太阳**有关,同样也与**月亮**有关。有"月亮民族",同样也有"太阳民族",在**单一**民族如巴比伦人的历史中,则既有月亮时期又有太阳时期。那些关于太阳或月亮谁占优势的争论毫无意义;两者都在不同地区和不同时代占有优势,[6]我们在许多神话和童话故事中都可以看到在这两个星球之间的竞争。

　　3. 天上的非凡事件不仅唤起人的敬畏,它们也被看作一种天上的模型和力量的源泉。在天界与人的世界之间有一种本质的亲缘关系,斯芬克斯给俄狄浦斯出的那个原始的太阳谜题,反映着一种甚至更为

---

① H. Zimmern, *Babylonische Hymnen und Gebete*, II, 1911, 6.

② 参见本书第 87 章。

③ Boll, *Die Sonne*, 23.

④ 埃及托勒密王朝末代女王,先为恺撒情妇,后与安东尼结婚。——译者

⑤ Boll,同上书,22。

⑥ Ankermann, in Chanterpie,同前引书,I,189。

古老的观念：[①]

　　　　太阳在早晨升起来的时候，

　　　　它用四只脚走路。

　　　　到了中午，

　　　　它用两只脚走路。

　　　　夜晚来临，

　　　　它靠三只脚站立。[②]

　　在一则斯洛伐克童话故事中，一个可怜虫问太阳，为什么他在上午越爬越高，而在下午越落越低。太阳回答道："哦，我可爱的小傻瓜，问问你的主人吧，为什么他生下来之后，越长越大，很有力量，为什么到了老年，他伛偻而行，衰弱不堪。我也一样啊。每天早晨母亲给我新生时，我就像一个漂亮的小男孩，而她每天傍晚把我埋葬时，我就像一个虚弱的老头儿。"[③]

　　在埃及，这种比较很早就为人们所熟知，太阳的命运与人的命运之间的类比，由证明它们一起复苏和死亡，转变为一种对人之生命更新的快乐信仰。如同每天早晨太阳都更新它的生命一样，人也更新自己的生命，而死亡也不是事实上的死亡，而是与日神拉（Ra）同在的生命。一篇非常古老的经文讲到一位死去的国王："他的母亲天空每天都生下他，让他活起来，取悦日神拉；与日神拉一起，从东方升起，从西方落下；因此，他的母亲天空没有一天不怀着他。"[④]由此，人把自己的生命与更伟大、更有力的自然的持续交织在一起了。但是，这种结合也同样绝不是有规律的秩序，而是太阳力量的自发表现。对罗马人来说，mater

67

---

①　参见 P. Pierret, *Le Dogme de la Résurrection chez les Anciens Égyptiens*, 17。

②　这是一个 15 世纪的版本，参见 R. Kohler, *Kleine Schriften* I, 1898, 115。希腊语版见 Athanaeus, X, 456B。

③　H. Usener, *Kleine Schriften*, IV, 1913, 第 386 页以下。

④　*Pyramidentexte* (Sethe), 1835；参见 W. B. Kristensen, *Livet efter doeden*, 1896, 69 - 70。

matuta 是晨光女神,同时又是生育女神。[1] "看见世界之光"的人,因此而与他的生命之光结成了亲密的关系。

星星也被认为与人有关;我们一再发现有死人作为天上星星再生的观念。[2] 埃及人把太阳护身符缝在尸衣上的风俗,就是一个类似的例子,他们用这种方法使人的命运与天上的力量紧密联系起来。[3] 似乎这样一来,人就可以把太阳的力量带进坟墓了。

4. 天上的光是人的拯救。人的生命与太阳的升起相连,而人的死亡与日落相关。[4] 许多民族都吟唱和讲述太阳的财宝,它被隐藏在最西边的世界尽头,只有英雄才能赢得它。因此,赫耳墨斯偷了太阳的牛:在这里,按照非常古老的方式,财富意味着对牛的拥有。不过,财富也可以解释为拥有黄金,或者美女,或者其他财宝,[5]数不清的童话和神话故事叙述了如何以这样的方式获得天福。然而,在所有这些叙述中,都总是提到了死亡,因为太阳的拯救之路要穿越死亡。于是,财宝的守护极为森严,英雄必须从那个阴暗的地方去获得财宝,等等。

在古埃及,太阳崇拜采取了非常壮观的狂欢方式,人们把太阳视为天上的拯救者。甚至在公元前第三千纪的上半期,埃及人就在太阳城赫利奥波利斯(Heliopolis)祭司的影响下,为太阳建起了很多巨大的庙宇;这些庙宇与埃及人通常的神圣建筑形式完全不同。太阳崇拜在巨大露天庭院中间的一个大祭坛处举行,既没有瑙斯(naos)也没有膜拜偶像。只有一个巨大的方尖碑,矗立在庞大的底座之上,这是古老的且很可能起源于阴茎的繁荣与力量充满的象征。首先在半明半暗中通过一条过道,然后进入完全黑暗,以此代表太阳在夜间的路程,到达方尖

---

[1] G. Wissowa, *Religion und Kultus der Romer*(第二版),1912,97。

[2] Preuss, *Nayarit-Expedition*, XXX 以下。关于埃及,参见 Sethe, *Sage vom Sonnennauge*, 5, Note 2; *cf.* *Pyramidentexte*, 251。

[3] *Pyramidentexte*, 285:"由于这大的护身符缝在你红色的衣装里,你按你的绳索中看见日神拉,你在你的镣铐中赞美他。"

[4] Boll, *Die Sonne*, 17。

[5] H. Usener, *Kleine Schriften* IV, 1913, 第 44 页以下,第 226 页以下,第 464 页。

碑的底座时，崇拜者把脸转向东方，迎接胜利之星的升起。[①] 第五王朝的法老把这种太阳崇拜变成了他们自己的独有特权，使他们的统治直接与太阳的胜利相联系，自称"拉的儿子们"。这种崇拜形式在埃及一直保持着其影响，直到信奉异端的阿赫那吞（Akhnaton）的影响达到顶峰，在埃及导致了一种短暂却辉煌的霸权。[②] 进一步说，从这些关于太阳的概念中，还产生了许多优美的赞美诗，在这些诗中，那孕育一切的、支持一切的力量，以及天上之光的辉煌胜利，都得到了赞美。这类文学的顶峰就是阿赫那吞的赞美诗，它把神圣力量的胜利和保护解释为真理与爱。后来的赞美诗亦不缺乏这些早期的内容，例如，在约公元前1420 年的一首致阿蒙的赞美诗中这样说：

> 您的爱在南方的天上，
> 您的仁慈在北方的天上。
> 您的美丽征服了所有的心，
> 您的爱迫使所有的人放下武器。[③]

在阿赫那吞赞美诗更优美、更令人印象深刻的发展中，我们发现星辰之美好与胜利和爱同在：

> 你美丽地闪耀在天际，
> 你是从远古走来的鲜活的阿吞（即太阳）。[④]

69

---

① F. W. von Bissing (and L. Borchardt)，*Das Re-heiligtum des Koenigs Ne-Wsr-Rē*，I，1905；参见 L. Borchardt，*Das Grabdenkmal des Königs Sa'hu-Re'*，1910 - 1913。

② 参见 G. van der Leeuw，*Achnaton. Een religieuze en aesthetische revolutie in de veertiende eeuw voor Christus*，1928。H. Schaefer，*Amarna in Religion und Kunst*，1931。A. de Buck，*De zegepraal van het licht*，1930。K. Sethe，*Urgeschichte und aelteste Religion der Aegypter*，1930。

③ Al. Scharff，*Aegyptische Sonnenlieder*，1922，50.

④ 参见拙著，*Achnaton*，47. Scharff，同上书，61。

给人以强有力印象的最后东西，肯定不只是征服人心的阳光之美；巴比伦产生了那么多对太阳和月亮的赞美诗也绝不是偶然的。在以后的时期，太阳颂歌的数量也仍然相当可观。爱阿斯（Aias）在战斗最紧张的时候，恳求宙斯把他从浓雾中救出来，至少要让他在光明中死去，尽管突然而至的疯狂之"浓雾"最终还是把他吞噬了。在这里，光、生命和拯救再一次关联在一起。① 同样，对于写安提戈涅的那位诗人来说，胜利的阳光驱散了敌人：

> 阳光啊，在每一个黎明
> 你都用最辉煌的光芒洒向我们
> 有七个城门的底比斯，
> 你金色的白日之眼，
> 用你美丽的目光
> 照亮了蒂尔斯的泉水，
> 你迫使阿哥斯人的大军望风而逃，
> 急急匆匆奔回老家；
> 比来时跑得更快，
> 丢盔弃甲，落荒而走。②

另一方面，阿西西的圣方济各虽然把天上的各种力量视为上帝的创造和送给人间的礼物，他仍然感到自己与所有造物有着一种兄弟般的联系：

> laudato si, mi signore, cum tucte le tue creature

---

① Boll, *Die Sonne*, 15.
② 同上，第 100 行以下（Storr）。

spetialmente messor lo frate sole,

lo quale jorna, et illumini per lui;

Et ellu è bellu e radiante cum grande splendore;

de te, altissimo, porta significatione.

Laudato si, mi signore, per sora lune e le stelle,

in celu l'ai formate clarite et pretiose et belle. [①]

当然,这种关系是一种修士式的兄弟情谊,不再是那种与自然交织在一起的原始思维。只有神圣的仁爱(caritas)才能维系与自然相连的共同体;然而,太阳仍是那种天上祝福的表达:

啊,至高的主,他拥有着您的形象。

70

5. 伴随着以天上事件为标准调整时间的观念,出现了与自发力量的显示相连的一种不变有序的规则的表现。因此,力量现在不再是不可计量、不断要求经验证实的,而成为永久的和不变的了。

从这样的观点出发,作为我们最熟悉的完整事件系列的历法[②]产生了,在其中,地上的事物根据天上的事务来调整进程。[③] 事物在天上怎样,在地上也怎样——这样一种思想,事实上在世界各地都可以见到。无论在哪里,只要人完全脱离了原始思维,并且,通过把生命与仍然更有力的天界的生命联系在一起,把他的生命完全归于时间,那么,

---

① 赞美您啊,主,与您所有的造物,
　　尤其是我的兄弟,太阳,
　　他带来白日,通过他,您照耀一切。
　　他是最美的,华光四射,巍然壮观。
　　啊,至高的主,他拥有着您的形象。
　　赞美你啊,主,为了我的姊妹月亮和星星;
　　你在天空造就了她们,明亮,珍贵,让人心爱。

② 参见本书第 55 章。

③ 参见 M. P. Nilsson, *Sonnenkalender und Sonnenreligion*, AR. 30, 1933。Herm. Fraenkel, *Die Zeitauffassung in der archaiischen griechischen Literatur* (*Vieter Kongress fuer Aesth. u. allg. Kunstwiss.* = *Beilageheft z. Zeitschr. f. Aesth. u. allg. Kunstwiss.* 25), 1931, 97 页以下。

就会产生这样的思想；那种把它作为"古代东方关于世界秩序的观念"仅归于近东地区的做法是错误的。在我们前边因另一种关系而引述过的著名残篇中，赫拉克利特断言："太阳不会越过它的尺度；如果它越过了，正义的复仇女神厄里倪厄斯会找它算账。"[1]这是与胜利之光完全相反的观念：对永恒来说，天体的进程是不可改变的。

星星也依循着它们不变的路径。在这里，胜利似乎结晶为一种无须奋斗的凯旋。恒常出现和不停回归的"永久的"且"不知疲倦的"星星（那些环绕着天极的星星，以及行星）[2]，给埃及人留下了极其深刻的印象，他们把死人的命运与这些不朽的天体的命运联系在一起，而在希腊文化中，这些天体变成了 dei aeterni，即人类命运的永恒主宰者。[3]

因此，人与力量载体之间的亲密联系仍然持续着。但是，在原则上，那不可计量而自发起作用的力量，现在已经成了某种可以预料的东西；只是不能再与之对抗，对它诅咒或者祈求都毫无用处；它被永恒地提升到超越敌意与友谊之上的冰冷位置。如范根尼普（A. van Gennep）所说，在从与动植物生命活动到与宇宙运动（即**宇宙的伟大韵律**"）相联系的发展中，确实存在着某种一致性；[4]我决不反对把范根尼普这种观点视为精彩的评价。不过，在星辰崇拜中，与任意反复或胜利的力量相连系的共同体，要从属于星辰的控制。上界遥不可及：它的生命成为一个过程，它的力量成为一种命运。

由是，人的生命被星相学式地预先决定了。对巴比伦人来说，在最早的时代，星星刻写着"天上的文字"，博学之士能从上面读出自己的命运。不过，这也是他唯一能做的事。由此，人们要反抗这一天上的专制就不足为奇了："那些从我们的笑声中知道这笑声将如何消失的星星，不可避免地成了恶的力量，而不是善的力量，是恶意的和无情的存在

---

[1] Diels, *Frag*, 94(Burnet).
[2] 参见 Kurt Sethe, *Altaegyptische Vorstellungen vom Lauf der Sonne* (*Sitz. ber. d. preuss. Akad. der Wiss. phil. Kl.* 1928, XXII)。
[3] F. Cumont, *Les anges du Paganisme*, RHR. 36, 1915, 159.
[4] *Les Rites de passage*, 1909, 279.

物,它们使生命变得毫无意义……古代晚期的宗教完全沉浸在逃离七大行星囚禁的种种计划之中。"①人希望灵魂从邪恶的"世界元素"(στοιχεĩα τοῦ κόσμου)王国中升入最高天界,即宇宙的第八层,在那里,力量不意味着专横的统治。②人寻找一位**救世主**把自己从星辰的势力中解救出来。基督也是"从那些力量的冲突和战斗中进行拯救,从种种力量与天使的斗争中给予我们和平的"③,《加拉太书》也将通过信仰基督获得的自由与过去"受管于世俗小学之下"④的情况相对立。《罗马书》也用庄严的词句称颂基督的爱,没有"统治者",没有行星守护者,也没有天上的各种力量——那些凭借他们七层围障阻碍通往第八层天界的其他避难所的力量,会使我们与基督的爱隔绝。⑤ "从诞生的那一刻起,我们开始死亡,生命的终结与其开始紧密相连"⑥——罗马诗人的这种智慧至多与一种科学可能性相符,却完全与宗教不符;尽管星相学中混杂着许多宗教,它本身却是一门科学,⑦是关于力量的知识,它既不敬奉也不利用那力量。无论这种科学在何处产生,例如在中国或者在古希腊,都是力图根据月亮、星辰等的位置来精确界定时日,⑧星相学就达到了它的鼎盛时期时,人类生活中的每一件事都被认为从属于万能的星辰。在那个时期,力量在人类生活中的特殊启示无不被认为与某颗特殊的星星相关联:例如,奥古斯都拥有他的恺撒星座。⑨ 类似地,"他的星星"把那三个智者从东方引到了伯利恒的马厩边。不过,与此形成对比的是,《塔木德》的信奉者明确地宣称:"以色列人所服从的

72

---

① Murray, *Five Stages of Greek Religion*, 180.
② 参见本书第 46 章。
③ Clem. Alex, *Theod. Exc*,71, 72.
④ 《加拉太书》4:3;参见《歌罗西书》2:8。
⑤ 《罗马书》8:37 以下。
⑥ Manilius: nascentes morimur, finisqe ab origine pendet.
⑦ 参见本书第 72、83 章。
⑧ 参见 M. P. son Nilsson, *Die Enstehung und religioese Bedeutung des griechischen Kalenders* (*Lunds Univ. Aarsskrift*, N. F. Avd. I, 14, 21),第 35 页以下。
⑨ H. Wagenvoort, *Vergils Vierte Ekloge und das Sidus Julium* (*Med. Kon. Akad. v. Wet. Afd. Lett.* 67, A. I. 1929).

不是星星,只服从上帝。"①

6. 在所谓的"自然崇拜"中,②我们发现了对展现在自然客体中的力量的崇拜,随后又发现了对宇宙过程中有规律秩序的清楚意识。进一步说,在这两种观点中,都存在着后来思辨的前提。最早的希腊哲学家在某种单一自然现象中寻找所有生命的起源和维系基础,或者是水或者是空气或者是火。在其统一性和神性中,如它本身向我们所展现的那样,包含着这个世界的各种差异:αρχή是世界的本质,同时又是世界的神性。在这里,已经有了后来的自然崇拜,因为这些自然事件构成了生命中的秩序,而且,这样的自然事件恰恰因为极有秩序而具有神圣。卢梭的自然崇拜,歌德的"自然在上帝中,上帝在自然里",都再一次在整体中,即在生命自身的整体中寻求超越人性的神圣,神圣的严格理性的秩序使人超脱个体生命的混乱,获得了安全感。

但是,与原始观点的本质区别在于,希腊人发现了精神这一概念;任何现代自然主义都必须以某种方式使自己与这种精神相联系,不论是"上帝之活外衣"包裹着心灵的内核,还是自然最终与这种精神原则相一致(如卢梭的观点),抑或与堕落文化的邪恶发明相对而起到一种矫正作用,如百科全书派或瓦格纳的观点,都是如此。③ 然而,最新的关于"自然"的思想,即尼采—克拉格斯学派的思想,则再一次表现出了追随后一种进路的渴望。但是,真正作为它直接的反题——基督徒和希腊人对"纯粹"自然的轻蔑——是依赖于精神的观念,这种观念完全脱离了原始宗教的思想。

---

① Troels-Lund, *Himmelsbild und Weltanschauung im Wandel der Zeiten*, 第四版,1929,第 140 页以下。

② 参见本书第 5 章。

③ 见 *The Ring of the Nibelung* 第一版;也参见 P. M. Masson, *Rousseau et la restauation religieuse*, 第二版,1916 年,第 9 页以下。

第 8 章 / 神圣的"联合世界"：动物

1. 现在，我们应该讨论一下人自己的神圣世界，尽管环境和天界也应该被看成是人的环境和世界。但是，与人共存的动物属于人自己的领域，并且，对人而言，动物一直比"自然"的其他部分具有更加特殊的意义。切斯特顿再次十分正确地说道："我们谈论野生动物，其实，人是唯一的野生动物。只有人脱离了自然状态；所有其他动物都是驯服的动物，遵循严苛的种群或者种类的行为准则。"[①]但是，人类并不总能挣脱出来，"原始"人常常比"现代"人更少脱离自然状态。[②] 因此，马克斯·舍勒（Max Scheler）和布滕迪克（Buytendyk）在人与动物之间所进行的划分，即前者使其环境客观化，并站在一种独立且优越于环境的立场上，而动物则从属于它的环境，这对于原始人来说根本不是真实的。[③] 因为原始人也从属于其环境，只在极少数情况下才进行"客观化"，也许唯有在巫术中，[④]并且因而只是在一种高于他自己和所有其他东西的力量的帮助下才能如此。因为，在自己感到与之混为一体的环境中，原始人一次又一次地觉察到力量的显现，而我们所说的"世界"还不曾存在。

在这方面，问题首先在于，迫使人把动物当成力量载体的非人类存在物是什么。强有力的非人兽类，本质上对人是陌生的，但同时人又对它们非常熟悉，先是作为猎人，后是作为饲养者。这种既在优势的面前

---

① *Orthodoxy*, 265.

② 参见 van der Leeuw, *La Structure de Mentalité Primitive*。

③ Max Scheler, *Die Stellung des Menschen im Kosmos*, 1928, 44*ff*. F. J. J. Buytendyk, *Blaetter fuer Deutsche Philosophie*, 3, 1929, 第 33 页以下。

④ 参见本书第 82 章。

产生敬畏,又在完全熟悉之中产生亲密的那种混合情感,即使不能解释,也能使我们在任何情况下理解动物崇拜和图腾崇拜。①

我们现在可以比较容易地欣赏动物的优势。因为动物掌握着人自身所欠缺的种种力量:肌肉的强度、视觉和嗅觉的敏锐、方位感以及追踪、飞翔、快速奔跑的能力,②等等。另一方面,尽管有各种各样的进化理论,但是,我们现代人以自己通常的感觉和思想,在人与动物之间所假定的意义重大的区别,那时还没有出现。马斯伯乐(Maspero)这样描写古埃及人:"使人类和动物分开来的间隔几乎不存在,……它们(动物)与人类的联合是有益于人的,因此,难怪埃及的国王们会把太阳—鹰描述为家族的祖先,并说他们起源于那只鹰蛋。"③今天,我们在东印度群岛可以看到同样的情景,那里的土著人认为动物与人没有什么本质区别,与动物结合、来自动物或由动物所生以及为动物的后代,都被认为是完全正常的事情。例如,一个巴布亚土著人说:"在那座岛上住着我的一位亲戚。很久以前,我的一位祖先生下了一对孪生子,一个真正的男孩和一只蜥蜴,母亲哺乳他们两个。当蜥蜴长大之后,她就把他带到了那座岛上,他一直生活在岛上的一个洞里。之所以让他活下来,是因为表示对他的尊重。有冠毛的鸽子和黑色的大鹦鹉也属于我的部族。"描述此事的传教士补充说,"他对于属于自己的部族那类东西则不那么敬重,因为他在任何可能的时候都会射杀它们,并把它们带给我,只是他都让其他人送来,他从来不吃甚至也不碰它们。"④从这一方面说,在神话故事中也有对过去关于生命感觉的真实反映,人与动物具有类似的亲密的关系:他们也把由动物而生和与动物婚配看成相当普通的事情。

因此,动物一方面是非人的、完全相异的、邪恶的或崇高的;另一方

---

① Ankermann in Chanterpie,前引弓,I,169。
② 参见 Lévy-Bruhl, *How Natives Think*, 38。
③ G. Maspero, *Études de Mythologie et d' Archéologie Égyptiennes*, 1893-99, II, 213.
④ A. G. Kruyt, *Het Animisme in den Indischen Archipel*, 1906,第 120 页以下。

面,它又是亲密相依的和熟悉的。这两方面的结合,使把动物作为一种神秘客体加以崇拜成为可理解的。

令人厌恶和疏远的动物首先是蛇。在数不清的传说中,蛇扮演着一个怪物(龙,等等)的角色。它从地下爬出来,这使之与死亡的秘密相关联,而它与阴茎的形似,又使它与种族存在的神秘相关联。它与阴茎的形似,使它构成了一种性的象征,甚至在现代心理学体验中亦是如此,在神经病例中,它总是被作为性压抑的表现。蛇的力量主要被体验为灾难和威胁。

另外,我们熟悉且关系最近的动物是驯化了的野兽。在不同的民族中,动物驯化具有不同的进程。有的把猪和狗看作不洁(即看作神圣的,却是不祥的),而有的则当作人类的朋友。牛是所有驯养动物中最受喜爱的,印度和古代波斯的宗教竞相表现他们对牛的尊敬。甚至在今天,牛尿与古昔时代一样,是印度人净化的主要手段,而牛的生命则是神圣的。现代印度教徒会把一只没有用的牛送到树林里,让狗把它撕成碎片,或者把它卖给信奉伊斯兰教的屠夫,而他本人决不会杀牛。

家畜被作为家庭成员。不久之前,在荷兰东部,一个农夫死了,人们要举行仪式来告诉他的牛,甚至他的蜜蜂。同样,格尔德兰省的乡下人有"蜜蜂运"之说,它被授给那些与之相匹配的人;新婚夫妇也乞求蜜蜂赐福于他们的婚姻。[1] 古希腊人把杀死公牛看成是屠杀他们自己的兄弟,在献祭时会为牺牲品宣读悼词。[2] 就在不久之前,动物审判还是现实存在的风俗,动物可以作为证人、被告和原告出现在法庭上。1565年,亚耳的居民要求驱逐蚱蜢,当时的正式陪审团处理这桩诉讼,马林(Maître Marin)担任那些昆虫的代表,并以极大的热情为它们辩护。但是,蚱蜢还是被判迁走,受到驱逐的处罚。直到 1845 年,法国还发生了一桩动物审判案。[3]

---

[1]　H. W. Heuvel, *Oud-achterhoeksch boerenleven*, 1927, 227.
[2]　G. Murray, *The Rise of the Greek Epic*, 第 86 页以下。*Odyssey*, 3, 第 415 页以下。
[3]　E. Westermarck, *The Origin and Development of the Moral Ideas*, I, 254.

因此，如果从一方面说，那种与有力量的动物平等，甚至它们优于人类的感觉，一直在顽强地存在着，那么，另一方面，试图将动物从这些人类关系中排除出去的合理化努力也一直在进行之中。所以，浮士图鲁斯（Faustulus）的妻子阿卡·拉伦西亚（Acca Larentia）更应该是一个娼妓（lupa），而不是一只母狼（lupa）。[1] 但是，正如有效力的东西的这种情况一样，对原始情感的这种回归只能由诗人去发现，也许只能伴随着那种渴望之路：

> 我想我能返回，
>
> 与动物一起生活，
>
> 它们如此平静和自足，
>
> 我伫立着，久久凝视着它们。[2]

2. 图腾崇拜与强有力的动物观念紧密相连。诚然，图腾也可能是一株植物，或是某种自然现象；然而，"动物图腾在如此大的程度上占据了优势，它给人造成了其他东西都是后来出现的牢固印象，人与动物的关系似乎可以被看成是图腾崇拜的真正核心"[3]。

在图腾崇拜中，既有个人的，也有社会的；不过，按照中美洲居民的相关信仰，前者最好称为"附兽守护精灵崇拜"（Nagualism）[4]，或根据北美洲人的信仰称为"自然神崇拜"（Manituism）。[5] 第二个名称显然涉及对动物力量的利用以及与之联系的问题。例如，一个年轻的北美洲红种印第安人走进荒野，在那里，他的图腾动物在梦中向他显现并与他结合为一体；而在东部爱斯基摩人中，卡格萨格苏克（Kagsagsuk）是一个

---

[1] Plutarch, *Romulus*, 4, 3.

[2] Whitamn, *Leaves of Grass*, "自我之歌"（"Song of Myself"），第 32 行。

[3] Ankermann in Chantepie, 前引书，I, 165–166。

[4] nagual 是墨西哥及中美洲印第安人信奉的守护神，依附于动物身躯中，故称做"附兽守护精灵"。——译者

[5] Chantepie, I, 171–172.

"软弱的约翰尼"，他总是被人嘲笑和欺负，直到他在山中荒凉的地方找到所谓阿玛罗克（amarok）——一只能赋予他巨人般力量的魔兽，他的境况才会改变。[①] 此外，在墨西哥人的信仰中，神灵们也有一个纳古阿尔（nagual），即一种个人的守护精灵。[②]

这种个人的守护精灵，与动物身上的"外在的灵魂"有密切的关系，对此，我们在后面将会熟悉这一点。[③] 再进一步，这种优越动物的力量被体验为人的力量，因此，冯特（Wundt）谈到"动物灵魂"，并力图从这个观念推出图腾祖先的观念。[④]

但是，我们却由此理解了社会性的图腾崇拜。这个术语本身源于一位英国的译员约翰·朗（John Long），他在 1791 年首次使用这个术语，用来指某种以动物形式保护人的善意的精灵，由于它的保护作用，人们决不会把它杀死或吃掉。[⑤] 然而，在现代研究中，图腾崇拜已经变成了永无休止的争论主题，在这些争论中，对这个术语的表述可谓五花八门，有的极其空泛，十分含糊，有的极端武断，非常狭隘。不同的研究者不仅得出了不同的结果，构造出了互异的结论，而且，即令是同一个**学者**，如弗雷泽，最终也不得不设计出三种不同的理论来说明图腾崇拜。虽然如此，我们还是可以合理地思考这种现象的一些公认的特征。（1）某一人类共同体的福祉与图腾不可分割地联系在一起，由此，我们可以但不能必然地（a）推断出某个团体所具有的图腾名称；（b）这种图腾被看作它的祖先。（2）图腾涉及各种塔布，诸如（a）禁杀或禁食，但在特殊情况或特殊条件下，吃它的要求本身可能变成命令，因为图腾与社会团体之间的联系必须得到加强；（b）禁止同一图腾团体内的血族通婚（所谓异族通婚）。不过，举出这些特征并不能使我们获得对图腾

① W. Krickeberg, *Indianermaerchen aus Nordamerika*, 1924, No. 6.
② W. Krickeberg, *Maerchen der Azteken und Inkaperuaner*, 1928, No. 4 and Note.
③ 参见本书第 42 章。
④ Wundt, *Voelkerpsychologie*，第四章，第 358 页。
⑤ Reuterskiold, *Der Totemismus*, (AR. 15, 1921) I; A. van Gennep, *Religions, Moeurs et Légendes*, 1908 - 1914, I, 51.

崇拜的真正理解,就现代思维而言,要获得真正的理解,我们必须充分考虑到图腾崇拜的宗教基础。当然,图腾绝不是神灵,作为一种规矩,在献祭等祭祀意义上,它们并不"被崇拜"。但是,现代思想的一个缺陷是,只要与宗教这个词有联系,就会使人立即想到"神灵"。然而,图腾崇拜不需要神灵,而是意指渗入某种动物的力量之中。"在狩猎时代……人们迫于生活和固定的日常需要,只能把动物同时想象为敌人和食物,如果人自身似乎完全浸入动物之中,那么,他的意识的这种内容必然会表达出来,这就十分自然了。"[1]这种对更高力量存在物的浸入(由此可以征服它),构成了图腾崇拜的本质,并使图腾崇拜变成了一种宗教。任何社会性的事物都仅仅是次要的,都是对力量体验的结果。图腾动物作为一个群体,是所谓部落或家族的力量宝库。[2]

　　共同体的生命系于图腾。巴隆伽(Ba-ronga)的班图部落把牛说成是什么活都能干的"草原巫师","我们整个生命都依赖于他",如果他死了,部落除了集体自杀外别无选择。在这个例子中,从一种具有图腾等级的社会体系的意义上说,就不存在"图腾崇拜"的问题,就像在澳大利亚所发现的那样。然而,所有必需的前提都已存在,[3]当以世系形式指明了与动物的基本关系时,我们就接近了距离这个体系更近的阶段。例如,一个阿曼达贝尔族(Amandabele)的年轻人拒绝为某只牛挤奶,"对他来说,它太有力了,他害怕挤他母亲的奶"[4]。如果把这种观点系统化,那么,就会形成源于那一图腾的观念,而不仅仅是血缘的联系。因此,顶端是动物,下面是一系列祖先的图腾柱,就是(如冯特所评论的)一种不具人格的家族树。[5] 在北美洲,有另外一些例证。[6] 我们主要在澳大利亚发现了非常复杂的图腾体系,在其中,图腾为共同体的整

----

[1]　Ankermann in Chantepie,前引书,I,169。

[2]　Saintyves, *Force magique*, 56 and Note 2; Reuterskiold, 前引书, 20; 参见 B. Schweitzer, *Herakles*, 1922,82。

[3]　Carl Meinhof, *Afrikanische Maerchen*, 1921, No. 20.

[4]　Fourie, *Amandebele*, 106.

[5]　Wundt,前引书,IV, 331。

[6]　Besson, *Le Totémisme*, 1929, Plates XXIII 以下。

个社会组织提供了标准。

　　然而，如果我们不是从这个体系开始，而是从某些动物种类中的力量积蓄的观念出发，那么，我们就能理解许多存留在较少原始文化情结中的这种观点的遗迹。例如，说古代埃及人是图腾崇拜者是很荒谬的，如果这样说的意思是他们接受了一种图腾崇拜体系的话。而如果我们仅仅是指与动物有基本关系的观念和依靠这种动物力量的可能性，那么，这就并不荒谬了。在后一种意义上，如我们所见，埃及人肯定是图腾崇拜者，类似的这种情况也适合于古老的日耳曼世界的熊部落和狼部落。[①]

　　3. 由于在动物与人之间的亲密关系中，前者可以是人和拟人的动物，所以，在神话故事中，原先仅仅是动物的动物，变成了迷人的王子。凡是对北美和南美印第安人故事有印象的人，一定会觉得，在印第安人的头脑中，动物和人类之间不存在任何区别。婚姻与生育、战争与和约把他们紧紧地拴在一起，不需要通过任何变形，把动物就可以说成是人，或把人说成是某种动物。随着两者之间的对比变得越来越清楚，这种转换也就变得越发必要，于是，所谓**"变狼狂"**就开始出现了。虽然这种情况以人伪装成狼而为人所熟知，但是，动物与人的混合绝不是原来意义上的纯粹的变狼狂。在印度尼西亚，鳄鱼、狗及猫，尤其是老虎，都似乎是"狼"，[②]而在古日耳曼时代，我们发现有一种**"狂暴的人"**，他们可以把自己变成像熊一样的"披着熊皮的人"。但真正的狼人也出现过，西格蒙德尔（Sigmundr）和辛福约特利（Sinfjoetli）装成狼形隐藏在森林里。这种信念直到最近仍有影响，有人披着动物的皮实施犯罪。[③]在其背后有一种出神的体验：动物是完全的"相异者"，当人对人性感到厌腻时，就逃到那里寻求庇护。酒神膜拜中的妇女，在动物中寻求神。

80

①　Groenbech, *Vor folkeaet*, II, 1912，第 98 页以下。
②　Kruyt, *Animisme*，第 190 页以下。
③　Charles de Coster 作了最实际的描述，*La légende d'Ulenspiegel et de Lamme Goedzak*；参见 Bruno Gutmann, *Volksbuch der Wadschagga*, 1914。

她们自己仿佛完全生活在动物世界,但不是出于现代意义上的"动物保护主义"的爱,因为那时这个观念还不存在! 那只是为了从自我中解脱出来。正如欧里庇得斯的精彩描述那样:

> 这边是一只小山羊,
>
> 那边是一只野狼仔,
>
> 年轻的母亲微笑着,在爱中
>
> 将自己的胸脯
>
> 供它们吸吮洁净的奶汁,
>
> 完全忘记了家中的婴儿。[①]

在酒神崇拜中,动物显然是人们寻求与之合一的神灵。

在定期的崇拜活动中,也具有相同的情况。在各地的祭祀节目和舞蹈中都使用动物的面具,用(神的)动物的形象装扮表演者。因此,一个人扮演动物,是为了与它同一,利用它的力量。"蜜蜂"是送给得墨忒耳女祭师的名称,"小牡马"则是送给其他祭师的,而阿耳特弥斯布劳罗尼亚(Artmis Brauronia)的女舞蹈者们被认为是"母熊"。[②] 事实上,希腊悲剧起源于动物面具舞。

被古代人和我们首先归之于埃及人的动物崇拜,即使只是在其初级形式中,都可以在几乎所有种族中发现。在田野、森林和山山水水中让人熟知其自身的那种力量,常常采取动物的形式为人所知,玉米的精灵是一只牡兔或野兔,而不是一个老妇人。由此,许多"高位神灵"表现出动物的特征就不足为奇了。这种情况并不只发生在埃及。得墨忒耳的女祭师们是小牡马,她本人则是一匹母马,她与种马珀塞冬(Poseidon)产下了马驹阿雷翁(Areion)[③];与此类似,狄俄尼索斯是一头

[①] *The Bacchae*,第 699 行以下(Murray)。

[②] 参见 van der Leeuw,*Goden en Menschen in Hellas*,1927,37。

[③] Pausanias,VIII,24,4.

公牛,艾利斯(Elis)的妇女们向公牛形式的他祈求。①   81

因此,屠杀动物神灵与屠杀图腾具有同样的圣礼特征。在古罗马,八月马②在赢得赛事后被祭师杀来献祭。从尾巴流出的血部分用来滴在王的圣炉上,部分保存在维斯塔(penus Vestae)的圣殿里,而割下来的头分属 Via Sacra 和 Subura 两边的人争夺,由胜利者将其钉在雷吉亚(regia)或玛米里亚(Mamilian)塔上,一直保存到下一个节日。这个动物是丰收的载体,从它的脖子上悬下一串饼状的花环,以使水果生长茂盛。

动物不仅维持着植物的能力,而且在每个领域它们都是更优秀和更聪明的。动物与许多城市起源的传说有关,如罗马的母狼、阿尔巴的猪,等等。它们可以走自己的路,走向人类智慧所不能及的地方。与之类似,两只不驾轭的"乳牛"载着约柜返回以色列的土地,因而它们对非利士人来说是危险的。③

现在,动物的力量只存在于童话故事中,只有在盾徽上它们还保留着古代的辉煌。然而,这些盾曾经是一种生命的象征,与一种超人存在的稳定形式相关联。   82

---

① G. van der Leeuw,同上书,第 112 页。
② 马属八月。——译者
③ 《撒母耳记上》6:7。

第 9 章 / 意志与形式

1. 环绕四周的和更高的世界构成了与原始人相关的世界，原始人的神圣性只能在与自然的、最亲密的共同体中得到体验，这一原则除了用"力量"这个词表示外，还有另一种表达。因为，力量需要**"意志"**。这就是说，环境不仅分有人的生命，对人施以一种强烈的影响，并且还"意欲"某种同人有关的东西，而人自己也意欲从环境得到某种东西。

在**万物有灵论**中存在着对这些状况的一种暗示。主要由于泰勒(Tylor)的杰出研究，这种理论在很长一段时间里以其经典形式主导着这类思考。但是，这种理论实际上只是一种暗示，因为在它的整个结构和倾向中，这种理论更适合于十九世纪下半叶，而不是它想说明的原始世界！

这种理论是从心理学资料出发的。当物力论(Dynamism)试图理解对环境效力的体验时，万物有灵论则意在把它解释成两种意志或两种灵魂或两个精灵之间的一种遭遇，即人的和环境的两种意志的遭遇，这是其核心和它恒久的意义。但不幸的是，从梦的体验开始，它被附加了更多的东西。因为，在一个人的梦中，我们作长途旅行，而在另一个人的梦中，我们也可能向其他人显现，原因在于，其他人能在梦中看到我的样子。反之，如果我梦到他们，我也能遇到他们。但在做梦期间，我的身体和他们的身体的确都安静地躺在原地。因此，肯定有某种东西能够从身体中释放出来，那就是灵魂。另外，除了梦，还有另一种情况，即当身体显然无生命时，灵魂似乎离开了肉体，也就是死亡。因此，不管怎样，这个"某种东西"一定以某种方式继续活着。因为死人也在我们的梦中与我们相遇，向我们显现，并且我们还对他们说话。因此，死后还一定有灵魂存在。

　　万物有灵论的心理机制就是如此。但是,由于万物有灵论者被一个自发的行动的世界所环绕,他也就需要一种宇宙论。除了那种呆钝的灵魂外,人类的活动总是依赖于灵魂的存在。因此,自然界的种种运动,如水中的波浪、燃烧的火焰,还有树梢上的沙沙声,以及滚动的石头,都必须被解释为人的运动。"他们自己的(原始人的)人格和感受是……同他们的观察唯一有关的材料,他们据此而形成自己关于自然的观念;他们用这些观察材料组合成他们的自然图景……"①因此,人从自身推及世界,得出了这个结论,即,不仅他自己而且所有自我运动的客体都有灵魂。

　　因此,整个世界充满了"精灵"。大海、湖泊、河流、山脉、洞穴、树木、森林、村庄、城镇、房屋、空气、天空、下界,所有这些事物和所有地方被看作具有灵魂,就像苏门答腊附近的尼阿斯(Nias)岛上的居民所认为的那样。② 具有这种认识的民族数不胜数。③ 但是,当我们继续追问为什么原始人不仅认为动物具有灵魂,而且各种各样显然绝不可能有生命的客体也具有灵魂时,万物有灵论者给出了两种不同的回答。首先,所谓病态思维被认为是使人产生了这种想法,正如我们的孩子把碰着他们的桌子叫作"不听话的桌子",把玩具熊看成活生生的动物那样。但是这种病态思维也可以被看作由语言病引起的,因为语言本身预设了拟人法。我们说,而且必须说:暴风狂吼,大海闪亮,太阳照耀;但是我们知道,风暴、大海、太阳不是真正的动因。不过,原始思维并不明白这个道理,而被语言引向了拟人化,语言习惯地把周围世界分成男性和女性——雄性和雌性——的存在物。④

　　这一切当然是一个令人遗憾的错误,人类一进入十九世纪的成熟

83

---

① 　Nieuwenhuis, *Die Wurzeln des Animismus*, Int. Arch. Ethnogr. 24, Supp., 1917, 61.
② 　Wilken, *Verspreide Geschriften*, 1912, III, 233 – 234.
③ 　Alviella, *L'Idee de Dieu*, 1892, 107.
④ 　Alviella, 前引书,第 60 页以下。

期,就从这种病态中康复了。但是,如果我们把这种错误的——确实是
病理性的方面——搁置在一边,那么,对作为世界解释理论的万物有灵
论就不需要再提出许多反对意见了。泰勒确实赞赏万物有灵论的逻辑
结论,按照他的见解,万物有灵论是"一种彻底前后一致的和理性的哲
学",同样被结果预设原因的信念所支持,这种信念也是我们所熟悉的:
"结果"是运动的现象,"原因"是"精灵"。这些精灵实际上不是别的东
西,而是"人格化的原因"。尼乌文赫伊斯(Nieuwenhuis)还把万物有灵
论看成是本质上同原始的科学,即"三段论",是一致的,并且把因果关
系的必然性看作它的基本根据。

　　2. 但是,令人难以理解的是,为什么这种关于世界相互联系的理
论竟然会是一种宗教,而且是所有宗教的起源。因为,"灵魂崇拜"和
"祖先崇拜"显然不仅是对因果关系的哲学解释。事实上,万物有灵论
力图根据英国和法国实证主义的模式来解释原始人的意识生活,同时,
借助于这种解释说明宗教的起源! 由于它不能适当地评价宗教,其自
身也就失败了。人们已经在许多方面认识到了这一点,甚至包括实证
主义者本身。斯堪的纳维亚的索德布洛姆、英国的马雷特、法国的涂尔
干、德国的普罗伊斯、荷兰的克鲁伊特,以及其他许多研究者已经积累
了许多反对万物有灵论的资料。这些反对意见主要有:(1) 万物有灵
论不能解释为什么灵魂在死后突然成为崇拜对象,顺便说说,还有大量
的"灵魂"并没有成为崇拜的对象。然而,这一疏忽在于:(2) 万物有灵
论没有认识到力量这个观念,因此,它不能认识到崇拜活动总是依赖于
对力量的证实。由于这个原因,万物有灵论也忽视了这样的事实,即,
自然的和人为的客体中的普遍生机,或者它们充满能力的可能性,并不
会总是与有关"灵魂"的观念密切相连。因为,某种东西可以没有被归
之于它的任何"灵魂"而生存,并且拥有力量,甚至被崇拜。① 然而,灵
魂理论的缺陷——这大概是它的主要缺陷——在于,(3) 采用了片面

————————————

① 参见 Otto, *Gefuhl des Überw.*,68。

的理性主义方法。万物有灵论没有觉察到,在灵魂或精灵的概念中,像信仰这类的东西必定是存在的。这种理论也忘记了,梦的理论并不可能是关于灵魂、死者、精灵和神灵信仰的起因,除非这些观念已经从其他来源引入了梦中。进一步说,这种理论忽视了这样一个事实,即,对于不得不为从环境中攫取生活资料的紧迫需要而斗争的原始人来说,几乎不可能倾向于对"原因"进行"哲理化"的阐释。而且,这种理论也完全错误地理解了所有**世界观**和一切宗教与经验的那种密切融合。更进一步说,(4)死者的精灵与自然的精灵之间的关系是非常模糊的。当然,死者的精灵偶尔会潜藏在山里等处,但是,这并不能成为把对死者的崇拜作为一般原理来解释赋予自然以灵魂的理由。再者,(5)"普遍赋予灵魂"的整个观念的结构,是建立在一种巨大谬误之上的,因此,根据万物有灵论,必需假定人类起初像一个孩子那样开始于非真实状态,直到最终(6)甚至用孩子的类比也无法继续下去,因为孩子完全清楚,玩具熊并不是真实的,只有在强烈的感情之下它才有时成为活的。就像涂尔干所指出的那样,如果这只熊真的咬了孩子一口,那才是真正让人吃惊的!

3. 粗略地说,以上是关于万物有灵论的过错的记录,并且,不可否认地,是一段长长的纪录。但是,如果我们把万物有灵论借以出发的这些事实从理论本身中解放出来,那么,万物有灵论的巨大而永久的意义就会变得十分明显。因为,我们现在可以从赋予其玩具以生命的儿童重新开始。正如我们上面所说的,这种活动是在情感的影响下进行的。儿童希望其周围拥有生命,并且寻找另一个与自己相对的意志,所以,玩具被拟人化了,乃至那些东西不再被视为玩具。实际上,"拟人化"是一种过于精心和理性化的表达,我们最好说,儿童赋予了无生命的和无灵魂的客体以**"意志"**和**"形式"**。甚至对于形式来说,也许靠垫代表了一头大象,或者扫帚代表一个阿姨!但是,儿童并不想借此解释任何事

85

情,对他来说,意志的分配是对他自己"当下幼稚的世界经验"的表达。① 因此,关于为什么"原始人和儿童把世界看成是拟人化的生命图景"的这一问题是没有意义的。"相反,我们应该扪心自问:为什么我们竟永远失去了这种自然的观察模式,以至于我们只有通过艺术手段来恢复它?"②然而,无论如何,所谓拟人化的动因都在于体验。具有前万物有灵论倾向的研究者们指出,在威胁原始人生命的极度匮乏中,在不断的危险和连续的危机中,都可以观察到这种普遍存在的体验。这些匮乏、危险和危机引发了对一种武断意志的依赖之感(如"万物有灵论者"尼乌文赫伊斯所说),③它们唤醒了那种意识,即,某个人,某个精灵,或者某位神灵,对人或者是敌视的,或者是友善的。这种解释无疑包含了许多真理,尽管我们最好不要对原始人在原始森林中的生活作过多的想象!

因为,在我们现代世界的境况中,这种需要仍然存在。我们也是万物有灵论者,虽然我们尽力去忘掉这一点! 儿童和诗人既不是任何疾病患者,亦没有智能上的缺陷,而是情感生活摆脱了某种人为限制的人。在这一方面,那种能够激发起万物有灵论者赋予意志和形式创造的人类经验,显露为最普遍的一种体验,即**孤独**。生活在各种力量的制约之下的人是孤独的。不管力量与人相对立,还是人自认为与力量同在,或者确实懂得如何用某种巫术控制力量,那种力量仍然让人孤独。因此,人在自己的环境中不只是寻求"人类的世界",而且还寻求与他自己平等的东西——一种意志:

> 灵界并未关闭;
> 只是你的官能阻塞,心灵已死!④

---

① A. A. Gruenbaum, *Zeitschr. f. padag. Psychologie*, 28, 1927, 456.
② 同上,第457页。
③ Nieuwenhuis,前引书,第15页。
④ 《浮士德》,第一部。

　　"并非孩子开始把精神的特征赋予月亮,月亮最初对他而言是一种无生命的自然,但是月亮一出来就对孩子显现为一种具有灵魂的存在。"[①]因此,在孤独的危机中(对于原始人来说,这种孤独很可能是非常严酷的,尽管我们只是非常熟知我们自己的孤独),人赋予各种力量以意志和形式。由此,可以引发客体化的、讲话的与聆听的、诅咒的与祈求的、显现的与自身隐匿的神的所有可能性。

　　对于原始人来说,就如同对我们的农民一样,变化着的季节是生活中非常重要的因素,与之一起的还有出生、结婚和死亡这些重大事件。冬天像春天一样是可以通过遵守仪式而控制的力量,那曾经是某种为了这个原因而向原始头脑自我显明的东西。总之,这种季节的恶意或善意的能力现在变成了一种意志,或者一种让万物生长的精灵,或者一位丰产之神,它可以被祈求,或者相遇,或者被驱逐。这就是万物有灵论。在这里,只需略举几个例子,因为后面的章节中包含着丰富的例证。力量、意志和形式这三个词,实际上包含了宗教客体的整个概念。[②]　　87

　　在苏阿比亚(Suabia)、瑞典和尼德兰,果树在圣诞节时用稻草包扎起来,使它们能够多结果实。[③]这是保留和聚集树的能力的一种努力,因而是物活论的一个例子。但是,例如在比勒尔西(Pillersee),如果农民到果园去,敲打果树并对果树大声叫喊:"醒来吧,树!今夜是圣诞前夕,再多多地结出苹果和梨子吧。"那么,这就假定了一种意志和说服树的可能性,因而构成了万物有灵论,尽管是一种某种初级类型的万物有灵论。当树的力量被认为是一位"树神"、一位森林女神,或者树精,或

---

① Grünbaum,前引书,第459页。

② "形式"(格式塔, Gestalt)是本书中最重要的词之一。这个词联系到近来出现的"格式塔心理学"(Gestalt Psychology)而得到最好的理解。这种心理学认为,每个意识客体都是一个整体或一个单元,并不只是由通过分析所发现的种种因素的组合而成。在英语中,这个体系通常称为"结构心理学"。在这个意义上,"赋予形式"以及"形式创造"将作为与同类词"格式塔化(Gestaltung)"的同义词而出现。但是,至关重要的是,在本卷中,应该注意到所有"形式"都是可见的,或者可触及的,或者要么是可感知的。因此,赋予形式或者形式创造,指的是最初是无形的那些感受与激情逐渐结晶为某种可感知的统一的形式。参见本书第65章第2节。

③ O. von Reinsberg-Dueringsfeld, *Das festliche Jahr*(第二版), 1898, 460。H. W. Heuvel, *Oudachterhoeksch boerenleven*, 473:在格尔德兰(Gelderland),农民穿着自己的衬衫到果园里参加 met bloote gat,即一种在祈祷丰产的风俗中裸体仪式。

者冠以其他类似的称呼,并且获得了自由运动的可能性时,万物有灵论就以更加完备的形式出现了。

不过,我们在此必须提防以这样一种方式来表述万物有灵论和物活论之间的关系,即认为前者在某一时间点上成了后者的后继者,如由于最初发现"力量"而产生的满足和"前万物有灵论"这个不幸的术语的影响而发生的那样。当然在许多情况下,我们确实能够表明非人格力量如何获得意志和形式。但是,在所有时期都有物活论以及万物有灵论,二者直到今天仍然并列存在:倾听祈求的圣徒是一种形式并拥有一种意志,而他那拥有神奇作为的遗物则是一种力量。因此,万物有灵论和活力论所指的不是某些时代,而是某些结构,它们本身都是永恒的。把圣水视为有特殊的能力,或把庄稼的生长归于某种意志,指出这种说法的"谬误"只是一种廉价的消遣。正如很容易嘲笑那种对洗礼力量的"错误"信念,或者那种对疾病可以通过某种超越意志干预得以治愈的虔诚幻想。尽管如此,诗人和孩子们知道这种"谬误"根本不是谬误,而是对现实的一种活生生的看法,对他们来说,与力量或意志相遇是极其自然的事情。诗人如同孩子一样,习惯于比人类学家和历史学家更深入地观察实在。

4. 索德布洛姆以透彻的洞察力,在与活力论和所谓原初宗教的关系之中,赋予万物有灵论的深刻意义以重要地位。"在玛纳型的非人格力量中,最初出现了关于祂渗透在整个宇宙之中和神在其本质上是超自然的这一认识。对灵魂和神灵的宗教开启了对神灵在场的理解,在更严格界定的意义上,这种在场是一种意志的领域:开始是复杂多变和任性的个体,后来,作为先知影响的结果,或者某些其他伦理宗教成就的影响,成了依从内在法则行动的更理性、更人格化和更道德化的存在。"[1]"灵性的"一词,不应该按我们的意义来解释。因为,获得一种意志的力量也获得了一种形式:意志和形式一起构成"人格",以这种"人

---

① *Gottesglaube*, 283.

格"支配了思维的神话模式，更确切地说，支配了最现代的"物质与力"的科学，或者是"能量与原子"的科学，我们不可能抛弃它。

　　活力论和万物有灵论之间的区别也可以这样陈述：活力论中的"超常的"在万物有灵论中是"意外的"。现在，意外的东西不是来自"力量"而是来自"人格"。因此，人们可以根据万物有灵论的观念抱怨世界上的事件不可预料，如果这样做了，用阿尔维拉（Alviella）采用的绝妙词语来表达，我们将高兴地听到："除了机会、反复无常，没有什么东西存在，最多只有习惯（在自然过程之中的习惯）。他们（原始人）不能肯定白天的光明一旦消失还会在早晨重现，正如他们不能确信夏天会在冬天之后出现。如果太阳离去之后每个春天又回归，如果月亮每个月都能恢复它失去的形状，如果大雨能止住干旱，如果风减弱了——这一切的发生是因为这些存在者希望它发生；但是，谁知道他们是否总是希望发生，或者总是能够使它发生呢？"①但是，我与阿尔维拉都难以认同这样的倾向，即，认为用"建立在自然科学基础上"的现代**世界观**的稳定秩序和铁一般的规律来代替这种随意性。因为，我们必须意识到，在这种反复无常中存在着善的意志可能性，同样存在着恶的意志可能性——魔鬼的意志与上帝的意志的可能性，罪恶的可能性与恩典的可能性，上帝戏剧的可能性和人的戏剧的可能性。

　　我们也可以以公正之心想到，没有对构成万物有灵论的存在于宇宙和人之中的意志的肯定，柏拉图的哲学就永远不可能得到说明；在这个意义上还应该加上康德哲学，如果我们考虑到形式的话，还要加上菲迪亚斯（Pheidias）和拉菲尔（Raphae）①。从这位多产的被称为**形式创造**的母亲那里，诞生了伦理学、心理学、知识论、诗歌和绘画。但是，如果我们想骂她，我们就称她为神话！然而，比柏拉图和拉菲尔更重要的是摩西和圣保罗：耶和华是一个万物有灵论的上帝，与其说是因为他最初在山上，或者用风来象征，不如说是因为他就是意志，就是燃烧着的

89

---

① *L'Idée de Dieu*, 178 - 179.

热情的活动。还有,最高的活动与最低的形式结合——但是,这是怎样
一种形式啊！——在耶稣之中向我们显现。切斯特顿以其对原始价值
的良好感受,在此也优美地表达了任性的意志与爱、恐惧和赞美是多么
亲密地联系在一起:"对于一个夜间走在小路上的男人来说,他能看见
的明显事实是,只要自然保持其原样,她就根本没有影响我们的力量。
只要一棵树还是一棵树,即便它是长着一百只手臂、一千条舌头和只有
一只脚的头重脚轻的怪物。但是,只要一棵树还是一棵树,它就根本不
会使我们害怕。只有当它像我们自己时,它才开始变成某种相异的东
西,变成某种陌生的东西。当一棵树看上去真的像一个人时,我们才会
双膝发抖。当整个宇宙看上去像一个人时,我们就会直挺挺地倒在地
上了。"①

---

① *Heretics*,"Science and the Savages";Chap. XI,152.

第 10 章 / 母亲的形式

1. "找出古老的母亲",这是老巴霍芬(Bachofen)多年前就提醒过我们的话。[①] 科学从来没有全然忽略过这一忠告,尽管这位浪漫的**博学之士**的奇特、深奥且也有些晦涩的理论直到最近才受到了应有的注意。"在世界上,关于母亲的宗教是最神圣的,因为,它把我们带回我们灵魂最深之处的个人秘密,带回孩提时与母亲的关系之中。"奥托·科恩(Otto Kern)的这几句话点明了我们主题的本质。[②] 人们相信力量后面的形式之轮廓不对,而在其中认识到他们自己母亲的特征;因此,当与力量相遇时,人的孤独将自身转化成为与母亲的亲密关系。现代心理分析使我们许多人认识到了母亲形式在成年人生活中的分量和支配一切的重要意义;而诗人——在这个理论化了的世界中的仅有的真正万物有灵论者和实在主义者——已经感觉到这种需要,即多少是有点强制性的唤醒需要,尽管这种苏醒会带上许多不一致的新的思考。同样,圣方济各在那些前面被引用的令人惊叹的赞美诗中,提到了"我们的姐妹,大地母亲,养育我们,关怀我们,繁育出如此多种的果实,还有那青草和美丽缤纷的花朵"[③]。

世上发生的种种事件现在不再是效力的作用,它们全部被化约为一个伟大而神秘的事件:**生育**。运动与变化,存在与消失,现在都只意味着诞生和对母体的回归。母亲是滋养万物的大地:生命就是从大地

---

① *Urreligion und antike Symbole* ; antiquam exquirite matrem.
② *Die griechischen Mysterien der klassischen Zeit* , 1927, 24.
③ *Laudato si , mi Signore , per sora nostra matre terra ,*
   la quale ne sustenta et governa
   et produce diversi fructi con coloriti flori et herba.

母亲诞生，死亡就是回到她那里。这也是诗人们从来没有遗忘过的，在乔叟的《坎特伯雷故事集》中，那位不会死的老人一边叹息一边呻吟：

> 我如此行走，无休无止，
> 在这大地上，那本是我"母亲"的门，
> 我用手杖敲打，早晚都在敲打，
> 并且喊叫：亲爱的母亲，让我进来吧！①

91

　　在希腊，最古老的神的形式是大地母亲。人以及喷泉、石头、植物等，都被认为既不是创造的也不是制造的，而是生出来的，土生土长的。② 对于希腊人来说，大地是一种形式，只不过不是荷马所说的那种可变的形式：她是个一半身体在地面上的女人，她没有后来那些伟大天神的活动性；她一半是力，一半是人。然而，她**曾经是人**，以人类的方式繁衍她的后代。当没有被简单地称作盖（Ge），即大地之时，她就被叫作潘多拉，因为她从她那丰富的宝库，即她的盒子中，倾倒出一切，这个盒子只是在道德化的时代的人们眼中，才变成了危险的魔盒。尽管她的行动受到限制，但是，对她而言，有一种行动是确定无疑的：春天她站立起来，给万物带来新的生命。

　　她有很多名称：她被叫作雅典娜，kourotrophos，即"伟大的母亲"，有很多乳房的母亲；在亚洲她被称为以弗西；希腊人称她为阿耳特弥斯、迪克提拉或者布利托玛蒂斯。她是一种野性的自然力量，以森林和大山为家。大概在前古希腊文化时期的希腊，她就已经作为动物的女主人（ποτνία θηρῶν）而被知晓。在各种神的形式中，她是最古老的和最受尊敬的，同时也是最神秘的。当诗人们提及她时，会发出少见的原始的那种奇异而狂热的铿锵声：

---

① *The Paradoners Tale.*
② Ninck, *Die Bedeutung des Wassers im Kult und Leben der Alten*, 20.

> 大地是最古老的神灵，
>
> 她不知疲倦，永不衰败，
>
> 她总在耕耘，并取得胜利。[①]

埃斯库勒斯也模仿孩子含糊不清的话语说：

> 哦，妈妈，大地妈妈，我怕痛；
>
> 快赶跑我的恐惧！
>
> 哦，爸爸，她最早生的是伟大的宙斯！[②]

　　由此可见，母亲不是企图用来解释世界过程的一种理论发明。她是一种形式，仅仅被描出了一个轮廓；哪里有大自然的给予或收回，哪里就有母亲。"生出泉水的神"变成了圣母玛利亚的别名，现在是 theotokos（神之母）的荣誉称号的 $η\ ἐν\ τῇ\ Πηγῇ$（"井中之她"），曾是对无名形式的一种提示，大约等同于出自大地的水。[③] 还有许多母亲被希腊人称为宁芙（nymphs），[④]她们是少妇而不是少女，希腊人结婚时乞求她们的佑福。[⑤]

92

　　从古希腊人那里传递下来的母亲形式是"神圣的三位"，但是同时要注意，那时她还没有获得真正的人格性。因此，她有 eumenides、semnai、moirai、charites 和 horai 的形象。在凯尔特人或日耳曼人的民间信仰的三个小精灵，即霍尔登（Holden）中，有其翻版。

　　2. 至此我们已经认识到，母亲是未被触动过的野性大自然的形

[①]　Sophocles, Antigone, 第 339 行 (Storr)：$θεῶν\ τε\ τὰν\ ὑπερτάταν，Γᾶν$
　　　　$ἄθθιον\ ἀκαμάταν，ἀποτρύεται ...$

[②]　*The Suppliant Women*，第 890 行以下。(Murray). $μᾶ\ Γᾶ\ μᾶ\ Γᾶ，βόαν$
　　　　$θοβερὸν\ ἀπότρεπε，$
　　　　　　$ῶ\ πᾶ，Γᾶς\ παῖ，Ζεῦ.$

[③]　Otto Kern, *Die Religion der Griechen*, I, 1926, 89.

[④]　宁芙是住在山上、树林、沼泽、水泉或江河边的低级女神。——译者

[⑤]　Ninck, *Wasser*, 13 - 14.

式，如希腊人所称的"大山母亲"。在阿耳特弥斯、赛比利（Cybele）[1]等名称之下，她还保留着这种特征，在日耳曼人地区的 Holda 或者 Frau Holle 也是类似的形象。但是，与此同时也出现了被开垦与被耕作的大地母亲的形式。我们必须再一次小心，不要做任何理论上的区分，这种区分可能会尝试将这和新的母亲大地形式解释为某些"掌管耕作的女神"，出于某种东西的男神和女神，只是在参考书或装饰画中延续着他们可怜的存在！因此，对于原始的人类来说，耕作是直接体验到的自然，而女神是根据这种体验所设定的那种形式。

更进一步说，大地不只是提供丰富的礼物和奇妙的装饰，她还养育着我们。对于希腊人来说，她是盖娅（Gaia），是属于植物的，同时也是动物和人类世界的青年；儿童、幼兽和娇嫩的花朵都聚集到她的膝下。[2] 不过，她也并非总是一种形式，在民间风俗中，从古埃及到现代的农夫，都忠实地保留着力量储藏所的古老观念。在许多地方，"最后一捆"过去是，现在仍然是某种特殊仪式或其他活动的对象，通过仪式上的捆扎或摔打，它就成了被犁过的田野的力量的载体，就如五朔节花柱承载着野性大自然的力量那样。每当某种动物、成群的公鸡或山羊取代了纯粹植物性的力量宝库时，形式的转换就开始了，这又发展成把最后一捆玉米装扮成妇女，或者，比如在拉文迪（La Vendee），装扮成农民的妻子，被娱乐性地簸着、扬着。[3]

93　　但是这确实不是我们所说的"人格化"。自然发生的事件不是被寓言化——这又只是装饰画家的作为！——而是对人类与大地生命之间那种本质上的共同体的体验。譬如，大地被看成是妇女，而妇女被看成属于大地；这就是波兰人风俗中把割断最后一棵稻穗的男人称为"割断脐带的家伙"的意义之所在，也是苏格兰人的玉米精灵被以"处女"名义

---

[1] 赛比利，女性之神，众神之母。——译者
[2] G. van der Leeuw, *Goden en Menschen in Hellas*, Fig. I.
[3] Mannhardt, *Baumkultus*, 612；Frazer, *The Golden Bough*，第 7 章（Spirits of the Corn, I），第 149 页。

收割的意义所在。[1]

　　在希腊,得墨忒耳是谷物母亲,即盛产谷物的大地。[2] 她在世界各地都有姐妹,从德国和荷兰的罗根姆米(Roggenmuhme,荷兰语为roggemeuje),到爪哇的稻米母亲,以及墨西哥的玉黍蜀母亲。在她的种种神秘仪式中,砍下一株玉米棒子是其高潮;对她来说,犁作是神圣的,她自己就曾在犁过三遍的地里受孕。[3] 她有一个女儿叫作科瑞(Kore),与苏格兰的"处女"同义;最初她很可能是独处的,"处女"是来自另一地方的大地母亲,而后来变成了她的女儿;实际上她们两个仅仅是盖娅的不同形式。[4] 首先具有完整母性的母亲代表成熟的果实,其次处女代表花朵。她们俩的命运相同:谷粒必须撒进大地并死去,因此才有可能结出果实;后来的神话把谷粒落入地下变成了青春的丧失和母亲的悲伤。但是,在农民的节庆历书上,katagogia 即"下行"的观念,仍然在原意上表示种子进入其地下贮藏所的这种转变。[5]

　　谷物和人的诞生与死亡密切相关:"上升"与"下行",即 anhodos 和 katagogia,是生命中永恒的危机,是命运的突然变化。科瑞—珀尔塞福涅(Kore-Persephone)不仅是死去的谷粒的青春,也是乡村青年人的漂亮的首领,她与科瑞一起到草地上采摘花朵,她也必然会长大并衰老死亡。得墨忒耳一方面是助产士,被称为 Eileithyia、Eleutho、Eleusia,[6] 另一方面死者也按照她的名字被称为:Δημητρεῖοι——"得墨忒耳的人"。[7]

　　与此相应,妇女与犁过的土地存在着非常密切的关系,对得墨忒尔

94

---

[1]　Frazer,同上,第 155、164 页。

[2]　Euripides, *The Bacchae*, 第 276 页。

[3]　参见 Chantepie,前引书,II,301。

[4]　Farnell, *The Cults of the Greek States*,第三章,第 116 页以下。

[5]　Farnell,同上,第三章,第 114 页。M. P. Nilsson, *A History of Greek Religion*,第 123 页。

[6]　这个名字大概不是从 Eleusis 和 Eleusinia 那里分离出来的;参见 S. Wide, *Lakonische Kulte*, 1893,175 和 W. Roscher, *Ausfuhrliches Lexikon der griechischromischen Mythologie*, "Kora"一条。Chantepie,前引书,II,318;同时参见 F. Muller, *De "komst" van den hemelgod*, *Meded., Kon. Akad. v. Wet. Afd. Lett.* 74, B, 7, 1932。

[7]　Harrison, *Prolegomena*, 267。Plutarch, *On the Face which Appears on the Orb of the Moon*,第 28 章。

的膜拜成为女人的事务。在世界各地，总是妇女关注着农事及与之相关的仪式。总的说来，远古社会的诸种条件也在起作用。许多部落呈现出一种从狩猎时代向定居时代——农业时代的转变，男人渔猎，而女人耕种土地。但是，这种在农业社会造成长期影响的状态，既不能归咎于懒惰，也不能归咎于男性对统治的欲望，正如在此不能采用父权制代替母权制的假设一样。事实上，妇女与土地是在宗教意义上联系在一起的：妇女是犁过的土地，土地是能生育的妇女。"在印度的一些地方，赤裸的妇女在夜里拖着犁耙从一块土地上穿过。"[①]这一切只能被理解为借此可以使妇女唤回自身更大的效力。就像犁过的地一样，妇女也是生命的承载者，她像土地一样受孕并生产。[②]

妇女是一片被犁过的土地，这确实反映在所有时代和各个地区的诗歌之中。在埃及圣人普塔霍特普（Ptahhotep）看来，"她是她的主人的一片丰产的土地"，[③]在埃及情歌中，被爱的人向情郎保证说：

> 我是你受宠的妹妹，
> 对你，我是一片园地
> 长满了醉人的香草。[④]

同样，那位温迪达德（Vendidad）断言，"长久弃置不加耕作的土地是不幸的：在此，游荡着一位长久不怀孩子的美丽女人"，[⑤]大地赠予她财富，就像"一个可爱的女人躺在床上，为她亲爱的丈夫生一个儿

---

① Frazer, *The Golden Bough*，第一章（"巫艺"，第一节），第 282 页；参见 *AR.* XI，1908，第 154 页以下。
② 参见 Farnell，前引书，第三章，第 106 页以下；Lévy-Bruhl, *Primitive Mentality*，第 316 页以下。
③ A. Erman, *The Literature of the Ancient Egyptians*, 61.
④ M. Mueller, *Die Liebespoesie der alten Aegypter*, 1899, 27.
⑤ Lehmann, *Textbuch*, 164；参见 General Literature。

子"①。印度人跟希腊人一样,把阴茎看成是犁;②事实上,对于希腊诗　　95
人而言,关于被开垦田野的想象是极为生动的:索福克勒斯这样提到丈
夫眼中的妻子:

　　　　这片遥远的田野,

　　　　耕种者只有在播种期才会光顾,

　　　　在收获的季节再来一次,

　　　　不会再多。③

　　现代流行诗歌仍然保持着这种想象,正如童话故事中那不育的王
后抱怨说:"我就像一片什么都长不出来的土地。"④而在粗俗的喜剧幽
默中,乌龟自我安慰说:"那在我土地上结穗的人,省去了我传宗接代的
麻烦。"⑤在后来的浪漫主义时期,人们重视欲望胜于重视力量,但即使
在土地和果实的粗俗实用被温柔的花朵、嫩芽取代的时候,我们仍然能
够发现对多产土地的原初的比喻。

　　但是,这种原初的比喻导向了一种更为广阔的视野,在其中可以感
觉到母亲的形式。我必须以这样明确的说法为起点:大地母亲是非常
人性的。得墨忒耳是慈爱和忧伤的母亲,她的最美丽的形象即克尼蒂
亚的得墨忒耳(Cnidian Demeter),把忧伤母亲泪流满面的表情与谷物
女神的欢乐神态结合在一起。⑥同样,伊希斯(Isis)⑦则是典型的献身于
丈夫和儿子的"家庭主妇"。确实,在母系神灵中,我们发现了所有女性

---

① 同上。另参见雅利安人结婚时的套语,"这个女人来了,像一片有生命的玉米地。男人啊,你要在
　她身上播种。"Bartholet,前引书,General Literature,前 19 页。——相反,在二十世纪教会的赞美
　诗中,是这样说到 Blessed Virgin: terra non arabilis, quae fructium parturiit,参见 F. J. E. Raby,
　A History of Christian Latin,349。

② E. Abegg, *Das Pretakalpa des Garuda-Purana*, 1921, 200。E. Fehrle, *Die kultische Keuschheit
　im Altertum*, 1910,第 170 页以下。Dieterich *Mutter Erde*, 46。

③ Sophocles, *Trach.*, 31。参见 *Oedipus Rex*, 1257。

④ *Kinder-und Hausmärchen*, No. 144.

⑤ *All's Well That Ends Well*,第 1 幕第 3 场。

⑥ Farnell,前引书,第三章,第 227 页。也可参见其 *Outline History of Greek Religion*, 77。

⑦ 古代埃及司生育和繁殖的女神,其形象是一个给婴儿哺乳的母亲。——译者

的可能性角色：情人、屡见不鲜的被世人喜爱者（如伊斯塔—阿佛洛狄特①型），还有童贞女（阿耳特弥斯、玛利亚）②。但是，她总是母亲，即使她还是一个少女之时，即使如在西亚宗教中，当母亲和一位年轻神灵之间存在着一种特殊关系之时，对这位年轻神灵，她既要倾注情人的感情，也要奉献母亲的爱。

　　这种独特关系确实有其社会根源。我们很少知道母系社会律法的起源，然而，我们可以肯定，狩猎时代的社会组织与男性的支配地位相关，正如在农业阶段与妇女的主导地位相关一样。然而，在我看来，在母权制与农业的结合中，社会因素似乎并不像宗教因素那样起着原初的作用：母权制时期的律法不可能起源于妇女在共同的农业劳动过程中形成的密切关系。这种密切的女性交往，以及后来社会对妇女的隔离，更可能是由"永恒的女性"——妇女独特而神秘的力量——引发的，它属于大地，如同大地属于它。③

　　3. 显而易见，贞女和母亲并非处在对立关系之中。只有当文化不再那么原始，而且受到童贞女理想的影响之后，处女与母亲的统一性才变成了一个问题，一种冒犯和一种奇迹；另一方面，古代世界把少女或者视为女儿，或者视为未来的母亲。在这里，又是古希腊产生出了处女以及母亲的理想形式。④

　　就信念而言，童贞形式是对在日常生活中的女性青春的解说。自从有记忆的年代以来，聚集在一起的年轻乡村姑娘就一直是可爱的形象，尤其当她们围着村里的水井之时：在大地涌泉的子宫上的未来母亲。这是一个永恒的事件："年轻的姑娘从城里出来取水——这是天真

---

①　伊斯塔（Ishtar），巴比伦和亚述神中司爱情、生育及战争的女神。阿佛洛狄特（Aphrodite），希腊神话中爱与美的女神，相当于罗马神话中的维纳斯。——译者
②　参见 Bertholet 的 *Lesebuch* 14 章 83 页中罗摩克里希纳对这种神灵的论述（参见 General Literature）。［罗摩克里希纳（1836—1866），印度教改革家、宗教哲学家，提出"人类宗教"的思想，认为各种宗教的目的都是要达到与神的结合，其弟子根据他的谈话记录汇编成《罗摩克里希纳福音》。——译者］
③　参见 F. Grabner, *Das Weltbild der Primitiven*, 1924, 33。
④　Farnell, *Cults of the Greek States*, 第三章，第 278 页。

而必要的活动,而且早些时候是国王女儿的职责。当我在那里休息时,那些古老父权制时代的生活,就浮现在我心中。我看见了她们,我们古老的祖先,她们怎样建立她们的友谊,如何在泉水边签订婚约;我感到泉水和小溪是怎样被友善的精灵保护着的。"①少年维特的感受是对的:新的生活从泉水边产生。在希腊人看来,泉水边住着护佑生产的宁芙,童贞女神或精灵各式各样的舞蹈,都从乡村圆圈舞中获得其形式。② 在西西里,他们是由一位"女王"引领着的年轻人,这正如在节日里,由一名乡村姑娘作为领舞者和女王一样。③ 阿耳特弥斯有一群随从:

> 有一次,赫尔墨斯,带着金色魔杖的神,
>
> 把我从阿耳特弥斯之舞中偷了出来,
>
> 那手执金色箭头,身着沙沙作响衣裙的少女,
>
> 许多人正在那里游戏,有年轻的侍女和贵族的姑娘。④

珀耳塞福涅(Persephone)也有这样的歌舞随从;基督教时代有各种各样的圣母玛利亚的形象。这种多样性应归因于她们在古代的前辈。⑤

97

贞女与母亲之间的关系本来就是短暂的:少女会成为一位妇人。赫拉(Hera)既是少女,又是新娘和妻子;阿耳特弥斯是贞女,也是母亲。一年一度的洗浴常常被认为可以使女神复原到少女时期,如古日耳曼的赫尔塔(Hertha)所讲述的那样。当然,这并不意味着童贞可以

---

① *The Sorrows of Werther*, Goethe's *Works*, VI,6(Nimmo);第 1 卷,五月十二日。
② G. van der Leeuw, *Goddn en Menschen*, 26.
③ Nilsson, *History of Greek Religion*, 12.
④ *Hymn, Homer, in Ven.*, 118.
⑤ 凯尔特习俗的由来大概也碰巧如此。参见 U. von Wilamowitz-Möellendorf, *Griechische Tragoedien*, II, 1919, 第 215 页以下。关于卡马格岛的三圣母,进一步可参见 Trede, *Heidentum*, II, 120, IV, 241,以及 Heiler, *Katholizismus*, 189。

保持，而是指生育力被持续而奇迹般地更新。[①]

　　对圣母玛利亚的赞美在罗马教会中开始变成了一种对神圣童贞女的崇拜。另一方面，对古代人来说，生育力远比贞洁有效力和神圣，尽管后者也具有力量。得墨忒耳和伊希斯是母亲；她们的后继者玛利亚既是母亲又是童贞女。但是，尽管有童贞的理想，教会还是不能离开母亲的形式，如后来佛教在中国的和日本的观音的情形那样。[②] 事实上，与圣母玛利亚——她从地中海地区各种母亲形象那里借用了其形式和一些属性——并列，基督教还认可了另一位母亲，即教会。

　　4. 更进一步，对于原始人来说，他们的环境并不是各种毫不相干事物的总和，而是被体验为一个统一体。因此，母亲也不是孤独的大地和其他的东西。例如，科拉族的印第安人崇拜娜西萨（Nasisa），她是"我们的母亲"，是大地、玉米作物和月亮的女神。此外，在近东，丰产母亲同时是"天后"，这个称号后来转给了圣母玛利亚，因为天与地并没有截然分开，这方面的体验在有关天地之间的**神圣婚姻**观念中得到了最强烈的表达。这组形式也被希腊人的造型天才发展到了最完美的程度："在他们下面，神圣的大地使吐露鲜艳的青草生长，带露珠的睡莲、番红花和风信子，丰厚而柔嫩，从地面向上展露出来。这里簇拥着一双，被一片云所装扮，明净而金黄，从那里降下滴滴闪亮的露珠。"[③]

　　荷马（如上文所引）是这样吟唱宙斯与赫拉的婚礼：以至于就连这样辉煌的场景，也在被开垦的确保丰产的田野上保持了婚床的原始特征。类似地，在爱沙尼亚，在施洗约翰节的前夜，月下的农夫们把姑娘从圆圈舞中带进树林，在那里假装交合；而在乌克兰，这种风俗的粗野变成了没有恶意的玩笑，尽管它不过是与期待丰收有关。[④] 在荷兰的

---

① 参见 A. G. Bather，"酒神信女的问题"（The Problem of the Bacchae），*Jour. Hell. Studies*，14 期，1894，第 244 页以下，以及 Fehrle，*Kultissche Keuschheit*。

② 比较 L. Coulange 的 *La Vierge Marie*（1925）的严肃控诉与 Th. Zielinski 的 *La Sybille*（1924）的抒情诗，后者以母亲为主题，重新解释为基督教基本特色的爱的观念。

③ *Iliad*，XIV，346（Murray）；另参见 Aeschylus 的壮丽的描述，*Frag*，43。

④ Mannhardt，*Wald- und Feldkulte*，I，468，480。

格罗宁根省，一种被称为 waolen 的少男和少女之间在地上的搏斗，甚至到今天仍然是在收获季节持续进行的活动。[①] 然而，在爪哇，交媾实际真的发生在稻田里。从这些风俗中，我们再一次看到了物力论的核心。人作为一种形式仍然是自足的，还没有感到需要超越自身的投射。但是，当巫师对依靠自己行动控制事件过程的能力的信心不足时，他就会创造出一些可以代替他的形象来为他实施神圣行动。如像捆扎起的稻草和农夫的老婆被转换成母亲一样，丰收的习俗也这样转变成了神圣的结婚仪式。

但是，婚礼也需要一个新郎。我们由此而看到了宗教史上一个极其重要的时期。我们能够理解对母亲的依赖；与之类似，且与弗洛伊德的理论相吻合，与父亲的密切关系大概对任何人不再是一个秘密。对每一个人而言，他的母亲是一位女神，正如他的父亲是一位神。在宗教史上，这形成了两大类型——**父亲型**的宗教，父亲住在天上，生育我们，并且行动，"使用外在力量"（再一次引用歌德的话）；与之并列的是**母亲**型的宗教，**母亲**在地上生活和生育，一切过程都在她的子宫里开始和终结。总之，没有一种宗教会是没有父亲或母亲的。[②] 犹太教和伊斯兰教冷漠地抛弃了母亲形式，但是，在基督教里，母亲作为荣耀的母亲又回来了。然而，《旧约》只是在道德和精神的意义上认识到母亲的形象："母亲怎样安慰儿子，我就照样安慰你们。"（《以赛亚书》66 章 13 节）；而在《路加福音》第 2 章中，母亲的形象再一次回复了其真实的意义。似乎不可否认的是，在这里，种族以及宗教的类型是与此相关的。强烈倾向于意志的宗教离弃母亲转向父亲。此外，与父亲的关系可以被精神化和道德化；而与母亲的关系则从来没有完全如此。一切自然的关

---

① H. C. A. Grolman, *Tydschrift K. Ned. Aardrykskundig Gen.*, 2. Reeks, 46,1929.
② 大地母亲是否出现在闪米特人中，是一个引起争论的问题。参见 Th. Nodeke, *AR.* 8,1905,161；Ef. Briem, *AR.* 24, 1926，第 179 页以下；B. Gemser, *Stemmen voor Waarheid en Vrede*, 62, 1915, 919‐920。总而言之，在我看来，正如可以肯定闪米特人的表述与印度—日耳曼语各民族表述的不同一样，同样可以肯定的是，闪米特人绝不缺少母亲形式，只不过，这种形式甚至对希腊思想也没有产生任何影响。

系都是遥远的,从主祷文来看是如此,但从"天使报喜"来看并非如此。^①当父亲不再是丰产者时,他就可能成为创造者;而母亲则只能繁衍后代。父亲以力量来行动,母亲只是效能。父亲引导子女走向目标,母亲的生育使生命循环更新。母亲创造生命,父亲创造历史。母亲是形式和力量,父亲是形式和意志。万物有灵论与物活论借助于父与母两者的形式,继续着它们最后的斗争。

由此,我们可以理解,在人类历史上,一种形式为什么从来不会完全取代另一种形式;母亲的形式一直在宗教中活着,因为它活在我们心中:

> 你——不论你的角色多小——
>
> 种种可能性之女神,
>
> 终极悲剧的女神,
>
> 终极幸福和忧伤的女神——
>
> 啊,你是母亲和被爱者——两者都是……^②

① 《路加福音》1:28。
② Chr. Morgenstern, *Kleine Erde*.

第11章 / 力量、意志、拯救

1. 需要先对本章标题作一个简要说明。"拯救"（salvation）是被作为与德语 Heil 最贴切的英语同义词而被选用的，人们有时也会选择"解救"（deliverance）一词。不幸的是，这两个词都被认为不可能准确转达德语 Heil 本身所包含的丰富思想，尽管我们还拥有许多源于同一词根的意义相关的词，如 heal（治愈）、health（健康）、hail（赞扬）、hale（健全）、holy（神圣）和 whole（整全）等。我们还可以加上拉丁词 salus 和法语词 salut，以便阐明"Salvation"（拯救）在这卷书中所包含的极为宽泛的意义，它总是包含着"全部的""完全的""完美的""健康的""强大的""旺盛的""幸福的""安乐的"这样一些与"受折磨的""悲惨的"相对立的概念，在某些联系中意味着尘世与天国的福佑。事实上，Heil 这个词自身的本质特性几乎涉及了上述任何一个概念，有时则同时包含了全部；换言之，这个词的意义是普遍性的，它所有的表现形式都指出了宗教生活的主要来源之一。同理，从 Heil 派生出来的那些词，必定要比其通常的含义广泛得多。因此，"拯救者"（Heiland）指的是，实现 Heil 上述同义词或其中任何一个词所表示的精神状态的那个人。类似地，"Holy"（神圣的）和"Sacred"（heilig，神圣的）意味着处于这些状态之中，或者是这些状态的原因或诱因；"Sanctuary"（Heiligtum，圣所）是这些状态产生出来和被体验到的任何地方；最后，"救赎的历史"（Heilsgeschichte）本身可以说明这一点。总之，我们所接受的必定是有限的英语意义，必须在刚刚所指的各个方向上予以扩展，以便防止任何只局限于基督教的过于严格的内涵。

因此，在这个意义上，拥有强有力的客体或有效力的动物，都意味着"**拯救**"。水和树,地里的果实,森林里的野兽,都是带来拯救者——从它们的力量中所发出的强力,把生活的阴暗转变成为快乐和幸福。但是,当幸运这样来自外部、来自某种效能的场所之时,它才被称为"**拯救**"。"拯救已经降临到我们身上"——宗教改革的这一信仰呼唤,发端于人完全不能靠自身得救的原始观念,因此,拯救是被体验为善的力量。

但是,拯救长期缺乏形式。第一个拯救者是带来丰产的阴茎或与之相应的女性生殖器,后来则是各种各样富有力量的实体。在许多民族看来,最后一捆谷物储存着所有谷物的力量。在瑞典的瓦姆兰(Värmland),家庭主妇用最后一束谷物制成的面粉作成女人形状的饼:在这里,力量开始采取了明确的人的形式;那个饼作为能使这家所有人强壮的食物被分食。[①] 甚至在今天,许多动物或人的形状的节日面包,都有一种类似的起源。[②]

在很长一段时期中,动物形式也一直与拯救不可分割。例如,在一种非常古老的伊利斯(Elis)妇女的祈祷中,会提及公牛狄俄尼索斯,他将带来查里特斯(Charites),即丰饶的载体。在其他地方,与丰饶结合在一起的,是一根绿色的枝条,或一根饰有植物象征的柱子。希腊人尊敬阿波罗而举行的庆祝和他们献给阿波罗的桂花树枝,类似于我们复活节前主日游行用的棕榈树枝:

> 艾勒索尼带来了
> 一切好的东西,
> 无花果和好吃的大饼,
> 柔和的油与蜜糖,
> 斟满的深深的酒杯

---

① Reuterskiold, *Speisesakr.*, 116.
② 参见《耶利米书》7:18。

　　她会喝掉然后睡觉。[1]

　　类似地，在古埃及，水就是拯救，即尼罗河带来丰产的涨潮之水；这
种拯救之水变成了拯救者俄西里斯(Osiris)这个形象的主要成分之一，
在大水之中漫游很可能是他的一种原初面貌，那时还没有出现他被谋
杀的神话。[2] 事实上，对河的祭祀在人们意识到任何河神之前，就已经
存在很久了。[3]

　　谷物也常常用同样的方式获得动物形式，从想象中涌现出谷鹿、谷
鸡或谷兔。[4] 但是，意愿和受苦的强烈情感也被转化为效力，或者被削
弱为没有任何形式的果实；由此，民间传说会讲述"亚麻的痛苦"。[5] 每
个地方的播种期都是哀悼的时节，在关于"大麦约翰"的痛苦与死亡的
民谣中，还保留着这种哀悼的回声，是诗人彭斯将其现代化了。

　　2. 在往后的阶段，人的形式从各个方面在迄今尚无固定形态的力
量中浮现出来。因此，最后一束谷物变成了谷物母亲，无论是叫得墨忒
耳还是叫其他别的名字，而树的力量由于每年复生则从此被视为狄俄
尼索斯的一个特性，在花瓶画上，这个神的肖像是从木桩上伸出一个人
头来。[6]

　　但是，拯救形式通常在那些描述一年一度更新生长的表达中发展
得最为充分。因此，春天是拯救者的"回归"，或者新生；一个男孩带给

102

---

[1]　J. E. Harrison, *Prolegomena*, 80。参见 A. Dieterich, *Kleine Schriften*, 1911, 第 324 行以下，
　　　以及齐林斯基版(Zielinski's version)的 *The Religion of Ancient Greece*, 56。
　　　艾勒索尼带来无花果，也带来面包；
　　　她用罐子带来蜂蜜，把油涂在我们身上，
　　　一大壶浓烈的酒，使所有的人都醉卧在芳香里。
[2]　参见 J. Frank-Kamenetzky, *AR*. 24,1927, 240 - 241。
[3]　参见 W. A. Murray, *Zeitschr. f. ägypt. Sprache u. Altert*. 51, 1914, 130。*ERE*. Sethe,
　　　"Heroes"。
[4]　Frazer, *The Golden Bough*, VII(Spirits of the Corn, I), 第 272 页以下。
[5]　M. Boehm 和 F. Specht, *Lettisch-litauische Volksmärchen*, 1924, 第 248 页以下。
[6]　J. E. Harrison, *Prolegomena to the Study of Greek Religion*, 42. Farnell, *Cults of the Greek
　　　States*, V,118,241.

德尔斐(Delphi)①的月桂树枝,很快就成为代表这个神的载体。② 为我
们保留了原始风貌的民间风俗,还继续庆祝着五朔节王或五月花王后。
希腊人将这样一位产生于季节变化的神称为寇罗斯(kouros),意指一
个小伙子;当然,青春本身,进而其领导者,并且最终仅在其神话类型
中,被接受为一位拯救者——这不只发生在希腊。新芽、幼兽、村里的
年轻人,所有这些都强烈地渗透进寇罗斯的观念中,无论被称为阿波罗
还是普芬斯特卢莫尔(Pfingstlümmel)、珀尔塞福涅还是五月王后。

　　此外,几种力量会只采用一种单一的形式。例如,不能说阿波罗仅
仅是春天的神,因为他远不止如此;同样,俄西里斯是植物自我更新的
神。他的形象常常由肥沃的土壤构成,玉米穗从中生长出来——即所
谓植物俄西里斯(Osiris végétant)。③ 我们已经知道,他也是"年轻的"
水神④;他还是远古的王、带来文化者、死者之神灵和死后美好生活的
恩赐者。因此,他实际上是一个意义最完整的"拯救者",σωτήρ 一词给
予了最好的表达;危难中的营救者,这种营救不只是偶然的,而且同样
是周期性再现的一种需要。因此,对于原始思维来说,"营救者"和"保
护者"是合二为一的。⑤

　　3. 不只是自然的效能,还有许多效能也构成拯救者的形式。文化
也是一类"拯救者",即一种意愿或意志的行动。我们现代人把这种行
动视为一种过程,对发现者、和平的创造者、圣贤表示敬意。原始人也
崇敬他们,但把他们放在与太阳、春天、雨水及动物同等的位置上;因
为,对原始人的心灵来说,人所企盼和得到的东西,原则上与自然事件
和过程没有区别。自然与文化是同一的:两者都被一个**单一**力量所推
动,被一个**单一**意志所意欲。

---

① 古希腊城市,因有阿波罗神宙而出名。——译者
② G. van der Leeuw, *Goden en Menschen*, 90.
③ A. Wiedemann, *Muséon*, N. S. 4,第 111 页以下。
④ *Pyramidentexte*, (Sethe Edition),589:"以你的年轻的水之名,你很年轻。"参见该书第 767 页,以
　　及 H. Junker, *Die Stundenwachen in den Osirismysterien*, 1910, 5. *Nachtstunde*, 63。
⑤ 参见 *RGG*. Kurt Latte, Article *Heiland*。

　　因此，我们在每一个地方都会发现那些史前形式，教人耕种或开采，赋予人以律法，但是也把太阳固定在轨道上，摆脱各种怪物和灾疫的世界。赫拉克勒斯就是这种类型的拯救者（ἀλεξίκακος），但是，他同时也是赢得了永生的寇罗斯。无论如何，在偶然与永久的需求之间并没有区别：每一种需求事实上都是偶然的，正如每一次日出和每一个春天都意味着拯救。为拯救而与灾难作斗争采取了类似的形式，不论是将一片沼泽变成耕地的问题（赫拉克勒斯与九头蛇的战斗），还是太阳对黑暗的驱逐；因此，与龙的斗争也许提供了拯救神话中最普遍的主题。无论谁读过布赖西格（Breysig）和埃伦赖希（Ehrenreich）发现的故事，都无法摆脱那种印象，即，首先从事这类研究的人都想把神的观念解释为源于一位带来拯救者的某种历史形式，他们就像把自然力量的人格化视为其基础的第二位研究者一样地片面。[1] 事实上，只有把这两种观点结合起来，对于实际情况的复杂性才是适合的。

　　4. 如我前面所述，神是宗教史上的后来者。值得注意的事情是，如果表象不完全是骗人的，那么，作为儿子的神存在于作为父亲的神之前；[2]因此，拯救者是一种与母亲形式并列存在的原始形式。在所有时代（理性主义的时期除外），人们更容易相信儿子而不是父亲，相信青春和未来而不是老年和过去；拯救者的形式被巧妙地调整来适合最美的人之形式，即年轻人的形式，而他的意志就等同于青春的上升的动力。这是色诺芬尼（Xenophanes）与费尔巴哈（Feuerbach）争论中的真理颗粒，即，人根据自己的形象创造了神。事实上，人确实创造了母亲和拯救者，但没有创造父亲。

104

105

---

① K. Breysig, *Die Entstehung des Gottesgedanken und der Heilbringer*, 1905. P. Ehrenreich, *Götter und Heilbringer*, *Zeitschr. für Ethnol.* 38, 1906, 第 536 页以下。

② 参见 J. E. Harrison, *Epilegomena to the Study of Greek Religion*, 第 18 页以下。

第12章 / 拯救者

1. **儿子**带来拯救。他不仅仅是生者的希望,也是死者的安慰;他保存着家庭和部落的力量。当我们想要一个儿子来延续种族时,我们也渴望得到拯救:我们恳求超越我们自己和我们时代的生命,恳求在我们之后持续并比我们更有力量的生命。生命不仅在儿子身上得到延续:它被(用数学术语来说)提升到一种更高的力量。

在存在着家庭或部落的崇拜的地方,儿子就是祭司;这种情形在古埃及可以看得最清楚。在那里,sa mr-f 即"他所钟爱的儿子",掌管着对父亲的祭祀仪式,定期把礼物送给他去世的父亲,由此来延长他在陵墓中的生命。何露斯神(Horus)①通过保护他父亲俄西里斯的生命,成为好儿子的原型;正如年轻的神把拯救给予年长的神一样,每一个好儿子也这样把拯救给予他的父亲,父亲成了某种俄西里斯。于是,儿子对父亲说道:"抬起你的脸,你就会看到我为你做的一切:我是你的儿子,我是你的继承人;我为你种植谷物,为你我收割小麦;这是你的瓦格节(Wag-festival)的谷物,这是你的每年一度宴会的玉米";②在其他地方则说:"当他把生命给予他的父亲时,当他把力量给予俄西里斯时,去见何露斯是多么美好啊,问候和注视何露斯是多么有福啊。"③

埃及人用 nd 这个词来表达好儿子的这些行动,通常将其译为"复仇",但是,意思是指报复父亲的敌人塞特(Set),以及儿子所能奉献给

---

① 古埃及、鹰形苍天神,女神伊希斯之子。——译者
② *Pyamidentexte*, (Sethe),1879,参见第 1950 页。
③ 同上,第 1980 页。

父亲的生命和一切好东西——因此也就是包罗一切的意义上的拯救。[①]

2. 朋友,对另一个人来说你是孩子,
    我在你身上看见了神,
    我怀着敬畏认识了神,
    禁不住献身给他。[②]

拯救者以非常不同的形式进入人类的生活,但是,他的到来总是使人体验到春天:

106

    现在春天再次来临……
    你使道路和空气圣洁,
    我们也在你的眷顾下,
    我因此而战战兢兢地,
    向你表示感谢。[③]

这种体验的原因在于,**春天周期性的拯救**大概是信仰拯救者的最强大的根由:生命以年轻神的形式自我更新。他的显现,他"到来的日子"(Kunfttag)是新的醒来的生命;因此,作为拯救者的神缺少天神和其他神的恒常不变的属性,正相反,他的效能是永远变化着的,是一种起起落落的力量。事实上,如我们所知的那样,自然的周期是同一的,在同一个时刻既是最伤感的,也是最快乐的。不只是哀伤忧郁的秋天,还有饥馑贫乏的冬天,不只是春天的诗意盎然,同样还有夏天的充盈繁盛,在那拯救者的强大有力的形式中,这一切相互效力,因为拯救者死了却又复生,沉睡而又苏醒,离去但又重现。譬如,在狄俄尼索斯的故

---

① 同上,第 1558 页。
② Stefan George, *Der siebente Ring*, *Maximin*, *Kunfttag*, I.
③ Stefan George, *Der siebente Ring*, *Maximin*, *Kunfttag*, III.

事中,他既有平静下来睡去的时候,也有苏醒的时候。所有充分发展的拯救者形式都表现出了类似的特征。[1]

但是,力量不可能长期地仅仅停留在自然力阶段。对原始人来说,生命永远是完整的和不可分割的,因此,神秘所激发的幻觉感受将自己附着在狄俄尼索斯的古老的寇罗斯形式上。这样一些感受充斥于希腊历史的早期阶段,从周期性的拯救者的显灵中,发展出神之迷狂进入的历史事件,克服了乏味的和怀疑的人们的拒斥。[2] 由此,古代意大利的春神马尔斯(Mars),同时也是战神,因为开始结果的年份同时意味着又一次收获的开始,这被人们视为军队的进入。[3] 然而,无论拯救者在哪里出现,春天的气息就会在哪里占上风,无论在其较狭隘的意义上,还是在后来所指的意思上都是如此。

3. 但是,拯救者形式并不只是在对儿子或春天的体验中出现的,我们还必须考虑我们在论及力的形式发展时,已经注意到的其他事件的类型。于是,拯救不仅与种族的延续有关,也不仅与自然生命的永恒反复有关,它也活在通过记忆与某些个别历史人物关联的、曾被赐予所有人的、无法估价的恩惠之中。由于童年的幼稚病,宗教史确实把几乎所有被认为是历史上的人物,都转化成了月神或者神话里的其他投射。然而,幸运的是,那个阶段现在已经过去了,我们已经认识到,不仅许多带来拯救的人事实上有着他们的历史根源,而且,神灵们在某个时候也可能存在过,不论传奇故事如何缠绕着他们的人类形式。这就是在尤赫马卢斯学说(Euhemerism,意为"神话即历史论")中的真理。

但是,在此最重要的是,除了总是难以回答一位拯救者是否真正地存在过的问题之外,构成了拯救者结构的本质特征的一些因素已经存在。因此,人们试图挽救埃及人的拯救神俄西里斯的一种历史形式,[4]

---

① Plutarch, *Of Isis and Osiris*, 69.
② Chantepie, 前引书, II, 第 320 页; van der Leeuw, *Goden en Menschen*, 115。
③ 将此与 Kurt Latte 进行对比, *AR.* 24, 1927, 251。
④ Frazer, *The Golden Bough*, VI("阿多尼斯、阿提斯与俄赛里斯", II), 第 159 页。

而事实上这是不可能的——这样一种形式是在他的形象的各种各样成分中协和运转的，如史前的死神、尼罗河之神、寇罗斯等。更重要的是，不管怎样，构成俄西里斯的结构需要一位历史人物的特征。这个人物是国王，或者如果不是国王，他也应当是一个国王，因为，他教人农耕，授予人们一般的律法和文化，①如希腊的得墨忒耳和特里普托勒摩斯②，以及许多或多或少原始的人物为其民族所做的那样。

　　但是就现象学而论，我们不能断言，文化与拯救的带来者与拯救者显示出了同样的结构。拯救的带来者也可能演变成一种非常不同的形式——原创者③的形式。这取决于他是否更像一个儿子而不是父亲，他的形象中的特征是产生于年龄的力量还是青春的力量。但是，在任何情况下，我们可以确定的是：拯救可以是历史性的，也可以是宇宙性的，在这方面，原始人几乎没有进行任何区分。仪式、"文化"和宇宙现象，所有这些同样属于拯救：耶西尔（Jeshl）或耶尔（Yehl），即特林基特人（Tlingit）的带来拯救的渡鸦，既带来了火也带来了阳光；④俄西里斯开创了文明，也从死亡中开创了生命；赫拉克勒斯同样打败了对文明抱有敌意的力量，战服了死亡；而基督开创了洗礼和圣餐，在最包罗万象的意义上赐予拯救，甚至协调了创造。

108

　　4. 最后，拯救者观念的根源之一，来自对被医治的体验。当一个人病倒时，无论谁治愈他，医治者都是他的拯救者，因此，医治属于最本质意义上的拯救行动。耶稣的医治："就是瞎子看见，瘸子行走，长大麻风的洁净，聋子听见，死人复活，穷人有福音传给他们。"⑤在《新约》中，肉体和灵魂的拯救融为一体，是《旧约》先知预言的实现："主的灵在我身上，因为他用膏膏我，叫我传福音给贫穷的人；差遣我报告：被掳的得

---

① Plutarch, *Of Isis and Osiris*, 13.
② 半人半神英雄，奉得墨忒耳之命向人传播农业技术。——译者
③ 参见本书第 18 章。
④ Wundt, *Völkerpsychologie*, 5, 300.
⑤《马太福音》11：5。

释放,瞎眼的得看见,叫那受压制的得自由,报告神悦纳人的禧年。"①
今天,拯救灵魂仍然需要治愈肉体,反过来说也一样。每一个成功的医
生,都在某种意义上被视为赐予了拯救。但是,基督教会在某种程度上
忘却了这种联系,结果,受到了如此多的社会运动和预言家如"基督教
科学派"之类进行信仰治疗成功的批评。因为,撇开所有人为的隔离不
说,人们认识到,皈依与医治是联系在一起的,就圣徒而言,这一点会变
得更加清楚。②

5. 因此,拯救者的神话主要由下面这些特征所构成。

(1) **诞生与显灵**。拯救者的出现是神奇的,这一超自然的方面也
可以归于他的观念。特别是在地中海各民族中,一系列固定的思想都
认为,神圣的孩子是母亲和神圣父亲的后代。在童贞被认为是一种道
德品质很久之前,单性生殖就被接受为解释独一无二的新生拯救者的
方法,或者以此强调其独一无二性。因此,这个世界上的许多天赋是由
普拉托·阿波罗(Plato Apollo)以及母亲佩利克托尼(Perictione)所给
予的。此外,伊希斯从俄百里斯那里怀上何露斯———一个不同寻常的
儿子时,只是在俄西里斯死了之后。因为,拯救从死中产生。在对伊希
斯喜悦的描述中,那种完全的贞洁写得十分动人:"非凡的伊希斯,保护
着她的兄弟(俄西里斯)。她不知疲倦地寻找他,她满怀悲痛,跨越整个
大地,从不休息,直到找到了他;她以自己的羽毛(伊希斯本来有鸟的外
形)编织起凉棚,以翅膀带来凉风;当她把她那已经溺死的兄弟带到陆
地上时,她快乐得大声喊叫起来;她从僵冷的身体上扶起那疲软的阴
茎;她偷去他的种子,生下一个继承人;这个孩子被喂养在荒野,没有人
知道这个地方;等孩子长大成人后,她就把他带到了 Keb(众神之王)的
宫殿。"③

更进一步说,诞生和显灵本质上是相同的。古老的基督教传说讲

---

① 《路加福音》4:18;《以赛亚书》61:1-2。
② 参见本书第 27 章。
③ *Hymnus Bibl. Nat.* No. 20, 18th Dynasty.

述拯救者基督的生活,是从他在约旦河显灵时开始的,并且引用经文说:"你是我的爱子,我所喜悦的,今天我成为你的父亲。"[1]这是《路加福音》第二章的另一个版本,《路加福音》采用的是关于圣诞的通常说法,尽管适应于希伯来人的情感,它用圣灵替代了上帝。[2]

但是,显灵也像诞生一样,是从死亡中,从无法到达的国度中涌现出来的。阿波罗来自极北乐土之民的国度:但"不论是从海上,还是从陆地上,你都找不到通往这片极北乐土之民幽静处的奇妙的道路。"[3]那里是世界的尽头,是远远超出所有其他地方的神话般的国度,拯救者就来自那里。因此,在希腊,某些拯救者神灵如阿波罗和狄俄尼索斯,他们的外邦起源,被解释成一种神的显灵,反之亦然。另一方面,阿波罗也是一个入侵者,他将对其他神灵的膜拜占为己有,例如,对特尔斐的大地母亲的膜拜。他是获胜的古希腊移民的神,即"移民神"(Aguieus),因而具有历史拯救者的形式。此外,派安(paian)作为庆祝打败原始特尔斐地蛇皮同(Python)的胜利之歌,是一桩历史事件的回声;神伪装成带着月桂树枝的男孩显灵时所走的道路,是来自北方移民的"神圣之路"。但是同时,他来自的那个国度是死者的神秘国度,他的极不寻常的到来成为一种周期性事件,即 epidemia(一次逗留),紧接着就是一次离别,即 apodemia;而与龙的搏斗则是新老拯救之间永恒争斗的一个事例。于是,两种拯救神话,历史的与神秘—自然的,相互交叉,以至于彼此成为对方的表达。拯救的发生带着春天的特征,而对春天的体验永远保持着新鲜和新奇。[4]

当然,显灵如诞生一样神奇。拯救者也表现出神迹——并不仅仅是奇迹的医治。在罗马人的祈祷书中,基督在约旦河的受洗(那是上帝

110

① 《路加福音》3:22。参见 H. Usener, *Das Weihnachtsfest*, 1911, 第 40 页以下。
② M. Dibelius, *Jungfrauensohn und Krippenkind* (*Sitz.-Ber. D. Heidelb. Akad. d. Wiss.* 1931 - 32, 4, 1932). G. Erdmann, *Die Vorgeschichten des Lukas-und Matthäus-Evangeliums und Vergils vierte Ekloge*, 1932.
③ Pindar, *Pyth.* X (Sandys).
④ 参见我的文章 *Über einige neuere Ergebmisse der Psychologischen Forschung und ihre Anwendung auf die Geschichte*, SM. II, 1926, 第 36 页以下。

的显灵）和迦拿的神迹一直被联系在一起：在新出现的拯救者面前，水变成了酒。1 月 5 日主显节设宴的日子，在与耶稣联系起来之前，就已经是狄俄尼索斯神的日子。[1] 无论狄俄尼索斯出现在哪里，他用酒神杖敲打大地，大地就冒出牛奶、蜂蜜和美酒：

> 举起神的魔杖，猛击岩石，
> 一股清凉的水喷涌出来，
> 用酒神杖敲打隆起胸的大地，就冒出了
> 神灵赐予她的鲜红的酒
> 幽深的泉水。
> 即使是嘴唇轻轻一下，
> 吮一口。用指尖蘸一下，
> 轻压一下草地，就会从地里
> 冒出牛奶。
> 带着芦苇魔杖，戴上常春藤皇冠
> 带来了滴滴甜美的蜂蜜。[2]

在拯救者必须进行的斗争中，神迹也是丰富多彩的。[3]

在维吉尔的《第四牧歌》中，神迹总是一个新时代的迹象，或者是春天的迹象，或者是世界之春的迹象。在那里，奇异植物的特征与和平的伟大神迹结合在一起，[4]世界的一个幸福的新时代开始了。我们也把春天作为一个奇迹来体验，或者反过来说，我们理解了，渴望已久的新拯救的奇迹，如何必定带有春天的色彩。

---

① 参见 H. Gressmann, *Tod und Auferstehung des Osiris* (*Der Alte Orient*, 23, 3), 1923,第 22 页以下。K. Holl, *Der Ursprung des Epiphanienfestes. Sitz.-Ber. d. preuss. Akad. D. Wiss.*, 1917。Ed. Norden, *Die Geburt des Kindes*, 1924. W. Bousset, *Kyrios Christos*(第二版), 1921, 62。
② Euripides, *Bacchae*, 第 704 行以下(Murray)。
③ 同上书,第 750 行,并参见第 142 行以下。
④ Lietzmann, *Der Weltheiland*, 1909,第 2 页以下。

（2）**拯救的行动**。这由战胜敌对生命的各种力量构成，因此常常带有战斗的印记，例如，阿波罗杀死皮同（Python）①。同样，赫拉克勒斯在履行十二项任务（战胜九头蛇，等等）中的巨大努力，现在成了一种文化业绩。还有，一个非常神秘的神话事件（获得赫斯珀里得斯②的苹果，等等），却总是一场与死亡进行的战斗，通过打败、制伏死亡（阴间的冥王和珀尔塞福涅③），为自己赢得那里的各种宝物——吉里昂④的草药、金苹果以及阿刻罗俄斯⑤的角。

111

但是，**死亡**经常与拯救行动联系在一起：在斗争中，拯救者自己死去。在这里，自然基础是完全清楚的：天堂里和植物中的生命都会周期性地凋谢。因此，拯救必然会死亡。善良公正的国王俄西里斯，同时也是尼罗河自我更新的生命，他被他的敌人塞特（Set）⑥杀死；他与整个一系列拯救神具有相同的命运，同那些将死的自然的形式相一致，如东方崇拜的塔模斯（Tammuz）⑦、阿多尼斯（Adonis）⑧、阿提斯（Atis）⑨，还有什叶派的圣人侯赛因（Hosain），以及日耳曼神话中的巴尔杜（Baldur），等等。"一粒麦子若不落在地里死了，仍旧是一粒；若是死了，就结出许多子粒来。"⑩

拯救者的死是极大的不幸，即 $\mu\acute{\epsilon}\gamma\alpha\ \pi\acute{\epsilon}\nu\theta o\varsigma$，埃及的**经文**回避提到它，但是，在复活的喜悦中能够使它再次变成好事。在俄西里斯的神话中，喜悦和悲哀分别给予了父与子：何露斯的拯救行动是为父亲复仇，同时也是他的复活；何露斯是活着并胜利的拯救者。然而，生与死通常结合为一个单一的形式。

---

① 希腊神话中被阿波罗杀死的巨蟒。——译者
② 希腊神话中为赫拉看守金苹果园的众仙女。——译者
③ 宙斯与得墨忒耳之女，后被冥王劫持娶为冥后。——译者
④ 被赫拉克勒斯杀死的三体有翼的怪物。——译者
⑤ 希腊神话中人头牛身的河神。——译者
⑥ 埃及神话中的力量、战争、沙漠与风暴之神。——译者
⑦ 美索不达米亚象征春天自然界创造力的神。——译者
⑧ 腓尼基的丰产神。——译者
⑨ 弗里吉亚的男性主神和丰产神。——译者
⑩ 《约翰福音》12：24。

但是，只有基督教把死亡本身转化成了拯救。所有拯救者的宗教都宣称生命来自死亡，然而，十字架的福音宣讲的是死亡中的拯救。在此，完全无力变成了力量的最大发展：绝对的灾难变成了拯救；因此，那些神秘宗教不敢谈论，或为之哀悼的东西，被转变成了至福。死亡摧毁了死亡。

（3）**复活。再临**（Parousia）。巨大的悲哀之后是巨大的喜悦，埋葬的绝望之后是复活节清晨的喜悦。俄西里斯通过何露斯或伊希斯回来了，从死亡中被唤醒。在希拉里亚（Hilaria）之后，是对阿提斯的哀悼。

> 流泪撒种的，
> 必欢呼收割。
> 那带种流泪出去的，
> 必要欢欢乐乐地带禾捆回来。[①]

播种时节是哀伤的时期，收获则带来喜悦的迸发。

复活与**再临**如同诞生与显灵一样是相互联系的，诞生与复活被认为是神话般的和周期性的，而显灵与**再临**则更像是独一无二的和历史性的。最终，拯救者将回来，公正地决定一切。例如，波斯人的"帮助者"，似乎甚至被限制在末世行动上，如果他不是先知琐罗亚斯德本人的话（古代**经文**似乎是这样说的），而如通常所认为的那样是他的儿子，即只在再临中出现。他奇迹般地诞生，完成了叫作 frasho kereti 的伟大的拯救行动，即，使一切复原，但首先是使人复原，在一次普遍复活中，人重新获得他们的肉体。[②] 许多带来拯救者直到末日——最需要的时候——才会显现：那时，他们将显现，给他们的人民带来解脱。与之关联的还有十二个伊玛目（Imams）的最后一个，即阿里（Ali）的后代

112

[①]　《诗篇》126：5-6。（Moffat）
[②]　Chantepie，前引书，II，第253页。

之一，他于 879 年失踪——他将作为玛赫迪（Mahdi）[1]返回，带来拯救。腓特烈一世皇帝巴巴罗萨在基夫豪塞（Kyffhäuser）的英雄传奇（"渡鸦还在山上盘旋吗？"），查理大帝在温特堡（Unterberg）的传说，瑞士三个退尔（Tells）[2]的故事，这些都有同样的末世形式和相同的渴望。这些圆满和完美的拯救者，被赋予"天上和地上的所有力量"。

6. 一旦时候"满足"，拯救者就将诞生。拯救者的存在不属于这个世界，因为他将"返回"一样，他也从一开始就已经存在（**先在**）。正是这命定的拯救时间，使拯救者的周期形式与历史形式联系在一起。五朔节王与寇罗斯是他们那个时期的拯救承载者——但是，幸福即便是不断重复，在我们的体验中也是独一无二的，诗人懂得每一个春天都同样是独一无二的，**年年"万物在流变"**。[3]　不过，只赐予一次并给予所有人的拯救，仍然在节日和庆典中，在圣餐仪式和感恩礼拜之中，在时间和空间之中无限地延伸着。围绕着"耶和华受难仆人"的形象，结合了对塔模斯的周期性哀悼和对死去的人的哀悼，以及对重新苏醒的自然的喜悦和对大卫子孙的快乐的希望。因为，一切拯救中最显著的因素是，它就在当下，时候已经满足。由此，现代的诗人在令人惊叹的歌曲中发

113

---

① 伊斯兰教徒所期待的救世主或领袖。——译者

② 其中的威廉·退尔，为传说中争取瑞士独立的民族英雄，曾被迫用箭射落置于其子头顶上的苹果。——译者

③ 一篇古代日耳曼人的求降圣灵文讲述了一次令人惊奇的拯救，同时以它自己庄重但天真的方式，把罪的凄惨与冬天的痛苦联系在一起，用拯救者的形象赞美了自然因素。

　　打开众天界，啊，救主，
　　从天上，降临，降临！
　　把大门拆毁，所有天上的门，
　　丢掉插销和门闩！
　　啊，大地，开出鲜花，开出鲜花，啊，大地！
　　让山峪全都披上绿装！
　　啊，大地，让这朵小花开放吧，
　　升起吧，啊，拯救者，从大地上升起！
　　我们在此饥渴地盼望，
　　我们面对着永恒的死亡。
　　啊，来吧，用你有力的手引领我们
　　从痛苦走向我们的家乡。

在此有各种不同的东西：《旧约》的预言，《新约》中拯救的希望，养育儿女的大地母亲和打开着的天界，春天的嫩芽幼枝和在上的主。

现了古代的所有音调，即时间的终结与新的开端，拯救与完满：

你的眼睛被遥远的梦模糊，
不再在意神圣的继承。
你在所有的地方都感受到终结的气息……
现在，抬起你的头吧。因为，拯救已降临于你。
在你负重和寒冷的年月，
一个新奇的春天现已勃发。
如花的手和闪亮的头发，
一位神灵已降临，来到你家。
别再伤心——因为你已被选中——
你未得到实现的日子正在过去……
赞美你的城市吧，神降生在那里！
赞美你的日子吧，神与你一同生活！[①]

114

---

① Stefen George, *Der Siebente Ring · Maximin.*

第13章 / 人的力量与意志：国王

1. LE premier qui fut roi，fut un soldat heureux。"第一个当王的人只是一个幸运的士兵"——尽管伏尔泰的这句老格言很肤浅，但是，只要我们在其"原初的"而不是新创的意义上来看它，其中还是包含着某些真理的。切斯特顿如下的说法无疑是正确的，即：如果我们不理会造成了统治者的那种令人钦羡的神秘性质，那么，最强者运用强力使自己为王这一观念，就仅仅是"流行的空话"。[1] 但是，对于原始人来说，恰恰只有力量和运气才具有这种神秘含义；对我们而言，并非力量和意志结合而构成一种"人格"，一种特征，而恰恰相反，是某人担任的一种**职务**或拥有的地位。我们特有的"陛下"一词，仍然指出了力量的这种非人格的尊贵，它被加在人的身上，并与那个人自己的意志相混合。在古埃及，它被称为 hm-f，字面上的意思是"他的棍棒"。[2] 棍棒既是工具又是武器；而且我们已经看到，从工具发出的力量，对原始思维来说，意味着远比纯粹的效用多得多的东西。确实很有可能的是，起初的那些王，是些能够挥舞棍棒猛击的壮汉。但是，他们的力量，无论是附在棍棒上的，还是附在智慧上的，肯定都被体验为一种"来自别处"的力量。因此，在原始世界中，王是力量的载体，是拯救者；在相当长的时期内，王一直是这样的，而当神授的王变成体制性的君主时，神秘的尊贵就被赋予了"有力的"继位者，里恩佐[3]们（the Rienzis）和拿破仑们，直到我

---

[1] *The Everlasting Man*，(People's Library Edition)，67.
[2] 参见 L. Borchardt，*Die Hieroglyphe hm*，*Zeitschr. f. äg. Spr. u. Altert.* K. 37，82。Erman-Grapow. *Wörterbuch der äg. Sprache*。
[3] 意大利民众领袖，领导罗马民众造反(1347)，建立新政府，自任保民官，其专横统治引起人民不满，在暴乱中被杀。——译者

们时代的"领袖"(duce)①，都是如此。

于是，在美拉尼西亚，儿子并不继承父亲的酋长地位，如果他父亲
还能理事的话，而是继承赋予他酋长威严的玛纳。② 不过，统治者的玛
纳也会丧失。当毛利人的酋长哈普(Hape)快死的时候，他把全部落召
集起来，询问谁能够继承他的位置，领导人民取得胜利。他提这个问题
确实是为了他自己的儿子们的利益，希望给他们一个机会，为自己的酋
长地位作出保证；但是，他们犹豫不决的时间太长，以至于一个低级首
领作出了保证，于是，他们失去了权威——玛纳。③ 斯堪的纳维亚的英
雄传说也向我们讲述了国王的"运气"，属于这种运气的有作战中获胜
并不受伤害，医治的力量和好天气，特别是在航海中的好天气。要反抗
国王的"运气"是困难的，但是，反过来，要是"有上帝的帮助和国王(奥
拉夫)④的运气"，则会成就很多事情。国王的"运气"好像是满溢出来
的，所以，在哈康王公(Jarl Haakon)⑤的统治下，庄稼可以在任何地方
播种生长，沿海所有地区都有鲱鱼；此外，一个哥特人把国王解释为"我
们靠他的运气可以得胜的人"。但是，如果收成不好，农民就会归咎于
国王。这再一次表明，"运气"是不可继承的：一个弃儿抓住伦巴第王阿
格尔蒙德(Agilmund)的长矛，国王的"运气"随即就转移给了他，因此，
他被收养并继承了王位。⑥

然而，描述国王的职责，不能使用我们现代的词语；"强大人格"是
不合适的，而"尊贵"一词，在我们对一种好的地位被降格的意义上，同
样是不恰当的。因此，"职责"或"职位"(Amt)这个词，仍然最准确地表
现了使国王成为一个拯救者的力量与意志的原始结合。我们今天的一
些观念是如此地不相干，这一点从那些为人熟知的关于皇室后裔参加

① 意大利法西斯统治时期对墨索里尼的称呼。——译者
② Codrington, *The Melanesians*, 56-57.
③ Lehmann, *Mana*, 22.
④ 挪威国王。——译者
⑤ 古代斯堪的纳维亚地位仅次于国王的王公。——译者
⑥ S. Grönbech, *Vor Folkeaet*, I,第146页以下,第194页;III,第49页以下。

战斗的故事中可以看得很清楚，例如，挪威的小英格被特洛斯托尔·阿勒松（Trostol Aaleson），法国的小克罗特尔被王后浮雷德甘（Fredegond）作为运气的保证人带到了那些决定性的战役中。[①]

古罗马的**帝权**也被视为由皇帝或执政官这类人物据有的一种职责；在后来对皇帝的崇拜中，君王的灵魂在**帝权**通过星空降落的过程中接受它。还有，与其效能客体对应的职责，是王权的**标志**：埃及法老用蛇作装饰，蛇是他毁灭性威力的载体；狼牙棒与节杖直到今天仍为我们所熟悉。

王位作为超越它载体本身的一种力量，在吉哈特·豪普特曼（Gerhart Hauptmann）[②]描绘叛乱的一幕场景中，得到了最典型的刻画：逼迫国王普罗斯彼罗的反叛者在他的面前倒下了。然后普罗斯彼罗问道：

> 什么事降临到我头上？
> 为什么我周围一片黑暗？
> 为什么我的全身就像泡在死亡一般的冷汗中？

116

高山大祭司奥罗回答道：

> 那是力量，来自他的力量猛烈地打击，
> 尽管是为着它遮蔽的那个灵魂。[③]

2. 由于君王的力量不是人的能力，所以，一切可以设想的拯救都寄希望于它。君王的力量应当是满溢的；接下来紧密相关的一个后果就是**他应当赐予礼物**。正如《天方夜谭》中所说的那样，"毫无疑问，国

---

① 同上书，I，第 197 页。
② 德国剧作家（1862—1946）。——译者
③ *Indipohdi*, Act III.

王应当配得上国王的称号,只要他分发礼物、行事公正、仁慈待人并引导他的臣民过一种高尚的生活"。此外,在冰岛和盎格鲁—撒克逊地区的古老隐喻语中,我们发现"国王"有许多诗意的同义词:"分送黄金者""赐剑者""赠戒指者""施予财宝者"。[1] 与古代东方的统治者类似,日耳曼君王也被期待着通过赐赠礼物来显示力量。因此,这对埃及人的预言之王阿赫那吞的人生目标大概没什么好处,如同我们仍能从他的纪念碑上看到的那样,作为统治者,他不得不赐予许多礼物。那些被他以这种方式偏爱的人,知道如何估算他的势力的存在期限;但是,一旦王权衰微,他们就会让这位国王的宗教不光彩地结束。原始的王权与预言的能力很难结合在一起。

但是,王的力量同样在一些我们现代人觉得极超乎人之能力的事物中表现出来。作为一个真正的拯救者,国王也能**使人得到医治**;直到相当接近现在的时代,在英格兰"国王的触摸"还被当成对结核病的一种治疗。莎士比亚描述了国王这种使人康复的功能,众多不幸的人为此奔来求助,并且

> 在他的触摸下——
> 在这具有天堂般圣洁的手的触摸下——
> 他们当即就被治愈了。[2]

宇宙中的各种事件也受君王力量的支配。在苏门答腊邦加拉岛(Bangkara)曾经给荷兰人当局造成过许多麻烦的著名的统治者西辛伽曼伽拉亚(Si singa Mangarajah),掌管着降雨和阳光,并保佑丰收。[3] 同样,马萨伊人(Masai)[4]的王不仅能够消灭敌人,还能够降雨,他的力量

---

[1] A. J. Portengen, *Revue Anthr.* 35, 1925, 367.
[2] *Macbeth*, IV, 3.
[3] Wilken, *Verspreide Geschriften*, III, 166 - 167.
[4] 肯尼亚和坦桑尼亚的游牧狩猎民族。——译者

藏在胡须里；如果他的毛发被人割去，他就会像参孙一样失去力量。[1]
此外，尼日利亚南部厄塔廷人（Etatin）的首领决不可以离开他自己的　　117
房子：力量必须集中起来，并且小心保护。他被迫担当职责，被关闭了
十年，他描述自己其间的活动时说："通过遵守并履行这些仪式，我给猎
人带去猎物，使庄稼茁壮成长，把鱼带给渔夫，让天上下雨。"[2]在西里
伯斯岛的鲁伍，达图人的诅咒或祝福，决定着稻谷的丰收和人民安康；
摩鹿加群岛中德那弟的苏丹也是如此；[3]而婆罗洲北部沙捞越
（Sarawak）的统治者詹姆士布鲁克爵士（Sir James Brooke，1803—
1868），则不仅被当作来自玛莱（Malay）力量的神圣拯救者来崇拜，而
且还左右着庄稼的收成，女人给他洗脚用过的水被保存起来，撒进田
里，以确保一个好收成。[4]

　　不过，古埃及是体现王室力量的典型地方。在那里，人们对国王
说："你的确可以遮住地平线；太阳在你高兴时升起；我们喝的河水，我
们呼吸的空气，都来自你的恩准和赠予"；[5]国王开拓的埃及疆域大到
"太阳环绕着的任何地方"。下面的话对拜占庭文化而言，已经算不上
过分吹嘘或夸张的奉承了：国王事实上统治着全世界。人们努力把所
有世俗力量和所有可以想象得到的繁荣昌盛都结合在一个单一个体之
中，因此，在描绘一个好国王的时候，使用的是过分的但同时也不乏现
实的词汇："他照亮了比太阳还大的两块大地（埃及）。他使这两块大地
变成绿色，胜过伟大的尼罗河（丰富的洪水）；他使这两块大地充满活
力。（他是）给鼻孔吹气的生命……国王就是食物，他的话使庄稼增长。
他是那创造一切的；他是所有肢体的克努姆[6]（Khnum，从黏土中形成

①　Frazer, *The Magical Origin of Kings*(*Lectures on the Kingship*)，第 112 页以下。
②　同上，第 118 页。
③　Kruyt, *Het Animisme in den Indischen Archipel*, 229‒230.
④　Wilken，同上，III, 167‒168；Kruyt，同上，231；Lévy-Bruhl, *How Natives Think*，第 252 页以下。
⑤　*Geschichte von Sinuhe*，第 232 页以下。参见 *Popular Stories of Ancient Egypt*(Maspero)，第 68页以下。
⑥　古埃及众创世神之一。——译者

的神);是使一切人存在的生育者。"①最常用在君王头上的称号之一
是:"给予生命者",这是一个具有双重含义的词,因为它同时也有"被赐
予生命者"的意思。②因此,国王在与人相关的时候,是力量的载体,而
在与力量本身相关的时候,他又是力量的需要者。由于国王占有这种
双重地位,他成了神与人之间一切中介者的原型。

好国王保证世界福祉的观念实际上相当普遍。孔子也知道良君出
盛世;而对所有的灾祸的遣责,则要落在一个不好的国王身上。因此,
今天在一般民众中仍然保留着的,倾向于将对所有坏事的遣责都归于
政府的做法,具有非常古老的和宗教的根源:上帝和力量实际上承受了
一切过错;只是因为上帝太遥远,人们就寻找比较近的力量载体,必要
时它可以成为替罪羊。例如,在尼安扎湖(Nyanza)③地区,一位世袭的
国王被放逐出国,其原因在于出现了长期的干旱;④另外,俄狄浦斯不
得不听取那样一种抱怨,尽管那片土地曾经把他作为其拯救者加以颂
扬,但是,人们不明白为什么在他的统治下那个地方竟然瘟疫肆虐,显
然,人们期待着来自他的医治。⑤荷马对那位好国王统治的描述尽人
皆知:"黑油油的土地生长着小麦和大麦,果树上挂满了果实,绵羊繁育
而不流产,大海里捕得到大量的鱼,一切都来自他的好领导,人民在他
统治下发达兴旺。"⑥显然,在相同意义上,居鲁士国王的统治力量保证
了他的士兵们安全渡到河对岸:"渡河被看成是一桩奇迹;河水为这位
国王在居鲁士面前退去了。"⑦

在希腊化时期,这些有关王的观念获得了普遍的重要性,特别是集
中在奥古斯都身上;后来,整个中世纪便充满了这种观念。著名的"被

---

① Breasted, *Ancient Records of Egypt*, I, Sect. 第 747 节;进一步参见 Lietzmann 汇编的材料, *Der Weltheiland*, 51。
② A. Moret, *Le Rituel du Culte divin journalier*, 1902, 101.
③ 非洲内地的湖泊。——译者
④ Frazer, 前引书,第 116 页。
⑤ Sophocles, *Oedipus Rex*, 49.
⑥ *Odyssey*, XIX, 第 109 行以下。
⑦ Xenophon, *Anabasis*, I, 4, 18;参见 H. Smilda, *Mnemosyne*, 1926。

认为出自圣帕特里克①的准则，列举了一个公正国王统治下所具有的
恩惠，'好天气，平静的大海，庄稼丰收，果实累累'"。② 另外，日耳曼的
皇帝们一再强调他们统治权力的宗教性和宇宙性的基础，特别是在与
教宗斗争的时期尤其如此。国王的服饰也具有宗教意义，即使在埃及
和别的地方的遥远年代，它只是一条简单的原始腰布的时候也是如此。
于·卡佩（Hugh Capet）③的王后奉献给圣·丹尼斯（St. Denis）④的披
风被称为 orbis terrarum，而亨利二世皇帝则用太阳、月亮和星星来装 119
饰他的长袍。同样地，腓特烈二世"在 1211 年后只用一个向下的新月
和一颗星星装饰他的御玺，认为这样才能更充分地表示他权力的完
满"⑤。因此，国王的力量不是人的力量，而是**那种**力量，即世界的效
力；帝国的扩张并不是贪婪，而是对国王世界地位的肯定。他的装束是
"上帝的有生命的外衣"。古埃及人认为，那"两块土地"理所当然地构
成了世界，而古代后期和中世纪的国君们则把世界看成他们的王
国——但是，后来就自然不再如此了。

　　3. 因此，国王是一个神——确实，他是最早最古老的神之一，力量
具体体现在一个活生生的人物身上。因为，国王不是一个僵硬的神，而
是一种有生气的、活跃的、可变的力量，一个行走在众人中的神。但是，
不容置疑，他是一个神。当然，从古至今，人们都知道，这个高高在上的
载体是一个很普通的人。即使埃及人也会嘲笑醉酒的法老阿玛西斯
（Amasis）；⑥当有人把安提柯一世（Antigonus）⑦称为太阳的儿子和神
时，他本人打趣地说："我卧室里的随从对此一无所知。"⑧但是，受尊敬

---

①　St. Patrick(389？—461)英国传教士。——译者
②　Frazer，前引书，第 125 页。
③　法国国王(938？—996)，卡佩王朝创建者。——译者
④　巴黎第一任基督教主教，在罗马皇帝迫害基督徒时殉难。——译者
⑤　F. Kampers, *Vom Werdegang der abendländischen Kaisermystik*，1924，第 8 页以下。
⑥　G. Röder, *Altägyptische Erzählungen und Märchen*，1927，第 298 页以下。
⑦　马其顿国王亚历山大的将领，公元前 306 年称王。——译者
⑧　Plutarch, *Of Isis and Osiris*，24。当亚历山大受伤时，他吃惊地看到自己所流的血液中不是灵液——"神的脉络中流动的液体"。E. Bichermann, *AR*, 27, 1929, 25，注 2。

的毕竟不是人，而是正式的地位——采取那种形式的力量；力量不是作为一种静止的伟力受到崇拜，而是一种活生生的拯救。王权制度确实意味着对人类生活的强制和彻底的改变：过去一切都是无谓和痛苦的，现在一切都成了美好的。春天的气息再一次飘荡过来："多么幸福的一天啊！天和地都充满了喜悦，（因为）你是埃及伟大的主。那些逃离的人又回到了他们的城镇，那些躲藏起来的人重新出现。饥饿的人满足而幸福，干渴的人醉倒在地；赤裸的人穿上精美的亚麻布衣服，肮脏的人得到洁白的长袍。被囚的人获得自由，被缚的人充满了欢乐。"①这是美好的消息，在拉美西斯②四世（Rameses IV）登基时宣布，这就是后来人们所说的好消息（福音，evangelium）。

在一种更精确的字面意义上，与其说国王是一个神，不如说是神的儿子；因此，他也是一种拯救者的形式。所以，法老自我宣称："我是神，存在的开端，出自我口的一切都不会错"③——在索雷布（Soleib）阿蒙霍特普三世④的神庙中仍然可以看到他的自我赞美。⑤ 但是，最重要的是，埃及国王在字面上被说成是神的儿子，无论他是以太阳神的儿子出现，如像第五王朝的那些王，还是作为指派给他当父亲的阿蒙神⑥的儿子，在德列尔巴哈里（（Deir el Bahari）和卢克索（Luxor），神庙的墙上用文字和图形对国王的诞生作了正式说明：阿蒙神临幸王后，通过神与凡人妇女的结合，生出了小国王。甚至《诗篇》第 2 章也只能通过父子关系来理解上帝与国王的亲密关系："你是我的儿子，我今日生你。"⑦因此，对于君王来说，神奇的诞生完全是顺理成章的。

死亡如出生一样，也是如此。甚至埃及法老活着时，他也被当成是死的，被赋予了永恒的生命。他大概是第一个被赋予不朽观念的人；丧

---

① A. Erman, *The Literature of the Ancient Egyptians*, 279.
② 古埃及新王国时代的国王名(1315BC—1090? BC)。——译者
③ Breasted, *Records*, II, 293.
④ 埃及国王(Amenhotep III, 1417BC—1379BC)。——译者
⑤ G. Maspero, *Au Temps de Ramsès et d'Assourbanipal*, 1912, 46.
⑥ 古埃及的主神，相当于希腊、罗马神话中的宙斯或朱庇特。——译者
⑦《诗篇》2:7。

葬的**经文**起初就只为他所作。[①] 类似地，在印度尼西亚的许多部落中，人死后生命的继续被认为与职责有关，即仅限于部落的首领们。[②]

神圣的国王自然是被各种各样塔布所包围着的，以至于登上王位几乎常常等于被囚禁，如我们前面引用的那位非洲首领所说的话。此外，罗马国王被剥夺了世俗权力与所有荣耀，只保留了作为神圣的王（rex sacrorum）的沉重塔布。而在夏威夷，只能在晚上见到国王，任何在白天见到他的人都将被处死；国王也不允许用自己的手去碰食物。[③]集中在国王身上的力量，必须受到保护。

4. 国王在他出现的那一刻就变成了一个神；因为，正是他的**出现**，改变了世界，引进了一个新时代。作为一种形式出现，的确是国王的荣耀；在雅典娜神庙所保存的歌颂德墨特留斯·波利俄克提斯显灵的歌中，我们发现了对这种荣耀的优美的表达：“因为其他的神离我们太遥远，或者他们听不到我们的声音。他们要么根本就不存在，要么不关心我们。但是，你，我们能用自己的眼睛看见。你既不是木头，也不是石头，而是在此的真正肉身。因此，我们向你祈祷。”[④]

罗马人对皇帝的崇拜也被引向了“当下在世间的肉身的神”[⑤]，在他的身上，拯救被启示和显明；在他自己统治的年代里，国王就是拯救者。因此，在他身上，也可以看见那些我们在论述拯救者时已经描绘过的历史的和周期性的—自然的倾向。这些倾向甚至十分悲剧性地交叉在一起。因为，拯救人民的、已经出现的王子，屡次变成失去权力并必须离开的统治者。国王的掌权和失权就像他常常与之密切相连的天体一样，远非一种“重要的”，或者不重要的“人物”；弗雷泽在《金枝》中以

[①] 因此，国王在崇拜仪式中是独一无二的主持人。巴比伦的忏悔诗篇是为国王而创作的——当然是以他代表人民的资格——只是到了后来才为普通人所使用。M. Jastrow, *Die Religion Babyloniens und Assyriens*，II,1,1912,117。

[②] Kruyt，前引书，第 4 页。

[③] Frazer, *The Belief in Immortality*，II, 388 - 389.

[④] Bertholet, *Lesebuch*, 4, 85.

[⑤] H. Usener, *Dreiheit, Rh. Museum*, N. F., 58, 23。关于罗马皇帝崇拜的特殊和调解特征，参见 E. Bickermann, *Die römische Kaiserapotheose*, AR. 27, 1929。

一种令人难忘的方式阐释了"王要死去，才能活着"的悲剧性的原义。

因此，王的力量是世界的力量，但是，像太阳的力量那样，仅仅在它自己的周期内有效。我们根据国王们来确定年代。在帝国时代，皇帝登基被看成是世界的开端，$\dot{\alpha}\rho\chi\dot{\eta}\ \tau\tilde{\omega}\nu\ \pi\dot{\alpha}\nu\tau\omega\nu$；[1]埃及人同样也把登基作为与所有事情开端永远并列的事情。因此，新国王的福音就是宇宙的福音：在最广泛的意义上，他是 $\sigma\omega\tau\dot{\eta}\rho$（救世主）。但是，他是永恒的儿子，作为拯救者，他永远是年轻的王子；在他之前一定有一个老的被废黜的统治者，这样，国王自豪的第一年才会接上其前任悲伤的最末一年。

有一个古怪的特征与国王在位的年代联系在一起。在巴比伦，国王每年都要庆祝一个新的登基日。"国王的统治从他前任死后的第一个新年元旦开始计算；在第一个新年元旦举行他的第一次登基仪式；第一年的其他日子归于他死去的前任，这称为 rêš šarruti，即王位的开端"。[2] 在最早的埃及人时代，我们发现了与之完全相同的程序：在刻着最古老编年史的巴勒莫石（Palermo Stone）上，一个王朝最后那些未满的年份，不能以任何事件命名。[3] 艾多瓦·梅耶（Eduard Meyer）评论这种特征时说："因此，在这里，完整和准确的统治年数是以国王登基那一天开始来计算的，而不是根据历法上的年代，正如现在用特许状计算教宗与英国国王的统治年代一样。"[4]因此，在与其前任王朝划出一条界线后，每一个国王都重新开始；每一个都有他自己的纪元。至此，既然我们把君王看成是力量的载体的话，我们就能够理解其原因了。因为，力量永远是新的，国王永远是新国王。他绝不仅仅是一种延续，而总是一次显现，一次新的开端。这种观点本身与任何时期的特殊事件无关，正如与统治者是"重要"的人无关一样。生命被囚禁在信条之中，

[1] Lietzmann, *Der Weltheiland*, 14 - 15.
[2] S. Mowinckel, *Psalmenstudien*, II, 1922, 7.
[3] 参见 K. Sethe, *Beiträge zur ältesten Geschichte Ägyptens*, 1905, 第 70 页以下。但是, 他把这种特性归因于纯粹按年月顺序计算的目的。
[4] In Sethe, *Beiträge zur ältesten Geschichte Ägyptens*, 1905, 73.

它自身必须与之相适应；一张网将生命网住，为的是紧紧抓住力量；它的循环通过记时的符木①上的刻痕维系着，正如光的循环通过日夜交错来体现一样。因此，国王意味着变化中的持久。

　　埃及人说国王"更新"了"生命"，这只是一种字面意义上的意思。因为，变化如实际上体验到的那样——在这里，历史的路线与周期交叉——由于变化而发生，脱离了确定的时间。但是，任何这种自我显现在国王身上的力量的偶然和不可预见的衰落，都是无法忍受的，因为国王在体力上或心理上的衰弱，会对生命的整体造成损害。于是，君主制受到一种时间安排的限制，弗雷泽对此投入了大部分的研究工作，并在古埃及人为塞德举行的宴会中发现了清楚的表达。这种宴会通常被解释为一个王朝的五十周年大庆。但是，事实上它还有更深的含义。此外，艾多瓦·梅耶也谈到"对王位的一种强加的限制"，王位似乎是从这种宴会重新开始的。② 在宴会期间，国王的面前放着一种柜子样的东西，里面就如在葬礼那样，躺着一个遮盖起来的东西，大概是代表萌芽，从而，以一种戏剧性的方式象征国王的再生。③ 那穿着葬服的"老"国王，就这样与新国王面对面——国王似乎就这样继承了自己的王位。

　　进一步说，仅仅是在一个被指定的时期之内，国王的力量被限制在人的形式之中。古罗马节日的名称 regifugium（国王的避难所），被弗雷泽解释为那样一个时代的一种遗迹，那时候，当统治者在他任职期满或因其他缘故而退位后，事实上必须逃走，如仍可被森林之王（reges nemorenses）一语所证实的那样，阿利西亚（Aricia）林地的国王们不得不防御某个觊觎王位者。即使在英国国王的加冕典礼上，直到爱德华七世的加冕典礼为止，典礼官都要那些对君主即位的权力质询的人站

123

① 古时刻痕计数的木签。——译者
② *Geschichte des Altertums*, I, 2(第 3 版), 1913, 153。
③ 此外，这个被蒙起来的东西也有其它解释，例如，作为一个小公主。但是，我们不清楚公主如何可以作为国王庆典上永久的必需品。P. E. Newberry 给出了一个非常聪明但有点不沾边的解释，参见 *Ägypten als Feld für anthropologische Forschung* (*Der alte Orient*, 27, I),1927,21。关于 Sed 宴会，见 W. B. Kristensen, *Meded. Kon. Akademie van Wetenschappen*, *Afd. Lett.* 56,B, 6, 1923,16。

出来。[1] 由此看来,问题是清楚的:力量必须显示并保持自身,而这不只是在即位的时候,而且要持续下去。当然,我们必须记住前面所说过的事实,力量不仅仅是一种理论问题,而永远是一种可以由经验证实并能被体验到的非凡之物。然而,我不想引证所有有时限的王位的例子,弗雷泽对此已收集了大量材料,[2]我将把注意力集中在本质的问题上。

因此,经过一段间隔期,在力量离开国王之后,他实际上必须死去。埃及人的塞德宴会和罗马人的国王的避难所是对这种情况的仪式性反映;许多原始民族都清楚谁实际上杀死了"老"的王。在这里,拯救者也必须受苦和死去。他也许会等着被杀,但是,他也可能把自己交出去;对此,弗雷泽也收集了很多例子。在所有这种情况中,牺牲的观念发挥着作用;国王应当为他的人民的利益而牺牲自己。然而,另一种观念也出现了,即替代者观念,在拯救者观念的发展过程中,替代者观念获得了其最高的意义。

由此,两种来源和本质上完全不同的观念再次被结合为一。事实上,国王总是一个替代者:他指导人民的拯救,履行祭祀,指挥战争等等,当他死时,他是为人民而死,以便让其力量得以保存。甚至国王的尸体也能带来拯救:瑞典国王哈夫丹(Halfdan the Black)的尸体被分给四个地区,以便保证所有这些地区的丰收。[3] 但是,与这种观念并列,也产生了另一个观念:这种古老的习俗被修改了,国王实际上不会去死,而是让一个替代者去死。这就是假的国王,他短暂地行使国王的权力,通常只有一天,然后被处死;后来,假王只是受到虐待。这种一日王通常由奴隶或战俘来担任,最早可见于巴比伦,在古罗马的农神节,也可以看到这种角色。在亚述人的一出哑剧中,还有假王与他主人之间的对话:假王此时对他的主人发出命令,他想吃,想喝,想爱一个女人,等等。一切都被应允了;但是,在故事的结尾,他的脖子被扭断,被投进

---

① Frazer, *The Magical Origin of Kings* (*Lectures on the Kingship*),275.
② *The Golden Bough*, IV, *The Dying God*, 第 14 页以下,第 46 页以下。
③ *The Golden Bough*, VI, *Adonis, Attis and Osiris*, II,第 100 页以下。

河里；由此，他担任了为再现而死的贝尔神（Bel）①的职位。② 很有可能，在最初的时候，作为神的替代者，国王自己不得不去死，也就是说为了国家的力量去死；但是，后来，两种"替代者"渐渐合成了一个单一的形式。

　　长期以来，这类以荒谬方式遭罪的无辜的一日王，被生动地保留在文学作品中。我们记得莎士比亚《驯悍妇》（*Taming of the Shrew*）中俏皮的克里斯托弗，他被允许当一天发号施令、纵情享受一切的主人，但是，过后又被赶到大街上。③ "在这个倒霉或瞬间的国王的羞辱的面具背后，我们祖先感知到了神—人的悲剧形象，他为邻人的幸福和生命而死。"④为拯救人的替代性牺牲逐渐发展成为推动世界的伟大思想之一，并与国王的更换联系在一起。为了保留这种拯救，拯救者的形象必须被打破。弗雷泽和其他研究者提出一种见解，即耶稣被罗马士兵虐待，是模仿已为他们所熟悉的罗马农神节上被戏谑的国王角色。⑤ 但是，即使这种看法也不能被证实，十字架上的犹太人的王仍然带有为拯救他的人民而死的王的一切特征，他仍然在圣《约翰福音》书中被尊奉为王："这样，你是王吗？——你说我是王。"⑥

　　国王必须受难与生命周期性变化的观念有关。《旧约》中很清楚，当生命被历史性地看待时，当它的周期枯荣被至高无上的意志的统治所取代时，那么，无论谁带来拯救，都必须受难。"耶和华的受难的仆

①　巴比伦神话中的天地之神。——译者

②　E. Ebeling, *Keilschrifttexte aus Assur religiösen Inhalts*, 1917, Nr. 96。参见 F. M. Th. Böhl, *Stemmen des Tyds*, 10, 1920, 第 42 页以下。H. Zimmern, *Berichte über die Verhandl. Der sächs. Gesellsch. Der Wiss.*, 1906, 1918。

③　在其它文学作品中也有这种描写，见 Dutch, *Krelis Louwen* (Langendyk)；Danish, *Jeppe fra Bjerget* (Holberg)。

④　A. Moret, *Mystères Égyptiens*, 1913, 273.

⑤　参见 P. Wendland, *Hermes*, 33, 1898, 175。H. Vollmer, *Jesus und das Sacaeenopfer*, 1905. J. Geffcken, *Hermes*, 41, 1906, 第 220 页以下。Frazer, *The Golden Bough*, IX (*The Scapegoat*), 第 412 页以下。Further in R. Bultmann, *Die Geschichte der Synoptischen Tradition*（注释 2），1931, 294。E. Klostermann 论 *St. Mark* xv, 第 16 页以下，载于 *Handbuch zum Neuen Testament*。

⑥　《约翰福音》18：37。

人"也展现出了王的所有特征,特别是当他代表人民的时候。[1]

5. 更进一步说,与国王的类型一致,为他的时代带来拯救的人总要"再"回来,无论是作为儿子还是他自己的后继者;这种明确地再回来的希望也与关于国王的经验联系在一起。这种渴望由对周期性更新的拯救的期待,以及期盼幸福"末日"所构成,因为,在一个"好国王"统治下的和谐,正在历史中衰落。

古埃及人对这种国王有一种模糊的期待:"一个国王将从南方来……人子时代的人将充满喜悦……他们将不再堕落。不信神的人也将谦卑地垂下头来,因为在他面前的恐惧,……他额头上的圣蛇象[2](帝王之蛇)将平息叛乱……"[3]"好国王"的统治总是一个弥赛亚的时代。[4] 但是,历史意识一旦有了发展,周期性观念就让位给了世界末日的观念,这种拯救的时代便被转换为时间的终端,转向遥远和幸福的远方。犹太人对大卫子孙所渴望的东西是人尽皆知的,这在《诗篇》72 章中对好国王的歌颂得到了最完美的表达:

> 愿君王以公平维护穷苦人,
> 愿他救援贫乏无劲的人,
> 并打击欺压他们的人。
> 只要太阳照射,月亮发光,
> 愿你的子民永远敬拜你。
> 愿君王像雨下在草原上,

---

[1] F. M. Th. Böhl, *De "Knecht des Heeren" in Jezaja* 53, 1923. Böhl 友好地写信告诉我,在他看来,在《以赛亚书》xliix. 73, 23, liii, 15 中,国家的王被与等同于以色列人的"仆人"相对比,包括"仆人"也应当被看作王的意思。"仆人"相当于"王"。在新年节日中,国王扮演仆人的角色,而后者则扮演国王。

[2] 古埃及君王冠冕正中象征权威的昂首崛起的蛇形饰物。——译者

[3] W. Golénischeff, *Rec. de Travaux*, 15, 1893, 第 87 页以下。(*Pap.* 1116 Ermit. St. Peterburg)。参见 J. W. Breasted, *Development of Religion and Thought in Ancient Egypt*, 211。L. Dürr, *Ursprung und Ausbau der israelitisch-jüdischen Heilserwartung*, 1925,第 1 页以下。

[4] 参见 Lietzmann 对一位巴比伦国王统治时期的描述,前引书,第 20 页。

像甘霖滋润大地。

愿他在位的日子正义伸张，

在有月亮的岁月国泰民安。

他的王国从这海伸展到那海，

从幼发拉底河到地的尽头……

诸王要在他面前下拜；

万国要服事他。

他援救向他呼求的穷人，

他帮助贫苦无助的人。

他怜悯软弱贫寒的人，

他拯救穷苦人的生命，

他救他们脱离压迫和强暴。

他看他们的生命为宝贵……

愿土地盛产五谷，山陵布满庄稼，

收成跟黎巴嫩一样丰富；

愿城市人烟稠密，像荒野滋生青草。

愿他的名永垂不朽；

愿他的声望如太阳长存。

愿万国颂赞他，

愿万民向他祈福！①

126

在中世纪，这些思想与查里曼大帝和腓特烈二世（巴巴罗莎）等伟大帝王联系在一起，他们仿佛没有死，而是在山里等待民族最迫切需要他们的那一天去拯救他们。也许由于普遍相信腓特烈的生命有一个命定的期限，在十三世纪，人们怀疑他是否真的死了。确实有几次，假腓

————————————

① Moffat.

特烈成功地出现过。^① 此外,教会的宗教改革也被列为要由皇帝来实现的一般的福祉中。因此,当力量不再与任何事实上可见的形式相联系时,统治者的拯救者形式就被放在了时间的终点,正如被认为曾刻在亚瑟王墓上的那句话:"这里躺着亚瑟,曾经为王,将要为王。"

因此,国王的形象是人描绘自己的所有那些形象中最重要的一个。但是,从对统治者的神化中引出对上帝的整个信仰,就如同忽视拯救者—国王在那样一种上帝概念——这种概念倾向于采用一位儿子的形式,即 numen praesens——逐渐形成过程中所起的重要作用一样愚蠢。人类一再追求把人的短暂形式和可变意志建立在控制宇宙的固定本质和永恒意志之上,因此,中国的神秘主义者也把统治者放在与"道"的直接关系中:

> 域中有四大,
> 而人居其一焉。
> 人法地,
> 地法天,
> 天法道,
> 道法自然。^②

127

---

① Fr. Pfister, *Die deutsche Kaisersage und ihre antiken Wurzeln*, 1928.
② 《道德经》,第 25 章。参见本书第 2 章。

第 14 章 / 强有力的死者

1. 早期万物有灵论从对祖先的膜拜仪式中推出宗教；事实上，只要死人被认为是强有力的，这种观点就没有错。然而，具有力量的不是他们的"灵魂"，而是他们自己，他们的活死者形式；对万物有灵论来说，形式总是必不可少的。因此，死人没有肉体就没有灵魂，是另一个肉体存在，这另一个可能比活的更有效能，但是，也会丧失它的一些力量；因为，死亡事件——我们在后面将要讨论这个问题[①]——增强但也削弱力量。

但是，对死者的膜拜决不应当被视为任何原始心理的结果。相反，它产生于一种实际的**体验**：它植根在与死者的相遇之中。[②] 这种相遇在我们这个仍然迷信的时代绝非罕见；可是，很有可能，万物有灵论的理论家们没有见过幽灵！

然而，事实上，并非**所有的**死者都有力量。这取决于他们生前的影响，也取决于他们死时的环境。例如，部落首领凭借他们的高贵地位，也常常在死后拥有力量，甚至还有这种情况，延续死后的生命被限于那些带来力量的人；[③]最初，古代法老似乎是独自享受不朽的。死亡时的状况也很重要：死于产褥的妇女，常常在死后有一种特殊的力量。但是，在许多情况下，特殊的力量被逐渐地归于所有死者。

2. 不过，就**形式**而论，死者的力量被认为是逐渐减弱的。他们过着某种影子般的生活；具有固定外形和具体物质的形式让位于某种非常模糊和雾状的东西。例如，在塞兰劳特（Ceramlaut），刚死的人显现

---

① 参见本书第 22 章。

② cf. K. Th. Preuss, *Glaube und Mystik im Lichte des höchsten Wesens*, 1926, 19.

③ Söderblom，前引书，28；Preuss，30。

128

为一片白雾,而死了一段时间的人则显现为阴影。^① 此外,死者是抓不住,但是,能被看穿;他们没有骨骼。^② 偶尔,他们被想象为比活人小一些。^③ 但是,即使形式在很大程度上已经消失了,它仍然存在:死者好像活人,可以被认出来,被看见,并与之交谈。

3. 但是,与趋向影响形式的力量之消失相对,作用于意志的力量会加强;因此,那种认为活人总是"站在围墙的正确一边(right side)"的观点,既不是原始的,也不是宗教的。一位具有泛神论气质的荷兰诗人,在写到他死去的儿子时,重新燃起了对死者的崇拜:"从我自己的直接感情出发,我现在懂得了所有开化民族共同具有的对死者敬拜的本质。即使在他最后的日子里,在他已经得到安息的时候,我的孩子对我都是神圣的。现在,当他离开以后,他是一个属于更高次序的存在:他已经变成了神圣的,他是我的中介;通过他,普遍的存在变成了有形的和人格的,成了我可以去爱、可以与之交流的神,而不仅仅是仪式上的声音,也不是一种模糊的自动暗示。"^④于是,死者比生者更有力量:他们的意志自我强加了,那是无法抗拒的。他们在力量和洞察力上更优越,他们是κρείττονεϛ;^⑤在斯堪的纳维亚人的文化中,这种观念特别明显,与之相关,为获得威胁生者的力量而自杀,是一种完全实际的想法。^⑥

进一步说,死者被归属为宇宙的力量;在此,万物有灵论主张自然精灵与死者在实际效能上不能分开,这是正确的。当然,死者自己还不是精灵,只不过是死了。例如,在新西兰,人们会乞求一个死了的巫医或首领带来雨水和丰产,^⑦而在印度尼西亚,死人能够在战争的危险中起保

① J. G. F. Riedel, *De Sluik-en Kroesharige rassen tusschen Selebes en Papoea*, 1886,163.
② N. Söderblom, *Int. Review of Missions*, 1919,533.
③ Fr. Von Duhn, *AR.* 12, 1909, 179-180, Table III, on the sarcophagus of Haghia Triadha.
④ Frederik van Eeden: *Paul's ontwaken*.
⑤ E. Rohde, *Psyche*, I,1910,246,以及注释2。他参阅了 Plutarch, *Cons. ad. Apoll.*, 27。(英译本,166,201。)
⑥ H. and I. Naumann, *Isländische Volksmärchen*, 1923, *Nr.* 64.
⑦ Alviella, *Idée de Dieu*, 113.

护作用,在海上航行时避免灾难,并使捕鱼打猎获得丰收。^① 类似地,希腊的特利托帕托勒斯(tritopatores)既是死去的祖先,也是风之恶魔。^②

但是,当人的生命被放在与植物生命同等的层次上时,死人就与谷粒紧密联系在一起了。谷粒在地里死去,然后萌芽从中长出,力量总是一个**统一体**。在罗马最大的赛马场的康苏斯(Consus)祭坛,既是谷仓,也是停放死人的地方。^③ 下葬就是一种播种。另外,罗马人家庭里的拉尔(lar),从一个家神和家庭祖先扩展为一个地区的神即 lar compitalis,意味交叉路口的神。^④

4. 死人对活人施展力量,既有吉祥的又有灾难的。他们是可怕的,人在靠近他们的时候充满了畏惧。我在前面提到过死于产褥的妇女,在印度尼西亚被称为彭提阿那克(pontianak),那是一种令人毛骨悚然的形象:腹部向后凹陷,装成一只鸟坐在树梢上,会引起妇女流产,并在深夜从男人身上夺走男性活力。此外,在婆罗洲岛上,在阿布杜·拉·拉赫曼(Abdu 'l Rahman)建立城市并以他们的名字命名之前,要派人用两个小时寻找并打死潜伏在附近的彭提阿那克。^⑤ 类似地,在古埃及,也有一些保护金字塔免受死人袭击的规矩。^⑥ 希腊也有可怕的死人,他们伤害活人,把活人拖到死荫之地。这类折磨人的精灵是哈比(harpies)和塞壬(sirens)。^⑦ 赫卡特(Hecate)^⑧令人沮丧的小鬼们彻夜喧闹,狄俄尼索斯也被看成是"野蛮猎杀"的首领。后来,这个观念在古代的日耳曼和中世纪得到了发展:乌坦(Wotan)即"狂怒者",在暴风

① Wilken,前引书,III,190。
② B. Schweitzer, *Herakles*, 1922,75.
③ A. Piganiol, *Recherches sur les Jeux romains*, 1923, 2;13.
④ S. Wide in Gercke and Norden, *Einleitung in die Altertumswissenschaft*, II(注释 2), 1912, 241. Chantepie,前引书,II,435。
⑤ Wilken,前引书,III,第 223 页。
⑥ *Pyramidentexte*(Sethe),1615.
⑦ 希腊神话中的泼妇和妖妇。——译者
⑧ 希腊神话中月亮、大地和冥界的女神。——译者

骤雨的夜晚，与他的野蛮同伴一起，到处乱打乱砸；他与佩其踏
(Perchta)就等同于狄俄尼索斯和赫卡特与他们的塞亚索斯(thiasos)
或者科莫斯(komos)，①而在中世纪，死人则会把活人拉进一种可怕的
舞蹈，或者最不幸的婚姻中。②

对死者的这种信念不时会把人导向某种宿命论，特别是在原始民
族中：死者的力量比生者的强大得多，以至于生者完全屈从于死者。因
而，死者控制着风俗和习惯，之后的任何偏离都会引起他们的愤怒，如
在巴塔克人(Bataks)中的情形那样。③死者极度有力的意志主宰着整
个生活，"活人生活在死人的阴影之下"。④

但是，死人也能发挥有益的作用，我在前面已经说到过他们如何支
配对活人有利的那些要素。他们通常保护他们自己的人；因此，希腊的
英雄就是某种家庭守护神，他们被埋在门槛下面，偶尔装成蛇的样子向
屋里的人们显现一回。⑤此外，在吠陀时代的印度，年轻的妻子向祖先
献祭，求祖先保佑她怀上孩子。⑥因为，死人或者是祖先，即家族首领，
他们控制其家族的力量由于死亡（我们将在后面讨论）而得到加强，他
们或者是一群恶鬼，即死者群体。但是，任何死人的精灵，不论与人有
无血缘关系，都会引起恐惧和压抑，下面我们来讨论这种体验。

5. "**与死者相遇**"，是任何形式的死者崇拜的基础。北欧日耳曼人
和冰岛人的英雄传说，对死人发出的可怕的和毁灭性的力量提供了惊
人的例子，如大力士格勒提尔(Grettir the Strong)与鬼怪格拉姆
(Glam)的故事。牧羊人格拉姆是一个恶棍，被一个幽灵杀死。然后，
他也开始经常出现在那个地方，许多人遇见他："那给他们带来巨大伤

---

① Beth, *Einführung in die vergleichende Religionsgeschichte*, 92.
② 参见本人的专著, *In den hemel is eenen dans*, 1930, 20 - 21。(*In dem Himmel ist ein Tanz*, Munich)。
③ J. C. van Eerde, *Inleiding tot de Volkenkunde van Ned. Indie*, 1920, 190 - 191
④ N. Adrani, *Het animistisch heidendom als godsdienst*, 44. *ibid.*, Posso, 64.
⑤ S. Wide, *Lakonische Kulte*, 1893, 280。J. E. Harrison, *Prolegomena to the Study of Greek Religion*, 第 325 页以下。
⑥ H. Oldenberg, *die Religion des Veda*(版本 2), 1917, 332, 308。

害,因为,当他们看见他时,有些人昏厥过去,有些人失去了理智。"他开始跨立在农场的屋脊上,不分昼夜地游荡在上边;人们再也不敢冒险进入山谷。但是,他继续杀死牲畜和人,直到最后他被大力士格勒提尔再一次杀死;然而,大力士格勒提尔的胜利给自己带来的只是厄运。[①]

　　在某些日子,大群的死者会进入生者居住的地方:在塞兰劳特,每个礼拜四,从日落到鸡叫,他们就会来拜访他们的亲人。人们为他们预备膳食;如果疏忽了,他们就会诅咒这家人。[②] 与之类似,在柬埔寨,为死人装满了米饭和大饼等食物的小船漂浮在河面上,以便死人可以用来旅行。[③] 在万灵节,人们会为死者提供食物或蜡烛,以免他们危害我们。但是,当他们吃饱喝足以后,他们会被赶走:"出门去吧,你等魂灵,节日结束了!"在希腊,人们用这些话将他们打发出门。在吠陀时代的印度也有着几乎一样的套话。[④] 在死人出现的日子里,力量充满在空气里:我们应当留神,有"受玷污的日子"。因此,在古罗马,在有些日子中,古代的墓穴即 mundus patet 是打开的,人们把最先收获的果子投进去。之后,特别是在二月即洁净月,死人可以出来走动,人们关闭庙宇,不举行婚礼,用供奉给死人的鲜花和祭品来装饰坟墓。此外,在五月,在勒穆瑞斯(lemures)[⑤]要出现的那三天里,农夫半夜里站在自己家门口,往身后撒黑豆,用以贿赂这种可怕的力量:"当他念过九遍'先人的鬼魂,离去吧'以后,就回过头去,认为他已经充分完成了这个神圣的仪式。"[⑥]

　　"十二夜"也是具有效能的时间,其中每一夜都决定着来年中一个月的天气。由于有精灵在走动,工作停了下来;在梅克伦堡(Mecklenburg),由于害怕野蛮的猎人,人们避免用动物的名字呼唤动物。[⑦] 在万灵节期

131

①　Naumann, *Isländische Volksmärchen*, Nr. 69.

②　Riedel, *Sluik-en kroesharige rassen*, 163.

③　Frazer, *The Golden Bough*, VI(Adonis, Attis 和 Osiris, II),61。

④　Rohde, *Psyche*, I, 236, 英译本, 168, 197。Oldenberg, *Religion des Veda*, 550: "Avaunt, ye fathers, ye friends of *soma*, to your deep and ancient ways. But return a month hence to our home, rich in posterity, in male offspring, to eat the sacrifice. "

⑤　罗马神话中夜游魂的总称,分善恶两种。——译者

⑥　Ovid, *Fasti*, V, 第 429 行以下。

⑦　Reinsberg-Düringsfeld, *Das festliche Jahr*, 464 – 465.

间,蒂罗尔(Tyrolese)的人把没有吃过的饼和点燃的蜡烛一起放在桌子上,留给那些可怜的鬼魂,据说他们在万灵节那天祈祷时,从炼狱到世上来。而在古普鲁士有葬礼后守灵几天的风俗,之后,教士来清扫屋子,并用这样的话驱赶鬼魂:"你已酒足饭饱,出去吧,你已死了,出去吧。"①

因此,向死者供奉的首先是一笔赎金;但这么做也是为了他们的生计,如果他们得到慷慨赠予,他们甚至会作为恩人出现。在希腊的丧葬宴席上,死者是主人,即*ίποδέκτης*,我们已经把它在宴会上说的"死而无憾"这句话变成了必须谨遵的孝道的表示。②

但是,当与死者的交媾被当成婚姻来解释时,它采取了最可怕的形式:安提戈涅(Antigone)不得不降入冥王(Hades)的内室,而依菲琴尼亚(Iphigenia)③、海伦(Helen)和卡珊德拉(Cassandra)则被看成是冥王的新娘。④ 在流行的信念中,不是死亡而是一个死者担任了新郎,布尔格(Bürger)写的《列奥诺勒》(*Leonore*)赋予了这个主题以经典的形式。但是,甚至是在与死者相遇的恐怖中,人们也仍然坚信生命来自他们。希腊的万灵节被称为"万花节",甚至与死者的婚姻也被神秘主义转说成了一种形式的幸福:

132

死亡把我们呼唤到婚礼上——

灯火在明亮地燃烧——

处女就在近旁——

133   还有用不完的橄榄油。⑤

---

① E. Samter, *Geburt, Hochzeit und Tod*, 1911, 32.
② Rohde, *Psyche*, I, 231-232.: *ἐιάθεσαν οἱ παλαιοί ἐν τοῖς περιδείπνοις τὸν τετελπτεύκοτα ἐπαινεῖν, καὶ εἰ θαύλος ἠν.* E. T. 170.
③ 迈锡尼王阿伽门农的女儿。——译者
④ L. Malten, *Der Raub der Kore, AR.* 12, 1909, 311.
⑤ Novalis,5, *Hymne an die Nacht*.

第 15 章 / 可怕的形式、邪恶的意志：恶魔

1. 在坚持死者与所有种类的精灵之间的界限，甚至与神灵之间的界限永远是模糊的这一点上，"万物有灵论"也是正确的。但是，精灵世界决不限于死者的范围。不可否认，许多恶魔形式来源于对死人和鬼怪的信念，对此，我现在无须多说。然而，力量也在其他形式中被体验到；至此，在创造这些形式中，效能的**意志**在这里也是决定性的，就此而言，对恶魔的信念就是万物有灵论的。生命的各种力量被感知为可怕的东西，甚至常常被视为毁灭性的，并且无法估量；而在许多小的统治者中所分配的世界—力量，被置于专断和反复无常的手中。如果这种对恶魔的信念占据支配地位，那么，无休止的恐惧将缠绕着人类生活，如许多原始民族中的情况那样；但是，如果它只是在另外一些观念中取得自己的位置，比如在我们自己的文明中那样，那么，它就导向迷信。

2. 但是，反思的结果却从来既不是恐惧也不是迷信。相信恶魔并不意味着偶然统治着宇宙，而是我体验到了某种力量的恐怖，这种力量本身既与我的理智无关，也与我的道德无关；[①]它不是任何明确具体的恐惧，而是对可怕和无法理解的东西的模糊的恐怖，这种恐惧本身客观地投射到了对恶魔的信念之中。恐惧与战栗、突然的惊吓与可怕的狂暴的精神错乱，都在恶魔中获得了它们的形式；这表现着世界的绝对可怕性质，那无法估量的强力在我们周围编制着它的网，威胁着要抓住我们。因此，恶魔的本性是模糊性和含混性："巨怪的特征是恶意地没有计划，这附属于他行动的整个方式，这与人的特征相反。人在所有行动

---

① Otto, *The Idea of the Holy*, 126.

中,不论是为善还是作恶,都意识到他自己的目的……他的眼睛如此恶
毒,看一眼就足以烧毁一个地区的收成,正是这种心灵上的混乱,导致
了他的几近引起沮丧错觉的结果。"[1]恶魔的这种令人畏惧的特征,在
巴比伦人的《祈祷抵御七个恶灵》中,有着令人印象深刻的描述:

> 他们是七个,他们是七个,
> 他们是大洋深处的七个,
> 他们是在天上喂肥的七个,
> 大洋深处是养育他们的家,
> 他们既不是雄的也不是雌的,
> 他们就像到处刮的阵风,
> 他们没有老婆,从没有生儿子,
> 既不懂得仁慈,也不知道怜悯,
> 他们既不听祈祷,也不听哀求,
> 他们如同山中养的马,
> 他们每个都是邪恶的,
> 他们是给神灵扛来宝座的家伙,
> 他们站在大路上玷污了道路。
>
> 他们游荡,从一地到一地,
> 把少女从闺房卷走,
> 把男人赶出家门,
> 把儿子逐出父亲的家,
> 从棚子里搜猎鸽子,
> 把鸟赶出鸟巢,
> 让燕子飞离燕窝,

---

① V. Grönbech, *Vor Folkeaet i Oldtiden*, II, 1912, 180.

> 袭击牛群和山羊，
>
> 他们是追逐风暴的恶精灵，
>
> 给大地带来毁坏……
>
> 他们像一条蛇爬行在大地上，
>
> 他们像老鼠弄得屋子发臭，
>
> 他们像猎犬吐出舌头。①

所有有害的和不妥的事物，以及在生命最根基处的非理性，都在那些远在记忆之前就存在于世界之中的各种丑陋鬼怪中获得了它们的形式。恶魔的行为是任意的、无目的的，甚至是笨拙和可笑的，但是，尽管如此，它仍然令人恐惧。例如，在立陶宛，劳门（Laumen）干起活来非常快，但是，它们对任何事情都既无开始也无终了。② 另外，如众所周知的巨怪，腹部凹陷，说话蛮横。魔鬼甚至是愚蠢的，可以用机智来战胜"愚蠢的"恶魔，童话故事中的英雄痛骂恶魔，其英勇如同现代的虔诚派的教徒。③ 不过，取笑恶魔听起来并不完全真实，有很多的恐怖混合在其中，如同易卜生（撒开他的所有现代嘲讽）在《培尔金特》的场景中精彩地理解并表达的那样，在该剧中描写了"杜弗勒老人的大厅"，以及巨怪活动。另外，奥托和卡尔·雅斯贝尔斯④指出了歌德作品中的恶魔特性，无论谁想理解有关恶魔的经验，都可以在那位现代诗人那里找到最好的导师。没有谁比歌德更好地体验过生命的这种矛盾性的、引起恐怖的和不可理解的一面，并把它生动地描绘出来——当然，这种描绘完全摆脱了原始思维的形式。在《自传》⑤的结尾处，他回顾了童年和

135

---

① R. Campbell Thompson, *The Devils and Evil Spirits of Babylonia*, I, 1903, 77, 31, 33, 155；参见 O. Weber, *Die Literatur der Babylonier und Assyrier*, 1907, 166。K. Frank, *Babylonische Beschwörungsreliefs*, 1908, 20‐21。
② W. Böhm and F. Specht, *Lettisch-litauische Märchen*, 1924, No. 9.
③ 关于后者的一个例子，参见 Fr. Zoller, *Die Möttlinger Bewegung*, *Religions-psychologie*, 4, 1928, 74, 在这本书中，一位教派领袖把恶魔说成是"可怜的懒猪"。
④ *Psychologie der Weltanschauungen*, 第 2 版, 1922, 第 193 页往下。
⑤ *Works*, V, 422, 423; *Truth and Fiction*, Book 20. (Nimmo's Edition)

青年时代的生活，他这样描写道："那时，他来回徘徊在可感知领域和超感知领域之间的一片中间地带，努力探索，四处张望，在他那条似乎并不属于两者中任何一者的道路上冒出了许多问题，他似乎明白了，并越来越肯定，最好是避开所有关于无限者和不可理解者的思想。他认为他能够在自然中发现——既是有生命的，又是无生命的，既是有灵魂的，又是无灵魂的——那某种自身只能表现为矛盾的东西，因此不可能用观念，更不可能用词语来理解。它不是神一样的，因为它看来不合理；它也不是人一样的，因为它没有理智；它不像魔鬼，因为它是有益的；它也不像天使，因为它常常表现出一种恶意的快乐。它就像偶然，因为它的演化没有前因后果。它就像神意，因为它暗示着联系。它似乎渗入了限制我们的一切，它似乎随意取笑我们赖以生存的必要元素。它压缩时间，扩展空间。当它轻蔑地拒绝可能性的时候，似乎独自在不可能中找到了乐趣。"我们可以指明这种恶魔性的方面——再次用歌德的一个典型的词汇——"**不完善**"来说：它既是由有逻辑的人类对事件之非理性的意愿，又是由巨大的更高力量对人的软弱意志的作用所引发的批判。于是，人的意志以恶魔的形式自我粉碎，以对抗宇宙的非理性的严酷，而在恶魔自己的意志中，坚硬的世界粉碎了人性的形式。结果就是荒诞的变形、梦魇、疯狂。

136

　　3. 恶魔的形象出现在各种极不相同的体验中：荒野和尚未开垦土地的可怕，远离富饶流域的山区的荒凉，这些都是对**自然的体验**，在创造这种形式中起了最主要的作用。在人们围起来居住的地方，安全主宰一切；而在外面，在田野和山中，则住着**巨怪**，即巴比伦宗教中的乌吐库(utukku)，伊斯兰教中的吉恩斯(jinns)之类。在一则犹太人的传奇中，爬进屋里的精灵们，将根据法庭的一项命令，被赶到沙漠中去，那里是它们真正的王国；它们也可以在森林或荒野中避难。[①] 在自然恶魔与人之间，敌意占据支配地位。唯一的例外是，当人意识到自己优越于

---

① *Der Born Judas*, VI, 277.

那些无助的家伙时，会偶尔给予它们以帮助，例如，人类女性会救助分娩的恶魔女性。然而，撇开耕地与荒野、顺从的与专制的统治力量之间的对照，具有各种神秘色彩的自然体验，也倾向于诱发这种形式的创造。因此，时间的力量与地点的力量联合在一起：令人畏惧的午夜被野蛮猎杀的恐怖形式所萦绕；而在酷热的中午，热浪则在孤独的牧羊人心中唤起了恐惧，**正午恶魔**折磨着他，他看见了潘（Pan）那可怕和极度扭曲的形象。[①] 此外，还有所有那些对森林和旷野的或多或少的惧怕。每一样东西都有它自己神秘的和不可估量的一面，对自然的每一种体验都会产生其自己的恶魔：小精灵、苔藓和树林仙子、小妖精、小矮人等，它们居住在水边和森林中，居住在田野和山区的地穴里。日耳曼人普遍相信，任何地方都有这类东西。

　　另外，与对自然的体验同时并存的，是对**梦的体验**。这种体验并不是所谓的"自由想象"——从前把产生恶魔的每一种形式的创造都归因于自由想象，而梦的体验是各部分紧密连接的想象，在梦中，出现的东西似乎有现实的力量。首先，有**恐惧的梦**：希腊的恩普萨（empusa），一条腿是驴粪做的，另一条腿是铁做的，[②]那是一个恐惧的梦中的造物。所有使我们孩提时代的梦变得恐惧的妖怪，对于我们来说，其真实性与他们在民间信仰中是一样的。所有白天的担忧都溜进了我们的睡眠中，在那里，以令人恐惧的形式施展着它们的力量。例如，希腊的拉米亚（Lamia）[③]是一个杀害儿童的女凶手；巴比伦人和亚述人的拉巴图（Labartu）也是如此，它藏在沼泽地和在大山里，为了防止受到它可怕的伤害，孩子们在脖子上挂着护身符。**梦魇**是对恐惧体验的强化：在希腊称为 Ephialtes，在德语国家称为 trude，等等。类似地，避开白天（《创世记》17 章）而在夜间突袭的魔鬼，被罗舍尔（Roscher）也许正确地解

137

---

① "黑麦姑"（rye-aunt）也在中午游荡于庄稼地中来恐吓人；H. W. Heuvel, *Volksgeloof en Volksleven*。
② L. Radermacher, *Aristophanes' "Frösche"*, 1922, 175–176.
③ 希腊神话中女头女胸的蛇身妖魔，常诱捕婴幼儿吮吸其血。——译者

释为对梦魇的描述。①

　　与梦的体验相关联的，是恶魔观念中的**性的**根源，因为，性方面的或遗精的梦产生了数不清的梦淫妖（incubi）②和女淫妖（succubi）③形式。因此，巴比伦人的 ardat lile，即"夜女"，作为女夜妖（Lilith）④，"亚当的第一个妻子"而留在了犹太人的传说中。⑤ 在民间的故事中，梦婚（所谓 Märtenehe）的**主题**也扮演着一个重要角色。与一个人形恶魔结合——Melusine，在伊斯兰教中称为基恩婚（jinn-marriage）⑥；在斯堪的纳维亚是与巨怪结婚，在凯尔特民族那里则是与仙女结合——这也可以作为梦中事件来理解，尽管我们决不能忽视这个事实，即一种对力量的实际证实，在梦中得到了完成（即使那是一种主观的或专注于自我的扭曲，并不亚于清醒时的体验），对性的力量难以明言的惧怕以及被压抑的羞愧，在睡眠中实施了报复。

　　在其他方面，要把对自然的体验与梦的体验分开来也是困难的，例如，萨梯尔（satyr）⑦肯定是一种自然形式，但同样是一种白日性欲梦的幻想产物。对自然的体验和梦都不是对恶魔信念的唯一基础，因为，疾病、精神错乱和迷狂，都被认为是恶魔引起的。人已经失去了控制自己的力量，因此，必定是另一个更有力的存在者控制了他。

　　由于对恶魔的信念在如此多的方面都维持着，因此，难怪最原始的和半原始民族把世界看成是众多恶魔居住的地方——巴比伦人的**苏尔布经文**（shurpu-Text）这样说，"他们像草一样遍布在大地上"。⑧ 因此，如果对上帝的信仰确实建立起来了，如果已做了努力来规范和集中宇

① W. H. Roscher, "Ephialtes", *Abh. der K. Sächs. Ges. d. Wiss. Phil.-hist. Kl.*, 20, 1903.
② 传说中趁人在睡梦中与之交合的妖魔。——译者
③ 中世纪传说中与睡梦中的男人交媾的妖精。——译者
④ 闪米特神话中出没在荒郊野岭专害幼童的女夜妖。——译者
⑤ 在 Charles de Coster 的 *Légende d'Ulenspieghel et de Lamme Goedzak* 中，对"梦淫妖"信仰有绝妙而生动的描绘；参见 O. Weinreich, *AR.* 16, 1913, 第 623 页以下；Taufik Canaan, *Dämonenglaube im Lande der Bibel*, 1929, 48。
⑥ 伊斯兰教神话中的神怪，神灵，能化成人或兽形。——译者
⑦ 希腊神话中森林之神，人形而有羊的尾、耳、角等，性喜嬉戏，好色。——译者
⑧ Morris Jastrow, *Die Religion Babyloniens und Assyriens*, I, 1905, 283.

宙的力量,那么,恶灵就必然将被以某种方式清除,即使不是为了日常   138
的事务(在此,它们甚至在这方面还在控制着),至少就宇宙的概念而论
是如此。在这方面,少数精灵是幸运的,它们晋升到了神的行列。当我
们考虑到所有的事情时,就会承认恶魔与神灵之间没有本质的区别;神
灵的观念肯定有许多鬼怪信念以外的来源,但是,其中之一也许就成了
一个神——如果他没有变成一个魔鬼的话。希腊的**鬼怪**当然并不意味
着等同于**神**,[①]但是,它绝不意味着一个低等存在者;的确,把它描述为
一种非理性的功能,它导致了一种我称之为"瞬间神"[②]的特殊神灵概
念。几乎没有必要在神灵和恶魔之间作出终极性的区分,这在伊朗人
的神灵与印度人的恶魔的关系中可以观察到,反过来也一样,因为伊朗
人对恶魔称呼 Daeva,变成了梵语中神灵的名称"提婆"(deva),[③]而伊
朗人的至上者的称号为阿胡拉(ahura),在印度却用作一位特殊的、古
老类型的神的称号即阿苏拉(asura),但是,也用来称呼神灵的敌人。
发展了的万神殿中的许多"伟大的"神灵,仍具有明显的恶魔特征:阿波
罗会带来瘟疫,在他走近时,诸神开始在他们的宝座上恐惧。[④]

　　在每一个地方,恶魔都比神灵古老;只有把他们与后者对比时,他
们才是邪恶的。神灵最初像"恶魔",后来才变成了理性的和道德的,而
那些开始时仅仅是漫无目的的和恶意的坏精灵,变成了神灵的敌人,变
成了魔鬼。他们就像一帮受大王控制的顽皮小孩,时常被允许干点恶
作剧,但也常常受到严厉的惩罚。此外,作为一种中间存在者,他们统
治着一种介于神与人之间的世界。当然,这种情况只发生在具有较高
文化的宗教中,在那里,诗人和神学家把神灵和人类的领域协调并理性
化了;另一方面,就恶魔还没有被彻底谴责来说,他们就只能满足于某

----

① 根据 M. P. Nilsson 的看法(Chantepie,前引书,II,347),Θεός这个词表示一种明确的个性,而
δαίμων 这个术语表示的是一种不确定的力量。
② 第十七章,参见 M. P. Nilsson, *Götter und Psychologie*, AR. 22, 1923 - 24,第 377 页以下。
③ Chantepie,前引书,II,19,214。
④ *Hymn. Hom. in Ap.*,第 1 行以下。

种臣属地位。[①]

但是，他们会极其凶残地报复。因为，对世界中的缺乏和威胁的体验仍然如此之深。因此，严肃的波斯人不得不确立一个与他们的上帝相对照的几乎并列的恶魔；犹太人被迫将所有灾难形式都转移到与恶魔仍有许多共同之处的耶和华的基本性质中去。在伊斯兰教和基督教中，恶精灵也主要被认为是对上帝怀有敌意但又受制于他的各种力量；甚至希腊的神灵们也被迫自视沦落到了骗人的恶魔的等级！就是在这种上帝观中，恶魔这种东西也继续肯定着自己的存在，无论是作为绝对不可预测性（命定），还是作为无法估量的怜悯。

但是，即使魔鬼仍旧是一个恶魔，希腊人给予了他"潘"的形式，他在大众信仰中仍然是"愚蠢的"、别扭的和可怕的魔鬼。然而，他越来越变成了彻底的恶的形象，这种恶永远不会被同化进入上帝观念之中，它就是与上帝意志对立的那样一种意志。

---

① 参见 Plato, *Symposium*, 202；"就像所有精灵一样，他是神与人之间的中介"(Jowett)。

第16章 / 力量的特殊形式：天使

1. 天使是灵性存在者（soul-being）：就是说，它不是独立的力量形式，而是从某种其他力量发出并以形式表现出来的效能。因此，神可以派出天使形式的存在者，但是，人也可以。天使的观念与外在灵魂的观念紧密相关。[①] 所以，天使是那些在其广度上向外扩展的各种力量。

甚至这样一个名字即 ἄγγελος、מלאך，也指明了它们是被派出来的。我们仍然会谈论保护婴儿的天使，但是，我们很少认识到，并不是上帝派出一位天使保护那小东西，而是婴儿自身发出的力量保护着他自己。耶稣这段精彩的话——"你们要小心，不可轻看这小子里的一个。我告诉你们，他们的使者在天上常见我天父的面。"[②]——表明这种解释正确。这些存在物并不局限于任何原子论意义上的自身之中。每一个不仅与其环境相关联，而且，其自身的一部分就在环境中；换言之，这意味着对他们来说那并非环境。因此，其生命不仅存在于其身体中，也不仅存在于被认为非物质的"灵魂"中，而且也是外在地存在着。我们也许还记得物神、生命树等，于是，我们知道，人在世界上运用的力量并不被看作一种仅仅集中于"**自我**"之内的作用，而是作为一种形式走向人，或者与人对立。在后面，我将会特别提到阴魂和灵魂存在者，但是，我们已经知道灵魂是一种保护精灵。

巴比伦人的赞美诗认识到了每一个人都有自己的神和女神，这样

---

① 参见本书第 42 章。

② 《马太福音》18：10。

的神在万神殿中没有地位,而是祝福他们的拥有者,那是其好运所必须
的。① 当他们不在时,病人就要受苦;所以,在这方面,天使几乎就是神
灵。另一方面,在埃及,卡(ka)②形成了生命的必要条件和安全保障,天
使是一种灵魂。③ 此外‐在伊朗,每一样东西都有自己的福拉瓦西
(fravashi),一种比护佑精灵这个词所表达的与被保护客体更近关系的
观念。福拉瓦西是死者或活人的力量,后来指一般的任何存在者都具
有的力量,却逐步地导向了一种独立的实存。神灵们也有福拉瓦西;作
为其拥有者的一部分,福拉瓦西不会分开存在。④ 因此,福拉瓦西构成
的极有启发性的例子表明,各种观念是如何交织进原始宗教中去的:灵
魂、死者、天使、护佑精灵,这些观念被赋予这样和那样一些名称;但是
在此,几乎没有达成任何普遍性的理论!

　　我们在犹太人的民间信念中也发现了类似观点:少女罗达
(Rhoda)声称看见了彼得,但是,其他人并不相信她,断言说"那是他的
天使"。⑤《塔木德》中也讲到护佑天使。⑥ 而在关于皇帝约维尼安
(Jovinian)的传说中,**在罗马人的形式中**,护佑天使是作为皇帝的阴魂
而出现的。另外,在古代日耳曼民间传说中,菲尔吉亚(Fylgja)是一个
人的力量的承载者,它在梦中以动物或女人的形式向那人显现,并宣布
他的死亡;⑦各个家庭都有自己的菲尔吉亚。尽管瓦格纳(Wagner)非
常随意地处理那些古老的传说,他还是对古代信仰的本质有一种敏感
的理解,并在他的布隆希尔德(Brunnhilde)中创造了一个原始意义上

---

① A. H. Edelkoort, *Het zondebesef in de babylonische boetepsalmen*, 1918, 138。详细可参见 A. M. Blackman, *Journal of Egypt. Arch.* III, 1916, 239 - 240。

② 护卫灵。古代埃及人所相信的人们生而具有的"灵体",是各人的护卫者。——译者

③ 参见我的文章,"外在的灵魂"(*External Soul*), *Schutzgeist und der ägyptische Ka*, *Zeitschr. F. Ägypt。Sprache und Altertumsk.*, 54, 1918。

④ N. Söderblom, *Les Fravashis*, 1899,第 32 页以下,60。H. Lommel, *Zarathustra*, 1930,该书发明了"Heilküre"这个很好的词来表示福拉瓦西。

⑤《使徒行传》12∶15。

⑥ A. Kohut, *Über die jüdische Angelologie und Dämonologie*, 1866,19.

⑦ 参见 Hugo Gering, *vollständiges Wörterbunch zu den Liedern der Edda*, 1903,300。在冰岛,在基督教传入前的过渡时期,人们相信介于瓦尔基里—菲尔吉亚(valkyrie-fylgja)与保护人的上帝的五个天使之间的一种形式。参见 A. Olrik, *Nordisches Geistesleben*(第二版),1925,97。

的高贵的天使式的存在者：她是"沃坦的意志"，神派出的灵魂，在与主
人翁的关系中，她是真正的菲尔吉亚，即"死亡的警告"：

> 他们注定了死亡，
>
> 他们盯住了我，
>
> 他们认出了我，
>
> 要我向生命之光告别……
>
> 不，你要注视着
>
> 瓦尔基里[①]的脸，
>
> 你必须跟她向前。[②]

　　这就是那深奥的观念，即：无论是谁，只要他看见自己的力量在自
己面前有形地出现，他就必然死去。

　　2. 所以，**神的天使**是从他发出的力量。在一则埃及人的动物寓言
中，当兀鹫偷了猫仔时，拉神（Ra）就派出一个"力量"为猫报仇。[③] 那
时，这种被神灵释放出来的部分还没有形式，但是，在天使真正的家园
波斯却极为不同。因为阿美萨·斯彭塔（Amesha Spentas）是阿胡拉·
马兹达（Ahura Mazda）发出的能量，他们的名字表明了其性质：沃胡·
马纳（Vohu Manah）是善的思想，克萨特拉·瓦尔亚（Khshathra
Vairya）是神圣主权，阿美勒塔（Ameretat）是不朽性，等等。但是，在琐
罗亚斯德宗教的影响下，因着其严格的伦理和精神特征，某种程度的抽
象被附在了这种天使存在者身上。然而，从古人把它们描述为"靠其光
辉本身而有效能的统治者，崇高在上的力量，伟大的非凡者"[④]等来看，
基督教对上帝属性的思考的理论上的理性主义，此时显然还没有流行；

142

---

① 北欧神话中奥丁神的侍女之一，被派赴战场选择有资格进入瓦尔哈拉殿堂的战斗死亡者。——
　　译者

② 《瓦尔基里》，第二幕（骑士）。

③ Günther Röder, *Altägyptische Erzählungen und Märchen*, 1927, 303.

④ Edv. Lehmann, *Zarathustra, en beg om Persernes gamle Tro*, 1899—1902, 138.

从我们的意义上看,这并不抽象,而是一种还没有获得完全形式的强大力量,因为它仍然与最高力量紧密地结合在一起。因为阿胡拉·马兹达的作用,应归于这些与他分开的能量:他凭借他的"神圣主权",与他的"光明正义"(Asha)[①]相一致,以他的"善的思想"统治。但是,在后来,这些天使形式获得了越来越清楚的外形:沃胡·马纳成了天堂的门卫,以及阿胡拉·马兹达的天堂,即一个被他的迪万(divan)环绕着的东方王子的宫廷的守卫者。这种形式的天使论转给了犹太教和伊斯兰教。但是,这两种宗教的天使仍然保持着上帝的具体属性:乌利尔(Uriel)是上帝的荣耀,拉菲尔(Raphael)是上帝的拯救,等等。[②] 同时,他们越来越像波斯的天使那样,变成了上帝的使者,上帝派出的总督,上帝的信使。但是,几乎毫无疑问的是,这些天使力量最初都是那一单一力量的独立显示,并且只依附于一个后来作为他的使者的单一的神的形象上。就波斯来说,这是非常清楚的:阿萨是世界秩序,表现为一种力量,这一力量我们已经讨论过了。因为,天使比神灵更古老。

这是被波斯占领之前的犹太人相信天使的另一种证明,它与主的天使(מלאד יהוה)密切联系。实际上,这不是耶和华的仆人,而是他外在的灵,与他同一,但是自身有一个形式。在《创世记》68 章 15 节中,"天使"就是用来表示引导雅各的上帝的另一个词。[③] 然而,在这方面,我们可以想到,他们已经顺当地引出了天使的观念,从而把耶和华人性化了。因此,天使也不是苍白的复制品。他就是耶和华本人,或更确切地说,是一个已获得了形式的伟大意志的一部分。只是到了后来,他才变成了一个使者。

天使越是具有这种地位,他就越与力量和灵魂的观念分离。因为,

---

① 同上,第 67 页。
② Kohut,前引书,第 25 页。
③ A. Lods, *L'ange de Jahvé et l'âme extérieure*, zeitschr. *für die Alttest. W. Beih.*, 27, 1914, 266;van der Leeuw, *Zielen en Ergelen*, *Theol. Tydschrift*, N. R. 11,1919; 参见《出埃及记》23: 21,此处,名字——也即是,耶和华的本质——是在那位出现于以色列人面前的天使之中。

力量和意志消失了，仅仅剩下了形式：它确实是外加的。希腊的艾丽斯（Iris）[①]和赫耳墨斯是这种类型的使者，而赫耳墨斯（以及萨巴支阿，即Sabazios，崇拜仪式中的好天使）[②]作为冥府的向导，在他的特征中仍然与灵魂有着松散的联系。类似地，奥丁渡鸦们既是属性（Hugin 和Munin，即思想和记忆），也是外在的灵魂。此外，朱庇特可以用与巫师或者巫婆派遣灵魂—动物完全同样的方式，派出他的秃鹫。[③]

3. 因此，天使成了中间存在者，较低级别的力量。根据圣保罗的说法，在犹太人看来，他们是附加在上帝承诺上的律法的中介。[④] 他们对马利亚宣告了救主要从她降生；对牧羊人宣告已经发生的神迹的"大喜悦"；对那些妇女和门徒宣告了复活。进一步说，在基督教中，他们的任务是赞美永恒的上帝，[⑤]而在伊斯兰教中，他们为食物"感谢安拉"，他们为饮料称颂"安拉是神圣的"。

在那些把上帝理解为人格意志的宗教中，天使仍然是仆人，其工作是宣布或执行上帝的意志。其中，也可能有反叛的、堕落的和罪恶的天使；但是，一切都取决于最终决定他们命运的最高统治意志。他们的形式可能是自然界中的形式，但是，自然界是由上帝的意志主宰和统治的。这在《约翰福音》第 1 章第 51 节中有完美的表达："你们要看见天敞开，上帝的天使在人子身上，上下往来。"于是，天使的力量必然总有一个承载者。

但是，它也能再一次完全成为"力量"，如在希腊化时期对星辰的信仰，在《新约》中也有其回声。[⑥]企图阻止灵魂的天堂之旅的那些"看得见的神"[⑦]，是那些自身在奋斗的力量，这些力量在与人相关的方面构

144

---

① 希腊神话中的彩虹女神，在荷马史诗《伊利亚特》中为诸神的信使。——译者
② F. Cumont, *Les Anges du Paganisme*, RHR. 36,1915.
③ S. H. Hubert 和 M. Mauss, *Esquisse d'une Théorie générale de la Magie*, *Année Sociologique*, 7, 第 78 页以下。
④ 《加拉太书》3∶19。
⑤ 《启示录》7∶2。
⑥ 参见本书第 7 章。
⑦ Cumont.

成了一种无法改变的必然性；而在巫术中，天使和恶魔被以野蛮人的名称来祈求。[1]

但是，没有任何载体的力量也可以用不同的方法评价，而且，在这个意义上，有善的天使，也有恶的天使；浮士德的**独白**中"天界的诸神，上升和下降"[2]是这方面的经典例子，而在费希纳（Fechner）的沉思中，对天使的信仰达到了一种具有后来活力论色彩的神化：力量——在真正的哥特人的精神中——没有死，而是活的存在者。地球，如在希腊化时期一样，是"一个如此丰饶、鲜活和明亮的天使，当他在天空中运行时，如此稳固而安宁，他的富有生命力的脸完全转向天空，载着我与他一起旅行。"[3]甚至灵魂的引导者即普赛克旁普（pyschopomp）也还存在。但是，无论是善还是恶，是可怕还是美丽，这些天使已经失去了他们的灵魂特性，成了与任何载体都没有关系的力量；他们不再是真正的天使，而只是精灵。

因此，对天使的信仰反过来成了对形式的双重体验，首先是活动的，或者作为个人自己的，或者是某种陌生的、缺少形式的力量，其次是**理念的**，作为一种被释放的、具有某种确定形式的力量。正如人体验自我的双重性一样，一旦作为他自己——用这种方法，他无法想象和呈现自我——和其次成为一个幽魂—灵魂—天使，因而他可以用同样的双重方式来体验上帝，首先作为一种力量和意志，既不能被想象，又不能被呈现，此外又作为一种具有明确形式的存在。[4] 因此，对于启示的观念和这一类上帝观念，对天使的信念同样是至关重要的。

基督教思想基本上仍保留着天使观念的某种成分并非偶然：基督被称为天使，在《赫马牧人书》中，"上帝之子"、"圣灵"、天使长米迦勒，以及"荣耀的"或"最圣洁的天使"这样一些词的用法使得它们无法区

① 参见 E. Peterson, *Rh. Museum*, N. F. 75, *Engel-und Dämonennamen*。
② *Faust*，第一部。
③ *Über die Seelenfrage*, 1861, 170.
④ G. van der Leeuw, *Psychologie und Religionsgeschichte*, 11.

别。此外，查士丁（Justin）称天上的基督为"具有伟大智慧的天使"、"上帝之子"、"上帝的天使和信使"、"力量的主"（即众天使之主）以及"智慧"（另一种天使观念），而《以赛亚升天记》（*The Ascension of Isaiah*）则提到"圣灵的天使"。[1] 圣灵也有鸽子的形式，那是一种可见的外在灵魂，**逻各斯**则在"传言，即宙斯的信使"（"$O\sigma\sigma\alpha\ \Delta\iota\grave{o}\varsigma\ \bar{\alpha}\gamma\gamma\epsilon\lambda o\varsigma$"）[2]中找到了自己的原型：但是，说到底，上帝之道才是传播福音的目的。因此，我们对所有这些都不应当感到惊奇，因为所有基督教传讲的本质，最终是上帝的传播，是通过一种与上帝那唯一的神同在的形式进行的传播，在这样一种方式中有一种对上帝的"双重体验"。因此，在基督崇拜的高峰时刻，要采用人**与天使**共赞的圣餐圣歌，绝不是偶然；因为，各种力量都只有一项任务——赞美具有了形式的上帝："因此，我们与天使和天使长，与宝座天使[3]和统治天使[4]，与天上的所有同伴，一起赞美和颂扬，你，荣耀的上帝。"

145

146

---

① G. van der Leeuw, *Zielen en Engelen*，第 228 页以下。
② *Iliad*, II, 93.
③ 九级天使中的第三级。——译者
④ 九级天使中的第四级。——译者

第 17 章 / 在名字中被赋予形式的力量和意志

    1. 我们已经有机会注意到,关于一位以某种方式是人格性的神的观念,在宗教结构中不是一个绝对必要的元素。从总体上说,"人格"这个概念是相当现代的,并且是人为的;因此,在宗教领域内,更加可取的做法是保留"意志"和"形式",而形式(再次强调)也并不总是与意志联系在一起的。进一步说,对于必须要借助一种力量才能拥有某种理解,并且因此才能体验一种意志的人来说,总是要通过各种可能的手段,试图概括这种体验,以便将其与其他类似的体验区别开来;人的做法乃是给其指派一个名字。因为名字不仅是具体指称,而且是一种表达在某一词中的现实。因此,耶和华造出各样动物,把它们带到亚当面前;亚当怎样叫它们,那就是它们的名字。[①] 事物的名字在这些事物获得一种"人格"之前就存在了;上帝的名字甚至在"上帝"实存以前就在那里了。

    因此,在名字中反映了所体验的意志;但是,所体验的力量也反映在名字中。因为,一般而言,当超常的、突出的东西得到一个名字时,它仍然常常保持着"玛纳"一样的特征。例如,巨大的香柏树是"上帝的香柏树"。[②] 的确,诅咒的词汇保留着把名字作为一种超级强力的指示的这种原始应用;不管是谁,在遭遇某种奇怪的东西时都会叫喊:"我的上帝"(nom de Dieu);或者他把任何令人吃惊的东西描绘为"sakermentsch",完全没有意识到他说出来的是多么原始的经验! 力

---

① 《创世记》2:19。
② 《诗篇》80:10。

量因此被证明，并被指定了一个名字；复数形式意在表达不确定性，在这种情况下，那种体验比形式创造更加强有力：上帝是 Elohim。同样，日耳曼民族体验到统治着海洋、森林和田野的 Waltenden 的力量；[1]希腊人也熟悉这类集合性力量，它们的非人格性以复数形式表达，它们作为一个种类只在一起进行统治：那些山林水泉中的宁芙们（nymphs），如 semnai，以及缪斯们，如 moirai、horai、artemides（这些原来也是复数形式！）、panes、silenoi、anakes，等等。此外，凯尔特世界知道那位显现为三个的"母亲们"（"mothers"），这作为"三个玛利亚"（"three Marys"）继续保存在民间信仰中。甚至古埃及也有它的七个哈索斯（Hathors），即艾勒提亚斯（Eileithyias）的女前辈，以及站在新生儿摇篮旁边的七位仙女。

然而，这既不是多神信仰，也不是多魔信仰。这是对力量和意志的一种形式创造，就如同戏剧的合唱队那样；只是**实际的戏剧人物**还未登场。就正如人把自己的力量塑造成一种"灵魂"的复数形式一样，[2]因此宇宙的力量向人所显示的就不是任何单个人格的清晰轮廓，而是 charites[3] 的舞蹈，horai[4] 呼风唤雨的行进队列。

但是，任何时候当一种第二次的和自我塑造的经历如此紧接着力量体验的直接性时，人格特征就变得清晰起来。实际的神秘体验本身是没有形式和没有结构的：它是与力量的冲突，与意志的遭遇。只有对形式的双重体验才产生恶魔与神灵，因此，把任何重要的功能归于"想象"都是不正确的；因为，在此占支配地位的并非不受调节的想象作用，而是形式的创造。以这样的方式，无形式的力量和无目的的意志被赋予结构性的关系，这些关系融合构成了一个带有个性特征的统一体。

开始的时候，神性所具有的名字正如神性本身一样是普遍的和集

---

① Nilsson, AR. 22,1923‑24,384.
② 参见本书第 40 章。
③ 卡里忒斯，希腊神话中代表真善美的美惠三女神。——译者
④ 荷莱，是希腊神话中掌管季节气候变迁、植物生长和社会法律秩序的女神们的总称。——译者

合的；它还不是一个专有的名字，而只是形容词。人首先根据经验的类型来命名他的体验，正如亚当命名那些动物一样："黑色的或白皙的人，野蛮的或苍老且容光焕发的人，都是远比埃勾斯（Aegeus）和莱库斯（Lycus），或者甚至比莱库古斯（Lycurgus）和狄俄尼索斯（Dionysus）、涅斯托尔（Nestor）与莱阿乌斯（Lyaeus）更古老的成对形容词。"[1]名字把一种确定的形式和一些确定的内容归属给力量和意志，因此，它绝不是抽象。恰恰相反：它不只是本质上的，而且也是具体的，甚至是肉体的。确实，古埃及人把众神的名字看作他们的肢体："正是拉，作为九柱神之主，创造了他的那些名字。那么，这是谁呢？正是拉，创造了他自己的肢体：因此在他的队列中出现了跟随着的众神。"[2]于是，神灵们仅仅是凭借他们的名字获得了故事和神话；因为，神话不过是"对形式的二次经验"，即再次与神相遇的经历，但是因此乃是非直接的、结构化了的，并且被赋予了形式。[3] 这就是为什么人渴望知道神的名字；因为只有如此，人才能开始与他的神做些什么，让神与他同住，人开始对神有所了解，并且——在巫术中——或许甚至让神支配他。摩西说，以色列人会问，那位派他来的神叫什么名字。[4]

因此，与神所有交往的条件就是要知道他的名字。从而，罗马人将确定的神和不确定的神区别开来：前者乃是他所知道名字的，他可以向他们祈求，他们的力量充溢在他的生命里。但是，第二种类型也不能被忽视。因为，存在着数不清的各种各样的力量，如果我们不能确定我们已经准确地知道了他们的名字，那么，我们无论如何都应该为他们留出一片空间，这个空间是献给"未知神灵"的一个祭坛，即 *ἄγνωστος θεός*，就如同 sive deus sive dea, sive quo alio nomine fas est appellare 这样一

---

① H. Usener, *Göttliche Synonyme*, *Kleine Schriften*, IV, 1913, 304.

② *Totenbuch* (Naville)，第 17 章，第 6 页以下。

③ Lévy-Bruhl 在他如下出色的观点中大概包含有这方面的意思："神话因此同样是原始思维的产物，当这种思维要努力实现一种不再能直接感受的参与时，当它要求助于用来同不再是活的现实之物进行沟通的那些媒介和载体时，这种产物就出现了。难道不是这样吗？"参见 *How Natives Think*，368。

④ 《出埃及记》3:13。

种惯例,即"无论是男神还是女神,或者无论叫什么名字,合法的做法乃是凭着他们的名字向其呼求"。[①] 于是,我们应当为神灵预备好他们应当得到的一切,这样就不会有任何力量可以回避人的祈祷。因此,一首完整的赞美诗,仅仅由两个语句构成就成为可能,如古埃及人那样:"在平安中醒来;你的醒来是平安的",而所有其他的内容仅仅是由二十九个名字组成的;于是,吟诵者可以自己作出变化和扩展。[②] 在许多对神灵的赞美诗中,像 basso continuo 那样的名字,都是由祈求者根据他自己的判断来处理的。

2. 在**呼吁神灵的经文**中,罗马人有秘密的神灵名单,用在对神灵的正式祈求中;同样,家庭和家族神灵的名字也被秘密地保存着。这的确主要是罗马人的观念,这些观念乃是我们最深刻地洞察神灵名字的本质和这些名字作为力量形式创造之功用的主要来源。但是,这绝不能解释为似乎在这一方面不存在任何其他有意义的东西,因为,神灵名字的结构,无论是特殊的或个别神灵名字的结构,在任何地方都是在无形的力量和已完成的神—形式之间的一种不可缺少的中介纽带。当然,一种中介纽带并非年代学意义上的,而是结构和心理上的,或者更好的表达是:一种结构关系。

同样,在任何地方,各种极为不同的力量都显示他们自己。希腊词 daimon"仅仅是一种信念的表达模式,即相信一种更高的力量产生了一种确定的效力"。[③] 于是,事实上,对力量的每一次体验,与一种更高意志的每一次相遇,都会导致某种神的形式的形成,的确,这是通常发生的情况。但是,并非总是如此。因此,我们不需要把个别的或特殊的神灵视为上帝观念演变中必不可少的成员,而只是把他们视为一种结构关系,无论这种关系实际是否出现过,它对于结构来说都是必要的。从

149

---

① Gellius, *Attic Nights*, II, 28, 第 2 页以下。G. Appel, *De Romanorum precationibus*, 1909,14, 第 76 页以下。E. Norden, *Agnostos Theos*. (注释 2) 1926, 第 143 页以下。*Theol. Wörterb. Zum Neuen Test.* Aγνωστος。

② A. Erman, *Hymn to the Royal Serpent*, *The Literature of the Ancient Egyptians*, 12.

③ Nilsson, *A History of Greek Religion*, 166.

许许多多,不,从不可胜数的力量中,即那些在森林和田野、在家中和劳作中向人显示他们自己的力量,从民间信仰常常简单地称为"他"或者"她"的那些"统治者"中,从树叶的无限多样性中(每一片树叶难道不隐藏着一种奇妙的力量?),从大山中(每一座单独的山峰难道没有唤起对它自己的敬畏感?),从劳动中(每一个类型的劳动难道不都要求其具体的体力?),都凭借名字出现了一种分类和计数的可能性。

然而,这一切不是抽象的过程。凭借名字进行的形式赋予常常错误地与作为我们所理解的寓言相混淆;[1]但是,在我们的希望("下雨吧"这个希望不会太不合理)与原始和古代民族对一位雨神的祈求之间,存在着一个巨大的反差。在我们看来,那位"雨神"是来自一本研究神话的参考书上的一种抽象,而对于原始和古典时代的人来说,他是一个活生生的力量,对于这个力量,人们已经凭借一个名字赋予了其某种粗略的形式。

于是,一种经验并不属于特定的神,而是所经历的"神属于这个经验"。例如,当瘟疫在阿提卡埃庇米尼德斯[2]肆虐的时候,先知和涤罪祭司就把黑白两只绵羊释放在亚略巴古山(Areopagus)上。它们在哪里躺卧,就要在那里向枉关的神献祭;这些神灵的祭坛是"无名祭坛"。[3] 此外,当奥德修斯(Odysseus)被冲到萨莉亚(Scheria)海岸边时,他来到一条河流的入海口,祈求该处的神灵:"听我说,啊王者,无论您是谁,都是我所祈求的神。"[4]这时,没有抽象,而是一种极为具体的体验:不是理论,而是对力量的经验证实创造了"特殊的"或"特别的神灵们"。在此,一般而言,不存在对力量的质疑,更不存在关于力量的抽象观念,而是**这个实际的**力量,这个力量在这样一个时刻为人所关切,并

---

[1] Heiler, *Prayer*, 42.
[2] Epimenides,古希腊中东部的一个地区。——译者
[3] Diog. Laert. , *Epimenides.* C. Pascal, *Il Culto degli Dei gnoti a Roma*, *Bull. della Comm. arch.* , 1894, 191.
[4] *Odyssey*,第 5 章,第 445 页。

且为"当下情境所需要"。因此,当贺雷修斯^①跃进台伯河里时,他没有恳求神性,而只祈求那条河本身:"神圣的台伯河父啊,我祈求你,用你吉祥的水流,收下这些武器,还有这个你的士兵。"^②贺雷修斯知道这条河的名字,而奥德修斯不知道那条河流的名字,所以不得不用一般的称呼 ἄναξ,即首领。正如希腊人所说的那样,名字与"某种善的精神"相一致,使得祈求成为可能。^③

在这方面,乌泽纳（Usener）引入了"瞬间神"（momentary gods）和"专门神"（special gods）这两个词。尤其是对于第一个词,我们必须总是（反复地）意识到,它决不代表上帝观念演化中的任何确切的阶段。因为,随着这类瞬间经验大部分消失,所存在的只能是极少的真正"瞬间神",它或许与向某种未知名的"善的精神"的祈祷并存。但是,这种善的精神偶尔也会获得一个名字:例如,迫使汉尼拔从卡佩纳港口撤退的那位神灵,得到了一座名为 Rediculus 的神殿;那宣布高卢人入侵的声音,得到了一座名叫 Aius Locutius 的祭坛。^④ 乌泽纳对闪电神的产生作了如下解释:"他是那样一位神,在闪电突发之中来到地上,并在那里短暂逗留。这是我称之为瞬间神的一个清楚例证,这是由一个单一现象引起的一种宗教观念,并不超出这个现象。"于是,单一的克劳诺斯（keraunos）神在通常情况下就变成了一个个别的或"专门的"闪电神,并且最终以克劳尼欧斯（keraunios）这样的称谓被更有综合性的神灵形式例如克劳尼欧斯·宙斯所吸收。这种情况也适用于罗马,在那里,富谷尔（Fulgur）与朱庇特·富谷尔（Jupiter Fulgur）和朱庇特·富米阿托（Jupiter Fulminator）相并列。^⑤ 至此,我们可以确定,除了实际崇拜的孤立事件,瞬间神是一种"抽象,即在原始人的概括能力似乎被孵化出

---

① Horatius Cocles,罗马传说中的一位英雄,曾把守台伯河上的一座桥,不让伊特鲁里亚的军队通过。——译者

② Livy,第二卷,第 10 页。(Spillan)

③ Θεός τις在暴风雨中指引阿伽门农的船:见 Aeschylus, *Agam*, 661。

④ G. Wissowa, *Religion und Kultus der Römer*(第二版),1912,55。

⑤ H. Usener,"Keraunos", *Kleine Schriften*, IV,第 481 页以下。

来时的一种抽象。"[①]然而,"结构关系"一词比"抽象"一词更好,它无意中强调了其理论的方面。因此,借助于"瞬间神",或"瞬间功能"神(用弗勒尔[Fowler]的术语),我们明白了从单个和瞬间经验到常态形式的转换。

151

不过,从根本上说,乌泽纳是正确的:"对无限的感受只能进入有限,即有限的现象和关系。不是那无限者,而是无限的**某物**和神灵向人显现其自身,被人的精神所理解,并被人的语言所表达。"[②]在这个"无限的某物"的悖论中,活跃的是整个宗教理解的奇迹;其中所描绘的有限性,不只是针对拟人化形式而言的,而且通常也是指教义和文字所说的。

于是,正是名字造就了实际的"专门神"。正是这一点,使得形式存留,保证人总是能够重新发现它。这些神秘实体的数目是无限的:生活中的每一个行动,每一种经历,都有其自己的神。"因此,在一个客体或者它的显著特征,以任何可感知的关系出现在人的感受和生命中的那一刻,无论是令人愉快的还是令人厌恶的,对于埃维土著人的意识来说,就是一个神(tro)诞生的时辰";[③]而且,土著人崇拜一位集市之母阿西诺(Asino)、集市本身阿西(Asi)和财富阿布罗(Ablo)。[④] 在我们看来,集市是一个非常具体的东西,而财富则只是一种抽象;但是,对埃维土著人来说,两者都是活生生的力量,他可以通过名字这个中介去接近它们。

如我们已经观察到的那样,罗马人在借助名字赋予形式方面具有很高的天赋;[⑤]事实上,他们把最微乎其微的事情都与对一位"专门神"的祈祷联系起来。鉴于田地要犁三遍,农艺就认可了三位犁地之神,即Vervactor, Reparator, Imporcitor。 Insitor 管播种,Sarritor 管铲除杂草,Messor 保护收割,Conditor 管收谷入仓,Sterculinius 负责施肥,等

---

① M. P. Nillson, *Primitive Religion*, 1911, 41;另参见 Wundt, *Völkerpsychologie*, 第四卷, 560; R. M. Meyer, *AR*, II, 1908, 333。

② Usener, *Götternamen*(第二版), 276。

③ J. Spieth, *Die Religion der Eweer in Süd-Togo*, 1911, 8。

④ 同上, 第 132 页。

⑤ Bertholet, *Götterspaltung*, 10.

等。种子在土壤中的生长是在 Seia 的监护之下，发芽和抽条则由
Proserpina 负责保护，Segesta 照管地面上的生长，Volutina 看护嫩芽的
生长，Flora 负责开花，Matura 保守成熟。农夫的其他关切也全都拥有
专门的或个别的神：牛的繁殖有 Bubona，马的喂养有 Epona，养蜂有
Mellona，而 Pomona 则监管树木栽培。[1] 在人的生活中也完全一样：
Domiducus 监护把新娘娶回家，Liber 在房事中协助丈夫，而 Libera 则
帮助妻子。[2] 对于新生婴儿，甚至在最微小琐事的力量之间也进行了
的区分：Alemona 养育胎儿，Vagitanus 在婴儿第一声啼哭时负责让其
开口，Levana 从地上抱起婴儿，Cunina 保护摇篮，Statanus 教他站立，
Fabulinus 教他说话，等等。[3] 但是，具体事物也凭藉它们的名字变成了
可以被祈求的力量：在住宅里，Janus 是房门，Vesta 是炉灶，而 Cardea
和 Limentinus 属于门槛。[4]

152

　　因此，专门神的宗教比抽象神的宗教实用得多，与实际经验的分离
仍然是极其轻微的。维索瓦（Wissowa）谈到罗马时断言，"所有神灵似
乎都被以一种纯粹实用的方式看作在所有罗马人日常生活中不得不做
的事情之中起作用……因此，我们在古罗马宗教中所遇到的大量的神
灵名字和无限多样的神圣存在者，都绝不是建立在任何宗教想象的特
殊多面性之上的，而只是建立在从最直接和日常的事务中认出神圣统
治并使自己与之保持一致的必要性上。"[5] 于是，在这个意义上，对于那
些在我们的思维模式中显示为**纯粹**抽象的神灵，我们也必须解释为所
谓的属性神（attribute-gods）。[6] 换种说法：不应该说这些神什么都不
是，只是属性，那是一种抽象。我们更应当这样表达我们自己：我们在
诸神中，在犹太教和基督教的上帝中，所能看到的他们的力量、慈爱以

---

① S. Wide, *Einleitung in die Altertumswissenschaft*, Ⅱ, 1912, 240 - 241. (4th Edition, S. Wide
　 and M. P. Nilsson, 1931).
② Lehmann-Hass, *Texbuch*, 221 - 222.
③ 引自 Wide，前引书，第 241 页。
④ 同上。
⑤ *Religion und Kultus*, 20.
⑥ Wissowa，前引书，第 271 页。

及公正这些"属性",乃是已经转变成观念的实际经验;原来他们具有某种专门的形式,不过可能是粗浅的,并通过名字发挥中介作用。首先,存在着神的属性:然后是神本身;正如首先有成荫的树木、阳光普照的田野和蔚蓝的天空,然后才有风景一样。这就是乌泽纳所发现的东西,尽管他在一个无眠之夜后的讲座中还不明白神的观念的经验特征,他曾主张首先存在多样性,然后单独的各位大神逐步从中发展出来,这是同他的关于诸神的复数性质产生于一位单个神的观点相矛盾的。① 当然,我们在此也必须明白,"原初"和"首先"两个词,并非纯粹历史意义上的,更不是年代学意义上的,而仅仅是结构上的和心理学上的。在这里,我们所关注的乃是对上帝观念的结构的理解,而不是上帝观念起源的事实。②

同样,对于希腊人来说,沛安(Paian)是医治的力量,或者更确切些说,乃是在对病人祛魔中的那种效能,或者按照我们的说法,是被人格化了的处方。类似地,对我们而言,达米亚(Damia)和奥克瑟西亚(Auxesia)显现为生长的"人格化",至少,具有明白意义的第二个名字是非常有力的一个名字;但是,在艾吉那和伯罗奔尼撒半岛,人们还有一种古老的膜拜。③ 此外,对我们来说,尼卡(Nike)是"胜利女神",也就是一种装饰用的形象;但是,对希腊人来说,她是具体的胜利的力量。

同样,对印度人而言,最实在的梵以及有效力的献祭规程也成了至高神,作为与它关联的那种各别对象的力量,是由帕提(pati)的复合词所表明的:祷告之主 Brahmanaspati,田地之主 Kṣetrasyapati。④ 再一次,这里不存在概念的演化,而是一种基本形式的赋予。中世纪的寓言人物——我们倾向于把他们宣判为仅仅是无生命的比喻——实际上也具有专门神活泼生气的某些东西;因为,在中世纪,在很大程度上,每一

153

---

① 参见 A. Dieterich, *Kleine Schriften*, 1911,第 354 页以下。
② 进一步参见 Wundt, *Völkerpsych.*,第六卷,8。
③ Usener, *Götternameng*, 129.
④ Beth, *Einführung*, 20;(General Literature);参见 E. Cassirer, *Philosophie der symbolischen Formen*, II. *Das mythische Denken*, 1925, 256-257,引述了以-tar 结尾者(savitar 等)。Oldenberg, *Rel. d. Veda*, 第 63 页以下。

种思想、每一种经验都仍然具有形式。"我们无法借助'周到的迎接'
'甜美的仁爱''谦卑的请求'等形象来想象任何东西。但是,对于他们
同时代的人来说,他们却是具有活生生形式和富有激情色彩的一种现
实,这种现实使那个时代的人习惯于那些罗马的专门神。"①因此,我们
不必惊奇,四旬期庆典是文学和绘画中的一个形象,②因为嘉年华、狂
欢节等等都仍然活在民俗之中。

　　罗马人相信各种属性的实在性,他们能够把大量的神灵看作仅仅
与一个载体相联系,以至于我们无法判定我们所关注的究竟是神灵还
是灵魂。所以,存在着军队的众神:Bonus Eventus,Fortuna,Victoria,
他们可以把奥古斯都、军队、军团等等作为载体。③再说一次,每一位
皇帝都有自己的胜利女神,④每一种力量都被直接专门化了。一般的
力量变成了胜利的力量,变成了某个领袖或某个特定的军团取胜的力
量。所以,存在着苏拉的胜利女神、恺撒的胜利女神和奥古斯都的胜利
女神。类似地,荣誉的力量、美德的力量、虔诚的力量和纪律的力量也
是如此。我们在具体和抽象之间的现代区分是在怎样一种微不足道的
程度上存在着,清楚地表现在这样的事实中,即朱庇特、马尔斯战神、胜
利女神、个人和国家的保护神、神圣的老鹰、军旗军徽等,都一样作为军
队的神明受到崇拜。⑤然而,根据我们的观念,这些构成了两种"伟大
的神灵",一种是保护性—精神—灵魂,即两个抽象概念(Victoria 与
Virtus),一种是物神(鹰与徽章)。但是,对于这种不同,罗马人没有赋
予任何意义。

　　当然,我们有时假定,就目前我们所关注的罗马人神灵信仰中的部
分形式创造而言,肯定存在着例外。因为,在格留乌斯地方⑥有成对的

---

①　J. Huizinga, *Het Herfstty der Middeleeuwen*, 1919,351.

②　同上,第 354 页。

③　A. von Domaszewski, *Abhandlungen zur römischen Religion*, 1909,第 104 页以下。

④　A. Piganiol, *Recherches sur les jeux romains*, 1923,第 122,139 页。A. von Domaszewski, *Die Religion des römischen Heeres*, 1895,37。Wissowa,前引书,第 127 页以下。

⑤　Von Domaszewski, *Religion des römischen Heeres*, 44,19.

⑥　*Noctes atticae*, 13,23.

神,乍看之下似乎存在着神的婚姻:Nerio Martis,Salacia Neptuni,Lua
Saturni,难道这些名字不只是作为神灵的配偶而如此命名的吗？整个
罗马借助名字对形式的特殊创造不是一种错误吗？但是,再仔细看时
会发现,Nerio Martis 只是那位神灵的男性力量,Salacia Naptuni 是水
的涌流,Lua Saturni 是种子发芽的力量。[①] 当我们谈及国王的威严、教
宗的神圣或者一位教士的美德时,我们也仍然发现了借助名字对形式
进行这种创造的倾向。但是,我们可以肯定,不存在试图把如此命名的
人格转化为抽象概念的事情。这种称号是在个体与力量之间的一种妥
协,即,在承载者的特殊形式与他所携带的超人力量之间的一个中介。

但是,当名字不再被认为是一种活生生的能力时,专门神就衰败或
者衰落了,成为某种"大神"的一个表述词语,这实际上属于具有较好运
气的某种专门神:他成为大神的随从之一。[②] 原来如同周围山谷的地
方女神那样,曾经拥有自己管辖领域的"女主人",现在像希腊的
δέσποινα、domina、Donna 一样,变成了 Demeter、Isis、Cybele 或 Mary 等
女神的一个称号。[③] 此外,梅里乔司(Meilichios)**"有抚慰的力量"**,"他
不是别的,而仅仅是人格化的影子或由仪式的情感所产生的梦——以
一个熟悉的例子来说,就如同圣诞老人是我们圣诞习俗的一个'投射'
一样";[④]他变成了宙斯·梅里乔司的一个称号。以同样的方式,"哀求
者"爱菲克托(Aphiktor)作为为共同体祈祷和为国家呼求的名称形式,
同样转化为对奥林匹斯神的一个称号。[⑤]

因此,借助名字所进行的形式建构,简化了对力量的永远变化着的
体验,与常新的超越者的相遇。从许多炉灶的火焰中产生了一位公共
的维斯塔女神,从无数的家庭的门中,产生了古罗马广场上的雅努斯

155

---

① Von Domaszewski, *Abhandl.*, 104 *ff.* Wissowa,前引书,第134页以下。W. Warde Fowler, *The Religious Experience of the Roman People*, 第481页以下。G. van der Leeuw, *God, Macht en Ziel*, *Theol. Tydschr.*, 1918,第123页以下。Kurt Latte, *AR.* 24,1927,第253页。
② Usener,前引书,第272页。
③ 同上,第216页。
④ Murray, *Five Stages of Greek Religion*, 30.
⑤ 同上,第43页,"集体的祈祷,联合的哀求";参见 Wide,前引书,第176页。

神,最终从许多界石产生了朱庇特神庙的特米努斯神,从千千万万保护妇女的灵魂般的精灵中,产生了一位朱诺女神。[①] 最初,一个事件只是它自身;只要它被理解为它原初发生的,它就与任何形式的赋予相对立。例如,在原始语言中,来者不是离去者;同样,在原始宗教中,显现的神不是离去的神:在其原初瞬间中的经验仍然是当下的。[②] 但是,宗教也关系到这样的时刻,"对于每一个吉利的事件,古人都赋予相关神灵以一个特定的称呼,并为他建造一座专门的庙宇——他们已经理解了一种宇宙的活动,并由此而命名其个性与特征"。[③]

3. 因此,"神"并不是专门各种事物者。在这些事物中,我们发现的乃是贸易神、爱情神、知识神,每一个都有自己的行当。但是,神不是这类事情的指导者:他是一种实际的体验。因此,我们就理解了像古埃及人或古希腊人之类的多神宗教,如何明白无误地谈及"神",只要他们把某种确定事件看作超越力量的启示时都是如此。因此,"神"保护海难水手的性命,把他带到一个安全的岛上。[④] 这就正是那位"与此相关"的神,"某种善的精灵"。

信仰一位神灵的这种实用或经验上的意义,正是冯·维拉莫维茨在称"神灵"为一种信念或一种感受的解释者的时候所说的意思[⑤]:"神"首先是赋予对力量的某种经验的名字。例如,从婚前要献上秀发的特罗曾城(Troezen)的青春少女的激情中,产生了希波吕托斯(Hippolytus)的名字和后来的形式。然而,这既不意味着任何拟人化理论,也不意味着费尔巴哈式的智慧。经验中的力量导向了形式的赋予。童贞的交出涉及与某种陌生力量的接触,这种接触获得了名字和形式。

然而,对于半形式化的能力,与过于人格化的"神灵"一词相比,一

156

① E. Samter, *Die Entwicklung des Terminuskults*, AR. 16, 1913, 第 142 页以下。
② Usener, 前引书, 第 317 页。
③ 施莱尔马赫 1799 年在他的《论宗教》(*Discourse upon Religion*)中,以令人钦佩的观察力对诸神作了这样描绘,虽然用的是浪漫主义的语言。(德文版第一版,第 56 页)
④ A. Erman, *The Literature of the Ancient Egyptians*, 30.
⑤ U. von Wilamowitz-Möllendorff, *Griechische Tragödien*, I(第 8 版), 1919, 100。

个更合适的名称是罗马人的努门（numen）[1]。首先，一个努门仅仅是一次点头：这就是其中的意志成分。但是，后来它成了力量，拥有一个名字。然而，这仍然是如此含糊，以至于全然没有人的特征，并且也可以作为一种属性被归于某种力量。[2] 但是，这些"属性"比发展充分的神灵更接近体验。

的确，看起来，罗马人在其"纯粹的文化"中十分熟悉这种半形式化的意志—力量的结构。因为，他们也有一种代替"人"的适当词语，"人"这个词在此是过于丰富和现代了；他们说的是 capita（头），头的含义是一个法人，因此，人们有可能与之建立关系，这类人自己可以做某些事情。[3] 比克尔（Bickel）恰当地强调了这样一个事实，即这种法律上的人并不是抽象的，而总是与恶魔保持着关系；[4]这就是说，很有可能那种强有力的意志已经获得了一个名字，这种法律上的人格被归属于那些神灵。[5] 与前面所观察到的相联系，[6]我们或许也可以把这些神的人格描述为职能：正如国王的力量是他的身份，同样地，神灵的力量是某种"职能性的"东西。正如君主本身既不是渴望占有的也不是怯懦的人格，而总是显示着王者的谦恭有礼、慷慨大方等。同样地，神灵也不是某种善的或智慧的人，而只是作为神灵，永远是神圣。他的名字众所周知，这就是说，人们知道向他要求什么，对他期待什么。他是祖先的精灵，在罗马，他事实上是被作为父亲和母亲包含在社会关系之中。于是，正是在这些情况下，一种崇拜的可能性首先出现了；对于没有名字的力量，无论称呼什么，都是巫术。

圣徒是神明的继承者[7]——今天人们依然意识到专门神有其结

---

[1] 罗马神话中的元神，守护神，或指一种内在的指导精神。——译者
[2] Chantepie，前引书，第二卷，第 444 页。Latte，*AR.* 24，1927，256。G. van der Leeuw，*Theol. Tydschr.*，1918，第 123 页以下。
[3] E. Bickel，*Der altrömische Gottebegriff*，1921，35，63.
[4] 同上，他联系到罗马人所谓法律人，而对出自意大利的祖先精灵的确定的神所做的的历史解释是否正确，还值得怀疑。
[5] 同上，第 40 页。
[6] 参见本书第 13 章。
[7] P. Saintyves，1907.

构:教会的圣徒成了他们的继任者。[1] "如果某人牙痛,他就禁食并颂
扬圣阿波罗尼亚;如果对火的危险恐惧,他就让圣劳伦斯在忧虑中帮助
他;如果害怕瘟疫,他就向圣塞巴斯蒂安或者奥提利亚起誓;若有眼疾,
就祈求罗库斯;若有喉痛,就祈求布拉斯;若要找回丢失的东西,就祈求
帕杜亚的圣安东尼。"[2]因此,作为房子和家庭神灵的格尼乌斯和拉瑞
斯的继任者乃是那样一些圣人,他们在房子里的祭坛和在十字路口的
雕像,存留着对古代各种体验所赋予的形式。[3] 而且如同对圣德丢斯
的崇拜所显示的那样,即使那种瞬间神也还在自发地产生:"在特殊需
要中,某个虔诚的妇女或者什么人会转向一位新的圣人,并获得成功。
她赞美她的保护者,然后,其他人开始效仿她——由此可以解释圣徒德
丢斯何以在今天数不清的教堂中拥有贴满许愿纸片的祈祷雕像,实际
上,在数年前,他在天主教界还是不为人知的。"[4]教会一直能够很好地
使自己顺从于神灵观的这种不可毁坏的结构,采纳它们并使之基督教
化,而不是让它们成为贫乏的一神教的牺牲品。事实上,在六世纪,大
格里高利(Gregory the Great)就明确地建议,各种崇拜应当保留在古
代的崇拜之地,只是以神圣的殉道者代替那些鬼魂。他所依据的乃是
这样一个智慧的原则,即:"试图登上顶峰的人,不是跳跃式地攀登,而
是一个一个台阶地,或者一步一步地攀登。"[5]

158

---

[1]　在来源上,伊斯兰教徒的民间虔信的教长在某种程度上也是神,参见 C. Clemen, *Die nichtchristliche Kulturreligionen in ihrem gegenwärtigen Zustand*, 1921, II,第 87 页。

[2]　路德的 *The Large Catechism*,载于 N. Söderblom, *Einführung in die Religions-geschichte*, 1920, 52; Heiler, *Prayer*, 47. H. Usener, *Sonderbare Heilige*, I, 1907, 34。Heiler, *Katholizismus*,第 190 页。

[3]　Wide,前引书,第 242 页。

[4]　Heiler, *Katholizismus*, 191.

[5]　见这位教宗给麦利图斯教长(the abbot Mellitus)的信;完整内容见于 J. Toutain, *RHR*. 40, 1919,第 11 页以下。

第18章 / 背景中的神圣世界，背景中的力量和意志

1. 宗教史本身极其丰富，宗教史学史则是极其贫乏的。其中，看上去似乎只出现了极少的思想；不幸的是，甚至一直到今天，一种更加深刻的历史见解还是极少应用在这一学科上。在这方面，研究者常常过于满足把黑格尔嘲笑为一个历史的任意构造者和削足适履者，而他们自己在其所研究的历史中，却常常幼稚而拙劣地做着他们指责黑格尔所做的事，以及他在所有事件上自信而聪颖地实施的东西。

因此，十九世纪占主导地位的但是肤浅的进化论导致了那种不久前人们还持有的关于上帝的概念，即，把关于上帝的概念看作一个从相当粗糙的开端长期发展而至的顶峰。而与这一点一致，每一个古代的或原始的关于上帝的观念，都要按照这一最终成就的标准来评估。于是，这样一种回应出现了，那按照历史哲学的理想来看同样是肤浅的，这种回应宣称是"反进化论"，不过只是限于反向发展，于是它把"启蒙运动"和十九世纪关于上帝的概念——在这种回应看来，这只是时间的问题——放置在顶峰，通过"倒退"的方式从这个开端引出所有其他东西。然而，这两种倾向完全是一致的，他们都认为"上帝"只能应用于在"启蒙运动"时代的基督教以后的现代西欧人，他们习惯于这个名称，而没有进一步的哲学或者现象学反思。[1]

在这场争论的过程中确实发现了一个重要事实；因为，人们开始清楚地看到，在许多原始民族中，除了对精灵和物神的信念（它几乎是迄

---

[1] 参见我对于 Fahrenfort 所著 *Het hoogste Wezen der Primitieven* 的评论，载于 *Deutsche Lit. - Ztg.*, 1929, I *Heft*。

今为止我们知道的唯一一个)外，还流行着另外一种信念。这种信念被
它的第一个解释者安德鲁·朗(Andrew Lang)看作那种关于一位至高
存在的观念。大体上说，这种至高存在类似于那样一种上帝，即今天的
"普通人"自己所想象的上帝：宇宙的创造者、维持者，永恒、仁慈的天
父，不可见的、全知的、道德的守卫者。① 这种至高存在当然与万物有
灵论(朗后来激烈反对万物有灵的正统理论，尽管他自己曾经支持过
它)没有关系：这样一位上帝从来都不会起源于任何死者的灵魂。于
是，人们被万物有灵论带入了歧途；甚至在过去，在原始的落后状态中，
人类在很大程度上也不得不相信现在仍在信仰的东西，尽管那种东西
既没有神学化，也没有哲学化：一位不需要向他献祭的上帝(膜拜意味
着倒退)，他不是任何复仇的精灵(像《旧约》中的耶和华)，而是一位天
上的主(像先知们的耶和华)，以及一位慈爱的天父(像耶稣的上帝)。
他创造了万物：爱斯基摩人相信，肯定存在着某个创造了万物的存在
者，——"啊！只要我能，我将多么爱戴和尊敬这位存在者"；这是对圣
保罗这一教导的证实，即人通过创造物认识上帝。② 此外，他给予了道
德诫命，并监督对这些诫命的遵守：特拉德尔弗各(Terra del Fuego)的
居民相信，杀戮带来降雨、降雪和冰雹；相信有一位"森林巨人"，他厌恶
杀戮，杀戮令他发怒。这样一位孩子们的妖怪(撇开这一观念中的所有
粗糙性不说)，他比允许亚甲(Agag)被杀的犹太人的上帝站得还高：
"那令人颤抖的原始共产部落的野蛮黑人，比《士师记》中的耶和华更接
近于我们的主的道德。"③

　　对于所有这些论点，进化论当然是反对的，并坚持把对一位至高存
在者的崇拜的发展归因于基督教传教士的影响。总体来说，假设结果
应当存在于开端，这似乎太过荒唐。但是，事情已经逐渐清晰起来：那
些至高存在者们在绝大多数情况下确实是原初的和土著的。反进化论

159

---

① Lang, *The Making of Religion*, 173.
② 《罗马书》第 1 章。
③ Lang, *The Making of Religion*, 175,183,192,203,218,237,271,280,294.

者竭力表明,那个开端事实上是一个开端,直到那一天被他们如此看待的东西只不过是神话的繁盛和万物有灵的退化的产物。施密特神父(Father W. Schmidt)拥有广泛的知识、事实和合作者,并具有激情和对科学的信心,他努力为那位至高存在者的荣誉作出辩护。他尝试表明,在那些真正具有最古老文化的原始民族中(所谓的俾格米诸部落),存在着最纯粹形式的对一个唯一崇高创造者上帝的信仰,并与由这个上帝所维持的高尚道德秩序相结合。借助于人种学中盛行的所谓文化循环论,[①]他相信自己能够证明,这些靠采集草本植物为生的最古老民族相信一位至高的存在者、一套十分高级的道德法规和一夫一妻制。他们那些与此不相符的观念和风俗的部分,于是被解释为受到邻近的文化循环的影响,这种影响是他们必须为他们较高的文明(畜牧、狩猎和农耕)付出的代价,即从对唯一上帝的信仰退化到神话的—万物有灵论的—巫术的观念,从他们的道德法规退化到多妻制和淫乱,等等。

施密特用此方法把这场论战转移到了历史领域,这是我在此不想随他步入的领域。[②] 我在此仅仅需要指出,关于至高存在者的观念已经在所有的地方与万物有灵论和**物力论观点**混合了,没有任何一个地方可以证明有一种纯粹的一神论,而文化循环的年代顺序至今还是一个有争论的问题。

但是,有一件事情是可以肯定的:确实存在着一种对某位至高存在者的原始崇拜,这位神既不能解释为力量,也不能解释为意志,它与朗如此珍视的"普通人"的那位上帝具有一种显著的相似性。

2. 那么,怎样解释这位至高存在者呢? 迄今为止的解释在很大程度上受到三种错误的影响:(1) 从历史的角度说,重要的是去发现最古老的东西,因为这种发现最有意义;(2) 无论如何,存在着一位属于宗教的"上帝",如同在《教理问答》中,或者可能在"萨伏瓦教长的自白"中

---

① 参见 F. Gräbner, *Methode der Ethnologie*, 1911。
② 但是可参见 Clemen 和 Fahrenfort,前引书。

所描绘的那样;(3) 如古代教会教义所教导的那样,存在着一种"自然的"宗教,其中包含着对上帝的真正信仰,并且,最初是人类所共有的,在此之上,通过一种特殊的启示,基督教世界建立了在基督中获得拯救的独特的基督宗教。然而,如果我们从这些错误中摆脱出来,从对历史上可证明的上帝——或者更确切地说——对一位上帝的追求中摆脱出来,那么,我们就会发现:

马六甲半岛上的一个俾格米人(pygmy)部落,称为瑟芒(Semang),崇拜一个创造了除大地以外的所有东西的雷神尅伊(Keii),这一存在者是由另外一个先前是人的神灵普勒(Ple)所造。尅伊惩罚罪人;他的儿子——因他有一个妻子——是他的警察,以一只老虎的形式到处巡视:他惩罚乱伦和对父母的不敬,等等。对他只是偶尔祈求,没有固定的膜拜,另一个创造者普勒是普勒部落的种族祖先。[1] 在此,我们必须注意到那种与雷霆、与道德和创造、与部落起源、与偶尔祈求的联系。

另外,在澳大利亚东南部的库尔耐(Kurnai)这个地方(如施密特神父也承认的那样)对一位至高存在者的信仰至今仍保持着其纯粹性,人们崇拜蒙干—恩加瓦(Mungan-ngaua)。他先前生活在地上,教人们如何织网、造独木舟和武器;他现在住在天上,如他先前在地上那样是个首领。他也有一个儿子,是库尔耐人的祖先;他用那种吼板[2]的声音模仿雷声说话。他用洪水等惩罚对秘密仪式的背叛,他被称为"我们的父亲"。然而,对于库耐尔人来说,"父亲"的意思是父亲和叔叔,同时也是同父亲和叔叔一起举行接纳仪式的所有人。于是,我们在这里看到那种与这个部落的起源、与雷霆和天、道德法规、仪式以及技艺的联系。

在加利福尼亚中北部,也有两个创造者,一个创造了大地,另一个给予了文化。但是前者离开了大地,现在生活在"上面的"天上。他是崇高、仁慈和软弱的,而另一个则同时是草原犬鼠或郊狼,是恶作剧精

161

---

[1]　Fahrenfort,前引书,第 42 页以下。
[2]　澳大利亚等地土著用于宗教仪式的一种旋转时能发出吼声的木板。——译者

灵或者冒险家,具有奥尔格拉斯(Owlglass)以及英雄的那些特征。创造者奥勒尔比斯(Olelbis)有一个妻子和许多亲戚,只是偶尔被祈求,主要是在有需要的时候;因为他是在天上,所以能看见一切,但不是无所不知。[①] 在此,需要注意的是,那种与天堂,与创造、文化、太阳和月亮(日月是全世界的神话中永恒的"两兄弟")的联系,只在需要时的偶尔膜拜,以及这位神灵能看见一切的事实。

同样,澳大利亚中部,卡米拉罗伊(Kamilaroi)人的至高存在者白阿迷(Baiame),曾经作为一个恩人住在地上,后来带着他的两个妻子去了东方,隐居在天上,偶尔以人的形式出现。他被以一种随意和听其自然的方式看作创造者;如果问一个库尔耐人"这是谁创造的?",回答是"白阿迷,我想"。他掌管下雨,以雷声说话,是永恒的,并且惩办那些违规者。澳大利亚中部土著居民阿兰达人(Arunta)的神埃尔切拉(Alchera),是一个长着鸸鹋[②]脚的强壮巨人。他的老婆们长着狗脚,他的儿子们是鸸鹋,女儿们是狗,这与鸸鹋和狗两个氏族相呼应。他的住处也在天上,然而,天并不是他的创造,似乎他是在保护天以免其坍塌。与他并列的有一整个系列的祖先,他们也都是文化英雄,并与埃尔切拉一起分有着永恒的非创造性(uncreatedness)。[③] 在此,我们看到了一种与图腾观念以及与已经列举的那些特征的清晰联系。

另外,在非洲斑图(Bεntu)部落中,巫术规则是至高无上的,人们承认一个名叫恩扎比(Nzambi)的神,他已经退回天上,不再受地上事务的打扰;他被视为一个创造者,但不受膜拜。在最急迫需要他之时,那些部落才会祈求他,但是,如果他不听祷求,人们也毫不奇怪。

接下来,我们从青年时代就知道,吉特西·玛尼图(Kitshi Manitu)

---

① R. Dangel, *Der Schöpferglaube der Nordzentralkalifornier*,载于 *SM*. III,1927。引述的其余部分,参见伯斯(Beth)、华伦福特(Fεhrenfor)、克里曼(Clemen)、索德布洛姆(Söderblom)和施密特(Schmidt)的相关著作;进一步参考 C. Strehlow, *Die Aranda-und Loritja-Stämme in Zentral-Australien*,第 1907 页以下。

② 澳洲特有的一种鸟,足三趾。——译者

③ Beth, *Religion und Magie*,另参见 J. Wanninger, *Das Heilige in der Religion der Australier*,1927,192 *f*。

是阿尔贡金人的"大精灵"。他与已经讨论过的玛纳力量玛尼图关系密切，也与附兽守护精灵信仰①的图腾观念有密切关系，而玛尼图本身的意义似乎在非人格力量、护佑精灵与至高存在者之间摇摆。

然而，至高存在者的经典地域是中国。"上帝"（Shang-Ti）是最高的主，这位至高的主与天相关联，尽管他不等同于天，而仅仅是一个居住在高处的人格存在者。他与祖先站在同一高度，皇帝被称为"天子"。但是，他本人不是祖先，而父亲身份仅仅表示根源；然而，他与天紧密地联系在一起，以及帝国和朝代的源头。他代表着道德的世界秩序，公正地统治着他所创造和维护着的世界；与"道"②相对照，他被设想为人格的，但是，拟人化的成分几乎不比"力量"更多：只有一次，一份古代**文本**说"帝谓文王"。③ 作为创造者，他被忽略了，但是，他的道德意义成了中国宗教情感的标准，他颁布规则和禁令，惩罚坏人。在膜拜仪式中，当在"天坛"祭拜"皇天"即"皇天上帝"时，只有皇帝能接近他。确实所有人都能向他祈求；但是，孔子意味深长地坚称，他很难记得他最后一次的祈祷。④ 因此，索德布洛姆说得对，只有在中国，至高存在者观念的结构获得了它自己的一种文化：

163

　　　　敬天之怒，无敢戏豫。

　　　　敬天之渝，无敢驰驱。

　　　　昊天曰明，及尔出王。

　　　　昊天曰旦，及尔游衍。⑤

在吠陀时代的印度，伐楼拿和密陀罗是阿迪特亚斯（Adityas）的主要形象，阿迪特亚斯是一种类型的神灵，虽然在印度教万神殿中保有自

---

① 是墨西哥及中美洲印第安人信奉的守护神，依附于动物身躯中。——译者
② 参见本书第 2 章。
③ 就现象学而言，这里含有的对上帝的信仰，可以与《旧约》中反复提到的"耶和华说"作比较。
④ Bertholet，前引书，6，67。
⑤ 出自《诗经·大雅·生民之什》。——译者

己的位置,但很有可能与因陀罗(Indra)和他的伙伴们有着不同的来源。阿迪特亚斯与王国、天和太阳有关联;此外,他们与生命之道——也就是与法则(Ṛta)——密切相关;[1]有时,伐楼拿被看作法则的创造者,有时又是法则的主要侍从。与醉酒的剑客因陀罗相比,奥尔登贝格(Oldenberg)把伐楼拿的特性描述为"那种维持宇宙秩序和惩罚罪孽的神圣王权的宁静而灿烂的庄严":"一个在战斗中杀敌,另一个则总是维护着法律。"伐楼拿洞察一切,命定所有,确定每一事物的位置。人们向他祈祷说:"那么,什么是那深重的罪孽,哦,伐楼拿,使得你想要毁灭你的朋友,那赞美你的朋友? 把它启示给我,你不会被欺骗,你自身强大有力! 我屈膝恳求你的宽恕,那将使我从我行为的罪孽中得到解脱。"[2]

3. 我相信,所有这些从最广泛的不同时空中的文化里引用的例子,完全可以证明本章所定的标题"背景中的神圣世界:背景中的力量和意志"。在这位上帝中,人们现在已经吃惊地从中发现了他自己的启蒙观念,人们再一次将其作为原初启示的唯一上帝而欢欣地向他致意。但是,如索德布洛姆所看到的那样,人们能够更加容易地在十八世纪自然神论中发现这位上帝——这位上帝是一位背景中的上帝,他的庄严性质和距离这个世界的遥远性质,只属于偶尔被考虑的一种被动的、先在的存在者。这个概念本身源自普洛斯(Preuss),他的《信仰与神秘》一书与索德布洛姆的《上帝信仰》一起,很有可能构成了理解对至高存在者信仰之结构的最重要贡献。[3]

于是,人类运用力量,尤其是在履行并统治自己的世界的仪式之中;人们臣服于力量,至少是部分地臣服,以及其他各种力量,比如雨和风,动物和植物,等等。借助于仪式,人能够支配世界;因此,也许不存

---

① 参见本书第 2 章。
② Bertholet,前引书,9,51;参见第 40 45 页。Oldenberg, *Die Religion des Veda*,第 96 页以下,第 178 页以下,第 200 页以下,第 299 页以下,第 322 页以下。
③ 参见本人的评论,载于 *Deutsche Literaturezeitung*, 1928, 13 *Heft*。

在力量，而只是人自己，人的能力也许从一开始就已经存在了，用《浮士德》的话来说，"这个世界不存在，直到我创造了它"。但是，人对这些结论的得出犹豫不决；因为，他体验到设立一个更高法庭的需要，即使仅仅在背景之中，也就是某种从中他可以引出所有其他事物、包括他自己的力量，一种似乎是为他的仪式授权、但又不过多关注他，也不干扰他拥有充分的力量的那样一种力量——只有被至高存在者、仪式、法则和禁令所设立的东西，才应当被遵守。对此，这种力量给予密切的关注，为了能够更好地这样做，它去了原本它不在其中的天上——从那里它能够看到一切，照看着世界不至于脱离轨道。因此，它是作为保护者而不是创造者的上帝，尽管同时整个世界的存在也许来自那神圣的先行者，即背景中的力量。但是，创造的过程常常并不比那些被认为已经创造的个别客体更靠前；它并不持续地行动，而是开始时就一次性地创造了一切，尽管离开了它自己，所有进一步的行动都是不可想象的。所以，索德布洛姆赋予它"开创者"之名，这确实指明了它本质中最主要的特征之一。

因此，这既接近于文化和拯救的带来者，又接近于部落的祖先。[1]作为仪式的开创者，它似乎是最早的巫医，也是第一位立法者：[2]以这种方式，它保证了世界的秩序，为世界的出现负责。"很有可能是白阿迷创造了它！"——就这样，人指明了背景中的那个力量。"实际上，远古祖先是多余的，因为它仅仅是节日中以巫术方式所表现的月亮的相位；[3]但是，人需要一个开创者来创造世界、组织世界，并且引入仪式"。[4]原始父亲的"背景"特征未能再得到强调，由此而缺乏对他的崇拜；只有在需要的时候，即当所有其他手段都不起作用的时候，人们才会向他祈求，尽管在这种时候人们也很少期望得到倾听。在这种意义

---

① 参见本书第 12 章。
② 详细请参见 Father Schmidt, *Settimana intern. di Etnol. Relig.*, IV. *Sess.* 1925 (1926)，第 247 页以下。
③ 指新月、上弦、满月、下弦。——译者
④ I. Th. Preuss, *Religion und Mythologie der Uitoto*, I, 1921, 32.

上,朗的观点是颇为正确的:至高存在者的宗教确实是"普通人"的宗教,尽管它很难是耶稣和先知们的宗教。^① 人们在给他取名方面是亵渎的,但又以虔诚的呼喊向他呼求;他也出现在"普通人"关于财富的谚语中。^② 这一切都意味着,他是那位在背景中的上帝,人们提到他,却不把他从天上拉下来,他也不会自动地从那里下来。

所以在这种关联中,有两个特征是至关重要的,但**不是最高存在者**与自然之间的关系,索德布洛姆把这种关系视为仅仅具有次要意义是颇为正确的。开创者是一位既不属于诸天也不属于太阳的神灵,尽管他高高在上,他还是自然地与这两种现象紧密联系在一起。但是,对于历史意识来说,他的意义是非常重大的,因为在此,力量(这是某种全新的东西)被放置在与历史的关系之中——"有一些关于他们的叙事",索德布洛姆在论及开创者时是这样宣称的。^③ 但是,力量—活动并没有在历史中成为活生生的现实,作为替代,它被转换成了开端;它是被保存的、先行的力量,那些澳大利亚人的部落给予"在时间上无法达到的原始时代"一个特殊的名字,阿兰达(Arunta)人称之为埃尔切林加(Alcheringa)。^④

这种信念的次级重要的特征,是力量与道德的紧密结合,尽管使人的行动服从于一种确定秩序的必然性,以及使一般的事情进程适合于一种固定规则的进一步需要,在至高存在者那里采取了一种模糊的形式。然而,这是人的行为的上诉法庭,是有序世界进程的保证。

4. 因此,在至高存在者的概念中,"属于神灵"成了宇宙的背景。至高存在者是在我们背后的世界中的意志,却不是一个清晰的和活跃

---

① G. van der Leeuw, *Struktur der Vorstellung des höchsten Wesens*.
② 因此,在巴塔克人中有这些说法:"一切依赖上帝","我们在上帝的掌握之中",等等。Nieuwenhuis, *Das höchste Wesen*, 33。
③ 参见 Preuss, *Glaube und Mystik*, 58。
④ K. Beth, *Primitive Religion*, *Die Religionen der Erde*, 1929, 8.

的意志；他也是背景世界中的力量，但仅仅是人格化程度很弱的。[①] 他存在于所有文化的宗教中；也存在于犹太教和基督教中，然而，在那里，上帝的基本活动妨碍了他独特属性的完全实现。在浪子回头寓言中的上帝也可以是至高的存在者，除了一个特征之外：匆匆跑去见那悔罪的罪人的父亲的特征。开创者是不会匆匆忙忙的——他如此做了一次，但却十分疲倦！

　　在十八世纪的自然神论中，对至高存在者的崇拜达到了顶峰。上帝在道成肉身中和圣礼中离人太近了，因此成为一位在背景中的上帝，他维持道德，并在不朽中对赏善罚恶给予了一种进一步的保证。一种伏尔泰式的怀疑论者的警察信仰[②]，就像卢梭之类对美德的热烈信念一样，变成了背景中的力量；虽然罗伯斯庇尔赋予它作为至高存在 (l'Être Suprême) 的荣誉，但他却以至高存在的名义将自己的政敌——作恶的人——送上了断头台！

　　然而，当虔敬伴随着这种信念时，它采取了那样一种**谦卑**的形式：并非我们统治着世界，那么，为什么我们要与那永恒崇高的父，即宇宙的令人崇敬的背景相比呢？ 在歌德的诗中，这种谦卑得到了最动人的表达：

> 当那最神圣的
> 永恒的父，从我们头上的云端
> 用无所偏爱的手，
> 在我们四周洒下，
> 他的仁慈闪电，
> 我要谦卑地亲吻

---

① 尽管在我的 *Einführung in die Phänomenologie der Religion* (1925)中，我把"玛纳神灵"这个词用于至高存在者，似乎过于单一地强调了力量的这一面，但是，这一因素不应该继续被忽略，我们应该还记得"玛尼图"（manitu）！
② 意为信仰可以阻止普通人做坏事。——校者

他长袍的衣褶，
就像一个天真的孩子
充满了敬畏。

诸神与我们凡人
区别在什么地方？
他们在眼前
无尽的波涛中，
167　　能看见一条无尽的河流；
但我们目光短浅，
小小的波浪就把我们托起，
或把我们打翻
在深不可测的黑夜之中。①

　　　在这几行诗中，包含着对开创者信念的全部结构，一如它活在所有
168　　的时代。

---

①　*The Limits of Man* (Dwight).

第 19 章 / 众力量

1. 力量之不确定且又无名称的众多状态,采取了多种人格形式,每一种都被赋予了一个名称和它自己的活动范围,这些形式通过有机关系相互联结。多魔信仰(Polydemonism)变成了多神信仰(Polytheism)。但是,这些当然不是对上帝信仰的前后相继的演化过程中的各个阶段。确切地说,乃是通过两个术语对两种不同结构的理解。一种构成了我们已经熟悉的许多力量的混乱世界:神圣存在者们,他们的力量王国既在空间上也在时间上被分开,如白天和夜晚的精灵,春天和冬天的精灵,这种活动或者那种活动的精灵。另一种所包括的是这同一个世界,但是,它却根据明确的观点定位,因此,那种混乱的众多成为一个有序的整体。两种结构都是无时间性的,无论如何在人类的发展道路上都没有确定的阶段;确实,在很大程度上,多神信仰还仍然是多魔信仰。例如,当希腊人的那几个玉米母亲(corn-mother)在经过一段时间的融合后成为得墨忒耳这个单一形式时,费加利亚(Phigalia)地方的那位"黑色的"得墨忒耳仍然存在,与对她的古代膜拜和粗糙神话一起,作为一个与伊洛西斯(Eleusis)的母亲不同的形式。这就正如某些意大利城市或别的地方的"黑色的"玛利亚与另一个地方的玛利亚形象根本不同一样。①

一再重复的从多魔信仰导向多神信仰的过程,被称为**宗教混合论**。在文化发展中,人们发现宇宙确实在变得越来越小;人的世界不再局限于他自己的村庄,而是扩展到了许多这样的共同体,这些共同体通过多

---

① Bertholet, *Götterspaltung*, 6.

种多样的关系连接在一起，最终扩展到一个省，一个国家，以及许多毗邻的国家。因此，对人而言，无论是通过善意还是战争，邻村和邻近国家的许多力量变成人所熟悉的了。于是，在人自己的和陌生的力量之间产生了某种理解，以至于那些显示着最近相互关系的力量，在一个名字和一个单一形式下联合起来，而其余的则获得了确定的彼此互惠的联系。于是，万神庙出现了，尽管它当然永远是不完全的：印度的阿迪提亚斯，斯堪的纳维亚的旺斯（Vans），希腊的狄俄尼索斯等，从来没有完全融合在神灵世界之中，而是保持着他们自己的身份和特征。

然而，有一点必须补充：它关系到那个概念，即"上帝"。或者，应当说关系到一个概念，即"上帝"。因为在此，我们同样绝不能满足于基督教的或者任何其他广泛被接受的观念。然而，在这一阶段，"上帝"是某种不同于力量或物神、精灵或恶魔的东西。在万物有灵论的意义上，多神论的神灵们实际上是意志和形式；但是，它们与其他同样被赋予形式和意志的力量不同。它们在其类型上具有某种特殊的东西，任何概念都难以涵盖它们，因为我们在这里再一次冒着强加我们自己观念的危险。基于这样的考虑，我们还不应当说神灵就是"崇高的"，尽管我们由此所意味的与我们自己关于崇高的观念并不那么遥远。现在，我们应当加到完全相异者特征上的东西，即关于上帝的观念与所有宗教对象所共同具有的东西，在一个例子中得到了最好的说明：古埃及人当时把黄金的肉体归于那些神灵。"黄金（是）众神的肉体……拉（Rē）说的第一句话是：我的皮肤是纯金的"，[1]在此，希腊人关于 ichor，即"众神的血"的概念，也是与此有关的。那时候，借助黄金充分表达了我们也归之于神的东西：在本性上与我们的不同，崇高、美、不朽等，因为黄金意味着永恒的生命。但是，这形象实际上是这样：它是颇为具体的，并且根本与概念无关。

---

[1] B. Gunn 和 A. H. Gardiner, "The Temple of the Wady Abbad", *Jour. of Eg. Arch.* 4, 247。

2. 此外，在众力量之间存在着几种相互联系，那与人类社会的普遍状况准确地相呼应；这可以用"**神谱**"这个一般的词来说明。由此，那些神灵的各种各样类型和等级，以姻亲关系为基础被放在一起，最简单的很有可能是**三位组合的形式**——父亲、母亲和孩子。在古埃及存在着这种组合——奥西里斯、伊西斯、何露斯。何露斯是一位较古老的天神，本来与奥西里斯毫无关系；然而，在这个三位组合中，他作为典型的忠实儿子出现，就如同伊西斯是典型的埃及人的可爱姐妹—妻子一样。这种家庭的三位组合在人类精神中（目前，这是从父权角度来思考的）是一种如此强有力的因素，以至于甚至基督教也不能免除它，因此耶稣、玛利亚和约瑟的三位一体或许可以看作"天主教民间虔诚的三位一体"。① 但是，也有其他情况：对于母权状态来说，反映为母亲与儿子或者情人的二元性。在这里，近东是一个典型——西布莉（Cybele）和阿提斯（Attis），伊斯塔（Ishtar）和坦木兹（Tammuz）；并且，如果父神与他们结合，则形成另外的三位组合。在波加茨科伊（Boghazköi）的浅浮雕上的神灵组合，很有可能应在这种意义上予以解释：长着胡须的父神与骑在狮子上的母亲相见，母亲身后跟着骑豹的年轻的神。②

170

　　当然，**二元性**是与三位组合一起出现的，以往最流行的是一对孪生兄弟，他们以太阳和月亮关系为基础的联合和分离，引发了许多神话。对于某种较大的团体来说，那些最丰富多样的神灵们的关系，如我们在埃及所看到的那样，更加不依赖于自然。除了已经独立的复合的奥西里斯三位组合之外，所谓的九个一组的大神也包含着其他一些重要神灵，这确实显示了一种向着整体概念发展的倾向。在这里，相同的神秘动力显示着它自身，即它提供了基督教三位一体的教义，这一教义原来在本质上是强调基督教"众力量"的统一性，这种统一性一再成为一元论和泛神论思辨的起点；③同样，它也把包含在印度后吠陀的**三神一体**

①　Heiler, *Katholizismus*, 192.

②　Haas, *Bilderatlas*, Part 5, Fig. 2；参见 Zimmern, *Text*。

③　参见 H. Groos, *Der deutsche Idealismus und das Christentum*, 1927, 107。

中的三位神灵——梵天、楼陀罗和毗湿奴化约成了非肉体绝对者的各种形式。

　　但是，众力量也联合形成一种联系，在不同的情况中，或者展现出一种希腊城邦的特征，一个战斗的部落的特征，或者展现出一种东方国家的特征；在等级制度的组织中，地位较低的力量臣服于级别更重要者。一位是首领，或者作为众神和众人的父亲如宙斯，其主人地位是从父权方面来设想的，或者作为伟大的君王，被他的下属环绕，这一形象一直延续到后来的犹太教中。魔鬼和天使要么成为仆从和使者，要么成为反叛者：波斯人的神国拥有自己的高官大臣和总督，犹太人的天国则有其显要人物，其中也不缺乏反叛者，日耳曼人的天国也有其宫廷官吏。

　　3. 然而，除了这些联系之外，在众力量的多样性中还出现了各种各样的区分。例如，同两位神一个接替另一个（如阿波罗和狄俄尼索斯）的情况相呼应，时间区分为各个阶段，这实际上乃是以自然事件为基础；类似地，根据地点和民族，对众力量界限的确定则与自然和文化条件相呼应。此外，在宇宙范围内，力量再分为天上的和地上的或者地底下的（阴间的），而与形式一致则分为男性和女性、父亲和母亲，有时也有孩子。在这里，存在着与力量的运转范围，即希罗多德所说的"职责"相关联的区别。埃斯库罗斯也熟悉一种对神灵的正式分类：

　　　　　　　守卫着城市的每一位神灵，

　　　　　　　在深处，在高处，

　　　　　　　集市的神灵们，天空的神灵们，

　　　　　　　各处祭坛都香火腾腾。①

————————

① *Agamemnon*，第 88 行以下（Murray）。

但是,我们必须注意,不能将这类区分简化为参考书的通常做法,即像一本《谁是谁》(Who's Who)那样谈论众神灵;因为,形式、属性和职责、宇宙或者社会连接的特征,都只能在力量的神秘基础的光照下去理解。这是在单一主神论(Henotheism)中被误解了的真理:人永远不必好像要同一种陌生的优越状态建立关系那样,去看待某种神灵的共同体,而应当总是与力量、意志和形式打交道,即,当它们于任何一个给定时刻成为实际的、给人深刻印象的和可见的时候与之打交道;在那种时刻所启示给人的东西,人将根据自己的标准在此后与之相协调。[①]

4. 赋予人的周围、上界及连接物之间的种种客体以神圣性的那力量,可以将自身撤回到背景之中。但是,它也能够越来越显眼地来到前景之中。在任何情况下,它都与世界相关联;尽管如此,被惊诧地看作"完全相异者"的东西还是属于这个世界的事件。更进一步说,它越是被彻底地带进其他现象的系列之中,则丧失其原本的神圣性而成为"世界"的危险就越大。所以,在所谓的多神论中,一直存在着为神圣力量与世界相对的独立性而进行的不懈斗争;但是,在一种完全合乎逻辑的多神论中,世界和神灵则合而为一。

然而,这并非多神论的错。相反,它显明地是与世界相对的上帝所要求的限制;尽管我们当然也可以说:就与上帝相对的世界而言,这些限制是必要的。因为,既不是力量的众多,也不是想象中的形式之轮廓的强化,应该为上帝要变成世界,而且要变成人这个事实负责。因为,从不存在除上帝之外的任何力量的意义上说,一位实际上是单一的上帝将完全地与这个世界同一;基督教允许这个世界和它的统治者即魔鬼与上帝相对照而存在。[②] 各种力量向我们启示自己,其终极的统一性本质上乃是信仰的事情,而不是宗教的事情;因为,一般的力量的宗教是对宇宙的崇拜。

172

---

① 参见 H. Schmalenbach, *Logos*, 16, 1927, 322。
② 与保罗所描述的世界的"各种力量"(腐败、死亡、罪)的整个大军一起;参见 O. Piper, *Die Grundlagen der evangelischen Ethik*, I, 1928, 127。

同样，拟人论或神人同形同性论也不是完全邪恶的；因为在那里，与物神和动物形式一起，一种对某种相异者的可能表达被抛弃了。但是，力量的人类形式也表明了距离；人一直不能在世界中发现高于自己的任何力量，现在他自己似乎不知不觉地进入了这种力量。[1] 由此，人使世界的某种碎片成为没有力量的，但是，并不必然使人自身成为超级有力的；这正是神的特征，这些特征使神成为人之上的最高者，那只能用人的类比进行表达：意志的力量，突出的精神性，在确定目标时的肯定性。[2] 于是，实物拟人论就可以被克服了，尽管它从来没有被完全征服；但是，实物拟人论同时是作为人类观念和思想而给出的，无论谁想要抛弃它，都必须绝对保持对神的沉默。因为，所有的语言都是人的，都创造人的形式；甚至动物和物神也似乎赋予了完全相异者以独特合宜的形式，[3]这仍然仅仅是因为动物和事物也都是由人所观察到的。事实上，动物之神首先是一个人。

"由此，那些神灵分别冒了出来，无论他们是否全部产生于永恒，无论他们带有什么样的形式，可以说，这些都是希腊人在此之前完全不知道的问题。因为，赫西俄德和荷马是首先写作**神谱**的人，他们赋予那些神灵以**名字**，分配给他们以各自的**功能**和**职守**，并且描述了他们的**形式**；我相信，他们不过生活在我之前四百年。"[4]在希罗多德的这些话中，存在着整个古典多神论：各种力量的相互联系、它们起作用的限度、它们的性格的发展以及它们的形式的创造，等等。确实，在许多地方都有这种多神论，但是，没有任何地方像在希腊那样得到了持续和完全的发展。[5] 只要这是一件关于名字和形式的事情，对我们而言它就会成为一个发展过程的问题，仅仅是在最近几十年中，我们才认识到其他的

173

---

① 参见 H. Werner, *Einführung in die Entwicklungspsychologie*, 1926, 272。

② 参见 Kurt Sethe, *Amun und die echt Urgötter von Hermopolis*, Abh. Der preuss. Akad. Der Wiss., 1929, phil.-hist. Kl. 4, 235 节。

③ 参见本书第 3 章 8 节。

④ *Herodotus*, II, 53 (Rawlinson)，着重号为引者添加。参见 van der Leeuw, *Goden en Menschen*，第 163 页。

⑤ Nilsson, *A History of Greek Religion*, 144.

可能性，也认识到希腊人并不满意于他们自己的诗人所给出的东西。因为，色诺芬尼、悲剧家们以及智者学派对荷马神观的批评乃是充满激情且颇为严肃的，柏拉图也完全清楚他为什么从他的共同体中排除了诗人。[1] 在这些批评中，对力量人性化的担心最终扩展为力量与世界的同一。色诺芬尼说："荷马和赫西俄德把在人中间乃是一种羞耻和一件丢人现眼的事都归给了众神灵——偷盗、通奸以及相互欺骗。"[2]他相信，他可以得出结论说，人以自己的形象创造了众神灵："如果牛或者马或者狮子有手且能够画画，并像人那样创作艺术作品的话，马将把众神灵的样子画得像马，牛画得像牛；每一个种类都将把众神灵的身躯表现得如同他们自己的形式。"他还说："埃塞俄比亚人说他们的神灵是黑的，鼻子扁平；色雷斯人则说他们的神灵是蓝眼睛和红头发。"[3]然而，我们已经看到，这种费尔巴哈式的预测并非正确。但是，此处一个确定的危险所威胁的，乃是在对色诺芬尼的肯定之中被所有伟大的希腊人一再重复着的。因此，欧里庇得斯对于美丽的奥林匹斯诸神的形式非常严苛；他的众神灵常常只是一些机器，是一些空洞的模式，人们借此遮蔽他们自己的缺陷。[4] 甚至当他们是真正的形式时，也显现了人的那么多卑微，以至于他们应得的只能是诗人的愤怒，不值哪怕一瞬间的钦慕。安菲特律翁（Amphitryon）对宙斯说：

　　　　你是多么不聪明，或者多么不公平；

忒修斯强调了这一点：

　　　　难道他们不是用不正当的结合相联结，

---

[1]　*Republic*，377 行以下以及其他地方。
[2]　*Fr.* 11（Diels；Cornford）.
[3]　*Fr.* 15，16（Diels；Cornford）.
[4]　*Troades*，969 行以下；参见 U. von Wilamowitz-Möllendorff，*Griechische Tragödien*，III（第五版），1919，第 281 页。

靠着枷锁去欺凌自己的父辈，

而赢得宝座的吗？

他们凭着无耻的犯罪，仍然盘踞着奥林匹斯山。

此外，赫拉克勒斯嘲讽地问道：

对如此一位女神，

174　　　　现在谁还会向她祈祷？①

　　在此，我们可以相当清楚地看到，神谱和形式赋予导向了何处。说到底，在这里出问题的，既不是那些有人性的神，也不是那些太有人性的诗人，而是那些力量本身。如果他们持续不断地相互冲突，如果他们的意志表现出纯粹的反复无常，如果他们的统治必定显现为一种暴政，谁又能有办法呢？希腊诗人的形式赋予仅仅是对那个向众力量提出的问题所作的最尖锐的表达，这个问题曾搅动了许多民族，并且在这个问题中包含着**神正论**的整个难题："你想要众力量做什么？为什么你想要它？"在此，预先假定了很多东西：力量拥有意愿，人也拥有意愿，并且那确实是一种不靠巫术起作用的意愿。人已经认识到了某种他认为是绝对价值的标准。我们将在后边讨论所有这些内容；但是，现在我们所关心的是这样的事实，即人不能够容忍众形式和众意志的多元性。这的确不只是因为想象中的难以驾驭性——想想希腊的诗人们！——而是因为众形式和众力量本身无法否认的存在，与所有的幻想都相去甚远。事实上，正是在众神形式下的**宇宙**压制着希腊人；正是人自己导致了自己关于众神意志的这种深深的焦虑。

　　因此，希腊人试图从众神灵中解放自身：犹希迈罗斯（Euhemerus）

---

① Euripides, *Herakles*, 345，第 1316 行以下，第 1308 行（Way）。

把他们解释为就是较早时期的人。[1] 但是，希腊人的头脑却选择了一种更加坚定的态度：多样性和形式不得不让位于非人格的东西。具有人的感情的那些神灵毕竟太像这个世界和人了：

　　　　因为上帝一无所求——如果上帝确如他所是——
　　　　一无所求：这些只是诗人悲哀的故事。[2]

　　自然本身是神圣的，不需要众神灵。[3] 如维拉莫维茨所恰当评说的那样，对于诗人呼唤一位"可以向其祈祷"的神来说，这的确并没有产生任何满足，因为自然中的神圣力量不会倾听。但是，从这种逃离宇宙的长远结果来看，希腊人当然借助他们对"没有任何事物是过分的"这一原则的感受而得到了拯救。但是，在印度，人格性存在则显得越来越站不住脚和受到鄙视；众神灵的存在即使不像在希腊那样糟糕，至少也在受苦："在不可动摇、固定不变之中，我的心欢欣快乐"。[4] 这最终导致了形式的消失，导致了所有意志最终都不能生存在婆罗门教和佛教之中——也就是说，导致了宗教的**无神论**。

　　因此，形式的发展和意志的人化，不是关于诸神灵要求的问题的基础。因为，在力量与人相遇的任何地方，在人之本性的局限上，这个问题就呈现出来了，这在古代巴比伦和《约伯记》中以及在希腊悲剧作家们那里都是一样的。力量不再拥有其固有的诉求；它必须转化它；但是，在多神论中，尤其是在它的最美和最深刻的启示——奥林匹斯的众神那里，这个问题被回避了。力量和自然，自然和人类生活，都相互交融在一起了：对荷马时代的希腊人来说，"神既不是一种正当性解释，也

175

① Bertholet, *Lesebuch*, 4，第 80 页。
② Euripides, *Herakles*，第 1345 行（Way）；参见 U. von Wilamowitz-Möllendorf, *Herakles*（第二版），1909，481。
③ 同上，第 1232 行；亦可参见 *The Trojan Women*，第 884 行；参见拙文 *Een dramatische Geloofsbelijdenis*，载于 *Hermeneus*，2，1929。
④ Bertholet, *Lesebuch*（第一版），225。

不是一种对这个世界自然进程的干扰和悬置：它就是这个世界本身的自然进程。"[1]

因此，力量成了我们自己的生命，可计算性成了可理解性，神的形象成了人的形象。在此，实际上存在着希腊人的种种预设，同时，也存在着现代人、科学和艺术的预设。但是，也是在此，所有的崇拜最终停止了：阿里斯托芬的保守性的批评是完全正确的，他指责欧里庇得斯，因为他对神灵的否认，导致了编制爱神木花冠的穷寡妇丧失了一半主顾。[2]

所以，通过放弃形式或意志，绝不可能获得解决的方法，即使通过简单地消除多样性也不行。只有对造物主的信仰，逃脱了拟人论的那些结果：上帝按照自己的形象创造了人。只有对道成肉身的信仰，逃脱了多神论的那些问题：上帝成为人，而不是成为世界。

---

[1] W. F. Otto, *Die Götter Griechenlands*, 1929,218.

[2] *Thesmophoriazousai*，第 443 行以下。

第20章／父亲

1. 因此，形式和意志可以衰败到这个程度以至于被放弃；人可以通过相信他的上帝就是这个世界、是"与这个世界一起成长的"人类，而使自己平静下来。[①] 如我们将会看到的那样，[②]人甚至可以把自己作为人类（humanity）、作为人的类型来崇拜；他也可以逃避到非人格者之中，逃避到绝对者之中，它"既不行动，也不受苦，没有爱也没有恨；没有需求、渴望或者野心，没有失败或者成功，没有朋友或者敌人，没有胜利或者失败"。[③] 在希腊人之后，印度人是这样说的。[④]

只有完全弃绝了人之特殊能力的上帝观念才能摆脱这些结果。因为，只要人自己的力量试图去摧毁、去使用、去赞赏或者享受外部力量，形式和意志就必定衰败，既然人由此而一次又一次地强迫着、使用着、赞赏着和享受着他自己。至多，他可以彻底否定形式和意志；但是，这对他并没有多少帮助，因为世界每天都以令人眼花缭乱的丰富方式向他提供形式和意志。那种宁静的背景——如詹姆士（James）颇为正确地看到的那样——所意味着的仅仅是"一种道德上的假日"，而不是一种道德上的普通游戏。[⑤] 人自己逃避到了一种现代化的多神论中；但是，对多样化的承认与对它的否定一样没有用处。只有在相信全能——"所有力量"——属于上帝的地方，形式才能存活，意志才能统

---

① 具有代表性的是 H. A. Overstreet，"民主的上帝观念"（"The Democratic Conception of God"），*Hibert Journal*，XI，1913，第 394 页以下。
② 参见本书第 37 章。
③ James, *A Pluralistic Universe*, 47.
④ 参见本书第 21 章。
⑤ 同上，第 116 页以下。

治。拟人论不必再让人恐惧，因为不是我们把形式给予上帝，而是上帝给予我们；在一切支配都来自上帝，并且出自他的意志的地方，神与人同感论（anthropopathy）才不再是一种危险；多元状态不需要再被一种绝望的、单调的、非真实的统一所毁灭，在那里，所有力量都归属于它的上帝的统一性在其自身之中是可理解的，如同上帝所创造的力量之多元状态也可以理解一样。在此，我们表达出了那个基本原则：在上帝之中，即**在创造者那里**，形式和意志拥有它们的真实和神圣的生命。但是，我们当然并不是指我们所发现的安置在宇宙背景中的创造者；而是指我们认为的那位把自己传达给他的造物的上帝，那位甚至给出了他自己的上帝。

2. 在这方面，我们自然不得不专门思考以色列的一神教。首先，我们关于对造物主的大胆的拟人论信仰的描述，的确适用于这一种神。然而，绝对必要的乃是要探究形式与意志的可以理解的根据，而不要在任何不那么崇高的东西面前徘徊。因为，人称这位上帝为"父"，而且迄今为止，我们还只是熟悉母亲。

在这个方面，弗雷泽也说过，设想女人发明了对女神的崇拜是荒谬的，因为"如果女人曾经创造过诸神，那么她们更可能赋予他们男子气概（masculine），而不是女性特征（feminine）。"①但是，第二种假设也同样可能是错的。事实上，男性和女性两种因素，在任何一方占优势的任何给定时期，都在上帝观的结构中起了很大作用。但是，在每一个男人身上都有许多女性的东西，在每一个女性身上都有许多男性的东西，因为在此必须承认，两种性别中总有一种在先。因此，母亲的宗教就正如父亲的宗教一样，乃是人类的宗教。

以一种令我们现代人觉得几乎是可笑的方式，我们发现在古代巴比伦，我们所熟悉的名称"父亲"被"舅舅"所代替，这两者有一种巨大分

---

① *Man, God and Immortality*, 129.

离；①神是"舅舅"，即妻子的兄弟，那是在极其重要的女人之后的最重要男性形象。这是一种包罗万象的母性的遗迹。但是，这类说法的这种差距首先在父亲与母亲之间的对比中，也就是在主动与被动间的对比中有其基础：母亲孕育，父亲养育；母亲接收，父亲给予。因此，在母亲形象之后出现了父亲形象。正如女人象征土地一样，男人象征着耕种——对希腊人来说，厄里克托尼俄斯（Erichthonius）与艾瑞克修斯（Erechtheus）是"大地的开辟者"。② 当然，如我们已经观察到的，③神圣婚姻的神话把母亲作为主要角色；父亲—配偶可以同时是儿子。在此，我们可以看到俄狄浦斯神话的根源，就在于母亲—大地是至高无上的，在我们的时代，这个神话被弗洛伊德学派几乎提升到了一种教义的程度。④ 一个古埃及人的神圣头衔原话是："公牛，那就是他母亲的配偶。"⑤但是，在父亲—配偶的形象中，主动性的方面，即给予者的方面是不能搞错的，甚至当它存在于与那种接受的被动性之主要因素最密切接近地带的时候，也是如此。因为，原始的（对于无知者而言是粗野的）性的象征性语言，是形式的神学创造的媒介：这在《道德经》的文字中有着最优美的表达。

> 谷神不死，是为玄牝。
>
> 玄牝之门，是为天地根。
>
> 绵绵若存，用之不勤。

"谷"是"山谷"，即山峦之间空旷的空间，没有形式的质料，存在的

---

① B. Gemser, *De beteekenis der Persoonsnamen voor onze kennis van leven en denken der onde Babylonieërs en Assyrieërs*, 1924, 第 102 页以下。

② 参见 E. Fehrle, *Die kultische Keuschheit im Altertum*, 1910, 第 185 页。

③ 参见本书第 10 章。

④ 参见 C. Clemen, *Arch. für die ges. Psychologie*, 61, 1928, 26。

⑤ 参见 A. Wiedemann, *AR.* 21, 1922, 453。

纯粹可能性,而"神"是积极的,赋予形式的。[1] 因此,完全的形式不可能是母亲的形式,乃是"可能性"的形式! 但却是意愿和创造性父亲的形式。

但是,我们当然不能仅仅根据生育行动来解释父亲的形式和意志;弗洛伊德学说的片面性就在于此。[2] 鉴于这种平衡性的缺乏,人们也很难理解基督教如何从以色列宗教中继承了对天父的信仰,在以色列宗教中,作为丈夫和生育者的天父形式几乎是完全没有的。"亚伯拉罕虽然不认识我们,以色列也不承认我们,你却是我们的父。耶和华啊,你是我们的父,从万古以来,你名称为我们的救赎主","耶和华啊,现在你仍是我们的父! 我们是泥,你是窑匠。我们都是你手的工作。"[3]这不是生育者的形象,而是一位造物主的形象,他同人的关系与血亲关系恰好是对立的,在他的意志面前,人深深地低下自己的头,却信任地依赖于他。

这就是说,对于许多原始和古代民族来说,"父亲"这个词的含义与对我们而言的含义是不同的,"父亲"是一个年龄层次的代表,即与年轻人相对的年长者的代表。因为,这个词比现代家庭出现得早,并且预设了一种社会组织,其中,年长者的群体同年轻人群体区别开来。所以,在那里,它的重要性很少与生育联系在一起,而是与最年长者的权威、力量的完满、智慧联系在一起,如我们所熟知的那样,在许多原始社会中,最年长者是那些秘密仪式的守护者。甚至罗马人**家庭父亲**的观念也把**父亲**的这种力量看作是独立于他的实际父亲身份之外:"统治这所房子的人被称为**家庭父亲**,即使他没有儿子,如此称呼他也是正确的"。其力量限于家庭住所。[4] 因此,正是鉴于这种双重活动,即首先作为生

---

[1] R. Wihelm, *Laotse*, *Tao Te King*, 1921, 8, 92。"天地"(男性—女性)的形式创造也与这些观念相关联。参见 H. Th. Fischer, *Het heilig huwelijk van hemel en aarde*, 1929。

[2] R. Thurnwald, *Ethnologie und Psychoanalyse*, 载于 *Auswirkungen der Psychoanalyse in Wissenschaft und Leben* (H. Prinzhorn 编辑), 1928, 第 125 页以下。

[3] 《以赛亚书》63:16, 64:8。

[4] G. May, *Eléments de Droit romain*(第 13 版), 1920, 103。

育性创造,其次作为权威性统治,上帝的父亲形式才被理解为:不容置疑的至高者,由此产生所有的力量,但这力量被传达并赋予自身。

3. 对于这种形式,上帝的统一性不再是那么重要了,至少不是作为对多元性的一种否定;因此,把宗教史看作向着"唯一神论"的一种发展乃是绝对错误的。甚至对于"发达的宗教来说,像'唯一神论'和'多神论'这样的概念,也是空洞的数字方面的构成,一个宗教的价值很少可以以此来衡量,正如一桩婚姻的价值很少以生育孩子的数量来衡量一样。"①

所以,这不是一个关于上帝的统一性的问题,而是关于上帝的独一无二性的问题:一种像上帝那样的形式,我们的眼睛在任何地方都无法看到;一种像上帝意志那样的意志,我们在任何时候都不可能接触到。谁能像上帝呢? 上帝的独一无二性不纯粹是对他的多样性的否定,而是对他的能力的一种强烈的肯定。因此,上帝自我给予的行动已经的确如此深刻地嵌入了人类生活之中,以至于人必须对他的上帝说:

> 除你以外,在天上我有谁呢?
> 除你以外,在地上我也没有爱慕的。②

因此,伊斯兰的唯一神论也不是对多神教的一种抗议,而是对上帝全能的热切信仰。③ 因为,"全能"并非一个理论上构想的世界统治者或者原创者的苍白"属性",而是那样一种信仰,即所有力量都归属于上帝,人除了从上帝那里得来的之外一无所有。在此,我们与"至高存在者"的距离,就正如我们与多神教的多种多样力量的距离一样遥远。也许即使是谈论父亲也一样:因为在这里,这并不是一位"至高"存在者的情况,而是**存在**本身,即那唯一的实在、独一无二的实存的现实、独一无

---

① Wundt,前引书,IV,320。
② 《诗篇》73:25。
③ A. Bertholet, *Die gegenwärtige Gestalt des Islams*, 1926, 8.

180　二的意义。

　　因此，"上帝是唯一者"，这不能被看成是一种断言或信念，而只能被看成是在古典的颂词"上帝是唯一者"意义上对信仰的一种表达。[①]上帝是唯一者，因为拯救从他而来，力量已经被转变成了善。上帝是唯一者，因为在他意志的无穷无尽的活动中他是全能的："我若升到天上，你在那里；我若在阴间下榻，你也在那里。"[②]上帝意志的这种强烈活动在《旧约》中表现得极其生动，在其颇为原始的特征上，如耶和华突然袭击摩西的故事中[③]，不亚于以色列人下面的这首战歌。在其战歌中，我们明白无误地听到他们的欢呼在回响，他们为主动作战拯救他们，并从山上降临来帮助他们的上帝而欢欣鼓舞：

> 耶和华我的磐石是应当称颂的！
> 他教导我的手争战，
> 教导我的指头打仗。
> 他是我慈爱的主，我的山寨，
> 我的高台，我的救主，
> 我的盾牌，是我所投靠的，
> 他使我的百姓服在我以下。
>
> 耶和华啊，求你使天下垂，亲自降临，
> 摸山，山就冒烟。
> 求你发出闪电，使他们四散；
> 射出你的箭，使他们扰乱。
> 求你从上伸手救拔我，
> 救我出离大水，

---

① 参见本书第 63 章。
② 《诗篇》139：8。
③ 《出埃及记》4：24 以下。

救我脱离外邦人的手。

神啊，我要向你唱新歌，
用十弦瑟向你歌颂。

我们的儿子从幼年好像树栽子长大；
我们的女儿如同殿角石，
是按建宫的样式凿成的。

遇见这光景的百姓便为有福。
有耶和华为他们的神，这百姓便为有福！①

　　但是，意志包罗万象的行动，以及完全的天父形式，都被基督教在道成肉身中宣告出来。既不受拟人论亦不受多神论指责的扰乱，基督教持守着基督的形象，他已经来了，于是他可以完成派他来者的意志。　181

---

① 《诗篇》144（Moffat）。

第 21 章 / 绝对有力者

1. 我们在第二章中讨论了理论化的和被绝对化了的力量,它获得了支配地位,既无形式的创造,亦不包括意志在内。在这里,形式和意志作为不适当的东西已经被抛弃,我们将讨论不为任何人所维持的力量——不是意志产物的力量,不是表现自己但绝对地存在的力量。显然,在第二章中所讨论的力量不是"先在地"存在的,正如现在所要探讨的力量并不只是成熟思考的一种晚近结果。但是从一开始,就存在着一种只朝向力量本身的趋势,这种趋势本身既不关注意志也不关注形式;并且,在形式创造失败之后,也存在着朝向力量之重新获得的趋势,如同在希腊人那里可以最清楚地观察到的那样。这产生了一种相当大的结构差异,它使得我就这种向绝对力量的逃避做出专门的讨论。

所以,这可以被视为是要依附于对纯粹力量的体验,而同时要逃离对"形式的双重体验"。力量压倒了我们——在这方面所有宗教都是一致的。但是,无论是谁醒悟于神圣意志,并且把力量的第二次的形式化经验评估为仅仅是一种表象,他就会尝试把这种经验本身作为纯粹的力量保持下来。接下来,他就会碰到了**命运**的观念。埃斯库罗斯即是如此,歌德的普罗米修斯也是如此:

> 我尊崇你! 为了什么?
> 你可曾减轻过
> 被践踏者的苦难?
> 你可曾抹去
> 受苦人的眼泪?

将我塑造成男人的

不是那全能的时间

和永恒的命运——

我的和你的主人吗？[①]

　　只有那唯一者是强有力的：它就是在此时此地约束着我的强力，又是我据以存在的那个法则。除了我自己的之外，还会存在其他力量、形式和意志；但是，就像我自己的一样，它们也从属于那个原初的决定性力量，它使我扎根在这个生命、这个时间和这个地点之中。关于我为什么会出生、我的生命为什么恰在此处此刻延续着，这样的谜是不可解的：它就是我的运气，那力量分配给我的命运。凡对我好的，对整个宇宙也是好的：它的能力也是有限的和有条件的，它的"此在"，如同它的"如此在"，都是一个奥秘。

　　只要我不仅仅是证实它，而是也臣服于它，那么，我现在就可以把这种命运的力量作为纯粹力量来体验。于是，我放弃了对那力量的所有个人的调适，我不求从自己一方去干扰那力量，我放弃了关于**拯救**的思想并将自己交付给命运。[②] 结果我可能会失败。如果这样，命运就具有了魔鬼的特性，如晚期的希腊那样，我渴望"能拯救我的命运，渴望仁慈"。[③] 但是，古代希腊人实现了这一点。宇宙公正的观念取代了拯救的观念：我们不理解上帝的意志；他的形式对我们而言是含糊的；我们也不可能证明他的行为的正当性。无论如何，命运永远是正确的；我们不会向它提出要求，因为它是绝对有力的。因此，欧里庇得斯的"自然法则"把一切都领向"那个公正的目标"。神正论的难题不可能产生，就如同所有个人的愿望都从力量那里被排除了一样。因此，柏拉图认为："如古老传统所宣称的那样，把所有事物的开端、过程和目的都掌握

182

---

① 歌德的诗歌 *Prometheus*。

② 进一步可参见 Otto Piper 的观察，*Die Grundlagen der evangelischen Ethik*，I，1928，第 108 页以下。

③ P. Tillich, *Philosophie und Schicksal*, *Kantstudien*, 34, 1929, 302.

在手中的上帝,按照他的本性径直向着他的目的的实现运行。正义永远跟随着他,对那些违背神圣法则的人而言,正义就是惩罚者。"①在强制性的背景下,能够做到一切的,既不是巫术——人的力量,也不是医治的艺术,既不是膜拜甚至也不是宙斯——那种有意志的神灵的力量。②

2. 我们发现,人格的一致与形式中的持久不变依赖于**名字**;因此,我们不必对意志和形式的放弃也意味着力量之名字的丧失而感到吃惊;例如,欧里庇得斯称他的神为"宙斯"或"自然法则"或者甚至是"世界理性"。于是,名字已经成为"空洞的声音",远不能胜任对于本质的保证——如在原始思维结构中的那样——它已沉没到一种非现实的层面,或者至少是一种不充分的程度。那些从众神转向神圣者的希腊人,从那个合适的名字"宙斯"中引出了一种意义,这一意义很有可能比我们说"上帝"时所表达的东西更普遍。③ 所以,埃斯库罗斯在《阿伽门农》中对宙斯的那段著名的呼唤,从根本上说就是有意为之:

> 宙斯啊,宙斯啊,
> 不管他是什么,
> 如果这个名字他喜欢听,
> 我就这样呼求他。
> 寻遍大地、海洋和天空,
> 我找不到庇护之地,
> 唯有他能拯救,
> 如果我的头脑,
> 在它死前

---

① *Laws*, IV,715e(Jowett);参见 P. Tillich,同上,第 301 页以下。
② Euripides, *Alcestis*, 第 962 行及以下。
③ 因此,并不"完全跟我们说到上帝时一样",即使"除了耶和华之外,在数不清的神灵中非常缺乏合宜的名字",而且,确实"不再是人格性的名字",Wilamowitz, *Griech. Tragödien*, III(第 5 版),1919,283。

　　　　要卸下这一切无聊的重负。[1]

　　于是,出于怀疑和忧虑,诗人们在无名——或者拥有每一个名字——的神灵中找到了安宁。后来的反思认为,力量散布于整个世界,被以不同的名字所祈求,于是只剩下了那独一无二的、无人知晓其实际名字的上帝。[2] 从此以后,名字被看作一种局限;它在无限多样的混乱中确实能够提供一个立足之处,并且在其消解中提供明确的轮廓,但是,由此所赢得的并非神圣者。"即使我像一个土耳其人那样用一百个名字来呼唤他,我仍然是缺乏的,而且,与他属性的无限性相比,我等于什么都没有说。"[3]

　　3. 因此,人从形式和意志逃向了非人格者,即无名者;但是,人也是逃向了**内在生命**;所以,力量的运行不是来自外在,而是来自内在。在与人的关系中,它当然是超越的(否则它就不再是宗教的对象),但是,它的超越是作为与部分相对的整体的超越。在我们经常引述的欧里庇得斯的赫卡柏祈祷中,所祈求的那位神灵是空气,由阿波罗尼亚的第欧根尼(Diogenes)所提出的世界原则,是人与动物两者中的生命创造力。[4] "上帝"与"灵魂"的观念相互影响:上帝成了世界灵魂;人类精神借助于它有意识地返回到极为原始的路径上。如我们所看到的那样,力量是能够赋予灵魂的"东西",神灵和灵魂之间的边界是模糊的,而玛纳的观念包含着这两者。于是,力量作为世界灵魂被认为出于内在是绝对的,与从外部闯入的各种力量形成了有意识的对比:

　　　　怎样的一位上帝啊,他向外运用力量,

　　　　却保持万物翱翔在他手指之间!

184

---

[1]　*Agamemnon*,第 160 行以下。(Murray)

[2]　于是,马都拉(Madaura)最大编钟敲奏法即如此,见 F. Cumont, *Les religions orientales dans le paganisme romain* (第 2 版),1909,307。

[3]　Goethe, *Conversations with Eckermann*,1831 年 3 月 8 日。

[4]　参见 Karl Joel, *Der Ursprung der Naturphilosophie aus dem Geiste der Mystik*,1906,第 112 页。

> 他来自内在却又通过自然而存在，
>
> 自然与精神彼此培育；
>
> 因此在他之中的活着、运行和存在的一切，
>
> 仍然感受到他的力量，自己拥有的仍是他的。①

在这里，伴随着对那整体的谦卑崇拜，歌德的诗句中回响着面对不可估量的神圣意志的一种畏惧的调子，这神圣意志赐予它的力量和精神，但是，当它愿意的时候，它也收回它们。

4. 在宇宙中运行的无名力量，就是终极的"**太一**"；也就是说，除它以外一无所有。在此（不是在唯一神论中），统一性得到了最充分的强调。与世界相对的父亲形式是独一无二的，而像空气一样渗入万物的力量是太一——在一和一切的意义上它就是一。在古代世界中，我们发现了这种泛神论的冲动。例如，埃及神阿吞的名字被解释为"Atum，即所有的神"，另一方面，死人被神化，他们的每条胳臂都被等同于一个神灵；因此，一份葬礼**文本**引用死人的话说：他的头发是 Nun，他的面孔是 Ra，等等，并且，"我的身体没有一个部分不是某位神的部分"。②

进一步说，印度教精神如何从梵天和阿特曼（Ātman）双重的统一性中衍生出所有个体的力量，这是众所周知的。由此，客体与主体之间的间隔被完全抹去了，力量的绝对相异性和超越性，只能存留于沉没和投入在宇宙之中的感觉里。《薄伽梵歌》中谈到那崇高：

> 有人智为祭品向我奉献，
>
> 将我视为一体而对我尊崇，
>
> 或者将我分别视为多类

---

① *God*, *Soul and World*（Dwight）；参见 H. Groos, *Der deutsche Idealismus und das Christentum*, 1927，第 71 页，摘自 Giordano Bruno, *De Immenso* 中的歌德诗句，IV，第 15 页。

② *The Book of the Dead*, 第 42 章, 第 10 页。

敬仰我,我却为遍宇之容。①

我是火,我是神圣的赞词,
我是祭品,我是酥油之清,
我是药草,我是祭祖的贡品,
我是祭祀,我是祭祀的举动。

185

我是这个宇宙的父母,
也是宇宙的负载者和先祖,
我是《梨俱》《夜柔》和《娑摩》,
我是"唵"音和可知之物。②

我是道路、朋友、主人和见证,
我是庇护所、住所和载承,
我是起源、毁灭和存在,
我是贮藏所和不朽之种。

我放射着光和热,
我操纵泼洒着雨水,
我为永生又为死灭,
阿周那! 我亦是亦非。③

———————————

① 遍宇之容,意为"形貌遍布宇宙"。这是阿周那对克里希那即"大我"的称呼。——校者
② "唵"又译"奥姆"(OM),是神圣的有魔力的音节,此处有三部吠陀经典相随。——译者
③ "上主之歌",引自 *Bhagavad-Gita*,IX,15 节以下(E. J Thomas)。(此处译文采用张保胜译《薄伽梵歌》,中国社会科学出版社,1989 版,特此致谢。)也可以参见浪漫主义的泛神论:
　　阿加提苏提达,还有佛提达斯,
　　卡德摩斯和希腊的城堡。
　　那光芒,那以太和各大海洋,
　　过去,现在,和将来的一切(Heinrich von Kleist,*Amphitryon*,III,II);
　　还有那典型的万物有灵论者 Alcmene 的反对!
　　我要向这白色的大理石块祈求吗?
　　如果竟然要我想到他,
　　我需要一些可辨认的特征(II,5)。

在此，每一种形式，每一种特殊性，每一种个体性，都消失了。上帝也是多余的，因为，在人之中的那位神乃是一切："那排位更高的他，是献祭给他自己的我（ātman），还是给众神灵呢？我们应当回答，他是献祭给他自己。"①

然而，与印度教徒不同，希腊人从来不能完全离开形式。但是，甚至宙斯也不**拥有**全部的力量——他就是全部的力量；这个观念在埃斯罗勒斯的作品中就已经出现了：

> 宙斯是空气，宙斯是大地，宙斯是天空；
> 宙斯是所有事物，也比所有事物更高。②

斯多亚派吸收了这个观念：神话是骗人的。"但是，尽管轻蔑地否定这些神话，我们仍然能够理解渗透在那几种元素的物质中的那些神灵的人格和本性，克瑞斯（Ceres）遍布大地，尼普顿（Neptune）充满海洋，诸如此类……以习俗赋予他们的名字。"③

186 　　因此，力量越来越成为没有限度的，不断地更加丰富了："对于那位已经富足的神灵来说，众天成为一所房子，群星成为一个个房间。"④力量越来越成为绝对的力量：每一种障碍，每一种限制，全都瓦解了。一切事物都依赖于那独一的不可分割的能力，一切渴求都得到了抚慰，一切争斗都被平息了。一切都在其中，没有任何东西留在其外——除了

187 那位不是带来和平而是带来刀剑的他。⑤

①　Oldenberg, *Lehre der Upanishaden*, 33.
②　Cornford, *Greek Religious Thought*, 109；参见 H. Diels, *Zeus*, AR. 22, 1923-1924, 第11页以下。
③　Cicero, *De Deorum Natura*, II, 72. (Rackham)
④　G. Th. Fechner, *Über die Seelenfrage*, 1861, 107.
⑤　Chesterton, *Orthodoxy*, "The Romance of Orthodoxy". [这里所指应为耶稣基督。——校者]

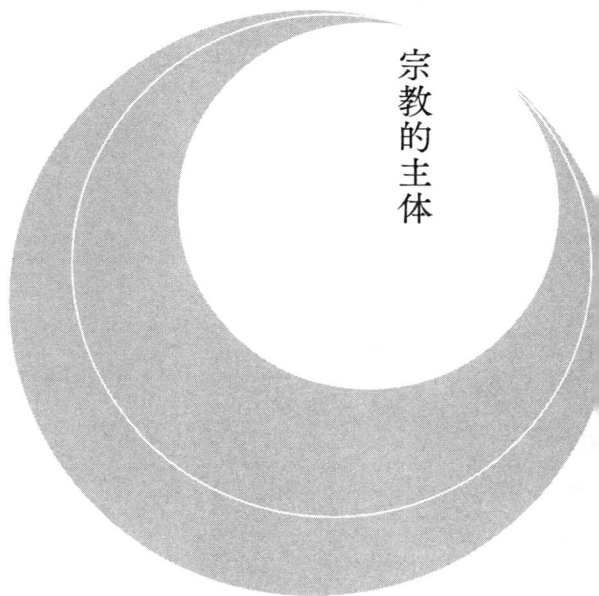

第二部

宗教的主体

A　神圣的人

第22章 / 神圣的生命

1. 对于信仰而言,正是由于宗教的客体(对象)在"主动的和原初的行动者"①这个意义上也是主体,所以主体和客体的确都是如此。关注宗教的各种科学所观察的,是一个实践宗教、献祭并祷告等等的人;信仰则关注一个自身发生了某种特定事情的人;现象学描述的是人自身在与力量的关系中如何行动。但是,绝不能忘记的是,这个人在受到力量的影响之后,是他自己首先决定或者改变他的态度。在这方面,所有信徒都是一致的,从体验到力量的接近而大声呼叫"塔布"的原始人,到因为上帝"先爱我们"而劝我们爱上帝的使徒,都是一样。②

出于这个原因,我现在转向对所谓"神圣的"生命的思考,因为,人的生命在让其自身朝向力量的时候,"首先"被力量触及:在让自我转向神圣之中,就是让自己参与了神圣性。另一方面,我们一刻也不能忘记,人自己是主动的,因此,任何谈及信仰的人,同时就在谈论宗教文化。关于动物是否有信仰的问题是毫无意义的;关于它们是否有宗教的问题,则只能给予否定的回答,原因很简单,因为它们没有文化。我们不知道力量如何作用于动物;但是,我们的确肯定地知道,它们并不对力量做出反应。在这方面,就人具有人性而言,人乃是独立地出现在舞台上的。

2. 因此,在与力量的关系中,人的生命首先不是个体的生命,而是**共同体**(Community)的生命;对此我们将在稍后进行讨论。但是,那也

---

① 参见本书第1章第1部分。
② 《约翰一书》4:19。

不是那么色彩斑驳、多种多样的生命,如同我们在报章杂志或现代小说中所看到的那样。正相反,那是在一种简化和缩减为其基本要素的形式的生命;那就是所有人无一例外地活出来的,在生活方式、才能、气质等方面没有任何不同的生命;那就是出生、婚姻和死亡;那就是使自己转向力量并且被力量所把握的生命——因此,不是个人感受的生命,不是思想的生命,而仅仅是完全赤裸的生命。对此,我们必须不断地提醒我们自己,即使是在我们讨论只是半原始的或者完全不是原始的状况时也一样。

　　实际上,甚至谈论出生、婚姻和死亡都还是太多了。谈出生和死亡就够了。因为,无论生命中发生了什么别的事情,结婚、战争、入教以及取名等等,都可以包括在生与死两极之中。因为与力量相对立,就不存在历史,无论是集体的还是个人的历史。无论生命中存在什么,易变的或者偶然的,都会被迫尽可能多地进入确定的、定型的、多种多样的仪式之中;所有仪式无一例外都以从生到死和从死到生的转换为目标。如果按照现代人的习惯,我们把生命描述为一条直线,在它的开端和结尾划下粗重的切线:在出生之前的东西不属于我们的生命,在死亡之后的东西亦是如此,我们或许会珍视一种信念;但是,“死后的生命”在所有的方面都与我们所拥有的生命不同,至少它是一个新的开端。然后,在两道粗重的切线之间的那条线,我们用比较精细的笔触划分出许多部分,以标明那些大的转变:成年、结婚、一种职业的开端、退休、重病,等等。但是,在神圣的生命中,每一笔都同等重大,每一部分都同等重要,每一次转变都是从生到死或者从死到生的一个转变。这就意味着,我们的世俗生命具有一种线性的形式,但是,神圣的生命具有一种圆圈的形式。正如诗人想象死亡对人说的那样:

　　　　假如,随着迅疾的骚动,
　　　　势不可挡的一切显示了其自身,与你相像,
　　　　你,让你自己沉溺在伟大的舞蹈中,

把宇宙作为你自己的东西接受下来吧——

在每一个如此真正伟大的时刻，

这是使你敬畏的尘世形式，

我在你灵魂的根基之中触摸到了你，

用神圣和神秘的力量。①

3. 因此，生命中的重要事情并不是如我们所理解的那些事情，而是范根尼普（van Gennep）所称的"转换性仪式"。出生、命名、入教、结婚、生病以及康复，一个漫长旅程的开始和终结，战争的爆发与和约的缔结，死亡和埋葬，这些都是力量和生命之间的接触点，因此，它们必须不只是被体验，然后进入记忆，而必须是在实际上被**庆祝**。**在转换性仪式中，被力量所影响的生命转向了力量。**所以，生命的内容，其特征不是"事件"或"体验"，而是"庆祝"。

4. 第一个庆祝是**出生**。这不只是一个仅仅发生一次的事件：它是对生命的一种进入，即一种能够被推进、被阻碍甚且被挫败的力量的进入。在中国，庆祝出生叫作"进门"：首先在屋子中央竖起一个竹拱门，然后，在屋子四个角的每一个角也竖起这种门来；然后，道士、父亲和孩子们穿过这些门。这个仪式每年重复一次，或者每三年、每六年一次，因家庭不同而异，直到"儿童期结束"的仪式为止；但是，当孩子生病时也会举行这个仪式，或者在一年或者在一月的过程中重复数次。② 这种庆祝意在保证力量与生命之间的联系；对力量的有序感应是必要的，并且，那些庄重仪式必须更加经常性地重复，以防力量减弱。

事实上，如果不举行庆祝，出生就不能成为确定的，就不会成为一个事件。因此，澳大利亚中部的人相信，一个生下来就立即被杀死的孩子，会被同一个妇女再次生下来；③谋杀婴儿因此不算谋杀，而只是把

① Hugo von Hofmannsthal, *Der Tor und der Tod*.
② A. van Gennep, *Les rites de passage*, 82.
③ Spencer 和 Gillen, *The Native Tribes of Central Australia*, 第 51 页。

一个尚未被力量认可的生命送回去；因为，一个人只有在所有的仪式都已经完成之后才算"出生"。一个人来到世界上的那一瞬间，仍然"只是部分地诞生"；所发生的东西只有如此轻微的力量，以致它能够很容易地被反转回去。[①]

我们在此所探讨的这些仪式是有各种各样类型的。把新生婴儿放在地上是罗马人的风俗；在其他地方，例如，在印度尼西亚佘兰劳群岛（Seranglao Archipelago），婴儿被放在地上，可以说，乃是接受大地的洗礼。[②] 因此，新生命在这里被转向了母亲大地的力量。此外，在希腊，一个裸体男人抱着婴儿围着火炉跑，[③]火的效力就因此而被提取。但是，由于力量的引入只是第一次使出生成为一种现实，所以它从来不曾真正完成；新仪式一直还是必需的；因此，某些开始性的仪式如割礼和洗礼（命名），与出生仪式等同，就是可以理解的了。

于是，出生绝没有完成；相反，它也不是实际的开始。神圣的生命的确既不知道开端，也不知道结尾，但是凭借力量而力求延续下去。因此，出生是再生：生和死彼此隶属，出生仪式常常与人死时所看到的风俗极为相似。[④] 例如，在流产或死产的情况中，东非瓦扎罗姆（Wazaromo）人会说"他回去了"。但是，我们在此不应当想到任何先在理论。因为，在这种对生命的理解中不存在任何理论性的东西，生命进程不是沿着一种直线方向，而是循环，永远不断地返回它自己。[⑤] 在此，生命不是任何事实系列而是一股溪流，在其中，它总是一件克服那些危险障碍的事情，在那些危险障碍之处，力量或许会失败，但是，它也或许会成为极其强壮的。出生的时刻是一个关键时刻，一个显露出来的阶段；刚刚分娩的女人被认为是不洁的，也就是说，她或者是没有力

193

---

① Lévy-Bruhl, *How Natives Think*，第 342 页。

② Riedel, *Sluik- en kroesharige rassen*，第 175 页。

③ *Amphidromia*；Samter, *Geburt, Hochzeit und Tod*，113；参见 S. Reinach, *Cultes, Mythes et Religions*，I，1905，第 137 页以下。

④ V. van Gennep，前引书，第 68，74 页和注三。

⑤ J. E. Harrison, *Themis*，273.

量的，或者是处在一种陌生和危险能力的影响之下。在瑞典，一个女人在介于分娩和产后第一次上教堂的那段时间内，被正式地称作"异教徒"；她必须小心翼翼，身上要带着某种钢制品，以防那些**巨怪**获得镇住她的力量。[①]

然而，作为力量的揭示，每一次出生都是一个奇迹：那位非同寻常者，那位"全然相异者"，在出生的危机中，在新出现的生命中，宣示了自身。所以，每一次出生实际上都是一次"神奇的出生"，当然，这个说法不能在超自然主义的意义上来理解；因为，在从死到生的转换中，在处于简略形式的生命之循环中，力量揭示了自身。于是产生了这样一种关于人之起源的神话，一种首先是与像国王之类大人物相联系，甚至仍然保留在池塘边的霍勒（Frau-Hollenteich）养育孩子或鹳鸟送来婴孩等故事之中的神话。[②] 这种神话采用了"来自别处"的形式，甚至在知晓繁殖的生理条件的地方也是如此。

194

5. 然而，人不会只满足于纯粹的生命，他必然会寻求神圣的生命，即充满着力量的生命。仪式保证他得到力量。他自己来创造拯救；这些仪式的绝大部分都是**净化仪式**。[③] 有效力的水或者火必定会帮助人克服某种危机处境，一定会使令人不安的力量失效，并且，会让有益影响加入进来。于是，**沐浴**和**洗礼**首先是使生命成为真正的生命；在原始民族中最常举行的开始性仪式之一，即**火的洗礼**，仍然保留在关于小矮人借着火焰返老还童的童话故事中，[④]也保留在得摩丰（Demophoon）通过得墨忒耳的作用，借着火而成圣的古希腊的传奇中。[⑤]

鞭打也具有仪式净化价值，特别是"用生命之杖的抽打"，生命之杖

① Klara Stroebe, *Nordische Volksmärchen*，I，1919，No. 18.
② Frazer(*Totemism and Exogamy*，Ⅳ，第 57 页以下)把这种"神奇的出生"的观念归因于原始人对怀孕与出生间的关系的无知，这是难以苟同的。在这里重要的不是缺乏知识，而是对于(婴儿)"来自别处"的体验——这是有正面作用的。无知可能确实为此提供了条件，然后通过"位置转换"(关于这个术语参见本书第 93 章)而获得了一种正面的引入的概念。
③ 参见本书第 49 章。
④ *Kinder- und Hausmärchen*，No. 147.
⑤ Lang, *The Honeric Hymns*，197；可参见 Murray, *The Rise of the Greek Epic*，第 350 页以下。

乃是一根刚砍下来的被赋予繁殖力的嫩枝;还有,**荣誉礼**也是一种接纳仪式,一种青春期仪式。① 在这里,净化的观念接近于毁伤的观念,它引向对最深奥的关于死亡和再生观念的更新,因为毁伤是一种死亡的暗示。神圣生命必须反复开始更新,每一次**通过仪式**都是一个出生仪式,而且也是一个死亡仪式。因此,**割礼**肯定是对男人的一种削弱,但是,它却是一种以拥有更强效力生命为其目标的削弱。在荷属东印度群岛的布鲁岛(Buru),那些将进行割礼的男孩子们被分离出来,只能吃由童贞女所预备的食物;②这表示的是那种特别重要的环境,即与力量的接触,那些男孩通过仪式将他们自己暴露给力量。但是,主要出现在马来波利尼西亚人(Malay-Polynesian)和闪含语系各民族(Semite-Hamitic peoples)中的割礼,肯定不是孤立的;因为,它只是各种各样以拥有力量的引入或更新为其目标的仪式之一。因此,人们并非简单地按其原样接受生命,而是要改变,要毁伤,以致生命可以成为拥有力量的;割礼有一种与锉牙、纹身、处女膜破裂、鼻骨钻孔等同样特征的魔力,③在澳洲中部,男性的鼻骨钻孔是在成年仪式中进行,女性则是在婚后立即进行。对女性来说,结婚的确是进入生命本身的入口。④ 类似地,在曼丹族印第安人(Mandan Indians)中,195 在青春期仪式上,一位长者用一把短柄斧砍掉那些年轻人放在一个水牛头盖骨上的左手小指;⑤西非约鲁巴(Yoruba)土著人称割礼为"拯救的切割"。⑥ 此外,大多数这些毁伤不只发生在所谓的青春期仪式上,也发生在婚礼、丧期等类似仪式上;因此,生命的完整性仅仅被理解为力量的一种危机。

于是,那些将要进入成年和成为不受限制的部落成员的人,必须经历的各种各样的**测试**和**净化**,这也是接近导向新生的死亡,道德考量、

195

---

① 参见 J. Huizinga, *Het herfstty der Middeleeuwen*, 1919,129。

② Riedel, *Sluik- en kroesharige rassen*, 6.

③ 进一步参见 E. J. Dingwall, *Artificial Cranial Deformation*, 1931。

④ Spencer 和 Gillen, *Native Tribes*, 第 214 页以下。

⑤ E. Samter, *Familienfeste der Griechen und Römer*, 1901,第 78 页以下。

⑥ Crawley, *The Mystic Rose*, I,327.

勇气和耐力的考验，实际上只占次要的位置。类似地，仍在我们中间存在的困扰，例如在海员和学生圈子中的困扰，不是关于道德目的的事情，尽管后来可以推进这些事情；一种危机乃是必须要经历的，如在斯巴达，刚成为公民的男青年要在阿尔提密斯厄尔西亚的祭坛上被鞭打至流血；"从一开始，这个风俗就不是意在考验耐力，而是作为净化和赎价"。[1] 甚至在仪式上给予新成员的教诲，也绝不是主要关心的东西。有时候，所传递的信息确实是关于宗教话题的，例如，澳洲部落使用的吼板的性质，或者仪式的内容，或者关于像对待父母的行为这类道德事务。但是，真正的目标永远是生命的更新，是对使一个新时期成为可能的力量的引入，是对实际成年生命第一次开始所要凭借的力量的引入，正如伴随我们自己的教会坚信礼那样，撇开所有对关于改革宗教会实践教导的强调和对内在生命的敬虔的强调，保留下来的乃是一种真正的**通过仪式**。

甚至乡村中的坚信礼参与者为他们自己采办的新衣服（至少在荷兰），也在原始民族中有其原形。"在朝鲜，在一年的第一个月的第十四天，任何在一个正在进入'其生命的关键一年'的人，都要扎一个稻草人，给它穿上自己的衣服，把它扔在路上……据信'命运会把这个人的衣服看作另外一个人。'"[2] 庆祝与完全更新这个观念的联系，今天仍然保持在宗教仪式范围内：修士和修女采纳了新的风尚，甚至世俗仪式也保留了这种态度的某种东西；因为，当玛丽·安托瓦尼特（Marie Antoinette）作为**王太子的**新娘来到斯特拉斯堡时，根据古老的习俗，她的伴娘要为她脱去所有的衣服，换上法兰西起源的新服装；她的奥地利服装一点都不能保留。[3]

---

[1] M. P. Nilsson, *Griechische Feste*, 1906, 192; 参见 Webster, *Primitive Secret Societies*, 35。Hambruch 在书中（Paul Hambruch, *Sudseemarchen*, 1921, No. 9），有关于当地土著对自己的男孩入会仪式的栩栩如生的描述。

[2] Crawley, *The Mystic Rose*, I, 第 327 页以下。

[3] "正式仪式在莱茵河中一座小岛上所搭建的木建筑里举行。王妃遵从仪式的要求，差不多要脱掉所有的衣服，然后再穿上从她的新祖国送来的衣服。"P. de Ségur, *Marie Antoinette*, 1921, 20。

伴随生命的更新，行为也被改变。例如，哥伦比亚的夸扣特尔（Kwakiutl）部族的一个新成员，其行动就好像他已经忘记了日常人类的行为一样，而必须从头学习每一件新事情。[1] 在其他例证中，新成员要领受一个新名字：南非的阿曼德贝勒（Amandebele）族的年轻人在割礼之后，要跨过一条河，领受他们的新名字，[2]这个仪式被称为维拉（wela）——"转换"，而在尼亚斯（Nias），男孩在结婚时更名，女孩则在青春期更名。同样，塔斯马尼亚岛（Tasmanians）的人在仪式结束时会用耳语传给那些男孩子们一个秘密名字，[3]而印度教入教礼引介一位老师的仪式，包括在自己过去常用的名字之外还要接受一个新名字。[4]在这方面，世俗化了的仪式也保存了不少，例如，在荷兰的弗里西亚（Frisia），男人离家去找工作要接受一个附加名字，那原先是一个普通的受洗名字，现在则常常用一个历史的称号，如阿尔瓦（Alva）等。

名字的这种变更表明了一种完全的改变，即生命的一种完全更新。[5] 在已经引用的那些资料中，这是能够一再地和明白无误地看到的。印度教入教礼被看作一种重生，进入仪式作为一个"再度出生的人"的开始，这个观念以印度教的那种准确性加以实施："老师通过把右手放在男孩身上而成为怀孕者；在第三天，在呼求神萨维塔而进行的祈祷（即被称作萨维特里的呼求）之中，诞生了一个真正的'特别的神'，即婆罗门"。[6] 另外，利比里亚瓦伊（Vai）部落的男人们，把他们的大约十岁的女孩子带进一个称为桑德的阴暗小树林中，她们要待在那里，直到初次月经来潮或者直到她们订婚；就像在贝里的男孩子那样，她们与照顾她们的老妇人一起，都被看作死人。她们接受家务事和性事方面的教导；但是，这本身并不是主要的事情，她们出现的日子乃是再生。[7]

---

[1] Webster, *Primitive Secret Societies*, 40.

[2] Fourie, *Amandebele*, 第 128 页，转引自该书第 137 页。

[3] Crawley, *The Mystic Rose*, I, 320.

[4] Oldenberg, *Religion des Veda*, 466.

[5] 参见本书第 17 章。

[6] Oldenberg, 同前引书，第 466 页。

[7] A. van Gennep, 前引书，第 197 页。

197 而在肯尼亚的吉库尤人（Kikuyu）中也有一种"再次出生"的仪式，那是割礼前一定要举行的仪式；那时，孩子必须躺在床上母亲的旁边，像新生婴儿那样啼哭。① 在西非，贝里巴罗（Belli-Paaro）乃是在精灵或灵魂的共同体中的死亡、再生与合一："被接纳者每二十或二十五年都要接受贝里巴罗的标记（脖子和肩胛骨上的几道切口），借此表示他们被杀、被烤并被完全改变了，对于旧的生命和本性来说他们正在死去，同时正在接受着新的理性和知识"②。在刚果，也可以看到这种相同的与青春期相连的仪式中对死亡和再生的意义，那些年轻人也要接受一个新名字，并假装已经忘记了他们先前的生活，不认识他们的老熟人。③ 而在印度尼西亚的塞兰，新成员采用一种感人的方式告别他们的朋友，因为他们就要面对死亡：死者的精灵，称为尼图（nitu），尼图将取走他们的心，只有在成年男人们的恳求下才会把那些心送回来。在送回来的时候，这些新成员摇摇晃晃地，看上去神情恍惚，从后门进入他们的家中，并且躲避着光，就好像他们是从另外一个世界来的。④

这种开始仪式意味着死亡，并且生命的更新意味着它的交出，这仍然可以在许多颇为远离特别原始文化的仪式中见到。例如，加入本笃兄弟会（Benedictine brotherhood）的新会员，在四根蜡烛之间俯卧在地上；他被一块裹尸布盖起来，人们对着他唱起求主怜悯的乐曲；然后，他站起来，拥抱所有站立在他周围的人，从修道院院长手中接受圣餐。⑤

因此，那些更新人的生命的仪式与那些只是装饰性的仪式正好相反。无论我是否庆祝，我在那一天已经成年：对我自己来说，青春期的心理—生理过程已经完成，无论我是否举行仪式。但是，原始人的仪式绝不是一种装饰性仪式；恰恰相反，它是力量的一种真实发展，即由所

① C. W. Hobley,"吉库尤人的风俗和信仰"("Kikuyu Customs and Beliefs"), *Journal As. Soc.*, 40,第441页以下。
② Th. Achelis, *Die Ekstase*, 1902,第56页以下。
③ Crawley, *The Mystic Rose*, I,325.
④ Riedel, *Sluik- en kroesharige rassen*, 第108页以下；参见 Webster, *Primitive Secret Societies*, 39.
⑤ Comte Goblet d'Alviella, *L'Initiation*, RHR. 81,1920,17,Note I.

在共同体实施的一种创造性的行为。所以,一个没有名字的人,乃是尚
未出生的人,无论是谁,只要还没有被接纳为新成员,他就一辈子都是
一个孩子;^①不管他的年龄有多大,他甚至都不会"变老",因为他从来
没有长大! 类似地,未受洗就死去的孩子的命运是悲哀的,因为他们没
有名字;他们不属于任何地方,确切地说,他们不能真正地进入存在,无
论是"此处",还是"彼处"。因此,在"十二夜"中的一个夜晚,一个蒂罗
尔(Tyrolese)的农夫看见贝西塔(Perchta)带着她的一队未受洗的孩子
从旁边经过,队列中最后一个小孩老是踩着他自己太长的小衬衣,他很
难跟上队伍。于是,那农夫叫道:"胡德瓦赫特勒(Huderwachtl)! 到这
里来,我为你扎起你的小衣服!"那个孩子回答道:"现在,我必须要感谢
你了,因为我有了一个名字",然后就消失了。^② 还有一个故事,在惠廷
杰姆(Whittinghame),一个被母亲谋杀的孩子的灵魂出没在那个地区,
一天晚上,一个醉汉用这样的话跟它打招呼说,"早晨好,小猪仔?"这个
孩子高兴地跑开了,叫喊着:

> 哦! 太好了,现在我有了一个名字;
> 他们叫我叫作惠廷杰姆的小猪仔。

如我们所知,根据教会的教义,未受洗的死人^③要去未受洗的婴儿
死后去的地方:肯定不是去地狱,但也不是去天堂;而在中世纪,对任何
未受洗之人发的誓都被看作不受约束的,因此德国诸侯们从他们对一
个孩子所发的誓言中得到了解脱,那个孩子后来成为腓特烈二世。^④
所以,存在不是一种确定无疑的拥有,而是一种可能性,只有力量的介
入才能使之成为一种现实。

198

---

① 因此在斐济,没有举行仪式的人和孩子没有区别;两者都被称为"他们,孩子"。Webster,
　 Primitive Secret, 25。
② W. Mannhardt, *Die Götter der deutschen und nordischen Völker*, 1860, 291.
③ W. H. F. Basevi, *The Burial of the Dead*,第 117 页以下。
④ Ranke, *Weltgeschichte*, VII(第 4 版),1921,182。

6. 古希腊人把**婚姻**看成是一种死亡和一种复活,把它称为 *τέλος*,即一种圣化;但是,神秘—圣化是一种再生。[1] 只有那些喜欢关于已婚状态的愚蠢笑话的人才会对此嘲笑。他们这样做时,从来没有意识到,他们的戏谑本身,不过是那种总是伴随着两个人在一种新生命中完全结合的畏惧的一种可怜残余。因此,婚姻是一种转换,即一种危机;在神圣的生命中,每一次危机都是一次死亡。希腊人的婚姻仪式在极细微的细节上都类似于那种神秘的仪式,尽管这可以部分地归因为那些源于家庭膜拜的神秘膜拜,但是,这仍然不能解释在结婚仪式上的那种对神秘套语的使用:"我已逃离了恶,我已发现了善",即 *έφγυον κακόν* , *εὖρον ἄμεινον*。这不是对婚姻关系的赞美,而是对一种新生命伴随着新的力量开始了的那种意识的表达。 由此我们可以理解,为什么在结婚的时候,人们如此经常地想到死亡:在上巴伐利亚,为死人所做的弥撒是在婚礼的前一天举行,在艾费尔(Eifel)地区则是在婚礼的次日,而在图林根,新婚夫妇要用自己的双手来装饰他们的亲人和教父教母的坟墓。另外,在下巴伐利亚,男傧相在婚礼早餐后说:"我们吃饱喝足了,但我们绝不能忘记那些可怜的魂灵",于是,客人们边哭边祈祷地走向墓地。[2] 在这一切中,我们一方面理解了家庭的整体性,另一方面理解了死亡与生命十分接近,后者相当清楚地表现在弗里西亚(Frisian)的这个风俗中:女性要按照寡妇服丧的习惯举行婚礼。我不太倾向于接受讲述者对这个风俗的理性主义的解释,即认为这种风俗意在让女性铭记这个事实:只有死亡才可以使她们与丈夫分离。[3] 在格尔德兰,裁制裹尸布,有时甚至包括做棺材板,都是在婚礼时进行。[4]

作为转换,作为危机,婚姻是暴露在力量的危险面前。在性交中显

---

[1] Fustel de Coulanges, *La cité antique*, 1908, 43;参见 Jane E. Harrison, *Epilegomena to the Study of Greek Religion*, 16。但是,这里参见 H. Bolkestien, *Τέλοφ γάμος*, *Meded. kon. Ak. V. Wet. Afd. Lett.*, 76, B, 2,但是,他只否定 *τέλος* 等同于婚姻,而不是别的事实。

[2] Samter, *Geburt, Hochzeit und Tod*, 213.

[3] C. van Alkemade, *Inleidinge tot het Ceremonieel der Begraavenissen*, 1713, 152.

[4] H. W. Heuvel, *Volksgeloof en Volksleven*.

示的各种能力引起焦虑,激发恐惧:它们必须受到抑制;因此,就有了通过新娘婚前性交来剥夺其力量的同居的风俗。为此,要挑选出一位陌生人或者教士,这个人拥有足够的力量使他能够承担某种风险。[1] 仪式性的处女膜破裂也是有效力的,而与小孩同居则是对这一做法的一种缓和,[2]如同遵守所谓的托比亚斯之夜那样,新婚夫妇在那些夜晚戒绝夫妻性交。[3] 所谓的"初夜权"(jus primae noctis)是否有一个宗教基础(主人或部落酋长乃是强有力者!),或者仅仅是一种国王或父亲统治的残余,看来似乎不能确定。[4]

更进一步说,转向婚姻所需要的不只是防卫的手段,而且也意味着一种对同样臣服于明确规则的力量的引入。因此,在婚礼上共同进餐是普遍流行的。罗马人结婚的最古老形式包括"共同奉饼"(confarreatio)的风俗,即新婚夫妻从用麦饼献祭,直到伴之以一套固定的庄重话语(certa et sollemnia verba),都要在一起进餐。在西非的卢安果(Loango),丈夫和妻子以及他们的父母,每人切下一小块烟叶装在烟斗里,然后所有人一个接一个地抽烟斗。[5] 这意味着共同性(community);但是,它既是**共同性**(communio),更是一种圣事。[6] 一种力量被引入生命,同时受到控制:因为,仪式永远都是创造性的,但是,也永远是调节性的;它们的意义不只是为一个喷泉打孔,而且还要进一步为它的水流建造一个渠道。因此,在俄罗斯,新婚之夜夫妻是睡在贮藏室里的,以保证婚姻的多产;[7]而在很多原始民族中,我们都发现了生殖器崇拜结婚仪式、中世纪的新婚颂诗(epithalamia),以及那些甚至

---

[1] Crawley, *The Mystic Rose*, II,第 66 页以下。
[2] 例如,参见纳克索斯人的婚姻习俗:E. Kagarow, *AR.* 26,1928,362。
[3] 例如,在吠陀时期的印度,参见 Oldenberg, *Religion des Veda*, 253。用一根木棒将夫妻双方分开,正如日耳曼人用剑将其分开一样。
[4] K. Schmidt, *Jus primae noctis*, 1881,关于领主的同意作为结婚的必要条件,乃是 jus primae noctis 的遗迹,可以参见 Heuvel, *Oud-Achterhoeksch boerenleven*, 450。
[5] A. Bastian, *Die deutsche Expedition an der Loango-Küste*, 1874 to 1875,第 170 页, Riedel, *Sluik- en kroesharige rassen*, 第 350 页。
[6] 参见本书第 52 章。
[7] A. von Löwis of Menar, *Russische Volksmärchen*, Nr. 35.

今天在比较原始的圈子里新婚夫妇都无法逃避的粗鄙玩笑，它们都是这种习俗的残余。语言和行为两者都意在把力量导向新生命。

因此，对于婚姻像诞生（作为再生）和死亡（对充满罪的旧生命的弃绝）一样，也极为经常地成为与神圣对象关系的一种象征，就没有什么可惊奇的了。"为这个缘故，人要离开父母，与妻子连合，二人成为一体。这是极大的奥秘，但我是指着基督和教会说的。"[①]这意味着，生命在此也是在其终极简化中被看待的，被化约到它的终极的和最后的意义上：在其向新的共同体的转换中，人实现了与力量的联系，并且明确地把这认作终极。

7. 另外，**死亡**不是一个事实，而是一种转换的状态；不是确定的僵硬的事实，而是一个可以通过反思和行动来推进或者控制的过程。被宣告死亡者才是死了：看法和评价取代着事实的地位。因此，《塔木德》规定了这样一个感恩祈祷，即，在见到一位超过十二个月未见的朋友时，要做这种感恩祈祷："赞美你，哦，主，世界的王，你使死者复生。"[②]类似地，根据罗马人的风俗，一个被宣布死亡之后又回来的人，必须避开门，要翻过屋顶进入房子。[③] 所以，宣告某人死了，即把这个人视为非存在，就成为可能的；这与实际死亡具有相同的作用：在斯堪的纳维亚传说中，niding 是实际上的死亡，因为只有在众力量运行其中的共同体范围之内才能存在生命。[④] 主观的态度与仪式是完全一致的。只有合宜的葬礼才能使死亡有效；未被埋葬者就是尚未死亡。在卡拉巴尔（Calabar）[⑤]，金斯利小姐（Miss Kingsley）在一个部落酋长继任者的屋子里发现了死去的前任酋长，狡猾的酋长不愿意让其前任下葬，因为在完成了仪式之后他就当然地实际上地死了，于是，他就能回到这个世界上。这个继任者是如此相信酋长玛纳的持续性价值，以至于他不愿意

① 《以弗所书》5:31-32。
② K. Kohler, *AR.* III,1900,第79页以下。
③ Plutarch, *Quaestiones romanae*, V.
④ Grönbech, *Vor Folkeaet*, II,第172页以下。
⑤ 尼日利亚南部港口。——译者

让自己臣服于任何竞争者。因此,那个可怜的家伙就被留在那里,"在生命之外,却不在死亡之中"。①

死亡也服从于仪式,从属于生命的周期性。因此,它就只能在"当那个时刻来临的时候"才会发生,即当生命的周期已经完成且力量已经耗尽的时候。所以,突然降临在一个人头上的死亡不是"自然"的死亡;我们死亡绝不是自然的事件,由于这个原因,人拒绝认可死亡。人要局限于一个"原因"是有困难的,即便按我们的想法事情是很清楚的时候。当墨尔本地区的土著因一种"自然"死亡而失去一个部落成员时,他们并不满足于这种解释,而是进行一种神判,②以便找出"凶手"。某种力量或者其他力量必定被使用了,对此他们要找出来;于是,他们前往被认为是谋杀者的藏身之处,并把他杀死。由此,力量环境再一次被清扫干净,但不是为了那个刚被杀死的人的亲戚。尽管他们完全知道是谁实施了攻击,但是,他们也要从自己一方进行一种神判,他们自己杀死一个"凶手",那个人当然属于一个第三部落,并且与这事完全无关。③

然而,在这个过程中,"杀死"并不意味着任何最终的东西。只要那些仪式保证着力量的延续,那么,死了的人就继续活着,以至于我们所称为死亡的东西,以及对我们来说是我们绝对无法逃避的一种绝对事实的东西,对原始人来说就成了一种可以避免的转换状态。因此,只要**葬礼**还未举行,危机就还没有被克服。那是十分危险的,尤其对于死人而言;但是,这也有好的一面,因为那死者不能立即回来,这种再现常常是令人恐惧。在这里,也存在着**哀悼期**的理由。④ 生命似乎还有呼吸,不仅在死者中,也在整个共同体中。因为,死亡作为力量的一种减弱,不仅关系到死去的人,同样也关系到所有那些属于他的人。在荆棘中的睡美人的童话故事(在欧洲以外也有这类故事),乃是对这种生命于

202

---

① *West African Studies*,第 146 - 147 页。
② 参见本书第 54 章。
③ Lévy-Bruhl, *How Natives Think*,第 280 - 281 页。
④ Hertz, *Melanges de Sociologic Religionse et Folklore*,随处可见。

其中处在静止状态的哀悼期的一种暗示。死者带走了力量,现在,必须给生命注入新的能力。[①] 因此,annus luctus,即哀悼期,是死亡本身的实际过程;如果不守哀期,死去的人就不得安息,而是滞留在一种中间状态;换言之,就是还没有"死"去。[②] 在古代伊朗,三天的哀悼期对死者和生者都同样危险。[③] 因此,我们也就能够理解葬礼上的快乐,即常常被废除的伴随着葬礼守夜的庆祝活动,守夜仍在今天的农村地区遵守着,这乃是一种残余;"帮助生命安全地度过一种危急处境"是必要的。[④] 由此,力量得到了极大的扩展,并转化成对共同体的滋养。类似地,性方面的许可被看作必须的,这常常发生在死亡祭奠期间,这在原始民族中常常导致乱交。[⑤] 在新几内亚旁边的阿努群岛(Aru Islands)上,人们尊奉生殖崇拜,在仪式上唱淫秽的歌,唱歌跳舞要一直持续到寡妇把丧服扔掉为止。[⑥] 我们在古典时期发现的《葬礼游戏》也有相同的目的:格斗活动意在解救僵滞的生命,这从特洛伊城的大门到汤加群岛(Tonga Islands)都可以看到。[⑦] 不仅共同体生命的延续,还有死者本人的(更新了的)生命,自然地都要依赖于哀悼期和服丧风俗的正确实施:对于死者来说,新的生命受到仪式的影响,如同我们将在后面看到的那样。[⑧]

203   生命被规则所统治并固定在周期中的程度之深,清楚地显现在临时埋葬制度中,如同在印度尼西亚所经常发生的那样,在那里,尸体被暂时埋葬,最后的埋葬要等很长一段时间,常常是数年以后,那时尸体就只剩下骨头了。此外,所谓的提瓦(tiwah)是婆罗洲迪雅克人中的一

---

① N. Adriani, *De schoone slaapster in 't bosch*, *Versl. en Meded. kon. Ak. v. Wet.*, *Afd. Lett.*, 5e *Reeks*, 2, 1917,第 171 页以下。

② 参见 Wilken, *Verspreide Geschriften*, III,第 523 页以下。

③ N. Söderblom, *Les Fravashis*, 1899,第 10 - 11 页。参见 Spencer 和 Gillen, *The Native Tribes*,第 497 页以下。

④ Grönbech, *Vor Folkeaet*, IV,第 58 - 59 页。

⑤ 如在夏威夷,可参见 J. G. Frazer, *The Belief in Immortality*, II,第 422 页以下。

⑥ Riedel, *Sluik-en kroesharige rassen*,第 267 - 268 页。

⑦ Frazer, *Immortality*, II, 140.

⑧ 参见本书第 24 章。

种习俗,这件事[①]没有孤立的意义,但是,只要它没有完成,死人就不能被看作真正的死亡。[②] 当死亡关系到那样一种特别危险力量的承载者时,死亡——一件永远说不定的事——就仍然会成为比较棘手的事情。还是在印度尼西亚,某些疾病的受害者,那些被强制性地剥夺了生命的人(包括自杀者和溺亡者),那些婴孩、处女或者在分娩中死去的人,以及王子、祭司,都常常不能得到恰当的埋葬,即没有采用所有必不可少的仪式。然而,这并不关乎任何不名誉的事情,仅仅是人们的恐惧,即恐惧那极其强有力的生命再次开始活动起来,因此,人们宁愿让其处在转换状态之中。[③] 在迪雅克人中,只有那些病死的人有葬礼,并且发送到死人的国度,而那些因分娩或者战争、自杀、意外事故死亡的,以及死于母腹中的孩子们,则只能被放到地下。[④]

8. 通过仪式而被奉为神圣并赋予力量的人类生命,也可以因此而被绝对地和完全地窒息。我们已经观察到,力量如何在危机环境中抓住生命,并将其缩减进环境的囚禁之中,被奉为神圣的生命是在这种缩减形式中的生命。

但是至此,在生命中,没有保留任何个人的、有特点的、真正鲜活的东西:力量杀死了它。这种倾向——不过现在到处可见——的最影响深远的例子可见于佛教之中:在佛教中,出生只是无穷延续和本质上是空的生命循环中的一个非本质的事件。那些在结尾处佛陀打上了所谓的“本生”结的佛教神话故事,非常清楚地谈到了这个方面:“在那时,愚蠢的木匠是提婆达多(Devadatta)……但是,聪明的木匠是我。”在这里,没有任何事情将要发生,没有任何事情发生在生命中,生命已经成

204

---

① 这个词可能意味“葬礼”。——校者
② Hertz,前引书,第 1 页以下。Wilken,前引书,III,第 436 页。
③ van Ossenbruggen, *Bydr. Taal-*, *Land- en Volkenkunde*, 70,1915,第 280 页以下。参见 G. van der Leeuw, *Primitieve religie in Indonesie*, *Tydschrift van het Kon. Ned. Aardrykskundig Gen.*,2, *Serie XLV*, 1928,第 873 页以下。
④ A. W. Nieuwenhuis, *Quer durch Borneo*, I,1904,90.

为真空;只有神圣的大师仍然活着:力量窒息了生命;[①]即使是特定的
情境(人在其中完全专注于对力量的恐惧和愿望)也丧失了它们的
205　地位。

---

①　Oldenberg, *Buddha: His Life, His Doctrine, His Order*, 第 193 页和注释 1。还可参见 Lüders,
Buddhistische Märchen, 1921。Sylvain Lévi, *Les Jatakas, Conférences faites au Musée Guimet*,
1906,第 1 页以下。

第 23 章 / 给定的和可能的

1. 生命的神圣性是一个要么是**被给定**,要么是**可能性**的问题:这是两种必须区别开来的观点,尽管它们在实践中很少以其纯粹形式出现。前一种观点认为,与生命本身一起,力量是被给定的。生命的扩展和表达都是力量的展开:能力蕴藏在所给定的生命自身之中。

但是,这绝不意味着人永远只是把生命作为神圣的来接受。"敬畏生命"事实上完全是现代的,很有可能预设了道德(尽管不是宗教的)的动机。因为,撇开对生命的某种批评,任何宗教都是不可设想的。宗教恰好意味着我们**不能**简单地接受生命;它总是被导向"相异者";尽管宗教从人的生命中涌现出来,却不能将自己定向于这种生命自身。但是,宗教可以使这种作为"神圣的"存在的一些特殊方面变得突出,对生命中的某些现象作为效力而给予强调。因此,生命中的一部分被接受,但是,总要以另一部分为代价,于是,在无力(powerless)的生命中,能力(potency)在某些处境中就显示了出来。

因此,**右手**享受着相比于左手的优先,这种优越性可能与某种机体的不对称相关,但是,它在宗教意义上得到了检定:圣所也要先用右脚进入,要用右手供奉祭品和施予祝福。甚至儿童也必须了解"对的手"与"错的手"之间的区别——在法语中是 bonne、belle 和 vilaine main;在荷兰语是 mooie 和 leelyke handje。而与地位低的人结婚,要用左手来签婚约。上帝的"右手"是大能的,带来胜利;[①]要用右手进行发誓。[②]

---

① 《诗篇》118:15-16。
② 《诗篇》144:8,11。

右手边的座位也是荣耀的位置："那里有基督坐在神的右边"。[1]

类似地，性别之间的差别也被视为力量方面的差异，时而强调男人，时而强调女人；生命或者在其男性方面，或者在其女性方面似乎可以是神圣的，因为从男性或女性的"经验"产生了父亲或母亲的形式。[2]在男性或父亲力量占主导地位的地方，整个生活秩序就与此相一致（父权制）；而在母亲或女人的能力占上风的地方，她们的生命形式就为整个生存提供了标准（母权制）。因此，当许多原始部落分配男人开垦森林、女人管理耕地时，这是基于在男人和女人在"给定的"东西中的差异。在以锄头耕作的文化阶段承认这种劳动分工，其中，狩猎和战争落在了男人身上，这并不是男人懒惰，而是对女性力量的正确分配，即，分配到那些与发展和成长的秘密以及生育的秘密相关联的活动上去。然而，当农业扩张的时候，播种和收割的田间工作转移给了男人，因为，犁具用在了田间工作，这并不被看作一件不同的机械，而是被看作阳具；所以，在这里不是生育而是生殖处于突出地位。[3]但是，无论在什么地方，这都是接近大地力量的事情，如同在拉犁绕圈和丰收的仪式中那样。于是，妇女和姑娘们甚至在农耕阶段仍延续着她们的古老特权，仪式性地和象征性地行使她们日常工作中已经不再担任的职责。还有，在这种能力的分配中，男人和女人的心理状态是可以相当清楚地分辨出来的："男人说'看，我是这样的'；女人说'我也是这样，但是不要看。'"[4]因此，在生殖和生育、显现和隐藏中，对力量的体验在其永恒对立面中得到了很好的表现，这种对立有其身体方面的起源，但是后来远远超越了这个方面。因此，我们理解了男性在女性面前的敬畏和女性

---

① 《歌罗西书》3：1；参见 R. Hertz, *Prééminence de la main droite*, *Mélanges d'Histoire des Religions*，第 99 页以下。
② 参见本书第 20 章，第 10 章。
③ 参见 Rich. Thurnwald, *Psychologie des primitiven Menschen* (*Handbuch der vergleichenden Psychologie*, (G. Kafka 编,I,2,194)；参见 Rose, *Primitive Culture in Greece*, 84。
④ K. Groos, *The Play of Man*, 268.

在男性面前的畏惧，两者都有着宗教的基础。[①] 每一方都在对方中体验到了力量的完满，以及与他们自己的存在不同的完全对立的类型。

许多东西都是"给定的"。作为人的特征向我们显现的东西确实是礼物。国王的喜悦、英雄的征服力量、武士的勇气，在日耳曼神话中，正如在希腊神话中一样，都被描述为实际上是附属于其身份的恩赐，这些恩赐必须要接受，就如同它们的对立面——胆怯和厄运等——也不得不接受一样。[②] 这个"世界"也是"给定的"，并且，乃是不应该与内在生命分开的。每一个体根据其所"给定的"东西而拥有他自己的世界，女人、儿童、老人、英雄、自由人、奴隶等都一样。但是，每个人都面向其自己的世界，并在自己的世界中体验那强有力者，对此，他给予高于其他一切体验的偏爱。在这方面，那样一种批判意识为占上风，就不顾一切地拒绝简单的"接受"，并永远寻求"相异者"。例如，色彩是"给定的"，但是，某种具体颜色给人印象深刻，被区别出来体验为强有力的。因此，在描绘肉体的每个场合，红色都成为唯一的色彩；[③]某种别的色彩则有另外一种能力。[④]

无论如何，在关于人类起源的多种多样的神话中，神圣生命的给定性获得了其最清楚的表达。生命不只是某种要充满力量的东西：它从一开始和在本质上就包含着力量。生命来自其他地方，来自某种能力。孩子们在树上长出来乃是一种幼稚的信念，但是，它也是一种原始人类的信条。类似地，除了人源于大山或石头，源于水之外，出生还被解释为来自大海另一边的一段旅程（民间的说法是来自"天使之地"[Angelland]，即英格兰[England]），等等。

最终，本身已经充满力量的生命可以被描述为绝对神圣的或者如神的。生命的嬉戏快乐展现在许多童话故事的角色中，从谁都不怕，甚

---

① 畏惧可以强化成为恐惧；毛利人确信"毁灭男人的是女性器官的玛纳"；他们把这称为 whare o aitna，即"死亡与不幸的地方或由来"。E. Arbmann, *AR.* 29,1931,341.

② 参见 Gröonbech, *Vor Folkeaet*, I,24。Otto, *Die Götter Griechenlands*, 第 245 页以下。

③ Grosse, *Die Anfänge der Kunst*, 第 58 页以下。

④ 参见 Thurnwald, 前引书, 第 234 页。

至使恶魔都感到害怕的强壮者汉斯，到他在赫拉克勒斯形式里的希腊变形，在这些人物中，必死的人成为对不朽者的强有力见证：

> 曾经是个人，
> 现在成了神，
> 曾经受过苦，
> 今已达天堂。[①]

进一步说，生命作为给定的东西可以成为神的象征，甚至在那些否定人有神性的宗教中也是如此。我在这里所指的是何西阿（Hosea）[②]的婚姻；还有人与神的生命的美妙——因为未曾追求——融合，这体现在纽曼[③]离开安立甘教会时于里特摩尔（Littlemore）的小教堂所做的布道中："哦，我的母亲，这是你从哪里得到的，你养育孩子，却不要求拥有他们？"[④]在这篇哀歌中，"母亲"指的是教会；不过，纽曼的母亲也埋葬在里特摩尔。

2. 正如我们已经看到的那样，神圣的生命从来不是作为给定者被毫不费力地接受的，而总是被看作某种也是充满了力量的东西，即看作可能性。这样的思考常常决定了那种优先性。人必须用他自己巫术般的仪式来解救虚弱的生命，或者祈求那些力量这样做；赐予一切生命的大地母亲潘多拉被看作一个骗子。"从人的角度看，我们的生命是一场骗局。但是，这只意味着我们自己欺骗自己，如果我们认为生命只不过就是生命。"[⑤]

因为这个缘故，人为自己制造了**工具**，以便校正生命。当然，人并

---

① B. Schweitzer, *Herakles*, 1922，第238-239页。
② 公元前8世纪的希伯来先知。——译者
③ John Henry Newman(1801—1890)，英国基督教圣公会内部牛津运动领袖，后改信天主教。——译者
④ *The Parting of Friends*.
⑤ W. B. Kristensen, *De goddelyke bedrieger. Meded. der Kon. Akad. Van Wetensch.*, afd. Lett. 66. Serie B, 3, 1928, 23.

不是把工具作为他自己的产物、作为比自己高的东西来支配它们,[①]而是作为人造物用它们去工作,去帮助软弱的生命。确实,作为工具制造者,人甚至从最早的时候起就赋予了生命一种新的形式:技艺只是在生命中才发现了一种新的和有力的形式创造的可能性,"技艺是人的署名"[②]。人也丰富着他的这些署名的宝藏,为自己创造着一种"文化"。他生下来是赤裸的,这赤裸是"给定的",他不会满足,他为自己做衣服,[③]一件围裙保护了也指示出了生殖器的能力。羞耻感不过是对这种力量陷于危险的意识,就如同国王和其他力量的承载者被保护性塔布所围绕以防邪恶一样。对此,当然还应该加上在寒冷地区对身体遮蔽的需要。甚至在今天,在流行款式中,保护和标示这两种趋向仍然是合二为一的。[④]

此外,工作首先是发现可能性,然后是利用可能性。因此,狩猎导向掠夺,掠夺导向贸易。[⑤] 每一种礼物都隐藏着某种可能性。事物得到了价值:野兽被驯养,其神圣性基于野兽是"自然"带来的礼物,以及利用的可能性。[⑥]

这种价值观反过来创造了利益和补偿这些进一步的观念。如尼采所察觉到的那样,"补偿"在商业中和在刑法中是一回事,[⑦]尽管尼采确实没有补充说两者具有相似的神圣起源。所以,无论谁占有"有价值的"东西,都应该补偿它。在布因(Buin)岛上,一面精致的鼓会引起那些没有这样一种乐器的人的妒忌,以至于这面鼓的幸运主人必须提供一种"补偿礼物",以免他的鼓因他而遭到毁坏。[⑧] 战争也是价值的创造者和调节者;在罗马以及其他地方,农业和战争的季节是一致的。战

209

---

① 参见本书第 3 章。
② Chesterton, *The Everlasting Man*, 第 1 部,第 1 章。
③ 参见本书第 9 章。
④ 例如可以参见乔叟在书中(Chaucer, *The Persons Tale*)举的例子,乔叟不是在每一件事上都指责妇女,而是痛骂男人的服饰,因其毫无羞耻感地突出了性器官的部位。
⑤ Thurnwald,前引书,第 205 页。
⑥ 参见 R. Dussaud, *La Domestication de la Race Bovine*, RHR., 95,1927。
⑦ *The Genealogy of Morals*, II, 4,5;参见 B. Laum, *Heiliges Geld*,1924。
⑧ R. Thurnwald, *Reallexikon der Vorgeschichte*, "*Vergeltung*".

争产生力量，即令是在相信上帝的地方也如此：它是一种帮助（השׁפֿטה）。① 最终，财产成了赋予可能性之实现的名称，由此产生了所有权的神圣性和不可剥夺性。因此，文化为生命提供了一种坚实的基础。

3. 或者说，一切都是枉然？仪式或劳作都不会有结果吗？令人感到幻灭的，难道不只是给定的东西，而且还有我们试图灌注在其中的各种价值吗？事实上，文化悲观主义是非常古老的，然而，既不是因为文明自身，也不是因为文明奠基于其上的生命没有结出果实，既然它们事实上在不断地结出果实。毋宁说，它起源于这样的事实，即带来**拯救**的既不是被给定的生命，也不是建立在其上的文化，既不是国家，也不是耕种的田地。尽管有了所有的努力，人还是完全不能逃出自我并把握那全然相异者。生命的完满的确存在，但是生命却没有支配力量。

这种悲观主义将其反对尤其引向了反对人类的发明创造：文明是某种形式的巴别塔，即纯粹的狂妄。人因此应该远离文明，回归"自然"。例如，以色列的利甲族人（Israelite Rechabites）②珍视一种游牧理想，不建房屋，而是生活在帐篷里，禁止耕种土地和栽种葡萄园；他们"回到沙漠"的呼喊乃是卢梭要"返回大自然"格言的一种预表，③当然它带有一种特殊的宗教色彩。在伊勒特里亚（Eretria）的特斯摩福里亚（Thesmophoria）节日期间，希腊人也过那种原始的生活，即 βίος ἀρχαικός，他们不用火而是用太阳的热能做饭。④ 这种对接受生命的任何形式创造的拒绝，也许会进一步导向对仪式的贬低——顺服胜于献祭——甚至不止如此，还导向了对一般的生命的否定，而倾向于一种纯粹的主体性。⑤ 于是，强有力的生命的给定性和可能性都被否定

---

① Fr. Schwally, *Der heilige Krieg im alten Israel*, 1901, 7.
② 据《耶利米书》载，该族人恪守祖先 Rechab 遗训，永不喝酒。——译者
③ A. Bertholet, *Kulture und Religion*, *Festrede*, 1924, 15.
④ Plutarch, *Quaestiones graecae*, 298B.
⑤ 参见 Ed. Spranger, *Lebensformen*, 1925, 107: "宗教的自我，或者意味着生命无限丰富的提升，或者意味着对实存的否定和一种向无形式的内在生命的原初价值的倒退。"

了,死亡就被说成了一个朋友。

> 死亡今天在我面前,
> 就在一个病人被治愈的时候,
> 就在一个人在病后走出去的时候。
>
> 死亡今天在我面前,
> 就在一个人渴望再次见到家的时候,
> 在他度过了多年囚禁的生活之后。[1]

　　然而,这种对生命之绝望的所有类型中最好的一种,与希腊人关于生命之快乐象征——赫拉克勒斯所作的精心描述——是完全相同的,但这描述现在经过了欧里庇得斯的改写。赫拉克勒斯如神一般地出生,在那十二件苦差的辛劳中,他耗尽了生命的每一种可能性,最后,在进行毁灭的"第十三项任务"时,他陷入了绝望。[2]

211

---

[1]　古埃及人关于一个厌倦生活的人与自己灵魂的对话,参见 Erman, *The Literature of the Ancient Egyptians*, 91,92。

[2]　G. van der Leeuw, *Goden en Menschen*, 第 81 页以下。

第 24 章 / 死人

1. 我们现代人倾向于把死人从我们的名册中完全抹去：他不再算数了。但是，在神圣生命中，他是永远不会被略去的。既不是他被认为会拥有的任何"灵魂"，也不是他被认为会得到的任何"不朽"（后者所要求的条件与迄今我们思考过的那些条件是颇为不同的），死人是同活人一样算数的，因为直到目前既不是给定性也不是可能性抛弃了他；准确地说，是因为仪式保证着他的继续存在成为一件理所当然的事情。因此，在史前和早期历史年代频繁出现的"**屈身葬**"，很有可能就是一种为重生所作的预备，死者以胚胎姿势被安放，以便让新的生命从埋葬时就开始。① 因此，许多原始民族把新生儿看成是回来的死人，爱斯基摩人用最近去世的人的名字给孩子命名；这种对一个名字的指派被称为"死人的复活"，并以此结束哀悼期。② 类似地，在西非，当孩子出生后，就把死人生前用过的东西拿出来摆在孩子的面前，如果孩子试图抓其中一样东西，人们就会说"你看，某某还认得他的烟斗"；或者，如果孩子不去抓东西，他的母亲就会说"我们犯了一个大错，我们还以为你是某某呢"。③

因为，死亡既不是一种事实，也不是一种事件，而仅仅是与生不同

---

① 屈身葬的确切意义一直有争论。但是，无论是维尔科夫（Virchow）关于节省劳动和空间的假说，还是布克伦（Böklen）关于模仿新月的理论，或者小安德列（Andree）所认为的，是把死人捆扎起来以防他再回来，都不能说明问题，更不用说那种意在使死人保持"自然"睡姿的见解了；参见 M. Hammarstroem, *AR*. 26, 1928, 146。A. Scharff, *Grundzüge der ägyptischen Vorgeschichte*, 1927, 19；哈斯（Haaas）对亚述人的胎儿式葬礼进行了描述，见氏著 *Bilderatlas*，第六部，1925，图 43。埃及人的葬礼仪式对胎儿式假说提供了确证，因为胎儿姿势在其中起了显著的作用。参见 A. Moret, *Mystères égyptiens*, 1913, 36。
② Hertz，前引书，第 119 页。
③ Kingsley, *West African Studies*, 145.

的一种状态。在美拉尼西亚,"**交配**"是导致开始生病或老年衰弱的状
态;尽管如此,死后的生命就如同我们称作生命的存在一样真实。死前
状态与死后状态的不同,并不大于成年之前与成年之后的存在的不
同。① 因此,列维-布留尔(Lévy-Bruhl)把生命描绘成一种循环,即通过
仪式反复不断地开始的更新运动,从死亡经由葬礼到哀期的结束,然后
进入新的生命,再生,命名,青春期开始,成年,**再一次**死亡,等等。② 这
的确是图式化的,必然会根据每个个体的情况加以修正。但是,在本质
上,死亡就像任何其他现象一样只是一种转化,死人不是从名册中被删
去的人,甚至也不是已转世的人(因为转世要以灵肉二元为先决条件),
而顶多不过是已经回来、照例仍然存在着的人。

2. 死人一方面是宗教崇拜的客体③,而另一方面,又属于那些形成
崇拜者共同体的人,即宗教的主体。④ 关于死人的这种思考,再一次把
我们导向神圣共同体的观念。在古希腊,死人原本是葬在家里或靠近
家的地方的,⑤以便预备对死者以及生者都有价值的能够提供力量的
滋养品。尽管死人能够提供力量,但是他们还是需要供养的,因为他们
毕竟只是"贫穷的幽灵"。

212

213

---

① W. H. Rivers: "The Primitive Conception of Death",载于 *Hibbert Journal*, X,1912,第 393 页以下。
② Lévy-Bruhl, *How Natives Think*,第 225 - 226 页。
③ 参见本书第 14 章。
④ 参见本书第 32 章。
⑤ E. Rohde, *Psyche*, I(5 - 6),1910,第 228 - 299 页。E. T. 166。

第 25 章 / 代表：国王

1. 我们已经反复遇到过"代表"这个观念，即职务性行动（action）和职务性生存（existence）的观念，这种观念非常清楚地表明了宗教中的客观性与主观性之间的关系。人把自己放在与上帝相对的位置上；但是，这不只是他的主观态度，更是他的一种客观行动，一种被指定的存在。所以，人与力量的关系，无论是纯粹的接近、服从、获取，还是任何其他关系，永远都要依赖于对力量的拥有。寻求上帝的人，自身却为上帝驱使。

但是，他是作为一个"**代表**"被"驱使"的：就是说，不是作为一个个体，更不是作为一个"人格"，而只是作为一个力量的载体。在他身上，完成了对整体（totality），即对共同体的力量分配。"**在他身上**"的意思就是：仅仅在工具的意义上**通过他**。因为，他不是宗教天才，也不是宗教大师，他只是力量所利用的那只手，维系他的，乃是他的职务的地位（official status）。

2. 最古老的代表是国王，他的职务在第十三章已有详细叙述。在古埃及，称呼国王的套语 di ankh 占有重要的地位：常常译为"被赋予生命"，它也同样可以在主动的意义上理解为"给予生命的他"，在某些情况下还必须如此翻译。[①] 因为，从埃及人的观点来看，国王已经拥有的神的生命，恰恰是他有能力给予生命的条件。他接受力量，也运用力

---

① 参见 R. Weill, *Les Origines de l'Égypt pharaomque*, 1908, 第 76 - 77 页; W. M. Flinders Petrie, *The Royal Tombs of the First Dynasty*, 1900, II, 23, 199。A. Moret, *Le Rituel du culte divin journalier*, 1902, 101。G. J. Thierry, *De religieuze beteekenis van het aegyptische koningschap*, I, 1913, 79。

量。此外,埃及人的祭祀套语也以那种一成不变的说法开始:"奉国王
之祭",或"愿国王仁慈并奉献"。这意味着,无论谁祭祀,每一次献祭实
际上都是国王的奉献;私人个体只能奉献一种王室的祭品,实际上只有
国王能够献祭。①

　　因此,代表的职务方面必然要求人与力量完全分开。马塔贝列人
(Matabele)②的国王向他祖先的灵魂祈祷,但是,也向他自己的灵魂祈   214
祷,③而埃及法老阿蒙霍特普三世(Amenhotep Ⅲ)则被描绘为崇拜他
自己。④ 有时他代表力量,有时他代表民众,因此他似乎会与自己相遇。
这种关系也会出现在一种完全不同的层次上,因为,当祭司在崇拜仪式
上说"愿主与你们同在"时,会众会应答"也与你的灵同在"。于是,在职
务身份中,分配与接受就变成了一回事。⑤   215

---

①　A. Moret, *Sphinx*, Ⅱ,31.
②　居住在非洲津巴布韦的祖鲁人。——译者
③　Frazer, *The Magical Origin of Kings* (*Lectures on the Kingship*), 32.
④　G. Maspero, *Au temps de Ramsès et d'Assourbanipal*, 1912,46.
⑤　类似地,基督教团体的超凡魅力意味着没有人格上的差别;参见 Piper, *Ethik*, Ⅰ,332。

第 26 章 / 代表：巫医与祭司

1. 宗教的客观性在代表的能力中展现出来，代表的能力依赖于对力量的占有，代表通过他的职务身份发挥作用。因此，我们能够理解为什么面具在原始人的世界中起着如此重要的作用。面具舞极其普遍，其含义远远不只是化装表演。相反，在我们日常的娱乐消遣中，面具在形式和在意图上都是一定职务性行动的遗迹。假面舞会不仅一般地给人以自由，而且也使人脱离自己的身份。更进一步说，那些在"职位"（office）一词的古老意义上占据职位的人，慎重地保留着他们的职位服装（如僧侣和法官的服装），这从来不是一件偶然的事情：穿着那样的服装，常常连脸上的表情都变得正式了！于是，按照职位行动的人扮演着一种角色。普罗斯描述了在欢庆活动中的科拉印第安人如何在祈祷的那一刻是他们自己，而在下一刻则又成为诸神灵及其信徒的化身。[①]在庆典中，参与者是恶魔，庆典的表演是诸种力量的一次活动。因此，这里又是"愿主与你们同在"与"也与你的灵同在"的一种相互交换，人的角色与职位性的神结合在一起。特别是在生殖崇拜舞蹈中，我们所看到的是最邪恶的性放纵，我们必须总是记着，那是真正的恶魔在表演，超人力量在与人的结合中展现自己。由此，我们可以理解，通常严守性活动戒律的部落，如何也会在他们的节日中越出所有的界限。

更进一步说，只有根据这些预设，我们才能评价那一著名的谎言，即力量的载体任何时候都有罪恶感。一种肤浅的观点会轻易把所有这种虔诚的欺骗解释为一种神职人员的罪过，甚至从这类圣职欺骗中推

---

① *Geistige kultur*, Kap. 6.

衍出大部分宗教观念和制度。当然，总有说谎者和名誉可疑的人，他们
为了自己的目的而滥用这种职位活动的客观性。遇到同行就微笑的肠　　216
卜师[①]的评论在任何时候都可以找到正当的理由。[②] 但是，从一般意义
上说，这肯定不能用在巫医和祭司身上。首先，这句话适用于前者："神
秘的制造者对自己而言同样是神秘的"。[③] 如果他们感觉到他们的力
量遗弃了他们，他们常常会自动地从其位置上隐退。例如，澳大利亚人
的巫医从病人身上除掉一些被认为引发了疾病的飞镖。实际上，他是
从自己的口中取出了一些小石子；这看上去似乎是明显的欺骗。但是，
如果这个巫医病了，他会派人去请一位同行，同行也会如法炮制为他治
病，他就是"忘记了自己扮演着一个角色的演员"。[④] 不过，这样一种演
员才是唯一真正的演员，完全沉浸在自己的角色之中，他不再想到自己
本来的气质和特征，为赫卡柏的命运流下真诚的泪水！力量的载体甚
至也会对他自己的能力失望，不过，他仍然会坚信其他载体的能力，[⑤]
因为倘若他本人对力量的实施没有效果，那也许是由于某种更有能力
的相反魔法在起作用，或者是他自己的能力衰退了。譬如，在美拉尼西
亚的依莎贝尔岛上，专门看天气的男巫预言有好天气；但是，在那一天，
他自己的小茅房却不幸被一场风暴掀翻。然而，没有人因此怀疑他的
气象技能；他们仅仅认定，在另一个岛上，有一位气象师，具有更多的
玛纳。[⑥]

　　因此，我们在这里遇到了讨论国王时曾经碰到过的相同关系：男人
臣服一种内在于他自己的力量，这种力量并不要求他自己的自信来使

---

① 古罗马的占卜师，以察看为祭祀而宰杀的牲畜的内脏或肠子，以及观察闪电等现象来占卜吉
凶。——译者
② 参见 R. R. Marett, *Faith, Hope and Charity*, 145："肤浅之辈常常持有这种看法，所有野蛮人
都是彻头彻尾的骗子，特别是他们的首领和巫医。不过，那些像亚里士多德所说的，坐在廉价座
位上看戏的人，也会对现代社会的领袖们作出类似的评论。"
③ Marett, "The Primitive Medicine-Man", *Hibbert Journal*, 18, 1918, 103.
④ H. Hubert and M. Mause, *Esquisse d'une Théorie générale de la magie*, *Année sociologique*,
1902–1903, 第 93 页以下。
⑤ Spencer 和 Gillen, *The Native Tribes*, 130。
⑥ Söderblom, *Gottesglaube*, 第一版, 37。

之相信。

2. 在原始人的共同体中，除国王之外，力量的载体就是巫医；在此，"药"这个词一般应该被理解为有力量的东西，尽管那在我们现代的意义上也可以是药。因此，巫医是医生；但是，他也可以是看天时的男巫、祭司、行吟诗人、智者，诸如此类。

但是，巫医不是一种与国王或祭司同等级别的职务。当然，他的行为也完全是职务性的，然而，在他身上，力量显示自身远不是自发的；当然，巫医有着不同的派别和等级，尽管他们的力量属于经验的类型。这种情况主要出现在那些我们习惯于用他们的北亚名称"萨满"来称呼的巫师中，他们的能力建立在迷狂之上，他们通过击鼓和舞蹈进入这种状态。更进一步说，在这些萨满那里，我们发现了某种先知的特征，但是，这当然只是在扫罗也位于"先知之列"的意义上说的：那是说，那种迷狂的幻觉使得超人能力的发展成为可能了。

然而，无论如何，他们所知道的是高于他们自己的一种力量。这种知识可以从父亲传给儿子，从老师传给学生，或者通过长时间修炼，尤其借由舞蹈而获得；但是，它也可以直接来自魔鬼：南美的阿拉瓦克人讲述了一个巫医怎样从众水之母那里获得他的知识和他的"公牛—吼叫者"，就正如罗马国王努马被山水仙子伊吉丽亚所教导那样。[①] 在共同体中，巫医构成了除国王力量之外的另一种力量，并且常常与之竞争。巫医有几分像先知，既部分地履行了祭司的职责，又在一定程度上使之成为多余并且反对它。他们是医生和科学家的前身，[②]但又是祭司的先辈。在冰岛的神话传说中，巫师起着极其显著的作用，现在由于冰岛社会已经基督教化，所以，巫师几乎都同时是一个僧侣。

3. 在结束这一章之前，我打算讨论一下"祭司"。如前面所观察到的，国王原本也是祭司。对于原始人来说，他们的生活仍然保持着某种

---

① Th. Koch-Grünberg, *Indianermärchen aus Süd-Amerika*, 1920, No. 16.
② 参见本书第 27 章。

统一性,没有为了宗教目的而设置一个特殊代表的需要。社会的统一体也总是宗教的统一体。本来与国王并列的祭司的位置,在这里开始了权力的分化,尽管国王个人无法履行所有的宗教职责是一个重要的因素,但是巫医的活动也涉及祭司身份的形成。因此,祭司如同国王的后继者一样,也是巫医的后继者。

但是,祭司同时又是他们的对手。事实上,王权与教权之间的斗争非常古老:法老不得不与底比斯阿蒙神的那些祭司们斗争,撒母耳与扫罗,皇帝与教宗,等等,都是如此。还有,在罗马,国王的三种权力——法官、祭司和军队统率——被在执政官与宗教大官(rex sacrorum)之间作了区分;但是,与罗马大祭司的主导地位相对,后者只能保持古代君王的名称。因此,我们可以理解,祭司不只是实际崇拜的执行者,他所代表的力量扩展到足以覆盖全部生活。罗马**大祭司**的名称可以只意味着"建桥者",即 qui pontes facit,可见罗马人把架桥视为怎样神圣的活动。① 所以,在这个例子中,祭司是起源于会使用"桥梁药物"的原始人的工程师。在罗马,他们也是律法的解释者,在很长一段时期中,法学一直是他们的特权,罗马民法就存放在祭司的档案里。②

甚至即使在祭司身上也不缺少巫医的迷狂。也有一些受神灵激发的祭司,如汤加的祭司那样,他们战栗着,流着汗水,用各种各样的声调,以第一人称发出神的告示。③ 但是,这种情况主要限于大多数最原始的宗教,祭司通常与巫医不同(也不同于先知)。就是在迷狂之中,他被神灵充满,似乎内心凝固而僵化了,以有序的职责活动方式整合了偶然的奇迹,用崇拜仪式的单调语音发出迷狂的呼喊。也就是说,在祭司的功能中,力量是固定的;而在巫医和先知那里,力量似乎是突发的。因此,祭司受制于确定的时间、地点、活动和言词,而巫医和先知则会干

---

① Chantepie,前引书,II,第 453 页。Plutarch, *Numa Pompilius*, 9。
② May, *Droit romain*,第 30 - 31 页。我们当代的教士仍保留着许多"民事"功能,特别是在婚姻仪式方面。
③ Frazer, *The Belief in Immortality*, II, 78.

预神灵驱使他们的地点和时间，或者干预神灵显示自己的紧迫性。祭司是有序的东西代表，而先知和巫医则偶然地代表着力量和人类。先知和巫医依靠经验和灵气起作用，祭司则根据信仰教条地行事。在这样的描述中，这两种位置的危险及优势就被充分地突显出来了。

但是，祭司与国王和巫医一样，也是力量的载体。在芒艾亚岛（库克群岛）上，祭司被称为"神夹子"，[①]这很好地表达了他们力量的非人格一面。另外，婆罗门们仅凭出身就成为神圣的梵的力量载体；对祭司的神化与对帝王的膜拜一样不算什么新发明：作为力量的载体，祭司被神灵所充满。确实，有各种各样的危险威胁他的能力，因此，他被塔布所包围，有时这些塔布几乎妨碍了他有条理的活动，而这肯定造成了国王与祭司权力的最终分离。因此，古罗马的祭司肯定起源于麦饼联姻礼[②]（它的最古老的形式），他自身是一种约。他的每天都是假期：也即是说，他所有的时间都是为了节庆，完全献给神灵；节庆之时，除了工作，他甚至谁都不能见，必须始终穿着他的祭司服装。从他的炉灶里取出的火只能用于神圣的目的，只有自由民才能为他剪头发，他的剪下的头发和指甲要埋在幸运之树下面。他不能起誓，身体不能受束缚，他不得触摸或食用所有的忌物，甚至也不能谈论这些东西。[③] 祭司的生活是受约束的，力量似乎被限制在他的生命之中。他穿着职务服装，过着独身生活，奉行严格的斋戒，定时读经以及天天祈祷，等等，所有这一切都有相同的目的：这位代表必须承担对共同体所担不起的力量的所有保证。

在祭司身上，力量也是时而强大时而衰弱的。因此，力量的集中似乎很有必要，于是，**教阶组织**产生了。这样，力量通过一系列职位这种载体从首领（例如从教宗那里）向下传递。但是，教阶组织也再一次强调非人格性，因为力量的充分性体现在每个祭司身上，甚至在低级职位

---

① Frazer, *The Golden Bough* (*The Magic Art*), I, 378.
② 古罗马一种最庄严的贵族婚礼仪式，以麦饼奉献朱庇特神，故名。——译者
③ Wissowa, *Religion und Kultus*, 第506页。

的最谦卑的拥有者那里,也存在着充分丰富的力量,尽管它也许并不炫耀地展示。

因此,祭司所作的工作具有了超凡俗的价值,尤其是在祭祀中。祭祀的观念在印度获得了最有意义的发展,在那里,神圣的活动经由祭祀的仪式化变成了宇宙本身的运动:"在那里,宇宙生命的事件和运动与祭祀仪式的那些形象相对应,由存在于吠陀文字中的巫力所指挥。在感受到这种力量本身的人的眼中,这一切被看作自出生就存在于他自身之中的,他知道'从梵那里就形成了规则,但是,梵之所以是梵,靠的是他自己的自我'。"[1]在基督教中,教士也是上帝的生命,从而也是宇宙生命的守护者:"在天上的什么地方有如此一种像天主教教士那样的权威?……玛利亚把圣婴带到这个世界上一次,但是,教士不止一次,而是成千上万次做这件事,只要他主持一次仪式,他就做一次……上帝已经把他统治其神圣子民的权力交给了教士,似乎已经把对自己身体的支配交给了教士。"[2]"在祭坛上侍奉,举行神圣的祭祀仪式,是神的祭司固有的职能。"作为与共同体的对照,主教代表上帝,向上帝奉献共同体的祭祀,而作为上帝的代表,他把神的恩典赐予共同体,或者拒绝这样做。[3] 事实上,教会一直都意识到伴随着教士身份的内在张力:他们是神学家,也是普通人。因此,巴伐利亚的乡下人说:"我们的司铎是个粗野的人,除了在神圣的礼仪之外。"[4]教会不得不在与多纳图派的严酷斗争中捍卫祭司等级的效能,多纳图派认为叛教者施行的仪式,以及异端分子所施的洗礼都是无效的。在授圣职礼上获得的永久性质,使教士具有以有效的(尽管也许是非法的和自我谴责的)方式实施圣礼的资格;职位会谴责拥有该职位的人,这是一个重要的观念,这个观念将在后面讨论。上帝之道的使命应当是顺服;如果不这样,那么,履行使

220

① Oldenberg, *Die Lehren der Upanishaden*, 50.
② 萨尔斯堡红衣主教卡茨舍勒(Katschthaler)的牧函,1905 年 2 月 2 日,见 Heiler, *Katholizismus*, 226。
③ Harnack, *History of Dogma*, II,第 128 页以下。
④ Heiler, *Katholizismus*, 180.

命者肯定将遭到谴责，但是那使命本身不会无效。正如西格里德·温
塞特(Sigrid Undset)书中的一位祭司所说："上帝之道不可能被一个不
洁的祭司之口所玷污；它只能烧掉我们(不洁)的嘴唇。"[1]

221

---

① *Kristin Lavransdatter*, II.

第 27 章 / 代表: 发言者

1. 按照"先知"这个词在希腊语中的派生意义,它指的是同节日中的崇拜传说相关联的"**发言者**"[①]。这种发言者作为一位代表,其行动首先就是发言。在希腊,这种发言一般都有某种专门性的、半祭司性和半神学性的模式。然而,我们通常认为先知总是以更加入神和更像萨满的方式来体验其功能的,这样,所谓代表就会涉及我们称为"**附身**"(possession)的人格张力,这种张力至少就所涉及的体验模式而言,排除了一切个人的东西。要说明这一点,可以引用雅斯贝尔斯提到过的那种精神分裂者的话,他极为谦恭地请求那掌权的廷臣说:"请尊敬的阁下允许我自己的思想回到我这里来。"[②]假如这位精神分裂者仅仅认为"自己的思想"不那么有价值,他就会是一位先知了。他显然同那个把自己称为"我们俩"而不是"我"的美拉尼西亚巫师有某种关联。[③]

然而,这两个类型的先知,即安静的类型和入迷的类型的先知所说的话,都不是他们自己的话。他们似乎不时地把自己的人格完全关闭了,于是他们就绝对完全地变成了代表。先知就成了那力量的纯粹工具,"充满了神"并倒空了自己——这正是"狂热者"一词的字面意思。关于这一点,巴兰的故事提供了最好的例证。[④]巴勒贿赂巴兰,要他祈求对以色列人衰落的诅咒,他就说了"耶和华传给他的"那些话。巴勒害怕那诅咒会被倒转成对其敌人的祝福,就乞求那先知保持沉默。但

---

① O. Kern, AR, 26, 1928, 第 3 - 4 页。E. Fascher, ΠΡΦΗΤΗΣ, 1927。
② *Allgemeine Psychopathologie*, 1923, 113.
③ Codrington, 前引书, 第 153 页。
④ 《民数记》, 第 23 - 24 章。

那对巴兰来说是不可能的:"比珥的儿子巴兰说:眼目睁开的人说,得听神的言语,明白至高者的意旨,看见全能者的异象;眼目睁开而仆倒的人说。"那位愤怒的巴勒想要把先知赶走,但是耶和华的祝福却从巴兰的口中流出:"巴勒就是将他满屋的金银给我,我也不得越过耶和华的命令,凭自己的心意行好行歹,耶和华说什么,我就要说什么。"

我们知道,《旧约》中所言的先知都是带着耶和华的话语出现的,不论他们所说的话有多少入迷出神的特征。有各种不同的令人兴奋和使人入迷的方法为此而被采用。因此,以利沙叫人找来一位行吟诗人:"弹琴的时候,耶和华的灵就降在以利沙身上。"①与此类似,德尔菲神庙的女祭司在宣告神谕之前,必须从神圣之泉卡索提斯处饮水,并且吃桂树的叶子,作为准备神圣话语的一种圣礼。

埃斯库罗斯以一种令人惊异的心理深度,描绘了那位先知狂暴的情感和不情愿地发出的言辞:是一种令人恐惧的力量驱使那可怜的卡桑德拉发出了破碎的话语。

> 哎呀哎呀哎呀……梦魇。梦魇。梦魇。
> 阿波罗,啊,阿波罗!

在那里,她看到了一种恐怖的景象:亚特赖德斯(Atreides)家族的孩子们还流着血,那用来屠杀的斧头,阿伽门农在浴室中被谋杀,还有她自己的命运。然后,她向合唱队请求:

> 向我靠近吧,我要走了,
> 要去追踪很久以前的那些恶事,
> 让我去作见证吧。

---

① 《列王记下》3:15。

在这里,入迷出神的情绪重新抓住了她:

> 啊,啊! 痛苦啊,痛苦!
> 说预言的可怕痛苦压在我身上,
> 它们落下来令人发狂;

随后出现的是一种恐怖的景象。[1] 在我们这个时代,同这种对非人格化和客观的话语的精彩描述可以类比的,是瓦格纳歌剧《帕西法尔》中的昆德丽这个人物,她是随着一声恐怖的叫喊,很不情愿地被克林索尔用咒语召唤出来的。[2]

女先知与其主人的关系常常被从性方面来解释,作为与吃神圣事物并列的另一种类型的圣礼。[3] 所以卡桑德拉是阿波罗的爱人,而德尔菲女祭司则必须是处女,不论年纪有多大,她都必须穿戴得像一个女孩;她最初只能在神显现的日子说预言。[4] 而诗人是把女祭司描绘成神所骑的马;[5]一位从宗教混合地区来的祈祷者对赫尔墨斯这样说:"到我里面来吧,我的主人赫尔墨斯啊,就像婴儿到女人的身体里来一样。"[6]在印度尼西亚的布鲁岛,女先知们把自己的禀赋归于在森林中同大地精灵的性交。[7] 在这里,我们接触到了我们以后还要再回来谈的一些同神交往的形式。[8]

在眼下,我们将只提及发言者自身人格的完全消除。发言者得到的是**客观的语言**之力量,这种话语本质上是不可理解的,客观的语言不

223

---

[1] Aeschylus, *Agamemnon*,第 1072 页以下,第 1184 页以下,第 1214 页以下。(Murray)

[2] 还可以参见耶利米那动人的哀歌:"我的肺腑啊,我的肺腑啊,我心疼痛! 我心在我里面烦躁不安,我不能静默不言。"《耶利米书》,第 4 章 19 节。

[3] 对神圣象征的这种古典解释,可以参见 A. Dieterich, *Eine mithrasliturgie*, 1910,第 92 页以下。

[4] Plutarch, *Quaestiones graecae*, 292. E. E. Fehrle, *Die kultische Keuschheit im Altertum*, 1910,第 7 页以下,第 75 页以下。Farnell, *Cults*, IV,第 186 页以下。

[5] Virgil, *Aeneid*, VI,第 98 页以下。

[6] Dieterich, *Mithrasliturgie*, 97.

[7] Riedel, *Sluik- en kroesharige rassen*,第 8-9 页。

[8] 参见本书第 67 章以下。

可能被理解。因此，它必须得到解释。在德尔菲神庙，所谓 hosioi 把入迷的女先知的话语翻译或流畅的六音步诗行，正如法内尔（Farnell）所评论的，她们本身是"完全清醒的"。[1] 普鲁塔克把这些解释者称为**神学家**。神学家的任务，其实就是把客观的和不可理解的语言转换成主观的和可以理解的词句——然而又保留祭司和先知的能力。因此，我们应该毫不奇怪，在普鲁塔克看来，德尔菲神庙的神学家们似乎没有完全忠于真理！[2]

2. 但是，发言者的客观话语并不在于纯粹的语词。**语词**，即"力量一道"同样也是一种行动。[3] 因此，浮士德关于《约翰福音》首句的反思，考虑到实际的宗教情境也就并不见得到位。因为先知乃是那"力量"的代表者，而且他们的发言同时也就是对于"力量"的张扬和展示。先知们可以是占卜者、学者、劝勉者、告诫者、宣讲者以及其他很多的角色，他们的特征在《旧约》中可以看得非常清楚，那里有所有类型的先知。最高的类型应该是以赛亚和耶利米、阿摩斯、何西阿以及第二以赛亚，在他们身上，出神入迷和令人惊异的特征几乎完全让位于上帝的直接的话语，那些话语常常可以应用于当时的处境，但又常常高于那些处境，或者至少像在《以赛亚书》第 53 章中那样，远远超越于那些情境之上。不那么直接也不那么自发出于当时环境的，但又依然可以说是上帝话语的，是以西结和撒迦利亚的预言。[4] 然而，这些名字所表明的，乃是以色列先知预言中最重要的和结束时期的部分，而其开端和发展所显示的是一些完全不同的形式。所以，撒母耳乃是扫罗寻找他的父亲丢失的驴时要去求告的"先见"；不过他也是士师和祭司。扫罗离开撒母耳时不情愿地遇到的那些到处漫游的先知，都像后来的苦修僧人

---

① *Cults of the Greek States*，IV，第 188－189 页。
② *On the Cessation of the Oracles*，XV，第 417－418 页。
③ 参见本书第 58 章。
④ 冯特（Wundt, *Voelkerpsychologie*，IV，第 197 页以下）评论，真正的先知预言中，上帝与先知合二为一，而在事后反观的和更有反思性的类型中，是上帝派遣了先知。前者是梦，而后者是对梦的反思。但是，在几乎所有的以色列先知那里，我们都发现先知的发言中有一种强制性的话语，几乎是强迫性的力量；参见 J. Pedersen, *Israel*, I, II, 1920, 第 116 页以下。

或狄俄尼索斯团体的成员一样，是胡言乱语的入迷出神者，甚至连以利沙也曾就着弹琴的曲调说预言。第一个采用庄严宏大的风格说预言的先知是以利亚。不仅如此，对他的表现所作的深刻的心理描述也是一个极好的例证，可以说明发生在客观话语与先知人格内部的主观冲突和绝望之间的那种永恒张力。关于这一点，他所谓"这就够了"是一种绝对经典的例证。然而，当耶和华的手接触到他的时候，他竟然跑在亚哈的战车前面，直到耶斯列的城门，[①]而且他也像以利沙一样，行了许多奇迹，治好了许多病人。

柏拉图也区分了两类占卜者或"预言"：第一类叫作 mantike entheos，即"被激发的疯狂"或出神入迷者，如德尔菲女祭司之类；第二类是对于一些迹象的系统解释，如从鸟的飞翔来占卜之类。[②] 关于后一类型，还应该加上巴比伦人对肝脏的观察、罗马人的占卜和中国人关于风水的知识之类。在这里，这类预言很接近所谓神圣的**知识**（Science），[③]它们都具有共同的客观性话语。类似地，原始社会那些能闻出真理气息的占卜者，[④]古希腊那些巡游的女占卜者和巴克德（bakides），[⑤]由于分有某种神圣的智慧而具有宗教的功能，斯堪的纳维亚的沃尔瓦（völva）也是一种女性占卜者和巫师。

3. 进一步说，在发言者的医治禀赋中，**拯救者**的特点之因素也发挥着某种作用。他所说的"话语"是一种"力量—话语"；因此也是一种行动，即拯救的行动。从公元前 6 世纪到 4 世纪，在希腊人的世界到处巡游的神谕吟诵者（logioi andres）乃是巫师、江湖医生、先知、算命者、学者、洁净祭司、哲学家、**博学者**、诗人、神人，甚至诸神……所有这些人中一个最好的例证就是恩培多克勒（Empedocles），他把自己装扮成一个神，允许众人崇拜他，那些人成千地到他那里去："现在我在你们前边

---

① 《列王记上》18：46。
② *Phaedrus*，244。
③ 参见本书第 72 章。
④ R. Thurnwald，*Lexikon der Vorgeschichte*，Art. *Orakel*。
⑤ Rohde，*Psyche*，II，第 63 页以下；英文版，第 292 页。Chantepie，前引书，II，第 365 页。

行走,不再作为一个凡人,而是作为一个不朽的神。在每个地方我都是这样,头戴花环还有各种装饰,享有一个神的荣耀。我同我那些男男女女的追随者们一进入繁华的城市,就受到人们的崇拜,他们成千上万地跟着我,要想发现**通往拯救的道路**在哪里。一些人想要得到神谕,另一些人则问关于各种各样疾病的问题,这样他们才有可能听到带来拯救的某种小小的词语,因为他们一直在长时间的折磨中挣扎。"[1]在此我们了解到,所谓"有力量的小小的词语"有着许多的含义:罪恶、疾病,以及在面对"拯救"的时候可以被消除掉的各种各样的人生不幸。然而,恩培多克勒也是一位伟大的自然哲学家,他在刚才引用过的那段话中描述的情况,会部分地使我们想起福音书,而其余的部分会让我们想起一位江湖郎中的诊疗室。确实,"拯救"几乎总是同时意味着治疗(布隆哈特是一个例子),正如"治疗"反过来也总是涉及某种拯救。而且,如果医生,即使是现代的行医者,"不能造成神奇的结果,那么磁力治疗或江湖郎中就会取而代之"。[2]所以,我们在"精神的"、道德的和肉体的拯救之间所作的种种人为区分,确实是纯粹人为的,无法对抗人的求强意愿以及对解脱的渴望。

"发言者"的神圣能力,某些部分也一直在传递给诗人。因为在起源上,诗人与先知是合一的。柏拉图说诗人是被神充满的人,并且给予他们的是同神谕吟诵者或占卜者一样的地位。[3]

226

---

[1] H. Diels, *Die Fragmente der Vorsokratiker*(第三版),1912,I,第 264 - 265 页。
[2] H. Kretschmer, *Medizinische Psychologie*(第二版),1902,第 255 页。
[3] 《申辩篇》,22 行;关于希腊语中的"言辞之人"(man of words),可参见 Murray, *The Rise of the Greek Epic*, 第 118 页:"古代的'言辞之人'并非准确意义上的讲故事者,也非准确意义上的历史学家,更不是准确意义上的巫师。他是这三者,而且还更多。"

第 28 章／代表：传道者

1. 因此,是力量迫使人发言,发出与其意志相悖的话语,并且不带个人自己的意图。但是,力量也激励人去**传道**。力量派出带着消息的人,那消息或是教训性的或是寓言性的,这使他作为**传消息者**而与先知区别开来,而他的使节身份则使**使徒**与祭司区别开来。祭司**站**在祭坛或讲道坛上;传消息者和使徒则**行走**在大路上,没有荷包,也没有钱袋,赤脚步行。因为某种决定性的东西已经发生,某种奇迹已经发生:世界呈现出了极为不同的面貌。因此,所有剩下的事就是走出去,把这个消息告诉人们,把喜悦的消息、警告、悔改的训诫转达给他们。上帝不再通过先知之口直接说话,现在说话并行动的就是上帝。上帝的话,上帝的行动,支配了这里和那里的特定的人群。因此,他们忍受不下他们的寄居之地,而是必须走出去,讲述他们体验到的事情。他们可以以极不相同的方式来表达自己的体验:既有热心的规劝或者乏味的神学演讲,也有说教性或轶闻趣事般的寓言。但是,他们的话语永远会是在传道,在**宣告**:一切都已改变,某种伟大的事情已经发生。所有其他一切现在无关紧要。所以,来吧,听着,我要告诉你们一件事情:"弟兄们,从前我到你们那里去,并没有用高言大智对你们宣传神的奥秘。因为我曾定了主意,在你们中间不知道别的,只知道耶稣基督并他钉十字架。"[1]

力量的话语的确不可能被局限在任何单一类型的狭隘界限内。它发展扩大,常常成倍地增长。因此,使徒和传福音者任何时候都能成为

---

[1] 《哥林多前书》2:1-2(Moffat);参见 Rud. Bultmann, *Die Bedeutung des geschichtlichen Jesus für die Theologie des Paulus*, *Theol. Blätter*, 8, 6, 1929 (载于 *Glauben und Verstehen*, 1933, 第 188 页以下)。

一个先知。由于他的话语具有效能，他当然可以医治，"因为他教训他
们，正像有权柄的人，不像他们的文士。"①他自己的经验，以及就他自
己而论其他人的经验，可以扩展到使他进入拯救者行列的程度。在福
音书中，我们有一位伟大的榜样，在他面前我们大家都必须谦卑。格哈
特·豪普特曼（Gerhart Hauptmann）对这种体验的心理细节作了精致
的描述。有一个人开始宣讲和平与爱："他最强烈的愿望是能用雷霆般
的声音去宣讲"，每到一地，他必定会不断反复说道："你的王正在向你
走来。"最后，教堂的钟声不再催促他祈祷："他不再俯首，也不再屈膝。
他带着微笑去聆听一位老朋友的声音，当然那是上帝天父的声音，他正
在对他的儿子说话。"②

　　2. 此外，通过话语中力量因素的衰弱，**教师**与传道者可以被区别
开来。当然，这里的前提依然是能力，但是，教师的话语是这种能力的
应用，并不是力量本身，甚至也不是力量的宣告。不过，这毕竟不是截
然不同的。因为，尽管教诲不是拯救本身，但仍然是拯救的表达。教师
与先知和传道者一样，是拯救的工具。尽管如此，教师作为个人通常不
那么重要，因为他既不能给予也不能宣布拯救，而只是谈论拯救，在他
的教导中，拯救本身必定自己起作用。因此，柏拉图笔下的苏格拉底可
以告诉他的门徒说："我要请你们思考真理，而不是思考苏格拉底。"③
佛陀也会对阿难陀这样说（这番话可以看成是直接的宗教言论）："阿
难，你也许会这样说：'道已失掉了其导师，我们不再有导师了。'阿难，
你一定不要这样想。阿难，我已经教导你并向你宣讲了戒律和条规，在
我身后，它们就是你的导师。"④然而，当我们把那位教师，即北方的和
日本的阿弥陀佛（他发誓在所有人都得到拯救之前绝不成佛，以此来救

---

① 《马太福音》7：29。当然，这种力量可以采取极为多样的形式。它可能意味着一种超群出众的道
德人格力量，或者甚至是某种"全然相异者"的启示。但是，它也可能是萨满力量的直接遗产，如
F. C. Bartlett 在提到黑人传道者时所指出的那样。*Psychology and Primitive Culture*，122f。
② *Der Apostel. Novellistische Studie.*
③ *Phaedo*，91（Jowett）。
④ Bertholet，*Lesebuch*，II，24。

渡人类）与佛陀相比时，使教师有所不同的那种区别就变得清晰了。[①]
另一方面，原创的能力（它确实也是教师地位的基础）仍然使得门徒们
会忘记教义的绝对自足性，从而有利于教师。因此，印度教的古鲁
（guru）常常被当作神，受到思想甚至最开放的教派的尊敬；或者作为　　228
神—古鲁，他实际上成了崇拜的对象。[②]

　　教师的**门生**们追随教师，他们的反应是这样一种召唤的结果："跟
我来"。在他们中间，有一两个特殊人物是尤其突出的门徒，或者是受
到特别喜爱的门徒，或者是主要门徒：阿难陀、约翰、彼得、以利沙。**女
门徒**也并不缺乏：抹大拉的玛利亚，圣克拉蕾（St. Clare）。对导师的效
仿不仅在于对他的讲道的接受和传播，而且更在于生命的转变，转向尽
可能的高度，直到被奉为神圣的导师的高度。　　　　　　　　　　　229

---

① 　参见 J. Witte, *Die ostastatischen Kulturreligionen*, 157。
② 　例如，可以参见 H. von Glasenapp, *Religiöse Reformbewegungen im heutigen Indien*, 1928, 43。

第 29 章 / 代表: 被奉献者

1. 在弗洛伊德迫使人们承认这个事实很久之前,明智的人就已经知道,人作用于环境和环境力量的能力,其根基在不小的程度上就在于性;现在许多人都不再关注任何其他方面了! 不管怎样,性与饥饿产生的本能是两个重要的驱动因素,意志因此而追求力量,甚至直到天堂;在这些本能面前,对虚弱无力的意识坍塌了。因此,一方面是饮食,另一方面是性交,不仅是同神灵建立关系的两个突出象征符号,而且也是人类能力借以发挥作用的手段。

这种有力性质不仅实际上存在着,而且也必然会被某种"被张扬的"(celebrated)东西所改变,这一点已被完全认可。[①] 女性的性力量常常被看成是最强烈的,在许多共同体中,它通过所谓的"处女膜穿刺"(ruptura hymenis)予以改变,这种仪式的目的在于消除初次性交的危险,并保证各种性特征的效能。这种操作通常由一位老妇人完成,但是也常常由祭司或陌生人实施。[②] 但是,处女膜穿刺也可以看作一种仪式性的破坏童贞,因为,祭司或陌生人都可以进行这一操作,他们被看作有能力的人。在这里我们要去了解的是,在许多民族的生活中发挥着重要作用的圣娼。[③] 因此,童贞属于某种强有力的个人,不仅是因为丈夫依靠自己的力量过于轻便地占有了它,而且因为占有童贞在本质上变成了更强大者的权利。但是,这种侵犯性礼仪可以被一种纯粹的象征所代替,比如像在纳克索斯岛上那样,与一位年轻人性交,或者在

---

① 参见本书第 22 章。
② Crawley, *The Mystic Ross*, I, 第 168 页以下.
③ A. van Gennep, *Rites de Passage*, 第 48 – 49 页, 第 16 页.

所谓的托比阿斯（Tobias）之夜对此予以戒除。[①]

　　但是，这种"庆礼"也可以成为一种向神的献祭。事实上，这也与增强力量的目标有关，或者是增强献祭的个人的力量，或者是增强共同体的力量。因此，外国人或者祭司成为神的代表，而女人作为"**被献出的人**"则代表那个群体。希罗多德在他的《历史》一书的一个著名段落中，向我们讲述了巴比伦妇女的例子：她们一生当中，必须以生育女神米丽塔（Mylitta）的名义，为了钱而委身于一个陌生人。[②] 不管怎样，在巴比伦有被献给神的妇女，在她们结婚之前，有一段时间隐居并被奉献给神灵的生活。她们的代表性或者由性交的祭祀构成——这是指童贞而言，或者由截然相反的方式构成，即听任于以人的形式对她们提出要求的神。[③] 在这两种情况中，她们都是神的女人，神的新娘，ḫarimtu，即"被隔离者"，ḳadištu，即被奉献者。在古代的苏美尔也有一些神灵的女人，她们可能会被处死在一间"暗室"里，这间房子既是她们的坟墓，同时又是她们的洞房。[④]

　　无论是处女还是神娼，为了其力量由她们所保全的整个共同体的利益，被奉献的女性处于被隔离状态。在科林斯，在希波战争期间，"神奴"（hierodules）[⑤]为城市的获救而祈求，与品达[⑥]相当的诗人曾以雄辩的词语来颂扬她们。[⑦] 以童贞祭祀供奉神灵的制度在直到帝国时期为止的希腊化的东方人头脑中是怎样的根深蒂固，这从波琳娜故事中可

① 参见 M. P. Nilsson, *Griechische Feste*, 1906, 365。F. Cumont, *Les religions orientales dans la paganisme romain*（第 2 版），1909, 287。"关于阿拉伯人中的义务性为娼"（On obligatory prostitution among the Arabs），参见上书，1929, 258。Fehrle, *Die kultische Keuschheit im Altertum*, 第 40 页以下。（河神占有特洛伊女人的童贞。）K. Schmidt, *Jus primae noctis*, 1881。

② I, 199；参见 Lucian, *de dea Syria*, 6："市场只对外国人开放"。

③ D. G. Lyon, "汉漠拉比法典中被奉献给神的女人"（The Consecrated Women of the Hammurabi Code）, *Studies Presented to Toy*, 第 341 页以下。参见 A. S. Hartland, "在 Mylitta 神庙", *Anthr. Essays Presemted to E. B. Tylor*, 1907, 189。

④ F. M. Th. Böhl, *Verslag van het Zesde Congres Oostersch Genootschap*, 1929, 21,《旧约》关于庙妓的描述：《撒母耳记上》2：22,《出埃及记》38：7,《何西阿书》4：14。同样，耶弗他的女儿被用来献祭——尽管在什么意义上献祭大概将永远会争论下去：《士师记》，第 11 章。

⑤ 在古希腊寺院里为神服役的奴隶，尤指神娼。——译者

⑥ 品达（Pindar, 518？—438？ BC），古希腊诗人。——译者

⑦ *Fr*. 122.

以看出。波琳娜是一位有声望的女士，她在伊希斯神庙为一个戴着豺头人身神面具、刚被解放了的奴隶所诱奸；[①]诱奸者完全清楚，在这种环境中他能够利用受害者的宗教狂热。

类似地，印度教舞女也被视为神灵的女人。[②] 不过，从我们的观点来看，最显著的特征是从处女到放纵淫乱的转变，这种转变只可能根据力量的观念来理解。也就是说，禁欲不是我们现在意义上的贞洁，而是"文化上的贞洁"，[③]或者是与神圣力量交媾，即神圣的婚姻。这可以通过三种方式来实现：杀死新娘、保持童贞、在对神灵的服侍中无限服从。因此，以死亡、新娘以及纵欲为中心的神秘主义，既可以相区别，又不可分开。阿佛洛狄特（佩拉癸亚，Aphrodite Pelagia）作为港口城市的女神，既是卖淫者又是神圣的。[④] 爱的迷醉是昏晕和死亡；另一方面，这种爱转向神灵，则是性爱能力或寻求力量的意愿的表现。

在新娘神秘主义[⑤]中，同样的模式持续着，甚至并非总是精神化的。基督的新娘总是要向天上的新郎奉献她们全部的爱，这种爱是感性的，甚或常常是狂热的。但是，她们不应该因此受到蔑视。因为，我并不认为，与上帝关系的纯洁性有赖于对性因素的根除。没有人能够把性因素完全从关系中去掉，甚至是与神的联系中去掉。因此，只剩下一种区分方法去确定奉献（devotion）是否是一种实际的奉献（devotedness）——即一种自我交出，或者是仅仅为一种寻求力量的意愿的表现；换言之，被奉献的妇女或多或少是在精神上而不总是在肉体上渴望支配新郎，还是真正地爱他。

---

① Dill, *Roman Society from Nero to Marcus Aurelius*, 566。在尼禄时代，罗马卡皮托尔的一些女孩自信被朱庇特所爱(Seneca, *Fr.* 37)。H. Usener, *Das Weihnachtsfest*(第 2 版),1911,76。
② C. Clemen, *Die nicht-christlichen Kulturreligionen*, II, 1921, 15。参见 Crawley, *The Mystic Rose*, I, 235。
③ Fehrle, 前引书。
④ H. Usener, *Vorträge und Aufsätze*(第 2 版),1914,189ff。
⑤ 参见本书第 75 章、第 76 章。

2. 罗马的女灶神维斯塔最初大概只是运水和护火的未婚家庭妇女。[1] 她们是火的新娘，[2]终身穿着新婚的衣服。国家把她们与灶神联系起来，构成了一种等级，她们的贞洁保护着共同体的力量和福祉。[3] 这种观念的一个非常古老的形式体现在拉努维翁（Lanuvium）对贞洁的检验中。在那个地方，一位处女必须用食物喂一条蛇。如果蛇吃了，那么她就是贞洁的，农夫们就会欢呼"来年将是丰收年"。[4] 在这里，文化上的贞洁与在耕犁过的土地上交媾、认为性力量的展现会提高繁育率的那些风俗是完全一致的；在这样的观念下，对文化上的贞洁的亵渎不是一种错误，而是一种损害性，或者会导致不洁。[5]

　　这类被奉献者具有明显的女性特色。但是当然，男人也会把自己奉献给神灵。然而，他们在这样做的时候接近女性绝不是偶然的。这也会以一种恐怖和反常的方式发生。如在小亚细亚，祭司以自残来侍奉山母。这是一种自虐狂的自残，《列王记》[6]中为我们描述了这种情景，而阿普列乌斯（Apuleius）则有更清楚的描述。[7] 但是，这也是一种直接的男子生殖力的献祭，它在一种狂热状态中完成。这在琉善（Lucian）的笔下有令人印象深刻的描述："他们自己阉割以侍奉瑞亚（Rhea[8]）"[9]，阉割了的男人会收到女人的服装。[10] 福音书也提到"并有为天国的缘故自阉的"。[11]

　　在所有这些方面，女性生命被奉为神圣发挥了显著作用。例如，在

232

---

① W. Warde Fowler, *The Religious Experience of the Roman People*, 135。关于运水的职责，参见 Ovid, *Fasti*, III; 同时参见 R. Cagnat, *Les Vestales et leur couvent sur le forum romain* (*Conférences Faites au Musée Guimet*, 1906，第 61 页以下)。

② 参见本书第 6 章。

③ Fehrle，前引书，第 210 页以下。

④ J. Toutain, *RHR.* 89,1924,183。费米库斯·马特鲁斯(Firmicus Maternus)曾经提到文化上的贞洁与放纵之间的两极性，他曾论及维斯塔(与事实相反)："她们要么被迫堕入卖淫的罪恶，要么保持童贞，因此以一种光荣的名义失去了体面的尊严"; *de errore profanarum religionum*, 14。

⑤ G. Wissowa, *AR.* 22,1923–24，第 201 页以下.

⑥ 《列王记上》18:28。

⑦ Bertholet, *Lesebuch*, 5,第 42–43 页。

⑧ 希腊神话中的多产女神。——译者

⑨ *de dea Syria*, 15.

⑩ Bertholet, *Lesebuch*, 5,第 43–44 页。

⑪ 《马太福音》19:12。

古罗马,遇到一位维斯塔的罪犯可以免死;[1]类似地,在中世纪,当对女性的敬重达到高峰时,她们的保护保证了自由:"如果一只狼(一个在逃的罪犯)躲到女人那里,出于对女人的爱,这个罪犯可以得到赦免。"[2]骑士也"凭着所有的女人"发出誓言,对骑士来说,全部女性(female sex)是一个神圣的家族,而作为一种战斗中的保护,沃尔夫拉姆[3]的帕尔齐法尔(Parzival)将女人置于上帝之上;此外,教士和女人享有同样的神圣性,可以不带武器。[4] 因此,在这里,奉献自我意味着为了拯救整个共同体而接近女性,接近母亲;由此,渴望回到母腹,与牺牲生命的意愿,以一种奇特的方式混合起来了。另一方面,基督教修道士则在对基督的爱(这显示着女性特征)与对童贞女玛利亚(这显然是男性的)的尊重之间徘徊。因为,尽管教会赞扬童贞并从女人那里推出所有的罪,但是,教会仍然清楚地知道如何使所有这一切得以升华,以一种独特方式成为极富人性的东西,正如圣伯纳德(St. Bernard)所断言的:"如果一个男人仅仅因为女人而堕落,那么他也只能通过女人而上升。"

233   3. 那些奉献给神灵的生命是一种充满了新鲜力量的新生命,引向这种生命的仪式与已经讨论过的那些转变仪式非常相似。[5] 它们意味着一种死亡。例如,在加入隐修会的仪式中,通常会合并入葬礼上的祈祷文。[6]

准备奉献的人所发的愿,[7]当然不限于守贞,守贞始终只是交出全部生命的象征。[8] 但是,在基督教修会中,奉献需要守贞、安贫和服从。奉献以极不相同的方式来实行。修士们将一生投入一种连续不断的崇

---

① Plutarch, *Numa*, 10,3.
② San Marte, *Parzivalstudien*, III, 1862, 121.
③ 德国诗人(Wolfram, 1170? —1220?),著名吟游诗人之一,写过三部骑士史诗,《帕尔齐法尔》《维利哈尔姆》和《蒂图埃尔》。——译者
④ San Marte, *Parzivalstudien*, III 1862, 115.
⑤ 参见本书第22章。
⑥ A. van Gennep, *Rites*, 125, 140.
⑦ 参见本书第59章。
⑧ 据《旧约》记载,在拿撒勒人中,盛行一种特殊的献身形式,有时甚至是终身的,他们戒绝酒精,不剪头发,避免触及死人的尸体。这类回避(参见本书第4章)在宗教史中可以见到无数形式。

拜中（那在这个"世界"中是不可能的）；他们代表着社会。"每天，隐修院的唱诗班为所有那些不能祈祷的人祈祷，或为那些不愿祈祷的人祈祷；它将那些没有站那里、在尘世工作的、没有能力这样做的人的服侍和荣耀，归给上帝的无限尊严"。[①] 因此，隐修生活是永远的赞美，就像天使的生活一样。[②] 但是，所代表的不只是与上帝形成对照的这个世界；反过来说，它也代表着上帝对这个世界的抨击。因此，耶稣会是一支基督的军队（militia Christi），它的教规开头是："我们愿以耶稣的名义保证，在我会中，无论谁都将以上帝的名义在十字架的旗帜下战斗。"[③]代表是平静的沉浸、冥想（cum libello in angello）和表面上的毫无生产力，这就是代表："为上帝保持不做世间工作不是无所事事，而是所有工作中的工作。"[④]事实上，奉献者的祈祷、苦修和虔诚扩大了社会可以从中提取的**宝库**；个体能力的衰减增强了整体的力量。

4. 所以，奉献者的格言就是以能力的自愿丧失而获取力量。他们所作出的牺牲使力量更加完满，这可能确实是一种巫术形式，但是，也许属于死后生命以及所代表的共同体的崇拜。献出生命的"**殉道者**"也可以从完全无能中激起力量。那作为模范的孩子宣称，"我必须忍受"，"经受任何人都没有经受过的更大苦难，因为那伤痛的王冠是我能够获得的唯一的王冠"；心理学家补充说："但是，这位完美的人永远不会意识到，人们不要任何王冠也能生活。"[⑤]

但是，一旦屈从的人格接受了力量，整个情景就都改变了（这适用于**所有奉献者**的情景）。他为这种力量牺牲自身（作为最高的献祭），并且渴望仅仅在与这种力量的关系中理解他的整个行动。这构成了真正的殉道者概念，μάρτυς，即见证者，甚至是以鲜血作见证者。首先，自我献身者不是一个按自己的意愿行动者，不是"张扬自身"者，而是作见

234

---

① Heiler, *Katholizismus*, 452.
② 同上，第 438 页。
③ 同上，第 313 页。
④ 同上，第 474 页。
⑤ F. Künkel, *Einführung in die Characterkunde*（第 2 版），1929，48.

证者。① 他具有勇气,他自由地表达自己与那力量的相遇、上帝的行动,以及上帝告诉他的话。这种勇气是一种奉献:"它将以你的殉道结束"。② 不过,在这里,心甘情愿的软弱不再是力量的获得,而只是服从,一直到死。但是,通过殉道者对上帝的见证,为他自己赢得了"勇气和信心的机会"③;于是,女性的奉献就被改变为男性的服从了。

---

① E. Peterson, *R. Seeberg-Festschrift*, 293.
② 《路加福音》21:13。
③ 《以弗所书》3:12。

第 30 章 / 圣人或圣徒

1. 圣徒不再完全是代表;他们是在很高程度上受到尊敬的对象。毫无疑问,他们为我们祈祷,他们是人类有力的帮助者,以便对抗一些强大的力量。但是,主要的特征是神在他们身上显现出来的自己的力量。然而,我们却无法充分具体地想象这种能力;确实,我们会说到"圣洁的香气",而且这种芳香绝不仅仅是比喻的说法。因为,那位埃及的神即人间的女王接近人们时,会散发出一种香味,[①]而临死的希波吕托斯通过女神散发出的"天堂般芳香的气息",感觉到了阿耳特弥斯的临近。[②] 因此,当荣耀的芳香广为传播时,中世纪的圣人也就发出气息了。

所以,首先,圣徒是一个身体具有神圣能力属性的人。他的身体裹在长袍里,光从里面发出,而他的手指能够使一辆停泊着的车开动起来。[③] 例如,人们可以通过触摸等方式获得这些力量:在开罗著名的哈扎尔清真寺,人们用手触摸一个带栅的窗户,在格子窗后面是一位圣人的灵柩。还有,圣徒的人格可以完全退隐到他的(肉体)力量之后。由于是圣徒的力量作用在人们身上,所以,人们甚至常常并不认为是圣徒完成了奇迹。因此,被折磨至死、尸体被烧掉的神秘主义者哈拉智(Hallaj)的骨灰,使底格里斯河发生了一次神奇的洪水;[④]而亲吻放在玻璃盒里的圣徒遗骨,一直是罗马天主教会盛行的一种风俗。[⑤] 圣徒

---

① Bertholet, *Lesebuch*, 10, 40.

② Euripides, *Hippolytus*, 第 1391 行以下; 参见 E. Lohmeyer 杰出的 "研究", *Vom göttlichem Wohlgeruch* (*Sitzber. Der Heidelberger Ak. D. Wiss.*, *Phil.-hist. Kl.* 1919, 9). H. Windisch (载于 *Meyers Kommentar*), 2 Cor. ii 15。

③ Hertz, *Mélanges de sociologie religieuse et folklore*, 155-156.

④ Louis Massignon, *Al Hallaj, martyr mystique de l'Islam*, I, 1922, 294.

⑤ 参见 Heiler, *Katholizismus*, 169。

主要是一种神圣的（这是有力量的）对象——遗骸。[1] 在这里，对死者
的膜拜也发挥着影响；[2]但是，拥有那具有力量的个体的一部分，即他
的身体的一部分，或者是他触摸过了的某种东西的愿望，甚至是在这个
人活着的时候就开始了。有一次，美国福音传教士比利·桑德（Billy
Sunday）在他热情洋溢的演说中，弄坏了一张普通的椅子，前排的听众
立即拥了上去，争夺破损的椅子，有的抢到一条腿，有的抢到了椅背，然
后把它们带回家里。[3] 这种态度既源于对圣物的膜拜，也源于英裔美
国人对纪念品的狂热追求；这种态度总是与某种惊人或非凡东西的力
量有关。但是，引人注目的对象必定来自某个自身处于背景中的人，这
个人可能就是一个和拿破仑或者影星同样程度的天主教圣徒。

　　"墓地"恰好保存着遗骨，因而肯定就具有神圣的力量。在基督教
中，就像伊斯兰教中一样，人的最后长眠之地"入葬圣庙"（inter
sanctos），即埋在圣徒墓地附近，被认为是非常重要的。[4] 类似地，在古
埃及，贵族们把他们自己葬在阿比多斯，那靠近神圣的俄西里斯的墓
地。相反，占有神圣的墓地，作为对力量的占有，对共同体具有很高的
价值，索福克勒斯的《俄狄浦斯在科罗诺斯》的整个构思就立足在这种
观念之上。[5] 此外，在希腊，英雄无非是圣人，他们的墓地占有城中或
城市近处的最好位置。[6] 英雄们就像中世纪教会的圣徒一样，也是不
同城市之间为力量而争夺的目标：俄狄浦斯有四个墓。所以，墓地和遗
骸变得比圣人本身更重要：物胜过了人。进一步说，由此而有所谓的
"迁葬"。斯巴达人从特基亚（Tegea）带来俄瑞斯忒斯[7]，就像艾阿西德

① 参见本书第 3 章。
② 参见本书第 14 章、第 24 章。
③ Chapman Cohen, *Religion and Sex*, 173.
④ Söderblom, *Gottesglaube*, 87.
⑤ 参见 H. Usener, *Der Stoff des griechischen Epos*, *Kl. Schriften*, IV, 1913, 214。
⑥ Rohde, *Psyche*, 第一卷，159-16C 页，E. T. 121,166。同时参见 Nilsson, *A History of Greek
Religion*, 233-234。
⑦ 希腊神话中，阿伽门农之子，其母克吕泰墨斯特拉与人私通并杀死丈夫，由其为父报仇杀死母亲
及奸夫。——译者

斯（Aeacieds）被爱琴海人借给底比斯人，狄俄斯库里[①]被斯巴达人借给洛克里斯[②]人一样。[③] 同样，忒修斯[④]的遗骨被从斯基洛斯岛运回雅典，[⑤]神谕规定，赫克托耳[⑥]的遗骨应被带到底比斯，而为了防御瘟疫，圣真纳罗斯（St. Gennaros）的遗骸被送到那不勒斯。[⑦] 人们被误导到了这个程度，以至于去偷圣人：1087 年，从巴里来的商人们抢劫了圣尼古拉所在的迈拉的居民，因为他在迁葬后的头一天就治愈了三十个病人。[⑧] 当垂死的圣方济各在回阿西西的路上时，不得不避开佩鲁贾，以防那里的人抢夺这个圣人；当他到达阿西西时，则引起了巨大的欢乐，因为人们怀着善良的理由希望他很快就会死去。[⑨]

237

　　因此，圣人首先或者是一具尸体，或者是尸体的一部分。世界并不利用活着的圣人：圣人都是死去的人，[⑩]或者更准确地说，是死者的能力。甚至表面上世俗化了的文明也在继续追求这种力量。例如，因为文艺复兴在古人中寻求圣徒，所以，那不勒斯的大阿方索（Alphonso the Great of Naples）克服了极大困难从威尼斯人那里获得了一截李维（Livy）的臂骨[⑪]。在巴黎，无论是谁在同一天看到荣军院下面的拿破仑墓和凯旋门下面的无名战士墓，他都会意识到，十九世纪和二十世纪依然在迁葬以及对神圣躯体和墓地的崇拜中发现力量的来源。[⑫]

　　2. 因此，如果圣人的上限，即上升为神灵的限度不定，那么，与其说他们是代表，不如说是崇拜的对象。另一方面，在他们的结构中，具

---

① 希腊神话中，宙斯的双生子卡斯托和波律克斯的总称，据信两人死后成为天上的双子座，并被视为运动员、战士和水手的守护神。——译者
② 希腊旧地名。——译者
③ M. P. Nilsson, *AR.* 22，1923 – 24，372.
④ 希腊神话中的雅典国王，以杀死牛首人身的怪物而闻名。——译者
⑤ Plutarch, *Theseus*, 36.
⑥ 特洛伊最后一位国王普里阿摩斯的长子，特洛伊战争中的英雄，后被阿基里斯所杀。——译者
⑦ 保萨尼阿斯（Pausanias），IX，18 Trede, *Heidentum*, II，第 327 页以下。
⑧ Trede，II，324.
⑨ P. Sabatier, *Vie de Saint François d'Assise*（第 10 版），1894，第 362 页以下。
⑩ 参见本书第 14 章。
⑪ J. Burckhardt, *Die Kultur der Renaissance in Italien* I（第 12 版），1919，第 194 页以下。
⑫ 参见本书第 37 章。

体的和可感知的能力占有极度优势地位，以致这种能力附在什么人身上是无所谓的。于是，我们发现，事实上圣人中有各种各样的人物。在希腊，无名的力量、国王和贵族的祖先都变成了英雄；[①]在天主教会日历表上的圣徒中，我们发现有殉教者、导师、先知、民族英雄、纯朴虔敬的人；"神的继承者"(successeurs des dieux)，尤其是异教徒的诸神以及许许多多的"奇特圣徒"更是如此。

3. 因此，强有力的历史人物，如在本书开始时所证明的，也在这方面占有支配地位；他是神圣的，力量来自他。如果他还活着，那么，这种力量主要以两种方式来表现：奇迹和身体标记，其中所谓"神圣伤痕"[②]最为重要。但是，教会在宣福[③]或封圣过程中，要求死后显现**奇迹**得到证明，因此，教会还完全停留在力量观念的领域之内，靠着强调英雄的美德——几乎不可能摆脱这种观念。因为，从古老的教会语言来看，美德与奇迹(virtus, ἀρετή)紧密相连。此外，一旦奇迹不再与个人力量相联系，而是与身份或职位的观念相关，那么，一种完全不同的神圣观念就产生了；《新约》中的"圣徒"正是在这个意义上被理解的，他们把其神圣性归于恩典赐予他们的礼物。他们不是圣徒，而是被看成圣徒，或者被造成圣徒，这种圣徒观也已经进入了基督教教会观念的领域之内。

---

① 参见 Rohde, *Psyche*, I, 第 165 页以下。E. T. 166‐167。Nilsson, *A History of Greek Religion*, 233。伊斯兰教的圣人表几乎同样是多种多样的，与基督教的圣人相同，他们在大众虔敬中起着同样显著的作用，与他们有关的一切事物也都与墓地有关，奇迹也与墓地密切相联。一位希腊英雄是"借助死亡而获得某种神一样东西的死人"；参见 Rose, *Primitive Culture in Greece*, 32。索福克勒斯受到尊崇，不是因为他的诗，而是作为阿斯克勒庇俄斯(希腊神话中的医药神——译者)的主人(同上书，第 93 页)。神圣不是一种道德力量。"西西里的农民仍然把断头者(被斩首的声名狼藉的人)看作几乎与圣人一样"；参见 Marett, *Faith, Hope and Charity*, 86。
② 如耶稣在十字架上钉死后身上留下的伤痕。——译者
③ 天主教以教令宣告某死者因功德已升天列入"真福品位"。——译者

第 31 章 ／ 恶魔似的人

1. 当那种可怕的形象，那种（作为力量向人显示他们自己的）邪恶意志占有了人，[①]就因此而形成了很值得注意的主体与客体的双重统一体，即代表与被代表的双重统一体。确实，在一定程度上，这在所有的代表中都可以看到；但是，在现在讨论的这个问题上，还有一种十分特别的性质：由于人类之爱的方式，这意味着既是自己害怕的对象，又代表着自己的敬畏。不过，这只可能发生在主体与客体融合的基础之上，而该问题已经被频繁地讨论过，此处和后面都不得不把它作为人格占有来描述。[②] 因为在这里，恶魔获得了对人的完全控制，以至于他通过人说话，在人内心活动；不过尽管如此，也存在着一种双重人格的意识，占有的意识，其实是一种违反基本人性的意识。

2. 首先，"**狼人**（werewolves）"是恶魔似的人，我们在前面已经熟悉了他们；[③]但是，作为"较有力的"人，女性首先成了这种人格占有或附身的受害者。**女巫**是赤身裸体的；但是，这绝不是"肉体解放"意义上的自然裸体，甚至也不是古希腊式的裸体，而是一种仪式，[④]一种"典礼"，用来强调女巫的力量。她将自己与她的恶魔般情夫（同天国中的新郎相对应）结合在一起，这种结合是性方面的；梦淫妖与女淫妖进行的也是这一种活动；夏尔·德·科斯特（Charles de Coster）对狼人和与

---

① 参见本书第 15 章。
② 参见本书第 74 章。
③ 参见本书第 8 章。
④ 参见本书第 48 章。

恶魔立约的女巫做了极好的、具有心理学深度的描述。[①] 当然，人们应

240 该假定，女巫本人对这种不祥的**性交**是信以为真的，从这一点说，女巫
制造的幻觉的许多受害者不能被看成是"无辜的"。同时，另一些人会
仅仅因为某些引人注意的特征，比如，特别美丽或暴富等，而被人们怀
疑是女巫。在此，我们又发现了对强有力者有一种经验主义的理解：非
凡者——比如值得尊敬或者怀疑——在任何情况下都是"神圣的"。由
于与恶魔的结合，女巫获得了各种能力，尽管在大多数情况下，像恶魔
本身所具有的那些一样，这些能力只会造成伤害；她导致男人和野兽患
病，诱发各种各样一般意义上的邪恶：害人的毒眼、身体的变形和各种

241 各样巫术的大杂烩。

---

① *Eulenspiegel und Lamme Goedzak*.

B　神圣的共同体

第 32 章 / 共同体

1. 每一个人都熟悉**孤独**的滋味。"每一个生孩子的女人,每一个冒生命之险的男人,每一个濒临死亡的人,都必然经历一种极端的无助的困境,得不到愿意向他伸出援助之手的同伴的帮助。"[①]但是,人不可能是孤独的。一个完全孤独的人,会像一个被遗弃的孩子那样哭泣:或者就像在客西马尼园的基督一样[②]。从一个孩子到那个神—人,孤独会在我们所有人中间唤起恐惧,因为我们只有在共同体中才拥有力量和生命。事实上,正是这种原始的恐惧感而不仅仅是细小的害怕,创造了神灵。恐惧通向神灵,或者说,恐惧通向了恶魔:即便与恶魔在一起,生命仍然存在着,仍然有一个"你"。但是,在孤独之中,什么也不存在。

孤独是我们生活于其中的不安全感和**忧虑**的极致。因此,一旦我们接近生命的边缘,并且非常强烈地体验到它的力量和不确定性(如在生、死或性交)时,恐惧就出现了。于是所有的害怕汇合成一个巨大的恐惧——那就是对我们实存自身的恐惧,对死亡的恐惧,对生活的恐惧。但是,除非我们属于只有在共同体之内才拥有生命的存在物,我们就不应该知道恐惧,也不应该知道孤独。孤独与伙伴关系之间是互为条件的:孤独就是站在终极者面前,站在上帝面前。但是,只要离开共同体,我们就会进入孤独,然而,每一个人(除了神人基督之外)都是不断地从孤独回到共同体的,尽管有一种"怀着仍然不习惯它的眼光"。[③]

---

① Künkel, *Einführung in die Charakterologie*,第 58 - 59 页。
② 可参见《马太福音》26:36;或者《马可福音》14:32。——译者
③ Schmalenbach, *Kat. des Bundes*, 62. *Einsamkeit.* Lohmeyer, *Vom Begriff der religiösen Gemeinschaft*,45.

2."共同体"并不是"契约"。自启蒙时代以来,把共同体描绘为社会的倾向就一直在发挥作用:教会被描述为一种以宣信或信纲为基础的宗教性社会,国家被描述为依赖于**社会契约**的世俗社会。① 但是,"共同体"并非某种制造出来的东西,而是某种既定的东西;它不依赖感觉或者情感,而是依赖无意识。② 它不需要建立在确信之上,因为它是自明的;我们不是要成为它的成员,而是"属于它"。在今天,最能说明问题的例子仍然是农民,他们没有"情感"问题,而只是简单地属于他们的共同体,这种共同体与 18 世纪发明的国民(citoyen)形成了对比! 即便是在争斗中或在打官司的农民,仍然是邻居是兄弟;③一个生活在荷兰东部的农民,村子中有一个人是他的死敌,然而他却知道,在赶场天他不得不向他的仇人打招呼,会与他一起走上走下,因为在那一天,整个地区的农民共同体要在村镇上聚集,从而向"陌生人"的眼光表明了村子中的伙伴关系。

原始人靠的是集体思维和集体行动。没有其伙伴,个人就没有价值;个人的家庭、他的牲畜都与他结为一体。在我们看来,集体改宗是件令人厌恶的事,但是在原始人看来,它却非常正常。因此,当众人接受了一种新的宗教时,个人必须与众人一起行动,否则,他就根本不可能生存。④ 因此,在德国的部落中,杀害一个亲戚远远不止是一种罪行,它表明的是疯狂,因为它是真正的自杀行为。⑤ 类似地,在希腊人看来,杀死一个亲戚,就是唤醒复仇女神厄里倪厄斯的行为。"事实是,除非每个人都参与他或与他在一起,否则,个人不可能行动,没有扩展至整个共同体之上的痛苦,个人就不可能有痛苦。"⑥如果"孤独一人",人不可能活下去。这就是那种巨大的恐惧。孤独就是死亡。

243

---

① 参见冯·施罗策尔(von Schlözer),他认为国家"类似于火灾保险公司"(Schmalenbach,前引书,第 37 页)。
② Schmalenbach,前引书,第 53 页以下。
③ 同上书,第 57 页。
④ Chantepie,前引书,第 2 卷,第 600 页。
⑤ 同上书,第 556 页。
⑥ Grönbech,前引书,第 1 卷,第 28 页。

因此,正如人被束缚在这个"世界"上,不是反对它而是和它一起拥有"共同体"一样,人拥有这个共同体,而且与他的伙伴们生活在这个"共有的"(being in-common)团体中。① 今天,只要我们感觉到自己在一大群活生生的人之中,我们就仍然是"原始的";每一次革命,每一场战争,都证实了这一点。在危机的年代,人常常从其实际已获得的或虚假的独立中,逃回保护他免受恐惧之威胁的那个最初的团体。但是在宗教中(人的实存本身就是个问题),人仍然不断地面临新的危机;于是,宗教就是,或者说变成了共同的(communal)。仪式是我们所有人的行动,同样地,神话是大家的历史,教义是每个人的信仰。

243   因此,与共同体分离的任何人都不可能存活下去;思乡病会折磨着他的心灵。即便在今天,我们也能看见新兵的痛苦和从乡下来的女仆犯下的纵火之罪;然而,在这些情况下,受损害的不是"我",而是被拆散了的"我们"。于是,禁令与禁止都是惩罚,与死亡同义,而被教会禁止参加圣礼,在原始人的共同体中,禁止与部落的其他成员来往,②便等于是杀了惩罚落在其头上的那个人。

3. 原始人只知道**一个**共同体:他们完全不了解世俗团体与精神团体之间的区别。生命在本质上就是唯一的一个整体,社会的团体性就是有力量的生命。然而,生命可以在三重形式上是具有共同性的:(1) 作为**血缘**,它意味着灵魂。③ (2) 作为**图腾**,它象征着相连接的世界,④这二者都是"给定的"。(3) 作为**财产**,它显示了生活的"可能

244   性"。⑤ 但是,这三种形式绝不可能存在于任何排他的关系中。

---

① 参见本书第 8 章。
② 例如,Sophocles,*Oedipusrex*,第 259 行。
③ 参见本书第 39 章。
④ 参见本书第 8 章。
⑤ 参见本书第 23 章。

第33章／婚姻、家庭、部落

1. **婚姻**是"契约",同时也是"共同体":它既是给定的,**同时**是被选择的。正如某些被给定的东西一样,在向家庭延伸的过程中,婚姻的特征变得越来越清晰;另一方面,就其是爱情之结合而言,选择支配着婚姻。那种被追求,同时也被发现的共同因素是没有区别的:它关注整个的生命。所以,差别与共同的因素无关,而是与要么被给定,要么被选择的这两种之一的优势有关。因此,在每一桩婚姻中,契约都在与共同体抗争,对每一个个体而言,则是配偶与爱人的抗争。

从现象学的观点出发,关于最初的婚姻的那个古老问题,可以从这样一种观点去考虑——当然只能从这种观点去考虑,即,它是一夫一妻制呢还是杂婚? 早期的进化论总是把绝对的一妻多夫制与一夫多妻制放在开端,使它与多魔信仰并列,而更现代一些的进化论则充满热情地努力赋予原始的一夫一妻制以一种可靠的地位,使之与原始的一神教同步。然而,慎重的人种学否定了单线发展论的每一种类型,它把原始的杂婚现象视为一种想象的虚构,把所谓的群婚视为第二种形式;[1]但是,最初的一夫一妻制同样是想象出来的。现象学不关注"任何最初的状况"。它只能把捉在每一个婚姻中潜在地给定的杂婚因素,以及在男女之间每一种关系中所涉及的最终给定性的因素。这些因素在《圣经》的思想中都有表达:男人为了其妻子之故离开了他的父亲和母亲——那就是选择,但是,是上帝把丈夫与妻子结合在一起的——那就是给定。于是,教会把婚姻视为一种圣事。

---

[1]　F. Gräbner, *Das Weltbild der Primitiven*, 1924,11.

首先,在所谓**父代母育**①或男人坐月子这种广为流行的习俗中,那种共同体的因素表现得非常清楚。理性主义对此的解释是,男人试图取得从母权时期就存在的母亲的特权,或者说,男人屈从于女人。理性主义的这些解释是令人非常不满意的;这种特定的习俗只能根据共同体的观念才可以正确地理解:也就是说,一个成员受苦,其他的人也都受苦;因此,**父代母育**必然是出于同一种目的,正如已婚的夫妻会同时生病一样,关于这一点,图恩瓦尔德(Thurnwald)给出了一个精彩的例子。②

2. 所有这些通常都引向了**家庭**;家庭不是个体的结合,而是它以自身的权利生存的一种形式,个人不可能使自己免除这种形式。家庭也不是一种契约,却是在最真实的意义上的共同体,它的共同因素包含了整个生命,甚至在其物质方面也是如此。因此,一个应该保持清醒,但却越来越想睡的巴苏陀女孩,可以把这一点怪罪于她的一个在角落里呼呼大睡的亲戚。③婚姻中的契约因素也可以辨认出来,但是家庭却可以完全排除这种因素。例如,在加蓬和奥戈威境内,一个男人对其兄弟的妻子具有某种权利,至少与兄弟的妻子通奸是不会受到惩罚的。有一个例子十分典型:一个奥戈威男人杀了其兄弟的妻子,因为她拒绝了他的求爱;他否认这桩罪行,但是他的兄弟,也就是被杀女子的丈夫却说:"你是有罪的,但是因为我们是兄弟,不是两个人而是一个人,因此你的罪行就是我的罪行,我将替你认罪。"但是,其妻子的家庭并不满足这一点,他们要求交出真正的凶手。④那个家庭只接受一件事:它的成员之一受到了侵害,那件事必须摆平。但是那个丈夫也只看到一个事实:他与他的兄弟是一个人,他不仅没有想到要报仇,反而承担了他应当去惩罚的那桩罪行。而那个凶手则只想到一点:他兄弟的妻子自

---

① 某些原始部族的风俗,婴儿出生后,由父亲代替母亲卧床。——译者
② G. van der Leeuw, *Structure*, 7.
③ Lévy-Bruhl, *The "Soul" of the Primitive*, 88. 他谈到了"生理上的一致性",这种一致性对父代母育也有很好的描述。
④ 同上,第90页。

然也属于他;因此,她拒绝了他,她就该死。在某些部落中,这就致使兄弟对兄弟的妻子有一种权利,他可以称她为"我的妻子"。^① 与家庭连在一起的这种婚姻特征,也可以在所谓**娶寡嫂制的婚姻**中发现。在《旧约》中,同样地也在许多原始人中,娶自己过世兄长的妻子是兄弟的一种责任,^②在苏门答腊的拉姆蓬斯,娶寡嫂制婚姻的后代被认为是死者的孩子。但是,如果与寡嫂的结合没有后代,那么,小叔子就可以指定他自己的一个儿子作为其兄弟家庭中的永久成员。这个儿子必须娶两个妻子:第一个妻子生的儿子,是其生父的继承人,好像他就是那个祖父的儿子一样,第二个妻子生的儿子则是他自己的继承人。^③ 于是所有生命力量的搏动,都被其共同的因素支配:家庭是一切中的一切。在以色列,娶寡妇的责任被《申命记》限制于兄弟之间,尽管最初它也适用于死者的父亲。重新结婚而生的第一个儿子,算作死者的儿子,他使死者的名字和继承权永存。^④ 在此很清楚的是,存在于共同需要中的神圣性不必仅仅是血缘;这样一来,由自然赋予的东西被修改了(这种修改也经常发生在其他地方);然而它常常不是被一种新的结合所修改,而是因为要专横地延续受损的共同关系而进行的修改。所以,婚姻首先是从一个家庭的共同体进入另一个家庭的共同体的转变;女人必须在神圣的与其丈夫共存之中被结合。许多婚姻的仪式以这一套观念为前提。在古罗马,当婚礼结束时,女人要说"你是盖尤斯,我是盖娅",于是采用了其丈夫高贵的名字。一个寡妇因为再婚而失去了其原有的共同体关系,如果其丈夫方面的共同体没有指派一种地位给她的话,她必然就是完全孤独的。因此,路得要依附于她的婆婆,尽管娶寡嫂制婚姻中的那种前景已不再存在了;拿俄米劝阻她,因为她太老了,不能再为其媳妇生一个新的丈夫(因为那会是最理想的结局!),但是路得说了一

------

① G. van der Leeuw, *Structure*,第 91 页。那整个家庭还已经付了聘礼!
② 同上,第 92 页。
③ F. D. E. van Ossenbruggen, *Tydschr. Kon. Ned. Aardrykskundig Genootsch.*, 2. *Reeks*, 47, 1930, 223.
④ 《申命记》25:5 以下;《创世记》38:26;《路得记》。

段漂亮的话:"你的国就是我的国,你的神就是我的神。"[1]这句话不应该仅从情感的语气方面去解释。在此,婚姻完全变成了共同体,由此,其宗教上的不可解除性也体现出来了:一种契约可能会破裂,但是婚姻不会。

血缘不是唯一神圣的共同的因素;但是它也许是最重要的因素,再者,它不会与其他的共同因素分离。显然,在统一性("共同属于"的说法太过于苍白无力了!)的强烈意识中,它是一个主要的特征。血亲复仇是一个最好的证明,因为它直接以流淌共同的血为基础。在希腊,"继承人几乎不可能逃避复仇的责任,正如他不可能成为另一个父亲的儿子一样。"[2]于是,杀害亲戚被认为是一切行为中最邪恶的。它在希腊人中唤醒了复仇女神厄里倪厄斯,它如同流血的化身,因为这种行为背叛了自己,由此导致了疯狂。在埃斯库罗斯的《复仇三女神》中,俄瑞斯忒斯因为反对克吕泰涅斯特拉对阿伽门农臭名昭著的杀害而弑母,作为其保护者的阿波罗却庇护着他。[3] 但是,厄里倪厄斯复仇女神并不承认这是正当的理由:"取有血亲关系者的性命,这不是谋杀。"[4]

此外,亚伯的血"从地里向上帝哀告",为的是向该隐复仇。[5] 类似地,在非洲一些部落中,共同体的意识是如此的强烈,以至于杀害兄弟并不被视为谋杀,而被看成自杀,看成某种叫人厌恶的、精神错乱的东西。但是,那却不受惩罚;[6]事实上,没有人有资格去惩罚它。因为不存在我们所理解的意义上的任何"惩罚":被施暴者的血的力量反应到了杀人者的身上。于是,在杀害亲戚的例子中,杀人者与被杀者从整体上和本质上说,都是一体,是同一个人;因此不会发生任何事情,除非在

---

① 《路得记》1:5 以下。

② U. von Wilamowitz-Möllendorff, *Griechische Tragödien*, II(第 8 版), 1919, 第 127-128 页。

③ 故事源于希腊神话。俄瑞斯忒斯是阿伽门农与其妻克吕泰涅斯特拉的儿子,因父亲被母亲和其情人所杀而弑母。阿波罗为其辩护,认为父亲是比母亲更为重要的尊亲。——译者

④ *Eumenides*, 212;参见 van der Leeuw, *Goden en Menschen*, 第 101 页以下。[根据希腊神话,报仇只限于有母系关系的"血亲",而克吕泰涅斯特拉与丈夫阿伽门农并没有血缘关系,因此她并未违反氏族法律。复仇女神认为杀母才是最严重的罪行。——译者]

⑤ 《创世记》4:10。

⑥ Lévy-Bruhl, *The "Soul" of the Primitive*, 第 93 页以下。

复仇女神厄里倪厄斯的掩护下,血缘以疯狂的形式背叛了它自己。

根据血缘关系,陌生人属于共同体之外的人。他是"敌人"(hostis,指外人、陌生人或敌人);他会分有异己的力量,因此,我们必须保持警惕。这样一种警惕的方式是打招呼;当我们说某种有效果的话并提供食物时,就会导致两种相互敌视的力量暂时调和。[①] 因此,陌生人或外人必然会碰上或者最殷勤的款待,或者公开的敌视。这两种做法(在那种力量面前,我们或是点头哈腰,或是向他发起攻击)都直接针对他的力量,因为他已经与他自己的共同体分离了;但是,两种情况都是因为害怕它。[②] 指派给陌生人的也是危险的任务,例如破坏少女的贞操,或者与收获相关的事情,等等。

血缘共同体不是构成家庭的唯一共同因素,这一点通过其修改的可能性得到了说明。关于这种修改,我们已在娶寡嫂婚姻制度中看到过,根据某些伊斯兰教徒的观点,伊玛目可以接纳某人进入穆罕默德的家庭,其途径是宣布一种祝福词。[③] 在古罗马,法律最初只承认agnatio,即男系亲戚关系,那是一种以父系为基础的关系;而 cognatio(母系亲戚)只是一种确定了的血缘关系,它仅仅是第二位的。然而,agnatio 完全是建立在父系力量之上的[④]:因此,一个已婚的女子属于其丈夫一方的关系。[⑤] 所以,在这个例子中,家庭依靠的是力量,是父亲的力量,正如我们已经看到的,它与血缘关系不必然有联系。

此外,在许多民族中,**财产**也作为家庭中的共同因素的一部分而发挥着作用。因为财产不仅仅是所有者拥有的对象。它是一种力量,[⑥]事实上是一种共同的力量。澳大利亚人的财产随着其拥有者的死亡而

248

---

① 参见本书第 4 章;van Gennep,前引书,第 46 页以下。
② van Gennep,前引书,第 36 页。
③ Massignon,*Al-Hallaj*,507.
④ 参见本书第 20 章。
⑤ May, *Droit romain*, 139. Piganiol, *Origines*, 160.
⑥ 参见本书第 3 章。

消失,因此其他人不可能利用它;[1]而罗马人的**家庭**观念意味着一座农舍及其田地和家畜。[2] 后来,这些财产被称为**家庭私产**,再后来又被称为**父系财产**,这种"从父亲那里得来的财产"最初是不可分割与转让的,它与 possessio(可享受的东西)不同,后者意为只能使用田地或建筑物等,而不能拥有这些东西本身。[3] 于是,我们发现有一种与血缘和财产密切关联的家庭的共同因素;但是,它并不限于这些,因为它是神圣的,所以,它没有任何剩余物,不可能从给定的东西中派生出来。

3. 家庭的界限最终也不可能固定。它可能被认为是男人、妻子及孩子的一种较狭窄的联系,[4]也可能被认为是由这些人所决定的更大的一个团体;这样,家庭逐渐地扩展成为**范围较广的家庭**。这种家庭的一种特定的而且非常重要的形式,是**家族**。对其界限的考虑,根据的要么是男性家长的支系,要么是女性家长的支系,其力量的中心通常是一种图腾;[5]作为一种规则,它的永久性受到复杂的婚姻制度的支配,按照两种主要的类型,这种婚姻制度被描述为族外婚或同族婚。然而,对我们来说,关键点并不在于共同生活的这种模式是否是原初的类型,而是这样一个事实,即,在这种形式的共同体中,个人不再只是个人,而总是一个等级中的特定例子:尽管有许多的女子,一个男子可以娶她们为妻,但是也有他不能娶为妻的女人,因为她们属于"母亲"或"姐妹"那个群体,甚至,在不涉及近亲血缘关系,以及完全没有血缘联系的地方,存在着的只有图腾的共同体。[6] 在此之后存续下来的,除了基督教共同

---

[1] Joseph Wanninger, *Das Heilige in der Religion der Australier*, 1927, 87. 参见 Julius Lips, *Die Anfänge des Rechts an Grund and Boden*, Festschr. *für W. Schmidt*, 1928, 第 485 页以下。

[2] Piganiol,前引书,第 172 页。

[3] May,前引书,第 186 页,第 197–198 页,第 203 页。

[4] 这并不意味着要排除一夫多妻制或一妻多夫制。从一夫一妻制家庭开始的单线条式发展,既不是事实也不是现象,而是一种教条。

[5] 参见本书第 8 章。

[6] 参见 Cassirer, *Symb. Formen*,第二卷,第 226 页:"物种的定义不是以世代的经验—因果原则为基础的;'属'的概念依靠的不是种和种(gignere and gigni)之间的经验关系,但是,从人与动物之间相互的巫术式的关系这一基础,发展出了那种"属"的理想的信念,这是一个基本的事实,与之间接相连的还有那种共同'世系'的观念。"

体通常具有非常深远影响的婚姻禁忌之外，似乎还有娶寡嫂的婚姻制度。准确些说，人要娶或要嫁的不是一个人，而是某种特定力量的载体；很多原始部落并不承认父亲或叔伯，而只承认父亲们和叔伯们。[①]

但是，包容很广的家庭也拥有各种相当不同的根基，其中最重要的是父家长。例如，罗马的氏族实际上只是在其可以想象的最大范围内的家庭。这种大家庭的"父亲"是氏族从他们发展出了其普通的氏族支系（dux et princeps generis），神圣的氏族成员构成了氏族力量的核心。任何一个放弃自己氏族的身份而加入其他氏族（比如通过过继）的人，都必须履行放弃仪式，因为否则他就同时属于两种力量；祭司可以决定这个被收继者的神圣性是否被那些收养他的人，即 adrogans 严重地破坏了。[②] 氏族也有其共同的墓地和圣所，[③]对其诸神的崇拜是秘密进行的。正如在家庭中一样，在此的共同体也总是共同崇拜的团体：神圣者是团体的共同因素，这个共同因素即神圣者。因此，在古代希腊，只有贵族最初形成了部落，因为他们主持着崇拜；然而，后来那些出生并不高贵的人被接受进了**氏族**并参与了仪式；但是，某些贵族部落（例如在伊勒乌西斯）仍然经常掌握着举行崇拜活动的大权。[④]

4. 较大的家庭或者氏族，逐渐地扩展成为更完整的共同体形式，即**部落**；日耳曼语中的"部落"（Sippe）包含了"氏族"中的每一个人。但是，真正的共同体都植根于力量的呈现之中，因此，氏族中具有"长者"身份的人（也就是有力量的父亲们）和家庭中的父亲，同样地，还有更大家庭中最重要的祖先及其继承者们，在部落中也就是具有贵族或首领身份的人。他们是力量的载体，日耳曼民族称这种力量为"和平"——Sippe 一词就出自古代高地德语的 sippa，sibba，意为和平；[⑤]在氏族中，

250

---

① Spencer 和 Gillen, *Northern Tribes*, 74；该书第 95 页中说道："土著的名字并不适用于个人，但适用于个人所属的群体。"
② May, *Droit romain*, 140, 148.
③ Chantepie, 前引书，第二卷，第 438 页。
④ 同上书，第 386 页。
⑤ J. M. N. Kapteyn, *Donum natalicium Schrynen*, 1929, 540.

出现在首领面前的人，必须要解除武装。[1] 力量的某种中心或许是某个**神圣者**[2]，或者是某个特定的神或人，因此，没有这种力量中心，便没有共同体的存在，而存在于部落共同体中的力量又得到了头人、首领、国王或贵族的保障。[3] 所以，只有当生活是有力量的生活时，它才是有效的，但是，它仅在共同体中才拥有力量；"只要与家庭和国家分离，就是把生活带入危险"，[4]谁被逐出日耳曼的共同体，他就同死了一样。[5]

在此我们又一次看到，血缘是共同的因素，只有在它是力量与神圣的最重要表现之一的意义上是如此；但是，它也可以由神圣者的其他形式取代。西里伯斯的托拉查人住在海边，他们从布杰斯人（Bugis）接受了伊斯兰教，后来称自己为"布杰斯的子孙"[6]——宗教的逆转（cujus regio ejus religio）。因此而言，外国人就是对神圣者陌生的人。部落的成员身份与"宗教"完全是一回事：神是"父亲们的神"，是亚伯拉罕的神，是以撒和雅各的神。

251

---

① Chantepie，前引书，第二卷，第 577 页。
② 参见本书第 3 章。
③ 参见本书第 13 章。
④ Grönbech, *Folkeaet*, II, 188.
⑤ Chantepie，前引书，第 172 页以下。
⑥ N. Adriani, *Het animistisch Heidendom als godsdienst*, 54.

第 34 章 / 契约

1. 从本质上说，**共同体**是一个统一的整体，在共同体中有力量的生命是一个单一的生命，不可分割；与共同体相比，**契约**是一个在本质上完全不同的类型的一种附加组织。亚伯拉罕有两个儿子，以撒和以实玛利，然而，以撒不仅是他肉体上的孩子，而且也是应许的儿子。[①]拯救的秩序从自然的秩序中分离出来，神圣的可能性出自给定性，给定性同样也是神圣的：卡里斯马（charism）[②]，即力量分离出来了。

无论一个人是否希望，他都属于共同体。但是他要缔结契约。人的意志的可能性，与属于命运的给定性一起出现，然而，人的意志作为使命，是可以直接把握的。但是，主要的特征在于被给定的事物的神圣性——血缘、财产或图腾的神圣性——在此被神圣者的另一种形式彻底地切断了（正如我们在前一章中不时看到的）；这也适用于原始秘密社会出自最初的部落的那种发展，同样地，上帝的行动也是如此，他对他的门徒们说："看哪，我的母亲，我的弟兄。"[③]

当然，在此与自然的秩序一起存在的拯救秩序，并非从起初就如此，也并非总是现代世界通过该词理解的那样，是一种灵性上的必然。首先，有大量的比较简明的特点：

2. 在给定的东西和选择的东西之间的边界，在于所谓的**年龄阶层**，差异的原则包含在生命的某些确定的阶段——儿童、青年人和成年人中。因此，年龄等级有其自身与其他力量不相容的力量，它要求特殊

---

① 参见《创世记》第 21 章以下。——译者
② Weber, *Gesammelte Aufsätze zur Religionssoziologie*.
③ 《马可福音》3：34。Schmalenbach, *Soz. Kat. des Bundes*, 44。

的划分。今天,这一点对于每一个乡村教士来说都是熟悉的,他们看见新婚的人们立即从他经过许多努力之后才建立起来的唱诗班中退出了,不是因为他们失去了一展歌喉或者交际的需要,而只是因为现在他们属于另外一个年龄群体。年轻人有自己的生活感受,有其特有的潜在力量,这在我们的时代,也同样是相当清楚的。不仅如此,乡村中的年轻人经常结成在流行习俗中起重要作用的一些专门团体,在过去的时代,在希腊,根据这类团体是女性还是男性组成,而有其 kora 或 kouros。① 今天,乡村的这种群体制度有一种宗教的色彩。夜晚,青年的男子在街上,女孩们也在那里,而在更早些的时代,女孩们在纺织房里,男人们则在酒店等处。在特兰西瓦尼亚的日耳曼区,年轻的男子从定婚起,会组织有七个正式佣人的"兄弟会"。②

当然,年龄是某种给定的东西,年龄本身不可能构成任何契约。然而,这种附加的组织(我已提及过这种组织)正是由此开始的。首先,因为人们自愿离开了这个年龄群体,通常是通过婚姻;其次,因为这个年龄群体逐渐地进入了契约。例如,在上巴伐利亚的米滕瓦尔德,不是每一个年轻人都属于"兄弟会",一些"恶棍"(rapscallions)③被排除在外。在原始民族中,从这个年龄群体到秘密社团的转变是普遍的,后者的整个组织事实上已经与那种年龄群体一起被给定了。④

3. 力量的第二种划分出现在**性别**方面。男人与女人有着不同的天赋。在女人看来,男人是神圣的,反之也一样。这是以敬畏或者甚至是崇敬为条件的,他们正是怀着这种心情去看对方的,正如以存在于两性之间的相互厌恶为条件一样。因此,年轻男子在女孩面前会紧张,他对女孩着迷似的崇敬,类似地,女子以撒娇来自卫和迷人。此外,两性间相互怀有的那种根源深厚的厌恶,所有这些最终在宗教中都有根基。

---

① 参见本书第 11 章。
② Schurtz, Altersklasssen und Männerbünde, 第 112 - 113 页。
③ Schurtz, 前引书。德语中称之为 Bachbuben。
④ 关于年龄群体的问题,可进一步参见 Merker, *Die Masai*, 第 71 页以下。我把这些东西在现代条件下的运用——例如学生联合会等,留给读者去思考。

力量与力量对抗。孩子们去上学：怀着骄傲的自我意识，男孩们以嘲笑的神情看着女孩们，并且与那些走路时手挽手并嘻嘻哈哈的女孩们保持着距离，他们有自己的自尊，这种自尊混杂着一种不舒服的不安全感；女孩们也有她们的秘密。往后，男人们有了自己的俱乐部，女人们也有了自己的午茶与闲谈时间。**我们**既不把男女之间深刻的互不理解与宗教观念相联系，也不把男女之间相互发现的惊喜与宗教观念相联系；在我们看来，这种回避与共同体二者同样地都是世俗的观念。但这样做是不对的。如果我们能够认识到对立的两性的力量中具有既相斥又相吸的因素，而不是去设想我们可能通过任何随意的做法来解决他们的问题，那么，我们就不会在错综复杂的"性别难题"的压力之下唉声叹气了。

在斐济群岛，每一个村子至少有两个**男人之家**，因为习俗不允许丈夫在自己的家中过夜。他属于那个"陌生者之家"，即旅店，要到清早，他才能回到自己的家。[1] 在荷属新几内亚的多勒，鲁姆斯兰姆是男人的家，年轻的男人们要留在那里——年龄限制与性别的限制在这里是一回事！这些建筑物同时也是圣堂和跳舞的场所。[2] 年轻的女子们常去那里，然后在那里自由地做爱；神圣的笛子也保存在那里，而性的象征物装饰着大门。[3] 在此，我们可以理解，我们现代人生存的多样性的种种最为不同的形式，是如何从一种生活形式——家、圣堂、俱乐部、旅店、妓院——发展而来的。从一个共同体中，发展出了最具鲜明对照的差异。在此，给定的东西仍然是主要的因素——即性的特定力量。但是，差异是可以变化的，在各种各样的秘密社会中，成员只限于男人（很少时也限于女人）是十分基本的。

4. 原始民族中，首先是在非洲，存在着的**秘密社团**，事实上那是契约组织而不是共同体。当然，尽管契约原则的流行在范围上是有限制

---

[1]　Webster, *Primitive Secret Societies*, 12.
[2]　参见本书第 29、57 章。
[3]　Webster，前引书，第 8 页。

的,因为属于一个部落,通常也就要求成为契约组织的成员。我们已经看到,这种组织直接起源于家庭或氏族。"巫术的—宗教的兄弟会,基本上是以氏族组织为基础的,也就是说,是以社会关系为基础的,然而,它们却是某种相当不同的东西。"[①]事实上,在氏族内,按图腾氏族成员身份进行的划分,是一种"附加组织",年龄群体的组织直接变成了契约组织。[②] 还有,巴布亚人将私生的儿童排除在契约组织之外,澳大利亚人把混血儿排除在外。[③] 秘密社团的入会仪式,几乎与同部落相关的成年仪式是一回事。[④]

254

虽然秘密社团是从共同体中产生的,而且它们在这样一种程度上与这种共同体有着密切的关系,以至于年龄群体与男人的群体(它们是以同部落中妇女和儿童分离为前提的)几乎与契约组织没有区别,[⑤]在契约组织中仍然有一种非常重要的因素——也就是说,契约组织或多或少依靠从部落中进行自由选拔。这样一来,共同体作为一个过程的问题,就不再是给定的了,因为他们还寻求契约。一个人不仅属于共同体,而且也加入了契约。它的目的开始就不是共同体自身的目的——保护与加强团体的力量,实现团体的拯救。我们已经看到的那种秘密性,也在家庭的崇拜中自发地出现了。在这种例子中,它有一种不利的结果,因为秘密社团通常显示了共同体的衰退。因为,大体上说,共同的因素被废除了,因此,共同的法律不再生效;而且在对现在已成长为不受共同体本质支配的特殊的、秘密的力量的保护之下,各种各样的罪行都出现了:不在契约组织内的那些人受到威胁,用强力逼迫还债,掠夺、虐待和屠杀敌人。例如,在罗安戈,一个州里的官员在场,但是,在被戴上面具之后,他被送回了村子——这清楚地表明了共同体正在向

---

① A. Gennep,前引书,第109页。
② Alviella, *RHR*, 81,1920,7.
③ Webster,前引书,第27页。
④ 参见本书第22章。
⑤ Webster,前引书,第21页,第135-136页。

契约组织让步。[1]

契约组织的神圣的共同因素,在很大程度上是与共同体的神圣因素相同的。神圣的物体,如已经提到过的楚林格之类,发挥着重要的作用。[2] 人们会对新入会的人解释说,"牛吼器"的功能是对雷声的模仿,而这对其他人来说,仍然是保密的;或者,成员们会被告知如何准备在表演和列队中使用帽子和面具等。[3] 人们对其表示敬意的众神与精灵,同样也是受到共同体崇拜的神与精灵,但是,它们的秘密,例如,它们的名字,则只有其成员才知道。那些仪式如考验、装死等,也与部落的仪式相同,入会后的等级取代了年龄群体的等级,例如在卡拉巴,就有七到九的等级。[4]

总之,我们可以得出结论,秘密社团肯定把共同体的观念引向了契约观念的方向,然而,这种转变并没有成功,它要么变成了社会的累赘,要么降至流行习俗的层面,如果确实不是降至闹剧的层面的话。至于后一种过程,罗安戈的奎姆巴人提供了一种例子:用木棍武装起来的新入会者们从森林里出来,他们用木棍打那些妇德可疑的或好争吵的妇女。[5] 此外,秘密社团并没有获得任何自己特有的生活形式,使它足以区别于部落或者家庭的组织。

255

5. 给定性的局限也被**献祭**的和**节日的共同体**超越了,这类情况对希腊人而言是很熟悉的,例如西亚索斯与厄拉诺斯就是如此。[6] 它们通常专门举行某种秘密崇拜,并且举行共同体性的餐宴,它们要求其成员为餐宴提供祭品,而且作为一种规定,对妇女、陌生人和奴隶开放。成员们佩戴着标记,如果他们向社团提供了有价值的服务,他们就会收到一篇颂文,这篇颂文是刻在木板或石板上的。这些社团在我们的世

---

[1] A. Bastian, *Die deutsche Expedition an der Loango-Küste*, I, 1874, 211.

[2] 参见本书第 3 章。

[3] Codrington, *The Melanesians*, 第 69 页以下。

[4] M. H. Kingsley, *West African Studies*, 562.

[5] J. Réville, *Les peuples non-civilesés*, I, 1883, 103.

[6] P. Foucart, *Des associations religieuses chez les Grecs*. Ziebarth, *Das griechische Vereinswesen*.

俗团体与宗教契约组织之间占有一种中间的地位,而且经常使得外邦的、东方的神祇的进入更容易,这样,由于它们忽视了部落的界限,因而形成了向神秘共同体的转变。

在古代社会的社团例子之中,我们常常不能够确定它们的构成因素是什么,或是某些宗教的目的,或是共同体的劳作;[①]但是,中世纪的**行会**发现了它们在劳作的特殊性质中的共同神圣因素;[②]手艺的力量与守护圣徒的结合,把其成员聚在了一起。但是,在此,给定的因素比选择的可能性更加强大,因为行会形成了密切的合作。在行会中,地位不是向全体人开放的,相反,它经常是世袭的:有权势的人事实上是现存的,并不需要去寻找。其餐宴的仪式与古代崇拜节日的习俗相同,而向出师者和师傅之尊严的转变,则具有神圣化的特征。在教区的教会中也一样,行会有自己的祭坛与圣徒。整个共同体的仪式都在那里继续着,而它倾向于契约组织仅是因为职业的随意性——那自身也很有限。[③]

6. 在希腊文化中首先出现的**神秘共同体中**,力量最终产生了分化,"拯救"有别于世俗生活,而世俗生活在价值上相应地被降低了。[④]然而,这些神秘社团的起源仍然清楚地显示出共同体的诸种形式:伊西斯的崇拜(帝国时代的伊西斯的神秘故事就是从这种崇拜中产生的),在奥西里斯的家族中呈现出的是在每个家庭中不断出现的那种基本类型;[⑤]此外,希腊的伊流欣努崇拜起初是农村共同体的节日庆典,并且

---

① 一个精彩的例子是,所谓的加利波利的铭文,它提到了渔民的社团,但是,其中包含的这个社团的详细等级,被不同的人做了不同的解释,有些人用地位来解释,例子中是与职业有关的,另一些人用与神秘膜拜的活动来解释。*Mém. Ac. Inscr. et B. Lettr.* 35, 1896, 36。Bull. Corr. Hell. I, 1877。F. Poland, *Geschichte des griechischen Vereinswesens*, 1908, 86, 119 - 120, 405。Ziebarth, *Das griechische Vereinswesen*, 1896, 24。

② 参见本书第 2 章。

③ Chantepie,前引书,第二卷,第 549 页。Huizinga, *Herfstty der Middeleeuwen*, 第 115 页,第 131 页以下。

④ 参见本书第 11 章。

⑤ 参见 A. Moret, *Mystères égyptiens*, 1913, 37。

仅限于其居民中,①而且事实上,直到这些神秘活动中止时,其主要的
事物仍然掌握在两个古代伊流欣努家族的手中。"因此,至少有可能的
结论是,神秘仪式的形式是通过从家庭崇拜逐渐扩大而发展的。"②同
时,我们也已经了解到婚姻仪式与神秘仪式是密切关联的。③

　　但是,神秘共同体逐渐从共同体向契约组织发展;最初这是适合它
们的目的的。因为在神秘共同体中,不再可能找到一般意义的生活和
力量,而"拯救"又与这些东西完全地不同,这种倾向与追求生活的保障
相关。在希腊,从公元前 6 世纪到公元 5 世纪期间,这种追求越来越强
有力地发挥着作用,首先它在对不朽的渴求中显示了自身。④ 因此,神
秘团体的真正目的,是获得永恒的生命;但是,即使拯救与整个的生命
相关联,正如恩培多克勒所说它既包含⑤对肉体的治疗,也包含对灵魂
的需要,它也仍然越来越多地与给定的共同体分离,变得适应于另一个
共同体的目标,为获得这种共同体性的拯救而新生。于是,个人加入神
秘团体,因为这是他们所追求的,个人的自愿的决定是必要条件。确
实,这种决定中的任意的因素很快退出了,对神的**呼求**替代了给定的地
位;在寻找给伊西斯的祭品时,路西乌斯仅在他耐心地等待这位女神同
意之后才得到。⑥ 因此,不论是产生于自由选择还是产生于神的召唤
的契约组织,都是越来越明显地与其他共同体相对立。与神的关系不
再只是简单地显现:有些有这种关系,有些没有这种关系,没有关系者
处境可怜,新加入者作为被赐福者受到欢迎。⑦ 因此,"世界"这一概
念,既不是结合的世界,也不是背景中的世界,⑧而是力量的匮乏,在此

257

---

① Farnell, *Outline History of Greek Religion*, 49.
② Anrich,*Das antike Mysterienwesen*,第 7 - 8 页;就像秘密社团出自部落组织一样。
③ 参见本书第 22 章。
④ 参见本书第 46 章。
⑤ 参见本书第 27 章。
⑥ Apuleius, *Metam*, 第 11 卷,第 21 页。
⑦ 例如索福克勒斯剧中写道:"……在见证了这些入会仪式之后,那些被三次祝福的人,就是曾经到
　地府游荡的人;生命只是对他们来说才长盛不衰,而对其他人来说,只是注定的凄惨;"
　(Campbell);参见 van der Leeuw, *Goden en menschen*,59。
⑧ 参见本书第 8 章、18 章。

已经得到了清楚的展示。

　　因此，在越来越大的程度上，或者根据人的决定，或者根据神的神秘命令，契约组织的局限还保留着，一方面被限制在那些加入团体的人之内，或者被限制在那些拥有职业的人之内等；另一方面，对最初部落成员的限制就被扩大或者甚至被中止了。类似地，伊流欣努神秘团体最初是向所有的陌生人关闭的，后来则改变了它们这种归因于雅典霸权的特点，它从部落的神秘团体发展成了首都的神秘团体，后来，事实上是从公元前第5世纪的后半叶，它们开始向所有的希腊人开放，最终甚至向妓女、儿童和奴隶开放了。[1] 因此，神秘契约组织的本质特征是，在用幻术进行拯救方面，它在外邦人与本乡人之间，在国民与野蛮人之间，在奴隶与自由人之间，是没有区别的，或者凭无限制的选择或者凭职业就可以得到，但是，它仍然保留了个人通向拯救的道路，[2]拯救在世界上自由地传播，没有任何限制强加于它。神秘团体称颂的拯救者，神秘团体中提供的神圣仪式，都是面向所有人的。只有在神秘团体自身中给定的特殊方法，是有效的："你们受洗归入基督的，都是披戴基督了。并不分犹太人、希腊人，自主的、为奴的，或男或女，因为你们在基督耶稣里都成为一了。"[3]部落的仪式也不再具有基本的意义：与异教徒同吃已被允许，割礼也不再是无条件地必需的了。[4] 除希腊人与野蛮人，犹太人与异教徒之外，没有其他人了，但是，一方面是信徒，另一方面是"世界"。当然，神秘共同体也认识到有种种界限，通常正如古代限制的产物对于祭献和崇拜仪式是有效的一样。因此，伊流西斯仪式排斥了凶手和野蛮人，后者是被给定性强加的限制的遗存。加入的条件有禁食、守贞操等等，这与那些被普遍遵守的为祭神而做的事情

---

[1]　Rohde, *Psyche*, I, 286-287. E. T. , 221. Farnell, *Cults of the Greek States*, 第三卷，第153页以下。

[2]　参见 J. de Zwaan, *Antiek syncretisme en hedendaagsche zendingsvragen*, *Mededeelingen Ned. Zendelinggenootschap*, 1929, 3。

[3]　《加拉太书》3：27-28。

[4]　Weber, 前引书，第二卷，第39页。

没有什么不同。[①]

神秘社团的实际崇拜活动，我们将在后面的一章讨论。在此，只需要说，某些神圣的事件就如"拯救的故事"一样，被不断地重复，在其成员之中流传，而在这种故事的中心，是拯救者的形象。[②]

7. 契约组织以**修行的共同体**的形式，更与"世界"分离甚至更加明显。在其中，被崇拜者[③]的力量必须受到契约的保护和支持，尽管我们必须同时注意到它所保持的极性特征。一个修行者首先是一个个体，他是孤独的，他的力量与他的孤独密切相关。但是，一种力量又追求另外的力量。隐士的小屋合在一起就形成了**修道院、隐修院**；在某些情况下，隐修院又联合起来形成了某种像阿索斯那样的隐修城。因此，隐修院是最完整意义上的共同体，它拥有自己的教堂、农业和手工业，它自己的行政管理和教堂庭院，而入会仪式则展示了部落的和神秘组织的入会仪式的特征。

然而，契约组织的特征在所有其他方面都清楚地开始突显出来了，在此，不应该在"世界"中获得的力量得到了实现。在不间断的崇拜中并通过崇拜，得到了共同的神圣性，通过对大公会议而不仅仅是对福音戒律的遵守，获得了共同的道德。因此，教会被视为本质上就是"世界"，除了修道院外，每个共同体都被认为是无力的，因此，父亲、兄弟等等，都是纯粹灵性的称呼。[④] 类似地，出生的规则完全被圣化的规则压倒了，因此，例如修女特雷莎姊妹被宣布死去时，被称为"这个世界上的"某某小姐。教会的教士被说成是"世俗的教士"；因为在拯救的最真实的意义上，拯救应该仅在被称为修道共同体的教会中才能看到，从这里开始，它延伸到了教会和世界之上。[⑤]

259

---

① 参见本书第 49 章。
② 参见本书第 12、61、73 章。
③ 参见本书第 29 章。
④ 这也是《马太福音》12:50 中对这些词的用法："凡遵行我天父旨意的人，就是我的弟兄姊妹和母亲了……"
⑤ 参见本书第 29 章。

在佛教方面，修行的契约组织更具有世界性的重要意义。正如基督教一样，从教师与徒弟之间的松散联系中发展出了共同体，共同体又发展成为一个庞大的修行契约组织。[①] 然而，佛教抛弃了给定的形式，但是并没有发展成教会的形式，因此，对它来说，俗人仅被视为"崇拜者"，而且并未被任何一种组织性的纽带结合起来。迄今为止，佛教只是那样一种印度教徒实践的逻辑后果，根据那种实践，一个人在完成了结婚与生育后，就要离开家庭，作为一个森林修行者孤独地生活。最初的佛教僧侣在雨季时聚集在一起，因为在那种季节不可能在外漫游乞讨。后来，成百上千的寺院出现了。于是这个"世界"最终被认为是无力的，而且，原则上说，只有在世界之外才可能存在共同体。[②] 家园、家庭、部落的中心、力量的所在之处——在此这一切变成了障碍和苦差事。所以，谁追求真正的共同体，谁就必须"出家"，后者甚至成了僧侣等级中最较低级别的名称（pabbajja）。[③] 于是来自婆罗门的命令："让他从这个屋子出走"，佛教由此形成了一个共同体，[④]加入这个共同体[⑤]就是"从家出走而变得无家可归"。[⑥] "在家的生活，即不纯洁的状态是非常狭窄的，自由就是离开家。"[⑦]真正的共同体要求放弃"给定"的东西，对于一直虚假的共同体而言，"给定"的东西是被贬低了。

260

---

① 参见本书第 28 章。
② 基督教有一条狭窄的路避免这种事态发展！
③ Oldenberg, *Buddha*，第 347 页以下。
④ 同上，第 348 页。
⑤ 在其自身方面，它并不承认这些"给定"的种姓差别是原则问题；Oldenberg，前引书，第 152 页。
⑥ 同上，第 355 页。
⑦ 同上。

第 35 章／教派

1. 原始的世界只知道神圣而不是特定宗教的共同体, 类似地, 也根本不知道特定宗教的行为, 而只知道神圣的行为。因此, 对于原始世界而言, 对宗教生活的任何特定的培养, 不论是从个人角度, 还是在团体之内, 都是相当陌生的。因此, 西庇阿在黎明之前赶到了朱庇特神殿, 为的是在神殿中作斡旋者, 显然是要向朱庇特请教关于国家的事务, 这是一种引起了极大惊奇的非常稀少的例外。[①] 因此, 第一种致力于特定的宗教目的的共同体就是教派, 教派不仅使自己脱离了给定的共同体, 而且也脱离了一般意义上的"世界"。所以, 教派并不是建立在与宗教团体决裂的契约之上的(它仅在一种次要的意义上如此)。最初时, 它依赖于一个摆脱了共同体的宗教团体, 而且这样做, 是为了以某种完全不同的方式获得宗教方面的拯救。

因此, 教派不是建立在从其他宗教共同体(例如教会)中脱离出来的宗教契约之上的; 相反, 它是从一般意义上的共同体中分离出来的, 使宗教成了与通常的生活目的并行的一种特定目的。神秘社团也做类似的事情, 教派与神秘社团混合的各种形式都存在着, 例如俄耳甫斯教团之类。但是, 一般而言, 神秘社团比起教派来, 更是从宇宙论的角度去理解生命, 把生命理解为一个统一体, 而教派听任世界自行其是, 以便平静地得到拯救。"教派"一词不是从 secare 一词, 而是从 sequi 一词中派生出来的, 它是一种宗教派别, 一种异端, 正如这个希腊词(αἵρεσις)所意指的, 是一种选择或一种倾向; 它是我们所知的契约的最

---

① Gellius, *Attic Nights*, VI, 1, 6.

纯粹的形式。例如，与犹太教的共同体相比，拿撒勒派和基督徒都是教派；[①]但是，法利赛人和撒都该人也一样是教派。在伊斯兰教中，穆尔太齐赖派也是教派。原则上说，这些教派都是分裂者，属于"分离主义的类型"；[②]但是，它们不是从任何特定的团体中分离出来的，而是从每一种无论是原始——般的、宗教—民族的，还是基督教会的团体中分离出来的。因此，教派的相关者不是宗教团体而是共同体，它是契约的最极端的结果。

2. 除了教派与其决裂的共同体的**教义**之外，教派还包含着异端的教义，那是另一种文化习俗："假师傅私自引进陷害人的异端。"[③]然而，从现象学的角度来说，分离出去的教义或文化因素不是决定性的特征，它只是一种信念体现，是创造了教派的那种态度的体现。因此，与犹太教和罗马人的共同体相比较的基督教，与罗马教会相对照的宗教改革，与印度教相对照的佛教，以及与阿拉伯人的共同体相比较的伊斯兰教，它们都是教派，而后来都变成了宗教团体、修行社团或民族的统一体。使教派在后来继续生存的东西，是它的党派性和它的异端的性质，它的追随者就是异端分子，而"分门结党的人"就是"要弃绝的""不正当的"人。[④] 因此，"异端涉及的不只是观念，而且是生活；它是罪，而异端的分裂意味着同共同体切断关系；在中世纪，道德上的反常例如施虐狂，被认为是异端。[⑤] 然而，不涉及脱离了共同体的教派，就不可能从本质上理解共同体，[⑥]因为，共同体自身的生命进入了那些教派之中。但是，任何一个实际上还留在共同体内的人，都不可能意识到这一点，因此对他来说，教派的成员身份正是对不同态度和外来力量的证明。在这方面，人们在最好的情况下也可能产生这种意识："在你们中间不免

---

① 《使徒行传》24:5,28:22。
② Wach, *Meister und Junger*, 8.
③ 《彼得后书》2:1(Moffat)。
④ 《提多书》3:10。
⑤ Huizinga, *Herfstty*, 414.
⑥ Wach,*Religionswissenschaft*,162,53.

有分门结党的事,好叫那些有经验的人显明出来。"[①]

3.因此,教派的特殊力量被体验为它们特有的超凡魅力,而对它的选择被体验为天意。于是,共同体的每一点痕迹都可能被抹去,以便实现某种纯粹的可能性,而这一点必然会被圣灵(pneuma)或者被虔诚的意愿所认识。要么是天意,要么是行动证明着成员的资格:这个人是**被选**的,那个人是**皈依**的,[②]然而,这些也可以是相互交织着的。但是,再说一遍,出身则什么都不能证明,例如撒拉成功的儿子就是如此。在极端的教派看来,圣礼和仪式都被认为是没有效能的,都被修改了,例如用成人受洗来替代婴儿受洗。事实上从现象学的角度来看,教派先于宗教团体而存在,对照之下,宗教团体意味着向原始共同体的倒退。

契约组织形成的动力,产生于各种各样的原因,其中,复兴运动具有重要的地位。[③]对情感的某种强烈震动,迫使一个人对待世界与神的态度作出反思,强迫他放弃给定的东西并对新的可能性进行探寻。古希腊的酒神节的种种狂暴行动就是如此,宗教改革时期精神上的热情、基督教圣灵降临运动等也是如此。

然而,教派也会渐渐地丧失它的特定性质。然而,它的发展也常常确实采取了越来越彻底的契约形式,并使之不断地完善。对个人改宗、对信仰和体验认同、对纯洁教义的要求,一直在变得更加严格。在这方面,让·德·拉·巴迪(Jean de la Badie,1610—1674)的观点的扩展是值得注意的。他努力建立了一个共同体,它是由那些真正获得重生因而不会满足于地方教区的人所构成的;后来,他组织了一个家庭聚会,其成员都是他所认识的基督徒,而且都是获得重生的。这样一来,绕了一个大弯之后,他又回到了原始的"家庭":共同体的纽带与家庭的纽带就是一个。后来,在赫尔弗德的那个著名的家庭聚会中,灵性的欢庆与舞蹈,变成了那个时代已经得到的完美之爱的共同体的特征。教派成

262

---

① 《哥林多前书》11:19。

② 参见本书第 79 章。

③ 参见本书第 94 章。

员与非教派成员之间的婚姻被宣布为无效,新的结合受到庆祝,新结合体的孩子能够免除原罪。在拉·巴迪死后,在那些实际上接受了上帝之恩典的人与这种保证在其身上并未表现出来的人之间,出现了进一步的划分:第一个群体是由兄弟与姐妹构成的,而第二群体的成员则被称为先生或女士。甚至称呼上帝的方式,也受到拯救之肯定性程度的影响:兄弟们可以称他为"父亲",但是其他人则不能。[1]

于是,世界变得更大了:有共同体,有"新锡安",有真正的以色列,有圣灵王国,等等,同时却不断地变得更小,这是同以下理论的运用一致的,即"这样一个分离的和圣化的共同体之原则,它容忍国家,但尽可能地避免与之接触,通过穿着、习俗、问候、婚姻以及绝罚等手段,严格地维持着团体与世界的分离。"[2]然而,事实上,在这种不断扩展的对教派力量的净化、限制与固定之中,对解散每个共同体,对回到在上帝面前的孤独的一种隐秘的渴望,在这里被掩盖起来了。[3]"能够承受最大的孤独的人,将是最伟大的人";[4]我们再引用这个作者的一句话:"每个共同体都使人变成了共同的"。对孤独的恐惧成了一种奢侈,天生的无能(impotence)来自被一切给定之物抛弃的意识,这种无能变成了全能(omnipotence)之出乎意料的,但却更加有福的可能性。

263

264

① H. Heppe, *Geschichte des Pietismus und der Mystik in der Reformierten Kirche namentlich der Niederlande*, 1879,第 240 页以下。
② 与 E. Troeltsch 对浸礼会的评论相当,不过这个评论同样地适用于许多其他的教派; *Kultur der Gegenwart*,I,IV,I(第二版),510。
③ Lohmeyer, *Vom Begriff der religiösen Gemeinschaft*,第 44 页以下。
④ Nietzsche, *Beyond Good and Evil* 155. (Foulis Edition)

第 36 章 / 教会

1. 古代以色列人的ק‌ה‌ל,同时又是民众的集会和崇拜的共同体,[①]表示这个观念的希腊词是 ecclesia;[②]因此,当耶稣选择了他的门徒并且把一种特殊的地位分派给他们中的一人时,[③]他不仅把类似倾向的人召集到了一起,而且还创造了一种教师与门生的唯一关系,这种关系我们在关于佛陀的例子中也已经看到过。他对教会的建立必须从他对其自己的人民的整个态度来理解,从他们之中,为了他们,并与他们相对照,他召集并任命了十二个门徒作为一个特定的会众,以便代表耶和华的会众。[④] 这十二个人当然是门徒,但是他们首先是民众,是真正的以色列人,[⑤]而圣灵降临事件,带给作为民众集会的那些门徒的,是圣灵的礼物。因此,"圣灵的"(pneumatic)和给定的纽带,以这种方式相互交织成为一体,两者并列存在:"你们既属乎基督,就是亚伯拉罕的后裔,是照着应许承受产业的了。"[⑥]因此,在精神的意义上,教会是上帝的子民;在现实的意义上,教会是基督的身体,这就意味着契约与共同体融为一体,并且上升到了一个更高的统一体。不论是人的上升,还是其地位的给定性,都不具有决定性,尽管其中任何一个都是不可缺少的。它们在上帝的行动中有其基础,也得到了认可,上帝降临下来在

---

① 《创世记》49:6,《列王记上》12:3,8:14,《利未记》4:13,《民数记》16:3,《诗篇》22:23,《约珥书》2:16。
② Bultmann, *Glauben und Verstehen*, 第 162 - 163 页。
③ 《马太福音》16:18。
④ Schmidt, *Die Kirche des Urchristentums*, 第 291 - 292 页。
⑤ Peterson, *Die Kirche*.
⑥ 《加拉太书》3:29。Schmidt,前引书,第 314 页。

"在基督中"①与人相遇，上帝自身的意愿成了他们共同体的纽带。

然而，从教会起源的那一时刻起，她就不断地处于要么不可挽救地成为"子民"的危险之中（因为教会的等级制组织意味着的，不过是尽管已从以色列向罗马帝国转变，但子民这一观念是永久性的）；要么是完全地处于"灵化"（pneumatized）之中，绝大多数教派在这方面都是有影响的。但是，在所有时代，它的本质一直如此——既不是被理解为天意的人的选择，也不是人的来自命运的给定性，而是两者之和，作为上帝自己的行动之果实而被接受，在教会的"主"身上到达高峰。②

于是，作为子民，教会当然是那个共同体的继续，但是，现在又是签订了契约的共同体，又是被选定的民众；尽管依赖于一种契约，它又是围绕着"主"的形象和生活而形成的神秘契约的持续，但它也是一种契约，这种契约的神秘分有世界的给定性，以及每个个体生命的神秘。用早期基督教时代的语言来叙述这一切，那就是：教会是建立在一个无能的人，即彼得之上的，但即使是地狱也不能胜过他。③

2. 教会实际上只存在于基督教内；因为佛教的寺庙共同体，伊斯兰教的共同体，都不是依靠纯粹赞同和一致的原则，④就连犹太教的民众聚会也不能采用教会这一名称。更进一步说，这个历史事实是与教会的本质特性密切相关的，因为教会起源于具体的历史环境，由于犹太教对基督的拒绝，以及后来转向异教，这些都反映在后来的事件中。⑤因此，在这种具体环境中，一方面存在着从共同体向契约的转变，另一方面也存在着异教宗教意识的集聚，这种意识已经在各种各样的契约类型中有所表现，并以一种新的方式进入一个给定的共同体。所以，教

---

① Bultmann，同上，第 170 页以下。

② 参见 G. P. Wetter, *La catholisation du Christianisme primitif* (*Revue d'Histoire et de Philosophie religieuse*, 7, 1927)。

③ 参见 Maritain 的精彩名言："教会的伟大荣耀是，要同其有罪的成员们一起成为圣洁的。"*Religion and Culture*, 40。

④ Wach, *Religionssoziologie*, 51.

⑤ Peterson, *Die Kirche*.

会是异教的教会,但"救恩是从犹太人出来的。"①

　　所有这些意味着,教会在其本质上,是现象学难以把握的,因为它存活在信仰者的意识中。因为它是基督的身体,而这本身是难以把握的,事实上,这自身就是基本前提。教会肯定既是子民又是契约,但是它总是只以基督的呈现、"主"的呈现为前提的,基督也是把教会聚在一起的纽带,在那里,天意与选择都包含在其中,在给定的东西中,基督是创造的中保。因此,一旦被人组织起来,被神秘地赋予了生命,教会就是既可见又不可见的,精神的和全宇宙的。这不应该被作为一种事实来证实,而是应该被信仰:它就在这里,以至于我们在研究中所遇到的首先是**信仰**,这不是偶然的。②

　　因此,虽然教会是建立在早期的给定的东西上的,但是它的基础是神的可能性。直到它上升为**凯旋的教会**,或者融化为**神圣的共同体**,它一直是地上的盐,世界继续实存的实际根基:基督的身体支持着世界的身体。由此而有了教会的尊严及其追随者的尊严:"圣徒要审判世界。"③在此,共同体的理念几乎达到了其最高峰,因为共同体(在教会中是给定的)拥有了形上学的意义;它的范围是广大的世界,它的本质是上帝自身的性质,是基督的爱。家庭与死者之间的原始共同体,现在以彻底改变而神圣化了的形式继续存在:与上帝同在的共同体包括了与死者同在的共同体,教会作为纽带的力量甚至超越了坟墓。教会是处女,是新娘,是上帝的宝座和胸怀;一个未婚的母亲不断地生出信仰者④:"基督是新郎,教会是新娘,每天它们都要为尊敬的天父诞生众多的精神之子。"⑤于是,母亲的形象⑥又一次呈现在我们眼前,但这是一

266

---

① 《约翰福音》4:22。
② Bultmann,前引书,第 172 页。
③ 《哥林多前书》6:2。"教会是末世论的事实;崇拜的共同体,也就是说,它并不视自身为一种世俗的现象,而是附属于超越者的。"Bultmann,前引书,第 154 页。
④ 参见 F. C. Conybeare, *Jungfräuliche Mutter und jungfräuliche Kirche*, *AR.* IX, 1906。Harnack, *History of Dogma*, III,第 108、109 页;参见路德的赞美诗"神圣的基督教会"——"虔信的女仆在我看来是多么的亲切",等等。
⑤ Firmicus Maternus, *De errore profanarum religionum*, 19.
⑥ 参见本书第 10 章。

个其力量依赖于圣父的创造行动的母亲。

3. 最后，在信仰者的意识中，教会具有**普世性**的特征。然而，"普世"的基本含义并不是指教会包含整个世界，而是与这个词的原始意义一致，指它是一个整体，一个有机体，基督是她的头。因此，教会的普世性并不过多地关注作为其完全实现的教会的扩展，伊格纳修（Ignatius）断言："哪里有基督，哪里就有普世教会"。因为是普世的，作为基督的身体的教会，在其作为其首脑的基督中被有机地统一进了宇宙的全能之中。于是，教会包罗万象的性质就从这种统一中产生，然而不是作为一种事实，而是作为一种任务，一种**使命**：因为，哪里有以基督的名义聚集起来的两个或三个人，哪里就有基督，就有普世的教会。

教会的普世性意味着她的统一与她的神圣。在其他的共同体与契约中还只是轮廓的东西，在她之中得到了完成：共同体的本质，即"神圣的共同因素"，并不只是纯粹聚集在一起，不只是人们为了逃避恐惧而找到的团契。她是完全不同的某种东西，在成员的整体方面是没有给定的，这种未给定的东西创造了一种新的有机体。这个不同的因素是首位的也是最后的，是所有事物的本质和根本基础。

第37章 / 民族与人类

1. 从关于神圣共同体的已经说过的东西中，可以清楚地看到所谓**社会学派**的片面的夸张及其中的真理。宗教不是私人的事，在宗教领域内，团体性与集体性取得了一种极其广泛的地位，事实上，对力量的寻求从本质上说，是与逃避孤独相联系的——所有这些都是事实。但是，让宗教的东西淹没在社会的东西之中，是不太有理由的。因为神圣的共同因素并非因为它是共同的而神圣，相反，因为它是神圣的才成为共同的。在对神的崇拜中，人类并不是在崇拜自身，却是在人类自己的集会中崇拜神。因此，这种社会学的设想真正地只是费尔巴哈的一种新形式，正如我们所见，①费尔巴哈的形式最终是出自色诺芬尼——人按照自己的形象为自己创造神，仅仅在费尔巴哈这里，这个形象不是个人的而是总体的。当然，这一切都是很正确的——"但是毛病在于，在此缺少神圣性那样一根生命线。因为它并不存在于伙伴的纽带关系中，也不存在于对共同情感之精神的大胆的实体化中，而是顽强地存在于非理性之中。如果它被抽掉，宗教就没有力量了。"②

2. 然而，神圣性又依附于共同体，甚至当共同体从部落向**国家**和**民族**发展时也是如此，共同体由此而逐步地世俗化了。因此，神圣性在长时期内得以保持，是因为国家最初是一座城市、**城邦**，③从而地方性的力量与共同体的力量相重叠。这种城市共同体也可以变成一个世界性的帝国，不过，它仍然在本质上是一个城市共同体，因为罗马帝国，事

---

① 参见本书第8章。
② Söderblom, *Gottesglaube*, 第一版, 210; 参见 Wach, *Religionssoziologie*, X。
③ 参见本书第57章。

实上每个帝国,所依赖的都是一座城镇或一个部落的首要统治权,直到比较现代意义上的民族性发展起来为止。在这个过程中,力量集中到了统治者个人身上,统治者具有了几乎是神圣的威严。① 民族这一观念与部落和帝国的概念的结合,是很晚才出现的。与现在相对不太重要的血缘关系相关联,共同的历史体验和长期生活在一起的事实,都属于这种民族观念。犹太人是民族的第一个历史例证,古代社会的其他人民或者是部落,或者是帝国的历史例证;这两种类型都把自身视为现实的世界,而它们的统治者同样地具有宇宙性的意义。埃及和巴比伦是世界而不是民族,而在各种民族中受压迫的以色列人,则把人民的潜力体验为仅仅属于它自己的某种东西,即某种民族的东西。在神圣罗马帝国和自文艺复兴后出现的欧洲各民族国家,如瑞典、荷兰、法国等方面,同样的关系也存在着。然而,在很长的时期中,部落的力量常常与新的民族观念(特殊论)相对抗,另一方面,它又经常被帝国的概念(帝国主义)所取代。

但是,尽管都已世俗化,民族的力量仍然被视为神圣的,在那些伟大而激动人心的时代,这是非常清楚的。后来,建立了民族的祭坛,或者,在战争的危机中,会向民族的神祈求。然而,从清晰的自然神论对上帝之信仰的观点来看,这是一种谬论,而根据普世教会的信仰来考虑,这甚至被认为是一种罪过。然而,从现象学的角度来看,它拥有一种内在的适当性,因为准确地说,它是要把人自己的力量带进与力量自身尽可能密切的关系中的一种努力。**民族主义**总是具有宗教性的,关于这类宗教性民族主义的最给人印象深刻的例子,可以在犹太人中看到。以色列既不是部落也不是帝国,它的界限就是世界的界限,或者说应该是世界的界限:它是各民族中的一个民族。但是在所有的这些民族中,它是被拣选的民族:上帝是它的上帝,它的人民是上帝的子民。而人民的上帝也就是那位被共同体验过的历史的上帝,是亚伯拉罕的上帝,是

---

① 同 Söderblom,前引书,第 13 页。

以撒和雅各的上帝，他领导那个民族走出埃及，走出了奴役的场所。然而，从现象学的角度说，我们描述为对上帝力量之利用的重要尝试的一切，在信仰者自身看来，似乎是拣选了其子民的上帝的一种荣耀的行动。

3. 社会秩序也可能是明确的力量的表达，于是，**阶级**与**种姓**都有了自己的宗教价值。直到对于工人阶级的现代热情提醒了我们，那些宗教评价并不完全属于过去，中世纪的骑士精神提供了这种原则的最佳例证。通常，种姓就是一个部落，该部落已淹没在要么作为统治者，[1]要么作为贱民的一个外来民族之中。[2] 例如，我们清楚地知道，在英属印度，各种种姓的势力之间的鸿沟有多深。例如，它禁止不同种姓一起吃饭，如果一个不可接触者看见了一个婆罗门的食物，那食物就被玷污了，而不同等种姓的成员之间的婚姻则是被严格禁止的。英国当局在饥荒时期办起公共食堂时，餐桌上指定给较高种姓者的席位，不得不用粉笔画线来与其他种姓者隔开。

4. **人类**这一观念所包含的种种力量的平等性，所指向的是同种姓相反的方向；然而这是相对晚近的发展，而且我们可能肯定地说，人性[3]首先是由斯多亚派发现的，后来又在十八世纪被发现。[4] 因为，卢梭像席勒所说的那样，从基督徒中召唤了人。作为人的人当然有某些权利，人性本身是把人联系在一起的最强纽带，所有的人都是兄弟，因此风俗习惯不能任意地割裂这种联系——所有这一切都是启蒙时代的发现。在此，人类似乎本身就值得崇拜：社会学理论（我刚才所提到的理论）起源于一个哲学家的思想流派，那个哲学家就是奥古斯特·孔德（Auguste Comte），他在晚年时创建了一整套对人类的崇拜，这一切并不是偶然的。人类是伟大的存在，而哲学家就是它的高级祭司。

---

[1] Weber，前引书，第二卷，第 14 - 15 页。
[2] 详细参见本书第 2 章。
[3] 在此，人性与人类是一个词。——译者
[4] 成为人本身在新喜剧中就是一种价值；参见 Muhl（氏著 *Die antike Menscheitsidee in ihrer geschichtlichen Entwicklung*）对这一观念发展史的精彩叙述。

(270)

　　然而，这种"人性的宗教"在我们的世俗化了的时代，几乎没有享受到任何崇拜方面的发展；然而，人类的魔力仍然发挥了更强有力的作用。在十九世纪，在这些能力的惊人爆发之后，对于成千上万的人来说，人类仍然是唯一值得崇拜的实体。在启蒙时代看来，在一个美德的时代：

　　　　谁不喜欢这种学说，谁就不值得成为一个人。①

　　现实地说，在另一个时代，按照歌德的说法：

　　　　纯粹的人性补救了
　　　　一切人类的失败。

271　　再者，浪漫地说，每一个母亲都是童贞女玛利亚，因此这是"尊重生命"，对我们的时代而言，这特别存在于生命苦难之中。最终，在那里也发现了崇拜的形式。在巴黎凯旋门之下，从无名战士墓中烧起了永恒的火焰，**无名战士**，以他的无名，代表了整个人类无边无际苦难的人性，各民族都在他面前鞠躬。②

　　因此，人类是在普世性方面能够同教会并存的唯一共同体。但是，它缺少构成教会这样一种有生命的有机体的头；③它也没有任何使命。教会悖论性的特征恰恰被揭示在这种使命之中：给定的人民，它同时是在事实上从未存在的精神共同体——是既存在又不存在的共同体——这就是教会，它包含着世界。另一方面，人类是确实存在的：我们大家都属于它，对我们来说，还没有任何其他的可能性。这就是作为共同体

272　的人类的匮乏。

---

① *The Magic Flute.*
② 所谓的"母亲节"，是对人类的同一意识的不那么重要的表达。
③ 关于人类与教会之间的对照，参见 Muhl，前引书，第115页："盛行于古代社会的普世性的观念与教会混合，并且被吸收进了大公性的概念中；"此外，还可参见 Maritain, *Religion and Culture*，第10、19、21、37页。人类是上帝之国或教会的自然化。

第 38 章 / 神圣共同体

1.《使徒信纲》的"我信……圣徒相通",只是在较后的时期才加到"我信圣而公的独一教会"之后的。[1] 也许它最初的意思是"我相信存在着对(圣餐)的神圣因素的一种分有",而在中世纪,这一说法获得了这样一种意义——意指所有人的共同体,包括生者和死者在内的共同体。然而,宗教改革以圣徒的共同体来与罗马教会那可见的教阶制度相对立,并且欢呼"用我们的眼睛来看它,用我们的手来触摸它已经不再必要",因为这个共同体的本质,是依赖于上帝的拣选与基督的信实。[2] 然而,这两种解释中,与有形性和可见性的分离十分重要,尽管这并未从本质上在**神圣共同体**与教会之间作出区别,教会毕竟依然还在上帝行动中得到实际的存在,而不受生命界限的限制。因此,**神圣共同体**的观念,从现象学的角度来看,只是在其古代的基督教形式中(根据这种形式,它是天使和所有"选民"的共同体),是独立于所有其他因素的,当然也是极其重要的。[3] 因此,会众们在圣餐中预先体验了这种最高共同体,圣餐的引导辞宣告:上帝的神圣性"与天使和天使长同在,与宝座和统治同在,与天上的所有同伴同在";[4] 在此,预先体验到的是,与道成肉身的主相通,与天上的共同体相通。但是,尽管教会的本质是"超越的",它的坚实根基仍在地上,在这些人和给定的东西之中:**神圣的共同体**只能从末世论的角度去理解。它完全是可能的,它是人

---

[1] 圣徒相通的拉丁语原文,同本书所谓"神圣共同体",是同一个短语——communio sanctorum。——译者

[2] Calvin, *Institutio christianae religionis*, IV, 1, 3.

[3] Harnack, *History of Dogma*, V, 第 243 页以下。

[4] 参见本书第 16 章。

的希望和上帝的应许。

2. 我认为，基督教会作为最高的共同体的最显著的特征是，它代表着上帝的行动，上帝的生命是从孤独走向孤独的。当所有的人都弃绝了基督时，在死亡的极度痛苦中，上帝也弃绝了他："我的上帝，我的上帝，你为何抛弃我？"然而，正如我们在客西马尼园和各各他①所看到的那样，从这种极度的恐惧中，从这种最凄凉的孤独中，最彻底的共同体产生了，而这就是基督信仰的悖论，它把孤独性与共同性统一在"基督的身体"之中。为所有人反对恐惧的这一斗争，被那个身体的头②一劳永逸地决定了：在橄榄山上的苦闷中，在十字架的被弃中，所有的恐惧和孤独都被战胜了。教会即"身体"，体验了这种胜利；但是她也必须不断地更新这一胜利，因为她还不是**神圣的共同体**。她是在最后胜利来临之前进行抚育和保护的母亲；因为"不存在其他进入生命的手段，除非她（教会）在母腹中孕育我们，让我们出生，除非她在她的怀中养育我们，一言以蔽之，在她的看护与管理下保守我们，直到我们脱去会朽烂的肉身，变得像天使一样"。③ 迄今为止，这是末世论中最精彩的说法。④人的共同体以此为终结，神的共同体以此为开端，然而，它永远是每一个人类共同体的基础，应该作为人类共同体唯一的力量而得到信赖。

---

① 耶稣被捕与受难处。——译者
② 基督教认为，教会是基督的身体，基督是教会的头。——译者
③ Calvin, *Institutio christianae religionis*, IV, 1, 4.
④ 参见本书第 87 章。

C 内在于人的神圣者：灵魂

第 39 章 / 作为整体的灵魂

1. "虽说你可以踱步于它的每一条路径,但你却无法找到灵魂的边际——它的根基是如此深邃。"[①]而灵魂的观念绝不是仅仅将人类意识功能系统化的一种工具。恰恰相反,就其所有的广泛地形成对照的结构而言,它始终在类型方面是神秘的,是显示人之内部的神圣者的一种方式。即令是无意识的物体也可能有灵魂,正是这种神秘者赋予了活的实体以意识,而不是相反。"生命并不也是神秘的,但是神秘者激活了甚至是无生命的东西。那神秘地影响了我的石头,同时在我的面前显现为在其中隐藏了神秘和秘密生命的'某种东西'。"[②]

对原始人的头脑而言,灵魂并不只是人的一部分,而就是具有神圣性的整个的人。而今天,我们仍在人的意义上谈到一定数量的灵魂,而不仅仅是人的一部分的灵魂。因此,对于那引起灵魂观念的神秘者和异乎寻常者的体验,在这里,便是由具体的实在性构成,并作为统一体被感受到的。

多年以前,按照向特比·德·拉·索萨耶提出的建议,克鲁特杜撰了一个表示这种灵魂结构的精密用语——"灵魂材料"。[③] 不过,后来,当他依据物力论而希望赋以力量(Power)观念在原始思维中的头等地位时,他放弃了这一用语。但在我看来,他这样做多少有些轻率,因为力量之展现或借助随便怎样的材料显示自身,正是灵魂观念的特征。一切灵魂均有载体,它们在任何时候、任何地方都不可能是独立的

---

① Heracleitus (Diels, *Fragmente der Vorsokratiker*, I,86).
② Schmalenbach, *Die Entstehung des Seelenbegriffs*, *Logos*, 16, 1927,第 330、333 页及其他数处。
③ *Animisme*,第 2 页以下。

实体；因而如正确加以理解的话，"灵魂材料"一语便已包含了力量观念，[①]而在原始人的思维当中，力量也罢，材料也罢，都绝不是判然为二的东西。因此，在我们既可以称灵魂材料，也可以合法地称及"灵魂力量"这两种情况下，它都指的是强有力的实质，或者依附于某实质的某种力量。[②]

275

　　古希腊人有这么一种流行的信念，以为人的牙缝如果很大，就使人很难保留住"灵魂"，因而，任何人的牙若疏松，便会是短寿的，但与此同时，这样的牙齿又易于灵魂材料的流入——长这样牙齿的人有色情的倾向。如赫塞林（Hesseling）所说[③]，荷马早就知道"建造一座牙齿的围墙"，即所谓的"ἕρκος"。这是一个清楚表明灵魂与力量相关联的例子。用格隆贝赫（Grönbech）1912 年在莱顿大会上的话来说，灵魂即玛纳。[④]后来，他这篇灵魂与力量本质上相联系的论点得到了很好的证明。当然这绝不意味着，每一种潜在力量都一无例外地是灵魂实体，而应该反过来说，灵魂，总意味着力量。[⑤]

　　从而，整体上看，这种灵魂也就与某种特别的"材料"相关。它并不局限于人体的任何单一部分，而是散布于人体的所有各部分的，因为所有这些部分都显出是各有某种力量。这种情形就如同血液虽在身体的某一器官较之其他部分多一些，但从整个身体看，它又是处处都有的。"好比无论是在橡胶树杆、树枝还是叶边上划一道口均有树液渗出；也如同花的芳香从中散发而弥漫在它的周围；又如血之流淌在动脉和静

---

① A. C. Kruyt, *Measa*, 载于 *Bydr. Taal-, Land- en Volkenkunde van N. I.* 74, 1918；75, 1919；76, 1920。

② 也可参见 M. P. Nilsson, *Primitive Religon*, 1911, 第 16 - 17 页；另外参见 Kruyt, *Animisme*, 第 1 页以下。

③ C. D. Hesseling, *Versl. & Meded. Kon. Akad v Wet. Afd. Lett 5. Reeks*, 2, 1917.

④ *Actes du IVᵉ Congres d'Hist. des Religions*, 1913, 70；参见 Schmalenbach，前引书；Söderblom, *Gottesglaube*, 第 66 - 67 页。

⑤ 不过，显然并非玛纳（mana）那样的特别力量。力量（Power）的含义要比玛纳广一些。在研究宗教的各学科中，我们有必要预先说明玛纳或塔布这样的观念，它们原来是在文化人类学的意义上被使用的，即在发生学的一般的意义上被使用的。这样的声明可以消除许多误解。例如，并不是每一个美拉尼西亚人的灵魂都有玛纳，但无论是不是美拉尼西亚人，只要是灵魂，都有意味着力量的玛纳。

脉当中;又如汗液之从毛孔蒸发,体热之从全身辐射;同样,灵魂材料寓于身体当中,从中流出并流至任何与之相接触的东西上面。"①

巫师们企图从自己敌人那里窃取并且贮藏于自己朋友身上的,就是这样一种被认为是"材料"的力量。② 哪怕是在身体的排泄物中,这也是最需要小心护卫的东西;是要以极大的努力去使之增加的东西;是要想方设法防止它散失的东西。这就是原始思维方式中的"材质",质料,但因为这种思维中尚无肉体与灵魂的二元分别,所以它就肯定不可能有唯物主义的含义。材料永远是而且同时就是力量,而这种灵魂材料的衰减或增加都是从物质方面去考虑的。因此,灵魂是可以摄食的,吃下敌人的心脏,便意味着自己灵魂材质的加强。③ 埃及人的卡(ka)是一种既可以摄食其他又最终可被摄食的灵魂存在者,从词源学上看,ka一词与食物是同源的。④ 依据最早出现于金字塔文书中的古代观念,还可以看到,死去的国王作为胜利者升到天上,他和他的侍从们用一根绳索捕捉了诸神。于是天界产生了恐慌,大地也为之颤抖。这王"以其父为食,吞噬了他的母亲",他"以人为食并吞噬诸神,他与众天神搏斗并肢解他们,然后在一口沸腾的锅中煮食他们。大的神作早餐,中等的做中饭,小的神在晚上享用",于是他摄取了众神的精气,他吃下了"那些神的内脏,他们的胃里充满了ḥkaw(一种有魔力的灵魂力量)。"他"吃了众神的ḥkaw,吞下他们的 iakhw(另外一种精神力量)";"他一路上生吞活剥他所遭遇的神。""看哪! 众神的 ba(另一种灵魂力量)已充满了国王的肚子。"⑤这是一种上升到神话水平的食人习俗,虽然还带

---

① Kaysser 的一章,载于 Beth, *Religion und Magie*, 152;另外参见 N. Adriani 的 *Posso*, 1919,第 87 - 88 页。

② 参见 Beth,前引书,第 137 页以下各页。

③ F. D. E. van Ossenbruggen 的"原始思维"(载于 *Bydr. Taal-Land-en Volkenk. v. N. I.*,1915),34。

④ 首先可参见 W. B. Kristensen, *Aegypternes Forestillinger om Livet efter Döden*, 1896,第 14 - 15 页;以后,还有一些别的例子,另外,请参见 Ad. Erman 和 H. Grapow, *Wörterbuch der Ägyptischen Sprache*, V,1981,第 86 页以下。(Ka,有的汉译著作,如《大百科全书》中释为"护卫灵",指人之个体的灵体。——译者)

⑤ *Pyramidentexte*(Sethe),第 393 页以下,第 278、444 页等;另外参见 van der Leeuw, *Godsvoorstellingen in de oud-azgyptische Pyramidetexten*,第 41 - 42 页。

有粗糙的恐怖，但也有未褪尽的某种威武；同时它也为我们从整体上思考原始人的灵魂的本质提供了深刻的洞见。人可以将力量吃下去，食物中便有某种灵魂力量。

2. 灵魂—力量被明确地视为存在于身体中的几乎每一部分，即令是身体的排泄物。人的**气息**中便有力量的观念，或所谓的气息灵魂（breathsoul）对于各民族都有举足轻重的影响力。这种影响从各个时代一直传至今日。也正是从这种灵魂气息的观念，产生了代表灵魂精髓力量的那些最重要的用语——阿特曼（Atman），精神（spiritus）、灵（anima）、灵魂（Seele）、普纽玛（pneuma）等。[1] 当然气息之为力量，其确立并不仅仅是否定性的，即不像泛灵论说的那样，由人死时不再呼吸，推出其灵魂性质，相反，可以在呼吸中看出独立的生命，这是一种在睡眠中也不停止的生命，脉搏的跳动、胸部的起伏，都显露出它似乎是特有的生命，具有特别的力量。[2] 亲吻，往往也被认为有仪式性意义，大约它也被设想为气息灵魂的相互传递，极类似兄弟之间的血缘关系。依据同样的道理，问题如果涉及宇宙的生命，在宇宙论意义上看，呼吸或气息便是强大的产生者。上帝向人的鼻孔吹入气息便赋予他生命，[3]还有更具普遍性的说法：

> 你收回他们的气，
> 他们就死亡，归于尘土。
> 你发出你的灵，
> 他们便受造。[4]

---

[1]　Jevons, *Introduction*, 44.
[2]　Schmalenbach，前引书，第 332 页；另见 Wundt，前引书，Ⅳ，第 135 页。
[3]　《创世记》2∶7。
[4]　《诗篇》104，在阿那米人中便有关于气息的引人注意的宇宙论玄想。参见 Santyves, *Force*，第 72 页以下。[这里的所发出之"灵"，在原文中便是气息，仍同《创世记》所言，这句若直译便是"从你而来的气息使他们得成活。"——译者]

277

与气息并列的,还有**血**,这也是非常重要的灵魂载体。在荷属东印度群岛,人们为一所房舍祝祷献祭的过程中,就要在房柱子上洒血,[1]而在《出埃及记》第 12 章中,涂血于门框上使以色列人得以免死。我可以这么假定,《旧约》当中,祭献仪式的血的作用是人们所据悉的:血是肉体的灵魂,[2]而基督徒认为凭耶稣的血而获救赎的想法,本质上说,保留了这种具体的灵魂观念。依据这样一种观念,血就不只是"相当特别的液体",[3]而且是一般的救赎的力量:

> 我虽不洁,却因你的血而洗净,
>
> 哪怕一滴血为罪人而洒,
>
> 也就能使整个世界除去一切罪垢。[4]

而我们知道,从具体的物质的角度看,血液,无论在神学上还是世俗的大众虔诚上,都有着并且仍然有重大的意义,比如在救世军的实践中便是如此,其依据便是《旧约》中的祭献仪式;而且与此类似,只有根据血液所具有的有力的灵魂属性,才能得以理解。

在那些被认为由肉体散发出来的灵魂材料,亦即身体的力量中,有诸如血、气息、**唾液**、**汗**及**尿**等。**尸汗**(Corpse sweat)也属于这一类,马达加斯加岛上的人便相信它是从尸体上产生出的新的有形的灵魂。[5]还有另外一种灵魂,冯特称为**"器官灵魂"**(Organ-souls)的,意指身体之某一单独部分的潜在力量。[6] 在此特别值得提到的是头颅,[7]因为作为

278

[1] Kruyt, *Animisme*, 23.
[2] 《利未记》17:11。
[3] 《浮士德》,第一部,第 1386 行。
[4] 托马斯·阿奎那的《赞美诗》(*Adoro te devote*)(原诗的拉丁文略——译者),Huizinga 将这几句诗同 Marlowe 的 *Faustus* 中的这几句加以比较:"看啦,基督的血在天穹流淌! 一滴血便可使我获救"。参见其 *Herfstty*, 368。
[5] Wundt,前引书,IV,第 148 页;另外参见 Hertz, *Mort*, 77。
[6] Wundt,前引书,第 79 页;Nilsson, *Primitive Religion*, 44;Kruyt, *Animisme*, 第 2 页以下。
[7] Kruyt, *Animisme*, 第 17 页以下。

灵魂材料的容器，它在西印度群岛的猎头者心目中，是亟欲获取的战利品；[1]此外，还有**心**[2]、**肝**、**眼**[3]等。古代地中海的水手将眼睛绘在船头，以求保佑，而古埃及的何露斯神的鹰眼的神话告诉我们，身体之一部分的眼睛具有宇宙意义：它之给予死者，有时是作为太阳，有时又象征作为生命完满的祭祀，"因而，他们便可能从它而获得灵魂。"[4]此外，还应提及的有**喉头**、**身体左侧**[5]、**大脚趾**及**大拇指**等。[6]

　　不仅如此，就上面的例子而言，我们还应该记住，如果离开了身体的余下部分，则身体中流出的或作为器官的灵魂，便**完全**失去了灵魂能力。灵魂材料实际上存在于整个身体中，只是其显露要依赖那展现力量的某一身体部位。人身上的任何一种东西都可能是"灵魂"，只要它有力量就成，但事实上，我们的说法如果仅局限于人身，还未必道理充足。人们已经注意到了，在原始民族当中的心灵结构，是同他们的环境不能截然分开的，心灵属于环境。依据这样的观念，原则上我们看不出人的灵魂与他的环境有什么区别，特别是当这环境意味着动物或植物世界时。举例而言，在印度尼西亚土人中，人的灵魂与稻米的灵魂便是同一个词，都称为苏曼伽（sumangat）[7]；而婆罗洲的巴豪斯人（Bahaus）称这两种灵魂为布鲁瓦（bruwa）[8]，甚而至于无机的自然界也拥有灵魂材料。所有这些场合，当然并不存在"泛心灵论"（这么一种理论创造）。但与此同时，灵魂寄寓和依附又是无任何限制的。[9]而在人把自己与他人区分开始时，同样也没有严格的界限。因此，19 世纪才有的那种意义上的个人，在原始人是无从思议的东西，更不要说"个人的灵魂"了。我们要形容两个好朋友，会说他们是"一心一魂"，但在古代的日耳

279

---

① 关于作为灵魂的头颅，请参见 G. Weicker, *Der Seelenvogel*, 1902，第 30 - 31 页。

② Schmalenbach，前引书，第 352 页。

③ Wundt，前引书，第 105 页以下。

④ *Pyramidentexte*(Sethe)，578.

⑤ 爱斯基摩人的观念；参见 Thalbitzer, *Actes*, 139。

⑥ Fr. Pfister, *Blätter zur bayr. Volkskunde*, Ⅱ, 1927，另参见有关大拇指汤姆的童话。

⑦ Kruyt, *Animisme*, 第 136 - 137 页，另外参见 W. W. Skeat, *Malay Magic*, 136ff。

⑧ A. W. Nieuwenhuis, *Zeitschr. f. Völkerkunde und Soziologie*, 1, 2, 1923, 1926.

⑨ 参见本书第 9 章。

曼人看来,这不是譬喻,他们就是这样的。一个部落当中,所有的成员都凭借"和平"[①]而结为一体,部落有集体的灵魂。这就是说,它的力量以各不相同的程度展现在每一成员的身上。[②]

此外,就人的人格而言,完全不可能存在任何分隔——潜在地看,任何一种事物都是灵魂,哪怕它并未明显地表现为灵魂—力量。在我们的观念中,哪怕那并不属于个人,或不再由个人具有的东西,都可能分有灵魂。因而,童话中的新娘,一旦丢失了带有她母亲的三滴血迹的那块布,就会变得"虚弱无力"。[③] 这里的主人公的损失具有双重意义:首先,那使她丧失力量的,并非她自己的而是她母亲的灵魂材料之丢失。故事中这两种材料并无区别。其次,这里的灵魂材料已经同原来的携带灵魂材料的主人分离很久了。童话关于护身的主题,或换言之,关于那很有力量的血滴的主题,实际上属于另外的灵魂结构[④]。但从此也可以看出,灵魂材料结构的特点之一便是没有界限。类似地,在《可爱的罗兰》这一则童话故事当中,那飞行中的姑娘将被杀死的男子的血洒下三滴,于是阻碍了那逼近的女巫。[⑤] 在一则印第安人的童话故事中,鹿皮鞋也有重要的预警功能,这就提醒我们,在原始人的心灵结构观中,人并不是靠任何人为手段来达到的灵性,而本来就是一个整体,其中每一个部分都可能是"灵魂"。[⑥]

因为"灵魂"并不表示生命和别的什么,更不表示就是意识,它只是任何充满力量和效能的东西。它意指存在着某种远非只是活着的"生命";[⑦]活物应有什么条件是原始人并不了解的,他们从根本上就不懂

---

① 参见本书第 33 章。
② Grönbech,前引书,Ⅱ,第 105 页第三节。
③ 《格林童话》中的"鹅姑娘"。
④ 参见本书第 42 章;另外请参见 Arbmann 的"论原始人的灵魂观念"(载 *Le monde oriental* 杂志,Ⅰ:20,1926 年和Ⅱ:21,1927 年)。
⑤ 见《格林童话》第 56 则。在与 Hansel 和 Gretel 相关而稍有不同的故事中,她三次吐唾沫,而那唾沫就是对女巫的回答。这也是一种灵魂材料。参见 J. Bolte 和 G. Polivka, *Anmerkungen zu den Kinder- und Hausmärchen der Brüder Grimm*,Ⅰ,1913,498。
⑥ W. Krickeberg, *Indianermärchen aus Nord-Amerika*,1924,164.
⑦ Schmalenbach,前引书,第 333 页。

有机物与无机物的分别,而认为"神秘者甚至会激活无生命者"。[1]

　　在这种基本的灵魂结构中,即令是灵魂材料的结构,灵魂在一方面说来是某种分离的原则,但它绝没有把材料与力量分开,也没有把身体与灵魂分开。它所区分的,只是某种中性的东西和充满神秘效能的东西。

　　对于这样一种类型的灵魂,说到底,**死亡**是没有多大意义的。逝去的东西并非灵魂存在者,而是十足的死人。[2] 在这种原初形式中,灵魂就不是原则上与其他宗教的灵魂形式有差异的存在物,其差别之处也就是它总是要求有一个载体。但即令从这一角度来看,灵魂与力量——物体,例如原始人的物神,也有非常密切的类似性。它只是与其他事物的一种神秘结合,诸如物神、圣树、魔鬼、精灵、神祇等。[3] 它是某种其对象并不限于人类的神秘经验。[4]

281

---

[1]　Schmalenbach,前引书,第 333 页。

[2]　参见本书第 14、24 章;另见 Nilsson, *Actes du Ve Congrès intern. d'Hist des Religions à Lund*, 1929,91。

[3]　Schmalenbach,前引书,第 324 页。

[4]　在古埃及,复数形态的 baw 有时意指"灵魂(复数)",有时也指"力量",也指"神"或"祖宗"。

第 40 章 / 复数的灵魂

1. 这里我们讨论的第二种灵魂结构,不但包括了我们比较熟悉的灵魂与肉体的差异,而且还有灵魂与灵魂之间的区别。这样也才能理解,何以我们能够做到这点,即,将人类当中所体验到的不同力量再现为一系列多少具有鲜明轮廓的灵魂存在物,因为灵魂材料本身具有的特性(它绝不会是排他性的)——比如说,它既在心中,又同时存在于头脑中或别的什么地方——这导致了它的多样性。

当然,这里并不存在随我们的概念范畴,如意志、感情、精神等而将灵魂区分的问题。灵魂—力量与其他不同的力量划分出来,而后者有与以往不同的结构,具有某种一致性,但是,其特殊性质则取决于(某种程度上说)我们现在没有了的经验。[①]"灵魂的观念在原始人中间并不存在。所发生的是一种再现,那通常是极富情感的再现,而这种对灵魂的描述是一个或多个共存的、交织的参与过程,而此时尚无真正意义上的鲜明的个体人格意识形成。"[②]我们所能指出的是,那被凝结成为灵魂存在物的,是对某些确定的生命活动的影响,是同某些明确的经验内容的关联。例如说,我们都清楚爱斯基摩人对于身体、灵魂和名称的划分,从中可以看出,灵魂的分出是依据它在身体中不同部位的力量。[③]从根本上看,这只不过是某种多少系统化了的灵魂材料观。从《梵经》中看,灵魂力量的区分也似乎很好理解——精神、气息、语言、食物、体液、骨头、骨髓、眼睛、耳朵。所有这些,部分地是身体或器官灵魂,部分

---

① Preuss, *Geistige Kultur*, 18.
② Lévy-Bruhl, *How Natives Think*, 89.
③ Thalbtzer 的文章,载于 *Actes*,第 139 页。

地是名称,如语言与精神,我们理解起来似乎不费力,但若就其原初的
明确意义而言,我们仍未完全地把握其特征。[1] 不过,那给我们以最明
显又最不可解例子的,是古代的埃及人。只要说到我们的身体力量,如
"我鼻中的气息,我性器官中的精液",[2]我们几乎可以立刻把握其中的
分别,但若言及 ka、ba、akh、śḥm 等这些古埃及词的准确含义,我们现
在已经不清楚了。用心良苦的学者们一再想用我们当代的范畴概念来
说明古埃及人的灵魂,但我们并未因此而多一些清楚的了解。今天若
说 ka 这一观念的真正含义是人的哪一种力量,是不可能的,尽管我们
的确可以指出其中的好几个特征。尤其不可能的是,在不同的灵魂力
量间建立相互关系。但这并不是了不得的大事,因为,即令当代的"官
能心理学"在这方面也没有多少成果。我们清楚的只有两点:首先,灵
魂在这里是复数形式的;其次,每一灵魂所占据的是整个的人,这不是
"人格的各个组成部分"的问题。我们所应最后放弃的是那种来自"官
能心理学"的说法,因为它既不符合古人的,也不符合现代人的灵魂
内涵。[3]

　　对死者这么说"你的 ba 在你里面,你的 śḥm 在你后面。"[4]我们知
道,ba 之作为灵魂有时候更属于灵魂材料类型,其他时候又更属于形
式类型,这时看上去有鸟的外形。我们也知道śḥm起初是一根棍子,因
而有可能这种灵魂存在物便真的是这种棍子的力量。不过,我们对这
两种类型之间的关系并没有更深一点的了解,我们所肯定的仅此而已:
埃及人在对死者说话时,如果他希望对象的力量得以提高,他就会说死
人有更多的灵魂力量(soul-potencies):"你是纯洁的,你的 ka 是纯的,

右侧页边码：282

---

[1]　Oldenberg, *Lehre*, 18.
[2]　*Pyramidentexte*(Sethe),第 1061 行。
[3]　关于埃及人的看法,可以参见 L. J. Cazemier, *Oud-egyptiese voorstellingen aangaande de ziel*,
　　1930,该书有广泛的参考价值。
[4]　*Pyramidentexte* (Sethe),第 2010 行,参见第 162 页,另外请参见 van der Leeuw,
　　Godsvoorstellingen in de oud-aegyptische Pyramidetexten,书中随处。

你的 ba 是纯洁的，你的 sḥm 是纯洁的。"①不仅如此，灵魂可能拥有复数形式，即多种多样的灵魂类型。金字塔文书中的死者，不过是有势力、权力的死者，如国王，往往已经有好几个 kas。② 结果，这些复数形态被系统化，可以达到十四个之多，如太阳之神的十四个 kas 的任何一种形态，都有一个强有力的名称，如富饶、财富、胜利、光辉等。③ 其可能采取的形态是无限制的，比如说"太阳神瑞的千百万个 kas 都是他的子民的庇护"。④ 因而一方面，这种复数表达了灵魂力量的数量特征，每个人都或多或少拥有这种力量；另一方面，人们又努力以差异化的方法从这种多元形态中释放出力量来。通过差异化的方式，具体的灵魂力量便获得了一定的独立性，进而便形成了那类似材料的灵魂多元体的相反形式。同样的过程，我们也可以在反常的心智状态下见到，意识在这种状态下会将个别的力量相互分离开来——性器官被视为小孩，头发也变成了蛇。⑤

例如，在非洲西部，人们有四种灵魂的分别：比肉体活得长的灵魂；野兽的灵魂，即所谓丛林灵魂（bush-soul）；影子和梦中的灵魂。⑥ 而美拉尼西亚人则区分了生命灵魂 tarunga 和人死后的灵魂 tindalo⑦。婆罗洲的巴豪斯人区分了可以离开肉体的魂 bruwa，以及有形质的魂 ton luwa。人一死，bruwa 便永久离开了尸体。⑧ 许多马来人部落相信灵魂有七种。⑨

经这种多方面的区分，甚而身体也可以被当成一类灵魂而与别的

① *Pyramidentexte*(Sethe)，第 837 行，参阅 992 以下，另见 K. Sethe, *Urkunden der* 18. *Dynastie*, I, 1906,244。
② K. Sethe, *Urkuroden der* 18. *Dynastie*, I, 1996, 396.
③ A. H. Gardiner, *Proc. Soc. Bib. Arch.* 38,1916,84。另外参见 F. W. von Bissing,"ka 的尝试性解释"，载于 *Ber. Munch. Akad.*, 1911；另外参见 J. H. Breasted, *Ancient Records of Egypt*, Ⅱ,210。
④ P. Lacau, *Textes religieux égyptiens* I,1910, Nr. 78.
⑤ A. Storch, *Das archaisch-primitive Erleben und Denken der Schizophrenen*, 1922,24.
⑥ Mary Kingsley, *West African Studies*，第 199 页以下；另外参见 C. G. Seligman"黑非洲的种种灵魂"，载于 *Ancient Egypt* 一书，该书 1915 年出版，第 103 页以下。
⑦ Codrington, 前引书，第 248 页以下；另参见 Marett, *The Threshold of Religion*, 136。
⑧ Nieuwenhuis, *Wurzeln des Anam.* 36 - 37.
⑨ Kruyt, *Animisme*, 6；另参见 Skeat,*Malay Magic*,50。

灵魂并列。而这种区分对于"现代的"以及古希腊人的思想来说,则必然显得令人惊奇,但对埃及人来说,称作 d-t 的肉体是一种灵魂力量,它与 ka 和 ba 一类的灵魂力量是并列的。[①] 二元分立的看法在这里是人们不了解的,肉体是多种力量中的一种。

2. 因此,复数形式的灵魂便极为接近未分化的力量材料的观念,数量妨碍了明确定义的形成,从另一方面看,后者只有在分化完成后才会变得可以理解。在埃及人看来,人可能"就 baw(灵魂或灵魂材料)而言,是强壮的,同时就存在而言,又是多样的;"[②]一个人可能有"伟大的 ka",而我们究竟将 ka 和 ba 的复数译为复数的形式呢,还是译为未分化力量,确是难以决断的事。[③] 因此,复数灵魂的观念是真正转化性的结构,它本身是任何二元论形成的前提,后者的形成,或是肉体从灵魂分离出来,或是灵魂从精神分离出来。

这里的差异之产生,可譬之于明确的神之形式的形成。在这两种情况下,它们都涉及不同存在物之间的力量划分。不过,实际的二元论无论在多灵魂论还是在多神论中都是较少见的,尽管后二者是二元论形成的条件。

284

285

---

① G. van der Leeuw, *Godsvoorstellingen*, 第 32 页以下。

② *Pyramidentexte*(Sethe),901.

③ *Pyramidentexte*(Sethe), 560。参见 K. Hoffmann, *Die theophoren Personnamen des älteren Ägyptens*, 1915,23;"卜塔(Ptah)神的 Kas 是强大的",参见第 24 页。

第 41 章 / 灵魂的形式

1. 除了身体或其部分，灵魂材料并无别的形式，而这形式本身并未被认为便是灵魂。"材料"是无形式的，而真正形式的获得，是在人首次看见自己的影像，即从镜子中看见自己的时候。但在此我们绝不要用泛灵论来解释，不要以为那反映出来的影像便是任何原始心理的成因或刺激因素。应该说，看见自我是一种神秘的体验，而镜中影像不过是对那尚陌生和优越于自我的、附加到自我上面的力量的启示。在瓦格纳的《齐格弗里德牧歌》中，对于神秘力量降临的瞬间，意识的觉醒和那种轻微的心悸，用音乐进行了温柔的感人的描写：

> 我来到清澈的小溪边，
> 我看见水中倒映着野兽和树木，
> 太阳和云彩也都真切地映现在这如镜的平静溪水中，
> 而我也能在这幽静的水面，
> 竟然能窥见我自己的面孔。[1]

因而，那喀索斯体验本质上是神秘的，那是对自己的力量发现，这种力量在此前都只是陌生的、不可驾驭的，高出于自己的并且是神秘的。人用自己的形象来表征自己的灵魂，因而这并不意味着灵魂只是自己的一种形式。相反，这意味着人在灵魂探究他自身本质的极深沉处，而后者是迄今为止隐藏于他的，同时又高出于他的。

---

[1] *Siegfried*，第一幕(Armour)。

　　因此，一般而论，人或事物的形式，所谓形象，同时就是其力量，也是其本质。例如，就我们所知，在古埃及，以画像来替代性地做侍从或献祭是常见的。在 mastabas 即私人坟墓中，常常绘出众多的供物、奴仆等等，"从而在其中之一被毁以至不起作用时，便可以有替代者走进来补充其位，令死者总能从中得益。"①形象（重现）便是本质，而本质又一次表现为并非仅仅是个体性，它就是力量。因此，看见自己的形象是危险的，比如在班克斯群岛上有一个很深的水洞，没有人敢往里面看，如果那洞中的水面映出一个人的面孔，他就必死无疑。②

　　同镜像一样，**名字**也是灵魂的本质，而且以我们觉得奇异的类似材料的方式，成了灵魂的形式。不过，关于名字的详细讨论，前面已经有了。③ 这里我只需补充一点：命名的仪式就等于是在赋予灵魂；而对于日耳曼民族来说，父亲给儿子命名的行为，被认为是与**分娩**婴儿一样重要的事。④ 在埃及，神的名字也就是太阳之神所创造的神的肢体，一位神祇如是肯定说："这就是我的名，它是当此世间尚无两件事物时，由唯一的主所造的。"⑤

　　2. 因此，**影子**便是人类的一种非常明显的再现或影像，是灵魂的最重要形式之一，⑥如果这不是生命本身的话，它也是生命所必需的。属于阴间的鬼魅没有影子。因而在爪哇，像黑鸡黑猫一类的精灵动物是看不见影子的。⑦ 但是在但丁和中非的黑人看来，死人也没有影子；而巴苏托人相信，如果一个人投在河面上的影子给鳄鱼捉去，那他就完了。⑧ 同样，在马六甲，建房时竖起的主要柱头，切不可让工匠的影子

---

①　G. Maspero, *Geschichte der Kunst in Ägypten*, 1913, 35.

②　Codrington, *The Melanesians*, 186.

③　参见本书第 17 章。

④　Grönbech, 前引书，Ⅱ，第 128－129 页。

⑤　Lacau, *Textes religieux*, 第 78 号；另参见 A. H. Gardiner, 前引书，第 37 页，1915，第 255 页。

⑥　J. von Negelein, *Bild, Spiegel und Schatten in Volksglauben*, AR, 5.

⑦　Kruyt, *Animisme*, 第 68 页以下。

⑧　Alviella, 前引书，第 33 页。

落到上面，否则就会引起种种灾祸。[1] 而在阿迦地亚，任何人若走进吕刻俄斯山宙斯的神庙而看不见他的影子，他准会在一年内死去。[2] 不过，死人尽管没有影子，但他可能只是一块阴影。[3] 这里我们又一次看见，这一元素既是异己的，而又是自身所有的。死者一方面是 l'homme mort（死去的人），同时他又是"相异者"，陌生或异己者。

更强烈地表现出吸引与排斥两者的，是 wraith（幽灵、魂影）的观念。[4] 埃及人的 ka（护卫灵）便是这样一种灵体，尽管 wraith 一词的内涵并非其全部意义，[5]而遭遇 ka，便意味着生。但在一般大众信仰当中，能看见别人的灵体并不是吉利的事。[6] 但无论在何种情况下，所显示出来的都是力量，而浪漫主义者们，首先是霍夫曼（E. Th. A. Hoffmann）又一次使我们体会到——至少是间接地体会到——那陌生的又是自身中的元素的所有恐怖。

灵魂又被认为是某种小人，即 homunculus。这当中发挥作用的是一定身体灵魂的诸形式，例如，瞳目是眼中的小人，还有男性生殖器即（委婉称呼的）大拇指。[7] 印度教的阿特曼（ātman）是普鲁沙（purusha，即人），也是一种拇指魂。[8] 而西里伯斯岛上的托拉查人以为灵魂是一种"类似人的小东西"，即 tonoana。[9] 同样，在马六甲，灵魂被认为是人形的小东西，如果人病了或昏迷过去，就会用下面这些词来招魂：

> 来呀，魂儿，回来吧！
> 来呀，小东西，回来吧！
> 来呀，鸟儿，回来吧！

---

[1] Kruyt，前引书，第 70 页。
[2] Pausanias，Ⅷ，38，6。
[3] Jevons，*Introduction*，44。
[4] J. von Negelein，同上。
[5] 参见本书第 42 章。
[6] 在爱尔兰，称作"fetch"（活人的魂），参见 H. Gaidoz，*Mélusine*，Ⅱ，1912，264。
[7] Monseur 的"瞳仁魂及拇指魂"载于 *RHR*，第 41 期，1905 年，第 1 页以下，第 361 页以下。
[8] Oldenberg，*Lehre*，第 52 页以下。
[9] 安克尔曼（Ankermann）的说法，Chantepie，前引书，第 146 页。

　　来呀,稀薄的影儿,回来吧![1]

　　进而我们可说,小人的形式证明了就形象—灵魂(image-soul)而言,它不仅有外在的相似性,甚至也不光有梦中形象的相似性。因此,我们必须意识到那喀索斯体验的敬畏,遭遇 wraith(幽灵)时的极度的恐惧——如果我们希望在灵魂本来的神秘本质方面去理解其人的形式的话。

288

---

[1]　Skeat, *Malay Magic*，第 47 页以下。

第 42 章 / "外部的灵魂"

1. 目前,在我们所提到的有关灵魂结构的讨论中,我们遇见的常常是肉体之外的灵魂——"外部灵魂"——的观念。或者,我可以称之为灵魂的身体力量之外的心灵力量:常常是死人的灵魂,但并不总是如此。从而,这种"外部的灵魂"有其自身的结构,多年以前,弗雷泽[①]曾就此题目进行了广泛的研究,不过他并未能够在有关灵魂的诸多概念之间确定其明确的意义和相关的位置。而我们只要牢记住这点:从根本上说,"外部的灵魂"是众多灵魂形态的一种,便可以解决这个问题了。[②] 不过,在特别的条件下,外部灵魂获得了独特的地位,这些条件便是我们理当现在加以思考的。

首先,也是在此,人首先发现了他自身中的高出于他的力量。事实上,这种与其个人分不开的优越性绝不妨碍人对它的体验,因为人也同样地尊崇他自己创造的有力的工具。不过现在,人感觉到力量是紧密地与外部世界相关联的,因此之故,也就开通了一条指向现代概念的道路,因为我们自己也能想象,外在于我们的优越性,是比内在于我们的优越性更容易想象的。话虽如此,就灵魂体而言,我们所见的内在与外在、个人与异己诸因素的本质统一性,并不完全是非现代的东西。人类了解到他自身的存在,或者至少此存在的一个本质部分,是可以在"外面"去发现的。这里,我们再次看到环境与自我并非截然分离。而如果我们懂得,力量的外在化并不仅与灵魂相关,而是所有力量一类的东西

---

① *The Golden Bough*.

② J. Böhme, *Die Seele und das Ich im homerischen Epos*, 1929,91,89.

都会有的事,那么,要理解这样一种态度就不会是什么困难的事了。因而人的某些力量可以被解说为附体现象:某种优越的力量进入了人的内部。[①] 这要是依现代人的观点来看,便是魔鬼学的而非心理学的说法,不过,无论这说来有多奇特,只要人的力量被认为是"外部的灵魂",我们便仍然在谈论心理学。还得说一句,这其间的分别,对于原始人的思维而言,是无足轻重的。

2. 作为对此情形的介绍,我们先考虑两个典型的民间故事。法兰克王龚特兰(Guntram)在一棵树下睡觉,旁边有一名卫士侍立。有个小动物从他嘴里爬出来,一直跑到小溪边,看样子是想游过去。卫士醒着,看见这状况,便将他的剑横搁小溪。小动物游过了水流便消失在一个小洞里面,过了一阵又循着原路回来。国王睡醒后,便说:我做了个奇怪的梦。我梦见来到一条大河边,河面宽阔,河上有座铁桥。我过桥来到山里的一个洞穴中,洞中有许许多多的财宝。于是,侍卫便将国王睡觉时发生的事告诉了他,结果便在那地方发掘出许多金银财宝。[②] 所以,在这个例子中,灵魂是以动物的形式离开了身体。

说明同样观念的第二种类型是多种多样的,在此我们举一个例子便够了。[③] 童话中的主人公要从邪恶的巨人势力下解救一位姑娘,那姑娘凭计谋使愚笨的巨人说出他的心(在不同的版本中,也可以是"灵魂""生命"或"死亡")放在哪里:"在很远很远的地方有个湖,湖上有个

① 参见本书第 31 章。
② Grimm, *Deutsche Sagen*;也可见于 *Gesta Romanorum* 或别处。
③ Asbjornson 转引 Klara Stroebe, *Nordische Volksmärchen*, Ⅱ,1919,23,同一类型的还可以参见 *Tausend und eine Nacht*, Ⅴ, 第 283 页以下。"三棵柠檬树"(E. Littmann 本)。Stroebe 的 *Nordische Volksmärchen*, Ⅱ, No. 4;"墨勒阿革洛斯和木头"(或"生日火炬"),Ovid, *Fasti* Ⅴ 第 305 页以下;Grimm, *Kinder-und Hausmarchen*, 第 9,60 页;"渔夫和金鱼",Wilken, 前引书,Ⅲ, 第 296 页以下。另参见 Frazer, *GB*, Ⅺ, 第 108 页以下;*Popular Stories of Ancient Egypt* (Maspero)中的"两兄弟的故事";G. Roder, *Altägyptische Erzählungen und Märchen*, 1927;M. Burchardt, *Zeitschr. f. äg. Sprache*, 第 50 期,1913 年,第 118 页;W. Aichele, *Zigeunermärchen*, 1926 年,第 29 页,Polde Mont 和 A. de Cock,Wundt, 前引书,1924 年,第 28 页;参见 Wundt 前引书中的"弗里克索斯和金羊毛";G. Jungbauer, *Märchen aus Turkestan und Tibet*, 1923, No. 10; A. Leskien, *Balkanmärchen*, 1919 年,第 26 页;A. Dirr, *Kaukasische Märchen*, 1920 年,第 27 页。

小岛。岛上有座教堂,教堂内有喷泉。喷泉中有只鸭子在游泳,鸭子肚内有只蛋,蛋里面便是我的心。"因此,巨人——所有童话中都清楚地说——身上并未带心,为了保证巨人不被打败,为了他的安全,他将灵魂保存在远处。但结果事与愿违,故事中的主人公在有名的"热心动物们"的帮助下,最终找到了那颗心,从而制服了巨人。在两个故事当中,"外部的灵魂"似乎都是高出于自身的人,它既是人身内的,又远不仅仅是人。人身上的攸关生死的力量竟可以四处自由活动,而且取得了他自己得不到的安全方法。

3. 那些与身体仅有松散联系的,我们用譬喻可以称之为"半依附的"灵魂力量,构成了灵魂材料和"外部灵魂"之间的过渡形式,就这方面而言,毛发在许多民族中是灵魂材料的寓居之处。例如参孙的故事便表明头发是英雄的力量所在。但因为头发容易被去掉,这种力量就很容易丧失并造成严重的后果。[①] 在童话当中,那些有帮助的动物会给故事中的主人公一根毛发或羽毛,当他遭遇危险时,只要摩挲一下羽毛或头发,排难解纷的动物便立刻出现在眼前了。半依附的灵魂的最通常形式便是影子,前面已经讨论过了。灵魂是非物质性的,这一观念得到了在其他结构[②]中的支配地位。这一灵魂观念也同阴影相联系。世界各地都有对失掉影子的恐惧,这在西非尤其强烈,那里的人中午都避免出门,因为这一时刻是投射不出身影来的。金斯利小姐曾问一位黑人,夜里也看不见人影,何以他们不怕夜里出门呢?黑人的回答很妙:那就没有关系了,因为在暗夜当中,一切影子都在大神的影子中,所以变得更强有力了。[③] 这里也表现出原始形式的对上帝的质朴信赖。黑夜的阴影以其伟大的丰饶滋养了个体的影子。这也联系到商羯罗的故事:商羯罗去到尼泊尔,与大喇嘛发生争吵,便腾身空中。但大喇嘛

---

① 参见 Wilken,前引书,Ⅲ,第 553 页以下。
② 参见本书第 43 章。
③ *West African Studies*,207。西印度群岛上也有这种恐惧,参见:Riedel, *Sluik- en Kroesharige rassen*, 61;Kruyt, *Animisme*, 第 68 页以下;von Negelein, *Seele als Vogel*, Ⅰ,以下;Maspero, *Études égyptiennes*, Ⅰ,第 300 页以下。

抽刀刺他的影子,商羯罗便从空中落下来,摔断了脖子。^① 在古代埃及,影子也被认为是一种灵魂力量,每当人们要重申君主永恒的生命时,总要列举包括身影在内的一系列力量。

　其次,**胎盘**也是一种灵魂存在者,胎盘在人出生后就离开了其载体,但它仍然同那人的生存保持着联系,所以绝大多数原始民族才要小心保存它,或者掩埋它。乌干达的巴甘达人(Baganda)认为胎盘是新生儿的孪生兄弟,他们在埋葬自己的国王时,通常将胎盘放到死者下巴上入葬,这样才能使其回归他那外部的灵魂。^②

291

　4. 在"半依附的灵魂"当中,其支配性的观念便是力量材料的观念。而只要肉体与灵魂的分离一旦实现,便会出现另一种因素,环境也似乎被吸纳进自我,或者更正确地说,环境与自我的界限尚未给确定。现代人从孩提时代,便形成了这样的世俗观念:灵魂以某种方式寓居于肉体内。即令在今天,人们也相信只有在人死时,灵魂才会不受拘束地从身体中逸出。而除了这最后一例中的灵魂与身体的关系,我们不会承认外部世界与灵魂有密切的关联,因为对于我们而言,灵魂首先是意识,而树及别的动物并没有我们这种意识。从而我们便一成不变地固执于自我中心的态度,以意识主体凌驾于客观世界之上。然而,"外部灵魂"的观念将周围世界的事物纳入了我们自己的生命,或者反过来说,将我们的生存放置于更广大的环境中。因为这里的灵魂既非意识也不是自我,而只是一种优越于自我的力量,尽管它与自我也有联系。我们因此可以理解,死人的灵魂会在墓中或其附近,但我们要理解犹太人普遍相信的墓碑是一种灵魂的观念,那就困难多了。^③ 灵魂与我们一道出生的观念,也是我们熟悉的,但我们恐怕不能理解灵魂与某一棵

---

① Frazer, *The Golden Bough*, Ⅲ,"塔布和灵魂的毁灭",第 78 页。

② 参阅后面有关 ka 的灵体讨论;也请参见 Flinders Petrie 的论述,见于 *Ancient Egypt*, 1914,161; A. M. Blackman 的"法老的胎盘和月神柯恩斯",载 *Journal of Egyptian Archaeology*,第 3 期,1916 年,第 235 页以下。另见 G. van der Leeuw"月神柯恩斯及国王的胎盘"(文中随处),1918年。

③ Nilsson, *Actes*, 95.

树,生命树同时而生,原因就在于,我们习惯于将自我对立于世界。[①]
显然,环境与自我之间并无分界线,可是,恰恰在这一点上,这一界限被
跨越了,这是如何发生的呢——灵魂是这棵树,这块石头还是动物呢?

　　为了尽可能深入地观察领悟这一思维方式——这是我们都感到陌
生的方式——我们必须来看看"外部灵魂"的最重要形式,即灵魂鸟。
这种概念传播尤其广泛。在古代的闪米特人中间,死人是一种鸟,他们
作叽叽喳喳的鸟语,长着翅膀[②],"装扮得像一只带翼羽的鸟"。[③] 埃及
人的 ba(身魂)也是一种鸟,大约是鹳鸟,通常被绘成人首,而另一种灵
魂即 akh,则是鸟的影子。[④] 许多希腊神话中都讲到灵魂鸟,大不列颠
博物馆内所陈列的古希腊式双耳细颈的酒罐上,就有一只呈鸟样的灵
魂正在从将死去的普洛克里斯身体中离开。[⑤] 传说中的极北族人——
他们实际上是死者的族人——也有双翼:"故事中说极北之地的一些
人,得到了覆被身体的羽毛。"[⑥]

　　所有人首鸟身的妖怪,诸如克里斯(Keres)、复仇女神厄里倪厄斯
以及斯廷法利斯(stymphalides)湖的鸟怪说来都是死人的灵魂,[⑦]而这
种观念仍为大众信仰保存下来。民间传说中有各种各样死人变成的
鸟,他们与披羽毛的人混在一起,比如沃基里(valkyries)[⑧]、执盾女神或
天鹅女之类。[⑨] 属于同一类的还有基督教中的带翼天使或亡灵天使。
我想举两个例子来显示灵魂与鸟之间的结构性关联。一个例子属于古

---

① Frazer,*Golden Bough*, XI (*Balder*, II),第 165 页以下;另见 Jevons,前引书,第 207 页;另见第 5
　 章。
② 《以赛亚书》8:19;另见 Jastrow, *Die Religion Babyloniens und Assyriens*, II,1912,第 957 – 958
　 页。
③ "伊斯塔尔的地狱之旅",参见 P. Jensen, *Assyrisch-babyl nische Mythen und Epen*, 1900,81。
④ Klebs 的"埃及人的灵魂鸟",载 *Zeitschr. f. Äg. Sprache*, 第 61 期;另见 W. Spiegelberg 的 *or.*
　 Lit. -Zeit (杂志名缩写)。
⑤ Weicker, *Der Seelenvogel*, 167.
⑥ Ovid, *Metam*, XV,第 356 行以下。
⑦ 参见 Weicker,前引书,随处。
⑧ Valkyries(复数形式)为北欧奥丁神话中的女性神,她主宰着故事中主人公的命运,使其注定成为
　 战场上的牺牲品。——译者
⑨ Tobler, *Epiphanie der Seele in der deutschen Sage*;另参见 von Negelein, *Seele als Vogel*,
　 (Globus,79)。

代,据迪奥·卡修斯(Dio Cassius)说:"公元 217 年,那些从暴君卡拉造成的惊恐中恢复过来的人民,在罗马环形广场上举行竞技会,以庆祝新皇帝塞维鲁执政。仿佛得到了神的灵感,人们向栖立在方尖碑上的一只呱呱叫的寒鸦致礼,用那位被处死的弑君者马提亚利斯的名字称呼它。"[①]由此,我们得窥有关"外部灵魂"的一斑体验——兴高采烈的人们的情绪,与弑君者紧密地相关联,因而无须任何证据便自动地将那只突然出现的鸟当作那人的灵魂。

另外还有一个颇具说服力的例子,这是现代大众信仰的一例。托布勒(Tobler)讲了这么一个转引自施特拉克扬(Strakerjan)的故事:一位小学生学习变成"老鼠"——一种典型的巫术,于是牧师便来纠正那孩子。但那孩子不久便死了。死前,他答应牧师,他会来告诉他,自己是否已经获救。当牧师在花园里散步时,有一只乌鸦飞来,停在汲水机的柄上。牧师问:"你是乔尼吗?"乌鸦回答说:"是的。无论是谁,只要他一旦不认上帝和圣徒,便永远地堕落无救了。"说完,乌鸦便飞走了。[②] 在此,这位牧师的态度是很有典型性的,他毫不犹豫地称乌鸦为乔尼,仿佛这是理所当然的事。我们又一次看到一个"外部灵魂"的实例。一般说来,我们可以指出动物的奔跑,或忽然地飞起,再有奇怪的叫声,以便理解人与鸟之间的本质关系。但如果我们考虑这两个故事中描述的那种初的体验,我们可以走得更远,因为情感较之观念显然更为令人印象深刻,而且这种形式是来自情感的。因此,那些被强烈打动的人,包括这位关心男孩能否获救的牧师,一见出现在眼前的鸟,便会将它与灵魂紧密联系起来。[③]

从此也就自然产生了要努力在灵魂动物与人之间建立某种结构性的联系的做法;而许多动物的较小体型也就有助于被视为灵魂,因为它

293

---

① 引自 von Duhn, *AR*, XII, 1909, 168。
② 引自 von Duhn, *AR*, XII, 1909, 31。
③ 诸如此类的有:两个抢窃杀人犯,因忏悔罪行而化为两只白鸽飞走;圣徒本尼迪克看见他的姐姐圣斯科拉丝蒂卡的灵魂化成白鸽上天;等等。参见前引书,第 29 页。

们可以较容易地在身体内进出。说到蜜蜂、蝴蝶和蝙蝠,它们被联系于灵魂,是大约因为会飞,而另外还有老鼠、蜥蜴、鼬鼠和虫类。[1] 至于另外的一类灵魂动物,也许发生影响力是因为它们的可怕或邪恶的特性,首先是蛇,那无声无息从地下爬出来的神秘造物,以及癞蛤蟆、螃蟹等。[2] 那在基督教当中占有如此重要象征地位的鱼,也属于这一范畴。[3]

但这些都不够说明问题,因为人与灵魂载体之间的结合是被直接体验到的事,而不是被理解到的。事实表明,也有的灵魂动物是并不神秘的很大的动物,狼人和熊人我们已经说过了,[4]类似的还有公鹿、野猪或者猿的"外部灵魂",后者有杀死人并食人肝脏的传说。[5] 例如冰岛传奇中的英雄人物,有叫武尔夫(Ulf)的,每当黄昏来临,他便变得易怒而困倦,并像狼一样四处漫游,所以人们称他为 Kveldulf,意思是"夜狼"。[6] 在此,人的灵魂是狼或熊的样子,其根本上仍是人与动物的联系。[7] 除了这种化狼术,灵魂动物也有各种各样更大的,诸如狗、猫以至马等。[8]

这里,我们通过另一些途径,又回到了已经讨论过的图腾崇拜和附于兽体的精灵信仰:[9]人的力量从根本上联系于某些外部对象,因而可能采取其形式。因此,所谓"外部灵魂",实际上仅仅是这种联系的表现或形式。这样的象征也就如同中世纪的贵妇,或者托拉查部落的女人们给自己情人的信物。托拉查部落的年轻人去打仗时,要求自己的情人**别忘了**他;而她便会将自己的遮羞布、头巾或者珊瑚项饰以

---

① Weicker,前引书,第 29 页以下;Naser 的"外部的灵魂现象",载于 *AR.* 16,1913 年。
② Tobler,前引书,第 20、25 页以下;Gaidozr"外部的灵魂",载于 *Melusine* XI,第 26 页。
③ I. Scheftelowitz, *AR,* 14,1911,第 1 页以下;N. Spiegelberg, *AR,* 12,1909 年,第 574 页以下。
④ 参见本书第 8 章。
⑤ Adniani, *Posso,* 64;另外参见 Wilken,前引书,Ⅳ,第 25 页以下;另见 Nieuwenhuis, *Wurzeln,* 38。
⑥ *Die Geschichte vom Skalden Egil* (F. Niedner),1914,29.
⑦ Grönbech,前引书,Ⅱ,第 99 页以下。
⑧ 参见 Tobler,前所书,第 44 页以下。
⑨ 参见本书第 8 章。

及两片桠树的树叶送给他。男青年不会同时接受两个姑娘的信物，因为那会最终使他受害。[①]"赋予灵魂"的，还有中世纪骑士们的血渍衬衫，贵妇情人们是贴身穿着它的，据信这样可以保证他们结合的纯洁性。[②]

　　5. 不仅如此，灵魂从身体逸出也使人不会有生命之虞，如果它像童话中所说的那样，不会导致不安全的话。无论如何，与"外部灵魂"观念相关的这种远距离，在人们眼中是安全的，这一点甚至在冥世也是没有疑问的，因为外部的灵魂并不受死亡的影响。相反，死亡据说还使人或者其灵魂与另一"外部的"灵魂得以结合，这是古代埃及人的观念中特有的：死亡，便是"与自己的护卫灵 ka 一起走了"，[③]而死者往往被说成"与其灵体归去的"人，因而死亡应当被视为好事情，任何人都会像法老希望的那样，"作为一个回归灵体的人"，得到一个安宁的结局。[④] 这也是诸神的命数，为了保存其全部的生命力量，他们永远与灵体 ka 相随左右。[⑤] 下面这段文字便是对这种观念的绝好说明："当我死时，我的 ka 是强大无比的。"[⑥]人的本质是安全无虞的，只有当生命的力量消失的时候，它才完全显示出自己的力量来。因此，波斯人以为死后灵魂会与弗拉瓦西（fravashi）重新结合，[⑦]而在婆罗洲的奥洛加朱（Oloh Ngadju）人中，则相信人死安葬后身体灵魂（体魂，liau krahang）便与灵魂元气（salumpok liau）再度结合。[⑧] 这里我们已经看见了灵魂不朽说

295

---

① Kruyt, *Bydr*, 75, 121.

② 除了已经说到的这些，灵魂的载体还有护身符，它被称为"灵魂的房舍"，见《以塞亚书》，3：20（中文圣经译为"符囊"。——译者）；另见 A. V. Margin 的"灯光和毛刷子的意愿"；另见 Tobler，前引书，第 82 页。

③ 参见 G. van der Leeuw 的"外部灵魂"，*Pyramidentexte*(Sethe)，第 17,826,1431 行，"回归其灵体 ka"和"与其灵体一起走了"在这方面的都是非物质的；偶而，也称"回归其 Akh"，（*Pyramidentexte*，第 472 行）；另外参见 Sethe, *Urkunden*, I, 34, 以及 Van der Leeuw, *Godsvoorstellingen*，第 13 页以下。

④ B. Gunn 和 A. H. Gardiner, *Jour. Eg. Arch.* IV, 1917, 248。

⑤ *Pyramidentexte*，第 829,1165 行。

⑥ 同上，1055 行；G. van der Leeuw, *External Soul*, 62。

⑦ N. Söderblom, *Les Fravashis*, 1899, 51.

⑧ Hertz，前引书，第 57 页；Wilken，前引书，III，第 59 页以下。

的遥远的开始。不过,"遥远"之于"不朽"这一成分,仅仅提供了某种安全,因为,此时还尚未发生身体与永恒而神圣的灵魂的对立,此时也尚无这种心理上的二元论对立。那种继续活下去的灵魂,所谓死者的魂,是"外部灵魂"的一个特别明确的例子。问题并不在于对永恒不朽的信念,而只是对那直接与人发生关系的力量的体验;至于安全感,哪怕死亡中的安全感,[①]都只是从这种体验中引出的结论。

6. 与此相似,梦魂也就不是一种理论的构造物。梦、病、死都只是灵魂具有外部性的具体列子。最经常的梦中体验便是梦游,其经典例证便是刚才说到的关于龚特兰的故事。印度尼西亚人相信,当人生病时,或者昏厥或沉睡时,灵魂都不在体内,人们或呼喊其名字,或像召唤家禽那样地召请 sumangat,即魂;[②]而在婆罗洲的巴豪斯人中间,女巫师会沿灵魂之路将病人的魂领回来,当然,事先她得找到魂,然后用绳子系上,然后,她从天灵盖将魂吹入身体内。[③] 西里伯斯岛上的托拉查人也相信,熟睡以后,灵魂会到处游荡:

> 我睡得快睡得熟,
> 我的魂已经离身;
> 我在睡觉和做梦时,
> 都会来到死人的世界。[④]

在库克群岛的拉罗通加岛上,如果什么人打喷嚏,旁人便会喊叫"哈,你已回来啦!"而巫医常常要为病人的灵魂安置一个圈套,免得它跑失。[⑤] 从所有这些显然可以知道,那引出灵魂观念的,不只是像泛灵论所坚持的力量的不在场或中断,还有力量之明显而令人注目的呈现。

---

① 参见 W. F. Otto, *Die Manen*, 1923。
② Krupt, 前引书,第 82 页以下。
③ Nieuwenhuis, *Wurzeln*, 43;参见其 *Quer durch Borneo*, I,103。
④ Adriani, *Animistisch Heidendom*, 24.
⑤ Frazer,"对不朽的信念",II,第 229-230 页。

这种观念结构中的奇异之处也就是来去的自由。灵魂能够离弃人身或者追寻他,而像巫师、巫婆这样有强大力量的人,又在某种程度上控制着它来去的自由。[1] 在伯沁根(Betzingen),有两个女孩睡在磨坊内的同一张床上,她们的情人来看望她们,其中的一个女孩醒不过来,快天亮时,有一只甲虫爬进仍睡着的她的嘴中。这便是被施了巫术的证据:[2]巫师差遣她的魂出去了,与此相似,巫师可以使自己的灵魂出壳,往某处送信并捎回话来。[3] 出神术也能做巫师和巫婆同样的事情,如《启示录》的作者所写的:"我立刻得附灵中",就是说,他离开了自己的身体。[4]

7. 最后,"外部灵魂"的结构紧密地联系于,实际上有时是等同于天使的观念,尤其是**守护天使**的观念。[5] 我们在讨论天使时,分辨出来的那种"对于形式的双重体验",在此也运用于对人格自身的体验。其结构基础是那种始终伴随"作为某一灵魂"的本质的共同体。在此,我们又一次举出最有代表性的例子,便是埃及人的 ka。他们言及某一最具力量的神祇时会说,"你是一切诸神的 ka(护卫灵)。"[6]那意思是说:你是他们的力量,他们必服从于你。或者还可以说得更明白些,比如对于俄赛里斯神,人们这样说:"你是一切诸神的 ka。当你成了何露斯的 ka 时,他护佑了你。"[7]灵魂的共同体规定了这种保护关系,通过这点,我们也就可以理解,何以 ka 之护卫灵不仅仅同时是灵魂材料、外部灵魂和护卫精灵,[8]进而,那整个的护卫天使或精灵——这是早期基督

---

① 参见本书第 31 章。

② Tobler,前引书,第 38 页以下。

③ Bin Gorion, *Der Born Judas*, VI,第 103 页以下。

④ 《启示录》4:2。[原文为 I was in the spirit,汉译《新约》译为"被灵感动","灵所附体"的意思更明确些。——译者]

⑤ 参见本书第 16 章。

⑥ *Pyramidentexte* (Sethe),第 1623,1831 行。

⑦ 同上书,第 1690 行;另参见 136, 610, 647, 1653 诸行。另参见 Hoffmann, *Theophore Personsnamen*,第 53,60 页。

⑧ G. van der Leeuw, *External Soul*.

教①中多有例证的——何以也可以用灵魂观念来加以现成的解释。我无须回顾菲尔吉亚(fylgja)和别的类似观念②,我只想补充一点:"外部的灵魂",依据其已被我强调的特性,也会产生阻碍的和有害的结果。关于这点的恰当例子便是伊利尼斯(erinys),即被谋杀了的亲属的灵魂,实则是他的血,伊利尼斯对于谋杀者保持敌意,但并不是作为异己的力量,而是作为个人的灵魂以血和他相关联。③ 而克勒斯(keres)也是具有相同性质的复仇的灵魂:

297

> 如同猎狗追逐,
>
> 命运也紧随不舍。④

最终,应该考虑外部灵魂的观念与个人命运之间的存在联系。⑤ 例如埃维土著的阿卡拉玛(aklama)便是"神给予人的一种不可见的东西,它会始终不离开人,伴他到任何去处";从而它也就同时是某种护卫精灵、灵魂及命运。如果某事顺利达成,他们便会说:"我的阿卡拉玛对我慷慨,阿卡拉玛在我周围,我的阿卡拉玛给了我一些忠告。"⑥与此相类似的还有,北欧人中哈明伽以及后来希腊人童话故事中的米罗(Mira或 moira,他们是劝导的或护卫的精灵)。⑦ 在这里我们看到,灵魂又一次表现为人在自身中体验到的优越于自身的形式。

298

---

① Harnack, *History of Dogma*, Ⅱ,第 362 页,注释 3;另参见第 361 页,注释 3。
② 参见本书第 16 章。
③ E. Samter, *Die Religion der Grichen*, 1914 年,第 52 页,厄里倪尼斯在巫师的"确定的"名牌上,也被认为就是冥界的灵魂。另参见 Weiker,前引书,第 5 页。
④ Sophocles, *Oedipus rex*, 470.
⑤ 参见本书第 21 章。
⑥ O. Westermann,"伊维族和钦族中的灵魂,鬼魂和命运观念",载于 *AR*, 第 8 期,1905 年。
⑦ P. Kreischmer, *Neugriechische Märchen*, 1910,第 36,第 48 个故事。

第43章 / 独特有力和神圣的灵魂

1. 言及灵魂材料的结构,如我们在复数的和"外部的"灵魂结构中所见的,我们发现,作为基本体验的始终是其优越的力量;而这些结构中之第二方面的区分,以及第三方面的自我与环境的分离,都丝毫不会改变这一基本情形。而只要环境的一个部分,或者自我的一个部分被**剥夺**了这种力量,它便不再能负载灵魂,一切就改变了。在这三种前面言及的结构当中,据我们所知,"绝无那种仅仅是材料的肉体性"。[①] 然而在这里,**二元论**出现了,在二元论看来,灵魂本有的有生命的、神圣的力量,只是与那无灵魂的、无势力的、非神圣的材料相处并存而已。

造成这种情况的自然条件在于前面所说的第三种灵魂结构的活动的自由。例如,古埃及的身魂的持续性仅以"直到那一天"的可能性为前提。然后,为了呼吸与营养,它会离开坟墓。身魂仅仅是一种得到了更高安全度的"外部的灵魂",因而空气与食物都是必不可少的。但当物质世界被否认有任何力量,当包括身体在内的整个环境被归结为仅仅是"东西"或"物质"时,灵魂的活动自由性质看来便大不相同了。[②] 造成这场革命的是希腊人的头脑。赫拉克利特关于灵魂深度的格言,与一切灵魂的结构都是协调的,对于他,以及一般的前苏格拉底时代的哲学家来说,灵魂是许多其他力量中的一种。当时并没有关于什么是完全不具力量者的说法。一切事物都被认为有材料,而整个生命过程是某种新陈代谢的过程。任何材料本身都是神圣的。[③] 但是,柏拉图

① Otto, *Die Götter Grirchenlands*, 87.
② 参见本书第 3 章。
③ Rohde,前引书,II,第 148‑149 页,参见 K. Joel, *Der Ursprung der Naturphilosophie*, 1906。

从俄耳甫斯—狄俄尼索斯(Orphic-Dionysiac)教的观念出发,将灵魂从物质世界中分离出来,物质被改变为不再具神圣性的、邪恶的世界。[1]而在后来的许多世纪中,希腊人关于灵魂的这种概念产生了极大的影响,以至于我们的上一代人都认为,灵魂与肉体的二元论几乎是不言自明无须论证的事。

2. 因而,这样的灵魂观念便现成地在"外部灵魂"的结构中找到了位置。**灵魂转世**不过是从这种灵魂可以自由活动的思想中间推引出来的极端结论,除了印度和希腊,世界上好些地区都有灵魂转世的说法。但印度和希腊的灵魂转世学说得到了充分的发展。不过,从根本上看,转世说并不涉及对物质事物的贬低,生命只是某种循环,死亡只是其中的某一阶段而非终结。事实上,生命是没有任何终结的。[2] 就原始人的大众信仰而言,再生并非什么大惊小怪的事,而新生婴儿可以依据那些明确的、突出的征象加以辨认,以确定它与某人的相似之处。[3] 在民间故事中,如像普罗透斯(Proteus)和洛基(Loki)这样的受迫害而死的英雄,都可以一再地出生世间。[4] 与此相似,为了能够躲过阴间的威胁,埃及的身魂(ba)也有能力采用许多伪装;变形再生并不能就增加安全,像奥维德的故事所提供的那许多证据那样。不过,变形的观念并不是静止不变的东西,它继续扩展。但就这方面的发展而言,我们可以明白,灵魂在外形不断流逝的情况下,越来越变成具有了单一的稳定性的实体。因而,世界与身体都不能不有许多变化,只有灵魂保持不变。载体变了,而被载者却保持不变。如这么一个例子所说的:托尔斯腾(Torsten)给他的孩子举行人生仪式时这么说:这孩子应叫因格蒙,我希望,哈明伽(Hamingja,魂之命运)会因这名字为他所有。而因格蒙

---

[1] 希腊的狄俄尼索斯节的狂迷,如克拉基(Klage)学派近来所主张的,并不是"从精神性向原始生活基础的复归",而是相反。

[2] 参见本书第 22 章。

[3] K. Th. Preuss, *Tod und Unsterblichkeit im Glauben der Naturvolker*, 1930,23;另见 Wilken,前引书,Ⅲ,第 72 页。

[4] Nillson 不无道理地注意到希腊人的关于变形而再生的想法,可能与海洋生物的情况有关联。*A History of Greek Religion*, 57。

是孩子的外祖父。① 不过,还有一步,灵魂在变化当中不仅自身持续,而且**在转变中永远存在,在无能中永具力量**。

因此,"灵魂转世"一词是一个错误的概念,因为任何事物都会改变其位置,所有的东西都会变形,而只有灵魂始终如一。它经历一切并仍将经受一切,虽说身体也会有死灭的时候。无论我们对于死亡是喜是悲,但灵魂没有能力去死,这是俄尔甫斯教或佛教的主张;而在马兹达教(Mazda)的教义中,灵魂被认为是先于一切存在的,世界创生之先和毁灭以后,灵魂都仍然存在。②

被解释为永恒的灵魂越来越从半物质的世界取得它的形式;具体的灵魂材料被分配给那被认为是无能力的世界材料,而作为形式,优先的是呼吸和风等。力量的等级与非物质性的程度成正比。对于物的世界,永恒而神圣的灵魂是敌视的。在死寂的物质性的、实体性的世界中充满了毁灭,而灵魂是天界的火星,是神圣的萌芽。俄尔甫斯教徒总哀叹灾难性的再生,"了无趣味的充满痛苦的轮回",它永不休止地滚动并聚集无尽的罪恶。灵魂的使命便是逃离轮回而复归于神的世界。而进入天庭的通行证就是对其本源的呼求——灵魂可以接近诸神,因为它本来与神是同类的。"我实在是两重性的存在者,半属天界,半属尘世。"在佩特利亚(Petelia)地方,有一位俄尔甫斯教徒的墓,墓棺中的一面金牌上镌刻有如下的话:

"我是尘世和星光灿烂的天空的

孩子,但我的种系(只)属天界。"③

而一个较晚期的墓铭则这样描写灵魂之升入天界:

300

①　Grönbech,前引书,Ⅱ,第 124 页。
②　Söderblom, *Les fravashis*,第 62 页以下。
③　A. Olivieri, *Lamellae aureae orphicae*, 1915,12;另见 O. Kern, *Orphicorum Fragmenta*, 1922, *Fr.* 第 32 片 a,第 105 页。

"我是与你同行的伙伴,我是你的伙伴之星。"①

    3. 这种二元论的最简单形态便是人死时的分离,此时那有力的与无力的两部分便相互分开而各归其界,"尘土归于尘土,而普纽玛则升上天界",或者说,"空接纳灵魂而土接纳肉体。"②实际情况是,任何地方,只要这样的二元论盛行,就不会总是强调灵魂的精神性,而原始的气息灵魂观念被称作普纽玛,就是这个道理,普纽玛也就是气息灵魂的本质。另一方面,许多原始民族都常有沿着箭梯登天的神话,③而古埃及的金字塔文书中描绘过国王死后成为鹰或鹅一类的鸟飞上天,也有攀缘绳子或乘坐某种动物的皮上天的,也有爬梯子上去的(雅各的梯子!)。多说一句,在最古老的形式中,已经有了一种潜而未显的二元论——"魂(akh)归于天,形归于地",或者"魂(ba)归于天,而身(d-t,最初的身魂)归于地。"④中国人在《礼记》中也有类似的例子:人死后,人们会爬到屋顶上去喊"某某,回来吧!"——这也就是外部的灵魂了! ——"然后,会在死者的嘴里放入米粒……同时在下葬时,使其仰面朝天;因为有动物魂的身体会沉到地下,而精神会上达于天。"⑤这里仍保存有灵魂是多样性的观念,但肉体同"精神"已经分离了;后者是轻扬上行的,肉体是下坠的!

    "原始人并不了解这样的二元对立,在我们的灵魂观念后边,有一种更长久精神的发展过程。现代人词汇中的灵魂观念,是一个精神化的、个体化的、扩展性的纯粹化的观念,对此都有所贡献的是:荷马和柏

301

① A. Dieterich, *Eine Mithrasliturgie*(第二版),1910,8。
② Rohde,前引书,Ⅱ,第 389,257 页以下,其中还添了一些说明的例子;E. T. 第 170 页、第 540 页;另见 Oieterich, *Mithrasliturgie*, 第 200 页以下。
③ Wundt,前引书,V,第 264 页以下,第 272 页。
④ *Pyramidentexte*(Sethe),第 474 行。*Urkunden*, IV,第 481 页,另见第 484 页。
⑤ 参阅 Lehmann, *Textbuch*(第一版)第 11 页以下。[查《礼记》中并无此段文字,原注出处甚含混。唯《仪礼·士丧礼》中有"士丧礼:死于适室……后一人以爵弁服,簮裳于衣,极领于带,升自堂东荣中屋北面,招以衣曰:某复,三降衣于前……"这是指"复魂",而后是"事死"的二事,一为奉体魂,一为事精神,仪式中有将死者沐浴含饭之具陈于阶下之事。疑原英语译本就有错讹,今权且据英译原文译出。——译者]

拉图、圣保罗和别的基督教思想，从某些方面看，这一思想只是在印度才有所呼应。"①正是从这里发生了所有的思辨，从理论上引出了精神与身体的二元论和平行论的多重结构的假设。② 而从神话方面来看，则引出了"灵魂升天"这种崇高的思想。③

4. 也还是在这些思想形式当中，二元论仍然继续采用着这种原始的表述。因为，灵魂并非纯粹的精神，而只是某种精细的材料，它的形式并不是非物质的，而仅仅是有些类似"轻风和飘失的梦"，因此，只有在肉体完全丧失价值，甚至成为厌恶的对象之后，才有真正意义的二元论形式。此时的肉体便成了灵魂的监狱和坟墓：soma sema（身体是坟墓）④；而人的获救取决于摆脱物质的桎梏⑤。灵魂被囚禁于物质当中，后者一再地要将其拉下深坑。从柏拉图到浪漫时代的作者们，都熟悉灵魂不朽神话的多种形式——"灵魂像小鸟一样获得自由，飞向真理与清白之纯净的蓝天，在明澈的光辉中翱翔；而那些陷于网罗的、为粘鸟胶所俘获的不死者，又一次地给拖坠下去，并深陷于泥潭中间。"⑥

在这方面，那引自诺斯替教的《圣多玛行传》的所谓"珍珠之歌"是具典型意义的：还是小孩子的东方王子，来到埃及寻找那颗珍珠（灵魂）。珍珠藏在大海（物质）当中。一开始他忘记了自己应当去发现的珍宝，也忘记了自己是国王之子。最后，他找到了那宝贝，便启程回家。走到边境上，他得到了王家的服饰，于是可以穿着华服进入边界。这里再次出现了古老的童话故事的主题——一条蛇看守着珍珠；王子忘记了自己的使命，因为他吃了埃及的食物……但也有新的内容，这就是灵

302

---

① Söderblom, *Gottesglaube*, 65.
② 对于这一引人注意的对人性的描述，笛卡尔认为，它是"一位天使在开动机器"；参见 Maritain, *Religion and Culture*, 24。
③ 参见本书第44章。
④ Plato, *Gorgias*, 493a；另见 *Cratylus*, 400c. 菲洛劳斯在此前已经采用了这种说法，见 Diels, *Vorsokratiker*, I, *Fr*, 14。
⑤ Rohde, 前引书，II, 第35页。E. T. 第342页，第345页。
⑥ Ludwig Tieck, 前引书，XIV, 第358页。在印度人的玄想之中，也有这种物质（prakriti）和灵魂（purusha）相对立的类似观念。

魂获救的说法。[①] 与此相近,伊斯兰教中也有并不逊色的材料,反映出新柏拉图主义的影响。"灵魂从那高处降临于你,这是珍奇而不受拘束的白鸽……它并不愿来到你这里……它先是抵抗,然后习惯于这荒凉的地方(世界)。我想,灵魂而后忘记了那受到庇护的园地(天堂),忘记了它当初不忍离去的家园……它与不牢靠的血肉之躯结合起来……现在,它记起了那得庇护的园地而不禁潸然泪下。直到走近了那得庇护的家园,它才不再悲伤……然后它飞向那高处的峰巅……它开始了解到宇宙的神秘,尽管它那褴褛的外披不曾得到修补。灵魂的降下是命中注定的事,这样它才能得以了解前所未闻之事,若非如此,灵魂为何要从那高尚的天庭下降,来到这低贱的尘世呢?"[②]

从这一思想阶段,产生了人类最紧迫的禁欲苦修[③]的问题。就肉体一面看,人是要死灭的,这样他才能够以精灵状态生存,只有这样,人才配得上自己的命运,配得上他的神圣本质。实际上,我们若联系到柏拉图的 soma sema(身体是坟墓)的譬喻,就会发现上述的思想。柏拉图这样说:"事实上,我想欧里庇得斯这样说是不无道理的——那懂得生并非死的人,也就懂得死便是生;我们都是要死的。我们已经听到一位哲学家说,我们此刻就**是**死的,我们的肉体便是坟墓。"[④]

5. 不过,在这种与死亡相等的净化过程中,人仍然处于未完成的半道上。因为一旦他的形体获得了或道德或宗教的价值,或者说一旦丧失了价值,他也就不再为身体所局限了。对于肉体的谴责与贬损尚不足以保障灵魂的精神性,因为这种灵魂仍可保存着某种总体上属于物质性的观念与思想、冲动与欲望。因而,灵魂现在必须摆脱的就不只是肉体,而且还有它自身寓于其中的形体性;在灵魂自身当中,较低的成分还要与较高的成分分离开来。实际上,在希腊人那里,最先创造出

---

① Lehmann-Hans, *Textbuch*,第 218 页以下。
② C. Field, *Mystics and Saints of Islam*,第 101-102 页(阿维森纳的诗)。
③ 参见本书第 66 章。
④ *Gorgias*, 493(Jowett)。

精神的，正是灵魂的苦修：只有压抑克服本能——不单是身体的，还有肉欲的、饮食的，或别的压迫造成的无能力，才能使精神有能力。[①] 这里，我们再次直接面对柏拉图，他所贬损的不单是肉体，也有灵魂。后者属于那较低的"变成的世界"。与此相映，它也参与了一个更高的理念世界，而理念世界是不朽的。不过，这也并不是绝对的，它也可能采取过渡的形态并分有这两个世界的属性。这样便产生了所谓的**三分法**：形体性之上有灵魂的性质，高于这两者的又有纯粹的精神性。精神是高于灵魂的。从心理学上看，这就意味着依据或低或高的冲动与本能，来区分人性的不同层面。而从理论上看，这是一种在人身上寻求超越者与神圣者的企图，它对于别的成分采取了置之不顾的态度，即，无视身体与灵魂二者显示的不足，而精神现在成为灵魂的不可测度的深邃的象征。[②] 不过，历史的讽刺意味在于：它决定了以表达这种精神化、这种最终向完全非物质力量上升的根本用语，正好是指示灵魂材料结构的古老的字眼——普纽玛（pneuma Geist，esprit，spirit 等等）[③]。我们也已经注意到，"灵魂"一词并不能涵盖所有的意识现象，在很大的程度上，这也适用于"精神"（spirit）一词，而精神绝不是这样一种心理学概念："因为精神可以是抽象的、不实在的、无力的，总之有灵魂以外的别的意义。但精神有一种更清晰的灵修默想方面：它绝不只是纯粹生物意义上的生命，而且首先，它绝不仅仅是纯粹心理学意义上的意识。"[④]恰恰相反，只有在对优越性有所体验的基础上，才能产生意识的概念。[⑤]

304

---

① Scheler, *Die Stellung des Menschen im Kosmos*, 1928, 第 74 页以下："从本源上说是无能力的精神，与从本源上说是邪恶的冲动，并不知道任何的精神观念与精神价值，通过事物的象征之后所存在的痛苦的观念化和精神化发展，同时也通过精神被激活与赋予生命力的过程，精神与本能冲动之间的交互渗透才成了有限的存在和历史的目的与终结。"另参见同书，第 83 页。
② Rohde，前引书，I，第 4 页。E. T.，第 5 页，关于精神与灵魂的分离，普鲁塔克有所论述，参见 W. Bousset，"灵魂的升天"，载于 *AR. IV*，1901，第 252 页。关于这种分离的起源，参见 Harnack, *History of Dogma*, II, 362; 关于较全面的综述，参见 W. Windelband, *History of Philosophy*, 第 301 页以下。
③ 这四个词是希腊语、德语、法语和英语的"精神"。——译者
④ Schmalenbach，前引书，第 344 页。
⑤ 同上，第 351 页。

6. 结果,神秘主义沿着材料弱化和灵魂精神化的道路,走向了自己的终极目标。"哪怕你走遍所有的道路,也无从寻到灵魂的边界。你可以发掘很深,那样你甚而可达不可测度的底;从你的自我剥去一切力量,这样你便能发现上帝。"依此含义,"灵魂的底"(fundus animae)意指人的终极之无能,而只有神同时便显出原初的真实的有力。至此,所有物质性的东西,一切欲望和冲动,一切思想与观念,都必将消失。深沉的睡眠和极度的狂喜出神,必将剥去人的自我:"在我看来,圣杯便指永恒之酒,这酒的意义对我说来便是放弃自我,压抑自性。"这是哈菲兹(Hafiz)的话。[1] 或者用一位现代女神秘论者的话来说:"知性以眼视而无所见,以耳听而无所闻……感情、意志及其变化的情绪全都停止了;借此过程中,精神逃离了自身,逃离了整个自我,不再有任何活动,丧失了任何运动,丧失了精神";[2]她又说:"用这种虚无、贫乏和努力来包裹自己,这样,虚无和贫乏就会成为你的日常营养,成为你的栖息地,这样,你会完全与虚无与贫乏融为一体;我向你担保,一当你成为虚无,上帝也就会成为你灵魂中的全部。"[3]这种对力量与价值的终极排除,日耳曼的神秘主义造出了许许多多的说法:"去掉存在(entwerden)""放弃(entsagen)""剥夺形式(entbilden)""倒空自身(entledigen)""彻底地赤裸""除掉掩饰"等。[4] 精神应该与肉体和灵魂一样,也消失得干干净净。

> 你可知道,我如何从灵而来?
>
> 当我发现身内的一切都是虚无,
>
> 除了那无法测度的神,一切皆为虚无;

---

[1] A. Merx, *Idee und Grundlinien einer allgemeinen Geschichte der Mystik*(第一版),1983;进一步的讨论参见本书第 75 章。

[2] L. de Hartog-Meyes, *Mystiez*, 载于 *Nieuwe Banen*, IX,1916,220 - 221。

[3] Mignel de Molinos, *Der geistliche Fuhrer*, 第 3 卷,第 20 章。

[4] G. Siedel, *Der Mystik Taulers*, 1911,第 99 页;关于此问题及下文说的东西,参见 Grete Luers, *Die Sprache der deutschen Mystik des Mittelalters im Werke der Mechtild von Magdeburg*, 1926。

　　我便再不能保持缄默，我必须大声宣告：我已不再存在了。[①]

　　至此，尚存的只是一星火花，是 scintilla animae（灵魂之底）。而这是不能描述的，因为它包含的，除了那作为一切的神，只有空无：

> 如是，我丧失于深渊当中，
> 我怅然而言，我已哑然。
> 如是，神将我吸收进入它自身，
> 我便已荡然无存。[②]

　　"灵魂之底便是神与灵魂的合一之处。"[③]因此，灵魂的底便不再是灵魂之可能的最终极观念，事实上，它甚至不再是一种观念，它证明了：那寻求灵魂的人说到底并不是追求灵魂，而是一直在寻求某种超越其上的东西——epekeina。[④] 正是在神之不可言喻性与人性的终极性相吻合的地方，神是如此地贴近，又如此地永恒崇高——上帝存在于人之中：

> 当灵魂发现它所长久追寻的善与心是
> 如此邻近时，
> 为什么一切都与灵魂融洽会通呢？
> 此时，凡灵魂所欲，无不尽遂其愿。
> 在那最深的底部，灵魂静静地
> 与神并处，得其抚慰，享受其爱。[⑤]

---

① 参见 Merx，前引书，第 13 页。
② 参见 Merx，前引书，第 13 页。
③ F. Delekat, *Zeitschr. f. Theol. u. Kirche*, N. F. IV, ,1923，第 280 页以下。
④ 事实上，南传佛教在这方面走得更远。它干脆否认了灵魂。
⑤ G. Tersteegen.

因此，无论何时何处，灵魂都不能理性主义地解释生命的活动，而只能永远是在边缘地带的体验。而人的精神在它从灵魂中禁绝了一切无能的东西之前，它便永远不能得到安宁。从而，肉体的苦行禁欲远不够，必须再加上灵魂的·其实也是精神的苦行；而这便会导向那福佑的空无状态——这是神秘主义的自相矛盾之处！对虚无状态的体验便是最为典型的对有力的体现。从而，空便是最丰富的充实，否定是最高程度的肯定：

306

　　　　　三十辐共一毂，当其无，有车之用。

　　　　　埏直以为器，当其无，有器之用。

　　　　　凿户牖以为室，当其无，有室之用。

307　　　　故有之以为利，无之以为用。[①]

---

① 《道德经》第11章。

第44章 / 不朽的灵魂

1. 我们已经观察到,出神状态也是一种"外部灵魂"的特例[1]。我们不难理解,在出神状态中,生命机能活动的中止以及生命重量的蒸发,而这便有力地加强了肉体与灵魂的终极二分观念。灵魂的命运注定是要摆脱身体的束缚,并继续生存在另一个完全不受尘世重负限制的世界;因此,那在出神状态中出现的短暂解脱,也就必然会在人死后显现为永久的真实。例如,南美的图皮-瓜拉尼斯(Tupi Guaranis)人是通过舞蹈来进入"没有罪恶的国度"的,在那里有永久的青春而无劳累与艰辛。"他们相信,由不停地舞蹈以及禁食,自己会变得很轻,甚至可以不湿脚地从海面上走过去,或者就戴着草帽而直升到天上";[2]而在一些并不如此原始的文化中,虽然不再寻求那尘世上的"无罪恶的国度",但是,出神状态仍旧意味着对另一世界的窥视。因而,据说有的拉比也通过出神而"进入天堂"[3];而圣保罗对我们说过"我认得一个在基督里的人,他前十四年被提升到第三层天上去。(或在身内,我不知道;或在身外,我也不知道;只有神知道。)"[4]保罗在括号内的补充别有深意。希腊人在远古时代也了解好些这样的出神体验以及由它而获得的另一世界的神秘[5]。据说阿里斯泰俄斯可以灵魂出窍,其时身体如同尸首,而他的魂弃之后直升天界[6]。因此,肉体越来越被看成外衣可以

---

① 参见本书第 42 章。
② Preuss, *Tod und Unsterblichkeit im Glauben der Naturvolker*, 5.
③ Bousset, *Die Himmelsreise der Seele*(载于 *AR.* IV, 1901 年,第 136 页以下)。
④ 《哥林多后书》12:2
⑤ Bousset, 前引书,第 253 页以下。另阅 Rohde, 前引书,II,第 28 页以下,第 91 页以下。E. T. ,第 30 页,第 255 页,第 293 页。
⑥ Rohde, 前引书,第 92 页。E. T. ,第 281 页。

随意穿上或脱掉的。

　　不过，随着人们越来越倾向于在灵魂和精神中去寻求人性中的力量成分，那种分离肉体与灵魂的观念的产生也就为期不远了，这种观念认为，死亡是进入充满力量的生活的前提，是真正的解脱，于是被认为不死的不再是人，而是灵魂！至于希腊人，在其力作中，罗德（Rohde）清楚地解释了他们在出神状态下达到的不朽与力量（神性）之间的关系。希腊的狄俄尼索斯教中的出神导致了对不死的灵魂的信念。[①]除了希腊人采用麻醉性的饮料之外，许多民族也都使用这种可以升华入神的饮料。例如，印度人的苏摩（soma）、波斯的豪麻（haoma）以及希腊人称的琼浆（nectar），都可以借以达到永生[②]。这些麻醉物的作用在于使身体虚弱无力，即，使灵魂的日常活动力弱化。正是为了这一目的，波斯的神秘主义者要喝酒。

> 君应知那对精灵举觞者？
> 君应知举觞者所饮何物？
> 饮酒者即被爱者，
> 其所流注者为汝消灭。
> 所饮者是火，饮者于中得光明，
> 一吮即出神，燃一爱之火光，
> 每一滴均寻求消灭于滚滚洪流。
> 全宇宙为一酒店，万物皆为酒盏；
> 拥樽而饮皆我友，吾辈为饮者。
> 虽智慧亦酩酊而深陷狂喜，
> 虽天地亦醉倒，每一天使均人事不省。[③]

---

① Rohde，前引书，随处。E. T.，第264页以下。参见 Nilsson, *History of Greek Religion*, 210。
② 参见 G. Dumézil, *Le festin d'immortalité*, 1924。
③ Mahmud 的 *Gulshan I Raz*，转引自 Lehmann-Haas，前引书，第376页。

2. 狂喜出神,存在的丧失或完全崩塌,都可能采取多种形式。其中之一便是飞升上天或作"灵魂的天路之旅"。前面已经看到,灵魂是有翅膀的,[①]但即令不长翅膀,灵魂也会循着往上的路升天,这意味着净化。最终灵魂的目标则是与神合一。也许这种思想最初来源于伊朗,但它的古典表现形式则在我们基督纪年的开端几个世纪中,在诺斯替派、希腊化时代和犹太主义的倾向中都有所发现。宇宙是由七个行星界构成,每一层界面各有一守护者的星神,每一灵魂在升天时都要经过它面前。灵魂在上升时,逐一经过七重天后,最终到达最高的一重,通常被称作 empyrean,即第八层。而另一方面,那称为 Hebdomad 或者 Ogdoad 的步骤,则是一种逐渐脱离尘世的净化过程,灵魂由此而逐渐将尘世的生活一步步地抛在后头。[②] 密特拉神秘教也认为有这种七个阶梯的上升,这一阶梯上有八道门,其中的"前七道门由不同的金属铸成,在密特拉的神庙中,这七者象征着要达到最高的恒星区域以前,必须经历的道路";每一道门都有一位天使守护,"由此往前走得越远,灵魂就越多地像脱衣服一样抛弃激情和能力,而这些是灵魂当初从天上降生人世时所带来的";最终,灵魂脱净了所有的感性,完全赤裸,在第八重天上找到了追求的幸福。[③] 在这里,灵魂成为壮观的宇宙景象的一个部分,心理的东西转换成了宇宙论的东西,作为星神天使给灵魂指出了道路。[④]

在犹太教的灵魂神话中,关于灵魂包裹衣饰的象征说法,也是极为生动的。例如,以诺(Enoch)便由两个天使带着升天,在第七重天上他

309

---

① Negelein,前引书,第 59 页。荷兰德的"升天的不同类型",载 AR,23 期,1925,第 215 页。灵魂也可以往冥界地下去,巴比伦的伊斯塔尔(Ishtar)就是往地下去求生命的,下界也有 7 层,她不得不在每层界面的大门边留下自己的一件衣服。这准确地对应于整个天界的七个大门。参见 Jensen, *Assyrisch-babylonische Mythen und Epen*,第 81 页以下。关于天路之旅,参见 Dieterich, *Mithrasliturgie*,第 90 页以下,第 179 页以下,第 200 页以下。
② Bousset,前引书,第 148 页以下。关于波斯人在这方面的材料,参见 Edv. Lehmann, *Zarathustra, en bog om persernes gamble tro*,II,1902,第 250 页以下。
③ F. Cumont, *Die Mysterien des Mithra*(第三版),1923,第 129 页以下;另参见 Bousset,前引书,第 165 页以下。
④ 参见本书第 7 章,第 16 章。

看见了上帝，上帝让天使长为以诺除去尘世的外衣而以"荣光"加覆其身。于是，以诺便成为"一个荣耀者"。[1] 因而，灵魂必须脱下衣服，这便是神话的本意所在：只有赤裸才配得上天界的华服。

而既然这点不只是可以从宇宙论的，也可以作心理学层次的理解，那么，升天也就完全可以译为由外而内的层次。所以神秘主义便在灵魂内部去寻找天堂，在灵魂深处的"底部"去寻求天堂；于是天路之旅的每一站也就成为内心净化的不同阶段。穆罕默德的升天代表了《古兰经》中提到的所谓先知从麦加到耶路撒冷的"夜间旅程"之延伸，[2] 在苏菲派看来，这一旅程象征了那神秘的合一，即穆罕默德在天使哲布勒伊来（Gabriel）和米卡伊来（Michael）的引导下，历经七重天而上升。在他来到安拉的宝座之前，所有天使都不能走近：

> 其时，唯有他与他的神交通，
> 突然间，他进入了他的神。
> 看啦！穆罕默德消失了，
> 而在他蒙神所召处，唯神站立。[3]

而在圣保罗那里，我们也看到，这种天路之旅的梗概，同样可以从出神角度和宇宙论角度来解释。[4]

所有这一切，都表现出对于那种完完全全是微妙的、无形式的、不可描述的以及不可言传的东西的渴求。奔驰、飞行和翱翔看起来都是人所适宜的运动，其唯一的目的便是消灭世界和身体：

310

---

① Bousset，前引书，第 138 页以下；其他材料尚可参见第 140 页（关于《利末记》），第 141 页（《以赛亚书》），以及第 151 页以下，第 268 页以下。

② 《古兰经》，第 17 章，参见 Lehmann-Haas，前引书，第 350 页。

③ F. A. G. Tholuck 在其书 *Blutensammlung aus der morgenlandischen Mystik* 中所引 Fariduddin Attar 的诗，该书 1825 年出版，参第 265 页；另外参见 Bousset，前引书，第 249 页及注释 1。

④ 《罗马书》8：38 以下，另参见 Bousset，前引书，第 136 页。

耶路撒冷啊！你这天上的城，

愿主使我得在城中；

我的心渴望着你，

它已不再在我的身边，

它远远地飞过起伏的山岗，

飞过那空阔的田野，

它从这一切顶上**翱翔**，

急速地离开这尘世间。

另一方面，这灵魂：

再过片刻它将**直升天界**，

它将如此轻柔如此奇妙地**放弃**

这**物质元素的世界**；

它将**乘上**以利亚的战车，

簇拥着**天使的大军**。

天使的手托护着它，

天使大军环绕着它。[①]

这样的渴望是基督教时代的，但也是柏拉图时代以至前柏拉图时代的，因为我们在欧里庇得斯戏剧中的奇迹式的合唱中，也看到同样的形象，和同样的渴望：

在那阳光也很少涉足的山巅，

能否有洞穴使我栖身？

我能否如神的鸟群中的一只，

---

① Johamm Mathaus Merfart 的诗，注意诗中间的传统譬喻（黑体字部分）。

以一片云作自己的巢舍?

在那神的海边寂静花园,
流水的清音永不停息,
在那绿草地上,远古的生命赐予者——大地,
如树木一样增加欢乐。[①]

3. "因而,所谓对不朽的信念并非产生于前已发现的灵魂观念,而正好应该反过来看。"[②]灵魂观念的改变是随对超越者的体验类型而来的。在此,对灵魂的寻求再次表现为对上帝的追求。对于闪米特人来说,超越者是不可企及的,而永生是诸神的事。[③] 因此灵魂绝不可能成为通向超越者的桥梁,所以灵魂不朽是不可想象的。

而对希腊人来说,情况又不一样了[④]。在希腊人的灵魂观中,人们可以发现 arche,即不朽的最初实体。柏拉图的灵魂**大约**便是不朽的,就其过渡的身份来说,它能够使人回忆起那永恒的观念,并能够提升为 anamnesis(回忆)和 Eros(厄洛斯)。不过,要想获得永生就必须遵循自我净化的道路。支配着与灵魂相关的终极思想的,是欧里庇得斯的问题:究竟"生非死、死非生"的问题如何呢? 体验到死会导向永生,放弃这个世界,便征服了另一世界。"彼处"总是首先意味着"此处",歌德在他未完成的剧本《普罗米修斯》中也表达了这样的思想,在其中,生是同死一样被深刻地理解的:

普罗米修斯:

---

① Euripides,*Hippolytus*,第 732 行以下(Murray)。
② Preuss,前引书,第 17 页。
③ 《创世记》3:22;参见 Kristensen,*Livet fra döden*,第 10 页。
④ 这里说的是俄尔甫斯教和柏拉图主义时期的希腊人;而对荷马时期的希腊人来说,正如对于其苏格拉底时期的一元论神秘主义一样,每一件事情都是不同的;参见 Rohde 前引书,第二卷,II,149,253;E. T.,24。W. F. Otto,*Die Götter Griechenlands*,以及我的文章,*SM*. 7,1931。

当你感到——在你最为深沉的最为内部的心底——那涌腾着
的一切欢乐与悲哀都四分五裂的时候,

当你的激荡的心在风暴中,在泪中获得慰藉,

它在不断激情高涨,在你的内心,

激情在回响、震荡和颤抖;

当你所有的知觉渐渐衰退,你似乎沉往深处,消解殆尽。

然而,在黑夜中,你周围的一切都鼓胀起来,

在你心的深处,你拥抱这整个世界——此时,便是人的死亡。

潘多拉:

啊! 我的父,让我们死去吧!   312

第45章 / 受造之物

1. 希腊人的灵魂观念旨在寻求那人心内的优越性力量,尽管他先得摆脱尘世的一切重负。于是剩下来的就只有神圣与不朽了。这两个用语有一共同的含义:希腊人的精神首先分有了闪米特人对 hubris(骄傲或自信)的恐惧,正是骄傲把人置于与神同等的位置(在这方面,种族的特征并不重要)。最终,由于狄俄尼索斯教以及俄耳甫斯教将不朽和与神的同一性,作为**一种**实在带入了人的范围。[1] 需要发育的是人内心的种子,有待于成为大火的是那一点火星,当然还必须先克服诸多的障碍。但无论这是多么艰难,它绝不是不可能的。对于灵魂来说,虽然它被囚禁于生死的循环当中并堕入物质的陷阱,但解脱的希望始终是存在的,那就是:

> 停止那生死之轮回并重获无罪恶的呼吸。[2]

这是古典形式的灵魂观念。它与另外一类灵魂观正好相反,后者认为,人的内部根本没有神圣的东西,没有什么可以升华的东西,无论如何净化,也没有任何真正有力量的东西。安立甘教会的**总信经**中有"我们心中无健康可言"的说法,这尖锐地、引人注目地既表达了这一最原始的信念,即否认人的有力性;又表达了本质是基督教的这一原则,即,在上帝面前没有什么永恒持久的东西。作为一个完全的整体,人并

---

① Rohde,前引书,II,第 2 页以下。E. T. 第 263 - 264 页。
② Olivieri, *Lamellae aureae*,第 4 页;另参见 Kern, *Orph. Fragm*, Fr. 299,第 244 页。

不是由两个部分组成的结合体，像以往所说的，有力的和无能的两个部分。恰恰相反，人的一切都是无能的，而世间的一切都是独一的造物主力量的安排。因此，人只是一种**受造物**，他既出自上帝之手，也许上帝便不许他离开自己的支配。因此，如果说他预期有永恒的生命，那不是他能**取得**的，而仅仅是**被赐予**的。换言之，无论是生命还是永生不朽，都是被给予人的。因此，除了趋近上帝，人便一无所有。甚至也可以这么说，人在自己内部的一切都与那任何力量相去甚远，除非神眷顾他，使他脱离死亡。因此，基督教的信仰不承认不朽，而只承认**复活**，也就是一种新的创造。人无论何时何地都不可能成为神，他自始至终只是一个受造物，他的福佑也恰恰在于他是受造之物。

　　不仅如此，《旧约》中根本没有灵魂获救的说法。灵魂便是在其本性上的、是其力量本身中的人自己。这同原始的灵魂结构观是完全一致的。[①] 上帝拯救人，也可以说上帝拯救这个民族。其主题并不涉及某一神圣的灵魂，也不涉及不朽，这也不是福音书的主题。在耶稣看来，人的灵魂是其本质属性。[②] 但在圣保罗看来，情况已有不同，明确的二元论已占据了主导地位，然而灵魂本身还不是不朽的。不可否认，肉体在价值上是被贬损的，但与肉体相对而提出的，并不是灵魂（soul），而是另一强有力的东西，即**精神或灵**（spirit）。而这种普纽玛并非三分法的心理学中的最高阶段，而是上帝的恩赐，是从神到人的分与，说到底，也就是主自身。[③]

　　因此，那获得灵的便成了一种"新的创造"：首先的人，即亚当，成了"有灵的活人"，而末后的亚当成了"叫人活的灵"。[④] 因此，而那"得了灵的"（pneumatized）人并不因为他自身中有最高的能力，而是因为他从上帝那里得到了"灵"（pneuma），因而才成了新人。他并不是灵，但他

313

---

① 关于以色列人的灵魂观的原始基础，一种重要和基本的讨论参见 J. Pedersen, *Israel*, I 和 II, 1920，第 68 页以下，其中有"肉体是外在形式的灵魂"，见于第 125 页。
② 参阅 R. Bultmann, *Jesus*, 51。
③ 《哥林多后书》3：17："主就是那灵"。
④ 《哥林多前书》15：45。

有了灵，或者说他是"属灵的"。

不过，就整个宗教史而言，最引人注目的事实之一便是：由于希腊思想强有力的影响，这种将人视为被造物，视为经上帝之手而成为灵魂肉体两者统一体的观念，在后来的年代中几乎消失了。直到今天，那有关不朽灵魂和无价值肉体的观念，仍被广泛地假定为本质上是基督教思想。但这样一来，不但否定了基督教的以色列起源，而且也否定了基督教的《新约》基础。① 不过，教会最终在其基础的原则上，始终能够保存真正基督教的作为整体之人的观念，并通过强调"身体的复活"而建立了一道防御柏拉图主义和禁欲主义的堤坝。更进一层还可以说，在基督教会内部，恐怕没有比灵魂观念更混乱的了。② 而且教会成员仅仅在拒斥柏拉图和奥利金的**先在论**方面是前提一致的。但是，灵魂与肉体是否在受孕时一起产生（**灵肉共生论**），抑或，上帝是否每一次都通过新的创造而给胚胎赋予灵魂（**灵魂神创论**），关于这一点，奥古斯丁未能作出定论，而且教会也一直犹豫不决。③ 因为在灵肉共生论中，其目的大概并不是要取消肉体与灵魂的统一性，而在灵魂神创论中，又保留着特殊创造，即灵魂直接来自上帝的原则。当然，在第二种情况下，又不能不接受非基督教的二元论作为补充。

2. 因此，毋庸争辩，以色列—基督教的灵魂观与其说接近柏拉图主义，不如说更近于原始的灵魂材料的结构。人并不是某一肉体内的灵魂，而是某种肉体—灵魂。人并非**有体**，而就**是体**；④他的灵魂并非某一种终极力量，无论是有力量还是无力量，他就在自身当中。从另一面看，这样的灵魂结构物当然丝毫不缺乏哲学的或心理学的扩充，即令后者在大众信仰的框架内仅占据一个并不重要的位置。就像柏拉图之

① W. Stählin, *Vom Sinn des Leibes*, 1930.
② 参见 Schmalenbach，前引书，第 312 页。英国的所谓基督教唯物主义可能是个例外，因为它不承认不朽一说，而相信整体的人的死亡与复活；另外参见 Denis Samat, *Milton et le matérialism chrétien en Angleterre*，第 197 页以下。
③ Harnack, *History of Dogma*，Ⅱ，259.
④ Stählin，前引书。

于二元论，亚里士多德也为这一整体概念发现了哲学的和心理学的图式。灵魂是某种圆满生命（entelechy），就是说，它是具有行动或能量的附属意义的完成。它是通过有机的身体的功能而实现其自身的形式。[①] 这就预先假定了肉体与灵魂之间的有机结合，灵魂从而不再只是肉体中的异己成分，而是一种内在形式。今天，那不断重申此说的，也是这一亚里德士多德主义的观念，这种观念认为，二元论是站不住脚的，也是非基督教精神的。灵魂是"肉体的隐秘的统一体"，而肉体则是"灵魂的整个表达形式"。[②] 实际上，在明显的程度上，基督教神学是被它所宣称的许多对手牵引着倒退的，后者有尼采及其今天的追随者，路德维希·克拉格斯（Ludwig Klages）及其学派。[③] 至于灵（spirit）这一"希腊人的发明"是遭受谴责的，它被看作与人生敌对的力量，"这种肉体的非灵魂功能"是受争议的，生命的核心被转换到了"本能"之上。这样的方向转换绝不是哲学家或心理学家们的理论杜撰，这一点是对肉体的崇拜所证实了的，今天，我们可以清楚地在游泳池、在竞技场、在舞会上看到这种对肉体的崇拜。

315

　　不仅如此，直到非常晚近，柏拉图主义—基督教与犹太教—基督教的灵魂观念之间的争论，还阻碍着心理学的逻辑发展。断定灵魂的神圣性和不朽性，以及心理—生理平行论（psycho-physical parallelism）的种种困难，长期以来阻碍了科学去探索那作为一个整体的人，心理学家被引入歧途，指配给灵魂的只是纯粹意识的地位。只是到了今天，科学才逐步地寻到了复归灵魂的路径，相应地，也就寻到了它的界限！

　　不过，与科学和心理学界相比较，基督教更有兴趣去斥责二元论。[④] 因为它所认识到的反题，远远地超出了肉体与精神的鸿沟，而且基督教同所有的原始思维一样，实际上也是同尼采和克拉格斯等一样，

---

① Aristotle, *De Anima*, 2,1.

② E. Brunner, *Gott und Mensch*, 1930,75.

③ H. Prinzhorn, *Leib-Seele-Einheit*, 1927.

④ 参见 Wach, *Typen rel. Anthropol.*, 23。

用力量和无力的两者对立,取代了肉体与精神的二元对立。不过,当基督徒说"我们内心一无健康"时,他同时也清楚自己不单是自语,而且还告诉了另外某一个人[1],因而这也就成了一种忏悔。从而,意志[2]也就取代了力量,无论在他的内心,还是在他的外部,某种非神圣的、有罪的意愿便与一种神圣的意志对立起来。而在这样的时刻,这一忏悔便成了祈祷:"啊,主啊,求你怜悯!"于是,那在灵魂深处寻求的人,在上帝那里发现了它。

316

---

① 意指上帝。——译者
② 参见本书第9章。

第 46 章 / 灵魂的国度

1. 人类在灵魂中发现的优越性不但不是普通日常生活的那种类型,而且(如我们已经观察到的)其位置也不在眼前。因为,准确地说,灵魂是超越的生命。事实上,最古老的埃及文书中称之为"彼国",也就是死者所去的地方,在那里永远没有饥渴一类的事。[①]

一开始,灵魂的国度就在此世间,它完全是尘世上的天堂。在这世上的某个别的地方,有某一不祥的区域,一片不知名的荒原,一片漆黑的森林,或者一个神秘的洞穴,就像传说中的阿维尼(Averni)湖,那是通往冥界的入口,冥界称为 Plutonion,即冥王普鲁托的领域。换句话说,这整个别的领域被认为是在"那边"的,希腊人称为 chthonic。在希腊和南意大利,以往人们可以指出好些这种"无鸟的湖"。[②] 因此,库米周围的整个区域都被认为是死者的世界,灵魂的国度。

因此,对于原始时代和古代的人类意识而言,观念中的"彼国彼土"是完全顺理成章的事。一方面,它是荒凉的人迹不到的地方,但与此同时,它又是与人类居处毗邻的,如果需要就可以到达的国度。这完全是一种 catathymia(随心造境)的主观取向态度,属于原始思维。原始人会在自己的生活环境中体会到可以转换为可怕境界或极乐世界的同样的价值。[③] 那在村庄耕地之外的世界,那封闭了的房屋内的器物,都是

---

① *Pyramidentexte*(Sethe),382,另外参见 Atef Stela, *Urkunden*, IV,第 965 页,"对另一国度的恐惧"。

② 参见 Rohde,前引书,第一卷,第 213 页;另见 Ninck, *Wasser*,第 76 页以下。[依据传说,在南意大利今那布勒斯附近的库米 (Cumae)地方有一湖泊,那是通往地下冥界的入口,湖水上发出的气味可以杀死过往的飞鸟,因而那是"无鸟的湖"。——译者]

③ "Catathymia"的 Kretschmer 的用语,它指一种心理状态,在这种心理状态中,人们依据自己的主观情绪来看待事物。

"神秘的",是魔鬼的住处,死人逗留的地方。在北方民族看来,荒野、沼泽和山峦都可能是这样的地方,而对于南方的原住民来说,草原和沙漠则是这种地带。死人和鬼的住处被称为 Midgard,而它周围的地方则被称为 Utgard,死者的国度便从这里开始。死人国度的疆界可以是极辽远的,甚至可在地平线下面,不过它还是能到达的。因此童话中的主人公能到冥国是理所当然的事。此外,除了从空间位置上来看冥界,还可以从时间上来看待,比如,当夜晚降临,黑色的阴影散布开来,世界也就完全属于"远处的彼土",所有的事物变得神秘了。①

不过,可怕并非"彼土"的不变的主要特征。它也可能成为美丽、神奇的国度,成为乐土——可爱宜人的花园。因此,《创世记》中的乐园便是绿洲,同荒野形成对照:亚当堕落后不得不劳作其上的便是这片荒原。② 那花园从空间上说极为辽远,从时间上看,也同黄金时代一样遥远,其中住的是诸神和有福的死者。③ 它便是欧里庇得斯所谓的"诸神的花园",索福克勒斯所谓的"古时的太阳神花园",④ 使英雄们神魂颠倒的极乐国(Elysium),以及"幸福之岛"。金发的拉达曼图斯便在这么一个"极乐的平原和世界的尽头处,人们在那里生活轻松愉快。那里既不下雪,也无风暴,甚至不下雨,海上不断吹来西边的徐徐凉风,使人永远享受凉爽。"⑤ 希腊人有好几个这样的灵魂国度,那里的人出游"无须乘船或走路",那里没有疾病和衰老,那里的神人们生活没有艰难辛劳。⑥ 以色列人也以为有这样一个遥远的未来的国度:

在那里永恒者必显威严与我们同在,当作江河宽阔之地。

---

① Grönbech,前引书,II,第 7-8 页。
② 参阅 Edv. Lehmann,"关于雅赫维的思想",载于 SM, 3,1927。
③ Lietzmann, *Weltheiland*, 44;另参见 Preuss, *Tod und Unsterblichkeit*, 30。
④ Otto, *Götter Griechenlands*, 81。
⑤ *Odyssey*, IV, 第 564 行以下(Butcher);另参见 P. Capelle 的"极乐国与幸福岛",载于 *AR*, 26, 1928。
⑥ Pindar, *Pyth*, 10,38, 言及了极北族人的国度;另外参见 O. Schroder 的文章(*AR*. 8, 1905, 69);另参见 G. van der Leeuw, *Goden en Menschen*, 第 92 页以下。

其中必没有荡桨摇橹的船来往，也没有威武的船经过。

永恒者治理我们，为我们设律法，

永恒者是我们的王，唯有他能庇护我们。①

　　世间的任何辉煌都在灵魂的国度中存在，而人们熟悉的"傻子的乐园"中所回响的，也是极其庄重的语言的一种戏剧式的回声。② 人世生活中一切靠不住的特征，在灵魂之国内是绝对找不到的。诗人品达在那里遭逢的是缪斯的国度，处女的舞蹈，长笛和竖琴的乐声。③ 那里没有食品的匮乏，那"国度"的福利首先表现为各种食品的丰盛。例如，埃及人相信有所谓"食品地"，另外还有"疯长之地"（field of rushes），只有能背诵咒语的死者才能进入其中，那人高兴地唱："我知道太阳神拉（Ra）的'疯长之地'，那里四周是青铜铸成的墙，最矮小的埃及燕麦也有四尺长，一尺长的穗，三尺长的杆；小麦高七尺，两尺长的穗，五尺长的杆。"④另外，从不可记忆的久远时代起，西方就被认为是奇异美好事物的国度，尽管它在天上，或者开始时也可能在地上。因为西方是日落之处，人们在那里建了死者的大城，那里的"美西人"都装束成带秀发的女人，友好地前来迎接死者。⑤ 不过，人们往往更强调西方是日落之处的性质，也就是说，人们在西方能体验到衰落死亡的意义。在这种情况下，世界的东方获得了优先的地位：东方的天上站着三个神，"在高大的棕榈树上坐着神，他们依赖生命之树生活，"⑥树上的果实滋养着死者。在埃及的例子中，我们常常很难确定灵魂的国是在地上抑或是在天上，我们知道，那有福的国王终归可以随意地来往于天上，就像在地上一样。⑦ 但有至少一点是可以肯定的：死者的国度总在远方，哪怕它也在

① 《以赛亚书》33：22－23。另外参见 H. Gunkel, *Das Märchen im Alten Testament*, 1921,47。
② H. Thimme, *Das Märchen*, 1909，第 91－92 页。
③ *Pyth*, 10,38.
④ *The Book of the Dead*, 第 109 章；转引自 Bertholet, *Lesebuch*, 10,52。
⑤ *Pyramidentexte*(Sethe),276 以下。
⑥ 同上，第 916 页。
⑦ 同上，第 186,363,1249 页。

地上。即令它可能在近处,也总是很有距离的。埃及的法老总要飞离人类:"他飞起来,像鹅一样飞离你们;像鹳鸟一样,他的手离开你们;像鹰一样,他的身体升起来离开了你们。"[①]因此,死者之国得在某些遥远的海岛上去寻找,它或者在高高的山顶上,在极北方的沼泽地背后,在天上或极深处的地下,在人们认为不是自己家的任何地方,而且在因此可能被设想为永恒家园的地方。[②] 以这种方式产生的一些不同的地点,无论是对原始思维,还是古代思想,都从未引起困惑和烦恼,这是我们在埃及已经观察到的。而在艾迪斯托岛(所罗门群岛)上,土著民既在辽远的异国,也在他们自己岛上的山洞中去寻求死者之国。[③]

2. 不过,对于灵魂寻求的这种既近又远的彼处,其最为人们乐意放置的地方,往往在下界,或者说在地内,那里是母亲的和一切生命的家。[④] 自然,无论世界各地的葬礼习俗如何,都助长了这种地下的彼岸观念——死人在墓中,也就是在地底下。但是,只要坟墓仍为坟墓,就某一时期的埃及人看来,死人的全部生活就仍在墓中,他的福乐就仍在于能够继续"过日子"。如果这样的观念不变,真正的冥国观念也就尚未显现。因此,就埃及人而言,那"彼岸世界"所强调的,与其说是死人在地下的居留,不如说是要赋予他们"白日"的生活。[⑤] 而只有在人们以或这或那的方式,从或坏或好的方面来强调这既近又远的境界时,我们才会言及这地下的"彼岸"。众所周知,这样的冥国观念既可见于希腊,也可见于《旧约》时代或别的地方。[⑥]

除了地下的和坟墓的观念,夜晚对天空的观察也会催生与如何看

319

① *Pyramidentexte*(Sethe),1484.
② 因此,在西海岸的佩罗斯(Pylos)岛,被远古的伯罗奔尼撒居民认为是死人的居留地:在"佩罗斯岛上,在死者当中",*Iliad*,5,397;另外参见 U. von Wilamowitz-Möllendorf, *Der Glaube der Hellenen*, I,1931,第 337-338 页。
③ W. H. R. Rivers 的"原始人的死亡观念",载于 *Hibbert Journal*, X 1912,393 页以下;还有一些重要的例证,可参见 Wilken,前引书,III,第 49 页以下。
④ 参见本书第 10 章。
⑤ 参见 Maspero, *Popular Stories of Ancient Egypt*, 第 61 页。
⑥ C. Clemen, *Das Leben nach dem Tode im Glauben der Menschheit*, 1920,第 42 页以下。

待冥国有关的思想,因此,在古代埃及人的眼中,Duat 或 Da-t 既是夜间的天体也是下界。[①] 后者是某种"反天体"(counter-heaven),是黑暗的地的对照性的形象,[②]太阳从这黑夜的天体中升起,就像植物从地中生出。[③] 正是从这里,产生了埃及人的太阳夜间在地下运行(即夜晚的天空)的独特观念;产生了死人在进入阴影的国度时,要在入口处向太阳致礼的思想。不过,下界的色彩一般说来是昏暗的、灰蒙蒙的。实际上,这是一个影子的世界和阴影的世界。灵魂进入其中是往下走。不过,把这昏暗的地下世界同时视为母亲的孕育子宫的信念,从未完全消失。

320

3. 那飞离人们的埃及法老"不再住在地上,他往天上去了。"[④]实际上,如我们已经看见的,天空并未与地下相分离,它开始时只不过是夜晚的天空。当时,随着时间的推移,无论在埃及还是在世界的别处,天空日益成为神的唯一居所,也是死者的居处。[⑤] 而这一过程的发生,从心理学的意义上看,与肉体归于土,灵魂归于空气的二元论又是不可分的。[⑥]

因而,几乎从一开始,天空就是"天堂",是充满喜悦与福乐的地方。当然,对于许多民族来说,天上有天上的危险,但善乐是主要方面的,而天上永远不会像下界一样被描写得如荒漠一样阴暗。因为它毕竟是太阳的家园,但同样真实的是:在天上绝对看不到地上享有的富饶。地上的居民无论如何悲惨,大地总是新生命的赋予者;天上无论如何灿烂光辉,总是不结果实,不是再生之地。

---

① N. B. Kristensen, *Livet efter döden*, 1896,第 57 页以下;另参见 J. Lieblein, *Gammel-aegyptisk Religion*, Ⅲ,1885,29。

② *Pyramidentexte*(Sethe),820,1275。在埃及,作为灵魂家园的天,后来逐步地被西方或下界所取代。参见 H. Kees, *Totenglaube und Jenseitsvorstellungen der alten Ägypter*, 1926,80,220。

③ Preuss, *Geistige Kultur*, 第 42 - 43 页;K. Th. Preuss, *Die Nayarit-Expedition*, I,1912,XXV 以下。

④ *Pyramidentexte*(Sethe),第 890 页。

⑤ 参见 Clemen,前引书,第 55 页以下。

⑥ 参见本书第 43 章。

4. 因而，按照这种二元分离的结构，完全相同的是：灵魂变得越来越空洞和无内容，直到最终它的纯粹性变成了完全的无；而灵魂的家园也就越来越丧失了可见可触的具体性。因为从一开始，灵魂的国便是辽远的、无路可通的；而在完全的精神化过程中，灵魂家园便成为没有任何位置，又不可测度的，无从定位的地方。实质上，柏拉图的观点（vision）与此极为相近——与"彼岸"的这种关系并非是人记起了他所实际经验的，而只是记起了他看见的东西。"他们像我们这些哲学家一样，大约看见了那灿烂光明中熠熠生辉的美，宙斯的身边有欢天喜地的大群追随者，如同别的神祇出行；他们看见了某种景象，于是便被引进了那也许可称为至福的神秘，当我们在无罪垢的原初状态时，所赞叹称颂的便是这种神秘；那时候，我们尚未经历邪恶，我们所见到的，还是那单纯质朴、幸福宁静的景象；它们沐浴着纯洁的光，表现为纯粹的自我，尚未被放置到神龛中，尚未缚于我们负载的躯壳——这活的坟墓。然后，我们被桎梏于肉体当中，如同贝壳中的牡蛎。"[1]佛教在禁绝任何形式的内容具体性——某种东西——方面，走得更远。

涅槃，也就是一切生命活动的中止，受嫌恶的再生的断绝，它仍旧展示出极乐之岛的大概轮廓。不过，涅槃是完全地消解为虚无状态了的——"那被称为涅槃的，是一无所有，是无常，是摆脱了衰老和死亡的唯一的（迁流中的）岛。"[2]

灵魂国度的这种不断精神化的过程，伴随着"此岸"的内容的不断弱化，也伴随着彼岸世界中的"此岸性"的弱化。而这一精神化的过程与那种在"此岸性"中寻求灵魂真正家园的倾向，是相对立的。因而，人类是在自身中去寻找彼岸，不是在人生之上去寻求某种更高维度的彼岸，而是在其内部去寻求更深维度的彼岸。[3] 因而，现代的内在论也有不同的基调，但只有尼采的说法更为具体，也更少柏拉图的气息，因为

---

[1] Plato, *Phaedrus*, 250(Jowett).

[2] Oldenberg, *Lehre der Upanishaden*, 311.

[3] Joh. Wendland, *Die neue Diesseitsreligion*, 1914, 8.

他并不是从彼岸来吁求灵魂的内在依据,而是直接地从彼岸吁求"此岸":"兄弟们啊,我与你们立誓吧! 一定要**忠实于地上**,不要相信那向你们大谈超出地上的希望的人! 无论这些人是否自知,他们都是毒杀人类者。"①

322

---

① *Thus Spoke Zarathustra*, 7(Foulis).

第 47 章 / 灵魂的命运

1. 在原初时代,生命是循环的,只要举行了正当的仪式,便不会因为死而中断。[1]"我会像太阳神瑞一样,我死后仍然活着",[2]只要履行了必需的仪式就成。如我们已经看见的,**葬礼**是诸仪式中最重要的;与此相近,在原始人的世界中,**哀悼**也具有仪式的特征。吊丧不只是为了减轻人们的悲痛,而首先是因为它有助于死者的生命跨过危机点,如埃及的一份古文书所言:"我是俄西里斯的哀悼者之一,哀悼者们让他可以战胜敌人。"[3]这种对死亡的克服,当然与依据流行的灵魂观而作的描述有很大的不同。从字面意义看,这种观念的最简单含义便是复活,所以,通常人们会对埃及的死人说:"起来吧! 你的身上,已经抖掉了所有尘土"。[4]

不过,这一观念还可能更复杂一些,它意味着给死人颁发**通行证**,保证他可以进入彼岸世界。而死人墓中放置的咒文便起这种作用,这当中最有名的,便是这种咒文汇集成的埃及《死人书》。它们与俄尔甫斯教徒墓中的小金牌相似。[5]那是死人的**旅行指南**,不过并不具有理性主义的含义。它们不仅仅是一种《贝迪克天界旅行指南》[6]——尽管它们也有这种意思,而且首先是通往彼岸的大门钥匙。在伊朗,人们要凑着濒死人的耳朵,将神圣的咒文悄悄地告诉他,同时要给死人灌下神的

---

① 此处及后面一段,均请参见本书第 22 章。
② *Totenbuch*(Naville),第 38 章,注释 8。
③ 同上书,第 1 章,第 11 - 12 页。
④ *Pyramidentexte*(Sethe),第 654 行,另见第 1067 - 1068 行。
⑤ Olivieri, *Lamellae aureae*. 另参见 Kern, *Orph. Fragm.*。
⑥ 贝迪克(Karl Baedeker)是 19 世纪下半叶德国的出版商,他的《旅行指南》一书当时甚为普及。——译者

神圣饮料豪麻汁（haoma）。这种天上的通行证和盘缠（viaticum）①是联系在一起的。莱曼在他的书中记录了一份中国佛教徒的往生文书，它以正式的公文语言给死者开具的通行证如下：

> 单氏持令：此关防文书，前往极乐安养国。汝接此令，须即前往福乐地，汝可于该地获至福平安。②

保证死者归宿的还有**祭奠仪式**，尽管这一用语也许夸张了些，因为这种仪式只由死者的亲人或代表来履行，墓中的或随便出现于何处的死者也就足以获得所需了。在古代埃及，祭奠死人的是儿子，"儿子，那爱戴他的人"用祭品供养死去的父亲。不过，这种神圣的尽孝道的责任，后来逐渐地移交给了专业祭司，相关的祭祀语也就成了祭司们的套话："您的继承人已经就位，他为您栽种谷物。"祭司们也吁请死去的法老的名，以此安抚死人。③

属于这一类的还有给死者的弥撒的经文和祷文（oratio pro defunctis）。这里，祭祀和祈祷所担保的不再单是死人的存在，而且还有死者的获救（虽说这两种观念本来就难得完全分开！）。④ 当为死人的祈祷表达的是在神面前的所有会众的永久结合，或者希望死者得以团聚于会众中时，这一习俗的相关意义也就有了"转移"（transposed），如此便产生了这样的观念，即死者绝没有离开生者的世界，他们的幸福可能会因为生者的缺席而受到影响，因此便有祷文来作调解：

> "我希望他来临，
>
> 因他会来临，"她说道。

323

---

① viaticum 为天主教的临终圣餐；也指教廷官员的出差津贴。书中此处应更强调"旅途津贴"的含义。——译者
② *Textbuch*，第一版，第 23 页以下。
③ *Pyramidentexte*（Sethe），1388.
④ 关于"转移"，详细可参见本书第 2 章，第 93 章。

"难道我不曾在天上祈祷？

难道他不曾在地上祈祷？"[1]

2. 这样得到的生命的性质，是多种多样的。对原始人说来，生命通常不具这种永恒性，永恒性的观念太过抽象，他们所谈的只是很长久的生命。[2] 很可能，这种生命只是尘世生活的延续，因为死人在这里与活人是一样的，他们感受同样的需要，追求同样的目的，也遭受相同的危险（他们甚至也有再次死亡的可能，这叫"第二次死"）。不过，与地上的生命相比较，它常常表示为向好的或向坏的方面趋近，这种例子是举不胜举的。不过，这里我还想选用几个有典型意义的例子：首先，非洲的约鲁巴人并未高估彼岸的价值——"此世间的位置比精灵的世界好多了"；[3]与此相近的，有阿喀琉斯的说法——"不，别对我说死亡有多舒服，啊！伟大的俄底修斯。我宁愿生活在地上，替人佣工；我宁愿做贫穷的无地之人，也不愿与那些死人相伴相偕。"[4]彼岸世界的生活是影子般的生活，不是完满的生活，就像以色列人说的阴间（Sheol）的生活，在那个地下的冥世间，死人们甚至不能赞美上帝，那可是生活中最重要的活动。[5]

但是，也有许多不同类型的天堂观念，暗示了死人的向好的方面的趋步。这里我挑一个埃及的西方极乐之树为例。死人到达那树跟前，变成了身魂鸟（ba）的形象，栖息在树下（不过更多的时候表现为"完全的"人）。于是从极乐树上，便有一个女神——这最初也许只是树的力量，还有绿洲女神、苍天女神努特——这里的天堂和地上乐园已经混淆了——会眷顾死者，给他吃的，从一个大瓶中为他倒出饮水，[6]于是死

① Rossetti, *The Blessed Damozel*.
② Preuss, *Tod und Unsterblichkeit*, 24.
③ Alviella, *Idée de Dieu*, 205.
④ *Odyssey*，第十一卷，第 488 行以下（Butcher）。
⑤ 《诗篇》6:6, 115:7;《以赛亚书》33:18。
⑥ *Totenbuch*（Naville），第 59-63 章。

者便得了神圣的生命——"永生的食品"。

3. 因而,有了这一方面的差异,灵魂的命运就依赖于不同的环境了。因为死后的继续存在,还有生命能量的增加,两者都是能力,它们首先是由生者自身所具有的能力规定的。因此,在原始人当中,死人的灵魂所获得的强大的生命,常常只是他们生前就已获得的。[①] 无论什么人,只要生前拥有许多的玛纳,死后便会有更好的命运,[②]因此,诸如武士、猎人或养育小孩的人,由于死亡时表现了他们的能力,也就比别的死者有更好的运气。[③] 另一方面,波利尼西亚的汤加人(Tongans)认为,能够得到不朽永生的只有贵族,[④]而希腊人也只把特别幸福的命运给那些生前就已经获得了特殊的家族玛纳的死者:"至于你啊,墨涅拉俄斯,宙斯的儿子,你是注定不死的,你的定数在阿尔戈斯,那牧马之地。而不死的诸神将把你带到极乐的平原和世界的尽头",接下来是对极乐国的描述——最后,"因为你以海伦为妻,所以他们认为你就是宙斯的儿子。"[⑤]

325

在很大程度上,死亡的类型也决定着**死后**的能力。埃及人相信,凡淹死或遭蛇咬死的人是神圣的,或者是某种英雄。[⑥] 不过,人既然可以影响他死的方式,所以埃及人就安排盛大的葬礼,那是一种极其壮观的场面,目的在于通过死时的形式,最终改造死者复活的形式,使其与俄西里斯神等同;因为,无论是谁,只要死得像俄西里斯(按最初的含义,是溺水而死!),被肢解然后入葬,这样他便分得了"正当性",分享了有福之神的命运;另一方面,另一种"庆典仪式"则旨在将死者的命运归入与太阳神命运相似的一类。其他的民族中间,盛行不同的观念,但死后

---

① Preuss, *Glauben und Mystik*, 30.

② Tiele-Söderblom,前引"一般文献",第 19 页之前。

③ Söderblom, *Gottesglaube*,第 57 页以下;另见 Grönbech,前引书,第 II 卷第 166 页。

④ Frazer, *The Belief in Immortality*, II, 146.

⑤ *Odyssey*, IV,第 561 行以下;另外参见 Chapelle, *AR*, XXV, 1927,第 258 页以下。

⑥ 所以淹死的人称为 hsiw,意为"被提升者";俄西里斯便属这一类型,参见 F. Ll. Griffith, *Zeitschr. f. agypt. Spache*, 46, 1909,第 132 页以下;另参见 W. A. Murray,前引杂志 51, 1914,第 127 页以下;另外参见 G. van der Leeuw, *Godsvoorstellingen*, 67。

举行的仪式几乎没有例外地意在给死者赋予力量。因此，火葬意味着加速灵魂与肉体分离——这使我们想起灵肉二元的理论，这也引向了最终极的死亡，从而也为新生提供了可能性。[①] 从另一方面看，下葬又意味着重新进入大地母亲的子宫，由此才能获得再生。[②]

　　4. 依据生前行为的善恶程度，死后的能力也是分级别的，罪[③]会降低死者的能力级别，而正义的行为则会使其增加。这种依据道德水平或虔诚信仰程度来确定的不朽的最初形态，在古埃及便已经有了。《死人书》中最有名的第 125 章，说到死者进入了两种真理的厅堂。在那里，俄西里斯神高居宝座，旁边有 42 个陪审官，这是审判死人的场所。书中的死者一开始很有信心地说，他熟悉那神和陪审官们的名字，于是他口诵符咒迷惑他们，再之后，他继续说道："看呐，我来到你跟前，我带来的都是实情，我从没有对你犯错，也不曾获罪于任何人。我从不使人遭遇不幸，我从不伤害神的牲畜的性命……我从未谋财害命……我从未短斤少两……我从未贪图小孩嘴边的奶汁"，如是等等，都是"否定罪过的告白"，整个的表白言辞都很圆熟流畅。不过，在这之后，死者以完全是巫术性质的方法来确保自己的能力，"我是洁净的"，这话说了三次。然后，他再次发誓说，站在神座前的这人熟悉各位陪审官的名字——要知道他们都是令人发指的凶神！接着，又是一番从反面来作的无罪表白，"我没有偷窃神的财物，我也没有撒谎……"整个自我辩解又一次借助呼神的名[④]而增加分量。在死者的表白之后便是实际的功过裁判。我们所知的这种情形，并非来自埃及文书，更多地是来自说明文书的那些图画：一只看守地狱大门的恶犬之类的怪物踞伏在俄西里斯神的座前，前面是一条鳄鱼，后面是一头犀牛，中间有一只狮子，如果死者被神的会议判为有罪就会被吞食。在真理厅堂的中央放着一个天

---

① Rohde，前引书，I，第 27 页以下，英译本第 21 页。
② 参见本书第 10 章，还可以参见 Otto, *Gotter Griechenlands*, 33。
③ 参见本书第 66 章，第 78 章。
④ 关于《死人书》中的最重要的选段，可以参见 Lehmann-Haas, *Textbuch*, 第 272 页以下。

平,死人的心放在一边,另一边放的是真理的象征。阴间的引路之神阿努比斯神(Anubis)是司秤者,他校量功过;而法庭文书则由叫透特(Thoth)的神担任;那些手中执刀的刽子手同时都是法官。[①] 那被判无罪的死者是"有义的",从根本上说,"他的声音话语奏效了"——他正确地背诵了那些符咒;不过 makhrw(有义的、奏效的)这个词又有"获胜的""最终得祝福的"不同含义。于是死者便得到了由神加冕的"有义的冠"。[②]

　　大约我们无须再引述形形色色的不同观念,来说明死者可能会得的祝福或谴责。这些是众所周知的。死者会随他们自己的力量而得升天堂或入地狱,这是巫术宗教或道德宗教,或两种成分兼有的宗教都断言了的。而死者身后的**两条路**的广泛主题,显然表达了人们对于灵魂命运的这种看法。差别相距甚远的各个民族都详尽地描绘过天堂与地狱,15 世纪时的诗人弗朗索瓦·维永(François Villon)说到他母亲时,很好地描述了质朴的基督徒的天堂地狱观:[③]

　　　　我是可怜的老妇,我目不识丁。
　　　　在教区教堂,我看见了天堂的图画,看见了画上的竖琴和长笛;
　　　　我也看见了恐怖的地狱,罪人们在其中受煎熬。
　　　　后者使我恐惧,前者使我欣喜。

327

　　因此,如果力量最终是在天堂获得,那么,有关地狱的观念也就远非耽于色欲的人对于自身无能力的意识了。相反,即令地狱的惩罚是永无终结的,人仍然会怀有这样的感情——他可以历经地狱而重获力

①　Haas,*Bilderatlas*, *Agypt. Religion*, 第 138 图。
②　同上图集,第 140 图。
③　维仑代其母向圣母所作的赞美诗。"我是个又穷又老的妇人,太愚昧而连书信也不能阅读。在教区的教堂里,我看见绘有风琴的天堂和所有受诅咒者均被废弃的地狱。地狱令我恐惧,但天堂让我欢愉。"

量,无论如何,他可以摆脱无能力状态。其自我中心态度已变得失常的现代人的心,会以下面这番入木三分的话语证实这点:"我已了解地狱,我猜测到某种同上帝有关的东西。现在,我也已经了解了中世纪画家们所描绘的地狱刑罚的含义。这一切并不是什么施虐狂的想象,而真正地表征了获救之路的第一阶段……""因此,我们的人世,作为未公然说明的地狱,是某种双重的地狱;而如果我们坠入这真正的、实在的地狱,那么我们也就有一半在天堂里了。"①

　　因此,如果企图从人们希望得到报偿和害怕惩罚的心理引申出有关天堂和地狱及其众多类似内容的一整套观念之循环,显然是错误的。因为,首先,这根本不是什么补偿或惩罚的事,它只关系到力量,而且这力量是在我们的尘世生活中积累起来的:"从今以后,在主里面而死的人有福了! 圣灵说:'是的,他们息了自己的劳苦,作工的果效也随着他们'"②。因而,所作所为的"果效"可以增强或减弱力量,或给我们以神圣性或剥去我们的神圣性。③ 但是,力量绝非纯粹伦理的,也不是纯幸福论的,它首先总是宗教性的。而对于地狱中刑罚的种种绘声绘色的描写,所欲烘托的,只是人类对解脱的渴望和对获救的确信:

　　　　尽管恶人遭受诅咒,
　　　　注定陷入无边的痛苦烈火,
　　　　愿我在您的诸圣的簇拥下而被您召唤。

　　这里,那至尊威严的压制性力量与无条件赦罪得救的魅力融为一体:

①　Künkel, *Einführung in die Charakterkunde*, 第 180-181 页。
②　《启示录》14∶13;另外参见 E. Mass, *Orpheus*, 1895, 第 217 页以下; C. Clemen, *Religionsgeschichtliche Erklärung des Neuen Testaments*,第二版,1924,第 152 页,第 317 页。
③　Steinmann, *Der religiöse Unsterblichkeitglaube*, 50.

> 那无比威严的王，
>
> 使我们获救而自由，
>
> 那怜悯的无尽源头，
>
> 使我们成为朋友！

328

　　5. 印度有一位懂得"死亡头咒"的占卜者，他只用手敲敲死者的头盖骨，就能知道这死者的往生之处。这位占卜师到佛陀乔达摩那里去，佛陀在他跟前放了三个头盖骨，占卜师确信无疑地说出了三个死者往生地狱、人世和天三界的情况。但佛陀又在他面前放置了一个已入涅槃的人的头骨，占卜师便张口结舌了，因为"他既不能见到边际也看不到尽头"，他头上冒汗，羞愧得无地自容，只好承认自己的知识是靠不住的。[①] 因为，在涅槃的场合，人所企求的既不是循环无尽的生，也不是对善恶的追求，只是无生而已。为了能在完全的虚弱无力，在寂灭状态中求得力量，生死的循环必须倒转，轮回之轮必须停止。因而佛教对灵魂的命运了无兴趣，它认为，摆脱了任何一种宿命才是幸福所在："离开了非存在和非不存在两边……只有无意作非有非非有三辨的人，只有使自身处于非有非非有而不自知的人，才能得视涅槃的先兆。那通过这种思想方法，在静默中回避了对非有非非有的追求的人，看起来是虚弱无力的，他无从接受浮士德式的知识渴求——所谓'了解那创造最深处的力量'"。而佛教对这样的渴求是否定得多彻底啊！"当人站在这里，面对那被掩盖起来的彼岸的形象跟前，无意去揭示那肉眼无法企及的光辉，内心中却存在着那真正内在的伟大，实际上是独一无二的诗；另一方面，在他存在的深层，在无言中，他因体验到这种光辉而感受到至极的幸福。"[②]在一则佛教的民间故事中，也说到某国王见到两棵婆罗果树，一棵不结果实，静静地立在那里；另一棵硕果累累，最终给压断

---

① W. Caland, *Boeddhistische Verhalen*, 1923，第 33 - 34 页。
② Oldenberg, *Lehre der Upanishaden*, 332.

了枝杆。那国王于是从中悟到了"在家的生活"①便像那棵长满果实的树,富足,但旋即贫困。于是,他决心要像那无果实的树,他如此自白:"对我来说,已经消灭了可悲的母腹的茅庐,已经摆脱了三界的再生的束缚,生死轮回的牢狱已经清除;泪海已经干枯,白骨墙垣已经倒塌。我已不复再生。"②在这旦,生命的力量已转而反对生命自身。

329

6. 在怀疑犹豫中或者消沉失望中的人类思想,既放弃了增加力量,又不肯自我毁灭,它常常回归宇宙生命的母腹,以求巩固自身。这方面,史前的和现代的看法在此相遇。我引述了一段埃及的金字塔文书和一首现代诗歌。那在两个神——何露斯与塞特——的冲突中居间调停的是阿特穆(Atmu,在此这一名称指"一切诸神"),他们的创伤也得愈治。死者乞求神可怜他,一如神怜悯那两位争斗者;死者得到了答复:"任何神圣的种子,我不会让它糟蹋,你也不会遭受毁弃。"③没有什么东西会消灭,一切都在宇宙之神的保护之下。这样,生与死都丧失了它们的本来意义。在永不休止的变化当中——其无尽延续最初是埃及人不死信念的目标——生与死便成了两个转换点。那完全居主导地位的神圣生命,依据它自身的节律而时时跨越这两个转换点。与此相似,死亡对于赫拉克利特也只是意味着转折点,因而,死与生在永恒之流中际会——"对于灵魂而言,死变化成水;对于水而言,死又变化成土;但从土中生出水,又从水中生出灵魂"④,"死者是不死的,不死者是死的;其一之生意味着另一之死,而其一之死则为另一之生。"⑤

---

① 参见本书第 34 章。
② E. and H. Luders, *Buddhistische Marchen*, 1921,第 36 个故事;类似的故事还可以参见 Rohde,*Psyche*,其中的想法没有这么强烈的感情;还可参见 van der Leeuw, *Goden en Menschen*。
③ *Pyramidentexte*(Sethe),第 140 以下;另外参见 van der Leeuw, *Godvvoorstellingen*,第 53 页以下;另外参见当年 P. Pierret 谈到埃及人的不死观念时,所作的准确而适当的描述,尽管这尚未受到埃及学学者们的重视。他说:"对于埃及人来说,这个世界上并没有死亡,而只有形式的变化。肉体由于分子交互交流而不停改变,但并不会丧失一个原子,只有无消灭的不断生起"(引自 *Le Dogme de La Résurrection chez les anciens Egyptiens*, 17)。在此文本中,用 Pierret 当年尚不知道的"种籽"一词,替代现代化的"原子""分子",我们也便能够看到真正的埃及人的观念。
④ 参见 Diels, *Fr.* 36 (Connford)。
⑤ 同上书,62 (Burnet)。也可参见 Rohde,前引书,II,第 149、253 页;E. T.,第 368 页。

不过,哪怕已经过了两三千年,对生的这种态度仍然没有什么变化——一切生者,永远生存在神里面,没有死,正如并没有生一样。只要我们愿意,不妨说只有生或只有死,因为这两个词原本就没有区别。这些都是一个意思:那构成灵魂命运的,那肉体所取的形式,只有力量。而最为深刻展现这样一种信念的,我始终认为是那位诗人的壮丽的《播种者之歌》:

> 迈开你的步子,神静气闲,
> 摆动你的双臂,有如音乐的节律,
> 此一刻,大地仍然青春年少。
> 种子落在土里,它死去,它安息,
> 安适甜美,无忧无虑。

330

> 复从这土地当中,掀起向上的躁动,
> 因为光才是美好的。
> 从此世界上没有什么会消亡,
> 而那生长出的一切,都令上帝喜悦。[1]

这里我们所见到的,是对大地的稳固不变的安全的信心。这信心是古老的、原初的,但又是永远年轻的。此诗以一种陌生的,差不多是令人惊异的风格,描绘了对大地的信仰的牢固基础。

7. 力量的持续和增加,对力量的否认和绥靖,这一切为令人生厌的怀疑论所拒绝。怀疑论不分时间和地点,在灵魂的国度中设想了一块不归之地,而将灵魂的命运放到脚下,好像落叶归于树下一样。在此,与其大量引证这方面的例子,不如看看埃及人有关力量的几句老调子就够了。在那片热情崇信死而复活的土地上,埃及人的说法听起来

---

[1]　Conrad Ferdinand Meyer, *Gedichte*, 1922, 78.

更有说服力一些。从古代流传下来的飨宴之歌中,有一首叫作《竖琴手之歌》,那令人动容的,便是它半是悲伤又半是轻薄的特点。这种调子带着葬礼酒席的欢快,我们可以从中体味到《智慧书》或者《奥玛尔·卡耶姆》(Omar Khayyám)的情调。埃及人相信,一切事物都处于抵抗死亡的斗争当中,转瞬即逝的生命,一方面因其无力而受揶揄,另一面又倍受赞美。对于死者说来,得体的葬礼,对现存的符咒经文的娴熟,为"神宠的儿子"的祭祀,这些都是无济于事的:

> 这快乐王子(死者)的一切多么顺当! 这一切何等幸运!
> 但也消逝殆尽,荡然不存! 倒是别人还活在世间。
> 久远以来,从我们列祖列宗、神皇鬼帝的时候起,就是这种光景:
> 大人圣贤躺在金字塔中,他们也盖有自己的庙堂陵寝。
> 纵是堂皇雄伟,人事两非,而今究竟如何?
> 智慧之人名闻遐迩,
> 我尚记得古贤因荷特(Imhotep)
> 与何得得(Hordedef)的妙语,
> 但君请看他们的归处:
> 墙倾壁摧,哪有去处可寻!
> 竟仿佛从未在世间栖息。
> 无人从彼处来此,告我们而今二贤德衣食如何,命趣何方。
> 不复道矣! 愿我们的心平静下来……直到吾等也步后尘,相携与归。

331

至此,情调迥然而变,如同丧钟已经敲响,低音部再现(basso ostinato),绝望的情绪一再穿插在欢乐当中。

> 且打起精神,不去想它。

既有一日活在世上,便要高高兴兴,尽情寻欢。

将没药香料蘸洒头顶,穿上精美的亚麻袍子,

衣服上透出昂贵的香水气味,有若天上诸神的熏香!

让快乐的心飞起来啊!切莫让心暮气沉沉!

任情追随你的愿望和欲求,你的心的命令,

指引着你在这尘世的命运……不要去想那哀悼你的日子。

可那死去的人的心已经不再跳动,他也听不见我这里所唱
的歌。

那躺在坟墓中的,不再受痛苦煎熬。

尽情庆贺这欢乐的日子哟!

不要以睡眠打发时日!

啊,无人能将这世间的财富带走。

啊,无人能离去之后又再归来。[①]

或者,在另一种版本中是这样:

尽情庆贺这欢乐的日子啊!

享受那名贵熏香的气味,

将莲花环簇拥你的脖子和双肩,

用花去装扮你心中的爱人,她正与你相拥而坐。

奏起乐来,唱起歌来!把那不祥的东西抛在脑后,

死日既未到,一心只想欢乐。等到那无言归去的日子,

你的心也就安宁下来。须知人生实在短促,

无论你家财万贯,用面包来祭祀和施舍;

还是一文不名,都不可能延长哪怕一刻的生命。

332

---

① 这首歌载于 Ad. Erman, *The Literature of the Ancient Egyptians*, 133。

或者，又有一首歌唱道：

> 那在红色花岗岩上盖房造屋的人，
> 那活着便兴修陵寝的人，
> 那一心以辉煌殿宇显示高贵的人，
> 那被人们描绘成神祇的人，
> 他们的祭案不也空荡荡的么？
> 他们与那穷苦潦倒而死的人，
> 与那抛尸河边的人，
> 与那孤苦无告、无人哀悼的人，
> 有何区别呢？[①]

　　古埃及流行着一种厌烦得要死的情绪，这表达在《厌烦人生者与其灵魂的对话》中：[②]他对死亡像对老朋友一样致敬。另一方面，在以色列人中，体会到这种厌烦的，是《智慧书》和《约伯记》的作者。那作为原初的人的希望基础的，自然生命的周而复始的循环，面对这种厌烦是无济于事的：

> 哪怕是一棵被伐倒的树，仍会再度枝繁叶茂，不一定就此
> 消灭；
> 也许它的根会在土中烂掉，它的躯干会在地上枯干；
> 但它会萌生细芽，送出水的清冽，发出摇曳的枝条。
> 而人一旦死去，一旦呼出最后一点气息，何处再有踪迹？
> 他便像那干涸的湖沟，像枯竭的河流，
> 那倒卧的尸体，再不能站立，哪怕天空为之哭泣，他也不能

---

① 类似的说法还可参见《约伯记》3:2 以下。
② 参见 Ad. Erman, *The Literature of the Ancient Egyptians*，第 86 页以下。

复醒，

　　他再不会从永远的呆滞中出离。①

　　那黑暗而阴森森的世界决不允许返回②，与这种绝望相比较，希腊人和罗马人的怀疑论要更冷峻一些，少一些悲剧色彩。"因为，尽管从人的德性中排除神性是亵渎和下贱的事，将天与地搅到一块也是滑稽可笑的。"③星辰周而复始的运动给埃及人以希望，而罗马人较清醒的精神却从中看到了对彼岸世界心存企望的最有力的否定："如果否认我们离去时一如我们初见时就存在的天空和星辰也会毁灭，如果对我们这群既生便有死的人，对我们死去并消灭的这群人许诺永恒，那是加倍的邪恶和加倍的疯狂。"④

　　但尽管死亡丧钟的声音深远而沉重，通过宗教仍时时响起悲剧的哀歌：愿我们能摆脱为获力量的挣扎！愿我们在神之力量跟前能享安宁！唯安宁是愿！

　　　　　何以您使我出母胎呢？

　　　　　何以我不当时就死在黑暗中呢？

　　　　　这样，便如从未有我一般，

　　　　　才出母胎便入坟墓。

　　　　　我的日子实在太少！求您停手宽容我，

　　　　　在我前往那不为之地以前，

　　　　　使我稍得欢快。⑤

　　8. 最终，既然肉体和灵魂均短暂如过眼云烟，不仅如此，既然二者

333

---

①　参见《约伯记》17:7 以下(Moffat)。

②　参见《约伯记》10:20 以下。

③　Plutarch, *Romulus*, 28:6 (Clough).

④　异教徒凯西里乌斯的话，转引自 Minucius Flelix, 11:3。

⑤　《约伯记》10:18 以下(Moffat)。

都同样面对天罚——神降于人的愤怒、神对人的行动、神的新创造，则人的而非灵魂的命运是存在的。人的生命并没有这样的能力，人的任何仪式既不能创造，也不能延续这样的能力。只有"全能者"才赋予他永生的礼物，那既非尘世生活的继续也不是增添，而是一种绝对全新和原初的礼物。这是一种内在地不再意味力量的生命，而只是一种恩典；一种不再计较赏罚的，只知领受神的爱的生命。①

　　尽管在基督教内部有许多相反的看法，但这仍在实际上被看作基督徒对人的命运的真实理解——"神的恩赐，乃是经耶稣基督的永生"。② 同时，"惟有认识你独一的真神，并且认识你所差来的耶稣基督，这就是永生。"③这就意味着，灵魂绝不是不朽的女神，而只是转向上帝。那最终影响人的命运的，既不是仪式，也不是道德行为，而只是上帝本身。就是说，人所受赐的永生并不能来自他自己，而只能来自上帝，因此，不管人的命运如何，它所依赖的只是上帝的爱。正是从此，才产生了但丁表达的崇高思想——即令创造地狱的，也是这种神的爱：

　　　　正义推动我的世界的创造者，

　　　　负责养育我的，是神圣的力量、最高的智慧和最初的爱。④

---

① Steinmann, *Der religiöse Unsterblichkeitsglaube*，第 78 页以下。
② 《罗马书》6:23。
③ 《约翰福音》17:3。
④ *Inferno*，3:4 以下(Cary)，另外参见 H. Scholz, *Eros und Caritas*, 1929,53。

第三部

相互作用中的客体与主体

A 外在的活动

第 48 章 / 行为和仪式

1. 我想重申一开始就定下的初始的原则：就宗教的本来含义而言，其主体便是客体，其客体也就是主体。即令在眼下，主客体的相互关系已经成了问题，其表述形式也只应在譬喻的意义上来理解。言及主体的行为的名称——它或为"内在的"，或为"外在的"——都不可真以为这包含有本质差别。如向特比已经强调的：任何"外在的"行为总可以被理解为"内在的"。进一步说，当讨论人和力量之间的关系时，这首先并不是主体性或内同性的问题。原则上说，它主要是力量或人必须采用的方法方式的问题，如果这二者之间会相互影响的话。换言之，它关系到这么一种事态，即关系到迄今我们只是肤浅地理解为"上界"或"结合界"的事态，从现在起，我将其简称为"世界"。

因而，在与力量的任何关系——寻求它、逃离它或掌握它——中，人都仍然存在于这个世界之中。但这不仅仅意味着他之固着于这世界之内，有如衣兜里的一个硬币，而更包含这么一层意思：他参与这世界并郑重地关切它，而海德格尔鲜明和尖锐地将这种"世界中的存在"释为"焦虑"。也就是说，人并不仅仅是简单地接受他所生活于其中的世界，他也感受到自己对之有所忧虑，或者用宗教话语来表达，这意味着：世界在他**看来是异己的或陌生的**，使他警觉。因为，即令选择也有它自身的力量，而且事实上是某种并不熟悉的颇为棘手的力量。从而，如是地被放置到世界中的人，并没有立即直截了当地找到自己安处家中的感受，他经验到某种相异性。这种相异性能够很容易地使其深深陷入恐惧以至绝望。他并没有顺从地认可这给予自己的世界，而是一次次地对它说"不！"。这种"说不"实在是其人性的基础。它证明人有精神——精神是切入生命的生命。[①] 从而,在生活当中,人的目光超出了给定性——他也看到了可能性,但这种可能性要求他行动。他的相异感从而必须拓展为**行动**,而他的行动进一步便发展为**仪式**。换句话说,他的行为必须符合那显示予他的强有力者。他如何行动,甚至他的行住坐卧都不再是无关紧要的,只有当他在熟睡时,才沉入返回对母腹中的那种无选择的肯定。只要他是清醒的,他就必须随时作准备,他的"焦虑"绝不会中止,他必定始终处于警觉当中。而如前所观察到的,**宗教**一词本身就表示出这种警觉。[②] 因此,为了掌控自己的生活,为了抓住那些被生活掩盖起来的可能性,人就必须迫使生活进入某种固定的行动过程。这可能是同样恐惧于力量和无力二者的结果,无论在任何情况下,恐惧是与焦虑相伴随的。例如,一个虔信派人家的小孩,为推着独轮车到处跑而感到强烈的快乐,但他内心又责备自己,因为这是一种有罪感的快乐。于是他安抚自己的良心,想象独轮车中躺着圣婴耶稣,所以他是在推着主耶稣使他快乐[③]。因而,从游戏中便产生出一种仪式:即从不受约束的游戏中产生的行为。因为,一种受规则制约的游戏,它本身就是某种仪式、行为、支配;有这么一种说法:"人在会说话之前,是一个仪式主义者"。[④] 远在思想取得这一地位之前,仪式就控制了生活,并从中获得了力量。远在思想预期之前,仪式早已发现了崇拜的方式。与那个小孩一样,人类也在推独轮车,但他的异化感导致他去寻找一些固定的准则以应用于自己的行动,于是恐惧得以平缓下来,他也就有了归宿感。然后,他在其中安置自己的神,于是他也便推载着力量了! 不过他也会停步,会跪拜在自己生活之车中的神的面前。

2. 因而,人如何行动并不是无所谓的。人的行为在任何方面都应当是对力量目标的恰当回应,针对这一目标,他在前景上尽可能醒目地

---

① Nietzsche, *Thus Spoke Zarathustra*, 122(Foulis Ed.);参见本书第 23 章,以及 P. Tillich, *Die religiöse Lage der Gegenwart*, 34;另见 Scheler, *Stellung des Menschen*, 46。

② 参见本书第 4 章。

③ H. R. G. Günther, *Jung-Stilling*,1928, 165;另参见 Marett, *Faith, Hope and Charity*,12。

④ Chesterton, *Heretics*, 97.

340 设置自己的力量。例如裸仪这样一种异教的仪式便是这样的行为：人
身体中的潜能应避开邪恶的力量而唤醒有益的力量。[1] 或者，另一方
面，人把身体摆成恰当的姿势：**站立**时，挺直身体、打起精神，警觉，专注
或作好准备；俯卧时，表明听任事物发展，表示**谦卑**；**下跪**时，表示虚弱
无力，放下自我；举起双手则表示"他的灵魂可以自由地流出"；十指交
叉两手合抱则意味处在上帝的把握中。[2] 人把目光低垂，或者仰望上
天，与异教仪式相对照，这等于调过脸去或蒙上自己的头，仿佛他的力
量自觉羞愧。不过这样的行动和仪式的界限并不能准确地勾画出来，
尽管就准确意义上的仪式本身而言，其中多了一些预先的筹划，多出一
些承担、变化和保证。但行为也有着完全相同的目的：安娜·希伯尔的
祖父霍勒曼这位老牧人，他的膜拜仪式是在自己的牧杖上来回跳三次。
这当然已经是一种仪式了。这样或那样的某些例子、生活中的某些片
段、某种可能必须被捕捉到，加以重复并进入仪式。因为若不如此，人
与力量也就失去了正确的联系。比方说，我可以一下子冲出屋子，也可
以每天在同一时刻离家，慢慢地走出屋子。前者是一种行动，后者是一
种仪式：它使生活之流固定化，从而给它以支持。[3] 因而，人不应该只
是桎梏于给定的环境和恐惧，他应该做出某种姿态，应该"就自己的处
境做点什么"。不过，他的姿态的基础始终是对全然相异者（Wholly
Other）的渴望：

――――――――――

[1] K. Weinhold, *Zur Geschichte des heidnischen Ritus* (*Abh. d. preuss Akad. d. Wiss. phil. - hist.
Kl*, 1896)。行此仪式是为了增加生殖和消灭杂草（Bertholet, *Lesebuch*, 4, 7），通过游行和露天表
演（降雨少女，考文垂的戈蒂瓦夫人，犁地的游行，等等），以求避开邪恶影响（在布兰登堡，奶牛在
挤奶时踢人，挤奶的女子就得光臀坐在木凳上，然后牛就会安静下来），有时也是为了确认一个先
知（如扫罗、卡桑德拉等）的誓言。还可参见 R. Thurnwald, *Reallexikon der Vorgeschichte*, Art.
Zauber。
[2] Guardini, *Von heiligen Zeichen*，第 13 页以下。
[3] 没有仪式则什么都不会出现。在澳洲，当没有举行仪式而下雨时，人们设想这是友好的精灵造成
的。Lévy-Bruhl, *How Natives Think*, 251；另参见 Maretl, *Faith, Hope and Charity*，第 18 页：
"人像别的畜牲，也生在淤泥中，但只有人拒绝陷在淤泥中……所以他一生都在舞蹈，仿佛他会一
直舞蹈，直到倒下。不过，通过考验，他发现他可以发展自身，如同合乎节拍的舞蹈可引起的另一
阵风。"

　　　　现在我懂得你必须变得像个小孩：

　　　　所有的恐惧只是开始；

　　　　而大地是没有尽头的，

　　　　害怕只是一种姿态，——它的含义便是渴望。[①]　　　341

　　3. 最后，无论什么人，只要他的行动与神圣者一致，他庆祝神圣者，他的举止有如执事，那他就不仅是在执行某件事务，更是在圆成他所必须执行的事。他似乎在采取某种特定的姿态，他掌握着神圣的事物，他重复着力量的行动。因此，所有的仪式，都只是重复。　　342

[①]　Rainer Maria Rilke, *Die frühen Gedichte*.

第 49 章 / 净化

1. 家庭主妇们的"春季扫除"仍然保有仪式的色彩,这种说法并非没有深刻的理由。说到净化的终极目的,当然不是现代卫生学上清除实际污垢的意思,而是要摆脱邪恶并感应善福。偶尔,生命的力量也会减弱,它变得苍白,丧失了鲜活。为了防止这种情形发生,就得周期性地在生活这部书中翻开新的一页,使生活重新开始。那种逐渐积累的无能力必须除掉,因为实际上它是恶的力量。因此罗马的维斯太神庙——国家的神庙——必须每年净化一次。不过,整个净化期间仍可能有灾难,所以清除的污物得小心存放于某处或者扔进台伯河。然后在禁忌日——处理俗务不合法的日子——结束时,日历上标出了备忘的事项 quando stercus delatum fas,意为:宜于清除污物。[①] 这一天为 6月 15 日。

这种习俗显示了有关净化的种种观念:新的开端造就了,力量放了出去,新的能力吸收了进来。通过净化仪式,人们与那在一年之中遭受损失的力量,重新建立了适当的关系。一旦污秽物清除掉,正当的关系便恢复了支配地位,这就是 fas[②] 这一仪式以及不胜枚举的其他类似仪式的基础,当然只是普通生活的持续,是洗涤和清扫的进行。不过,它们与平时居家过日子时清早的例行事务毕竟具有不同的目的。对于孩子们来说,对于清洗甲板的水手来说,这里仍保留着某种原始的生活感

---

① Ovid, *Fasti*, VI,第 713 行; Fowler, *Roman Festivals*, 145; L. Deubner, *AR*,第 16 卷,第 134 - 135 页,1913。在希腊,人们倾倒洗涤用过的脏水时,通常往后倾泼而眼光不看它。Aeschylus, *Choephoroe*, 第 98 - 99 行。
② 拉丁语,指"法、道"。——译者

受。孩子们通常不能按时遵守洗涤的仪式,但无论事后是否变整洁了,他们对洗涤本身的态度常常是无所谓的;另一方面,水手们,还有荷兰的主妇们都是又洗又擦的,一副举行仪式的方式,即令有时候根本就没有一点尘土! 依据宗教的术语,"脏"包含了远比污秽更多的内涵。"脏"意味着有碍于生活的持续和更新的障碍以及使人讨厌的事物,从而,必须举行某种仪式使生活中的滞流重新运动起来。不过,所采用的手段倒不需要现代意义上的"清洁",只要它是有力的就行。因此,古代的波斯人用牛的尿作清洁剂,一如我们今天采用消毒剂①。这么做的前提在于这种动物的神圣性,而并不是这一手段的净化效果。

同时,净化又有两种目的:赋予仁善的力量,回避邪恶的力量。最为普遍的净化工具是水②。不过,水不单能清洗,而且有传递的能力。它是"活水"。古代的埃及有数不清的净化仪式,它的祭司最常见的名称是 wab,意为"洁净者"。从墓画的人物来看,祭司或神本人正从一个水钵中将水呈弧形地倒在死人身上,而同样的程序也出现在国王那里。在有的绘画中,水流变成了一串成拱弧的小 ankh,这是象形字,象征着生命。因而净化形式也就连系于——这也是目的——生命的持续。

共同体当中周期性地举行净化的最佳例证,也可从古罗马的被除仪式,特别是叫做 lustrum 中看到。所谓 lustrum condere,意为仪式性地埋掉某个牺牲品(lustrum,通常是一只猪或羊等)。如果与其他地方的许多民俗相对照,这意味着某一特定时期的脏秽物已经埋掉了,新的时期也便从此开始。如此说来,lustrum 也就成了 lostrum 或 laustrum,亦即洗涤用水③的同义词。不过,净化用水在洗涤之后,这种危险的清洗剂还得倒掉。其正面性超过了负面性:lustrum 的 carmen④ 被认为可

————————

① Lehmann, *Zarathustra*, 233.
② 参见本书第 6 章。
③ Deubner, *Lustrum*,第 127 页以下;Usener, *Kleine Shriften*,IV,第 117 – 118 页。与此相似的还有掩盖在民俗中的狂欢节、集市、年期和希腊的 charila 等活动。
④ 意为公式、配方、魔法等。——译者

以驱使诸神去"改善或扩展罗马人的境况。"①新年伊始（原为公历 3 月
1 日），罗马城中总有一个大扫除，因而一年中的这最后一个月也就因
扫除活动而命名为 februa（涤除，洗涤）。②

344　　这里我同时举两个例子说明"脏"是如何被理解的。第一，在西里
伯斯岛的中部，如果因乱伦的事而污染了村子，就得由一位男人站在河
中间宰杀一头牛、一头猪和一只鸡，然后由犯有罪愆的事主及全村的居
民在混有血水的河中沐浴，"以使他们摆脱因乱伦而引致的污秽"。③
因而，这里的"脏"既不是道德性的，又不是纯物理性的，它既包含二者，
又还多了点什么。第二例引自《圣经·旧约》："亚伦为圣所和会幕并
坛，献完了赎罪祭，就要把那只活着的山羊奉上。两手按在羊头上，承
认以色列人诸般的罪孽、过犯，就是他们一切的罪愆，把这罪都归在羊
的头上，藉着所派之人的手，送到旷野去。要把这羊放在旷野，这羊要
担当他们一切的罪孽，带到无人之地。"④这里的"罪孽"便是由替罪羊
带到旷野中去的污秽，大祭司已经将罪放到羊头上了。⑤ 这里，"精神
的"或"道德的"脏物与具体的脏物被完全视为一体。

除了燃香——这是古埃及人所熟悉的，还有"圣水"可以用在神屋
的门口处洁净信徒。不过用圣水洒喷动物或将面包浸一下圣水给牲口
吃下去⑥，这已经是今天我们最常使用的净化手段了。

2. 所以，在宗教生活中，任何不单消除污秽，并且也使新生活成为
可能的庆典，必然具有最大意义。它似乎导致了新生。事实上，最好是
省掉这个"似乎"。因为古埃及就盛行这样的观念："净化仪式传递了水
的神圣的生命力，是一种复活的手段"，⑦而关于死人，据说他"在出生

① Valerius Max，第 4 编，第 1 节，第 10 页。
② Fowler, *Roman Festivals*, 6.
③ Kruyt, *Measa*, II. 79.
④ 《利未记》16：20 以下(Moffat)。
⑤ I. Benzinger, *Hebräishche Archäologie*，1907，第二版，380。
⑥ Heiler, *Katholozismus*, 170。一位穷苦妇人每天给困在银矿里的丈夫烧香，一年后，人们发现他还活着。香的气味保证了他不死。P. Zaunert, *Rheinlandsagen*, II，1924，第 22 页以下。
⑦ Kristensen, *Livet*, 101.

之日净化了自己"，那也是他复活的日子。[①] 他在那"原初的水"中自我
清洁。原初的水存在于一切存在的开端，而这一过程的复现则可见于
神庙旁边的一个水池中。[②] 因而，死人的生命似乎是浸润于创造行动
中的：它被重生出来，净化的水被认为是支配重生的阿吞神的种子。从
而，净化的典礼成为如此至关重要的仪式，它在最深处触及了生命，导
致了重生，即再创造。

345

　　另一方面，基督教的洗礼也就不只是清除污秽和罪，不仅是引入神
圣的力量，而且是"再生之洗"，[③]是从"水和圣灵"[④]中诞生，这水是洪水
时代的水[⑤]。因此，洗礼除去了罪，又与驱除（被除）恶魔密切相关；它
在人身上产生了一种新的力量。尽管如此，其真实的本质就在于重生：
受洗者成了新的人。在约旦河洗礼的例子中，它产生了"接纳为嗣
子"[⑥]的效果。在这里，创造和洗礼的水之间也存在相同的平行原则
（parallelism），这是我们在古埃及也已经看到的。在罗马天主教的仪式
中，本笃会的祈祷文这样说：啊，天主，您的灵运行在世界之初的水面
上，彼时水的本性已承受了圣化的善德；啊，天主，您以水涤除了这罪孽
世界的罪恶，您又借洪水而赋予了再生；这神秘之中的太初单一的元素
啊，既是邪恶的终结又是美德的开端。[⑦] 这里的**再生**一词，又一次意谓
着避开邪恶而引出善德。《罗马书》（第 6 章）中包含一大段关于洗礼的
文字，与这种古代的除罪观念相关："因为一旦死了，人也便免除其罪

---

① 参见 *Totenbuch*(Naville)，第 17 章，第 20 页。
② 参见 A. de Buck, *De egyptische voorstellingen betreffende den Oerheuvel*，1922. A. Blackman，
　"埃及人的浸礼再生原始观念"(*Theology*, I. 1920)。H. P. Blok, *Acta orientalia*，Ⅷ，第 3 期，第
　208 - 209 页。
③ 《提多书》3：5。
④ 《约翰福音》3：5。
⑤ 《彼得前书》3：20 以下。参见 W. Heitmüller, *Im Namen Jesu*，1903，第 278 页以下。H. Usener,
　Das Weihnachtsfest，第二版，1911. Dieterich, *Mithrasliturgie*，第 139 - 140 页。L. Duchesne, *Les
　origines du culte chrétien*，第四版，1908，第 299 页以下。
⑥ 指耶稣在约旦河受洗时圣灵显现，称其为上帝的爱子。——译者
⑦ ［原文为拉丁文，今略。——译者］*Taufe und Firmung，nach dem römischen Missale，Rituale
　und Pontificate*，由 Ildefons Herwegen 主编，(*Kleine Texte*，144)，1920，22。另参见《罗马书》6；
　《加拉太书》3：26；《歌罗西书》2：12。

您。"①置身于水中也就意味着死去,意味着被埋葬。从而在这一点上,最深刻的生命感与最强有力的被造感迭合在一起。浸入水中等于回归到原初的基质中去,这或许是宇宙性的混沌,或许是母腹中的个别存在。但在那原初的水面上飞翔的,是上帝赋予生命的灵,它将使整个生命更新。在此,我们已经触及圣事领域的核心了。

当然,这就不只是具有净化能力的水了,在阿提斯和密特拉的神秘宗教中,有一种血的洗礼;耶稣基督的鲜血也有突出的净化涤罪作用,而这绝不仅仅是譬喻性的。如我们在前面所见的,②火也有很强的净化作用力,而在原始人的青春期仪式中,以火作为洗礼也有其地位。③在波希米亚,在圣露西亚节,要用烟来熏屋子和马厩,④而"血与火",象救世军所说的那样,至今仍为重要的净化方式的有效概括,**圣油**,作为坚振圣事的材料,起初与基督教的洗礼有密切联系,也是一种"印记",一种确认信仰的符号,就像密特拉神秘教中的军事标记。⑤它使基督徒有资格实际参与教会的献祭,使其正式具有"资格",并赋予他高贵的和祭司所给予的尊严。此外,临终的傅油也净化了濒死者的整个身体并赋予他新的力量,古老的礼仪用语这么说:"身体通泰,诸罪尽除"。⑥

不过,净化并不永远是洗涤或清扫。在许多情况下,捶打也是一种净化手段。这里我们还发现,这不仅是涤罪的驱除邪恶的力量,同样地,它还可以施行拯救。特别是妇女,她们要被绿色的嫩枝条抽打("以生命的枝条抽打"),也有抽打奶牛的乳房和别的雌性的器官的。在古罗马,裸体的年轻人(称为 Luperci)⑦会用山羊皮的鞭子抽打女子,这个

---

① 参见同前经文。
② 参见本书第 6 章。
③ 参见本书第 22 章。
④ Reinsberg-Düringsfeld, *Das festliche*, 434.
⑤ W. Heitmüller, *Im Namen Jesu*, 第 312 - 313 页;T. Michels, *Die Akklamation in der Taufliturgie*, *Jahrb, fur Liturgiewiss*, Ⅷ, 1928, 第 83 页以下。
⑥ 这是命令式的,现在已经改为恳求式样的用语了;参见 Jos. Braun, *Liturgisches Handlexikon*, (第 2 版) 1924, 241。
⑦ Luperci 指牧神"潘"。——译者

仪式称为朱诺①的外披（amiculum Junonis），它与增加生殖的含义相关。②

3. 不过，对庆典仪式所具潜能的信仰正在消失，这不仅由于怀疑主义的影响，更由于主体的灵魂内心生活的衰减。奥维德的这些为人熟知的诗行提供了怀疑主义的古典表述："可爱的傻瓜啦！竟然想象谋杀者的血污能用河水冲掉。"③另一方面，我们发现，只要先知式的或伦理的感情强度与仪式的局限性对立时，就会有内心生活的衰减，尽管最深刻和最强烈的对抗必须在《旧约》先知书中和《新约》中去寻找④。不过极其相近的情形也可在别的"大宗教"中看到。比如，佛陀说："无论如何沐浴，人并非靠水才成为洁净的人；他是清净者，梵行者——真实和德行所居者"。⑤《摩奴法典》也这样说："姑娘的嘴和工人的手总是洁净的。"⑥另外还有不同的说法，有人问希腊人提亚诺（Theano），一个女人在同男人性交后，过多久才能变干净？提亚诺回答，如果同她自己的男人，她马上就干净了；如果同另一个男人，永远也没法干净。⑦

不过，尽管有着所有理性主义和道德主义，以及所有这些宗教的主观性的影响，但在人类生活当中，就肉体和心理两方面说来，净化的迫切需要始终占据着特别重要的地位。最近的心理学和精神病学研究表明：在人们极不愿意将它推至前沿的人生危机中，洁净的需要在多么大的程度上支配着人及其行为，在神经机能障碍的状态下，这种需要甚至是强迫性的。"洗涤的强迫性"当然也是莎士比亚所熟悉的：在难以置信地真实的那一幕中，麦克白夫人在梦中起来行走，走下台阶不停地洗

347

---

① 朱诺为朱庇特神的妻子。——译者
② Fowler, *Roman Festivals*，第 319 页以下；Crawley, *The Mystic Rose*，I，第 312 - 313 页。Reinsberg-Düringsfeld, *Festliche Jahr*，176. Mannhardt，前引书，第 215 页以下。
③ *Fasti*，II，45.
④ 这方面的鲜明例证，特别参看《马可福音》7:14 以下。
⑤ Bertholet，前引书，第 263 页。
⑥ Lehmann, *Zarathustra*，II，205.
⑦ Zielinski, *The Religion of Ancient Greece*，126；另外，还可参见前面所引的 Euripides, *Herakles*，第 1230 行以下，第 51 页之前。

手……这真是说明了净化之必需的悲剧性的但也是无与伦比的
显例①：

> 可是这儿还有血迹。
> 去,该死的血迹! 去吧!
> 啊! 什么? 这两只手再也不会干净了吗?
> 这儿还是有一点血腥味,
> 所有的阿拉伯香料都不能叫这只小手变得香一点。啊! 啊!

不过,尽管有这种悲剧因素,无望的仪式仍然一次次地转变为得到
涤除而净化的喜悦意识。而当净化仪式是圣事时,仪式本身便不再是
主要的因素,起作用的乃是其中的力量即神的恩典。于是,水变成了
酒,或者真的就是血——徒劳的洗涤也成了新生。路德的《主显节赞美
诗》作了最美的表达:

> 他为我们提供了沐浴,使我们于其中得以除罪,
> 他将死亡的痛苦深浸在他的血和创口中,
> 由此而创造了新的生命。
>
> 眼睛所见的仅仅是
> 如同人倒出来的水,
> 但对圣灵的信仰却知道
> 那便是耶稣基督的血的力量。

在这里,沐浴的水和人的仪式不可分割地与基督的力量和神的行
动结成了一体。

---

① *Macbeth*, V, I.

第 50 章 / 献祭

1. 全部宗教史中，提供最多种意义的用语，一定包括了"灵魂"和"献祭"二者。如果要探究并评估在这两个词中包含的完全不同的现象，我们恐怕会怀疑这能否行得通。我们在"后论"部分，将进一步讨论那些明白表现出来的不同例子。不过，就这两个概念而言，如我确实希望的，我已经表明，与灵魂相关的现象构成了基本的统一。然而，一般说来，祭品或敬奉的献祭与圣礼餐宴是有区别的。在后一种情况下，或者神自身便是被享用者，或者被认为是与人同坐，享用他的一份。但即令作这样的现象区分，对所有的例子而言也并不都是妥当的。因为我们很难指明，在许多祭仪中真有"神灵"存在。[1] 在这种情形下，就不可能坚持旧的祭祀解释原则，所谓"我献出你会赋予的东西"（do-ut-des）[2] 的规则，这一说法实则形成于古典时代："我说的没错，贿赂买通了神和人，朱庇特神也是会为祭品高兴的。"[3] 而婆罗门祭祀中的颂词同样很明白，"奶酥在这里，你的礼品呢？"[4] 不过罗伯逊·史密斯（Robertson Smith）在他著名的《闪米特人的宗教》中表明，除了 do-ut-des 的观念，作为献祭基础的至少还有另一种观念，即认为在共享的宴席上，神或者是参与者，或者与祭祀等同，也就是说，与享用的祭品是同一的。[5]

350

---

① 参见 Pfleiderer, *Philosophy of Religion*，第四卷，第 186 页以下。他在书中列举了种种献祭形式。

② 参见 G. Van der Leeuw, *Do-ut-des-Formel*，随处可见。

③ Ovid, *Ars amatoria*，Ⅲ，第 653 节。另见 Alviella, *Idee de Dieu*，89，其中引述印度教的一句古代套语"把你给我，我会给你；带给我吧，我也带给你"。另可参 Jevons, *Introduction*，第 69 页以下；Grimm, *Schenken and Geben*，*Kl*，*Schriften*，Ⅱ，第 174 页及注释。

④ *RGG*（第 2 版），Article *Opfer* Ⅰ。

⑤ 参见 Reinach。尽管其为完全的进化论者，但他是将不可思议的后一种类型放在开端，而把很容易理解的祭品认作是发展终结时的现象。

这样看来,我们在解释被认为是献祭基础的祭品时,过分地拘泥于欧洲的和现代的含义了。我们给奥维德牵着走而忘了"给予"的实际含义。[①] "给予"被认为是更有益的,"施比受更有福"[②]。但对于这条格言,"do-ut-des"理论没有留下任何余地。它的前提是迥异的给予观念,或者说是对"我给予……"的完全相反的解释。因为这一点是毋庸争辩的:这种论证在多数时候成为献祭的实际基础。不过**"给予"**并不仅仅意味着怀着极不确定的目的去处理某种任意的对象,毋宁这么来看**"给予"**,它意味着将自己放到同一个作为对象的第二者的关系中,或者参与第二者,这个第二者实际并非"对象",而只是自我的一部分。这么说来,"给予"便是将自我的某种东西传达给相异的存在,由此可以形成某种牢固的纽带。毛斯(Mauss)引述了好些作家,其中之一的爱默生(Emerson)在其美文《礼品》中讲到了给予的这种"原初"含义:"那唯一的礼品是你自己的一部分。你必须为我流血。因而诗人以诗作他的礼品,牧人以羔羊作他的礼品,农夫以谷物作他的礼品,矿工以宝石作他的礼品。""说到底,礼品必须是从给予者涌向我的,同时又相应地是从我涌向他的。"但实际上,给予行为之要求礼品,并不是商业关系中的理性计算,而是因为礼品产生出一种涌流,它从给予的那一刹那,便开始了从施者到受者,从受者到施者的不断交流——"接受者在施予者的力量当中。"[③]"当然,作为一条规则,看起来,是受者得而施者失,但从隐秘的含义说,礼品要求礼品作为回报。任何接受礼品的人与给予礼品的人联结在一起了:被接受的礼品具有约束力。"[④]事实上,无论何时,当我们说一位雇员是"诚恳认真"时,我们自己便接着承认了这种力量,也承认了礼物会保持友谊。在这方面,我们的认识与东非土著的看法是一样的:他们曾对利文斯顿(Livingstone)说:"你声称你是我们的朋

---

① 向特比所引 Grönbech,前引书,Ⅱ,第 581 页。另参见 Laum, *Heiliges Geld*, 32;另参见 Crimm,前引书。
② 《使徒行传》20:35。
③ 参见 Grönbech,前引书,Ⅲ,第 3 页。
④ 参见 Crimm,前所书,第 174 页。

友,可我们怎么知道是这样的呢? 只要你尚未给我们食物,尚未尝到我们的食物,我们就无从知道这点。所以给我们一头牛,你要什么我们会回报你,这样我们就会被真正的情意拴在一块了。"[1]对于许多原始民族而言,拒绝赠送和接受礼品等于是向人宣战,这无异于说相互间的共同体已经倾覆了。[2] 因而礼品是强有力的,它具有结合的力量,它具有玛纳。因此,礼品可以摧毁接受者,但又可以帮助他,无论如何,礼品铸造了不可瓦解的联结关系。所以,毛利人说礼品具有"豪"(hau,精灵):我把从你那里得到的送给第三者,从第三者那里,我可以得到回报的礼物。现在我必须把这东西送给你,因为这实际上是你的礼品;你的礼品中的"豪"还保存在其中。[3] "所收到的物品绝不是死的,即令它已经被给予者送出去了,它仍然保留着某种属于主人的性质。"因此,给某人什么东西,也就将自我的某部分给了他;同样,从他人接受某物,也就获取了那人的灵性存在的某部分,即灵魂的一部分。[4] 在这些情况下,给予的相互性质是非常明显的。《哈瓦摩尔》(*Havamel*)对此做了有力的表述:"朋友就要分享赠送武器与衣物的快乐……以礼品作酬答的人,以礼品作回赠的人,是最持久的朋友,如果有时间对此做考验的话。如果你希望了解何时自己有一个可以绝对信赖的朋友,如果你想得到朋友的绝对信赖,你就必须与朋友忧喜与共,必须交换礼品,并且常常去看望他。"无论如何,这里总有点计较的成分:我的奶酥在这里,你的礼品呢? 但这当中又涉及了对友谊的公平估价。第三,不止如此:某种神秘的力量被附加在那确立**相互共同体**的礼品上。[5] 或者我们用列维—布留尔的话来说:给予与接受的双方都分有了礼物并从而参与了对方。这里也存在着经济生活的根源:例如,在美拉尼西亚的特洛布里安群岛

---

① 转引自 R. Kreglinger, *Grondbeginselen der godsdienstwetenschap*, 68。也可参见 Grönbech, III, 112。
② Mauss, *Essai stur le don, forme archaïque de l'échange*, *Année Sociologique*, N. S. I, 51, 1925.
③ Mauss, 前引书, 第 45—46 页。
④ 参见同上, 第 47 页以下。
⑤ 参见本书第 32 章。

上,库拉(kula)上的体面交易与金瓦利(gimwali)上的一般买卖是不同的,前者与其说是交换不如说是分配礼物。[1] 北美西北部的印第安人也有一种叫"冬节(potlatch)"的习俗,两个部落或部落酋长之间慷慨乃至无度地竞相赠予礼物,那较富有的尽其所有,如有必要,不惜倾家荡产。不过,之所以这么做,他是为了使自己发达起来,[2]因为他以这种方式来显示自己有力量。而我们已经看到,原始民族的君王往往是以慷慨赏赐来证明自己的权力的。不过,同任何别的场合一样,这里的"权力"或"力量"是有多重含义的,它既有(我们的不足道的用语的)世俗含义,又有神圣性,而"冬节"的习俗则既是宗教的又是经济的,既是社会的又是法律的[3]。一位富有的毛利人拥有玛纳,它同时也就是信誉、声望和权力。因此,"买"是一种有魔力的行为,按照毛斯的说法,"冬节"的活动有三种义务:给予、接受和回报。[4] 一项义务总以另一项为条件,对任何购买者说来,他在买的同时也获得了原所有者的存在的某部分,因此,若没有相继的礼品交换,那就是危险的,购买因而总伴随着回报礼品。[5] 要知道,卖掉的东西绝不会与它的主人完全断绝关系。[6]

在这样的情况下,如果说**金钱**也有圣礼方面的起源,我们便不至于大为惊异了。远古希腊人的价值手段是牛,牛是神圣献祭的动物,也就是必须用来偿付神祇的钱币。因而祭祀宴席——这一过程中要分食的肉——也就是"公共财政管理的起源"。后来,钱币被用来取代了牺牲[7],钱币就是金钱,这是确实无疑的,但它的起源却在献祭活动中,它

---

① 参见 Mauss,前引书,第 64 页以下。
② 同上书,第 93 页以下。
③ 同上书,第 99 页。
④ 同上书,第 100 页。
⑤ F. D. E Van Ossenbruggen, *Tydschrift van het Ned. Aardr. Genootshap.* 2,*Reeks*,第 47 期,第 221 页以下,1930。另外参见 J. C. van Eerde,前引书,第 230 页,所有这些看法给新娘买卖的风俗提供了一种全新的解释。另参见 H. Th. Fischer, *Der magische Charakter des Brautpreises*, Weltkreis,1932,第 3 章第 3 页。
⑥ 参见 Mauss,前引书,第 87 页。
⑦ 那么,Laum 所暗示的说法,即 obol 实为 obelos,亦即为烤肉叉,有没有道理呢?参见其前引书,第 106 页以下。[Obol 是古代希腊的一种钱币单位。——译者]

带有强大的力量,或者用我们的话来说,它具有信用。[①] 在此,我们遇到了我们在前面讨论报复(惩罚)和复仇时所看到的相同关系[②]:一条河流淌出来,总是后浪推动前浪;因此,正如邪恶的行为只有用报复和惩罚才能抵销,同样,一件礼物也就要求礼物的回报,用现代人的话说,要求偿付。[③]

　　因而,一开始是表示献祭礼品的牺牲,现在具有十分宽广的内涵。它不再只是一种像人们之间进行交换那样的与神的贸易,也不再只是像人们向王侯致敬那样的给神的致敬,而是开启了礼品的召福的泉源。我们是施者也是受者,恐怕很难说清楚谁是真正的施者,谁又是真正的受者,因为两方面都分有了那被赠予物的力量。所以说,无论施者或受者——哪怕他是神或神性的存在——都没有占据这一活动的中心点。献祭行动的关键和力量的核心在于礼品——它必须给出去,即是说,被置于运动中。通常它被给予他人,或者邻人,或是某位神,而它也可以在共同体的社会成员中被分享,此外,它又可以是没有任何"收取人"的,因为主要的特点并不在于某人或别的什么人收取礼品,而主要是使生活的水流不至停滞下来。因此,如果从这一视角来看,礼品和共同体的献祭并不是对立物,倒可以说,献祭是移植到了生活中去的。这并非额外的职责,而是生活本身的力量所臻。因而,这并非理性计较的"do-ut-des"的关系,我们得说,这是"do ut possis dare"的关系——即"我给予,由此,你也能给予"。我给你力量,你也能有力量,进而生活便不至于因缺少潜能而停滞下来。

　　2. "我提到,在罗马祭祀的套语'向您致意'中,这样的相互效果。例如"Iuppiter dapalis",便是献上宴席时说的致敬语,意为'在你面前放

353

----

① 参见 Laum,前引书。
② 参见本书第 23 章。
③ 参见 A. Olrik, *Ragnarök*,1922,460,古代北欧人表示的"报复"所用的典型的词 uphaevelse,意思是"把被杀害的人重扶起来"。

上醇酒以示敬意',[1]也许这句话的意思也仅仅是'向你致意！谨献给你所有这些祭品。愿你因它们而强大起来。'这样一些吁求有固定的程式，肯定不会只是任意的说话方式。因为可以肯定一度盛行过这样的观念，即，神可能降临并能施与力量，他能不断地补充他的力量……例如，罗马人对灶神献祭时，就把一些小的礼品扔入火中，因为他同时完全依赖于那灶中的火，火神是作为生活的神圣圆满的本质被崇拜的。"[2]因而，那在我们看来相当清楚的神与人的相互依赖关系，并不需要实际呈现，也许应该这么说：依赖关系肯定有，但它是相互的，也许这可比拟为天主教神父在虔诚信众中的地位——"除了他再无任何人有'力量'通过化体而造成天主身，没有人能够通过祝圣语而将天主从天上的圣座请到祭坛上来。"[3]

但是，如果人的给予是为了获得，那他就因此将自己的角色在祭品中外在化了。这里我再次认为，我可以深化某种理性计算的观点，这样就能确定它同生活的适当关系，也就是说，这是所谓替代性的献祭。一般情况下，人们会认为，替代性的献祭是一种 pis aller（权宜之计），就像从前出征献祭时实行的替代制一样：大家都不愿牺牲自己，因而有的人以儿女作献祭，后来又以奴隶和俘虏作献祭，再后来便以动物作献祭，如果动物献祭还嫌花费大，便做一个动物形状的饼。实际上，我们都知道，以人作牺牲是如何变为以兽作牺牲的，以撒[4]的故事就是这样的例子，而所有祭品中的饼又往往保留着它们当初取代了的动物的形状。[5]我们还想起，如果有托拉查土著在水边撒谎，他就得赶快拔一绺头发扔进河里并说："我有罪了，我拿这代替我自己吧。"[6]但是，所有这些并非

---

[1] 参见 Cato, *Agri cultura*, 132. Mactus 的本源意义为"增加、加强"，然后才是"礼敬"；另参见 R. Wünsch, *Rhein. Mus.* 69, 1913, 127 页以下；类似的意义引申的词有 augeo, auctoritas。

[2] G. van der Leeuw, *Do-ut-des-Formel*, 第 244 页以下。

[3] Heiler, *Katholizismus*, 181.

[4] 萨摩亚人中也有类似的情况，参见 *Tales in old Figi* (L. Fison), 1907, 41。

[5] 像献给阿耳忒弥斯的供饼就是雌鹿形状的。参见 Nilson, *Griech. Feste*, 224, 202。另参见 Samter, *Religion der Griechen*, 47。

[6] Kruyt, *Animisme*, 32 - 33.

只是一种旨在交换力量的精明的买卖。那献祭的人在给予某物时,**连同**也给出了自身中的某种东西:无论那是为建房祭祀献出的孩子,还是作为赎罪品献出的头发,或是献出他初获的谷物,那些都是他自身的一部分。[①] 祭献的人献出了他的财产,也即是他自己。[②] 因而,如他所选择的,他可以用身体的一部分,或所有物或别的什么来作替代,因为所有他掌握的都有自身中的一个部分,它们是相互分有的。当然,这种用不同的东西来替代祭品的行动,可能纯粹出于追求舒适或者出于贪婪。但它仍可能由人道的动机而驱动起来。献祭进行中也可能并不会在意祭品的价值,"在神的眼中,献一只禽或一头牛是没有价值差异的,"南非的巴隆加土著可能会这么说。[③] 而从这种态度出发,也就可能导致先知们所要求的对神的服从,而不是对神的献祭。

不过这里还会产生一种极重要的观念:献祭取代了献祭者。献祭与献祭者在本质上相关联,献祭者将自己放到祭品中或与祭品联系在一起,从而这样的奉献会有益于他。依据这种观念,我们对以妇女或奴隶等作陪葬品便有了新的解释。我们所熟知的是,印度教徒烧死寡妇,而在努比亚,有杀奴隶和俘虏为死人殉葬的习俗。[④] 所以这么做的基本目的,主要不是为了让他们在另一个世界中继续侍候死去的主人。既然他们的死和再生有利于主人的死和再生,那他们就必然已经是服侍了。这里是一个同时遭难与死亡的问题,由此才能有新的生活产生。因为广阔的生活之流,即生生不息的永恒力量,是靠最大可能的"代价"来保证的。而既然献祭者与祭品是相互参与的,那么给予者与礼品也就是可以互换角色了。从而,耶稣基督的替代性牺牲的观念,也可以从这个角度加以解说,而不需要律法理论来解释。向人所要求的献祭,是靠那既是献祭者又是祭品的他(指基督)来完成的。

355

---

① Will, *Le culte*, I, 111.
② 参见本书第 33 章。
③ Will,前引书,I, 101。
④ 参见 G. A. Reisner, *Zeitshrift für Ägypt。Sprache und Alterumskunde*,第 52 期,1915,第 34 页以下;另参见 A. Wiedemann, *AR*,第 21 期,1922,第 467 页。

3. 进一步说,献祭保持了力量的循环。礼品(也即力量)的流动,不只保证了人与人的社会共同关系,人和神的关系,而且也可以被引导而经历种种的困难,并且通过吸收它们到共同体中而避免这些困难。因而,**建房献祭**消除了施工的风险,如先获取一块地,然后驱逐那盘踞在这块地上的异己的恶魔力量,通过献祭而**共融**,从而将其转化为无害的地皮,只有这样,才能使房屋成为一份财产;偿赎性的献祭也会消除那阻碍着生活之流的罪愆,借助于人贡献祭品,生活的力量便启动了,"从这一点看,这种生命力是献祭者在神身上借助于充满生命力的祭品,迫使生命的力量循环起来,还是停留于献祭本身之中,被献祭者当作食物享用,这是无关紧要的。从根源上说,生命力所依靠的食品可能是在宗教意义上被吃掉,这与后来的圣礼观念一致[1]……从而,古人所尊重的原始食品(牛奶和蜜,即罗马人所谓的 mola salsa 等)[2],成为神祇或神界的食物。但它们本身也可以被认为是有神性的,因此,食物成了祭品。"[3]

现在我们都能理解,为什么罗伯逊·史密斯要如此强调圣礼餐宴的重要性。某种神圣物质,某种动物或别的滋养品在共同体成员中分配并被享用,从而便形成了共有的神圣者,[4]增强了共同体的力量,将其成员更牢固地相互联系起来。将杀死的动物切成许多块而分享从而铸成团结的习俗,我们在雅比城被困时扫罗的做法中已经了解了[5],也许这意味着一种祭仪。在日本土著居民阿伊努族那里,我们发现了献祭餐的重要性。[6] 阿伊努人举行熊宴:当一个熊的幼崽被捕获时,阿伊努人会让一个女人给它喂奶,百般照顾,但几年之后便会杀掉它。宰杀的日子,全村的人都会参加,至少象征性地到场。他们会诚恳地为它哀

---

① 每餐饭都使人与生命的原创力联系起来,与神的永恒生命联系起来;参见 Kristensen, *Livet*, 44。

② 参见 Heiler, *Prayer*, 66。另见 Wide, *Handbuch der klassischen Altertumswissenschaft*, 第二卷, 第四版, 第 4 期, 1931, 第 74 页。

③ G. van der Leeuw, *Do-ut-des-Formel*, 第 251–252 页。

④ 参见本书第 32 章。

⑤ 参见《撒母耳记上》11:7;另参《士师记》19;另参 Schwally, *Der heilige Krieg*, 53。

⑥ Haas, *Bilderatlas*, No. 8。

伤,再仪式性地分享它的肉。它是整个共同体的动物,这使我们得出这么一个结论:只有在部落中长大的熊才能成为祭献的动物,因而一头野熊是没有用的。它得像孩子一样给养大,抚养她的妇女要为它哀伤。[①]拉丁民族的古代风俗中也有类似共同餐宴的遗迹:拉丁同盟要在阿尔班山上庆祝拉丁节。来自各拉丁城镇的代表分食一头白牛,每个城镇一份,为此举行的仪式称为 carnem petere (取肉)。[②] 另一方面,在 9 月的艾得斯山举行所谓 epulum Jovis——有三位神祇莅临——又是另一种不同的程式,[③]因此,在这种场合,祭祀与神并不是同一的,神被当作客人。采用这两种相似的方法,参与者的共同体得以实现和加强。[④] 而只有从共同体的角度来看,我们才能够理解,在许多民族那里会遇到的对牺牲祭品的哀悼和祈求宽恕的祷告。当祭献的动物与图腾联系显得突出时,这一点就更明显了。亚利桑那的祖尼人在为作祭品的龟哀悼时这么说:"啊! 我可怜的无家可归的孩子或父母,我从前的兄弟姊妹! 谁知道它是哪一位呢? 也许它就是我的祖父或祖母。"[⑤]祭品是属于共同体的,实际上它**就是**共同体,它构成共同体并增强它。共同体被牺牲掉,"被放弃",以便能持续下去。而且在这个意义上,只有失去的东西,才能够得到。[⑥]

4. 这样的祭献观在印度得到了最壮观和合乎逻辑的发展。在那里,祭祀(古代的吠陀马祭)变成了一种程式,在实行时有一种自动的精确性:"事件被理解为史前宇宙观的最原始类型,其所依据者是支配宇

357

---

① 还可参见,Frazer, *Golden Bough*, Ⅷ(*Spirits of the Corn*, Ⅱ),第 101 页以下。
② Warde Fowler, *The Religious Experience of the Roman People*,172;另见 Wissowa, *Religion und Kultus der Römer*, 第 124 页以下。在节日期间,通常的禁忌——pax deorum——仍然存在。
③ Fowler, *Roman Festivals*,第 218 页以下。
④ Thomesen, *Der Trug des Prometheus*, AR. ,1909,464.
⑤ Frazer, *Spirits of the Corn*, Ⅱ,第 175 页以下(*Golden Bough*, Ⅷ)。
⑥ 可以这么说:由祭祀启动的不断流动的力量,使所有置身其中的参与者获得了生命力,无论是人还是神都因此而活跃起来。不过,也可以这么表述:从神那里,或者从某个参与人那里流出的力量,经过祭祀的作用,又流回到人或别的共同体成员那里。从而祭坛变成了过渡的关键点——这便是休伯特和毛斯的理论(见其《宗教史的融通》)。不过,祭品是更关键的转换核心,它本身是神圣性,是力量的材料。参见祭献仪式中常见的一条规定,即希腊人所谓神圣食品之上别无他物。另参见 Thomesen, *Der Trug des Prometheus*(AR, 第 12 期,1909,第 466 页以下)。

宙的种种力量的展开,而其操作方式,可遥远地追述并类比于那构成现代人的世界观的自然秩序,了解这一点的人可以随意地计算并指引自然的秩序,而这了解者就是人自身。"[1]在此,祭祀成为字面意义的世界过程,而人是知道如何驾驭这一过程的。生命力量的中心在人自己,他就是那推动宇宙的诸潜能的转换关键。从而,神便同他们在原始阶段的情形一样,只是多余的了。[2]

实际上,祭祀就其自身而言,总是一种圣礼。但被这样明确地称呼,是在基督教中才有的,在基督教中,礼品不停流动的观念与人格之神和救主的观念神奇地融合了。救主不仅是祭品,不仅是祭司,而且也是历史中的人物。这里当然存在着这么一种危险性:由于所有祭祀宗教中内在的重复性,救主祭献中的历史具体性和唯一给定的因素,就会因一再重复而转化为独断的自动性,一如我们在印度所见到的。诚然,以不流血的方式一再再现耶稣在各各他流血的祭献——这符合特兰特公会议决议的说法[3],也就既不需要取消基督的唯一的献祭行为,也不需要取消教会方面的感恩祭,而这些都只有在这种具体的环境中才成为可能。不过,对这样一种观念——没有上帝的意志行为也没有教会的感恩而恩典充沛地涌流——的怀疑,再次在此表现出来:力量是与意志和形式相争的。但如果这里所说的斗争并非单方面进行的,而有利于纯粹的活力论或纯粹的象征论,而是作为活生生的张力存在,那么,基督教的圣餐实际上所暗示的,也就只是施与受的那种神秘和原始的观念的强化。因为我看不出任何路德[4]所认为的那种矛盾,事实上,同一实体可以既是接受又是给予的。正相反,这才恰好是那既为施又为受的所有祭献的本质。那位百夫长[5](他的话会出现在圣餐前的弥撒

---

① Oldenberg, *Lehre der Upanishaden*,第 16–17 页。
② G. van der Leeuw, *Do-ut-des-Formel*,第 252 页。
③ Will, *Le culte*, I,96–97.
④ 《关于教会的巴比伦之囚》:矛盾在于"弥撒应是一种祭献,因为我们获得了应许而献上祭品,但对于同一个人来说,他对同一个对象不能既是接受又是奉献,不能既是施又是受"。
⑤ 《马太福音》8:8;《诗篇》43:4。

中)说要主到他的屋内来他实不配,尽管如此,他同时可以进到主的屋内。他说"主啊,你到我舍下,我不敢当";又说"那么我到神的祭坛跟前去",这便是同一个仪式,又是上帝的同一个行动。事实上,这一点可见于古代的基督教礼拜仪式的用语,当人们向主献上感恩时便会说"那属于他的均来自他".[1] 保罗·格哈特(Paul Gerhardt)在他的《圣诞赞诗》中非常漂亮地解释了这一点:

> 啊,我亲爱的小耶稣,我的生命,
> 我此刻站在你的马槽前,
> 我来到你的跟前,把你所赐给我的
> 奉献给你。

359

---

[1]　参见 H. Lietzmann, *Messe und Herrenmahl*, 1926, 51。

第51章 / 圣礼

1. 按照罗马天主教会的教义,凡能赋予人或事以神圣品格或神圣性的仪式都叫圣礼。这里特别要加以考虑的是:祝圣、祝福和驱魔。[1]但我会在讨论圣言时更充分地讨论这些仪式。在此,在讨论圣事之前,先得介绍一下这一概念,因为它以一种令人印象非常深刻的方式表明:神圣的行为总是倾向于成为圣礼。也就是说,对于生命,数量有限的圣事是不够的,当然,圣事观念本身——无论就其理论还是实践而言——又都是在某种程度上受限制的。尽管如此,它的本质就在于产生更高的力量,激活某种力量的仪式。罗马教会今天仍然承认很多圣礼,而在中世纪,这些圣礼是要伴人一生的,因而可以这么明白地解释:除非力量被实际启动,否则从这个词的实际的意义来说,生活就不可能"进行"。因而再一次说,实存就是"关切",而关切又导向仪式;而除非人生当中本质的东西因此得以改进,否则这最终就是无意义的。

我们也可以这样来表述这种事物状态:人生并不就是人如自己所喜欢的那样控制事物,而是调动那显现为事物的存在的力量。换言之,实际上并没有"事物",而只有管道与容器。在给定的条件下,这些管道与容器可以保存力量。因而,人通常所遭遇的"事物"或者是他必须置力量于其中的容器,或者是他必须使之转动的车轮;从而这也就涉及某种巫术性的行为,因此,人在某种程度上又像是创造者,如果不是事物的创造者,至少也是使事物有生命的力量的创造者。或者,换一种说法,"事物"是"被造物"(creaturae),再换一种说法:事物直接而当下地

---

① Braun, *Liturgisches Handlexikon*,第 304 – 305 页。

与上帝相关联，而上帝可以随时将新生命的气息吹入其中，赋予其新鲜
的能量。上帝以"事物"来作自己力量的工具，他创造事物并使之更新。³⁶¹
从而，或是因为充满人身上的力量的完满性以及注入人身的力量的充
分性，或是因为造物者上帝身上的力量的充分性，所以，一个行动、一个
词语、一个人，在任何时候，都可能变成"强有力的"。在前一种场合，人
念出咒语，在后一种场合，人作祷告，但在这两种场合，我们都会涉及
圣礼。

　　2. 既然我们已经进入观察位置，则**吃与喝**都是真正的圣礼。我们
的饮水习惯，学子们狂饮一通的固定习俗，都是某一时代遗留下来的痕
迹，在当时的社会中，每一集体宴饮，都是一次仪式，就是说，是一次共
同力量的团结、更新和再创的庆典。比如在北欧的英雄传奇当中，饮酒
绝不仅仅是出于干渴或欲望；人们喝酒有固定的程式，这样明尼
(Minne)之流才不会中断^①，而 Minne 一词最好译为 salus(健康、福祉、
安全)而非 amor(爱)。这种有魔法性质的饮酒也是一种圣礼！ 按格伦
贝克的说法，无论以什么为饮料，都只是为了将人和房子或提供饮料的
环境紧密联系起来。每次狂饮都"有魔力"，使人忘记过去并造出新的
爱。^② 关于食品同样如此，共同体中共进的一顿饭是有结合力的。当
贾尔·托尔芬(Jarl Torfin)并不知情，从国王马努斯的面包上掰了一小
块吃下去时，他便因这仪式躲过了本来不可免的死刑。^③ 因此共同体
共享的一顿饭就不只是一种祭祀，而是一种圣事，尽管这里所说的特性
尚未正式确定下来，但它仍然是一种圣礼。哪怕在今天，复活节上午的
食物祝圣也属于这些情况：篮子里装满鸡蛋、面包、盐、火腿和糖做成的
小羊，再拿到教堂去求祝福，使祝福可以深入敞开的篮子中的食物，就
像仲夏日的酒瓶要敞开瓶口一样。^④ 不过更进一步我们便获得了本源

---

① Grönbech，前引书，Ⅳ，第 32 页。
② Grönbech，前引书，Ⅲ，第 125 页以下。
③ 同上书，Ⅲ，第 117 页。
④ Heiler, *Katholizismus*，第 170 - 171 页。

形式的圣礼：人们将礼物拿到教堂去，置于祭坛上，从而它们便变成了神圣物质的一部分。这样的例子有很多种类，并不限于基督教。例如，摩鹿加群岛的布鲁岛上，每个氏族都有共同的米饭餐，每个成员都要拿出一些新米，这道仪式就称为"吃米魂"。[①] 另外，在古罗马的 ludi saeculares[②] 节日，人们将香和水果拿到神庙中去，经过驱邪仪式，再将香与水果分给普通人。[③] 这使人想起基督教圣餐中的祭献仪式。

3. 对于不胜枚举的圣礼的资料，我仅从中引述两个重要的例子。首先是**施舍**（alms）。"施舍除罪如水之灭火"，伊斯兰传统这么说。[④] 而人生的圣化，即实存力量日常的增进被说成是 zakat："人的身体的一举一动都应每日有所施与。如果阳光照着他时，他正帮两个人调解，那他就是作了一种施舍；如果他把自己的牲口借给人骑或为他人驮物，那也是一种施舍；和言悦色又是一种施舍；只要他遵从了仪式中的每一步骤，这当中也已有施舍；同样，如果他将挡路的石头搬开也是施舍。"[⑤] 实际上，宗教的伦理道德正是以此为出发点的，但这里也已经有了力量自动机制的形成。当教士呼吁那些自己刚生育小孩的母亲帮助穷苦妇人时，他会这么说："你们送出的钱可以帮你们早日复原并使你们的小孩顺利长大。"这已经成了巫术意义上的某种圣礼。请比较这样的说法："这些事你既作在我这兄弟中最小的身上，就是作在我身上了"，[⑥] 这里将圣礼行为与对救主的感恩直接联系起来了。

另一个比较极端的圣礼是**神判法**。它通过直接引入力量而简化了人生的状态。在这样的仪式中，人的自身力量立即被另一类型的力量所置换。我们感受到了人们平时所相信的：我们任何的作为都是无济于事的，从而我们将自己的行为完全转移到与那些力量的活动性的联

---

① Frazer, *The Golden Bough*, Ⅷ (*Spirits of the Corn*, Ⅱ), 54.
② 罗马人的节日，字面意义为"百年期的演出"，与狄安娜崇拜有关。——译者
③ 参见 A. Piganiol, *Recherches sur les Jeux romains*, 1923, 第 92 页以下。
④ Bertholet, 前引书, 第 16 页, 第 22 页。
⑤ 同上书, 第 21 页。
⑥ 《马太福音》25：40。

系上来。实际上,这一圣礼完全是一种极为独特的圣事,因为人的力量在此完全局限于如何启动它,而任何事物无一例外都是由力量所支配的。例如,一对非洲夫妇死了孩子,那么,很清楚他们中必有一个是有罪咎的,是他用魔法造成了孩子的死亡。于是,他们两人就得喝某种有毒的叫 mwamfi 的药水,并且说:"我们的孩子死了,是孩子的父母施了巫术了吗? 如果是,mwamfi 就在我们身体内留下来;如果不是我们的过失,mwamfi 请别留在体内,请放过我们。"[①]这样,他们所有的行为,甚至罪过与清白都被放到仪式中来决定,力量不仅取代了法官,甚至取代了良心的表白;力量甚而比实际上更为关心有罪与否的人知道得更清楚。

363

364

---

①   Lévy-Bruhl, *Primitives and the Supernatural*, 180.

第52章 / 圣事

1. Sacrament（圣事）一词不应仅仅依据其拉丁文词源作翻译,希腊文表达 mysterion（神秘)仪式在一定程度上也对它的罗马词义作了补充。因而不单是 devotio（这是罗马士兵对军旗宣誓的神圣仪式),就连整个为数极多的希腊用语(从实现了的预言到神秘的 numen,即神圣力量或神的降临)都可以包含在"圣事"一词中,[①]"所有的 mysterion 的丰富含义也都转移到了这里的 sacramentum（圣事)上来。"[②]从而,如果我们完全不去考虑词源而探寻一件圣事在宗教上的含义,如果我们并不打算凭圣事来对所有圣礼加以分门别类(这有时候是很容易的),我们就会发现一个统一而连贯的现象,观察到两个主要特征:(1)圣事是生活当中某些最单纯也最为基本的活动(洗、吃、喝、性交、动作、言语)的升华。之所以称其为升华,是因为在圣事过程中,其至关重要的活动从最深层的基础上被揭示出来,并被提升到涉及神圣的地位。从而,生活本身,在其整个背景范围上,被带到了力量的面前。但是,(2)在我因此一律称之为圣事的那些仪式中,这种力量与借助救主的形式[③]表现的行动结合起来。结果,圣事一方面是近在眼前的,另一方面,它又是迥异而遥远的;一方面它是**使人着迷的**,另一面它又是**使人战栗的**,[④]但它始终是**神秘的**。不过,所有这些观念的前提是力量存在于生

---

① Anrich, *Mysterienwesen*,144. 另见 H. von Soden, *Zeitschrift*, *f. d. Neut wiss*,第 12 期,1911,第 188 页以下;另见 O. Casel, *Jahrb. f. Liturgiewiss.* 8,1928,第 226 页以下;另见 May, *Droit romain*, 第 228 - 229 页。
② O. Casel,同上书,第 232 页。
③ 参见本书第 12 章。
④ Heiler, *Katholizismus*,532.

活当中——姑且不论它是在生活中发展了,还是被创造的。在这当中,
"如果自然被归结为无力的,则圣事便是任意的,没有力量的。"①从另
一方面看,圣事又绝不是自然过程本身,因为无论是以巫术施行创造的
人,还是创造性的上帝,都必须"赋予"自然某种特性。

  A. 因而,人生的基本功能之一,即这样被"赋予了特性",便是净   365
化。这是前面第 49 章中我们所讨论过的。在该处,我们特别说明了净
化如何转变为一种圣事。通过**浸礼行动**,人的身份完全摆脱了他的自
身意见、感情和倾向性,"水"便成了基督的血的力量。因此,殉道的血
浴也就被列为第二等的浸礼。② 通过基督的见证,这种血的见证便参
与了基督的净化行动,我前面还提到了**坚信礼**和**临终涂油礼**。

  B. 另一方面,神圣的餐宴因为与"主",即救主上帝的联系也转化
为圣事。从而,我们在救主—宗教,即所谓神秘的宗教当中,发现了最
初的**圣礼餐宴**。在埃及的塞拉皮斯—伊西斯神新入会信徒中,还可以
读到这样特色鲜明的召集仪式:"凯勒蒙(Chaeremon),请你明天,也就
是十五日九点,到萨拉皮翁的上神塞拉皮斯桌前进餐。"③同样,在阿提
斯的神秘教中,新入教成员的关系是建立在由崇拜仪式中祭献乐器上
取来的神圣食物上的,他似乎只有通过这样才成了新成员,"我从鼓得
食,我因钹得饮,我成了阿提斯的新成员。"④归信了基督教的菲尔米库
斯·马特努斯(Firmicus Maternus)是护教者,他并未忘记指明这与自
己宗教的神圣食物是类似的。同样,在希腊伊流欣努秘密教中,举行一
种神秘仪式时,相关的 kykeon 的神圣饮料也要由教徒饮下,还要伴随
着一句仪式性的神秘的话。⑤ 最后,我们还知道,古代波斯有面包和水
的餐席,其中还得掺上一种叫豪麻(haoma)的植物汁液,这一仪式用的
神树汁保留在密特拉神秘教中,不过,树汁已经换成了酒。达尔马提亚

---

① Tillich, *Religiöse Verwirklichung*, 167.
② 参见本书第 29 章。
③ Haas, *Bilderatlas*, 9/11, Fig. 16.
④ Firmicus Maternus, *De errore profanarum religionum*, 18:1.
⑤ Clement of Alexandria, *Protr*, 18.

(Dalmatia)的科尼茨(Konjica)[1]的图片,使我们可以看见这种密特拉教的餐宴[2]。这种食品是专门为新入教的成员保留的,这个等级的名称用希腊文说,可能意味着这些新入教者可被允许"参与"神圣餐宴。德尔图良指出了这么一种类同的例子:"密特拉教徒为面包祭祀举行仪式"。[3] 在所有这些圣事当中,举行仪式和拯救者之间的关系都肯定是存在的,虽说有时并未显露出来。只有在狄俄尼索斯的酒神祭仪中,某种动物形象的神才整个给祭祀人吃下去。这代表了真正的食神行为,即,所食的神圣食物被清楚地解释为拯救者的神,而参与仪式的人因此也便"充满了神"。由此而到基督教圣事,当然有无数的中间环节,因为在后者中,仪式和拯救者是以一种相当独特的和历史的方式来理解的:人们与之在一张桌上聚会进餐的拯救者,人们吃掉他的肉并喝下他的血的拯救者,便是主耶稣,当他生活在尘世间时,人们十分经常地与他同桌进餐。

　　因而,在基督教的圣事中,差别很大的成分在一个活的统一体上联结起来了。这里我们来复述一下布里略特(Brilioth)的准确概述。[4] 就他自身而言,他主要依据利茨曼(Lietzmann)的材料。(1)现存的圣餐是一种感恩祭,实则起源于犹太人的进食,给酒杯祝福,掰面包的是"主",他在圣餐中以灵的形式存现,他很快便会来喂养他的子民。在圣餐仪式中,maran atha 被认为无论现在和将来都同样存在[5]。(2)这种进食方式源于古代,它是一种共享,参与者因此而结合起来,只不过在这里他们因基督的纽带而结合:同弟兄们的结合同时也就是同主的结合。而在此阶段显示的 osculum pacis(借口而缔结的)圣礼便表达了这种结合。(3)这种圣礼仪式中包含了关于主的记忆。正因为这一点,Eucharist(圣餐)便从众多的祭献,也从众多的餐宴中绝对地分离出

---

① 在今日南斯拉夫中部,是古代密特拉教流行地区之一。——译者
② Haas,前引书,第 15 页,图 46。
③ F. Cumont, *Die Mysterien des Mithra*,第 3 版,1923,第 145 页以下。
④ *Eucharistic Faith and Practice*,第 276 页以下。
⑤ Lietzmann, *Messe und Herrenmahl*,237.

来，变成了充分意义上的圣事。从历史的角度来看，这意味着兄弟情谊的爱宴（agape）与圣餐区别开来了。爱宴只是圣餐的序幕罢了。而这种记忆最终在弥散中通过经文[①]，不仅将神的荣耀、将主的圣灵置于前景上，而且突出了救主的历史行为。（4）另外，这种记忆又导致了圣餐礼的祭献。耶稣在各各他的牺牲是唯一的实际发生的牺牲，这种牺牲保留在双重的圣事祭献之中，它既是对主的牺牲的重复，同样又是共同体的感恩的重现。而如果没有主耶稣的牺牲，这些都是不可能的。也就是说，教会所祭献的，是属于他的，原本来自他自身。但祭献牺牲的观念赋予共享（communio）以最深刻的意义，反过来讲，这种共同体也就是神通过基督而行的事，因此神的这种行为便不是外在的事件，而是头对于肢体的参予，通过这头，还有肢体之间相互的分有。（5）在圣餐的**神秘**中，所有基督教圣餐中的基本要素达到了最高程度的完满，这完满同时也是其前提，正是主耶稣在所有这些基本因素——餐宴、共享、记忆和祭献——之中的神圣呈现，才真正使圣餐举行的仪式具有了重新创造的品格，具有了神的创造性行为的特征，由此也才使人仆伏在道成肉身的神秘跟前。基督的临在是作为祭司，作为祭品，作为是他身体的教会。"我是生命的面包"，"我是真正的葡萄枝"，这些神秘语言表达了圣餐礼的体验，这既是那在以马忤斯辨认出掰饼的主耶稣的门徒的惊诧，同时（依利茨曼的敏锐的分析），这又是从犹太人的餐宴转向主的晚餐的第一步。这当中既有关于往日的历史记忆，又有"让我们来感恩"这样的无限赞美。神圣的食物同时是记忆、祭献和主耶稣的临在：

> 啊，回忆我主奄奄一息的你，
> 啊，教人生活使人再生的面包
> 你让我的灵魂依仗你得生，

---

① 即使在尼采的讥讽作品中，仍有这种记忆和末世论的影子。参见其《查拉图斯特拉如是说》中的"晚餐"："宴席上，人们只是谈论那高贵的人。"（福利斯版，第 350 页）。

367

你赐我以天上的甘甜美味。①

　　联系于此,因而必须这样看待化体说②:它是对圣餐中最原始的几个方面的有着牢固理论基础的复归。真正原初的圣餐礼并不需要实体转化,对它说来,食物本身已经是神圣的了。不过,古代的基督教圣餐并非如此,epiclesis③(召请)便是为了让主的灵进入食品。但在今天的弥撒中,祝圣礼,即神职人员的低声念诵,都有转化圣餐成分的作用④。如此,为达此目的而改变的力量物质则被替换,救主真实地临在于圣餐中,同时临在于圣餐成分和行祭献礼的共同体中;既临在于过去(救赎的历史中),又临在于未来(maran atha)⑤中,也临在于此时此刻。这样一来,与历史上的救主的联系也就得到重申。⑥ 另一方面,因为不同意新教的灵性运动,所以必须坚持,依其本质属性而言,圣事关系完整的人,圣事所降,出自那完全并未区分肉体的和心灵的影响的境界。所以,主的灵既未产生"物性",也不产生"灵性",但它却把新的生命赋予了"被造物"。⑦ 任何被创造的东西都不能"与神混淆。而除了知和爱的结合,还有另一种结合形式,这便是存在的生命的结合。"⑧

　　C. 圣事共同体的第三种类型是婚姻。在伊流欣努秘密教中的"圣婚姻"以及随之而来的生育,都是拯救的记号,"黑暗不就在彼处降下么?男祭司和女助祭之间,他与她的庄严相遇不就在彼处么? 灯不是灭了么? 无量无边不可胜数的人群不都相信,他们二人在黑暗中所完

---

① Thomas Aquinas, *Rhythmus ad Sanctam Eucharistiam*, *Adoro te devote*.
② 基督教圣餐理论,意味着:圣餐中的饼和酒,经过祝圣而成了基督的身体和血。——译者
③ 原出希腊语,参见本书第 62 章。[东正教中继承下来的祝圣仪式时吁请圣灵降到食物上的套语。——译者]
④ Heilter, *Katholizismus*, 第 224 页以下。
⑤ 即谢恩还愿的奉献。——译者
⑥ 参见 Heiler, *Katholischer und evangelischer Gottesdienst*, 第 2 版,1925,18。
⑦ 参见本书第 45 章;《哥林多前书》10、11 章的整个著名的段落,其中言及在祭祀餐宴中与魔鬼相交,在主的晚餐中与基督相交。这一段文字充满了上文中所说的意思。肉体性清楚地表现在第 10 章第 29 节以下,任何人如不配将圣餐转为圣爱以沉浸其中,就"不能分辨主的身体",其吃喝只是招致对自身的谴责,实际上也有好多人会死于此。
⑧ Guardini, *Von heiligen Zeichen*, 55.

成的便意味着他们的获救么?"①而当火炬重新点燃时,拯救者降生的
消息便向人们宣布。② 因此,性的结合成了同神圣力量结合的中介的
"特征"。既然这里的力量采取拯救者的形式,我们也就必须谈一谈"圣
事"了。众所周知,这里举行的仪式也是照圣事来理解的,特别当它在
神秘教和修道仪式中时如此。③ 例如,耶稣基督本人就曾把订婚戒指
送给锡耶纳的圣凯瑟琳。不过,在别的方面,这种圣事在基督教会中并
未获得充分的形式。但在异端中间,情况却不一样。例如瓦伦廷派在
举行拯救的仪式时,会搭起新娘的闺房,仪式的第一道便是点起蜡烛,
他们管这叫灵性的婚姻。④ 另一方面,就这圣事仪程而言,其影响之一
已明显转移到了基督教会中。对于圣事中独特的婚姻而言,它并不是
以仪式庆祝外在于仪式的某种力量,比如说主耶稣的力量,而是借助仪
式的潜能升华自身,达到圣事的等级。换言之,婚姻本身是一种圣事,
结合的双方把它赋予双方,从而人生的基本功能的这一深刻基础,就被
宣布属于并具有神圣性,而婚姻所达成的结合,从内在本质上看便是超
自然的。

369

D."作为圣事的**行动**"和 E"圣礼的**语言**"这两部分,我们分别放到
第 53 章和第 58 章中去讨论。

2. 另一方面,将圣事转为**神话**可能使其变得遥远,其次,人生本身
直接的神圣性和拯救者在仪式中赋予的神圣性,显然并不是当下的,而
从"此处"到"彼处"的这段距离中,所见的只有对力量的渴求。因而,如
前所说,祭祀餐宴中的神圣食物也就成了诸神的事物,苏摩祭仪使系统
化了的神话达到了成熟。但救主的餐宴也可能被推到远处了。事实
上,圣餐礼中**神职人员**的致词中,已经暗示了弥赛亚要在之后同他的子
民举行圣礼餐宴。⑤ 我们发现与弥赛亚共享的这宴席,在犹太人观念

---

① Asterius, *Encom. mart.*, 194, Combe; 另参见 Farnell, *Cults of the Greek States*, III. 356。
② Hippolitus, *Philosophoumena*, 164.
③ 参见本书第 22 章。
④ Anrich, *Mysterienwesen*, 77.
⑤ 《马太福音》26:29。

中也可以见到。[1] 另一方面,密特拉神秘教中也有餐宴,它是神秘的最后晚餐的延续,神降世而赴席。[2] 不过,按照最后晚餐的圣杯的传说,基督教的这一圣事又被变成了完全的神话。[3] 圣杯,最初可能只是个洗钵,就像仙女故事中常见的那种钵具。它与那刺穿耶稣胁下的长矛一起,使圣餐礼的成分——血与水的流淌——可能成立,因而它们就是salus(福祉的)容器,共享圣餐的钵具。按照布尔达赫(Burdach)颇具眼力的解释,它们只有依据祭祀崇拜的体验才能被理解。

3. 依上面所说,可以认为这一圣事有三个方面的意义[4]。它可能是(1) **产生行动的一种仪式**。行动使某种东西产生出来,引起了那激励自己的神圣力量。(2) 圣事的**本身便是行动的典礼**:从古及今,世界因它而被推动起来。每一件事都是圣事,或至少可能成为圣事——世界是上帝的有生命力的外在表现。这是罗曼蒂克的神秘主义的圣事观。(3) 圣事可以是**奠基于行动的仪式**,通过它的(上帝的或救主的)意志实行了创造或再创的行动,从而圣事便是创造和力量赋予的合而为一。不过,在这三种类型当中,自然都不是物生命的对象,不是物体,而是有生命力的力量,[5]而这力量以某种奇迹的方式而突现为救赎行动。但只有依靠第三种类型的意义,才能够形成与历史上的救主的联系,因而只有这第三种意义,才是充分意义上的圣事。

不过,第二种,即神秘—罗曼蒂克的类型需要深入思考。在某些方面,它是一种倒退,通过外在的迂回,它退回到最原始的观点。如同在狄俄尼索斯酒神祭中,奶、蜜和酒出自大地,[6]按照这样一种理解生命

---

[1] Hölscher, *Geschichte der israelitischen und jüdischen Religion*;另参见该书索引中 Mahlzeit, eschatologisch。

[2] Cumont, *Mysterien des Mithra*,124,146.

[3] E. Wechssler, *Die Sage vom heiligen Gral in ihrer Entwicklung bis auf Richard Wagners Parsifal*, 1898. Hertz, *Parzival*. F. R. Schröder, *Die Parzivalfrage*, 1928. K. Burdach, *Värspiel*, I, 1925, 161ff. G. Durnézil, *Le Festin d'Immortalié*, 1924, 179. W. Stark, *Über den Ursprung der Grallengende*, 1903.

[4] 参见 G. van der Leeuw, *Strukturpsychologie und Theologie*。

[5] 蒂利希语。

[6] Euripides, *Bacchae*,第 142 行以下。

的模式,自然之给予圣礼的力量是直接的,根本无须任何"赋予特征的行动"。从而,圣事再一次转成了圣礼。新创造一类的东西是不需要的:无须再有什么忙乱,自然本身对于那懂得如何发现其神性的人,便是神圣的食品;上帝从来就在世间,并不需要先有降临。从基督教的圣礼出发,这种观念导致了逆向转换——先被赋予特征的事物回复到日常事物中,圣事的食物变成了日常的食品。例如,尼古拉·保加利斯从成为隐修士时起,就只吃圣餐,而据说别的圣者也是这样。[①] 当然,这里仍有一个什么是未被赋予特征者的界限问题。但这也许会导致被赋予特征者的范围扩大,如同在浪漫主义运动中曾发生过的那样,施莱尔马赫的"圣诞思考"一文,在每个母亲身上都去寻找玛利亚,另一方面,他的主人公费迪南"刚谈完话就立即转向了"洗礼的神圣行为。[②] 许多浪漫主义者也都梦想自己写一部《圣经》,而这种普遍的圣礼的虔诚,在诺瓦利斯那里得到了精彩的表达:

371

> 罕有人知道爱的秘密,
>
> 罕有人孜孜不倦,永远渴求。
>
> 在凡夫俗子看来,神圣的共享只能是不解之谜。
>
> 但偶尔,有的人也能从热情而所爱的嘴唇上汲取生命的气息,
>
> 他的心也因涌流波涛中的神圣光芒而感动消融,
>
> 他的眼被打开,可以探测那深邃的蓝天,
>
> 他将吃下他的身体,饮下他的血,以期达到永恒。

于此,如同在原始人的世界中,身体的特有能力便是圣餐的基础:

> 有谁能度量这肉体的高贵意义?

---

① Jos. von Görres, *Mystik, Magie und Dämonie*, J. J. Bernhart 编,1927,76。(亦辑入 Gorres, *Die christliche Mystikk*, I 1879,第 372 页以下。)

② 参见 F. Schleiermacher, *Die Weihnachtsfeier*。

又有谁能宣称自己懂得了这血？救世主，他也就是这世界的
生命：

从每根草每片石头，从海洋和光线，都映射出他那童稚的
面容。

一切事物之中，永不停息地涌流他温暖的爱和孩子般的行动。

他永远对自己毫无意识，却永远依傍在世人的胸前。

对于我们，他是上帝，对于上帝，他又是孩子。

他爱我们，是多么温柔。

他成了我们食的饼，我们饮的酒。

信仰和忠诚才是对他所最爱的感恩。①

372

---

① *Geistliche Lieder*, 13：11.

第53章／礼拜

1. 在圣礼和圣事中，神圣的行动就是一种礼拜，就是一种职司或一种职务。因为在崇拜当中，实际的操作者并不是人或人的团体，而是神圣的力量，它可能只是神圣的共同因素或者是某种神圣的意志。因而崇拜中的"做"或"行动"都是具圣礼性质的。实际上总有某些东西与实际上所做的有所不同，并且要多点什么：人操纵圣礼中的事物，但他自身并不比它更优越。人置身于神圣行动之中而不是之上。他并未支配，而只是服务。① 实际上，在好多语言中，"做"或"为"一词有附加的含义：文化上的所为、祭献、施魔法行巫术都是如此。② 而希腊文的dromenon 总是要依赖于比人更优越的行动的，它永远是"再做"或"预做"的③，而在此意义上说，崇拜中的行动就是"表现性的"行动，但不是施莱尔马赫说的那样，用以表达对信仰内容的象征表现，④而是具有更深层意义的，表现其原初神圣行动的方式。**它被做成**，或者说是**上帝在行动**；但在这个意义上，人都只能**重复**，"追随"或"表现"。因此在崇拜当中，行动总是"职务性的"，表现性的。

因此，教士是"以耶稣基督的名"而有所行有所言，而实际的说话者和唯一的行动者，只是上帝。同样，在数不胜数的原始人的舞蹈或宗教性游戏中，也只有神、鬼或精灵才能行动和说话，祭司或别的"舞台监督"只不过是神圣力量的表现者。⑤ 只有这样，我们才能够理解

---

① 参见 Usener, *Heilige Handlung*，第 423－424 页。
② 在古代埃及，"所为"是 ir，在拉丁文中为 facere，意大利文中为 fattura，希腊文中为 dromena。
③ Harrison, *Themis*, 43.
④ 参见 G. Mensching, *Die liturgische Bewegung in der evangelischen Kirche*, 1925, 26。
⑤ 参见 Preuss, *Geistige Kultur*, 81。

在崇拜活动中为什么非有服装和面具不可。宗教改革本身使得路德的学士袍变成了新的教士服装。无论是什么人扮演这种角色，只要他穿上了惯例的袍子，哪怕是非常简单的新教牧师的长袍，他都知道，衣服造就了人，或者说使这人抽象化了，结果剩下的只是礼仪的**执行人和服务者**。这种说法对于**面具**则在更大的程度上是适用的：它把崇拜活动中的行动者转化为**表现者**。[1] 而在许多原始民族的面具舞中，从字面意义上说，舞蹈者**再现**了神或鬼，以及舞蹈所要再现的事件；换言之，他们将前者重新托出，他们所再现的后者也便具有了新的意义。他们便**是**精灵或魔怪，实际上事件是再次**发生**。[2] 如果 persona（面具）一词来自埃特鲁里亚[3]的 φersu 的说法不错，那它所指的也就是同一事态：面具便是死去的人，或死去的人的神，从而死者的名便成了面具的名[4]。

一篇古埃及的经文描写了死者，其实是死者的祭司对神这么说道："说话人应说存在的东西，不应说不存在的东西，神最憎恨谎言假话。如果我向您致意，那么不要说这就是我，因为我是您的儿子，您的继承人"。[5] 从而死者便以这样的身份，正式地向神接近，说话的并非他本人，而是"面具"。类似地，就基督教的礼拜仪式而言，行动者并非教士而是教会，而教会的身份也仅仅是基督的身体。

2. 因此，神圣的行动就是礼拜，但礼拜中的人是主动的，身体依韵律而摆动，无论是什么人行仪式，都是在舞蹈。就像 J. E. 哈里逊小姐所指出的："在整个世界上，在巫术宗教阶段，原始人的舞蹈等于我们的祈祷或赞颂。"[6]因而**舞蹈**就不仅仅是与其他礼仪活动并列的审美追求，而是对神的侍奉仪式并由此产生力量：舞蹈动作的韵律具有强迫性

---

① 参见本书第 25 章以下。
② Lévy-Bruhl, *Primitives and the Supernatural*, 123 - 124；另参见 G. van der leeuw, *Pia fraus, Mensch en Maatschappy*, 8, 1932。
③ Etruscan 为意大利西北部的古代宗教类型。——译者
④ F. Althein, *AR*. 27, 1929, 第 48 页以下。类似的例子有 larva, 既是指鬼, 也有面具的意思。
⑤ *Pyramidentexte*(Sethe), 1160.
⑥ *Epilegomena*, 12.

的力量,这里所说的哪怕在色情性的舞蹈中也不例外,因为舞蹈是典型的阿芙洛狄忒①仪式,尽管它有粗糙或精细的区别。不过,这并不局限于仅仅是爱的力量,对原始人来说,它同时是工作和娱乐、游戏和崇拜。在舞蹈中,生活与某种强有力的节律共振合拍,从而转变成原始的有力运动,由此也就有可能“通过舞蹈”而得到各种事物的形式——从日常生活中的面包到天上的福祉。舞蹈有爱的、战争的和狩猎的,等等,其中动态地再现了意欲达到的事件,爱的结合、战争凯旋或狩猎成功。不过,依据我们的衡量标准,舞蹈也有纯粹经济性的,例如,在墨西哥印第安人中,舞蹈便是一种劳作。当庄稼开始收割时,就有人被留在家里并且成天跳舞,以保证收成不错。舞蹈者启动了生命的力量。恰卡巴(Cagaba)印第安人的节期被称为另外一种“劳作时间”,紧张的舞蹈往往要持续好几天。② 不过,这种经济性质的舞蹈并不只是经济事务,更是一种崇拜,因为这中间所“庆祝”并被启动的,是生命的神圣力量。③ 因此,舞蹈从其根源上说,有某种崇拜的性质,从而无论何时,只要它是为取乐而举行的,便对崇拜的成分进行了压抑。“精神上的”善可以由舞蹈获得,在神秘宗教中,舞蹈是一种主要的表达方式,④而在巴西中部,那里可怜的印第安部落一再地尝试在不断的行走中抵达岸边:他们不断地剧烈舞蹈并且禁食,使身体变轻,好使自己由舞蹈而升到天上。⑤ 事实上,在基督教中,天上的运动本身被视为一种舞蹈,地上的福佑则是对舞蹈的模仿:“在这世上除了模仿天使们的舞蹈,还有什么会更有福呢?”⑥

374

---

① Aphrodite,希腊神话中司性欲和繁殖的女神。——译者

② Preuss, *Geistige Kultur*,第 82 页以下。*Tod und Unsterblichkeit*,33。

③ 参见 G. van Leeuw, *In dem Himmel ist ein Tanz*。*Über die religiöse des Tanzes und des Festzuges*, Passim;另参见 Lévy-Bruhl, *Primitives and the Supernatural*,第 114 页以下;Oesterley, *The Sacred Dance*,2。

④ Lucian, *De saltatione*.

⑤ Preuss, *Tod und Unsterblichkeit*,5.

⑥ 参见 St Basilus, *Epist.* ii, ad Greg。参见 P. Verheyden, *De Maagdendans*(*Handel. van den Mechelschen Kring van Oudheidkunde*, *Letteren en Kunst*, 27, 1922);另参见 G. Van der Leeuw,前引书,各处可见。

　　不过仪式中的动作有双重含义。首先，通过仪式，力量被集中、限制、建立并升扬起来，这是遁过节拍律动来安排的；其次，由反复的动作将多余的力量释放。强有力的实现或有赖于舞蹈，或有赖于多余力量的清除。第二种类型的动作则见于出神的舞蹈，更准确地说，见于在多大程度上舞蹈达到出神的程度（而它总是会达到这么一种程度）。希腊瓶绘中的跳舞的酒神、放荡的森林之神和酒神的女祭司，都给这种出神的舞蹈作了绝妙的理想描绘，这对于许多民族来说是其本来就有的。舞蹈及神秘的自我迷失，舞蹈与完全出神的旋转，二者之间有如此密切的联系，所以舞蹈往往又成为与神的神秘结合的象征。就像加拉鲁丁·鲁米说的，"那了解舞蹈力量的人便住在神之中了，因为他知道，爱会淹没自我。"[1]

　　再者，运动与反运动构成了仪式的**戏剧性特征**。所有的崇拜都是戏剧：力量被聚集起来，同时又受排斥。或者用意志宗教的语言表达：上帝临到人，而人趋近上帝。神圣的游戏则再现了这种相遇的过程、相互趋近和回避的过程。在所有民族那里，在假面舞蹈或宗教性的神秘剧中，在礼拜仪式的象征形式中，都可以看出这种相遇过程之再现于庆典仪式。伊流欣努神秘教的仪式提供了这两种类型的经典例证，在其中，神圣的过程通过采花的纯粹戏剧形式、通过对珀耳塞福涅（Persephone）的掠取以及得墨忒耳的漫游[2]的表演，同时也通过收获玉米时的哑剧形式而再现出来。但对于基督教会，它将戏剧表演模式降到了不完全由教会举行的中世纪的"神秘剧"，而在其自身的礼拜当中，只是象征性的圣礼形式才占主导地位。

　　另一方面，还可以说，参加这种戏剧仪式，显然并不仅仅是旁观或旁听，因为庆祝仪式实际上，同时在本质上，是要求全共同体来参与的。这一点最鲜明地表现在所谓的**"模拟战斗"**——这是古埃及俄西里斯教

---

①　G. van der Leeuw，前引书，第 50 页及其他随处。
②　希腊神话中的丰产及农业女神，司谷物成熟，是克洛勒斯和瑞亚的女儿，宙斯的姐姐，珀耳塞福涅的母亲。传说中珀耳塞福涅被哈得斯掠走后，得墨忒耳痛不欲生，离开奥林匹斯山到处漫游，结果大地上谷物不再生长，为免除饥荒，宙斯同意珀耳塞福涅每年一次回到她母亲身边。参见前注。——译者

中的惯常仪式——当中，它表现了神的信徒与其对抗者恶神塞特的信徒的斗争，这种冲突也可以从希腊、罗马以及今天的许多民俗中看到。① 关于以行动再现，亦即重复的成分，皮加涅尔（Piganiol）有极精彩的解释，他是这么说明这种游戏的目的的："死者、神灵、生物及整个世界都因此而更新"，②同时，李维又说，"最初引入这种游戏的目的，便为了宗教性的赎罪。"③游戏中的战斗总是象征着生命的危险，象征着生与死的竞争。④ 对抗的双方（或构成对抗的双方）表现了各种力量的竞争及其最终目的。⑤

376

最后，**宗教游行**也是一种基本的舞蹈，其目的在于实现对崇拜共同体的总动员，这也是神圣的共同因素，是对力量的激活；每一种游行本身似乎是圣礼形式的列队出游，因为它由此而启动了某种神圣的东西并将其力量延伸到在一定的地区。由此而包含在圣中之圣内的福祉，便会"在村镇上，在田野间散布开来"，⑥使其散布开来的动因便是列队游行，这是我们从罗马天主教会的活动中可以看到的。不过游行并不必然地与圣礼相关⑦，因为转游时也可能带上别的有力量的对象：在许多民俗中，那有可能是裸体的姑娘，而在希腊的麦塔那，则是做丈夫的牵着一位来月经的女人绕他的果园转。⑧ 从根本上讲，游行是作环行的转游，不论它是穿过城镇或村镇，或者是在野地里，或者是绕着一块田地或一幢房子或其他什么对象等。它集中并限制了力量，另一面则是回避邪恶的力量。古罗马的农民绕着他自己的田界游行，目的在于保障丰收，⑨而在德国南部的斯瓦比亚（Suabia），在五旬节的前一天，在

---

① 关于埃及宗教，见 Sethe, *Dramatische Texte*；关于希腊、罗马，参见 A. Piganiol, *Recherches sur les Jeux romains*，1923；Kristensen, *Livet*，221；*Spelen*，随处可见；又见 Usener, *Heilige Handlung*，435。
② Piganiol，前引书，第149页。
③ *Livy*, VII, 3.
④ Kristensen，同前引书。
⑤ Usener, *Heilige Handlung*；另外，关于民俗，参见 I. von Reinsberg Düringsfeld, *Das festliche Jahr*, 60；另参见 E. K. Chambers, *The Mediaeval Stage*, I，第149页以下。
⑥ Heiler, *Katholizismus*, 177.
⑦ 参见本书第52章。
⑧ Nilsson, *History of Greek Religion*, 87-88.
⑨ Macrobius, *Sat.* iii, 5, 7；生殖的舞蹈。

村子的四个角上读福音书,被认为是"好天气的祝福"。① 不过,这种兜圈子的游行可能还有威胁的意义:力量从而被固着在圆圈内以待消灭,耶利哥城便在被绕第七圈时中了魔。

3. 从神圣的行动、力量的崇拜中,一方面发展出**礼拜仪式**,另一方面则发展出**戏剧**。不过,后者属于艺术现象学。② 礼拜仪式绝不会只是语言方面的,它始终伴有戏剧的行动。我们所掌握的古埃及的绝大多数崇拜仪式,已经展现出既有对话特点,也有由戏剧而使之隆重庄严的特点。③ 在基督教会中,也有相当长的时期,戏剧性的和礼拜式的行动并没有明显界限。此外,圣诞节或复活节的表演——它们来自礼拜式,与复活节隐喻④的对话形式,都仍完全是仪式性的,而复活节的耶稣之墓及那通常带有"圣婴摇篮"的马厩,实际上是礼拜仪式中的戏剧成分的遗迹,同样地,受难的再现也仍然带有戏剧性的神秘仪式的性质。⑤

不过,随着时间流逝,礼拜越来越倾向于将自身局限在仪式性的语言、圣餐和圣礼上。教会每年一次地在它的节期中体验整个的 vita Domini(生命的主)和救赎的故事,但它并没有真正地重演这一过程,它只是满足于重复圣言、圣餐和圣礼的潜在能力。然而,对所有的崇拜仪式而言,"**重复**"观念都一直是标准。无论什么样的礼拜仪式,力量都由得到实现而受到崇拜,它由被带到眼前当下而得以重现。因而一切崇拜仪式就是永恒的 da capo(反复)⑥。力量或是由人以巫术召唤出来,或者它自己更新自己;或者是意志——可以在其外表下看出力量——创造性地使所有事物更新。

---

① Reinsberg-Düringsfeld, *Das festiche Jahr*, 189.
② 关于戏剧的起源研究,可参见 H. Reich, *Der Mimus*, 1903;另参见 G. van der Leeuw, *Wegen en Grenzen*, *over de verhouding van religie en hunst*, 1932。
③ Erman, *Denkmal memphitischer Theologie*. Sethe, *Dramatische Texte*.
④ 原文为 Easter trope,按《牛津大学辞典》的释义,trope 为中世纪弥撒时唱赞部份所添加的衬词。这里所指应为仪式过程中的对话,其中隐喻性地言及耶稣受难至复活事件。——译者
⑤ Chambers, *Mediaeval Stage*, Ⅱ,第 20 页以下,第 42 页以下;另参见 H. Brinkmann, *Xenia Bonnensia*, *Festschrift*, 1929,第 109 页以下。
⑥ Da capo 指乐谱上的反复记号。——译者

第54章 / 占卜

1. 图恩瓦尔德这么评论说："占问者通过**预兆**的中介而转向更高的力量,他的目的是借助于符号而获得对自己行为或对他人行动的指导"。[①] 而占问所关心的首先是力量的**位置**,**处境**。不知道如何才能获得力量的人想要弄清处境究竟是怎样的,所以,占卜仅仅在次要的意义上才产生有关未来的预言。因为占问者所亟欲了解的并非将要发生什么,而是希望他自己欲求的情况会发生。[②] 从而他所读解的符号既是事件的原因,同时又是表明某种力量在某一环境中起作用的征兆。例如,布须曼人(Bushmen)就并不满足于掷骰子所得的不利回答,他们会继续掷骰子,直到获得所欲的答案为止,[③]这同小孩子做游戏时是一样的:不达目的便不罢休。而所有这些情况意味着,这并不仅仅是对某种无关痛痒的未来的抽象预测,而更是对力量的处所的调查,这种寻求要到有利于自己的场所和时间最后被发现为止。在崇拜仪式中作为对象的力量,在占卜活动中被探究或猜测。

对于自身处境性质的探究,有时具有镇静的和几乎科学性的特征,在其他场合,它又采取出神的形式;[④]这种探究当然不可能是针对全宇宙的。因而,它必须挑出一个部分,或者,以之作为基础平面,当然,它这么做看似是任意性的,但实际上又有严格的方法方式。比如,在中国,看风水的活动便是要保证"人生与自然的和谐",风水先生必须为所

---

① Orakel, *Lexikon der Vorgeschichte*.
② Lévy-Bruhl, *Primitive Mentality*, 141.
③ Lévy-Bruhl, *Quelques remarques sur la divination dans les sociétiés primitives*, 85.
④ 柏拉图已经作了这种区分,见其《斐多篇》,第244行,即"Oionistic"与"Mantic"。

有重要的行动而发现合适的时间或别的条件（择吉日），为此，则必须有一个"与天符配的特殊仪式"，建房子、耕地、择坟地等，也都必须严格遵循时间、地点和一般的"处境"。某个人的整个命运，例如孩子生在某间屋内，都取决于能否忠实履行某些条件，[①]而中国的占卜者们所掌握的这类知识有着广泛的基础。罗马的"奥古尔（augurs）"所掌握的这种知识要稍狭窄一些。奥古尔是"增益人"，给人以好运气（参见 augustus，意为神圣的、敬畏的），他首先是一个 auspex（观鸟人），他得观察鸟的飞行路线等，他还得解释天空的种种征象。国家的行动只有占问之后才能实行。要能够作预测，就得先从现存的现实中截取一个片段，这就应该先使某一部分或某一位置摆脱限制并宣布其自由："运用固定的话语将其从环境中分离出来并解除所受的限制"。这么一个地方，一个区域被称作 templum（取下的一段空间），因此，就其字面含义说，它是给定现实的一个"片段"，而这个片段正是那在调查的"处境"。[②]国王的占卜师们的古老程序也明显地证实这属于神谕一类的东西。[③]

因而，占卜就远不仅仅是好奇心的满足或成功的担保，因为如果根本不知道"处境"如何，不知道意欲的行动能否启动，或将什么样的力量启动起来，在生活中采取任何步骤都是不可能的。许多原始民族实际上是不作占卜便绝不行动的；婆罗洲的达雅克人便是这样的："凡有一场战役，其中的任何行动都取决于预兆。不知道占卜的结果，他们便既不前进也不后退，既不进攻也不转移。我知道这么一个酋长，他在草棚里待了六个星期，部分地因为要等到鸟叫，好指示他合适的方向，部分是因为他的随从们的劝阻……他们相信指挥军队的那个白人的行动，得到某种特别的鸟和吉祥魔力的引导。达雅克人对这些东西尤其信

---

① J. Witte 在书中（氏著 *Die ostasiatischen Kulturreligionen*, 62）对此做了很好的描述。参见 C. Lemen, *Die nichtchristlichen Kulturreligionen*, I, 1921, 第 44 页以下。H. Hackmann, *Chineesche Wysgeeren*, I, 1930, 75。
② Wissowa, *Religion und Kultus der Römer*，第 523 页以下。
③ Livy, 前引书, I, 18, 7。

任。他们会说'你是我们的鸟，我们跟随你。'"①现实与代表现实的片
段——例如星空、鸟的行迹或兽的内脏——之间的相应关系（重说一
遍），当然是完全任意地作出的，不过它来自这样的宇宙观念，即：任何
事物都无一例外地是相互联系的，任何事件中的所有因素也是这样相
互关联的，因而，一个人的能力会存在于另一人身上。因此，在实际意
义上也就不存在什么"相异者"或"别人"了，同样，"也就没有机会或偶
然性这样的东西"。②兽的内脏构成了某种微观宇宙，即令这里尚无所
谓"古代东方世界观"这样类型的宇宙观念。因而，在荷属东印度的塔
劳特（Talaut）岛上，妇女分娩以前，人们要以鸡和猪作献祭，以便从其
内脏中找出征象来；如果那征象是吉利的，人们皆大欢喜，如果是凶险
的，则再作祭祀，好使精灵改变主意，换句话说，这是为了"处境"往好的
方面实现。③在巴比伦，从动物的肝脏辨吉凶是专门的学问，这已是尽
人皆知的。④这里且不去提占星术，它的性质我们已经指出了。⑤

至于凭**语词**作占卜，还得多说几句。一位南非汤加族的老年占卜
师将他的那部分现实比作圣经，那是系统收集起来的骨头，其中每一部
分均有特别意义：绵羊的骨头是头，山羊的骨头是臣民，如是等等。"你
们基督徒不是信奉圣经吗？"他说，"我们的圣经比你们的强，它便是传
达神谕的骨头。"⑥从此看出，一套系统的事物是与一套系统的语词相
对应的。因而，只要事物已转化为仅仅是某一事物——换言之，从事物
中抽象出某种力量来，则语词本身便会成为强有力的。⑦书写下来的
语词被赋予特别的潜在能力。任意翻开《圣经》作判断，对翻到的经文
作神谕性的解释，这是我们都知道的，而在中世纪，人们也用这种方法

① Lévy-Bruhl, *How Natives Think*, 291, Brooke 之后。
② Lévy-Bruhl, *Primitives and the Supernatural*, 57.
③ H. J. Stokking, *Mededeelingen vanwege het Ned. Zendelinggenootschap*, 63, 224.
④ Jastrow, *Religion Babyloniens und Assyriens*, Ⅱ, 第213页以下。
⑤ 参见本书第7章。
⑥ Thurnwald, 前引书，随处。
⑦ 参见本书第3章。

来利用维吉尔的书占问(这称作 sortes virgiliance)。①

不过,当神谕的语言在出神状态下传达出时,它具有另外一种力量。比如,皮提亚(Pythia)女预言者就属于这种"热狂者"的范畴,②起初她在神(阿波罗)显灵的节日作预言,她的三脚金盏搁在岩石上,金盏下的岩石缝隙中冒出地下的烟来,她因而得灵附体而进入出神状态。③也有别的一些现实的片段,从中,处境以做梦或拈阄的形式被发现,例如特洛福俄斯的梦中神谕就是如此。④

2. 此外,就神谕中采用的语词而言,它是很晦涩的用语,但当它在狂迷状态下传达出时,这是相当自然的。虽说圣经或维吉尔的书用来作占卜时,它们本身有明白可解的意义,但它仍旧引向了晦涩的上下文背景,它仅仅是对处境的确定。无论采用何种方法占问,神谕都只有借助解释才提供实际的指示。皮提亚本人可能是狂迷的,但她的诠释者,即 hosioi(神学家们)却是相当清醒的;⑤或者,"西比尔(Sybil)狂迷的嘴唇滔滔不绝地讲述着庄严的东西,没有丝毫的装饰或赘语……因为神就在她里边。"⑥但尽管如此,在古代宗教史上,西比尔的书仍然起着理性的作用。著名的阿蒙神谕——接受神谕的是大绿洲中的亚历山大——也有宗教和政治的双重性质,神向马其顿人致意,称其为儿子,因而,神所做的一如他在以往埃及王朝更迭中常常做的那样。神带来了一种完全合理化的政治体系,但同时又是以宗教为基础的。⑦ 因而可以知道,在许多场合,神谕有很大的崇拜意义,无论它是就宗教的,还

---

① J. Burckhardt, *Die Kultur der Renaissance in Italien*, Ⅱ,第 12 版,1919,第 197 页。两位嫌疑人决定要飞,因为他们打开 *Aeneas*, 在 3∶44 处读道:"飞吧,飞吧,飞出这残酷的国度。"更详细的描述可参见拉伯雷的《巨人传》3∶10,不过,他在其中说道:"我不希望得出结论说这种命运是普遍地永无例外的,所以你们不要对此信以为真。"

② 参见本书第 29 章。

③ G. van der Leeuw, *Goden en Menschen*,第 94 页以下。

④ 详见 Samter, *Religion der Griechen*。

⑤ Plutarch, *On the Cessation of the Oracles*, 15. 参见 Nilsson, *History of Greek Religion*,191。

⑥ Heracleitus, *Fr.* 92.

⑦ G. Maspero, *Comment Alexandre devint Dien en Egypte* (Annuaire de l'Ecole prat. des hautes Études, 1897). Ed. Meyer, *Gottesstaatm,Militärherrschaft und Ständewesen in Ägypten*, 1928, 28.

是就政治的或者伦理的领域而言。就此而言，神谕便反映了启示和崇拜生活之间关系的典型特征。① 因而，希伯来的《托拉》便是从神谕——对耶和华的询问——而发展出来的，而就希腊文化而言，德尔斐的神谕的意义无论如何评价也不会过高。古代的立法者也祈求神谕来为自己寻求行动的依据。② 不同时代的宗教倾向，比如其中的狄俄尼索斯崇拜或别的英雄崇拜，都从德尔斐神谕寻求支持。③ 若非经过请求神谕，希腊人就不可能开辟新的殖民地，因此，德尔斐的神庙便几乎履行了类似移民局的功能，④ 而阿波罗神庙则是奴隶们存款的银行，他们把积蓄放在那里，直到攒足了钱为自己赎回自由。⑤

　　另一方面，对于所处环境进行探究的理性主义，也会带来某种危险性：由于方法和操作的不适当，可能出现明显的失败。因而，索福克勒斯只承认德尔斐神庙而拒绝别的任何神谕。⑥ 而在"第二次布匿战争中，马塞鲁斯(Marcellus)到哪里都坐在轿中，身边带着被挖了眼的瞎子，以免他看见任何凶兆。"⑦ 这显然是惯例和残酷的怀疑论的结合。但如同这种情形经常会出现的那样，主观化和道德化是随怀疑论一起发展的，因为随着幼稚的信仰的衰落，伦理的信念便上升了。如同那个关于寡妇的微薄捐献的寓言⑧说的，公元 4 世纪的哲学家们是将这同样的倾向性运用于德尔斐神谕上了。这种倾向性重视阿卡狄亚人的质朴的谷物礼品胜过亚细亚人的夸张的虔诚。⑨ 希罗多德所叙述的那个关于格劳库斯(Glaucus)的故事也很著名。格劳库斯侵吞了别人委托给他的一些财产，他希望以立一个誓言而从神的谕示得知，他是否应当占

382

---

① 参见本书 85 章。
② Farnel, *Cults*, Ⅳ, 198 - 199.
③ 同上，第 202 页以下。据 Farnel 的看法，德尔斐与为圣徒封圣的罗马教廷相类似。
④ 同上，第 200 页以下。
⑤ 同上，第 178 页以下。
⑥ Nilsson, *History of Greek Religion*, 274.
⑦ W. R. Halliday, *Lectures on the History of Roman Religion*, 145.
⑧ 参见《马太福音》12:43 - 44。——译者
⑨ Farnel, *Cults*, Ⅳ, 第 210 页；另外参见 R. Herzog, *Das delphische Orakel als ethischer Preisrichter*，载于 E. Horneffer, *Der junge Platon*, I, 1922, 第 149 行以下。

有这些财产。皮提亚让他明白她是知道整件事的始末的,于是他后悔
以问题试探神,但皮提亚回答:"如试探神,则与真的干了这件事是同样
糟糕的。"①

---

① Herodotus, Ⅳ, 86(Rawlinson);另见 van. der Leeuw, *Goden en Menschen*, 106。

第 55 章 / 神圣的时间

1. 典礼仪式在**时间**内举行。我们现代人,当然从钟表来判断时间。但这是已经空间化了的时间,它是一种"伪的概念,缘于空间观念之越位而侵入了纯意识领域。"①时间的空间性带来了均质性,我们在计算小时和分秒时,实际上是视它们为物的等值体的。但它们其实并非物,也并不完全像物,它们只是在空间中才变成了这样。② 均质性的时间是以时、日和年来计算的时间,因而只是真实的时间或"绵延的"象征③,但在持续中,它的每一刻均有自身独特的价值。在日晷上的每分钟当时彼此相似,但在持续过程中每一刻均有自身价值,这就如同在一个旋律当中的每一音符各有明确价值一样。④ 同样,我们可以将圆圈描述为一条直线,这直线具有无穷多的角而已,但实际上它又是曲线,它上面的每一点都逾入毗邻的一点,这里也就没有什么角,因而也就没有任何人解决把圆变方的问题。⑤

因此,一个时间总是某种确定的时间,首先是给定了的,然后是恰当处境的最好的时间,是 kairos,即恩典的时间。因此,我们这里讨论的是"神圣的时间"。例如,在原始社会中,一年绝不会是办公室年历上的意义。它有其价值,它是"拯救的一年",它带来了生命。同样,古代希腊语中的四季(horai)和年度(eniautos)本身就显现为相当抽象的实

① Bergson, *Time and Free Will*, 98.
② Nietzsche, *Human, All too Human*, 33, 34(Foulis Edition).
③ Bergson,前引书,第 90,91,115 页。
④ 同上,第 98 页以下。
⑤ 参见 K. Heim, *Glaubensgewissheit*,第二版,第 81,70 页。

体，但对于希腊人，其"德性，其存在本身，就在他们手中所拿的花和果上。"[1]所以，年月带来了果实并固定不变地与拯救者联系在一起。[2] 但在一年当中，每一季又各具其特殊的价值。春天带来拯救，冬天则撤回了拯救。春天是神的 epiphany（显现），夏天是神的逗留或 epidemia（访问），冬天是神的离去或 apodemia（离别）。而在四季当中，每一日和每一小时也有个别的意义，它们可以是有利于或不利于什么事的。

时间的这种明确价值进一步区分了绵延与无梦睡眠两者。当然神话的意识[3]倾向于使时间"静止下来"，不过这不是说时钟停摆，而是说，每一个"具体的当时"都变成纯然中立而与时间流变无关的事，仙怪故事所依据的便是这种无时间性，那是永恒的现在，或称"在那些日子"，"从前的时候"，在睡美人的城堡中，一切运动都是停顿了的，厨师呆呆地站立着，手举在半空中，准备给他的下手一耳光，但要等魔力解除后，才能打到他的脸上。[4] 这种时间绵延中的中止获得了宗教性的**永恒**这一名称[5]：贝雅特丽齐（Beatrice）看见了上帝。

> 在那里，所有的时间与地点都是现在的。[6]

然而，一切典礼仪式是以这种永恒性为背景的，它本身就是这时间运动的一部分。但与此同时，那因为发现了这种"处境"而在时间当中静止下来的人，并不是简单地向绵延性交出自身，而是牢牢站稳脚跟，将自身和时间都凝注于一刻。这样的人的行为是处于这同一的时刻中的。从而，我们可以这样说，举行仪式庆典的人控制了时间，他试图支配时间。因为他在这里并不可能仅止于接受给定的东西，他先是惊讶，

---

[1] Harrison, *Themis*, 185.
[2] 参见本书第 11、12 章。
[3] 参见本书第 82 章。
[4] 参见本书第 60 章；另参见 G. van der Leeuw, *Tyd en Eeuwigheid* (*Onze Eeuw*, 1922)。
[5] 参见本书第 87 章。
[6] Dante, *Paradiso*, XXIX, 12(Cary)：dove s'appunta ogni ubi ed ogni quando.

然后警觉起来,"时间性表现为实际上的忧虑的意义。"[1]因此,绵延性
便是永不停息的大河流,而与力量相遇的人必须停止下来。于是他取
出了片段,一个时间的截面,他庆祝一个"神圣的时间",即节日。他以
这种方式来表明他拒绝既定的现实本身,他在寻求可能性。[2]

　　但是在这么做的过程当中,周期性被分配给了时间,绵延性从一片
段到另一片段地给展开又卷起来,而且在静止的位置上力量便显露出
来。它们既是开端又是终结,事实上,在前苏格拉底时期的希腊,αρχή
一词,意为一半是开端一半是存在。[3] 一切时间是按阶段地流过的。
一个灰色的侏儒央求婴床上的女人跟他走,但她不能,于是侏儒哭着离
开了:"我现在得再流浪一百年,直到找到另一个合适的人。"[4]在希尔
德与古德仑的传奇故事中,那隔夜即新的战斗主题是人所熟知的[5]:
"神话中的永恒性是周期性的",[6]即令是末世论,它虽然也有千年王国
的统治和别的时间阶段,但它也不会例外。[7]但 tempus——时间过程
中的片段——绝不会是时钟表盘上的数字,它所显示的是以典礼仪式
标志出来了的临界点,明显地揭示了绵延具有的潜能。

　　2. 由此而产生了年历,不过,这并非办公室所挂的年历,而是有关
节期和圣日的历法;不是"百姓"日用的或"市政"的,而是教会的年历,
不是用来测度时间的,而是表明时间中出现的拯救意义的。"一部年历
表达了集体活动(应读作'力量的')的节律,与此同时,历法的功能便是
保证这种活动的规则性。"[8]因而在古罗马,历法是由祭司在每月初宣

385

① Heidegger,前引书,第 326 页。
② 关于时间中的切片的文化上的"区别",参见 Cassirer, *Philosophie der Symbolischen Formen*, II, 138。
③ 参见 Cassier,前引书,第 4 页。
④ Tobler, *Epiphanie der Seele*, 65.
⑤ 参见 Fr. Panzer, *Hilde-Gudrun*, 1901, 第 328 - 329 页,其中有类似例子。
⑥ Hubert-Mauss,前引书,第 196 页。
⑦ 参见本书第 87 章。
⑧ Durkheim, *The Elementary Forms of the Religious Life*, II.

布,并在上弦月出现的时候①由神圣的王再次确认。以这种方式使人
民知道"什么样的日子处理世俗事务是合法的,什么样的日子是不合法
的",拉丁文中称作 dies fasti(合法的日子)或 dies nefasti(不合法的日
子)②。因而历法便清楚地指出,时间中的某些时刻是有价值的,是具
有力量的③,每一时期,每一时刻各有独特的个别性,因而也有其自身
的力量。④ 不过这种力量并不是其自身产生的,它必须辅之以仪式典
礼。这样我们也就能够理解,原始思维模式中的乍看来十分怪异的事
物:时间——它的延续性在我们看来是不可避免的、不证自明的——并
不能靠自身维系。时间有力量,但对这力量得做得点什么,它才会存
在。因而时间并不是"被接受的"。历法是对时间的干预,这自然是在
力量表现自身的处境中进行了干预。因此在古代墨西哥印第安人中,
事务的安排是与火的新生仪式相关的。"阿兹台克人说时间周期为五
十二年,在此期间,所有的火都要灭掉,并用钻木的方式重新点燃——
这被称为'一把岁月';在墨西哥人大迁徙的场合,钻木取火"是为了用
这种方式象征性地表达,他们在夏普特佩的岁月是同过去的岁月联系
在一起的,因为他们自从被敌人包围以来,一直都还能够重新钻木取
火。"⑤在别的地方,例如在古罗马,年历开始于农艺的季节;在罗马城,
圣火也会在三月一日点燃。⑥ 众所周知,发挥着同样作用的,还有星
星,首先是月亮的升落,月亮的周期还同妇女的经期相平行,这样,天上
的能力就同地上的能力相一致了;而且,"很多天文学—宇宙学的周期
进入人们的意识,首先是作为对相应的人类周期的象征性表达。"⑦

386

---

① 依据罗马历法,3 月、5 月、7 月、10 月的第 15 日和其他月份的第 13 日为 ides(满月),而 3 月、5
月、7 月、10 月的第 7 天,和其他月份的第 5 天(均为满月日前 9 天)为上弦月,即新月的日
子。——译者

② Halliday, *History of Roman Religion*, 43.另外,中国人用年历(皇历)纸作护身符,或用年历纸
搓成的丸子来退烧,参见 Clemen, *Die nichtchristl. Rel*, I, 44。

③ 参见 Hubert-Mauss,前引书,第 226 - 227 页。

④ 只有这样,各个时期和季节的人格化(例如"霍来年")之类才能理解。参见同上书,第 200 页。
W. Liungman, *Actes Ve Congrès*, 第 108 页以下。

⑤ W. Krickeberg, *Märchen der Azteken und Inkaperuaner*, 1928, 351,100.

⑥ Fowler, *Roman Festivals*, 5; Ovid, *Fasti*, 3, 第 137 行以下。

⑦ Th. W. Danzel, *Kultur und Religion des primitiven Menschen*, 1924,第 40 - 41 页。

然而,拯救的降临,首先是时间中的"片段"。基督教的教会年期,似乎是神圣生命的一种重复,是以圣灵降临为开端的,充满了价值的时间。但它并不仅仅意味着救赎,它更是更新。此外,行圣事圣仪的时间始终是同样的,它充满了救赎。也就是说,它是一个永恒的系列[①]。天是周的、年的,也是世界周期的初始年的象征,在每一个时间单元中,同样的拯救都出现一次,在巴比伦,新年的节日是"每年一度重复的庆典,是那唯一的、原初的并且普遍的仪式。"[②]在埃及的俄西里斯神秘教中,以小时计的守望所表现的是神的生活、他的受苦和死亡,它也是每小时重复一次的仪式,它从整体上与神的受难是同体的。[③] 同样,在米迦勒节,北欧的农民要从早 6 点到晚 6 点守望,这一白天中每一小时的天气预示未来 12 个月的气候。[④]

387

①　Hubert-Mauss,前引书,第 206 页。

②　H. Zimmern, *Das babylonische Neujahrsfest*, 1926, 9.

③　H. Junker, *Die Stundenwachen in den Osirismysterien* (*Denkschr. der kais. Akademie in Wien*, LIV, 1910).

④　Reinsberg-Düringsfeld, *Das festl Jahr*,第 331 - 332 页。

第 56 章／节日

1. 节日是最不同寻常的时间,是从持续的时间整体中挑选出来,作为具有特殊力量者的时段。既然每一时段都有其自身的价值和特有的力量,那么就持续时间整体而言,其中的任一时段都可以作为节期。正是在此意义上,瓜尔迪尼非常精确地观察到,[①]"一天中的每一小时都有自身的主题,但其中三个时辰于我们则带有非常鲜明的特点:早晨、傍晚和这两者之间的正午。它们都具有神圣意义"。早晨是开端,"生的秘密每天早晨都在更新自己";而傍晚的秘密则是死亡;正午是一个时刻,是纯粹的当下现在:"你静静地站立,一切时间都已被吞没,永恒性凝视着你。永恒性在每一小时都在讲话,但它是正午最亲密的邻居。在这里,时间期待着展开自身。"因而白天与夜晚各有其自身价值。罗马人处理公共事务只限于日出与日落之间的时间,而希腊人的祭祀白天或黑夜都可能有,只是那夜间的祭祀是献给夜里运行的力量的,邪恶的和神秘的神祇,他们称作 nuktipolo[②] 的。[③] 时间也可能从神话中的过去被挑出来:某些实际的事件也许会被联系于以往某一时间,而后者则是在极久远的时代中已证明自身是有潜能的。因此,在埃及,神圣的《经文》往往言及"那一天",也就是神话事件或别的什么事发生的日子。[④] 这种神话中的日子的力量一直延伸到现在,一如主的复活在每

---

① *Von heiligen Zeichen*,第 78 页以下。

② 此处原为希腊文,nyktopoloi 是转写为同义的拉丁文。——译者

③ M. P. Nilsson, *Die Entstehung und religiöse Bedeutung des griechischen Kalenders* (*Lunds Universitets Aarsskrift*, N. F. Avd. I, 14, 21), 1928,第 17 页以下。

④ 例子之一,比如:"死者应该保护神,一如父亲努努恩在那一天保护四女神,那是她们维护王位的日子。"来源不明的神话,出自 *Pyramidentexte*(Sethe),第 606 行。

一个复活节更新,进而每个主日,每天早晨都在更新。

　　因此,选择确定日期便是一桩非常重要的事情。在许多宗教里面,择日是同占卜预言相联系的。[1] 时间的择定或者是有危险的或者是有利益的(这也叫 nefastus 或者 fastus),而神圣的时间便是 tremenda(可怕的,可畏惧的),或者是 fascinans(吸引人的,有魅力的),或者是两者兼而有之。安息日是不许工作的禁忌日,但这又是再生和休息的日子。在犹太人被放逐后的习俗中,安息日形成固定仪式,其中所强调的是对劳作禁止的严格性,但另一面,它又是休憩的舒适性的保证,因为依据传统,这一点是清楚的:逢安息日,甚而受诅咒在地狱中遭受挫磨者也可以松一口气。[2] 起初并非一个日子而是一段时间的圣诞节也是这样,还有主显节前的十二夜也都如此,它们象征了一年中会有的事物。这是不祥的时期,幽灵会四处游荡,但这又是美丽的时期,因为光明与日俱增![3] 希腊人的春节也是如此,既是鲜花盛开的节期,又类似鬼魂出没的万圣节。魂灵们既在外边,所以这些日子就是 miapai——污染性的、传染性的和危险性的。[4]

　　因而,从本来性质说,年历是一种节日的安排方式,它设定了星期日和神圣的日子。这种说法适合于古代埃及,埃及人在当时已经将年历中的节日标记在帕勒莫石头(Palermo Stone)上[5]。而在希腊罗马,也是这样[6]。不过,我们自己的农夫所用的年历也是一种节日的安排,其中"挑选了"某些神圣的时间,或宜播种,或宜脱粒,或宜工作或宜休息[7]。在原始人中,对日子的选择是非常具体而仔细的,"仅有吉兆是

① 参见本书第 54 章。
② Bin Gorion, *Der Born Judas*, VI, 294. "当第一批传教士告诉爱斯基摩人,逢主日不应劳作"时,他们是"非常惊奇的。现在他们感到自己对以往的不幸有了一种解释,这是他们从前不可能了解的原因"。(参见 Lévy-Bruhl, *Primitives and the Supernatural*, 50)他们干事情没有选择适当的时间!
③ A. Meyer, *Das Weihnachtsfest*, 1913; H. Usener, *Das Weihnachtsfest*, Ⅰ,第 2 版,1911。
④ Famell, *Cults*, V,第 216 页以下;"禁忌日"。
⑤ Breasted, *Ancient Records*, I,第 90 页以下。
⑥ Fowler, *Roman Festivals*. Ovid, Fasti; M. P. Nilsson, *Griechische*, 1906;也见该书"年历"部分。
⑦ Nilsson, *Volkstümliche Feste*; Reinsberg-Düringsfeld, *Calendrier belge*,第 1861 页以下。还可参考 Heuvel, *Oud-achterhoeksch Boerleven*。

远不够的,尤其重要的是要弄准月日时,除非那是一个吉利的或'有记录'的日子,否则不能动手做一件事。我们知道,在原始人的头脑中,时间并不是均质的时刻的相继推移,某些特别的时间,如某些白天或黑夜,某种月相圆缺、某些年中时间,都是有可能产生或有利或恶劣的影响的。"同样的道理,对于德雅克人来说,"每一天有五个时刻,但它们只是在第一天(即周日)才是固定的,在别的日子里,只能由占卜去猜测它们。"[1]同样地,基督教信仰也是将某些特别的白天或夜晚的一些时刻同力量联系起来,比如,拯救事件便是分配在经典规定的时间和一周的某些日子里。因此主日是复活日,星期五的准备日我们得实行斋戒等。公鸡报晓则一天开始,新的生活开始,基督驱散了睡梦和古代的罪孽:

> 那宣告白天来临的雄鸡,
> 预示了早晨的阳光临近,
> 在基督低垂的目光下,
> 他把我们从昏沉中唤醒。

> 来吧! 来破除死寂黑夜的咒语,
> 啊,基督,来解除它的铁镣锁链。
> 你的光芒解除我们的痛苦,
> 涤净我们本性中远古的污垢。[2]

2. 圣日和节日都属于**节期**的范围,但这绝不是仅有次要意义的事,因为它们从本质上讲,便是一种推进,一种继续。[3] 它们所代表的是关键时刻,不过并不仅仅是关键,更是一种庆典仪式,它使我们可以

---

① Lévy-Bruhl, *Primitives and the Supernatural*, 48, 49.
② 原文为拉丁语,系 Aurelius Prudentins Clemens 所作。
③ 这在俄克西林古卷中的《伊西斯赞歌》中是这么说的。伊西斯(Isis)在各处都建立了伊莎亚(Isaea),参见 N. Turchi, *Fontes historiae mysteriorum*, 1930。另参见 B. van Groningen, *De papyro oxyrhinchita* 1380, 1921, 56.

超越困难的阶段。因而节日就不仅仅是娱乐性的,在原始人看来,它是
职责的履行和有益的工作,因为,若缺少节日,生活中的力量也就会停
顿下来了。在南非的维托托人当中,节日的目的与其说是娱乐,不如说
更是意义重大的活动,"我们所以跳舞,是因为圣言如此",他们说,"若
无理由我们便不会跳舞。"①而在乡下人看来,他们对集市的意见也
侧重于这方面:"作牧师的有责任告诫我们不要迷恋集市的杂耍表演",
尼德兰的格尔德兰的一位农夫说,"我们的责任不也是要参加它吗?"②
基督教的年历不再产生自然的"结果",它的目的是在信众心目中唤起
感恩的情绪,滋养属灵的生活。③

390

因此在循环中,节日似乎成为整个时间的微缩宇宙。犹太人认为,
新年是审判和命运分配的时期,而年末则是耶和华的日子。因而每一
次新年都是命运的转折点,而每一个年份都是简缩了的世界历史。④
而在基督教年历中,每一天都是一个节日,⑤由此节日的观念便无限制
地扩展开了,作为神圣的东西,时间似乎在每一刹那都成了永恒。因
而,也就产生了将更长的周期设立为节日周期的愿望,因此,"大年份"
便代表了更为久远的不同世纪时代。古代埃及人提到塞得节时,是与
那个国王的形象分不开的;⑥而在希腊,则有或为 9 年或为 3 年的周期,
有的节日每 9 年或 3 年出现一次;在以色列人,则有每 50 年一度的"安
息年"。在墨西哥,与此相仿,周期为 52 年,而罗马的 lustrum(净化),
则是前面已讨论过的。这里应补充的是 saeculum(纪),也许一开始,它
指的只是播种,以后成了一代人的"代",最终才成为"纪"。但这个"纪"
开始于某些特定的时代,人们并不只是等待它,而是实现它,从而翻开
新的一页。最初,那旧的"纪"是被埋葬了。在此,人类也在对时间选择

---

①　K. Th. Preuss, *Religion und Mythologie der Uitoto*, I, 1921, 123.

②　Heuvel,前引书,第 322 页。

③　Saintyves, *Notions de temps*, 94.

④　P. Volz, *Das Neujahrsfest Jahves*, 1912,第 15 页以下。

⑤　H. A. Köstlin, *Geschichte des christlichen Gottesdienstes*, 1887, 43, 108.

⑥　参见本书第 13 章。

而不是消极地接受持续性，[1]特别是在经历了一个斗争和疲惫的时期后，就有必要使人体验到某种新的开端。[2] 这方面的恰当例子便是奥古斯都，他在公元 17 年时，确立一个世俗节日以标志一个新时代的开始："福玻斯与女神狄安娜，你们是天上辉煌的美丽，是那可仰慕的，又是被仰慕的；你们赐予在这神圣的季节人所祈祷的福祉。"[3]

3. 最终，一旦力量被牵涉进来，节日也就获得了完全不同的意义。通过节日，力量宣布了它自身的历史性。因而，宗教史上最为重要的日期之一，便是以色列的自然节日之转化为对一些历史时期的**纪念**，这同时也是上帝的力量和作为的展现，结果，与禁忌有某种联系的古代的月亮和春天的节日 Passah，便转化成了上帝拯救人们逃离埃及的节日，从而开始了全新的意义。因而，时间序列中标示出来的某一点便不再是可重复的东西，持续性也不再淹没在节期的循环当中，是上帝一劳永逸地作出这种时间的标记——他锁定时间，从而将这仅仅是被给定的东西转变成一种许诺。

---

① Fowler, *The Religious Experience of the Roman People*，第 440 – 441 页；另参见 E. Norden：*Aeneis*，第 6 卷，第二版，1916，第 324 页。关于"大年份"，亦请参见 Chantepie，前引书，I，第 1 版，第 120 – 121 页。

② 因而在这危险的年代，参见第 249 页。

③ Horace, *Carmen saeculare*.

第 57 章 / 神圣的空间

1. 讨论时间时所说的同样适合于空间的讨论。空间既非同质的笼统的一个整体,也不是不可计算的空间局部的总和;但是,正如绵延存在于与时间的关系之中,同样地,**广延**也存在于与空间的关系之中。[①] 事实上即令是对动物,某一位置也不是任意断定的空间点,而是宇宙广延中的栖息地,是其所认识到并转向的"位置"。因而,部分的空间如同片段的时间,它们具有明确的、独立的意义。[②] 它们是位置,但却是由广漠无垠的宇宙中"拣择"出来才成为位置的。因此,空间中的某一部分便根本不再是"部分",它成为"地方",即人所占据的或站立其上的"位置"。从而他从这一位置上发现了力量,对此力量,他或寻求或规避,或欲加强,或欲弱化,但无论如何,他都在拣选那地方作为"位置"。某一**位置**也就独立出来,或者说被宣布为具有这样的性质[③];而力量则居于那个位置中。因而在西里伯斯的米纳哈萨,石头砌成的圣所下掩埋着一些木板以及猎取来的人头,木板被认为代表了当初筑寨时听到的鸟叫声,而这圣所则被称为"村寨的保佑和力量。"[④]

神圣的空间也可以被确定为这样的方位——力量所产生的效果一再显示自身于此,或是人使力量的效果一再显示于此。因此这便是一个膜拜的场所,它也许是房屋,或许是庙宇,这无关紧要,因为居家的生活也是一系列不断重复的仪式活动——劳作、饮食和盥洗的周期性出

---

① *Time and Free Will*, 97.

② Cassirer,前引书,II,第 112 页以下。

③ 参见本书第 54 章。

④ Adriani, *Animistisch Heidendom*,第 33 页以下。

现。因而我们能够理解，为什么人们对于他们一旦采用了的位置会有
如此执着的倾向性，那些神圣的处所即令被人长期忽视，也仍然是神圣
的。通过对尼德兰的德伦特（Drenthe）地方史前遗址的发掘，人们发
现，焚化死者的地方恰好是更古老的神庙木柱的基础部的浅坑。所以
我们说，神圣位置一经选定，人们对它的神圣性意识也就保留下来
了。[1] 这点正好说明了，基督教在其扩张时期，何以要倾向于在更古老
宗教所用为圣地的地方去寻找自己的圣地。[2]

2. 因为空间首先显示了它是神圣的，所以这样选择出来的空间起
初只是一个位置——人并未给自然增添任何东西，一个位置的神秘环
境，以及其令人敬畏的特性也就足够了。那是一个使人印象深刻的有
可怕敬畏力的地方，即宗教令人敬畏之处：

> 其可畏甚而使胆小的农夫发抖，
> 啊！即令是他们，也会因为这
> 森林和岩石而颤抖[3]。

一般来说，被选为圣地的地方有森林和洞穴，岩石和山峦[4]。罗马人的
这种地方则是举行崇拜活动的坟墓："阿文丁山[5]下有一片黑色的树
林，掩映在橡树的阴影中，你只要看见它，就会说'这里有位神秘
者'。"[6]直到今天，我们仍然感觉到阴森的大森林具有神秘的性质，尽
管在很大程度上，我们已经用浪漫情调的朦胧代替了原始人对于力量
盘桓地方的害怕恐惧。尽管如此，神圣的树林仍然能引起恐惧或者出
神时的颤抖："如果你来到这么一处森林，那里古木参天，浓密的树叶和

---

[1] A. E. van Giffen, *Drentsche Volksalmanak*, 50, 1932, 第 61 页以下。
[2] Chambers, *Mediaeval Stage*, I, 第 95 - 96 页，也参见本书第 17 章。
[3] Virgil, *Aeneid*, 第八卷, 第 349 - 350 行。
[4] 参见本书第 5 章；还参见 S. Wide, *Lakonische Kulte*, 1893, 第 40 - 41 页；O. Kern, *Die Religion der Griechen*, I, 1926, 77。
[5] 罗马的七座山之一。——译者
[6] Ovid, *Fasti*, III, 第 295 - 296 行（据弗雷泽的书转引）。

交织的枝杆遮住了天空,四周是高耸的森林,形成了封闭的地点,在这林中空地,你惊愕地注视浓密的阴影,这会向你证明有神的临在。或者,如果你看见一个山洞,由山岩深深的下陷所形成,其穹顶向山上隆起,那不是由人工而是由自然原因所造成的巨大空间,会使你的灵魂深深地触动,被那神圣者的迹象和兆头所触动。我们崇拜大河的源头;我们会在溪流突然涌出的地方建起祭坛;我们会膜拜温泉,视之为神圣,因为某些潭水深幽,我们会将其圣化。"[1]不过,诸如此类,对某一地方的力量存在,从而也是对神祇存在的直接体验,是在这样的世界中才有可能,即人们尚未将世界归结为没有活力的且剥夺了它所有力量的事物。柏拉图在《斐多篇》中,以优美的诗的语言表达了这种体验。

    因而,自然的圣地可能是人类所知的最古老的圣地,但与它一道,很快出现了人为的圣地。人们为力量建起了居留处。不过,无论建了什么,或是规定了什么,力量居所的建立仍然是与树林相联系的,直到很晚的时代,在乌普萨拉神圣的树林仍然因圣树与圣泉而有名,而它又是与一座神庙和三尊雕像相关联的。[2] 通过人们认为的膜拜所的建筑,又更提醒了人们有关圣山和圣树的观念,柱材取自那里的树木,塔的形式则取自巴比伦的塔楼。[3] 不过,这些圣地的神圣性,也即是拣选的性质,是保持不变的。在无限的空间中出现某一"圣所",则此圣所又具有"避难处"的意义,便是自然而然的事。实际上,即令大多数原始人的圣地也是如此,例如,澳洲土人的楚林加[4]便是保存在某个僻静处的小山洞中的,没有接受成年礼的人不可以进入洞中,妇女与小孩不许进洞,否则要处死。圣地周围的环境也是不可触犯的:打斗在这附近是不允许的;狩猎打伤的动物跑到这里便不能再拿走;若有人到此避难便不会再

394

① Seneca, *Epistle*, XLI , 第 3 页(Gummere)。

② Ax. Olrik, *Nordisches Geistesleben*, 第 2 版, 1925, 34。

③ Th. Dombart, *Der babylonische Turm*, 1930.

④ 参见本书第 3 章。

受追捕;这里的植物也是不能触动的。[1] 这种避难所的观念扩散开来,最终在瓦格纳的《帕西法尔》中以诗的形式表达出来:圣格雷尔城堡周围有这么一个圣地——"你可在这神圣的林中谋杀,静悄悄的安宁将你包藏起来了吗?"古纳曼兹问道。这个头脑简单的汉子杀害了天鹅。[2]

3. 房屋和庙宇,更进一步说,其实并没有区别。两者所以能立在那里,仅仅是因为力量居留在其中。就其本质有某种确定力量而言,房屋与庙宇或教堂都属于有机的统一体。不过对于已经半美国化的我们——住在公寓房间里,拥有搬进屋内的种种家什来说,要确立其具有统一性的力量的观念也许是不容易的,而这种力量在某种程度上仍然被体验到存在于孤立的农家房舍中,这在不久以前,还是不容置疑的实在。因为,一幢自己生有明火的房屋——它多半得生产自己的生活资料,自己织布、耕种,有自己的水井——它自身便是一个世界。[3] 而对于需要什么物件便可以买到什么物件的我们,可以挑选这种或那种式样的家具,也许,对于房屋中各部分以及它的居住者之间的实质上的共同性,对于那将家庭集团的每一成员——无论它是物件、是动物还是人——恰如其分地放进同一结构的参与的共同性,我们就几乎一无所知了。有一则爱尔兰的仙女故事,其中有位女人对她屋里的所有物件"施以魔法",不让邪恶的精灵进到屋里来,结果,钥匙、钳子、斧头都不能挪动,精灵也就不能捣乱了。不过,洗脚盆里的水不属于这座房子,所以她便在关门以前将水倒掉。[4]

不过,就室内而言,力量又是分布在房子的不同部分的,每一部分各有其神圣性。关于这一点,罗马人的房屋最有代表性,尽管类似的情

---

[1] Söderblom, *Gottesglaube*, 第 34 页以下。B. Spencer 和 F. Gillen, *The Native Tribes of Central Australia*, 第 133 页以下。J. Waringer, *Das Heilige in der Religion der Australier*, 1927, 第 42 页以下。Strehlow-Leonhardi, *Die Aranda- und Loritjasämme*, II, 1908, 78。在(印度尼西亚的)南波尼地方,在早年,沙漠中的石灰岩山脉中,哪怕像普作乱伦这样的严重罪犯都可以在其中避难。J. P. Kleiweg de Zwaan, *Het Asyrecht by overspel in den Indischen Archipel* (*Tydschr. Ned. Aardr. Gen.*, 2. R., 48, 1931, 第 37 页以下)。

[2] *Parsifal*, 第一幕。

[3] 这种情形,就在不久以前,还被 Selam Lagerlöf 详细地描写于他的小说中。

[4] Käte Müller-Lisowski, *Irische Volksmärchen*, No. 30: *Der Berg der Lichten Frauen*.

形在全世界都能看到。首先是门，它将室内空间与存在于外部的力量
分隔开来，它有保护作用并构成了从世俗到圣化的封闭区的过渡带。
在罗马，门口的通道属于雅努斯（Janus），人们开始祈祷，先得吁求他。[1]
门槛也是具有特别法力的神圣边界。直到今天，在巴勒斯坦，作母亲的
也不能在门槛处惩罚孩子或喂奶。在门槛边挨打的孩子会生大病。自
然，不能坐在门槛上或在那里干活。[2] 在印尼，屋子中最关键的主柱是
最神圣的，立这根柱时得举行祭祀和一套仪式。房屋庇护了力量，其中
有各式各样的神祇，如"家财神"等；[3]门边或家中则有各种各样的家
神。[4] 另外，古典世界的例子还有罗马的家庭保护神——灶神或厨神。　　396
凡不洁的人是不可接触厨灶的，只有家中洁净的孩子才有资格接触安
排它的居处。[5] 因此，后来的心怀恶意的基督教护教者认为，罗马的灶
神属于那些认为生活只是获许吃喝的人民。若不考虑护教者的本意，
从另一种意义上理解，这话不无道理。[6] 吃与喝的可能性之被体会到，
完全如同神圣性之被经验，这种态度也被视为神圣的。作为神圣性的
基础，它肯定了家庭中最有重要意义的地方是灶头[7]——这是家庭中
力量的中心点，其力量的整体。一位格尔德兰老农的儿子这么解释他
儿时遭遇的事故："当从火上端下锅来，我们总让挂锅的钩子晃来晃去，
我们的约翰说，'你别那样做，我们亲爱的主会头疼的'。对我们来说，
这似乎是俗世的说法，但我们并不知道，从很古老的时候起，灶钩就是
屋子中的神圣处，新娘进门就被人牵着围着它转一圈，掌握它便掌握了
整座房子"。[8] 灶钩又是一家的至圣处，一位新来的帮工身上给水弄湿

---

[1]　Ovid, *Fasti*, I, Cicero, *De Natura Deorum*, II, 67.

[2]　Canaan, *Dämonenglaube im Lande der Bibel*, 37；更进一步的例子，参见 E. Samter, *Familienfeste der Griechen und Römer*, 1901。

[3]　Aeschylus, *Choéphooe*, 第 800 行（Murray）。

[4]　Sophocles, *Electea*, 1373 行以下。

[5]　Fowler, *Religious Experience*, 第 73 页以下。另参见 *Roman Festivals*, 第 213 - 214 页；第 150 页 注释 1。Cicero, *De Natura Deorum* II, 68。

[6]　Firmicus Maternus, *De errore profanarum religionum*, 14.

[7]　参见本书第 6 章。

[8]　参见 Heuvel, 前引书, 第 16 - 17 页。

后,在房子的侧门边滑倒,一直摔进屋里,手抓在钩子上,在这之后,人再不能与他逗笑了。① 直到今天,普通人还保留着某些敬畏厨灶的感觉,那里是家中力量的会聚处:"是通常总不放东西的最好的客厅"! 罗马火神威斯塔的神庙只是一个圆形的屋子或帐篷,正中有一个火塘,这种史前形式的居室在罗马广场也能发现,那是存放死人骨灰的。②

不过,房屋并不只是住家的,它也可能是整个部落的居所,就像最近在斯堪的纳维亚发现的一样,③或者它可能是部落中权力和地位的所在,如男人屋那样。④ 但无论是什么房屋,无论形式如何,其空间的神圣性则是"共同的",在与周围空间环境的对衬下,它的神圣性是突出的。这里还表现了神圣空间与整个宇宙的相互关系,圣所是力量的中心,本身便是一个世界。就犹太神庙中的祭献而言,如同基督教堂中的圣事,唱诗篇第 24 篇,都是预先规定了的,而这确实具有全宇宙的意义。在巴比伦神庙的祭献仪式中,也要唱赞创世的歌;在埃及的晨屋中,每天早上都要重演一次太阳再生的仪式。实际上,因为是被"拣选出来的",所以圣所并不完全只存在于此世。⑤ 这种圣地的宇宙论含义仍然盘桓在那位荷兰东部的农人的脑中,他担心挂锅的钩子晃来晃去会使得亲爱的主头晕。

因此,庙宇与房屋是一样的,都是"神的住房",灶和祭坛也是一样的,神庙中的祭坛是神的桌子和神的壁炉⑥。不过,由于只要人们发现"所在地"并不仅仅是由"自然"提供的"位置",而是由人来指定命名的,则寻求恰当的地方便成了突出的需要。换言之,还在房屋建造之前,就得先行确定,究竟要不要挑一个地方来准备那"位置",这实质上意味

---

① Heuvel,前引书,第 152 页。
② Halliday, *Roman Religion*, 25.
③ 参见 Olrik,前引书,第 17 页。
④ 参见本书第 33、34 章。
⑤ A. J. Wensinck, "The Semitic New Year"; *Acta Orientalia*, I, 181. A. M. Blackman, "The House of the Morning",载 *Egyptian Archeology*, 5, 1918。
⑥ 祭坛也是墓,即令在今天,每一个罗马天主教的祭坛也有骨殖箱;最初,死者是放在屋内或埋到灶边的。

着,我们**不能**制造圣所,甚而**不能**挑选圣所的位置,我们所能做的,至多
是发现这么一个地方。这种发现的艺术便被称作"**定方位**"。"超自然"
的空间,神圣者是排列好了的,它以"神秘"作为基础[1]。这"定方位"的
作法最初也只来自建房时要确定东西向,要面对太阳的风俗。教堂的
祭坛总是对着太阳升起的方向,这是当初建教堂时便确定了的。[2] 建
筑神庙的指导原则又与天空的星体有关,例如,埃及的神庙取向则是根
据天狼星的升起来确定的,他们叫 Sirius,所谓生育之星。[3]

　　但是,如果房屋变成了只是居所,而神庙变成了演讲厅或议事厅,
那么其"方位"也就逐渐失去了宇宙论的神圣的意义。它们仅仅成了待
在其中谈话的地方,人们不再相信,真有什么事发生于其中,这种情形
发展到极端阶段,便可以看到某些新教徒团体用这些建筑来布道。这
样的变化同下述过程的任何阶段毫无关系——当犹太教和基督教将其
会堂和大教堂变成祈祷场所时,基督教堂就作为神圣地方和上帝的房
子而兴起了。

　　4. 不过,并不限于房屋和庙宇,一般的**居留地点**,如村寨、城镇都
是"拣选出来的",神圣的处所。人类定居下来,因而也就将他所发现的
可能性转变成了新的强大力量。他的定居处因而也就从周围的空间里
突显出来,他所耕作的土地同未经开拓的森林和荒凉的土地区别开来,
他所划定的这一区域所起的作用,有如房门之隔离人的住处和不祥的
魔鬼力量控制的领域。[4] 对于被耕作的土地、对于定居地的神圣性的
古老感觉,通过那关于巨人的玩具的传说,得到了形象的描绘:按照女
巨人父亲的吩咐,女巨人把农人连同她当初用围兜一股脑包来的耕牛
和犁都送回了原来的地方。因为,若山谷中的农人不耕作,那山里的巨

398

---

① Guardini, *Von heiligen Zeichen*, 72.

② H. Nissen, *Orientation*, I, 7(1906—1907).

③ 同上书,I,第 36 页。

④ 参见 Grönbech, 前引书,II,第 10 页;另外参见 Wilamowitz-Möllendorff, *Griech. Trag.*, II,第
　224 - 225 页。因此,阿瑞斯仍在雅典的亚略巴古山上,而马尔斯则留在罗马的郊外。

人便不会有食物了！定居永远是一种征服，是一种选择①。最初，罗马
人的家神拉瑞斯（lares）是与珀那忒斯（penates）②联系在一起的，它们
也许就是森林中的洁净力量，以后成了在一块清理出的地面上建起的
房屋内的支配性力量③。事实上，农业与城镇的建立是相互关联的，罗
马人用犁拉出一道沟，作为罗马城墙的基线的仪式，便是一种历史的记
忆。④ 因而，那称作城市的"精神边界"的 pomoerium⑤ 便是一道犁沟。
在确定这道犁沟时，如果要在那里为未来的城墙开一道门，则将犁铧抬
起，留下一个地带不进行圣化⑥。城市便位于这界限 sulcus primigenius
（作为原初界标的犁沟）之内。不过，这么一个基址也并非任意择定的，
它的"环境"经过了彻底的调查，为此也运用了**界标**的技术。这种方法
是非常古老的，当然也是人类拥有的非常重要的择向法——人首先得
区分左右⑦，然后是主要的东西向干道，其择向凭日出确定，之后又是
南北干道的确定，至此城市的平面便划定了。所有的界标与世界的秩
序是对应的，城市由此分为四块，同世界的分区一样⑧。依据这一原
理，每一定居点本身就构成了一个世界，自成神圣的整体。标志边界的
石头的神圣性和不可移动是我们都熟知的，直到非常晚近仍是这样。
在埃及，一块界标石的牢固"有如天体"，其基础是整个宇宙⑨。因而，
即令大地，既不是随处都在的，也不是"基础牢靠和持久的"，首先它必
须确定其"环境"，得为它的"位置"选择一合适的空间。

关于城市起源的不同传说都来源于同样一种必需性的说明。所有

399

---

① Cassirer，前引书，II，第 120 页以下。
② 指居住地或城市的保护神。——译者
③ 只有这样才能够理解拉瑞斯既为田野之神又为住宅之神的两重性。参见 Halliday, *Roman Religion*，第 28-29 页；另见 E. Samter, *Der Ursprung des Larenkults*, AR, 10, 1907。
④ Ovid, *Fasti*, IV, 819, 825.
⑤ Pomoerium，原指建筑物内部空间和城镇外墙的边线。——译者
⑥ Deubner 的说法，见于 Chantepie，前引书，II，第 428 页；另参见 Halliday，前引书，第 65 页；又见 I. B. Carter, *The Religion of Numa*，第 33 页以下。
⑦ 参见本书第 23 章，前引 Cassirer，前引书，II，第 119 页。
⑧ Nissen，前引书，I，第 79 页。参见 Usener, *Götternamen*, 190ff。
⑨ 本尼·哈桑的墓；见 A. Erman, *Egyptische Chrestomathie*, 1909, 113。另参见 E. Samter, *Die Entwicklung des Terminuskults*, AR, 16, 1913。

动物在选定某个地方待下来以前是可以四处游荡的：因而定居便起源
于某种不容争辩的强有力者的要求。因为这并不是建立一个临时居留
地的问题，而是要确定力量所居的处所。神之居住于一座城市，一如他
居住于神庙中，因而，每当罗马人要想征服某城时，他们就要想方设法
地用祷词来"招请"神。神也可能抛弃某座城市，就像犹太人关于耶路
撒冷的怜悯之门的美丽传奇中讲的那样。离城时，神圣的主迈步从这
道门走出去，他还会再从这道门走回来。[①] 实际上，耶路撒冷是这么样
的一座城市，它的典型格局似乎便体现了圣地的观念，它被认为是世界
的中心。"耶路撒冷城中吹着全世界所有的风，每当耶城要传达什么使
命，所有的风都会进入圣城中，来到主的面前致敬。"[②] 而当那个新世界
在信徒眼前升起时，又一次显现的是圣城新耶路撒冷的景象。当最终
的条件圆满时，城市和圣殿的差别也就再次消失了，在新的世界中原始
的圣地再次出现，在新耶路撒冷，根本不再需要圣殿，因为主本人便是
他的圣殿。[③]

　　5. 在圣地，力量仍然存在，它的影响是可以感觉到的。反复出现
的东西会在神圣的地点重演一次。例如祭坛上会重演耶稣基督的
死。[④] 同样，在埃及的神庙中，要在某个为更新世界而选定的地方举行
奠基仪式，那地方叫做"原初的山"，远古时代太阳第一次便是从那里升
起的。[⑤] 而在巴比伦的神庙塔楼上，有一个世界的图画或模型。[⑥] 因而
从不可追忆的久远时代，人们便有朝拜圣地的做法便不足为怪了，因为
他们相信，在他们所认为的圣地，宇宙的力量日日在自我更新，而人到
了那里，也就接近了世界的中心。其实，在某种意义上，每一个人来到
神庙中或出现在教堂中都是一种**朝圣**。只不过从字面意义上说，朝圣

400

① 　Bin Gorion, *Gorion, Born Judas*, V, 282.
② 　同上。
③ 　《启示录》第 21 章。
④ 　Rob. Grosche, *Catholica*, I, 1932, 第 91 页以下。
⑤ 　A. de Buck, *De Egyptische Voorstellingen betreffenden Oerheuvel*, 1927.
⑥ 　Dombart, *Der babylonische Turm*.

是指具有高度神圣性的地方吸引信徒到来,而在这种原初的习俗中,朝圣的心理表现得明显一些罢了。因此,前面我们提及的作为"村寨的拯救和力量"的米纳哈萨圣所,也就被人们称为"呼唤者",因为那垒成圣所的石头会呼唤那些远在异域他乡的村民,或者说,会在他们心中唤起思乡病。[1] 因此,原始人对家园的渴望,对故土家乡的思念,说到底,是对获救的渴求,对力量的意识,而这些又是他们自己所选定了的空间所提供的。的确,对一个人说来,他的家便是"他的力量的生机勃勃的源泉",而一个人只有在他所发现了的接受了考验的个人力量与其相关联的地方,才会感到快乐。

朝觐的圣地是恩典的所在处,因而也是具有第二种力量的家园。每逢节日,犹太人要上耶路撒冷城去朝圣,而伊斯兰教徒一生中至少要有一次去麦加大朝圣。在佛教中,信徒们的宗教与社会联系比较松散,但朝山进香则是唯一的链接。通过朝觐,人们希望兴旺顺遂,诸愿遂求,洗涤罪恶并进入神圣的境界以得到永恒的福佑。实际上,人所希求的,几乎是一切有力量的东西。[2] 通过这种途径,所有的民族和宗教共同体都可以获得他们的家园,犹太人有耶路撒冷;伊斯兰教徒有麦加;基督徒则有罗马。于是,实际上只是属于自己的世界就在遥远的异域发现了。需要迫使人们迁徙,使人们放弃对自己所在地的强有力的持守。于是,恩典的中心转变成了彼岸世界的形象,人生被视为某种朝觐旅途和十字军远征。不过神秘主义对此有另外一番解释,神秘主义并不相信什么圣地,它把所有的救赎都转化为内心中最神圣的神圣。著名的苏菲哈拉智之被处死,所列的罪名之一,便是因为他断言朝觐可能具有纯洁灵魂的性质,而朝觐在自己的房间里就可以实现,因为真正的圣所就在人的心中。[3] 而另一位神秘主义者拜齐德·巴斯塔米只绕着某位贤者转了七圈便完成了他往麦加的朝圣,因为他认为真正的圣所就是人。

---

[1] Adriani,前引书。

[2] J. Ph. Vogel, *De cosmopolitische beteeknis van het Buddhisme*, 1931, 15.

[3] Massignon, *Al Hallaj*, 227, 348.

第58章 / 神圣的语言

1. 浮士德说:"仅仅言词,我不能给予这么高的赞扬"。[①] 他强调行动而非言词。但他并未意识到,他的行动并未在实际上恢复或取代言词,而只是对希腊词逻各斯作另一种翻译罢了。因为在原始的或古代的世界中,首先是宗教世界中,人们并不知道什么"空洞的言词","并不知道言词,言词",那个世界中绝无人说:"言词说得够多的了,现在让我看看行动吧。"那个世界并不懂得这样的感受;再不要在言词中东翻西找白费功夫了吧。但这完全不是因为原始社会中比我们有更直接的实在感,相反,正是我们人为地抽空了言词,使它蜕变为一种物了。[②] 但是只要我们实际上**生活着**,我们就不只是在进行科学的抽象,我们又一次地了解到言词是有生命和力量的,实际上那是极富特点的力量。我们可以反复讨论那已被转化为事物的力量:圣餐的成分、神圣的仪式地点等总是存在着的,但语词的出现是一劳永逸的,并且它是要求做出决定的。在这种活着的言语中,时间成为 kairos,也即成为 hic et nunc(当即的,此时此地的)[③]恰当时节。因而无论是谁在说话,他都不仅仅是在运用表意的符号,他超出了自我,他所说出的语词规定着事物。哪怕我们只是对某人说"早上好",我们也必须从自我的孤立中迈出来,将自身摆到他人面前,使我们的部分能力传递到他人的生活中,起着或善或恶的作用。

---

① 《浮士德》,第一部,第878行。

② 从唯名论的立场看,语词只是约定的符号,仅仅是 flatus vocis,只是后起的反思的结果,并非"自然的"直接的语言意识的表达。这种观点将对象的"本质属性"看作不只是言词标示的间接性质,而是这种本质就以某种方式包含并呈现在言词中。Cassirer,前引书,II,第33–34页。

③ Frick, *Ideogrammn, Mythologie und das Wort*, 19.

我们已经讨论过了给定性和可能性,[①]是语词决定着可能性。因为语词的表达是一种行动,一种态度,一种立场的采取和力量的施行。每一个语词中都有某种创造性的东西。语词是表达性的,它在所谓现实性之前便存在了。语言的最初起源,我们并不知道,但极有可能,最原始的话语是由表达愿望和感觉的词语组成的,[②]以求召唤或确定某种情景和机会。[③] 因为一个语词永远是一个咒语,它可以唤醒或危险或有利的某种力量。无论是什么人,只要他断定某物"取什么姿态",就已经是在施加某种影响,不过,他同时也就"暴露"了自身。因而在古代埃及,当提到国王的名字时,要另外加上 ankh wza snb 的套语。这套语的意思是"生命、救助和健康"。由于提到国王的名字,便使他暴露在某种影响下,因而要以"救助"的这套公式作为反咒语(counter-charm)来抵销它,使国王恢复安全。[④] 按这样的情形,也就可以理解原始人和古代社会中经常会碰到的语言和词语禁忌:有些具危险性的事和人是不能称名的。这种情况发展到极端,则在北罗得西亚根本禁止用"不"这个词,因为它引起的否定结果会是很可怕的。例如,对"牲口在厩里吗"这个问题,你只能回答"在",尽管它其实可能并不在厩内。语言的力量比事实的力量更令人害怕。[⑤] 在这样的情况下,当然撒谎便是一种艺术、美德,而不是罪过了。从这些避讳的谎言中也就出现了绝对不容忽视的诗歌的成分。从而隐喻便因为人们不愿对事物直呼其名而出现,

---

① 参见本书第 23 章。

② Thurnwald, *Psychologie des primitiven Menschen*, 267.

③ 能证明语词与语境联系的这种观点的,是直到今天仍流行于原始人或儿语中的单词代语现象(Holophrasis),按马雷特的说法,这叫"运用语词拼合"。按这里的理论,单词语并不是孤立的概念,而是语境,是以句子作单位的意义的等值体。另外的例子有,如我们的语言可以说海豹在一块冰上或阳光下,但在某些爱斯基摩人的语言,采用的是适用于各自情境的词语。参见 van der Leeuw, *Structure*, II。F. Boas, *The Mind of Primitive Man*, 1922,第 147 页以下。Danzel, *Kultur und Religion des primitiven Menschen*,第 21 页以下。

④ Obbink, *De magische beteekenis van den naam*, 128.

⑤ R. Thurnwald, *Die Lüge in der primitiven Kultur*, 1927, 399.

结果人们便乐意采用迂回的表达方法,例如:刀被称为"挎在腰间的锋利"。[①] 从这条 nomina odiosa(厌恶称名)的规则中才产生了诗歌的隐喻法。在印尼的西里伯斯岛中部,男子出外打猎时,要说自己是去寻些藤条或摘芭蕉,不这样他便会一无所获。在那里,雨水被称作树木的繁花或灰烬。[②] 所以这样掩饰和撒谎的目的,可以用强制沉默的方式更好地达到。罗马人在举行祭祀时,favete linguis 便是对不说话的要求,在这过程中参与者一言不发仅伴以笛声。[③] 在印尼西里伯斯岛中部,人们在招请神灵或举行别的宗教仪式时,也是不能出声的,谁要是说话或嬉笑便会生病,仪式也就失灵了[④]。

404

2. 因此,语词有决定性的力量,什么人要开口说话,他便启动了某种力量。[⑤] 另一方面,语词的力量又是可以用各种各样的方法来增强的。提高嗓门、强调的口气、韵律和节奏的采用,都会给语词添加能量,从这条宽阔的道路便引向了**艺术的现象学**领域。只是这里我们不能深入讨论它。[⑥] 不过,歌唱、欢呼、恸哭比仅仅说话产生的能量更大,在许多民族当中,哀悼习俗中的悼词力量是众所周知的。此外,在俄西里斯神话中,那两位女神,伊西斯和涅芙塞斯(Nephthys)——所有职业哭丧

---

① Naumann, *Isländische Volksmärchen*, 第 78 则。H. Werner, *Die Ursprünge der Metapher*, 1919。G. van der Leeuw, *Wegen en Grenzen*, 第 12 页以下。另参见 E. Nordenskiöld, *Journal des Américanistes*, N. S. 24, 1932, 6。另参见古代北欧的隐喻语,见 Portengen, *De oudgermannsche dichtertaal in haar ethnologisch verband*;另外,请参见 Hesiod 的用语"持家者"(指指甲等),转引自 Rose, *Primitive Culture in Greece*, 144。
② Kruyt, *Measa*, II, 43 - 44.
③ G. Mensching, *Das heilige Schweigen*, 1926, 第 101 - 102 页。
④ 参见 Kruyt, 同上书, 第 39 页。
⑤ 这一点明显表现于原始人的双关语。这种双关语与我们现代人的语言很不一样,它将两种不同的实在相互结合起来。例如,埃及人在招请神祇时要"以他的名"(the great)向其致意(greet),这里便用了双关语。对我们说来,诸如 great/greet 或者 Gruss/gross 这样的一对词只是偶然的同音而已,但在埃及人看来,这二者是有本质联系的。参见本书第 17 章及 Hubert-Mause, *Melanges*, 第 52 章;Obbink, 前引书, 第 63 章;H. Werner, *Einführung in die Entwicklungspsychologie*, 1926, III, 并见 Larock, *Essai*, *RHR*, 第 101 期, 1930, 第 42 页以下:"我们所称为句子的东西,(在未开化的头脑看来)只是一系列无形的存在,他们可以听得懂,却根本看不见,因而这种存在有着微妙的影响力,它们是神秘的,从存在的意义上看又是可怕的。它们深深地进入人的身体并通过身体显示其作用;它们从人的嘴唇冒出来,依据行动的原则而扩散到所有地方。""语词是物质性的,是事物的主动的本质,因而说话的行为等于引起一群活的、人格的且有声响的事物或存在产生,使其显示自己,并因此而形成话语的结果。"
⑥ G. van der Leenw, *Wegen en Grenzen*.

者的原型——的哀悼是如此强有力，她们使死去的神都复活过来。某
些不寻常的语词具有强化的力量：比如，eilikrineia 这个词会使圣者产
生"优美的感情"，在荣格—斯蒂林(Jung-Stilling)看来，它仿佛"笼罩在
灿烂的光辉当中"①；而詹姆士告诉我们说，对于那些虔敬的灵魂，像
"美索不达米亚"或"菲拉德尔菲亚"这样的词，会产生神奇的效果。②
至于诸宗教中的许多词语就更具有巨大的神力了，如"哈利路亚""吉
里·爱勒森""阿门""唵"等。它们都有一种神秘的声调—色彩，正是这
些语词的不可理解的性质才产生了增强了其神秘的力量。一种特别的
崇拜语言往往便是这样产生的，一种古老的已经废止了的语言会被采
用，例如：基督教礼拜中的拉丁语，中国和日本的佛教忏仪中的梵文。③
最后，说得委婉些，几乎所有有声音的词都具有力量的决定性，神秘教
中的祭司低声而缓慢的念诵，他是用非常神圣的发音来唤醒神灵。④

　　3. 不过，语词之具有力量，是在它们组合在特殊的套语中，其用语
具有明确的音响、音质和节奏的时候。甚至还在中世纪时，请愿文的念
诵就已经是经常性的，其中用语也是不寻常的，它得仪式性地念诵指定
的具有强迫性力量的词语，其中几乎都采用宗教性的音调、节奏，而其
反复句尤其具有潜在能力⑤——语词中似乎内在地包藏着力量。⑥ 这
方面最合适的例证是罗马人的 carmen⑦，它的用词是确定的，不可随意
改变替换，背诵时有特别的抑扬调子；carmen 是作祭献和祈祷时用的
文体。这种确定用语从罗马宗教转借到基督教当中，整个圣礼过程便
是一个 carmen，并在某种意义上拥有强迫性的力量。在古代基督教

---

① 　H. R. G. Günther, *Jung-Stilling*, 1928, 56.
② 　*The Varieties of Religious Experience*, 383.
③ 　Otto, *The Idea of the Holy*, 67.
④ 　Firmicus Maternus, *De errore profanarum religionum*, 22；关于神秘的念诵，可参见 Will, *Culte*,
　　II, 150, 以及同书论崇拜语言的部分，第 135－136 页。
⑤ 　Huizinga, *Herfstty der Middeleeuwen*, 404.
⑥ 　G. van der Leeuw, *Wegen en Grenzen*.
⑦ 　见 G. Appel, *De Romanorum precationibus*, 1909,第 69 页以下记载的许多例子。[Carmen 意指
　　赞美诗、诗体的祈愿、诗体的预言等。——译者]

中，在圣奥古斯丁时代的罗马，信条的表达"出自高处，着眼于虔信的人民，寄寓于一组确定的要背诵的语词。"①在古代埃及，准确地背诵经文同样至关重要，死者将来的命运便取决于它。只有那些正确背诵——他们称之"有正确的发音"——的人才能抵挡阴间的危险，胜利地从中渡越。Ma-a khrw（其发音方面的正确无误）最终取得了"受祝福"这样的意义，后来便成为缀语被加到死者的姓名后面，如同我们平时所称的"已故的""逝去的"这类用语。"知道发音"——也就是懂得背诵死人需要的经文《死人书》——对于死人是最重要的事②。神圣仪式被称作 S-iakhw，字面意义为"使荣耀的力量升起者"，若简单翻译，也就是 carmina。在古代日耳曼世界，法庭上的、仪式性飨宴上的、祭祀中的固定套语便称为 kvad，这其实也是一种 carmen。这种套语具有如此之大的力量，以至诸神也有以之为称呼的，如 Paean 最初便是治病除邪的咒语，而梵（Brahman）则是宇宙力量，具有魔术般的咒符作用。

406

407

---

① 奥古斯丁，《忏悔录》，第八卷，第 2 页。
② 参见 *Pyramidentexte*（Sethe），855 行。

第 59 章 / 圣化语词

1. 如同强化语调或节奏,重复或继续语词也有增加力量的作用,[①]
这构成了所谓应答的类型。[②] 魔法中的咒语便总这样说"你必须说三
遍",而凡招神请鬼也总得反复称名,用意都是一样的。[③] 因而,语言指
向的对象,所欲驱使的力量似乎都是包裹在语词当中的,或者说,是包
围在语词中的,后者是指重复念咒语时得站在不同的有利方位,例如罗
盘所示的四个方向。

人们常常会挑选语词的内容,以使需要的力量激发起来。古代社
会中的各民族都会有以说下流话作仪式的。[④] Aischrologia 是古希腊人
的谩骂,通常的执行人是德高望重的主妇,其目的同样在于唤起力
量。[⑤] 因为说出有关的强有力事物便产生力量,那么,每一种与性或身
体分泌部位有关的事物也就总有强大的潜能。今天的谩咒和淫秽语实
际上也源于语词的力量。因此,每一位于真实生活有直接感受的人都
清楚,辱骂绝不是语词的无意义的浪费。对于古代的日耳曼人来说,粗
暴的词汇有着极实际的效用。如果有人被这么评价"你没胆量干这
个",那么,除非他拿出行动来证明,否则他简直名誉扫地;如果一位女
人被人骂作巫婆或荡妇,除非她有为自己"雪耻"(uphaevelse,意为"重

---

① G. van der Leeuw, *Wegen en Grenzen*, 60 - 61.
② 值得注意的是,凡神智出了点毛病的人都难免不属于这种反复再三的类型。患紧张症的冗语毛
  病可以譬之于魔法咒语,这种病人的目的"希望因此而加强自己的力量,免受危险力量的侵害"。
  参见,A. Storch, *Das archaisch-primitive Erleben und Denken der Schizophrenen*, 1922, 50。
③ E. Maass, *Oepheus*, 1895,第 199 页以下。
④ Lévy-Bruhl, *Primitives and the Supernatural*,第 295 - 296 页。
⑤ 罗马人的安娜·佩伦娜节(Festival of Anna Perenna)也是这样的。

新建立")的人,否则是要为巫术或淫荡受到严惩的。[1] 因此,她真的有
罪或无辜并不太重要,语词就可以使她成为受惩罚的对象,除非有新的
力量显明出来,使她重新净化。[2]

408

由于语词,被骂的人陷入了邪恶力量的作用下或者具有可憎恶的
特征——这就是**语词的圣化**。谩骂人使挨骂者陷于他所说的邪恶处境
中。[3] 因此,诅咒是一种不需要鬼魂和神灵来执行的力量。[4] 一旦说出
来,它就要持续到所有能量耗尽为止,它所指向的对象也就会永远面对
那被唤起的命运。这种情况不只是在原始人的世界中,在希腊悲剧里,
我们已经看见了,其中行动的人只是那诅咒的工具而已。因此诅咒被
认为是人格性的。[5] 对一个家族的诅咒会像魔鬼一样盘桓在某个宅子
中毫不宽贷地持久作用下去。当然,随时间流逝,它的力量会最终丧
失,因此俄瑞斯忒斯(Orestes)才引此为据:说他自己接触过好多人但
都没有因此贻害于他们,所以当初的诅咒已经减弱了。[6]

同诅咒一样具有力量的是祝福——"语词的解救",古代的日耳曼
世界是这么称呼的。[7] 实际上,它绝对不只是一种虔诚的愿望,而是利
用语词在分配命运的恩赐。我们还在做孩子的时候就很惊异,何以以
撒不给他所宠爱的以扫祝福,何以祝福只有一份而给狡猾的雅各骗去
了? 不过,以撒所说的并不仅仅是希望而已,他是在祝福,相同的祝福
只能有一次。[8] 在祝福当中,如果不是全部效果,至少也是大部分要依
赖祝词的精确性,依据犹太人的传说,祝词中少了一个"阿门"便受到神
处以痛苦的死亡的惩罚。[9]

---

[1] 参见 Wagner, *Lohengrin*。
[2] Grönbech,前引书,I,第 101 页。
[3] Radermacher, *Schelten und Fluchen*, AR, XI, 1908,第 11-12 页。
[4] 参见 R. Turnwald, *Reallexikon der Vorgeschichte*, *Zauber*, 497。诅咒一旦发出便不能取消了。例如 Vogel, *Meded Kon. Akad. d. Wetensch.*, *Afd. Lett.* (70 B, 4, 1930, 16)中引的印第安人的例子。
[5] Aescheylus, *Choephoroe*,第 406 行。
[6] Aescheylus, *Enumenides*,第 285 行。
[7] Grönbech,前引书,I,第 170 页。
[8] 《创世记》第 27 章。
[9] Bin Gorion, *Der Born Judas*, V,153.

在瓜尔迪尼（Guardini）这些精彩的说法中，实际包括了所有人——原始人与现代人、异教徒与基督徒——对祝福的看法："唯有大能者才能祝福，唯有他才能创造。只有上帝可以祝福……因为，祝福是对实存者下命令，祝福是要生效的……唯有上帝能够祝福。而我们，在本质上全都是祈求者。"[1]

2. 更进一步地说，圣化的语词有多种用途。首先，它是誓言。其经典形式是我们从雅各的故事就知道了的，雅各许愿说："神若与我同在，在我所行的路上保佑我，又给我食物吃，衣服穿，使我平平安安地回到我父亲的家，我就必以耶和华为我的神……凡你所赐给我的，我必将十分之一献给你。[2]"而埃维王也对神起誓："如果您是佑助我们的，我们便不受其他国王的骚扰，我们家中也总有粮食，那我们便会永远侍奉您。"[3]不过，我们在前面讨论礼品和祭献时便已经注意到了这种同力量的契约并不纯是理性主义的。[4] 誓言当然是一种契约，但它并不是纯粹由理性计算的动机所支配的。

罗马人与神的誓约是圣化的语词的典型例子；而 evocationis carmen（吁请文）是在城被围困时而请敌对的神离开城市。[5] 这也具有契约的形式。古老的格式是这样的：在 devotio（献辞）中将奉献人和奉献品——敌我双方的将领都列名，以此方法便将自己与敌人军队结成了单一的整体，通过吁请死亡而使敌我双方的毁灭被祝圣，如果这将领并未倒下，那他也仍是被污染了的，仍是阴间的牺牲品。[6] 类似的祭

---

① *Von heiligen Zeichen*, 68.
② 《创世记》28:20 以下。
③ Spieth, *Ewe*, 107; 另参见 Heiler, *Katholizismus*, 65.
④ 参见本书第 50 章。
⑤ Lehmann-Haas, *Textbuch*, 226; Appel, *De Romanorum precationibus*, 15-16.
⑥ 其格式如下："雅努斯, 朱庇特, 马尔斯之父, 奎里努斯, 柏隆娜, 还有家神, 还有外邦的新神, 你祈祷之神, 所有的神哟, 一切有力量统治我和我们的敌人的神, 你阴间的神灵哟, 我向你们祈祷, 赞叹你们, 求你们庇护恩宠, 求你们膂强大和胜利加惠于罗马的人民, 求你们使罗马人的敌人, 使奎里努斯的敌人恐惧, 使他们沮丧, 绐他们死亡。我在此所说的便是我要做的, 我献上赞辞连同我的敌人和我自己。我向你阴间的神灵、地界的神灵奉献, 为了奎里特斯的共和国, 为了军队、元老院、罗马的人民。"另参见《圣经·利未记》8:9,6 以及 Appel 前引书, 第 14 页。又见 L. Deubner, *Die Devotion der Decier*, AR, Ⅷ, 1905。

献——不过不是以自身作祭品——是古代以色列人的禁忌：如果上帝将敌人交付以色列的手，他们便会斩草除根般地将他尽悉杀死。[①]

不过，人们通常最为熟悉的圣化的语词的形式是誓约。它将我们引入了法律现象学的范围，但部分地，或者说就本质属性而言，它属于宗教的范围。因而，誓约是一种自动地生效的力量语词，即令这点不能证实，誓约也是将立誓人献给了这种力量的。但这并不必然意味着誓约中的陈述必须就是真的。这里的语词比实在更为强有力，人们可以成功地"使事物为真"。比如说，一个伊斯兰教的故事中讲到，某基督徒向伊斯兰教徒送半根香蕉，并且说道："先生，凭着你的信仰的真理，请接受吧。"这位伊斯兰教徒因为怕使基督徒的誓言成为不真而吃了这含有麻醉药的香蕉。[②] 现代人可能说："我的信仰完全不依赖别人的判断。"不过，誓约具有使其真或不真的力量，因而我们能够理解许多民族中存在的净化誓约的制度。如果什么人被指责犯有偷窃，他会以手掌拍打土地并立下誓约，但如果他偷了东西，他就必然会死。[③] 因而誓约的验证决定了有罪还是无辜。誓约是一种"强有力的语词"，它的力量是可以被增加的，为此，方法之一便是重复，常常是三次重复誓约。[④]立誓约的方式也关系到力量的增加，例如，古代日耳曼风俗要求立誓人赤裸身体；[⑤]誓约也可因仪式典礼而加强。比如在古代以色列，男人们立誓时得按着生殖器，[⑥]那是强有力的灵魂物的寓处，亚伯拉罕对他的仆人这么说："你把手放到我大腿底下，我要叫你指着耶和华天地的主起誓。"[⑦]不过，增强誓约力量的方法常常是那种叫作 compurgator[⑧] 的

410

---

① 《民数记》21：2。
② *The Arabian Nights*.
③ Spieth, *Eweer*, 50；E. Revilout, *Revue égyptienne*，第 5 期第 25 页，有关于埃及净化誓约的介绍。至于阿拉伯人和以色列人的净化誓约，见 Pedersen, *Der Eid bei den Semiten in seinem Verhältnis zu verwandten Erscheinungen*，181，186。
④ Hirzel, *Der Eid*，82.
⑤ J. Grimm, *Deutsche Rechtsaltertumer*，I，116；柏柏尔人中也有同样的风俗，参见 Westermarck, *The Origin and Development of the Moral Ideas*，I，59。
⑥ Pedersen，前引用书，第 150 页。
⑦ 《创世记》24：2-3。
⑧ 直译称"配合涤罪者"意为"有助于誓约的圣物"。——译者

习俗。这几乎可以证明我们所断言的结论的无误,即一种判断标准并非"实际情况"如何,而是取决于誓言本身。在中世纪,人们在某些重要问题上采用重要层次不同的判断真伪的圣仪或圣物,例如,如某人在孤立状态下遭受袭击,那他就得带上自己屋檐下的三根茅草和他的猫和鸡向审判人立誓,保证自己受袭击的陈述的真实性。[①] 最终,誓言本身已经构成神裁法的一和形式,可以得到上帝判决的证实。[②] 这可以通过请神,或者通过决斗。[③] 又由于语词本身是有效的,一旦说出就会产生结果。因而一旦誓言有假,哪怕是无意识地破坏了誓言,[④]语词力量引起的损害就会落到立誓人或者据以立誓的对象头上。因而如果有两人对一棵树立誓永不分开,则一旦其中一人死亡,那树便会枯萎。[⑤]

411

3. 我在前面已经指出,发誓或者誓约与契约的相似性,并不能合理地说明这两者,因为契约本身并不就是纯然的理性行动,而是一种圣化的言词,它只是在形式上显示为语词与语词的相对。对于罗马人而言,契约也是一种 carmen[⑥]。对于所有的法律行为来说,都会关系到确定的语词、字母和姿态。梅依这样的说法不无道理:在所有的法律事务中都表现出宗教奉献的三种成分,即 所言、所为和所示。法律是所说的,[⑦]因而圣化语词所结合的是宗教的现象和法律的现象,而人与人之间的法律关系则绝对取决于他们与力量的关系。

---

① Grimm,前引书,第 176 则。关于埃及的情况,参见 A. Wilcken, *Zeitschrift für ägyptische Sprache*,1911,第 48 期,第 170 页。

② 参见本书第 54 章。

③ Westermarck,前引书,II,第 687 页;I,第 504 - 505 页。

④ Hirzel,前引书,第 49 - 50 页。

⑤ 克里特人的民歌。参见同上书,第 35 页。

⑥ 此处指神谕、咒语、宗教法则。——译者

⑦ May, *Droit romain*,20,注 16;司上书,第 34 页。

第60章 / 神话

1. 实际上,神话也只是语词。因为它既非玄思也非诗歌,既非关于世界的原始说明,也非萌芽状态的哲学,虽然说起来,它也可以是并常常就是所有这些。它是说出来的言词,一当重复时便具有决定性的力量;同样,一种神圣行为的本质也就在于其被重复,因而神话的本质便在于它被讲述,在于不断地重新讲述。[①] 因而,一般说来,人们对于神话和神话学的理解企图是过于抽象和美学化了。那通常被看作依据的神话学类型,在某种程度上看,只是在不同时期兴起的神话的丰富涌现,在那样的时期,神话本身也变得迟疑犹豫或者说实际上成为冒犯性的,类似的情形可见于希腊文学的顶峰期及稍后时期,或者可见于基督教—日耳曼的古代。不过活着的神话与仪式典礼是准确地相对应而存在的。事实上,神话便是一种仪礼。因此在神话和仪礼之间发现密切的关系——这是近年来的事——不但使我们得以了解许多以往感到奥秘难解的神话,也第一次说明了神话之为神话的本质所在。反过来,神话也是对宗教礼仪的证实。"它联系到神圣行为最初实行的过去,并且实际上常常使我们能够证明:原始人也许不只是在**重复**那些精心制作出来的事件;而且使我们理解到:最初的仪式典礼是当作实际发生的事而有意地毫无夸张地加以执行的。这一过程中包含了所有本质性的内容。"[②]因此,神话就不是反思性质的玄想,而是实然性。**它是重述出来的充满力量的某些事件的再现。**不过,语词的表现与语词的重复都是

---

① Harrison, *Themis*,第 328 页以下。
② Preuss, *Gehalt der Mythen*, 7.

相当有效的,所以,这是一种语词的仪礼。[1] 这方面的经典例证便是祝圣词的重复,作为弥撒中固定的语词,它始终不断地使人回想起基督的救赎性牺牲的有力量的事件。[2]

413 　　不过,神话以讲述形式一再重复,它本身便掩盖了一种与别的神圣语词不相干的因素——**形式的赋予**[3]。因为神话本来不但是在提醒或唤起对某种有力的事件的回忆,而且还将形式给予它。这当中,巫术支配的隐喻中的圣言的诸本源无疑是相互配合其作用的。[4] 由于被赋予形式,神秘的发言才成为决定性的。它并不是剥夺生命——像从生活中抽象出概念来那样,相反,它唤起生命,因而这就形成了相对于纯理论的最为极端的反题。比如说,重力定律的观念便是从每一种实际的重量中抽象出来的,它意在概括形形色色的具体事件而代之以单一的没有生气的公式。而神话所讲述的是"疯狂而赋予活力的冲动,由于这冲动,所有大地上的创造物便得到解脱,飞回到大地的心中"。[5]

　　不过,那落到神秘语词的决定性当中的生命并非普通的实在,后者既然只是被接受,那它就不需要抉择。但神话并不接受什么,它给实在"提供仪式庆祝"。它随自己的意志对付实在,按自己的法则处置实在。作为单一的例子,它锁定时间,并由此而借助行为形式将自己鲜明地区别于仪式庆典。它利用了时间的片断——凯若斯(kairos)。神话摘取事件并将它置于自己的基础上和自己的领域内。这样一来,那事件就变成了"永恒的":它现在发生着,总在发生着,并作为原型而发挥作用。自然界中每日出现的东西,例如日出,在神话中变成了某种唯一的事情。[6] 它必须一再重复,以保证事件的生命力。从而神话的事件是典

---

[1] Wundt,前引书,Ⅴ,24-25,48;参见本书第17章。

[2] 说明仪礼实际上是对神话的解释的例证还有:狄俄尼索斯那圈子中的"愁苦者"彭透斯;杰夫塔的女儿;罗马神安娜·佩伦娜;北欧神话中的巴尔都;等等。

[3] 关于这一术语,参见本第9章第3节脚注。

[4] 参见 Pongs, *Das Bild in der Dichtung*, Ⅰ, 1927, 14。

[5] Chesterton, *The Innocence of Father Brown*, 233.

[6] A. Réville, *Prolégomènes de l'Histoire des Religions*, 1889, 153-154, 155-156。"自然和人性当中的永久和一再重现的东西,都来自那一次性发生的事件。"

型化了的和永恒性的,它存在于所有时间性事件之外。虽然如此,如果我们想将它固着在时间当中,我们就只得将它放到一切事件的开端或末了,或是洪荒时代或是时间的终了,[1]即在一切时间的前或后。

因此神话就绝不是"比喻性的表达方式"。它所唤起的形象有非常真实的意义,它并不是漠然中立地从"现实"到图画,其实它倒是从图画到现实。比如说,当它称上帝为父亲时,所依据的并不是什么特定的父亲身份,相反,它创造了某种父亲的形式,这种形式才是所有已给定父亲的身份必须与之一致的(弗里克对这种情形有非常清楚的说明)[2]。因而神话所作的宣称是本质性的也是决定性的,因而就有可能说,对于一种抽象倾向占上风的文化而言,它或者是根本不可理解的,就像智者时代的希腊神话和十九世纪的基督教神话那样;或者,反过来说,它成了对终极的或最高存在的表述,如同柏拉图的神话或歌德的《浮士德》中的结局那样,在后一种情况下,它自己是从所有概念性事物中撤离出来了。

414

2. 神话采取 saga[3](传奇小说、家世小说)的形式重返时间之中。传奇便是一种神话。它在扩展过程中,附着在具体的地点或别的东西上,附着在某种历史事实上。因此,传奇的叙述也就没有抉择性。在 saga 当中所采取的态度,尽管常常是虔敬诚恳,但却是沉思性的。神话是永远的现在,[4]而传奇则纯是属于过去。在《旧约》当中,这种区分甚为明白:《创世记》开头的神话明显区别于继起的族长传奇。[5] 传奇

---

① 参见本书第 87 章,Hubert-Mauss, *Mélenges*,第 192 - 193 页。
② 参见 Frick, *Ideogramm*, *Mythologie und das Wort*。从中可以知道,与之相对的是母亲的形式,可见之于柏拉图:*Menexenus*, 第 238 行:"女人就其怀孕本身和生产而言,是对大地的模仿,而不是大地在模仿女人。"(Jowett)
③ 从较广泛的文学意义上使用 saga 一词,例子见于 Galsworthy,*Forsyte Saga*。
④ 神话不了解牛顿的时间观。"所谓魔术般的'现在'决不只是'现在',决不只是简单的分离出来的现时的片断,而是——用莱布尼茨的话说——'负荷着过去和未来的全部'。"Cassirer, *Die Begriffsform im mythischen Denken*, II,第 140 - 141 页。
⑤ 这又是采用 Galsworthy 的文学意义。我以为,如果考虑在神话中只有神,而在 saga 中是只有人,从原则上讲,神话与 saga 并无不同,如像 H. Gunkel 所坚持的那样(见《创世记》,1910,14);另参见 Bethe, *Märchen*, *Sage*, *Mythus*, 133。

的主题不是历史性的而是神话性的。但它反复地附着在不同的历史人物身上,它主要的方面是具类型性的,远较历史性重要。例如,1892 年一些车夫在柏林的某个下等啤酒馆内聊天,其中之一问路易王后究竟是谁的妻子,另一位车夫便说她肯定是腓特烈大帝的妻子,因为,只有最好的国王才配有最好的王后。[①] 因而,提供永恒性的类型意义的神话,在凌驾于历史性之上时,便丧失了它的现实性。例如,杀凶龙者的神话便在莱茵河流域的沃尔姆斯一带经久不衰,同时在它的故事中吸收了好多世界历史中的事件,[②]但这样一来,龙也就变成了史前的魔怪失去了它在现实中的可怕性。因而我们说,**童话故事**比之传奇更接近神话。

3. "历史传奇通常会在普通的人所熟悉的现实之上添加点异乎寻常的、令人吃惊的甚而超自然的东西;而童话故事本身便不属于现实世界,它的环境是某种僻静而未受干扰的地方,它将兴趣局限于这一境界。因此,童话故事不会提到具体的地名、人名或是明确的什么家园。"[③]童话故事不仅因为其中有关于古代宗教的材料而具备深刻的宗教史意义,[④]它对于宗教本身也是极重要的。因此讲述童话故事绝不只是为了从荒诞的叙述中取乐,而有魔法的效果,波尼族印第安人都相信,讲述这样的故事,描述人具有水牛的属性,可以成功地战胜引起牛群减少的力量。[⑤] 讲述童话故事也是一种仪式,[⑥]事实上也是一种 carmen,其中的用话是不能改动的,甚至儿童也会坚持只能这么说,不能那么说,而讲这些故事的艺术,我们统归之于"老奶奶们",比如奶妈

① Bethe,前引书,第 126 - 127 页。
② 参见 H. Schneider, *Deutsche Heldensage*,1930,第 21 页以下。
③ Wilhelm Grimm,载于 Wehrhan,前引书,第 7 页。
④ 童话故事的最古老形式所重现的是原初水平的人类经验,这里我只需要指出故事中的愿望支配事件的方式、动物所扮演的角色,还有那些今天的童话故事中还常常出现的古老谚语等。参见 Huet, *Les contes populaires*,71;Gunkel, *Genesis*,27;Wundt,前引书,V,第 166 - 167 页;Thimme, *Das Märchen*。关于童话故事的起源,参见 Bédier, *Les Fabliaux*,第 42 页,242 页以下。
⑤ 参见 Wundt,前引书,V,第 110、172 页。
⑥ 参见 P. Sintyves, *Les Contes de Perrault*,1923。

们的故事可以归于老妇人们关于阿普雷乌斯（Apuleius）的故事，而原始人则有专门的讲故事人，因为故事艺术在当时很大程度上取决于叙述的准确性。例如，那位尼德韦恩（Niederzwehrn）的有名妇人，她在为格林兄弟讲述童话故事时可以马上纠正错误，从不会改变自己的叙述和用词方式，讲多少遍也不会。[①]另外，雅各·瓦塞尔曼（Jacob Wassermann）对于仙女故事叙述过程中这种不可更改的倾向，从心理学的方面作了清楚而深刻的说明。[②]

　　童话故事也像神话一样，"像阳光中的纤尘一样在空中漫游，无家可归。"它当中的人物既没有姓名也没有履历，他们只是王子、后母、大臣，要不便是简单地称呼：格利特、汉斯、尤素福或阿里。[③] 时间是凝固了的，如同在睡美人的城堡中那样。突然间小姑娘就要结婚了，而珀涅罗珀又绝不会变老。"从前有这么一个时候"的套语，实则是永恒和永远的现在的另一说法，灰姑娘和拇指汤姆永远生活在今天，一如几千年前。"从前有一个时候"，也会发生在将来某一天。这是一切童话故事的开头，这里既没有"如果"也没有"也许"。[④] 童话中也没有空间，只要它说"往红海去"，小姑娘便在红海边了。一切是这样简单。[⑤] 同样，童话中既不存在现象的一致性，也没有同一性；变形景象司空见惯，如果说狮子还是狮子，马是可以变化为老鼠的，所以故事中告诉我们，几乎带着"辩论"的口吻，"狮子就是狮子，总是如此的。"[⑥]进一步可以说，无疑，童话所发生的境界在很大程度上是梦的境界。[⑦]"公鸡叫了，天亮

416

① Grimm, *Kinder- und Hausmärchen*, Vorrede; 以及 Thimme, *Das Märchen*, 8, 以及 Huet, *Les Contes populaires*, 70。

② *Der Aufruhr um der Junker Ernst.*

③ Bethe, 前引书, 107; Thimme, 前引书, 139, 147; Hurt, 前引书, 71。

④ Tegethoff, *Französische Volksmärchen*, II, 第 33 则。另外参见 H. Gunkel, *Das Märchen im Alten Testament*, 1921, 第 161 页。

⑤ *Kinder- und Hausmärchen*, No. 88.

⑥ Stroebe, *Nordische Volksmärchen*, I, 第 12 则。

⑦ Jacob, *Märchen und Traum.*

了",这是法国童话故事结束的套子,它显示了故事[1]的梦幻的性质[2],所以童话中出现的一切奇迹一点也不稀罕,它只不过是其特有的世界中的事件。不过,从根源上看,这里的梦幻特征绝不是说它希望某种超越现实的东西,童话中所表达的是原始的思维。童话中所保存的原始思维与其说是理论性的,毋宁说是现实性的。"有科学头脑的人说:'剪断树枝,苹果便掉下来';而童话中则说:'吹吹号角,那魔怪的城堡便会崩塌'。"[3]不过,后者比前者更具有现实性意图,它只是一种抽象的表述。

4. 作为结论,我们讲到的**传奇**,实则是教会在礼拜中读给大家听的圣徒的故事,它具有教诲的性质。它要获得某种效果,所以便同神圣的语词有关,但在这里,神圣语词所具有的那种明确的决定性力量是给削弱了。因此,无论如何,总带有许多神话性的类似英雄传奇内容的那种传奇,也就非常接近虔敬的玄思冥想了。

417

[1] Tegethoff, *Französische Märchen.*, II, 第 324 页。另参见 O. Weinreich, *AR*, 第 22 期(1923—1924)第 333 - 334 页。
[2] Huet, 前引书, 第 78 - 79 页。
[3] Chesterton, *Orthodoxy*, 89.

第 61 章／拯救故事——上帝之道

1. 如果神话关系到某种膜拜的前身、膜拜偶像和类似物的发现或取得，那我们就得谈谈**与膜拜相关的传说**。例如，法老托勒密的梦便属此种，它使法老获得了从锡诺普①带来的塞拉庇斯（Serapis）的形象；同样地，耶路撒冷的大主教戈尔弗里都斯（Gualfredus）在梦中也获得了主的形象，而此形象被认为是尼科得姆斯（Nicodemus）所塑造的。于是他想方设法弄到了那尊从雅法（Joppa；Jaffa）运来的偶像———一艘既无帆又无舵的船，将它送到了路加（Lucca）港口。起初，无人能靠近这艘船，然后来了一位上帝的人，他是天使召到港口来的。这同样的故事也用以描述公元前 204 年时，那块黑色石头———Magna Mater（大母）———之到达罗马，那艘船在奥斯蒂亚（Ostia）港外漂浮搁浅，当一个贞洁的妇女抓住船上的缆绳时，船重新浮了起来。不过，在所有类似的这些膜拜传说中，神话的事件并未变成现实，而仍然只是可敬的过去时代中的事件。

另一方面，我们看到，神话的历史则通过印度人的本生故事形式，虽不易觉察，但仍成为现实。②"它们是一部冗长的多达一百幕的喜剧，剧场就是整个宇宙。"③在本生故事中，个别的事件，人物和事件的实际力量都是同无时间起点的佛陀的历史相"连接"的。事件因之成了永恒的，但其形式并非唯一的，而是无时间性的。它只是永恒拯救的幻想显示。例如，在爪哇岛上的婆罗浮屠庙宇中的浮雕，它作了极其矛盾

---

① 今土耳其，近黑海边上。——译者
② 参见本书第 22 章。
③ Lévi, *Les Jatakas*, 18.

的描绘,但意义只有一个①:拯救的实现是以牺牲实在性为代价的。②

另一方面,神圣的故事又循着另一条完全相反的路子。它宣布了某种确定的事件,但也决定了听故事人的获救,而神秘宗教中的神圣事件便是这样的"获救故事"。这些故事并不只是背诵出来,它们也要扮演③并被体验,用以重现科瑞(Kore)神的死而复活、描绘密特拉神秘教的分牛祭、阿提斯的死亡与复活、伊西斯女神"寻求"她的夫君,所有这些神话均以象征的或纯然戏剧性的手法叙述并表演出来。④ 由神话表演的含义是听者和观者的拯救。事件中隐含的获救在神话当中成为实在的。例如,在祭仪中一个人被杀死了;他是"痛苦的人"——彭透斯(Pentheus),为他的死响起哀恸之声,最终又欢天喜地地庆祝他的复活。⑤ 在有的情况下,例如在彭透斯的神圣故事中,也可能丧失很大部分的决定性力量,这样,它就变成了只是神话或英雄传奇(这与《福尔赛世家》中的那种意义是一样的),最终它成为文学(欧里庇得斯!)。另一方面,它也可能保持其生命力而逐步丧失其意义,如像后来的民俗中送走冬天,驱除死亡那样的行为。但如果它仍然保持着真实的本质,那它就似乎是一切力量的聚焦点,就会滋养社会生活。从而,由其戏剧性地表演"神圣故事",那在历史中出现了的力量也就转移到社会生活和个人的生活中。⑥ 在基督教的礼拜中,神圣故事也是事实上的中心,因为不仅是圣餐的仪式,而且整个礼拜制度,都是一再表现庆典仪式,⑦而从原则上看,这是对基督的典型故事的重复。正是在对故事所具有的力量的一再重复,力量才转移到了教会的生活当中。

---

① N. J. Krom, *De Levensgeschiedenis van den Buddha op Barabudur*, 1926;另见 Levi,同前引书,第 13 页;另见 Lüdes, *Buddhistiche Märchen*, *Zur Einführung*。
② Huet,前引书,第 170 - 171 页。
③ A. van Gennep,前引书,第 114 - 115 页。
④ 参见 Kern, *AR*,第 26 期,1928,第 15 页。
⑤ 一种象征性表现的例子便是厄琉斯的玉米棒;另外参见本书第 53 章;参见 P. Wolters, *Die goldnen Ahren*,载于 *Festschrift Loeb*,1930,第 111 页以下。
⑥ 参见 Wundt,前引书,V,第 48 页;Preuss, *Gehalt der Mythen*, 31;神话是"膜拜的必要成分,因为在原始时期,从一开始它就被人为是生命力所必不可少的"。
⑦ 参见本书第 56 章。

2. 不过,基督教的神圣故事并不仅仅是依存于仪式庆典的神话,它也是一种 evangelium（宣告、宣布）,[①]而从希腊语世界中看,这 evangelium 是对救世君王登基的宣告。[②] 对基督教来说,还有进一层的意思,它主要并不是文字形式的耶稣的生平,首先是欢乐的消息:耶稣就是主和救世者。哪怕看传记形式的福音书,这也是它的基本特征。它并不只是传达某些事实信息,而是在宣讲他——那被承认为我主的人。因而,在基督教当中,复述拯救的故事与宣布救赎是内在地联系在一起的。[③]

3. 与此相关,它们就都被称作"上帝之道"。[④] 这首先便是宣告,是获救的消息,[⑤]但这种获救又正是通过实在的事件而揭示出来的。从而,宣讲这一消息就永远同时也是教士的行动,反过来说也是这样。[⑥]言说本身便是有力量的——"从某种意义上说,讲道人应该是这样的人:他会迫使自己的听众这么说道:'我要不要从这人跟前逃走呢? 他说的话简直使我无处藏身。我如何才能摆脱这人呢? 他时时刻刻都缠住我不放'。"[⑦]不过,这样的言说是现实存在的力量,是任何纯粹的冥想或解释的直接反题。语词在这里的双重意义——宣告及实际存在的神圣力量——因而也就成了一般的启示形式。[⑧] 在古希腊晚期,事实上逻各斯便是确实现存的和有效的上帝的力量,这一点与后来的基督教世界是相同的。但基督教所宣讲的是出现于历史的现实性中的道成肉身的逻各斯。"道"本身是一切事物产生之由,它取了肉身,寓形于我们中间,"充满了恩典和真理。"[⑨]因而,那决定性的宣告和决定性的事

419

---

① Bultmann, *Glauben und Verst*,第 186 - 187 页。
② 参见本书第 12 章。
③ 参见 Bultmann,前引书,第 291 页。
④ 参见 W. B. Christensen, *De goddelyke heraut en het woord van God*, *Meded. Kon. Akad. v. Wetensch.*, *Afd. Lett. 70*, *B*, *Nr. 2*, 1930。
⑤ 参见本书第 28 章。
⑥ 参见 P. Tillich, *Die religiöse Lage der Gegenwart*, 148。
⑦ S. Kierkegaard 语,转引自 Geismar, *S. Kierkegaard*, 1929, 367。
⑧ 参见本书第 85 章以下。
⑨ 参见《约翰福音》1:14,那里讨论了历史与上帝的道的关系。参见布尔特曼,前引书,第 287 页。

件二者,都在救世主耶稣基督的形象中出现,因为这样一种形式是任何神话中必不可少的。

　　不过,上帝之道的观念也存在于除基督教外的其他宗教当中,首先是在伊斯兰教当中。世界是由上帝的道(Word)所创造的,但在其中并不存在任何具体说明了的力量,道只是上帝的一种属性。充满热情的伊斯兰的独一神论不能容忍独立存在的逻各斯的说法,更不用提任何形态的偶像了。[①] 类似的倾向其实更早的时期便有了,实际上,所谓"孟斐斯神学的文献"便证明古埃及就有"道的神学"。关于那位孟斐斯的神灵卜塔(Ptah),它说道:"由于有教导说,他(指卜塔)(作为心)存在于所有的身体中,(作为舌)存在于一切神灵、一切人和牲畜、一切爬行物和一切有气息物的口中,于是这事便发生了:所有的心和舌都接受了那凌驾于一切之上的力量,因为是心在思想,作为舌在任意命令一切事物……它(指心)是那许可知识出现或产生的,而舌是重复那心所思考的……而神的每一语词却因心的思考和舌的命令才得以存在……因而,一切劳作一切艺术的进行,武器的、腿的运动,一切有四肢活物的运动,全都符合那由心思考由舌表达的命令,这命令便构成一切事物的意义。"因此,创造的器官便是嘴,"它给一切命名";因此,心与舌是创造力量的两大代表。[②]

　　原始人也都知道,语词是首要的力量。哥伦比亚的乌伊托托(Uitoto)人在他们的庆典仪式中显示神圣的语词,就是最初的起源:"最初,是语词产生了父亲。"普罗伊斯评论道,神圣的语词在一定程度上便独立构成父亲,并在他之前便存在着。[③] 因而,语词在这里是先于神而存在的,它实在地使后者成为多余的东西。

---

① 　因而,例如《一千零一夜》这样的通俗作品中便可以见到。参见德文本(Littmann) VI,第 66 页以下。

② 　参见 Sethe, *Dramatische Texte zu altägyptischen Mysterienspielen*, I。

③ 　参见 *Religion und Mythologie der Uitoto*, I, 1921, 26。

第62章 / 人的语词——咒语和祷文

1. 在神圣话语的流动中,可以听到人的语词,但我们实在不能够永远而且准确地区分神的语词本身和人的用语,因为有力量的语词是既在人之口又在神之口的。所以,首先是人的语词,它具有魔术性和创造性,与此相关[1],我们来谈论"神",我们说人将神圣的语词放到了他的口中。[2] 因此,在遭遇苦难时,人们成群结队地来到希腊神秘教传播人恩培多克勒跟前,求问他们获救的方式,并从所听得的"支语片言中获取解救"。[3] 另一方面,咒语与祷词又是不能分开的,因而,如果在罗马人的祷告中,这条规则站得住脚,即"祷告文中不应有任何歧义",[4]那么,显然这祷告文指的是 carmen,一种魔咒。[5] 语词本身就是强有力的,因而如果为某人祷告而又刚好弄错了他的称呼,那祝福就到不了他身上,而降到错误提及其姓名的那人身上了。因此,在祷告当中,我们必须尽可能明确地说清楚姓名与地方两者:按要求讲清所有的细节。[6]我们也已经注意到,在罗马,祷词的语言及契约的语言是一样的。[7] 其次,称名道姓是祷告中的主要特征。[8]

因而,祈祷是行使某种力量,易洛魁印第安人称祈祷是"放下自己

---

[1] 参见本书第1章。

[2] 诚然,从进化论的意义上看,这里并不包含有"从咒语到祷词"的历史发展(参见 Marett, *The Threshold of Religion*, 第2章)。另一方面,祈祷词又总是同咒语形式相邻而立的,因此它首先具有"结构关系"的相似性。

[3] 参见 Diels, *Fragmente der Vorsokrätiker*, I, 265。

[4] Servius, *ad Aen*, VII, 120.

[5] Heiler, *Prayer*, 67 - 68.

[6] 参见 Plato, *Cratylus*, 400c。

[7] Appel, *De Romanurum precationibus*, 第76页, 第145页以下。

[8] Usener, *Götternamen*, 第335 - 336页; 另参本书第17章。

的奥伦达(orenda)",也许这是因为祷告行动的前提便是要求交出自己的力量,不过也可能是相反,因为祈祷人要炫示自己的力量。[1] 与此相似,我们发现,在埃斯库罗斯的剧本中,祈祷是"为了某人的益处而显示嘴的力量。"[2]祷告都有极其具体的目的,罗马人是为了牲畜的健康祈祷,[3]而喜歌则是为了保证婚姻后的生育;另一方面,符咒是为了摆脱疾病;希腊语中的 paean,是一个极有力量的祛病的词,以后才成为神,直到今天,还有许多人是将医生的处方笺看作魔法咒符的。因此祷告所施展的是对人的潜在影响,也是对力量和神的潜在影响。[4] "所有的神都活在语言之上,犍闼婆、动物和人都因语言而活……语言是不可朽坏的,是**永恒的法(Rta)**的头生者,是吠陀之母,是不死的脐",古代印度人的语词哲学这么说。所谓语词哲学所直接赖以为基础的,便是 carmen 在祭祀中的使用;[5]与此相类似,在日耳曼的部落时代,祷告是对付敌对者的武器。[6] 基督徒的祈祷移到了聚会的地方,[7]而对维斯太神庙中处女的祷告则源于奴隶逃到那地方。[8] 祷告中称其名的圣徒,因语词的力量而升到空中。[9] 最恰当的例子见于苏菲派的哈拉智传奇:"一当他听到宣礼人召唤祈祷,他便喊道:'你撒谎';当人们愤怒地捉住他,要将他处死时,哈拉吉继续说:'是的,你所背诵的舍哈代(念功,shahada)不对,'而就在他这么说的当下,那宣礼楼便倒塌了。"[10]

2. 巫术的祷词的力量根源,在于背诵的严格准确性、节奏的顺序缓急得当,还要求称名和别的因素,比如,最应讲究的一条便是所谓史

---

① Hewitt, *Orenda*, 40;另参见 Beth, *Religion und Magie*, 262。
② Aeschylus, *Choëphoroe*,第 721 行。
③ Cato, *De Agri Cultura*, 83.
④ 参见 Wundt,前引书,Ⅱ;也见 Heiler,前引书,ⅩⅢ,第 53 - 54 页;另参见 F. B. Jevons, *The Idea of God*,第 115 页以下;以及 Fr. Pfister, *Handwörterbuch des deutchen Aberglaubens*, *Gebet*。
⑤ Bertholet,前引书,第 9 页,55 页。
⑥ Grönbech,前引书,Ⅳ,第 44 页以下。
⑦ 《使徒行传》4:31。
⑧ Pliny, *Nat. Hist*, 28, 12 以下;Appel, 前引书,74 以下。
⑨ J. von Gorres, *Mystik, Magie und Damonie*, 1927,第 250 页。关于文特拉信仰中的先知 Vintra (文特拉),也有类似的说法。参见 J. Bois, *Les petites religions de Paris*, 1894,第 122 页以下。
⑩ Massignon, *Al Hallaj*, I,449.

诗的开头,这是许许多多的咒语中都会有的,我称之为**"巫术的先导"**。
因此,梅泽堡(Merseburg)的一个巫术咒语是这么开头的:"从前有些
聪明的妇人坐在这里和那里。有的在编织镣铐,有的在阻挡军队,又有
的在挣脱(镣铐)。——镣铐,开了吧! 从敌人那里逃走吧!"[①]而第二段
便是:"福尔(Phol)和沃腾(Wotan)从前在树林中骑马。波尔德的马驹
曾在那里伤了蹄。然后辛思昆(Sinthgunt)给它施了魔法,(还有)苏娜
(Sunna)她姐妹;然后弗利娅(Friia)给它施魔法,(还有)沃拉(Volla)她
姐妹;然后沃腾给它施魔法,因为他熟知如何干;相似相应,伤了骨头、
血对血、腿对腿——好像都粘到一起了。"[②]这里的实在性(actuality)是
凭语词纠正的,也可以说是替代。一桩史前时代发生的、至今仍有神话
的永恒性和典型性的事件,借助咒语的力量而呈现于字面意义中,而后
成为现实和结果。[③] 说明这一现象的有韦斯特雷姆登(Westeremden)
发现的一块写着古代北欧文字的木头,那上面记载了某桩神话事件,它
也是"史诗的前言","某种巫术的先导",那段文字如下:"安路得(哈姆
雷特)在乌菲姆的战斗前站好位置,浪涛也在刻有文字的紫杉木棍前俯
首。"因此,这属于神话一类的与典型的力量相关的事件。那木头的另
一侧写着"愿浪涛在这紫杉木棍面前俯首。"[④]这个神话的实际用处便
是刻在木头上,在最紧急的时候扔在汹涌的海水中去,它大约是某位弗
里斯兰(Frisian)的水手从丹麦买来的。紫杉的木板和古代北欧的文字
镌刻是具有魔力的,在此,木板本身实际上说明了神话事件的具体存
在,说得直截些,可以认为是那位水手将哈姆雷特事件扔进了大海。因
此,人类是通过对某种事物的创造性归纳而把不合意的实在转变成可

423

[①]　Bertholet,前引书,第 12、70 页。
[②]　Bertholet,前引书。其他的例子还有 Usener 书中的民间习俗,见氏著,*Heilige Handlung*,第 423
　　页以下;另参见 M. L. Pales, *Revue anthropologique*, 37, 1927。另见 C. Bakker, *Ned.
　　Tydschrift voor Geneeskunde*, 65,1921;K. H. E. de Jong, *De magie by de Grieken en Romeinen*,
　　1921, 238;关于古埃及,参见 *Pyramidentexte*(Sethe), 418;另参见 Ad. Erman, *Die ägyptische
　　Religion*, 第 2 版,1909,第 169 页以下。
[③]　进一步的说明,参见 Preuss, *Gehalt der Mythen*。
[④]　J. M. N. Kapteyn, *Dertiende, veertiende en vyftiende Jaarverslag van de Vereening voor
　　Terpenonderzoek*, 1928—1931,第 72 页以下。

接受的,而在印第安人部落中,我们也发现这么一个说明语词的创造性和产生事件的力量的例子。"一次,有封电报送到我家来:巴鲁死,勿忧。巴鲁在一百英里之外……"不过他并没有死,"只是一只乌鸦在他头上停了一下,他的叔叔便赶紧发电报以使这恶兆不至成为现实……他得以某种方式先使其实现。因为乌鸦停在那男孩的头上,注定有一场躲不掉的死亡。"①既然巴鲁**已经**死了,因为语词已经使事件达到了顶点,那他就不会很快死第二次了,无论如何,这凶兆已经给耗尽了。②

3. 介乎咒文和祈祷词之间的形式是**召唤**,在讨论圣礼时,我们已经谈过了求神降灵的祷文。③罗马的将军在投入战场前总要大喊"醒来吧,马尔斯!"这是一种警告性的呼喊,大约是为了提醒在天的战神,注意他与人结成的契约。④不过还有另一种呼喊拯救者的召唤。⑤例如在远古时代厄利斯(Elis)岛上妇女们的召唤:"啊,狄俄尼索斯,趁春日从海上到你纯洁的神庙来吧,乘着雨的战车,驾着奔走的牛来吧,⑥高贵的公牛,高贵的公牛。"⑦这里的召唤,其用意在求生殖之神显灵——力量的出场是"说出来的"。专业性的巫术也要求神的到场,即用语词召请他,尽管他的崇高性远远超出了请他来的琐细目的。莱顿⑧保存着一片纸莎草的咒语,那上面呼唤的是厄洛斯(Eros):"眷顾我吧……啊,你,无所不能的神啊,给一切人以生命气息的神啊,啊,你这世上最美丽的一切之主,请听我祈祷……"⑨类似地,基督教祈神降灵的祷文是间于咒文、召请和实际的祷文之间的,而古代基督徒的maran atha便是一种礼拜的召请词。在《使徒文献》中我们就能读到:"愿您的

---

① 参见本书第 54 章。
② Lévy-Bruth, *Primitives and the Supernatural*, 375.
③ 参见本书第 52 章。
④ Wissowa, *Religion der Römer*, 144;Heiler, *Prayer*, 16.
⑤ 参见本书第 12 章。
⑥ 原文为"带着牛蹄奔走而来吧",牛蹄隐喻为男性生殖器。——译者
⑦ 参见 Plutarch, *Quaestiones graecae*, 36;另参见 Farnell, *Cults*, V, 126。
⑧ 指荷兰莱顿大学。——译者
⑨ De Jong, *Magie by de Grieken en Romeinen*,第 157 页,第 155 页以下。

圣灵下来眷顾这祭献。"①但在罗马天主教弥撒中已经不再有这种求神降灵的文字了。求神降灵的祷词转到了别的地方,因为祝圣词已有能力使神圣的力量到场。②

因而在较这种语词形式更高级的程度上,召请文具有自发性的特征,它是一种誓告性的呼喊,是针对力量的某种"嗨,小心!"就其最为根本的形式说,它接近那种至今仍保留于许多祈祷文中,作为很古老成分的**感叹语**(如哈利路亚,Kyrie eleison, euoi, triumpe,等等),③这同召神时常常突出的入神状态是很相近的。相似的还有印度教中的"唵"声,姑且不论它后来在印度的冥想中有多重要,最初它是"神秘的原始声音"。它是"'哦'这个音素的拖长了的鼻辅音"④。

4. 人类首先认识到的是力量中的形式,而后是意愿,然后又认识到力量—语词、咒文,而后转向**祈祷词**。力量只作用于力量,意愿的力量也要求某种次一级的意愿。从而,一开始,祈祷文便是人向优越者,向神以语言表达自己的意愿。不过,我们还不能说,祈祷最初的产生,是作为巫术咒语发挥它的作用后自身意愿的实际表达。因为当表达意愿的祈祷在最原始的民族中出现时,咒语的功能绝对还未耗尽,关于这点,海勒尔的洋洋巨著给予了无数例证说明。祈祷在语气方面,是多种多样的,它可能是威胁,也可能是最恭谦的乞求,可能是警告性的请求,也可能是最诚挚的信赖和嘱托。但无论何时,只要它出现,它就是人对于他深知比自己更高的意愿的致词,是对这意愿的回应。所以,从根本上说,祈祷是一种对话,有着极为具体的目的性——祈祷是为了某种明确的东西。事情往往还有另一方面:它在语气上表现出虔诚、敬畏或焦虑、渴求等,所以,在多哥的阿塔克帕默(Atakpame)的阿那人(Ana),每

425

---

① Liezmann, *Messe und Herrenmahl*, 68.
② 参见 Liezmann, 前引书,第 121-122 页。我们在赦罪文当中已经发现了类似的现象,只是由于托兰特公会议,这种求赦免的语气才变成了直陈式的语气。
③ Heiler, *Prayer*, 8-9.
④ Otto, *The Idea of the Holy*, 197;关于"唵"音的现代解释,参见 von Glasenapp, *Reformbewegung*, 44。

天都要在至高神的圣手杖前请安，下跪、拍手，然后说："早上好，父亲。"①

因此，在祈祷中所用的力量—语词造成的强迫也就转化为对神的烦扰。上帝大约应该是很受烦扰，祈祷词似乎是对上帝的强制，就像福音书中那位寡妇对不公正的法官提出要求一样。②"祈祷的力量"——它已经完全抛弃了巫术的性质——最为古典的例子是《圣经》中雅各与天使的较力，它很形象地说明了基督徒对祈祷的热诚：如果你不给我祝福，我就不让你走。③

不过，恐怕还在很早的时期，人们对于借祈祷可以直接与神灵交通便心存怀疑。在绝对力量的宗教④从巫术转向追求与神结合的狂喜感觉时，那种认为力量和意愿就在宇宙背景⑤上的宗教，便不再关心这种结合的迷乱以及两个意愿之间的交互性。孔夫子的态度是比较典型的：丘祷也久矣。⑥也还有不少的人哀叹祈祷没有作用；⑦它们正好是希望神与人的契约能够履行的心理需求的反面。当然，从本质上看，这种契约几乎是不可以锱铢计较的，就像祭献中的施受那样，⑧更恰且地说，它只是对给予者的一种要求，⑨同时也是对给出人想要得到的东西的一种准备。但只要这种态度机械化了，或是依赖于力量的纯粹仁慈，那就会出现幻灭。而这种幻灭的克服只有依赖于作见证和殉道的勇气和无畏，亦即 parresia⑩，正是这种勇气引出弥撒经文中"我们的父"的一

---

① 参见 Heiler，前引书，第 29 页。
② 《路加福音》第 18 章，耶稣所设的比喻。
③ 《创世记》32:26，祈祷是可以使之上升的，其方法之一便是焚香。参见 Lietzmann，前引书。《失乐园》中有很精彩的一段，见该书 XI，第 15 页以下。
④ 参见本书第 21 章。
⑤ 参见本书第 18 章。
⑥ 参见 Bertholet，前引书，第 6 页，67 页。对经文的解释本身是两可的，但孔夫子的怀疑论态度从他的问题可以揣摸得到。孔子病了，学生们想为他祈告于天，他却说"这有用吗?"
⑦ 例如，希腊戏剧家索福克勒斯的《安提戈涅》，第 1336 行以下。
⑧ 参见本书第 50 章。
⑨ J. Segond, *La Prière*，135 页以下(1911)。
⑩ 参见本书第 2 章第 1 节。

段："凭着获救之命和以下神圣诫命的教导，我们敢于说'我们的父'。"①不过，这样的祈祷绝不是个人行为，因为它是始终以神圣的共同因素作为基础的，哪怕由个别人道出，并且它的对象具有最强的人格性，它仍然是以会众的祈祷为基础的。②祈祷具有对话的性质，因而，本质上讲，它就是代言性的。对于基督教，它是**教会**的祈祷——即作为基督身体的教会与已经升天的救主的关系的一种类型。因此，祈祷只是**在基督内**。③

5. 但当力量和人之间的关系缺失了意愿结构时，祈祷便丧失了对话的性质，成为饱含宗教能量的独白。因而，如陶勒（Tauler）所说，"祈祷就只不过是灵魂之专注于上帝。"④言说和倾听已成为次要的事了，根本没有什么事情被确定下来。语词实际上是多余的，因为就最"有效果的自我奉献"而言，最适合的形式是默祷。⑤

另一方面，神秘主义的祈祷从开始便颠倒了神与祈求者的关系，从而力量从人到神又从神到人的循环——其本质属性，我们在祭祀中已经可以看出——无论对神还是对人都是必不可少的。神**需要**人的祈祷，如帕斯卡（Pascal）所说："对我而言，他'使自己负罪于我'，比起我自己来，他更令人憎恶。他非但不厌恶我，反而觉得我去帮助他是一种荣耀。"⑥西里西亚的安杰勒斯（Angelus Silesius）说得更直接：

> 神因此而获祝福，并摆脱一切欲望而生存，
> 因为他从我所得与我从他所得是一样多的。⑦

---

① E. Peterson, *R. Seeberg-Festschrift*，第296 - 297页；另参见 C. E. Hammond, *Liturgies Eastern and Western*，343。
② 参见 Will, *Culte*，221。
③ 参见 Fr. Heiler, *Das Geheimnis des Gebets*，1919，36。
④ 参见 G. Siedel, *Die Mystik Taulers*，1911，6。
⑤ 参见本书第63章。
⑥ Segnod, *La Prière*，52.
⑦ *The Cherubinic Wanderer*，I：9.

　　因而这种关系全然是双方的，就像赠礼和回赠的那种原始关系，而礼物的洞流①现在转化成了语言的洞流，神与人之间在进行亲密无间的交谈！但祈祷往往同时也是某种答复。神所说的与人的话语相关联，祷告与倾听相关联。② 从而祈祷不再是"为某事祈祷"，为明确的东西作祷告的事已不复存在，或至少被认为是不完善的；逐渐地，祈祷演变成了虔诚的冥想和独白。它甚而无需接受一方，一个人可以对更高的自我③，或对自身④作祈祷，或者他会认为对谁祷告实际都是无关紧要的事。⑤ 古老的"无神"宗教将巫术的外衣换成了神秘主义的外衣。实际上，祈祷仍然是有关力量的一种庆典仪式，不过这里既无形式也无意愿。而由于它缺乏意愿，所以祈求者本人必然也没有了意愿。神秘

428　主义的祈祷是"消融于神"的。那祈祷者必然像"画师面前的画布"，像出于爱而消耗自己的燃烛。⑥ 因而这样的祷告所达到的最高形式，是完全的**自我忘却**；⑦另一方面，祷告的对话形式又总是语词和恳求，是愿望对愿望的实际显示，哪怕这种祷告的最高形式是："要成就你的愿

429　望，不是我的愿望。"

① 参见本书第 50 章。

② H. Groos, *Der deutsche Idealismus und das Chtistentum*, 1927, 121 - 122。参见施莱尔马赫对祷告的定义："意欲达到尽善尽美的愿望与对上帝的意识之间的最密切联系。"参见该书第 146 节，进而可参阅全章。

③ Segond, 前引书，第 42 页。

④ Romain Rolland, *Jean Christophe*, *La foire sur la place*, 42. 神秘的祷告也可是对上帝的独白。另参见 B. M. Schuurman, *Mystik und Glaube*, *im Zusammenhang mit der Mission auf Java*, 1933, 其中引述了爪哇语的经文："唯安拉敬拜安拉，但安拉实为安拉之名。"

⑤ Segond, 前引书，第 35 页。

⑥ Segond, 前引书，第 37 页。

⑦ Fr. Heiler, *Die buddhististische*, *Versenkung*, 第二版, 1922。

第 63 章 / 赞美、错讹语及静默

1. 无论谁,只要大为感动,便会喊起来,他的嗓音也便"提高了"。呼喊声或唱歌都启动了力量。[①] 但是最深沉的抒情的发声形式是**称赞——赞美之歌**。赞美之区别于祷告,并非在其采取了面对神的意愿而申表人之意愿的立场,而在于它"肯定"神圣的力量。当然,这样的肯定绝不是一种认可、一种情绪的断定,而是"字面意义"的,对力量的、对意愿的确定,而力量和意愿都是人所必须面对的。所以波托库多斯(Botocudos)不停地重申:"头领,他不知畏惧。"[②]这既不是断言,也不是诗,而是一种 carmen,是对首领的力量的肯定。赞美祖先,从另一方面看,被原始人视为一种影响其"处境"的手段,认为会引起或此或彼的某种结果。[③] 因此,赞美绝不是对与力量交流的装饰,绝不仅仅是一种打扮。它绝不是美丽的或者诚挚的外在行为。无论是谁,只要在感情上被深深打动后,就要赞叹,这是不可避免的,因为赞叹中有着自我忘却,并借自己所赞美的力量而使自己高出生活。因而,赞叹,"在主里喜乐"不是意指我们对神无所希求,相反,我们事事期待于他。毋宁这么说,我们摆脱自身,摆脱自身的力量,而全身心地依赖于神的力量。赞美,因而是背离自身而转向上帝。

因此,我们才能理解,无论何时,无论何种宗教,赞美永远是极其重

---

① G. van der Leeuv, *Wegen en Grenzen*.

② 同上书,第 12 章。

③ Lévy-Bruhl, *Primitives and the Supernatural*, 135 - 136。列维-布留尔的"布局"(Disposition)和我用的"处境"(Situation)几乎是一致的,都可以运用于人、物或环境状态,参见海德格尔,前引书,第 161 页:从存在的角度看,语言与境遇和理解都是同样本源的。"作为可从存在(Being)抽绎出来的东西的实存条件,语言是其实存的构成要素。"

要的事。"侍奉"的仪式几乎无不包含赞美的奉献，[①]因而它成了宗教的生命——无论其为修道院的，还是符合基督教改革运动理想的职业的生活——的主要内容，即只有一个目的：赞美上帝，称扬他的荣耀永不停止：作为原则，从现在直到永远，世世代代，荣耀圣父、父子和圣灵。赞美的声音直到永远，而其释放口便是天使般的赞美歌曲，这是一个趋向上帝的宇宙运动。赞美不只是出于人，也是出于整个宇宙："全地都要向耶和华欢呼，要发起大声，欢呼歌颂，要用琴歌颂耶和华，用琴和诗歌的声音歌颂他，用号和角声，在大君王耶和华面前欢呼，愿海和其中所充满的澎湃，世界和住在其间的，也要发声，愿大水拍手，在耶和华面前一同欢呼。"[②]如我所已经指出的，罗马公教会将这一观念转到了修道生活的观念中，而新教改革者，尤其是加尔文派，将这观念大加推扬，整个人生都成为使上帝荣耀的奉献，从而依据人的标准来衡量，人生的目的是无用的，是肤浅的。这是为了向神告白：他是主，他的名便有大能。而这意味着，人生的自我实现在于放弃生活本身，真正的力量之获致在于放弃一切力量。因此，赞美取代了祭献。圣餐礼实际上便始终成为回报上帝的牺牲的一种感恩。但是，这种服从的全部生活也是基于感恩的观点而继续的。因此，履行宗教的这种要求便不再是负担，而是赞美本身。

赞美行为的惊人形式之一便是所谓的欢呼。在希腊化时期，每当皇帝或高官在剧场或集会上露面时，人群便会欢呼，这是一种真正的"肯定"，它使某一事件获得认证，赋以其合法的有效性并证实一种决定或者选择。它同时是赞美和决定二者。事实上，在多数不掌握权力的人表决时，这是唯一可能的选择。对神作赞美的最好例子，可见那些以弗所人的高呼"大哉，亚底米啊（Diana）"，它竟持续两个时辰[③]；另外，

---

① 参见本书第 53 章。
② 《诗篇》98：4-7 以下。
③ 《使徒行传》19：28。

《腓力比书》也有类似的欢呼[①]："叫一切在天上的、地上的和地底下的……称耶稣基督为主，使荣耀归与父神。"[②]在米兰大主教选举时，也有一个小男孩喊道："安布罗斯，大主教"，于是人们便都欢呼，确认安布罗斯为大主教。[③] 这被看成是一种选举，尽管今天只存残遗，但它仍被承认为天主教中的选举法程序：人民的声音是神的声音。这种肯定是潜在有力的。

431

2. 深度的情感波动也会导致发音错讹。明显的发音错误也是一种强有力的力量表现：人在入神状态时便会发出不连贯的痉挛性的声音。这类例子在讨论先知预言时已言及，[④]因此，发音错讹的具体特征在于说话人无力量控制自己的言语，这是"失控了的"和强迫性的。我们可以在所谓 glossolalia（宗教状态下的发音错误）中看到这种错讹，它在早期基督教和许多宗教运动中都是不乏其证的，无论古代，还是近代——如基督灵恩运动——都可以看到这种例证。"在 glossolalia 状态下表达其激情的人，所说的话是不由自主的，在许多场合，他觉得自己是不得不开口的，在另外的场合，情况也许并非如此，他像一部机器，或者更准确地讲，**有什么东西通过他讲话**。他预先并不知道会说些什么，只是随后才理解并解释话语的意义，好像是解说第三者的话语似的。"[⑤]因而，力量在此是在无力中被发现的，丧失了自我的力量，才引出了某种更高级的力量的活动。实际上，圣保罗具有代他人讲话的能力，他说："感谢神，我说的方言比你们众人还多。但在教会中，宁可用悟性说五句教导人的话，强如说万句方言"。[⑥] 后者即指不可理解的 glossolalia。

3. 感情激动也会导致**静默不语**。起初的闭口缄默是巫术手段之

---

① 《腓立比书》2:11(Moffat)。

② E. Peterson, *Die Einholung des Kyrios*, *Zeitschrift für systematische Theologie*, 7, 1930, 699.

③ I. H. Gosses, *Met meerderheid van stemmen*, 1929, 4.

④ 参见本书第 27 章。

⑤ T. K. Österreich, *Einführung in die Religionspsychologie*, 1917, 60.

⑥ 参见《哥林多前书》14:18 以下。

一，其目的在于想用沉默来克服不吉利的语词的力量，借由"位移"，[①]
缄默变成了肯定性的表达方式，成为不可表述者、不可言说者的语言形式。说话的不是人，而是"它"。"它"是在 glossolalia 状态中的言说，说到底，glossolalia 只不过是语词累赘，而情感深刻波动导致的静默，则显示了最有力量者本身，即那永恒的道的无言的决定。

圣事当中的固定用语，不允许任何人对其擅加改动，在其使用过程中要求极端的保守态度。这套用语本身是接近缄默无语的。[②] 每一位主持典礼和圣礼的人都会有这样的体验：就在他一再重复圣事中的字句时，他自己在内心是没有说话的。因此，"它"通过他才以声音表达了意义。圣事语言之令人陌生也是通向缄默的途径。从来任何语言中的仪式性的声调都是同日常语言大相径庭的，就像路德的圣经，或者教会拉丁语、希腊语，[③]而在圣化仪式中，祭司的谦恭祈祷也属此范畴，它最终导向标示弥撒达到高潮时的完全沉默。[④] 然而，这种礼拜的静默不只是无声而已，它的价值并非否定性的而是肯定性的。这就像音乐一样，休止往往会引起强烈的印象，因而也是一种丰富的表现手段。[⑤] 在礼拜当中，静默不只是为深沉的情感提供发泄口，同时也是一种传达最深刻启示的手段。"礼拜中的静默并非空虚的奉献时刻，而是充实的时刻"。[⑥] 充满了神圣力量的静默与神圣空间中的黑暗是相应的，如伊斯兰教圣地中的神秘的空间那样。[⑦] 而依据各个时代的神秘主义者的说法，极度贫穷恰好是最大的富裕，空虚便是充实，力量便是无能力。门兴（Mensching）将静默区分为预备性的、圣礼结合性的、冥想性的、礼拜的、预期性的以及修道院中苦修士的几种。[⑧] 实际上，从第四世纪以

432

---

① 关于"位移"（Transpostition）一语，请参见原书第 31 页底注及第 610 页。
② G. Mensching, *Das heilige Schweigen*, 1926, 第 125 页；另参见 Briolioth, 前引书，第 14 页。
③ Will, 前引书, I, 第 201 - 202 页；另见 Casel, 前引书，第 143 - 144 页。
④ Will, 前引书, I, 第 201 页。
⑤ G. van der Leeuw, *Wegen en Grenzen*, 第 148 页以下。
⑥ Amiel, *Journal*, 22 Aug. 1873（Brooks）。
⑦ 参见 Otto, *Aufsätze das Nuninose betreffend*, 第 108 页以下；另见其 The *Idea of The Holy*, 70, 216。
⑧ 进一步请参见 *Die liturgische Bewegung in der evangelischen Kirche*, 1925, 第 47 页以下。

降,古代的东正教会一直在采用默祷;贵格会教徒也用这种祷告法;[①]
罗马公教会也如此,除了祝圣,念主祷文和纪念耶稣受难时都有静
默;[②]希腊的巴库斯教徒也在他们的迷狂高潮状态中体验神圣的
静默。[③]

　　普遍地看,神秘主义是寻求静默的:它所打交道的力量是如此强
大,因而只有静默可以创造合适的"环境(situation)"。这就是雅斯贝
尔斯所谈到的表达的悖论,我们倾向于说一切可能说的,而更进一步,
那最雄辩的却是完全的沉默。[④] 因而,所谓神秘主义始终是很雄辩的
说法,不过是它本质上的静默的反面而已。那唯一的有力者不过是借
助否定方式(per viam negationis)而显示出来的。神秘主义之所以通常
反对采用正式的祷告,最终也不满足于自由的个人祈祷,原因便在于
此。伊斯兰教的神秘主义甚至警告不要妄赞神,我们"必不能忘记,即
令是赞美神,也只将神放在了我们的嘴唇上。要膜拜神,应将他放到心
上加以赞美。"[⑤]因为真正的拜功(salat)是不间断的,那行拜功的人由于
其心中的光便永远是纯洁的。[⑥]

　　这种关于"不停祈祷,为每一事感恩"的教导当然另有其依据——
"因为这是神在耶稣基督中对你的意愿。"[⑦]那实际上已经出现了的寄
力量于意愿、寓信心于形式的宗教也知道上帝是不可言传的,也知道空
的充实性、贫穷的富足性和静默的雄辩力;但它是在神的kenosis[⑧] 当中

433

---

①　参见 Will,前引书,I,第 332 页。

②　Heiler, *Katholizismus*,第 411 - 412 页。

③　Rohde, *Psyche*, II, 9. E. T. 259.

④　*Psychologie der Weltanschanungen*,第 2 版,1922;另参见 van der Leeuw, *Mystick*, 1925。

⑤　参见 Massignon, *Al-Hallaj*, 513;另参见 N. von Arseniew,"在神秘体验的极点,歌赞必然死亡,
因为那已是不可表述的领域了……"。关于此点的进一步评述,可参见神秘主义的 *Jubilus*(AR,
22, 1923—1924,第 266 页以下)。在爪哇的神秘主义中,赞歌是在第一阶段由心、口唱出的;在
第二、第三阶段便只有心诵了。在第三阶段,赞歌从神秘者的口中涌出,或为通常格式赞词,或为
神秘的"呼……呼……"音节;或为错讹的发音"啦、啦、啦、噢、噢、噢",有时甚至只是"哭泣与擅
抖,手足舞动或呆若木鸡",参见 Schuurman, *Mystik und Glanbe*,第 17 - 18 页。

⑥　H. Kraemer, *Een Javaansche Primbon uit de zestiende eerw*, 1921, 78.

⑦　参见《帖撒罗尼迦前书》5:17 以下:"要常常喜乐,不住地祷告,凡事谢恩,因为这是神在耶稣基督
里向你所定的旨意。"

⑧　指神具形而使自身局限化,本意为神性的诺斯替赋型化。——译者

发现这一切的，即是说，神**来到世上**从而使他自己虚空。① 因此静默首先和主要地是对神的说话和对神的倾听。这种 sursum corda（内心话）最初是由祭司来说的，"以使静默不至给忽视"，②然后才是赞美。

不过，基督教神秘主义的语说形式可见于特尔蒂根（Tersteegen）的纤巧的《夜歌》，当上帝道出他的静默时，这首赞歌也便消失了：

> 那就让我们安睡吧，
> 有谁不能入睡，
> 便与我一同祷告，
> 向那伟大的名祷告，
> 天上的守护者也日日夜夜
> 献出荣耀、美誉和赞叹，
> 　　耶稣基督，阿门！
>
> 愿天上美丽的光，
> 照耀在您身上。
> 愿我成为你小小的星，
> 在空中处处闪烁，
> 我匍匐在您跟前，
> 主啊，在黝黑的空中，
> 唯有您凭着深沉的静默
> 向我晓谕。

434

---

① 参见《腓立比书》2:6。"他本有神的形象，不以自己与神同等而为强夺的，反倒虚己，取了奴仆的形象。"
② 见 Casel，前引书，第 149 页。

第64章 / 写下的语词

1. "那白纸黑字写下的东西，我们可以稳当地带回家去"，这是拜物教中已经可以看到的倾向，[1]从它对书写文字的估价，明显流露出这种心态。严格地说，**书写**是一种符咒，所写下的符号是有魔力的东西。一个 rune(哥特语为 runa)是一个秘密，一道秘密的命令或决心，是一种神秘。古代高地德语中的动词 rûnen 意为 susurrare，"喃喃低语"。因而，那些充满了力量的，由低沉的嗓音徐徐道出的活生生的语词，所依赖的是书写的文字。[2] 北欧人的文字(rune)最初起源于奥丁神，他又是从别的"力量"那里接受文字的，在瑞典的斯托拉诺尔比(Stora Noleby)的石头上可以读到这样的铭文："我写下 rune，它来自那些力量(regenkunnar)。"[3]最有力量的是那套 24 个书写符号的 rune。即所谓的 futhark，它又下分为每组 8 个的三支。[4] 古代埃及的象形文字也是有魔力的东西，同所有书写系统一样，它们最初也是含有所描绘对象本质的图画，它们甚至也被称为 ntr-w，那是对"诸神"的称呼，而在象形字的铭文碑刻中，那代表或不祥或可怖事物的文字，从图形上看，就省去了某些线条，或代之以别的笔道以对其加以制服。[5]

因此，书写是巫术性的，是一种获取控制活的语词的力量的方法。

---

① 参见本书第 3 章。

② G. Ehrismann, *Geschichte der deutschen Literatur bis zum Ausgang des Mittelalters*, I, 1918, 46.

③ Kapteyn, *Dertiende, Veertiende en Vyfriende Jaarverslag van de Vereeniging voor Terpenonderzoek*, 1928, 31, 53.

④ 同上书，第 54 页以下；另外参见 E. Mogk, *Germanische Religionsgeschichte und Mythologie*, 1921，第 44 页以下。另外参见 Magnus Olsen, *Magie et Culte dans la Norvège antique* (*RHR*, 96, 1927，第 1 期以下)。

⑤ W. Spiegelberg, *Zeitschrift für ägypt, Sprache und Altertumskunde*, 65, 1930, 120。另外参见 P. Lacau，前引书，同上杂志，第 51 页，1913，第 1 期以下。

神圣语词的传统最初是口头的，它借背诵而保存，以后才由口头传说让位于书写，像吠陀经典便是，有的甚至可见于我们今天的情形。[1] 将神圣的经典用文字写下来，最初的目的并不在精确保存（在古代，对原始人来说，有口头传说也便够了！），而是为了获得力量，因为人可以借助文字实现他的愿望。书写较之活的语词倒不在更精确，而是因为书写的文字更容易处理或支配。虽然有了书写文字，但背诵仍然是必须的，若未用声音发出，语词便没有决定的力量。

但语词一经白纸黑字记下来，我们便获得了较之口说而更为有力的方式。最粗鲁的例子就是"喝下一句话"。按照摩西的律法，若有某位女人被怀疑不贞，她就得喝下浸洗过写有诅咒的纸条的水，从字面直接意义说，她已经饮下了诅咒，当然这也是一种试罪法。[2] 在埃及的童话故事中，主人公饮下一整部魔法书就对魔法无所不知，不过那是一部浸泡在啤酒当中并溶化了的魔法书。[3] 我们今天也以《福音书》起誓，当然，那不是凭神的话语，而是凭着这部圣书在起誓。因而，经典又是一种神谕（Oracle），随意翻开是可以获得指示的。[4]《圣经》实际上有着**神作裁判**的作用，将一把钥匙塞到圣经中间，指示《约翰前书》的第 1 章第 1 节的地方，那一段文字被认为特别神圣，据此可以判别某个女人是不是巫女。把圣经捆起来，挂在那女人的手指上，如果她有罪，书就会掉下来。[5] 在埃及较早期的葬礼中，书写的咒语也派上用场：被葬的死者得到了他的无数面包和啤酒，但"如果在（随葬品）其中没有一份书写的文件，那对于死者的身体说来，就会是很悲惨的了，"[6]那份文件上还有一道大印。在中国，死去的佛教徒也要有一道关防文书才能开启通向天上的大门，填写这本护照得由专人举行有关的仪式。一份文书的

---

[1] 参见 H. von Glasenapp, *Religiöse Reformbewegungen im heutigen Indien*, 65, 1928, V。

[2] 《民数记》,5:11;R. Kreglinger, *Grondbeginselen der Godsdienstwetenschap*, 40。

[3] G. Roeder, *Altägryptische Erzählungen und Märchen*, 1927, 145;另见 G. Maspero, *Stories of Ancient Egypt*, 129。

[4] 参见本书第 54 章。

[5] 这是所谓的钥匙测罪法,参见 Waling Dykstra, *Friesch Volksleven*, II, 171。

[6] *Pyramidentexte*(Sethe), 474.

末了写道："持此文书,汝可即往寂净土。咸丰六年四月八日。"①另外一类值得注意的书写神圣语词的例子,为所谓的"**天书**",那是神所写的或天使的手书,从天上落下或者以某种神迹方式所获,人们认为它可以避邪。其特征之一便是某种书写的启示录,这种天上来信是某种类似上帝之道(Word)的东西。② 晚近的《摩门经》为摩门教徒经典,如人所周知,那便是上帝所编纂并从天上赐下的。③ 另一方面,在埃及的纸莎草古文书中,以及犹太人的"喀巴拉"经典中,都有具纯粹力量的字母,尽管若读其音并无字面意义。④

436

    2. 把神圣的文字当神谕使用,最好的例子是在罗马人中,他们每逢危急时便会翻预言书(Sibylline books)请求神降旨,⑤其显著特征是,人们会用神圣文字来寻求上帝的启示。这首先要求划定一部分文献,把它们作为"经"(canon),从大量的神圣的语词和书写中挑出一部分来,将其抬高到"神圣经典"(holy writ)的地位,这就像要从众多的神圣礼仪中特别突出某些行动一样。这种圣典化的过程首先要求依据某种神迹的观点来看待书写的起源,例如,神圣文字起初是有意地被隐蔽掩藏而后才被"发现"的。公元前 181 年,一位罗马的书记员发现了一个据称是安葬努马·庞皮利乌斯王的石棺,棺上有镌刻铭文,棺内据说有该王的文书,内容讲的是毕达哥拉斯的哲学,但某位**执政官**阅读以后认为对国家有害而将其焚毁了。在此我们可以看见这样的用意:为了造成对某一具体宗教的尊崇,而利用了此奇迹般出现的经书。⑥ 不单其

---

① Lehmann, *Textbuch*,第 1 版,第 23 - 24 页;另参见南意大利发现的古代俄尔甫斯教徒墓葬的小金牌,参见本书第 47 章。

② R. Stübe. *Der Himmelshrief*, 1918.

③ 同上书,第 41 页以下。

④ A. Dieterich, *Abraxas*, 1891。另见 P. Vulliaud, *La Kabbale Juive*, *Histoire et Doctrine*, 1923。

⑤ H. Diels, *Sibyllinische Blätter*, 1890.

⑥ 参见 Fowler, *The Religious Experience of the Roman People*, 349。也许在公元前 623 年,那位叫 Hilkiah 的大祭司发现"严密的律法书"也是出于要给法律赋以神圣性、权威性的用心;参见〈列王记下〉,22。在埃及,这种"发现过程"是寻常的事,参见 R. Weill, *Les Origines de l'Égypt pharaomique*, 1908,第 39 页以下;另参见 G. van der Leeuw, *Pia fraus*, *Mensch en Maatschappy*, 1932, 8。

起源，而且其范围都同圣典化有关。从而，文献成为圣典，其中的力量也便被确定下来，这一圣典界限无论对于伊斯兰教、犹太教还是基督教都是严格的。其他宗教也或多或少地确定了圣典的范围，如吠陀、阿维斯塔、佛教三藏，等等。佛教汉文大藏经包含五千至七千卷，在日本的寺庙中，经典安放在可转动的经轮上，转动藏经楼的大圆盘，便被认为在研读这些神圣的文字，这便是转动经轮的有功德的行为。① 不过只有犹太教、基督教和伊斯兰教才拥有唯一的经典，尤其是伊斯兰教更是承认独一的经典的宗教。《古兰经》是从真主而来的，"他降示你这部经典，其中有许多明确的节文，是全经的基本；还有别的许多隐微的节文。心存邪念的人，遵从隐微的节文，企图淆惑人心，探求经义的究竟，只有真主和学问精通的人，才知道经义的究竟。他们说：我们已确信它，明确的和隐微的，都是从我们的主那里降示的。"②正是伊斯兰教情感强烈的独一神论，使他们认为真主是有任何属性的，使他们对书写下来的文字有朴实的信心。真主说话，但他所说的，依据伊斯兰教也受其影响的亚里士多德哲学而言，并不是真主的属性，而永远地属于其本质，因而它是"无始亦无终"的"永恒性质"，因此，永远地言说的真主的话语必然是永恒性的，从此角度看，《古兰经》在时间上就没有起点，并非真主所创，而是从无始永恒以来便存在的。③ 不过，在穆尔太齐赖派的眼中，这种信念是很危险的——因为除了真主，无物不是所创的，所以《古兰经》必然如别的一切所创物，都是真主所创，同时，它并不是真主的直接的语言，而只是真主所利用的手段。围绕此问题，形成了持久的寻求正统性的热烈争论，一如基督教内关于基督本质的争论一样，对伊斯兰教而言，所说的从而也是所写下的话，也就具有"道（Word）"的地位，也就是基督和逻各斯对于基督教所占据的位置。④ 不过，获胜的是经典

① 参见 Clemen, *Die nichtchristlichen Religionen*, I, 第 107－108 页。
② 《古兰经》, 第 3 章。参见 I. Goldziher, *Vorlesungen über den Islam*, 1910, 第 81－82 页。
③ Goldziher, 前引书，第 112 页以下。
④ 关于伊斯兰教对于经典的态度，以及基督教对基督和逻各斯二者本性的理论的对比，请参见 Frick, *Vergl. Rel. wiss.*, 32。

的正统观念,它甚至断言"凡书中所有的一切都是真主的话",进而宣称纸与笔墨也不是被创造的,[①]而由此引起的争论也是犹太教和基督教关于经典的神学讨论难题。摩西也被认为在西奈山接受了上帝所书的律法版。当然,《旧约》经典定型于基督教时代,[②]但对犹太人来说,神圣的文字就是"律法",[③]而律法是神圣文字的最古老和最本质的成分。其结果是,基督徒也在反复尝试以确定神圣的启示:"经上说!"[④]基督教会一次次地要寻求某种途径以回复到《圣经》的原初本质上去,不断地重新提示,她的"道"不是写下的话语,而是以基督形象存在的神的活生生的话语。[⑤] 除此之外,教会无疑地通过圣事,使这些书写文字成为流动的和有生命的,通过讲道使之成为实际的和决定性的,尽管因为采用罗马和希腊形式,教会也承认所借助的变通的经传削弱了神圣文字的至上性。[⑥] 在使用希腊语的圣餐中,不但要朗读福音书,而且要使其在礼拜和教会内都成为活生生的事件;[⑦]最后,在新教教会中,又一再强调回忆经典的实际和真实的本质,声称自己**不是**书本的宗教,不像伊斯兰教,而是信仰活着的真道,它赖以支持自己信念的手段有二:或依赖预言性的先知话语力量,或依赖体验的真诚无间。作为上帝的写下来的道,圣经仍然是重要的,其重要性远远超过仅仅从它是启示的文献这一性质所能理解的。它之被**写下来**这一事实,便已经在发挥其影响了,由于它的便利,上帝之道得以把握和运用,吸引基督徒的一直便是这一点。就新教教会而言,蒂利希相当合理地论述了不只是语词,而且是写下来的语词的圣事——按蒂利希的说法——神圣文字确立了某种

438

---

① Goldziher,前引书,第 113 页以下;另请参见 Frick, *Marb, Theol. Stud.*, 3, 10。

② Hölscher, *Geschichte der israelitischen und jüdischen Religion*, 101.

③ 详见下文。

④ 在印度,凡圣典均是口口相传的,通常前面有"如是我闻"。吠陀经典的开头便是"此为所闻"。

⑤ 参见 Will, *Culte*, II,第 335 页:圣经本身是神圣的行动,圣经之被朗读本身便是那一事件。

⑥ 参见 Heiler, *Katholizismus*, 587。

⑦ S. Hans Ehrenberg and Sergej Bulgakov, *Östliches Christentum und Protestantismus* (*Religiöse Besinnung*, I, 1928)。关于东正教的传统,请参阅 S. Boulgakoff, *L'Orthodoxie*, 1932,第 12 页以下;该书第 32 页讲到如何读诵经典。

崭新的纯粹的教义结构。[1]

但另一方面,自然也就引发了一种周期性的反应,作为巨大的**解释**难题的后果。圣经究竟讲了些什么? 什么都讲了,什么也没有讲。"什么时候人们才能理解这一点呢? ——除非你学会阅读别人的圣经,而不是只顾你自己的圣经,否则读经也是无用的。排字工人读圣经发现印刷错误;摩门教徒读圣经发现多妻制;基督教科学派读圣经发现我们并无手或脚。"[2]因而,圣经必然是被**解释**了的:可是如何解释,依据什么权威呢? 在基督教的历史过程中,正是这些难题,导致了那激起基督教内部争端的不可忽视的诸多重大问题。就伊斯兰教而言,类似的情形也是如此。因此,若无活生生的信仰去规定对经典的理解,也就不存在那至关紧要的操作性的神圣文字。对于基督教,这意味着,若无教会,活生生的神圣文字也就无以成立。从另一方面看,不单基督教与伊斯兰教,就几乎所有宗教来说,例如印度教,都有对**神学**的需要,即神学应该在任何时候都提供关于经典的新的且有生命力的理解。[3]

因而,神圣文字首先要求一种与其自身相一致的**传统**——就犹太教而言,这是拉比的学术语言;就伊斯兰教而言,这是圣训学[4];而在基督教中便是正统(paradosis)。不过,它的真正意义绝不在于确定圣典原著者的意思。释经学(e mente auctoris)当然常常被等同于对其基本宗教意义的说明,但这只是其次的事,因为关键的问题还在于从神圣文字上使神的活生生的话语(道)显露出来。当然,无论古代还是今天,许多神学家都会断言,神圣文字本来的严格含义(sensus strictus)与神的意思就是一回事,摩西所说的已经包含了基督的教导。但此说法的正确性若得成立,除非我们承认同样一个神圣含义反复表现在许多独特的形式之中,并涉及许多不同的事情,就像关于古代神话、先知的或入

---

① *Religiöse Verwirklichung*, 141.
② Chesterton, *The Innocence of Father Brown* (Popular Edition), 277;另参见 J. Wach, *Zur Hermeneutik heiliger Schriften* (*Theol. Stud. und Krit.* 1930)。
③ 参见本书第 84 章。
④ Goldziher,前引书,40 - 41,80 页以下。

神状态中所说的分析那样，基督教中的寓言学解释和类型学解释，在伊斯兰教神学中也有类似的东西。不过，在非常晚近的新教神学发展当中，倒是出现了向纯粹神学解释复归的努力，以此而要将写定的、固定的也是死板的话语转变为活生生的东西。诚然，那种只不过是将神的意思径直等同于原著者本意的努力再不会重现了，因此，若经过艰苦而长期的努力，基督教也许可以恢复它对语词的决定力量的理解。果真如此，它就不会再问："摩西说了什么呢？"或是"圣保罗所指的是什么呢？"它会问："上帝现在对我们说什么呢？"①因为，神圣文字的最终极意义并不是其著者所言的意思，要知道，真正的著者总是上帝本人，也不会是任何偶然的什么解释者，它的最深刻意义永远是超越于我们的。它被"启示"给我们，即是说，它是在上帝对我们说话的那一时刻被宣告的，所以我们不能够说"我们已经了解了神的用意。"②

440

自然，神秘论者不会这么想，他们创作了自己的神圣文字。某一天，玛基和苏菲派殉道人哈拉智漫步时经过麦加的一条窄巷，他背诵《古兰经》。"他听了我背诵并说'我也可说这样的事情'，"这位正统的信徒（玛基）便在书中补充说道："我再不能与他为伍了。"③我们可以从完全不同的另一文化背景中再引一个例子：浪漫主义者所珍视的创作理念，不仅是关于《威廉·迈斯特》这一伟大典范的教化小说，而且还有圣经。④

3. 另外，**信条**是一种特殊形态的神圣文字。如同所有书写的东西，它也来自活生生的口头的话语，它们又借言说而融到一起，因为它们实际上是依靠背诵才得以存在的。既被写下来，便意味着它们不及真正的神圣经典的意义大，因此对信条而言，其主要的特征便在于：它表达了"神圣的共同的成分"，并得到人们承认。它们之获得生命首先

---

① 请比较关于《古兰经》的近代解释历史，它与基督教的解经学历史极相近，相近得简直难以置信。参见 R. Hartmann, *Die Krisis des Islam*, 1928。
② 参见本书第 85 章以下。
③ 参见 Massignon, *Al-Hallaj*, I, 56 - 57。
④ 参见 R. Haym, *Die romantische Schule*, 第 3 版, 1914。

是在共同体的崇拜中,并重现了信任、赞美和仰慕的行为,这类例子可见于基督教礼拜中的信纲。因此,信纲是在上帝面前的一套固定形式的团体表白,是信仰的告白。另一方面,信纲又几乎难同忏罪的告解相区分,实际上信仰表白与悔罪表白也是相互密切关联的,它们也都引发决心和系统化的行为,从而有可能创造新的生活方式。这一点对于忏罪告白尤其妥帖:"只要干了这种事的人不将它说出来,那因他自己而导致的存在状况便依然如故,他还过着那样的生活,反过来这种存在会引发致命的后果;而如果他公开坦白自己干了这种事,他便脱离了他自己因之受影响的生活,他便离弃了伤害的力量。就像爱斯基摩人的萨满所说的:'他拔出了罪恶的刺'。"① 与此相类似,在许多原始民族当中,在战斗开始以前,战士们都被要求作公开的普遍的告白,但这与忏罪不甚相干,而是要改善战士们行为中存在的某些危险因素并使其无害,因此再次唤起语词中决定力量的显现②,它所使用的手段极为接近净化的仪式③以及一般的避邪仪式。④ 不过这样的忏罪活动不一定要求神的观念,也没有道德义务,实际上几乎没有罪恶的观念。它只是一种感觉,觉得关于神圣者有什么东西不对头,因此而启用语词的力量。与这样一种对罪恶的理解相关,也就会出现古埃及的"那种消极认罪形式",其中对罪的纠正只需保证自己无辜则可,只要声明"**我没有**压迫,**没有偷窃**",等等。⑤ 当然,这整个过程中并不提及任何个人对罪过的承认,这根本不是有关道德良心的事,而只是用语词以回避罪恶导致的后果。⑥

信仰的表白也首先是一种力量的语词。一位因传教士劝诱而归信

① Lévy-Bruhl, *Primitives and the Supernatural*, 356.
② Lévy-Bruhl, *Primitives and the Supernatural*, 348。R. Pettazoni, *La confessione dei peccati*, I, 随处可见(1929)。
③ 参见本书第 49 章。
④ Pettazoni.
⑤ 参见 *Totenbuch*(Naville),第 125 章。
⑥ 当然这不妨碍我们正确地估量埃及人的道德水平,他们也曾列举了诸多不应犯的过错。

的班图族黑人，被他的亲族强迫服某种催吐剂以使其放弃基督教的"信仰"。[1] 在古代罗马，基督教洗礼的准备阶段也类似于此，"信仰"也是被给予入教者的，以某种象征的方式传递给（troditio symboli）他，最初是连同福音书和主祷文递给入教者，然后新入教者再"将其返还"（redditio）。[2] 为建立信心，通常伴有对邪恶力量的放弃，自然那形式也是以 carmen 的形式，在早期基督教世界中，是 abrenuntiatio diaboli（放弃魔鬼信仰）；在祆教那里，两者本来就是相互联系的；[3] 佛教则是典型的信心表白："我依佛得庇护，我依法得庇护，我依僧伽得庇护"。[4] 这个表白称三皈，它要重复说三次，更表明了告白的抉择特征。无论什么人表白其信仰，总不是在说明其世界观（Weltanschaung），而是一种抉择，这是他自己所下的决心。这一点对任何其他不同形式的信仰告白来说都是站得住脚的，例如伊斯兰教的告白："除安拉之外再没有主；穆罕默德是主的使者。"在承认主的独一性时，告白者也是表白**他自己**。与此相类似，基督教的信纲便绝对地属于告白行为，而不仅仅是关于其信心的明白表达。

祆教中关于信仰表白的神化是很重要的。死者的灵魂遭遇了他自己的代那（daena，一种精神性的原初存在），从而便有一番告白。那代那的样子是这样的："浑身熠熠生光的姑娘，手臂也放出光芒，健硕的体魄，美丽的姿态，高耸的胸部，一身灿烂，她有高贵的出身和显赫的祖先；她妙龄十五，与最美丽的尤物一样可爱。"她会对义人的灵魂说："我是你的良善的宗教，是你自身的表白。"[5] 与此相反，有一个丑恶的老妇人，那便是恶人的代那。在此，"外在灵魂"[6]的形式将守护灵魂和信仰

442

① Lévy-Bruhl, *Primitives and the Supernatural*, 88.
② Braun, *Liturgisches Handlexikon*, 350。L. Duchesne, *Origines du aulte chrétien*, 第 4 版, 1908, 第 308 页以下。
③ Bertholet, *Lesebuch*, I, 16.
④ 同上, II, 第 129 - 130 页。
⑤ Lehmann-Hans, *Textbuch*, 第 162 - 163 页。
⑥ 参见本书第 42 章。Persian, *Fravashi*。

（也包括善功）结合到一起，成为上界的美丽形象。①

　　4. 接下来要讨论的是**教义**，它是关于一种既定的神圣语词的理性讨论。它与神话有别，因为在此形式已不甚重要，而突出的是概念思想。另一方面，它又与宗教哲学不同，因为它只是某个共同体的教旨，而其根源是"共同的神圣因素"。原始的秘密会社中有神秘的知识，那是妇女和儿童不得与闻的，能接受的人只有新入教者，但这种知识并非教义理论，因为人们所了解的这种东西并没有概念间的关联。一般说来，原始社会的宗教并无教理，②它整个说来是仪式和神话的汇合，它是被讲述的，但并不是教授的，这是埃及和巴比伦宗教、希腊和罗马的宗教以及《旧约》中都有的类似情况。就**教理的形成**而言，第一重要的因素应是信条，这是每一种宗教教条发展的核心和基础，另一方面，由此往后才有教义理论发生。教义绝不是集合性的哲学，它永远是并且本质上是一种崇拜行动，一种仪式，一种赞美行动。再从另一面看，教义并不是纯粹实存性的，绝不只同现实相关，因为它始终再现了关于告白的理论体系的说明。它是针对庆典形式的反省性沉思，是以逻辑方式发挥的神话的表述。但只要失去了透明性和显露其内在的告白性质，它也就丧失了自身的特性，陷入了或者仅仅提供哲学论题，或者仅有宗教技术的水准，而这些都是时时会发生的事。

　　在宗教史上，我们发现教义理论的最初出现，是那位异教的古埃及国王阿赫那吞③的神学著作，因为他从自己给神命名的名称开始，来安排他在改革尝试中得到的不同结论，并且严格地确立关于最高的神之流行诸观念间的关系。诚然，这些教条都并非任何实际存在的宗教共

443

---

① 这里出现的"位移"是相当明显的。它以灵魂存在物构造出一种信条、宗教和善功的宝库。参见 H. Lommel, *Die Religion Zarathustras*, 1930, 第 187 页以下。
② 最能接近教义本质特性的是，原始社会中新参加信仰社团的人会被告知，那创造了仪式和庆典的神，所谓的原初创生者是存在着的。参见本书第 18 章。
③ Akhnaton，埃及第十八王朝国王（公元前 1372—1354），宗教改革家。——译者

同体的话语表达，但它们肯定是想达到这一目的。① 然而，真正的宗教共同体的教义体系可见于俄尔甫斯教和类似的希腊灵性运动。在这当中，依据查格留斯(Zagreus)之死中的"拯救故事"，以宇宙论和神谱(神统记)的形式，产生了罪与获救的教义。这一教义系统地叙述了原初存在的罪的类型，以及摆脱生死轮回的获救途径。

　　这里的教义形式当然仍首先是神话性质的，而我们必须懂得，教义并不能完全地与神话分家，只要它还不希望降到仅仅是哲学论题的地步。另一方面，一般的教义内容又有非常之多的类型，关于崇拜和伦理的信条，神话，关于祖先的故事，这一切都包容在教义当中，并获得了依据宗教理论的要求而改变了的意义。一方面，这种以教义形式而吸收整个宗教传统的方式，表现出它并不可能消融为纯理论：其内容的异质性构成了教义的丰富性。另一方面，它会引起极重大的困难。因为多少世纪以来保存下来的整个传统——先是语言形式的而后是文字形式的传统——非用某种教条或理论体系来表述不可，而理论体系本身如果不是纯概念的，至少也要尽可能不自相矛盾。但这并非轻而易举可以办到的，因为神话的想象、宗教狂热的入神体验、先知的预言、传说的编年史、童话故事、赞美诗及宗教寓言等，都必须放到具有力量的教义形式中，同时又要保证它们是可以理解的。不过，为了不引起进一步的混乱，我们又不能够弃诸不顾，即要防止简单地将这些材料视作虚构而损害它，因为其活动从这个阶段开始的完整的神学②，很可能是极不真实的。

　　当然，我们可以理解施莱尔马赫的结论："一切表述都涉及宗教经验的停滞，结果将教义界定为已经变得没有活力的经验也就不无正确。不单如此，清晰地表述就牵涉到经验，因为语言也是经验的，而语言本

444

---

① 　参见 H. Schäfer, *Amarna in Religion und Kunst*, 1931；另参见 G. van der Leeuw, *Achnaton*, 1927。在古埃及，从宗教传说向教义发展的倾向是很强烈的。另参见 K. Sethe, *Anun und die acht Urgöter von Hermopolis*, *Abh. der press. Akad. der Wiss.*, 1929, *kl.* 4。
② 　参见本书第 84 章。

身反过来也逻辑地引向反思和教义。再者,我们不要忘了,一切由宗教共同体的意识所保存的教理,从本质上看,都是活生生的,今后也不会停滞下来,即令是在最不可解的教条中,关于神的最初的经验也仍会不断地自我更新。"①

　　5. 最后,**律法**——行为的规则,是与宗教一道被给定的。它是对于仪式的保障。但它也获得了固定的范型并演变为语言所道出的、而后是文字所写下的公式,于是它也进入了神圣语词的范畴。从祖先那里传下来的传统用语和习俗,只是在崇拜发展的某一阶段才编纂为律条,在这一过程中,相对新的律条与更古老些的守则被写了下来。这当中包括犹太人的《托拉》、伊朗人的《文第达德》(Vendidad)及印度人的《梵书》、伊斯兰教的《逊奈》,它们都是古典的例子。古代希腊的宗教社团,如俄尔甫斯教和毕达哥拉斯教中②的律法,实际在很大程度上是古代禁忌规定的形态变种。③ 在这中间,律法和习俗、道德与宗教的约束是相互联结的,并不能区别开来。其间的联系也恰恰表现为宗教仪式典礼的内在联系,按照我们的标准做出的律法与习俗、伦理与虔信划分并不能把握住它。同时,宗教与律法之间的关系表现为四种类型:(一)它形成崇拜的对象。以《旧约》为古典例子,律法不仅要求服从也要求爱,能表达这一意义的是赞美诗篇(如《诗篇》第 119 首);(二)尊崇律法,视其为神所降示有可能蜕化为形式上的服从,例证有犹太教和帕西派。在这方面,学者们将热情倾注在对书写的语词的原始崇拜上(例如对古代托拉卷子的葬仪),研究《托拉》是最高的责任。另一方面,这种遵从态度又可能导致(三),即对律法字句的反抗,以先知们和耶稣作例子;反抗律法本身的还有圣保罗。从而,那界定在正当范围内的律法也就(四):常常遭到神秘主义者们的断然拒绝,认为把律法与宗教的真精神相比较时,它至多具有纯粹是相对的价值。

---

① *RGG.*
② "毕达哥拉斯象征"的例子。参见 Bertholet, *Textbuch*。
③ 参见本书第 4 章。

因此当华沙的某位拉比在回答耶雷米亚斯(Jeremias)对犹太复国主义持何态度的问题时,举起托拉卷子说:"教授先生,我们有自己的国家——一个袖珍的国度。"①这是在律法是最高力量意义上的对律法的虔诚;写下来的律法词语取代了一切:取代了仪式典礼和神圣的空间,即"如何做"和"在哪里做"。而对于所有的时代来说,已经确定下来的神圣语词的"什么"(内容),用在服从和爱的实现之中就已经足够了。

446

---

① 参见 A. Jeremias, *Judische Frömmigkeit*, 1927。在最原始的意义上,律法是掌握力量者。就像有奇迹的形象一样,也有奇迹的律法。在犹太教中,有关于拯救托拉(Torah)古卷的奇迹的故事。参见 Will, *Culte*, II, 311;也可参见《托拉》中的词语,"门柱圣卷(Mezuzah)",它们又指两种护身符;另外参见 W. Bousset, *Die Religion des Judentums*, 第 3 版,1926, 179。

第 65 章 / 崇拜中的形式赋予

1. "崇拜活动将分散的偶发的情绪集合起来,将某种不确定的宗教感情转化为一种个人的,同时又是集体的宗教的意识。"[1]因而,迄今为止我们在操作与仪式、时间与空间、行动和语词等部分中所见到的一切,都是这种我们称之为**崇拜**的个人与力量的相遇的一部分,彻底的自我理解过程的一部分。因而,在崇拜当中,人不单寻求给个人的和集体的经验提供形式说明;不单在指导个人或他的共同体时,而且在力量的活动中,实际上也就是对它的存在本身,寻求给予形式。在崇拜活动中,人的存在与他的神的存在是在一个实际的"此在"中被理解的——人的存在与神的存在之得以阐释,也就是被给予了形式,实质上便是深刻地被打动,显示何以会如此,什么东西被创造出来以及创造过程本身。通过崇拜活动,人性的形式被确定下来,而神性的形式则成为信仰的内容,两者之间的相互关系的形式,则是在行动中被体验到了。对于**任何**一种宗教崇拜活动·这一说法都是站得住脚的,无论这种崇拜形式是丰富还是贫乏,哪怕是最简朴的加尔文教,其圣事的形式也不可能简化到"仪式性地宣称王的来临"——他也必须造成这样一种来临。[2]

2. 因而,神圣的东西必须是有形式的,它必须是在时空中,在视觉和听觉上"位置化了的"·说得更简单一点,神圣者必须"占据位置"或"发生",而这绝对不是,即任何情况下都不会是简单的事件的给定或给

---

[1] Will,前引书,I,第 23 页。
[2] R. Will, *Les pricci̇pes essenti̇els de la vie cultuelle*, *Revne de theologie et de philosophie*, Lausanne, N. S. 14(60), 1926。在更高级的发展了的崇拜当中,入口处变成了永久的住宅,崇拜本身便是"地上的天堂",参见 Boulgakoff, *Orthodoxie*, 179。

予。正确的表述应该是：在给定的形式下，首先显露自身的是可能性。[1] 因此，吃并不是神圣者的"发生"，而圣餐则是神圣者的"发生"，可是任何事件又都可能是神圣事物"发生"，在这种情况下，我们就谈到了一种"**象征**"。就是说，一种象征无论如何不可能是非本质的东西。所谓非本质是我们现代表达方式的不严格的意谓，正确地说，象征是希腊文的 sum-ballein（遭遇），即可能性与规定性之间的、事件与"发生"之间的、世俗与神圣之间的遭遇。[2] 因而，象征便是"**神圣之参与到可见的实际的形式。**"神圣与它的形式之间，存在着本质的共同性，当然也有原本真实和现代化了的形式之间的区别。最分明体现象征的是关于圣餐礼的观念：面包与酒真的"意味着"基督的身体和血吗？还是说，它们就是他的身体和血？构成象征的只是本质的共同性，于是在一个形象中[3]也就融汇了两个方面：那所意指的和所显示的，与能意指和能显示的。[4] 例如，在澳洲，木片做的花和头发上所插枯花都代表袋鼠的身体，而后者是古代祖先漫游时顶在头上的图腾。[5] 这绝不只是审美的比喻，也不是任何化学的或数学意义上的技术象征，而是本质属性上的共同性象征。[6] 形象便**是**它所代表者，能意指的便**是**所意指的。

　　实际上，整个人类生活都应该从这一角度着眼。歌德有一句人皆熟悉的格言："一切转瞬即逝的东西都（只）是一个寓言故事。"这里省去"只"一个词是不无道理的，因为一切转瞬即逝的东西还暗含着共同性。我们都知道自己所处的境地本质上与神圣有关：它是神圣的影像，它从神圣获取价值。尘世的爱象征着神的爱，赋予它价值并造成了自身中的神圣。另一方面，尘世中的父亲也是神圣者的一种影像。因神圣者，这种父性才成为伟大而强有力的。进而我们说，并非先有了我们所说

---

① 参见本书第 23 章。
② Wundt，前引书，第 IV，第 35 页。另见 Déonna *Quelques réflexions sur le symbolisme*，*RHR.* 88，第 18 页以下。
③ 参见 Kretschmer，*Medizinische Psycholigie*，22；另参见 Reuterskiold，*Totemismus*，第 14 页。
④ R. Thurnwald，*Zeitschr. f. Ästhetik und Allg.*，*Kunstwiss.*，21.
⑤ "参与"，列维-布留尔。
⑥ Huizinga，*Herfsttty*，345.

的实在,而后才有它所象征的神圣者。我们毋宁说,首先和唯一地存在着神圣者,而后我们世俗的实体才获得价值及永久性。它们之所以能获得价值和永恒,也只是因为其能以给定的形式来象征神圣并配合神圣而展开活动。这就表达了我们按上帝的形象而被创造这一原则的深刻意义:上帝是最初的原型,而我们的"形象"可以证明他并显示他。我们也可以像门兴一样地断定说,由于人,这个象征永远具有拯救的故事所规定了的意义。作此断定并非任意而属必然。[①] 神圣者借助于人的具体境遇而"固着"或"就位"。这种具体的境遇也就包括了人与对象,也就是本书第 3 章中的事物,还有语词、行动等。这些事物都从神圣者那里获得了功能性的地位,因而也成为象征。在这当中,比较狭义的象征物可以是十字架、香烛,神秘教的圣物等,它们发挥着虽然短暂但却从属的作用。正是在这一过程中,神圣者才得以实现,例如,焚香在埃及被视为"登天的阶梯",[②] 而我们则用十字架作祝福用。而一切象征物中最为实在的,要算祭坛,它是神的宝座和供桌,因为正是在祭坛上,神圣者的位置才确定下来,而象征也借此而确立它自身。[③] 从另一方面说,象征有助于人将世界纳入自己的力量范围,借助象征,他才能施行巫术。不过在这一类型的宗教当中,施展力量以控制世界的冲动已经让步于为力量所把持了,神圣者始终要肯定地"定位",因而,不只是那转瞬即逝的东西是一个"寓言故事",任何一个被创造的东西,[④] 本身就负载了神圣的力量。尘世的环境就蕴含着神圣者:"一切被造物都只是影子、回声和图形,只是遗迹、模仿和偶像。"[⑤]

　　3. 圣座上登基的是神,而人却将其偶像放置其上。不过,事情并

---

① *Buddhistische Symbolik*, 6 - 7, 9.
② *Pyramidentexte*(Sethe), 365。关于取之不尽的象征财富,可以再看 Deonna,前引书;Danzel *AR.* 21, 1992。另外可以参见 A. Goblet d'Alviella, *Croyances, Rites, Institutions*, 1911。
③ 极有可能的是:耶和华的约柜也是这种宝座。神圣的建筑的形式也是象征性的,如十字架形式的教堂,印度教的堵波(stupa),巴比伦人的尖顶神庙,等等。
④ 参见本书第 45 章。
⑤ Bonaventura, *Itinerarium mentis in Deum*, 2.

不总是如此。例如，耶和华的约柜是上帝的虚座。^① 在原始人那里，神座也往往是虚位。^② 这当然并不牵涉什么对于上帝的"纯粹精神的"崇拜，而仅仅是说神会在他要显示时才在虚座上就位。**神的偶像**只是一种手段，以保证他的临在，这样看来其目的有如拜物教，^③事实上，两者也不易区分开来。拜物偶像与半拜物偶像，或者无形式的偶像三者，通常都更倾向于采取人的形象，^④因此，信奉黑色的圣母像比信奉最美的工艺品价值要大得多。^⑤ 以可怖和残忍来表现神圣，远较以之表现人世要相称，因而神圣者往往易于凭可怖的形式出现，因为它更加接近于"全然相异者"。所以奥托将印度教中嗜血的诸神譬之于拜占庭的可怖的圣母和基督像，^⑥但人性的成分仍然获得了突破口，冲出一条路来，从埃及的混合形式的神、印度的千手千足的怪物，一直到荷马时代的充满人情味的众神和圣母那样的母性神，于是，在诸多力量的象征物当中，人终于占据了优势。因而崇拜神的偶像，并非针对死者的虔敬而形成的错误，也不会是混淆了神与自身的结果，就像犹希迈罗斯所主张的那样^⑦："说到这些被我们轻信的祖先怀着从未歪曲过的质朴轻率信奉的神，他们也只是崇拜自己的国王，在国王们的外在形式死去之后，仍然仰望他们，希望将其用雕像保存在记忆中，这些东西之成为神圣物，本身只是一种安慰。"^⑧通过神的形象，实质上所指向的是神圣，所揭示的是神的临在；而尼采说："最古老的诸神形象既是掩蔽所，同时又是隐藏所——指出神的所在又不使他被看见。"^⑨不过，与此相仿的是：尽管那些拜物教的和半拜物教的对象都已让位于人的形象，那也绝不只是

———————

① H. Gressmann, *Die Lade Jahves und das Allerheiligste des salomonischen Tempels*, 1920.
② 例如在巴厘岛上的情况。这是 J. C. van Eerde 教授友情提示我的。
③ 参见本书第 3 章。
④ G. van der Leeuw, *Wegen en Grenzen*, 116.
⑤ 参见 Trede, *Heidentum in der römischen Kirche*, II, 第 91 页及其注释。
⑥ 表述这一深意的段落，可见之于 Nietzsche, *Human, All too Human*, II, 115。
⑦ 就像古老的阿拉伯神话中说的。参见 J. Wellhausen, *Reste arabischen Heidentums*, 1887, 14；另参见 Negelein, *Spiegel und Schatten*；Geffcken 的 *Der Bilderstreit des heidnischen Altertums*, AR, 19, 239–240.
⑧ Minucius Felix, XX, 6。类似的还有 *Sap*, XIV, 15。
⑨ *Human, All too Human*, II, 116.

外在相似的问题。因为，从本质上看神像，重要的并不是与人相似，而是它是否充满力量，这与拜物教对力量的需求也是一致的，而原始部落的人都乐于将他们的迷信物而不是将他们自己的巫术草药给欧洲来的收集者，因为药乃是力量的缘故。[1] 神像中的最基本因素是力量，所以敬拜偶像的意义首先在于赋予它们能力。阿诺比乌斯(Arnobius)这么描述异教徒的说法："我们也不去判定做成神像的这些材料，或金或铜或银，究竟是不是神本人，但我们敬重这些像上的神灵并礼拜他们，造像和礼敬的行动将神安置到这些形象中了。"[2]不仅如此，神像中的力量也可以是纯粹的能力，也可能便是强有力的人物，前者是物力论的，后者是泛灵论的。后一种情况下，神灵便寓居在像上，若不呈现，那形象则不过是一块石头或木头了。[3] 因此，埃及的护卫灵魂(Ka)会使其所控制的塑像获得生命力；[4]在新几内亚，精灵都寓居在 korwar 上，它所作的神谕，它所享用的祭献都以之为根据。[5] 神像似乎就是灵性的中介。[6] 不仅如此，神像的设立又有可能强调它奇迹般的起源和别的特征。因而，它之成为神的载体，是因为它表现得充满了力量或被分有部分力量，许多宗教中都有这类某些特别著名的神像的奇迹起源的故事。例如，萨拉匹斯神像便是因为神谕才从黑海边的锡诺普而航行到亚历山大城来的，托勒密的统治者在梦中领受了这道神谕。而诸神之母的黑色石头从罗马来到佩西努斯(Pessinus)时，一上岸便显现了神迹。[7] 许多神像都有类似的故事，通常可见的是或有治病或有作预言的能力。在古埃及，神像设置了特别的机关以使它开口说话，亚历山大

450

① A. Bertholet, *Journal of Biblical Literature*, 49, 1930, 229.
② Geffcken, 前引书，第 308 页。
③ 参见 R. Wilhelm, *Chinesische Volksmärchen*, 1918, 18, 连同注解。
④ 参见本书第 42 章。
⑤ Wilken, 前引书，Ⅳ, 第 190 - 191 页。
⑥ J. C. Lamster, *Tydschrift Ned. Aardr. Genootschap*, 2. *Reeks*, 47, 1930, 第 452 页以下。
⑦ Plutarch, *Of Isis and Osiris*, 28; 另参见 E. Petersen, *Die Serapislegende*, AR, 13, 1930, 第 47 页以下。

本人便是这样在阿蒙神那里接受神谕的。[1] 神像也会流血,会从神座上走下来,如果触摸,它也会说话或给人治病等。[2]

对神像怀尊崇情感是普遍的事。尤其引人注目的是东正教:祭坛和会众之间用神像(通常是绘像)的屏障隔开。东正教的这类圣像是真正的 iconostasis(圣障),它区分出了那称为 adyton(密室)的空间,于是,神圣者作为 mysterium(神秘源)而发挥作用。[3] 此外,在希腊教会中,东正教的节日表示尊崇圣像者在拜占庭帝国战胜了想要废除圣像者。[4] 当然,围绕圣像展开的斗争只是潜伏在所有宗教中的一种冲突的特别激烈的爆发形式。我们知道,《旧约》当中和古典时期,围绕神像的骚动就已存在着。[5] 这一冲突过程中,原始人对形象[6]的畏惧有了改变,转化为这么一种意识:神圣者是无法固着的也是不能描绘的。就此而言,《申命记》提供了非常突出的标准,古代犹太人关于禁拜偶像的律法,实际预先设置了这样的观念前提:形象中包含着事物的真正的本质,以后由于"位移"现象,人们认为任一形象都是不够充分的。耶和华在西奈"从火焰中对你们说话,你们只听见声音,却没有看见形象。"[7]这里,语词的确定性又一次被放到形象的具体化之先。以后的阶段,人们怀疑形象对于力量的支配力,从而它失去了神圣性,对形象中的神秘因素的畏惧便转化为对一般的神秘者的畏惧。[8] 在古希腊和罗马,人们也受到这样的影响,他们担心神像会凌驾于神之上,所以早期宗教中倾向于不造作神像(当然也可能有别的理由!)。按瓦洛(Varro)的说

451

---

① Maspero, *Études égyptiennes*, I,第 77 页以下。M. Weynants-Ronday, *Les statues vivantes*, 1926。另见 O. Weinreich, *Antike Heilungswunder*, 1909。

② 参见 Negelein,前引书。

③ 参见 K. Holl, *Die Entstehung der Bilderwand in der griechischen Kirche*, AR, 9, 1906;另外可以参见 O. Neinreich,前引书 *Orthodoxie*,第 461 页以下,论圣像部分。

④ 参见前引书第 842 页处。

⑤ Geffcken,前引书中随处。另参见 G. van der Leeuw, *Wegen en Grenzen*,随处。

⑥ 参见本书第 41 章。

⑦ 参见《申命记》4:12。

⑧ 参见奥托的说法,他认为以色列人是否有耶和华的形象本身是待争论的问题。另外参见 Obbink, *Zeitschr. f. d. altt*, *Wiss.*, 1929。另参见 S. Mowinckel, *Acta orientalia*, 8, 1930。

法,由于宗教中引入神像,宗教遭受了损失,丧失了它的纯洁性。[1] 而
在斯多亚派和犹太教中,同样存在着这种对人为形式、对人的作品、对
不再有"全然相异"性的担忧。早期基督教护教论者中便存在斯多亚派
和犹太教中的这种忧虑,从《使徒行传》的记载看,保罗在亚略巴古[2]的
讲道首次表露出这点。结果,在拜占庭的捣毁圣像风潮中,政治因素与
这种某种程度说受伊斯兰教影响的对形象的忧虑相结合;与此相类似
的还有新教改革运动当中,社会性动机与理性主义和对形式的忧虑相
结合,也造成了圣像破坏活动。[3] 因为人所害怕的是其自身力量因形
象而偶像化。

　　不过无论在初期还是古典时代,总有好些造像辩护人。圣像不仅
是权宜之计,不仅从教理上说是对经典的补充,而且是基本原则,圣像
有其合法的地位。因为可用波西多尼乌斯(Posidoniu)的主张解释:人
的身体中既有逻各斯,因此值得以之来描述上帝。在拜占庭帝国为圣
像展开的争吵中,人们甚至引用道成肉身说来深入捍卫这一观念:如果
上帝因耶稣基督而具人的形象,那么这一形象本质上便是被赋予了力
量的。[4] 人之所以将上帝描绘为人的外形,不是作为权宜之计,也不是
因为人不知道神的形式,相反,恰恰因为人是通过耶稣而认识这种形式
的。人并没有按自己的形象来装扮神,而是神依据他自己的形象创造
了人。[5] 因此,反对神具形象的人常常无意识地抑制了自我中心和自
我正当性,另一方面,赞成神具形象的人又常常在不自觉的情况下捍卫
了上帝在宇宙中的中心地位(locus standi),以及上帝在人的生活中的
"地位"。[6]

---

① Geffcken 前引书,第 299 页;天见普鲁塔克的"纽玛"(罗马帝国皇帝——译者)第 8 章第 8 节;
　　Fowler, *Religious Experience*, 146；Wissowa, *Religion und Kultus*, 28。
② 《使徒行传》17：22。——译者。另原书注:参见 Norden, *Agnostos Theos*。
③ 参见 G. van der Leeuw, *Wegen en Grenzen*。强调服从经典也是具有重要意义的一种因素。另参
　　见 Biblioth, *Reform*, neerl, Ⅱ, 1904, 601。
④ 参见 Geffcken,前引书。Will,前引书,Ⅱ,第 192 页。
⑤ 参见《创世记》1：27。上面大约言及了神的形象。
⑥ 这种说法可能走向极端,特别是主张耶稣基督的形象并非人为制造时;参见 Will,前引书,Ⅱ,第
　　304 页。

4. 最后,我们说对于体验神圣者,**音乐**也提供了一种特殊的形式。一般说来,宗教看待音乐这一形式,不像看待视觉形象那么怀有疑义。在宗教崇拜活动中,人们广泛地使用音乐来表现神圣。几乎找不出没有音乐的礼拜,宗教经验中最不丰足的方面都可以因为音乐而实现。但对形式的忧虑,在此是对音乐这一形式的忧虑,也并没有消失,比如较严厉古板的佛教会像伊斯兰教那样谴责它,一如加尔文教之禁止圣像那样。但在此,我们又面临着艺术来表现神圣者的重大难题。这已经不只是音乐,而是用语言、图像、建筑、舞蹈和戏剧等来表现神圣的问题。这种表现总是告诉我们:它既必要而又不可能。不过,关于它的讨论已经属于艺术现象学范畴内了。[①]

453

---

① 　G. van der Leeuw, *Wegen en Grenzen*.

第 66 章 / 习俗中的形式赋予

1. 行为会采取**习俗**的形式。对生命的能力、禁忌和净化的尊重[1]，礼拜的义务以及力量对于生活的其他要求，合到一起便构成了习惯、传统和风俗，这些东西起作用的范围，比法律的范围更大。[2] 因此，从根本上讲，习俗是宗教性质的，因为它在至高的力量面前被给予了恐惧和敬畏的形式。习俗介于礼节、良好的仪态和道德之间，又时不时地转化为其中的一种。良好的仪态是空的外壳，但伦理则或者依据某种独立原则而声称其合理性，就像我们现代社会中一再发生的那样；或者，它又像习俗，所依据的是力量的要求，不过这里它不像习俗那样给生活提供形式，而是表现为完全失败的灾难形态——罪，或表现为新的升扬——恩典。[3]

当然，在最单纯的习俗中，实际上已经包含了分裂的倾向。这种分裂是整个生命中都存在着的。因为力量的神圣性唤起了人们的距离意识，而行为与习俗的目的，则是在这一距离间架起桥梁并形成趋向于力量的某种明确而令人满意的关系。虽说也不免失败，但它通常还是成功地得到了补救。"以色列中不当行这样的事"[4]说的便是这样的失败。不过，就习俗而言，并不存在绝对失败的问题。相反，生活之受习俗规范而符合神圣的规则，不论这规则就是传统，还是宇宙的法则（如ṛta, asha, ma-at,等等）[5]。从而，污秽的不洁状态便同对习俗的遵从

---

① 参见本书第 4 章,第 49 章。
② 参见本书第 64 章。
③ 参见本书第 78 章。
④ 《撒母耳记下》13:12 中的谚语。
⑤ 参见本书第 4 章。

没有关系,它始终是一种充满力量的状况,即令所充满的是危险的和讨厌的力量。无论什么人,只要越出习俗便算失了正路,他既没有行应做的仪式,也就使诸种力量离开了应有的轨道,而这是必须加以补救的。因此,忏罪才被赋予了价值,忏悔的行为可以使已经停滞了的事件之流重新活动起来,补救方法或者也可以是声明自己的无辜,即我们在埃及传统中所见到的所谓消极性的悔罪。① 这种悔罪的基本形式早在金字塔文书中就有了,"他没有辱骂国王"②,等等。这里当然也就不存在伦理自律含义上的个人的"道德责任感"。我们在圣保罗的书信中或犹太人巴比伦流放时的忏悔性赞美诗篇中所见的"罪感意识",与此几乎是不相干的。触犯习俗,行为越轨,无论是对无生命的对象,或是动物、植物,或是人类,都会招致报复的。事实上,也没有什么"无生命的对象",因为每一存在都有力量,而这力量会以某种我们不希望的方式来干扰能量流。例如,在英属印度的库克斯(Kukis),砸死了人的树是要被毁掉的。克塞克西斯(Xerxes)命令人诅咒 Hellespont,而雅典执政官德拉科的法令中有以咒骂为刑罚的,就像《福音书》中耶稣诅咒那棵无花果树一样,直到 1846 年,英国的法律中这么一条还在实行:任何伤人致死的东西都作为 deodand 被没收,归代表上帝的国王。③ 因而,习俗的基础并不是道德意识,甚至也不是动机,而只是或这或那的行动所产生的力量的性质。④

454

2. 不仅如此,习俗并不一定就是生活中的能量的保障,它也可以成为达到某一更高力量的手段,在这种情况下,我们所关注的便是**苦行**(asceticism)。我在前面已经说过,对力量的把握可以被称为一种自然

---

① 参见本书第 64 章。Lévy-Bruhl, *Primitives and the Supernatural*, 352。
② 参见 *Totenbuch*(Naville), 125; *Pyramidentexte*(Sethe), 892。另参见 Ad. Erman, *Zeitschr. für ägypt*, *Spr.*, 31,第 75 页以下。
③ Westermarck, *The Origin and Development of the Moral Ideas*, I, 262。[deodand 由 deo 和 dand 两部分组成,deo 为"神",dand 为"给……的"。deodand 为国王没收来作宗教用途的物品,字面意义为"献给神的"。——译注]
④ 参见 Kurt Latte, *Schuld und Sünde in der griechischen Religion*(*AR*, 20,1920—1921),256。

性质,因而力量可以是温暖、火热或白炽这样的不同级别,[1]巨大的力量是巨大的热量,它可能对于"习俗"来说构成危险,当然也可能推进习俗。例如马苏人(Masu)的创世故事讲到最初形成的时候,大地(也就是松巴岛[Sumba])还是湿的,后来有人从天上取来火才将土地烤干了,而土地又不能不用生肉和水使其凉下来。而一当土地有变热的可能时,例如发生通奸和乱伦时[2],就得重新使用给它降温的办法。因而,**越轨的行为**便为引起高温。不过,从另一面看,**庆祝仪式**也会产生高温。无论什么地方,只要力量在持续活动,就会有或有利或危险的"高温"发生。前面我们曾经讨论了印度教的 tapas[3],那中间也有热和高温。苦行的仪式甚至会产生连神也害怕的高热[4]。因此,我们说,苦行与越轨行为一样,也可以称为能发热的庆典仪式。虽然苦行与越轨行为意义是相反的,但它证实了习俗而不是破坏了习俗的能量含义。依据苦行做法的具体细节,相应地便有贞洁、斋戒、鞭笞自己、静默不语、调御呼吸等。因而,一方面是习俗在生活范围内规定了力量的活动,另一面则是苦行以极端的方式在控制它们,从而在这两方面以外就几乎不会有别的可能。习俗所规定的是语言和静默,苦行则只要求静默;习俗所禁止的是某些食品,而苦行则禁止并非生活绝对需要的一般的进食[5];习俗规定了某些确定时间内依某种约定的语调说话,而苦行甚至把呼吸限制在非有不可的程度上;习俗规定确定范围的性关系,禁止在某些时间或对某类人的性交,而苦行则一律地禁止性行为。

不过,表面上看来,这种对力量的剥夺同时也强化了习俗,恰当地说,它加强了苦行者自身的力量。表面上的削弱被体验为强壮,因为生命功能的某些削弱反而激发了别的力量。[6] 因此,尼采作这样的断定

455

---

① 参见本书第1-2章。
② J. P. Kleiweg de Zwann, *Tydschr. Ned. Aardr. Genootschap*. 2. *Reeks*, 47, 1930, 195.
③ 参见本书第2章。
④ Oldenberg, *Lehre der Upanishaden*, 49;另见他的 *Mahabharata*, 119。
⑤ 因此我们说,通常意义的禁食,即说在某个特定时间不食用某种食物,属于习俗;而一般地不进食以达到衰竭的边缘,则属于苦行禁欲。
⑥ Lévy-Bruhl, *Primitives and the Supernatural*, 第241-242页。

是不无道理的："对于每一种苦行品德，人所崇拜的实际上是自视为上帝的自身中的一个部分，与此相关，他便不得不将其余的部分恶魔化了。"①苦行禁欲因而假定了人生中存在某种断裂，这是习俗所未知的部分。而只要人生被视为一个整体，那就不存在任何"恶魔化"的问题。不过，对于苦行主义者，有效的禁忌就比普通人多得多。② 他以这种方式回避了许多在他人成为罪过的超轨行为，在自我禁绝的同时，他也加强了自己的力量。因此，医师、国王或祭司都得遵守某些禁忌，实行某种程度的禁欲。不过，当人生被二元地解释的时候，当它被区分为肉体和精神的时候，③禁欲苦行便被用来尽可能地消除那已经被恶魔化了的肉体，使其变得无害，反对它的活动，使其净洁，甚而加以折磨，这样"灵魂"便解放了自身并绝对地起控制作用。于是人身上"最好的"部分，永恒因素或者随便怎么称呼的部分，也就完全地得到了解脱。不过，从心理学角度看，这种类型的仪式活动意味着用某种间接的方法来满足自然的本能，因为禁欲者懂得如何，甚至是借痛苦来达到不同的愉悦。在这方面，病理心理学提供了极有价值的说明，对于通过减损而获得力量有了许多的说法。尽管如此，任何禁欲者并非精神错乱，也不是对嗜欲的颠倒；在与肉体一面的对照反衬下，对于非神圣的反题也许总是显而易见的。④ 因而，究竟是将肉体恶魔化，还是在肉体中寻出恶魔性来，两者有很大的差别。当然这后面一种态度是否妥当值得怀疑，但它的宗教价值是毋庸争论的。

但是，禁欲的苦行所关系的既非自发的道德，也不是宗教伦理。因为它是极端类型的仪式：从根本上说是要获得力量，对于它，人生绝不会是一场灾难。而在禁欲苦行与因罪和恩典意识产生的要求之间，有时也存在着完全的分界，这一分界是凭借贬低人生而获得更高的生命

---

① *Human, All to Human*, I, 140(Foulis Edition).
② 参见本书第 4 章，第 29 章。
③ 参见本书第 43 章。
④ K. Schjelderup, *Die Askese*, 1928.

力量的实践主张。福音书中就是这样将两者并提的,那丧失了生命的
倒保有它,那想保守它的反倒失去了生命。

　　但这一切绝不意味着禁欲苦行对待人生就比自发的或宗教的伦理
更少严肃,实际上,它有可能强化到毁灭人生。我们事实上也讨论过对
人生的这种敌视态度。[①] 但这并不能带来解脱。即令在禁欲的印度,
苦行与解脱联系起来理解也仍属于偶然,尽管求解脱的目标常常少不
了修苦行,"驴子和畜牲一丝不挂,在房子周围和林中无羞耻地漫游,可
它们因此而摆脱了情欲吗? 如果人光在身上涂以灰粪便可获得解脱,
那么狗也早就得解脱了,狗不就始终在灰粪中打滚吗? 豺与耗子、羚羊
和别的动物不就是修苦行者么? 它们以草为食,靠树叶和水为生,长年
累月在林中生活;青蛙和鱼,还有别的两栖动物不就生活在恒河和别的
457　　圣河当中屏住呼吸么? 它们也就是**修瑜伽者**了。"[②]

　　3. 作为结论,我们说行为也可以采用崇拜形式,这不仅指一般意
义上的象征性行动和遵守仪式,而且也指**站边**。例如,古代埃及的宗教
剧中,总会有分为对立的两方,一方由神所领导,另一方则是他的敌人。
当模拟的战斗爆发时——比如俄西里斯神秘教中便有这样的场面,那
战斗发生在水面上——选择站在神这一边的人们便会对抗敌人,他们
说:"我击退了那些围攻神的帆船的人,打败了俄西里斯的敌人。"[③]古
代的许多民间风俗正如现在一样,都有这种模拟战斗。[④] 那中间的宗
教习俗发展成了对神的"追随"。这一点我们在后面讨论模仿
458　　(Imitation)时还会涉及。[⑤]

---

① 参见本书第 47 章。
② E. Abegg, *Der Pretakalpa des Garuda-Purana*, 1921;在此,苦行被用来同对真理的认识相对
　　照。
③ H. Schäfer, *Die Mysterien des Osiris in Abydos*, 1904, 22.
④ Usener, *Heilige Handlung*, 第 435 页以下。
⑤ 参见本书第 73 章;另外参见第 90 章及 H. Schäfer,前引书,第 24 页。"我已准备启程,去追寻神
　　的足迹。"

B　内在的活动

第 67 章 / 宗教的体验

1. 将主体分为外在的和内在的行动绝不意味着我们就相信内在
与外在是可以分开的：

> 你真的愿意探究自然？
> 从每一特征去寻求整体吧。
> 无论内部还是外部都无物可寻，
> 因为凡那在内的也即在外的。[1]

每一种外在事物均与内在事物相联系；反过来，若无外在也就无所
谓内在了。或者说，若无外在，内在便无从显现。因此，一块圣石，一个
神，一桩圣事，都如恐惧、爱和虔敬一样是可以体验的，因为对我们说
来，两种场合当中，这都是一个什么东西显现，或依据表征而什么东西
被我们知道的问题。如果离开语言和姿势，感觉也便不存在了；若无形
式和动作，思想也不能呈现。即令是神秘主义，仍要借助言词。因而绝
不能够把"制度性"的宗教与宗教的内在体验对立起来。每一种教条，
每一崇拜行动都只有视为某种内在经验的反映才可以得到理解；每一
行动，每种观念都表达了某种需要或安慰，痛苦或欣喜。[2]

2. 此外，我们也不应该把作为纯粹"个人的"体验与外在行动中的
集体或共同体成分对立起来。事实上，我们会看到，在某种意义上，凡

---

[1] Goethe, *Epirrhema*(Dwight).
[2] 内在与外在的关系，参见 Scheler, *Vom Ewigen im Menschen*，第 366 - 367 页。

宗教中的东西都是"个人的",因为离开了实际的既定环境,离开了人类
的外在的确定性,它是无法显现的。不单如此,根本就没有"纯粹的"个
人的东西,因为,只有被任一个人之外的其他人在某一时间内所理解,
才能有可以显现的"个人的"东西。因此,非常可能,最后需要理解的就
是本书作者! 他之前有无数先行者,因而要形成那已经产生的经验,就
得考虑所有的事物。①

　　因此,我之所以要讨论"内在的行动",目的在于主张,任何体验无
例外地也许要从两个不同方面来看待,即从它之表现(expression)的,
或似乎是外在方面的角度,以及它之印象(impression)的,或称内在方
面的角度来看。我说"似乎"比较恰当。因为外在的同时始终又是内在
的,反之亦然,所以唯有我们的审视才可以既指向明确的表现、指向那
使自身显现出来者,又可以指向内在的印象,即指向那引发外在表现的
内部的情感。因此,可以说,当涉及祈祷时,同时也就涉及了内心的寻
求;涉及空间,也就涉及了对某种确定的"环境"的渴求;涉及那深深打
动我们的东西,也就涉及了我们之被深刻地感动。当然,关于内心世界
的冥想绝不能离开关于外部世界的思索。这里的立场极类似于我们的
视野,例如我看见花园,就是说,我看见了眼前花园中的花,看见了背景
和栅栏边的树。反过来说,我的目光指向树,同时又看见了花,尽管我
本来是要看树。换一句话表达,审视观察绝不可能完全地局限在外部,
也不可能局限在内部;除非在特定的环境下,才能将这种方向区别出
来。这里,心理学上是在区分内向性和外向性,或者区分分裂型和循环
型的精神病时,也存在着类同,正确地说,存在着一定的相关关系。就
是说,只要是在正常的精神状态范围内表现出来的,这两种类型都不可
能完全脱离对方而存在,但在这两种类型中取向性又是不同的。

　　因此,我们先来看内在方面,虽然我们并未忘了外在方面——它始
终不会逸出我们的视野。不过,我们凝视的方向也就成了某种前进的

459

———————————

①　参见本书第 107 章。

意图。这种意图所离开的是那使我们"惊异",结果激起我们的"焦虑"和我们的"仪式举行"①的"世界",而我们所趋向的是人所处的那种终极的孤独,是绝对的孤立和无"世界",是面对上帝的畏惧。② 这仅仅是一种意图,因为我们实际上绝对达不到这一目标,但在走向内在的路上,我们希望有许多东西会显露出来。

3. 在今天的精神生活中,宗教经验在很大程度上并没有好名声,这正是因为它错误地局限在"感受"上。因而它的价值估量是依据这种感受的强烈程度来决定的。在这样的情况下,宗教体验自然便表示着它具有最高程度的主观性,但这样一来,至少就宗教而言,它便在客观对象中没有了地位。而如我们在第一章中便反复声明,并在别的论述中强调的,对象与主体是同时并列的。体验绝不意味着只是一种感受,也不意味着哪怕是宗教的感受,因为无论在任何条件下,感受事实上都是不能与作为整体的生活相分离的,唯一的例外恐怕只有那已经过时了的官能心理学。因为凡有所感受,就会有别的成分存在,如意志、理性等,这些都是有的。

因此,我们最好不要用那么多的术语,(而是像 Binswanger 那样)从主体对环境的角度来谈论某种**社会的**自我。**单一封闭的**自我(solitary ego)倾向于使主体封闭。**意识的**自我(conscious self)又包含了前面所言及的两种自我。**可接近的**自我(accessible self),不是由主观而指向世界的,个人自身也不了解的那种自我,但是我们能够把握了解的。最后一种,我们能够**理解**并且包含着所有上面的自我含义的自我(ego)。③ 因此,我们的途径便是从社会的和可接近的自我出发,经过孤立的自我,而达到最后一种自我的理想——也就是我们能够理解的自我。但无论我们将所有这些不同自我内部的刺激称为感受、冲动或称作别的什么,不管在哪种情况,整个自我都离不开每一种这样的活动,

---

① 参见本书第 48 章。
② Schmalenbach,前引书。
③ Binswanger, *Psychologie*, 272.

这当中存在着全部的生活，由于（那最终可能会强化而转为深刻感动的）不安，内在的活动也变成了体验，[①]而整个生活的存在也只是因为它与对象的关联。[②]

　　经验的本质是什么，如果它与"事件"作对照，就会得到最清楚的理解。因而，事件与经验是有同样"内容"的，先是作为一事实，其次才是作为意义。因此，一种现象总是联系到经验，因为若不如此，它对我们就不会以有意义的方式显露出来。但是外在的现象也具有某种由事实和事件构成的性质，具有不可能依其本身来理解的自然的面貌。比如说，我们把祭坛理解为一种"方位"或"位置"，但我却不能理解构成祭坛的石头。因而，这种经验是观念化了的存在，是没有事实和事件的，是纯粹状况下的意义。[③] 但从而这也便是绝不可能完全达到的东西，因为意义总得借助或寄寓于那具有事件性质的某种东西来表达自身。它只要出现，就总是隐藏在事件的晦暗性后面，因**为只有掩盖着的（concealed）才是可显露的（revealed）**。但我们在此寻求的那种单一性或孤独，事实上是某种我们无法逾出的藩篱的界限，但它作为一个准则又吸引着我们，追求这么一种境界：在那里，对事件的"世界"的恐惧已经让位于对任何对象缺乏的恐惧；在那里，如果纯粹意义可能完全找到的话，它就会被发现，但那时它必然表现为疯狂！

　　4. 进一步说，宗教的经验是那种其意义关系到整体大全的意义，因此它绝不可能只从瞬间的立场，而只能永远地从永恒性的立场来加以理解，它的意义是一种终极意义，且又关系到"最终的事物"；它的性

461

---

① 　Binswanger，前引书，第 244 页。
② 　事实上 Er-lebnis(经历，经验)本身便包含了这种意思。参见第 462,671 页。
③ 　因而，我在前面称之为"二元的形式经验"的这种经验，在此缺乏观念性。另一方面，它之完全沦为非存在为不可能的这一事实，首先又有可能滑向脱离世界的意义的深渊。从客观方面看，这意味着离开了事件的世界的经验并不存在；而从主观方面说，并不存在不可理解的意义。理解并不是审视者方面的补充活动，而永远是本质上属于生活本身的。参见海德格尔前引书，第 164页。同样，"赛伊斯的门徒所揭示的并不是生活，而是形式"；参见 Dilthey，前引书，第 7 页，第 195页。

质是末世论的,而又超越它自身。^① 尽管对于人,它意味着某种终极、某种边界,但如果这意义不是首先的和原初的,它就不可能达到这意义。因而它的意义被体验为"完全相异者",而其本质也就被体验为启示。^② 因而,永远会有某种残余,某种从根本上说不能被理解的东西,但宗教却将这种东西视为一切理解的条件,因此,在现象的世界的前沿,理解也就转化成了被理解。

　　可是,就像所有的经验,宗教经验同样是联系于对象的,而这事实上具有头等意义:"在任何一种表达当中的 Er-leben(经历、经验),已经透射出某种程度的客观取向。"^③不过,在宗教的经验当中,这种取向是一种呈现,从而是一种遭遇,最终是一种结合。而在这呈现中主要的并非经验的他,而是临在的他。^④ 因为他就是神圣者,是超越的有力量者。

---

① 参见本书第 87 章。
② 参见本书第 85 章以下。
③ Spranger, *Einheit der Psychologie*, 175.
④ 原文当中前一个"他"为"he",即宗教的体验者;后一个"临在的他"为"He",那是作为超越者的他。——译者

第 68 章 / 对神的回避

1. 我们已经注意到了①，孤立的对象、行动等如何被"排除"在整个经验世界的外边，而被宣布为禁忌，而这种"排除"又变成了借时间、空间、人物、对象和语词显现的"选择"。另一方面，从整体上看，这些"被选择"的因素又构成**神圣界**，随着神圣界之与未经选择的世俗世界的分离，圣凡之间的对比便日益显现出其基本的性质。从内在的方面看，或从经验的一边看，与此相关联的（以马雷特的恰当用语说），便是敬畏。默里（Murray）将它譬作希腊人的 aidos②。就其自身说，这种敬畏是爱与怕兼而有之的，它既使人迷恋（fascinans），又使人感到畏惧（tremendum）③。所以说，人既怕神圣者，不过也对之有爱心；他想回避它，又在追求它。在我们下面就要审察的这种**畏惧**中，我们将发现，不仅有逃避，这当中或这周围同时也有吸引——"一半是她在牵引，一半是他在下沉。"④

2. 不过，我们理解的"畏惧"并非合理的警觉，也不是因某种具体的危险所引起的沮丧。⑤ 从本质上说，这与宗教并没有什么关系。我之使用"畏惧"，主要是想以它来专门表达克尔凯郭尔所称的"恐惧"（dread），这我称之为**首要的畏惧**，以区别于我在前面提到的**其次的畏惧**。⑥ 另外，这首要的畏惧并不以理性的条件为依据，因为它自身是先

---

① 参见本书第 4 章。
② Murray, *The Rise of the Greek Epic*, 104, 109 - 110.
③ 奥托语。
④ Goethe, *The Fisher*.
⑤ 关于下文所述，参见 Heidegger，前引书，第 140 页以下，第 184 页以下。
⑥ Ribot, *The Psychology of the Emotions*.

于任何经验而存在的——这样的畏惧是人所存在的状态模式。"谨慎注意到什么应该畏惧,因为它自身便内在于人生的畏惧模式中;而畏惧作为实存的'存在于世界中',作为潜在的可能性的眩晕,它已经达到了对这世界的理解和判断,由此某种近乎使人害怕的东西可能逼近。"但是"那使人生出害怕的东西就是'存在于此世界中'本身"。① 因此,孩子怕狗,那是他并不了解它;孩子害怕性部位,那是因为对它一无所知;我们若独自待在沼泽地或森林中,会有不确定的恐惧感;黑暗中的恐怖又联系到传说和神话故事中的回声震颤——这一切都属于明确的宗教意义上的畏惧。或者我们干脆这么说吧:在已经指明了的次要意义上,我害怕被汽车撞到,而在首要的意义上,我害怕没有汽车的荒野的世界;再者,在次要的含义上,我害怕在森林中受到攻击;而首要的意义上,我害怕对森林的异乎寻常的感受,因此哪怕遇见强盗也会高兴地开口问候! 在此的畏惧并不是某种令人烦恼的不安,像次要的害怕那样属于应该克服的不安。相反,它有着确定的价值,并内在地与宗教联系起来,用希腊人的话说,这叫做 deisidaimonia,或者干脆用犹太人的说法,是"对上帝的畏惧"。这中间始终有着某种本能性的且非理性的畏惧,它在《旧约》中时时不加掩饰地显露出来,随着时间推演,《旧约》的畏惧观念在一定程度上积淀了伦理的内容,而这就是耶和华带给以色列人的"惊恐扰乱"。② 先知以赛亚所见的异象对这种畏惧作了生动的描述。这里清楚展现出来的正是爱与怕兼而有之的情形,因为,敬畏变成了罪的意识,恐惧变成了崇拜。③ 类似地,在《新约》当中,耶稣的出现不仅引起惊异,也有畏惧。因此,《马可福音》10 章 32 节描述了这种神奇,主在往耶路撒冷的路上,他的门徒们就怀着惊恐和畏惧,跟随在他后边。还有一处非常深刻的具有说明效果的文字:彼得跪在耶稣脚下:"'主啊! 离开我吧,我是罪人'。因为他和一切同在的人都惊讶这

---

① Heidegger,前引书,第 141 页,第 187 页。
② 《出埃及记》23:27;《以赛亚书》8:13。"让耶和华成为你的害怕和恐惧。"
③ 《以赛亚书》第 6 章。

一网所打的鱼。"①因此,原初的人的惊讶,后来的畏惧,都是由不寻常或奇迹所引起的,这里它又出现在宗教经验的中心,以畏惧和爱慕的两重性表现在崇拜当中。

这看起来很像那句古代格言:"畏惧是世上的神的第一创造者。"②这似乎并没有错。为了表达自己宗教中的实用性,一位爱斯基摩人的萨满说:"我们不是相信,'我们是害怕'"。③ 但这种我们已经知道属于史前宗教经验的畏惧,并不是那种奴性的惧怕,更不是虚弱的沮丧。④从本质上说,这是一种矛盾心理,是排斥性和吸引性两种存在状况的中间态。早在弗洛伊德和"无意识"心理学之前,克尔凯郭尔便深入地讨论了这种根本的体验。他所指的恐惧是对虚无的恐惧。人生当中未定型感受的未受限定的可能性,引起了"自由的眩晕"。这样的恐惧并非负罪意识,因而它反而是本质的状态。实际上,它自身也是无辜的:"这是深刻的无罪的神秘,与此同时也是恐惧,"是介乎趋向与逃避对象之间的犹豫,也是依恋与焦虑、怕与爱之间的无所适从。青年人在青春期的发育,以最分明的形式显示出对虚无的恐惧,而形形色色的精神症更是不胜枚举。但这些都不过是普遍的人类经验的极端形态。这种经验将在死亡时刻与人们遭遇,到那时虚无会与我们直面:"一切恐惧的父母,便是对死亡的恐惧。"⑤

但这种恐惧并不像早期心理学所说的,它并不与不适服的感受相联系。相反,它所联系的感受,常常既有快乐也有不快乐。因而,人喜欢他的恐惧并逐渐为之倾倒,就像我们若长久凝视水面,会被河流的毁灭的惊怖所俘虏,或者像歌德描述的渔夫之被水妖所蛊惑。不仅如此,这恐惧可能完全地消融在惊惶当中,这里边很大的部分是对魔鬼与精

464

---

① 《路加福音》5:8-9(Moffat)。
② Statius, *Theb*, Ⅲ, 661.
③ Levy-Bruhl, *Primitives and the Supernatural*, 22.
④ 瓦洛当年曾对此有过区分:"说:对于迷信的人,神令他害怕;对于虔诚的人,他敬之若父母而不会畏者敌人。"Augustine, *The City of God*, 6, 9. 。
⑤ Marett, *Faith*, *Hope and Charity*, 41.

灵的害怕,但它也可能包括了人类情感的全部领域,从惊惶经惊恐、敬畏、尊崇及距离感,直到信任与热爱。在爱当中总存在着某种惊恐的东西,惊恐中又总有某种程度的爱。因而恐惧就绝非偶然的感受,而是无例外地潜于所有宗教深处无限的可能性引起的原始体验,也是生命之超出一般的既定现状的体验;这种恐惧标志出了力量与人类之间的关系的张力。这是一种"同情的反感,且又是反感的同情。"①所以说,畏惧当中总有爱的成分,不管这种情感是多微弱;而爱中间又不离恐惧的成分,不管它有可能变得何等的精细;因而,无论任何宗教观念,既然它们与原始的恐惧体验是不可分的,便必不能没有敬畏。② 事实上,唯有如此,我们才能理解何以爱神、怕神和侍奉神是相互关联的概念③;我们也领悟到这样的真相:我们不只是恨自己的恐惧,暗地里,我们又爱它们。因此,敬畏当中的宗教成分所表达的,一方面是不可言说性和不可化约性;另一方面又是那远逾出了我们生命界域之全部的无限性:"任何事情都是可能的——我的面前是虚无。"④

3. 另一方面,畏惧是体验到**罪感**的条件。我们在后边还要讨论此点。⑤ 但在此我们已经可以清楚地看见,爱惧二者兼有的恐惧的紧张状态就会引生出人性深处的分裂。因为它使人处于与自身对立的地位,从而分离他,使之成为两重自我,其中之一想要满足神圣者极度甜美的要求,另一自我却设法逃离它。一个自我渴望符合神圣者,这种自我调适(self-accord)或是赶快逃离,或者是趋向神圣者;另一自我竭力将生命置于无限的可能性之上,躲过那噬人的畏惧而无视其要求。我

---

① Kierkegaard, *Begrebet Angest*(The Concept of Dread).
② 参见 Söderblom, *Gottesglaubeo* 同样可以参见 Ribot, *The Psychology of the Emotions*。Ribot 认为只有在排斥时又认识到吸引,才有可能接受至上者;另外 Marett 认为,胆怯中包含着惊异、赞叹、好奇、敬重和爱等感受(Marett, *Faith, Hope and Charity*);Grönbech 承认,畏惧乃是宗教中的主要情感,只要它意味着"狂喜和绝望"二者(Grönbech, 前引书, Ⅱ, 77)。Marett 注意到,畏惧是以希望为基础的。"希望具有更高的意义,因为说到底,我们所以畏惧,是因为我们怀有希望,而不是相反。"(前引书 22, 40) 最后,这不过是以另一种方法来肯定爱与惧感情二重性的意义。
③ 《申命记》10:12。
④ 参见本书第67章。
⑤ 参见本书第78章。

们称第一种自我为**良心**,如果我们将这个词只采取其原初本义而不去
联系所谓道德自律的话。因为良心一词,即 conscientia,已经预先规定
了自我的分裂。这种分裂并非来自某种理论—伦理观念,而是某种神
话—宗教观念,结果,我们的内在精神生活便同自我对置起来,好像它
成为某种**异己**的东西。我自己的良知在对我说什么,而它如果就是我,
它便不可能再说什么了。因而它是某种**异己**的存在,是我内部的魔
鬼。[①] 贝专纳的一位部落民被问到,他是否有良心。那人回道:"有,人
人都有的。"又问,良心对他可曾说什么话。他说:"人做善事时,它沉默
不语,人做恶事时,它令他不得安宁。"[②]由此我们得出结论,那内部的
声音、内在的法官通常只是否定,很少甚而根本不作肯定。这也是我们
从自己的经验所了解到的,这与伦理的理论无关,甚而小孩子也已经知
道它了。结合起来的知识呼唤知识,联合的自我也要求自我,人必须承
担与神圣者有关的某些东西,无视它人则不能生活。这方面最著名的
例子莫过于苏格拉底的魔鬼。不过,伦理学因为其自身的肯定而偏于
道德的良心观念,本不至于如此频繁地拒绝与之认同的。魔鬼,如约埃
尔(Joel)所说,[③]是"非理性对于理性主义的苏格拉底的报复。"众所周
知,这是它从反面所作的自我显示。"这种声音——它源自未知的深
处——表现为某种异己的并不属于自我的东西,而这恰好是它之产生
而阻碍什么的那一刻。因为当它作为 currentum instigans 而发挥肯定
性的作用时,在意识激起的喧嚣中间是听不到良心的声音的,因而也就
观察不到任何特别的东西。"[④]但因为它代表着那异己的和神圣的,它
便仿佛是神;在古埃及,事实上,人们也称良心是神。埃及人认为良心
便是心脏,亦即神存在于人中的形式:因特夫(Intef)在心的带领下而行
一切善事,他说"因它告诉我当做何事,我才得成优秀,因它的指引,我

---

① 参见 A Vierkandt, *Naturvölker und Kulturvölker*, 1896, 179 - 180。
② Westermarck, *The Origin and Development of the Moral Ideas*, I, 125.
③ *Geschichte der antiken Philosophie*, I, 1921, 816 - 817.
④ M. P. Nilsson, *Götter und Psychologie bei Homer*, AR, 22, 1923/24。另参见 Windelband,
　 History of Philosophy, 98;*Praludien*, I,1919,77 - 78。

才得成高贵。人们说,它便是每人中的神谕。"①帕希里(Paheri)也说:
"我认得那寓于人中的神,我承认他,我因此而与之分别出来,"②而后
是一串保证诚实的声明。当然,如果是尼采或弗洛伊德,可能将这种警
告我们回避某种行为的声音的"外在性(strangeness)"称作幼稚心理
(infantilism),"那不是神在人心中的声音,而是某些人在人心中的声
音。"③不过,在这里我们更倾向于埃及人的描述。就此点而言,现象学
是别无选择的。但这也是很确定的:再说一遍,自我的分裂显示了已经
分离人格为二的自身。那只是希望存活的自我受另一干涉性的自我的
驱使而作"回避"。因而"回避"就意指遵守——也即**宗教**(religio)。它
有可能成为逃离,又有可能成为热烈的寻求。在两种情况下,它都是
"回避",这就通过这一事实而显示它自身来:距离是与畏惧同时被认识
到的。而如果人仅仅是无视其良心而好歹生活下去,那么即令他不曾
意识到有任何过错时,良心也会折磨他。在这方面,"心理分析证实了
宗教虔诚的人通常会说的话,即我们都是可怜的罪人"。④尽管这一证
实来得晚一些,但毕竟是受欢迎的。另一方面,承认那或异己的或体验
到其神圣的内在的声音,也就给人的行为以一种确信不疑和冷静。这
方面的最有力证据便是苏格拉底的《申辩》以及路德在沃尔姆斯的声
明,"违背良心的行为既不安全又不明智。"

4. 如我们所指出的,对于那被恐惧所攫取,从而为敬畏所把握因
而被迫回避的人,除了那最容易的无视这一切而继续生存的方式,还有
别的选择。第一位的选择是接受力量的专横独断的支配,在不胜枚举
的巫术的习俗中,我们已经熟悉这心理态度了;稍后的阶段,在讨论对
世界的逃避时,我们还会来讨论其背景,⑤对这一问题的解决是表面

① Sethe, *Urkunden*, Ⅴ, 974.
② Sethe, *Urkunden*, 119;另外参见 Ad Erman, *Die ägyptische Religion*, 1909, 123。
③ *Human, All too human*, Ⅱ, 224.
④ Freud, *Totem and Taboo*, 121;另参见 O. Pfister, *Die psychanalytische Methode*, 1913,第 87 页以下。
⑤ 参见本书第 82 章。

的,而实际上它只是放弃了问题而已。伴随这种思想结构的体验,往往
是一种任意性的自大,我们发现它是纯粹巫术形式的,例如,按印度教
的观念,由于修苦行者履行责任带来的 tapas(热),大神在天上的宝座
也生出热来。[1] 这样,恐惧便是通过某种强有力的力量测试才得以克
服的,它使神座上的垫子也发热了。这种经验也在泰坦神话中表现出
来,这一神话类型便是对赫利俄斯形成威胁的赫拉克勒斯,他在冥国之
王的神座前也令人生畏,他将恐惧注入那孔武有力的统治者心中而使
自己成为神。在神话故事中,还有那位用鞭子抽打魔鬼的大力士杰克,
他离家出去闯世界,可终究并没有明白什么是真正的畏惧。希腊人管
这种不知道敬畏的自负家伙叫 hubris(狂妄的人),认为这是很大的罪
过,尽管他们自己并未完全摆脱它。希腊人认为,举止像神而不能敬重
神的人便是 hubris,他实际也就放弃自己的人性成分,像埃阿斯(Aias)
因之招致神的愤怒,因他"思想的是不适于人的事"[2]。而在酒神节时
的出神态中模仿巴库斯则被称作"巴库斯的狂热"。[3] 不过,泰坦神话
中的这种精神绝不可以同那种无视力量的生活相提并论,也不可说失
误都因为不能恰当地服从神圣。这是我们在前面已经提到过的。相
反,力量于此是得到坦然承认的,从而这里所采取的是一种敌视的以至
轻蔑的态度,因此人们得以从那引起他们恐惧的力量面前避开,逃向他
自身,逃向他自己的力量。它给人以这么一个印象,人自身类同于神将
不会引起惊恐。另一方面,歌德也以最完美的形式表达了这种 hubris
宗教(与此同时,他也作了犀利的批评),他的《普罗米修斯》写道:

468

> 我站立于斯,以我的
>
> 形象塑造人——
>
> 一个如我的种族,

---

[1] Lüders, *Buddhistische Märchen*, No. 53.

[2] Sophocles, *Ajax*, 776 - 777.

[3] Eurpides, *The Bacchae*, 779.

> 他像我一样恸哭受苦，
>
> 也像我一样幸福享受，
>
> 也一样视你若我！[①]

同样，《克洛诺斯的左马御者》写道：

> 于是俄耳库斯会知道我们来临，
>
> 而那些力量强大的神
>
> 都起身离座，俯首致意。[②]

　　这便是**赫拉克勒斯再世**！在易卜生的《大建筑师》中，联系到人的良心，同样描绘了克服恐惧的英勇的胜利。希尔达要求建筑师应该以"强健的良心"来充实自己，这便是 hubris 式的。建筑师也竭力这么去做（紧接着这种挑战还有批判）：他却从自己建造的塔上摔了下来。事实上，一座塔便有古典的类型意义，它也是对英雄主义警告的一例，这是《圣经》中的巴别之塔。

　　其次，面对畏惧，人可能走向对习惯的依赖。警觉或忧虑可以引人去获取支配权，但也可能导向习惯。这习惯可以是那已经被获得的，也可以是这种获取行动的不可能性。例如，一个孩子对自己周围环境中的某一对象觉得惊奇，想去捉取它，然后他便会习惯于这种现实：或是习惯于已得到的对象物，或是根本够不到它这一事实本身。因而，由于与力量的关系，人形成了某种习惯，即，通过不同仪式或我们已接触的习俗而确立了习惯。但这实则只是一种内心态度的代表。这是西塞罗所说的"对神的公正"。[③] 他在其中看到了虔诚的本质——正确的行为决不越出给人规定的界限，而这要求一种无论面对可能与不可能，均能

---

① Dwight 的英译本。
② 据最初的版本。
③ Cicero, *De Deorum Natura*, I, 41.

无动于衷的眼界。换句话说，justus 就是行为正当的人。① 实际上，罗马人也好，希腊人也好，所重视的是实际的行为，他们按照自己这种特有的气质，更为自由地表达与此相关的自我经验。因而，作为 hubris 的对立面，在这种精神状态中，也就贯穿了许多有关神与宇宙的希腊观念。巫师们是"灵巧的"，他们有很多拯救性和治疗性的思想。明智谨慎所指的是德尔斐神灵魂的阿波罗式的冷静，即"无物过度"②的适中。这是一种倍受赞许的自制能力，灵魂如大海那样安宁，但它并不妨碍那深刻的思想。当与酒神仪式的出神狂喜比较时，视其为较低级者，它也并不妨碍如欧里庇得斯那样的诗人借小布尔乔亚和市侩的口来赞誉它。③ 更不用说柏拉图那样的思想家在他对"疯狂"的赞颂中，贬低清醒的人而对"疯子"大加褒扬。④ 但若涉及"全然相异者"，习惯总是愚蠢的：三天以后，那匹马已经习惯于什么也不吃了，可就在此时它也就死了。而当人们完全丧失了自己的惊奇能力时，他们也就同死人一样了！因为在恐惧中，我们既可能得到祝福，也可能会意识到自己遭受诅咒；但若人全然忘掉了惊异和好奇，在他随和的冷静中便既无祝福也无诅咒了。

逃避恐惧的第三条路是信仰。⑤ 克尔凯郭尔又说，恐惧，无论在堕落还是救助当中，都揭示了精神的突破点。从而任何要逃避惊奇和忧虑的企图都给放弃了，而对力量的恐惧，不只是得到了无保留的承认，而且被体验为自身存在的一部分。这种体验生动地表现于路德的讲道文中，奥托引述了路德讲《出埃及记》（20：1）的那一段："因为任何人都不能回避：如果他认为正义在神这边，那他肉体中的心便会因恐惧战栗，啊，他就要逃离这世界。"⑥这样的体验在《以赛亚书》第 6 章中，在

---

① 参见前引书，Ⅱ，4，10。按照祭习团成员（fetial）的通常看法，凡外邦人便是不正义的。

② G. van der Leeuw, *Goden en Menschen*, 第 87 页以下。另参见 Murray, *The Rise of the Greek Epic*, 48；Samter, *Religion der Griechen*, 74。

③ Euripides, *Medea*, 第 1078 行以下。*The Bacchae*, 第 1150 行以下。

④ *Phaedrus*, 245.

⑤ 参见本书第 80 章。

⑥ 参见 *The Idea of the Holy*, 103。并见 Calvin, *Institutio*, I, 1, 3。

470　　《约伯记》和流放巴比伦时期悔过的诗篇中都反映出来,也见于《薄伽梵歌》中印度教徒体验到神的惊恐中。[①] 不过,神是恐惧的归宿,也是它的出发点:"母亲并未告诉我们的处境如何,她们只是撇下我们。在恐惧终结而神开始的地方,我们也就可能得以存在。"[②]不仅如此,"爱里没有惧怕;爱既完全,就把惧怕除去,因为惧怕里含着刑罚。"[③]或者换

471　一种说法,"那是完全的畏惧,它从爱中产生并除去了普通的惧怕。"[④]

---

① 　特别见于《薄伽梵歌》,第 2 章第 15 节以下。
② 　里尔克语。见 P. Zech, *Rainer Maria Rilke*, 1930,64。
③ 　《约翰一书》4:18。
④ 　Abbas Dorotheus 语,见 Nik. von Arseniew, *Religiöse Besinnung*, I, 1928, 109。

第69章 / 对神的顺从

1. 泰坦诸神不服从的另一极,而且与前一章我们讨论的习惯也迥然不同的,便是依附于神的被奴役状态。这是完全地放弃自身,毫无保留地匍匐在力量的统治下。人意识到他自身对力量的依附,并被迫通过宗教意识而赋予这种依赖性以某种形式。于是他选择了在表达其无保留地承认自身依附地位时的那种奴仆形式。与此承认相关,其身体的姿势便是匍匐在地——面对力量,人使自己卑谦。上帝不仅是大地的主,像闪族人的巴力神(baalim),而且是一切地上生活的人即奴隶的主人。上帝是王,土地属他,一切人必须为他服务。在上帝的神性中,一切地上的王绝不可能是这个"主"的原初形态,而只能是他的影子或儿子。① 因此希伯来人这样表达自己:我是你的奴仆,是你的女奴的儿子。②《新约》当中,与基督相关联而产生的称名,也反映了这种态度:"耶稣基督的仆人"。③ 这里包含了奴隶般的服从态度,当然它也同样表达出在神圣者之前的敬畏,这也是在《旧约》的许多篇章中可以看到的。例如,亚伯拉罕正是本着这样一种侍奉主的精神,才会对他说道:"我虽然是灰尘,还敢对主说话。"④另一方面,即令这种奴隶般的谦卑也会促进自尊的过度强化,一方面是这样一位主人的奴仆⑤,同时又在心里盘算着要获得更多的统治权,这也是人类经验中反复出现的。

---

① 参见本书第 13 章,第 25 章。
② 《诗篇》116:16。
③ 《腓立比书》1:1 及《提多书》1:1。
④ 《创世记》18:27(Moffat)。
⑤ Günther, *Jung-Stilling*,93。书中便有极好的例子。

2. 不过"主的仆人"的说法并不仅仅是全部的交出,而且也有服务和服从的准备。在这里,①服侍与对上帝的模仿是相关联的。关于对神的模仿,我后面会详尽讨论。② 服从是指倾听上帝的决定性的话,人生也被视为实现这些话的过程:其全部意义就在于抉择。帕西人宗教完美地表现出这点来,服从(sraosha)在帕西人宗教中是对一种以阿胡拉·马自达为中心的对神圣存在物的服从。在较晚的时期,sraosha 又是指派给灵魂的,作为精神向导,它指导灵魂于通向死人审判的路上,这是有决定性质的。

事实上,一切祈愿都以服从作为前提要求:"一个**有意愿的**人便驾驭着他自身中造成服从的某种东西,或者他相信会造成服从的东西。"③因此,对力量的意愿便以服从作为前提,实际上,这也可能便是那倾听他自身的人的一种态度,在此,极类似独白式祷告。不过它也可能是伴随着对话式祷告的那种心理状态,④此时它对于那侵入生活的全然相异者的话俯首屈从。这当中,我们发现力量处于自愿的无力量状态,但它既不是虚弱,也不是对生活的敌视,而仅仅是对所听见的话语真实性的径直承认。正是在此意义上,基督才被说成"因为所受的苦难学会了顺从"⑤。也正是以这种方式,他才是那盛行于以色列的先知预言中的服从理想的实现:

> 他被藐视,被人厌弃,多受痛苦、常经忧患。
>
> 他被藐视,好像被人掩面不看的一样,我们也不尊重他。
>
> ⋯⋯
>
> 他被欺压,在受苦的时候却不开口。
>
> 他像羊羔被牵到宰杀之地,又像羊在剪毛人的手下无声。

---

① 参见本书第 53 章。
② 参见本书第 73 章。
③ Nitzsche, *Beyond Good and Evil*, 26(Foulis Edition).
④ 参见本书第 32 章。
⑤ 《希伯来书》5:8。

"是的,众多的人以为我的仆人并无罪过"(上帝说),因为是他在担当他们的罪。

因而他必获胜,必得亨通,因为他已流了血,使自己的名列在叛乱者当中,

担当着世上多人的罪,又为他们代求。①   473

---

① 参见《以赛亚书》53∶4-12(Moffat)。[原书所引与中译和合本有差别。——译者]另参见本书第13章。

第 70 章 / 与神的盟约

1. 正如人之可以缔结契约,在相互的制约关系中发现他们共同的神圣的要素那样,[①]他们也可以与力量、与神缔结契约。某些规则本身是神与人之间游戏得以实现的依据,[②]人与神两方面都以誓言约束自己的行为过程。两者之间必须是"和平"占上风,而在古代罗马,全部的社会生活都以某种和约(pax deorum)作为其基础。这种"和平"是合法缔结的、以不同方式来维持的契约,当人民遇见灾难,或者有异象(portenta)出现时,便意味着,和约遭到了侵害。而为了维护这和约,确认其地位,就会有祭祀、祈祷、还愿、净化、忏悔性的反省并调查"现状",注意那些"不合理的"东西。但所有这些当中并没有提到对神的信任,罗马人所相信的,只是无误地由力量来决定的正当的言辞和行为。如果情况有意外,原因便在于举行了某种不正确的仪式。这就需要加以纠正,或者试一下新的方法,例如以飨宴款待诸神,"为了取得神的眷顾",从建城以来,已举行了三次 lectisternium(奉献给神的宴会)[③]。因而和约要求某种对于神圣力量的"有意识的服从"[④],而关于它,日耳曼人的"和平"的概念可以与之比拟。[⑤]

从《旧约》,我们可以追寻那与神的契约是如何从人们当中的契约关系产生出来的,最初二者是一回事。[⑥] 人们在神圣基础上缔结盟约

---

① 参见本书第 33 章以下。
② 这种对比绝无贬意,因为在生活中再没有比游戏更严肃的事了,尤其是孩子的游戏。"人的成熟,意味着承认所有人作为孩子在游戏中的严肃性。"参见 *Beyond Good and Evil*, 89。
③ 《利未记》7:2。
④ Fowler, *Religious Experience*, 431, 169, 261,也可参看 H. Wagenvoort, *Pietas*, 194。
⑤ Grönbech,前引书,I, 20 页以下。
⑥ 接下来的讨论可见 Pedersen, *Israel*,第 201 页以下。

时的依据，是诸神的临在，在这种场合，契约双方各自的神都是到场的。　⁴⁷⁴合约的仪式是一种共同的宴席（或"食品"），礼物也构成这宴席的一部分。这样的契约便开启了和平。以后便产生了耶和华与子民之间立约的观念。在此值得注意的典型以色列的特色是，耶和华自己来拟定和约。《旧约》中所言及的有与挪亚的契约，还有与亚伯拉罕的契约，以后又是经摩西与全体以色列子民的契约。契约要求人得顺从神的命令（律法的石版和律法书），[①]而神这方面则保证使人们征服他所许诺了的土地，战胜他们的敌人。从而这里又显出祭祀那样的仪式，或是肢解献祭燔兽的仪式，而割礼则是立约的象征。

　　如前所述，[②]契约合同不只有合理性，它也不是一桩便利的事，对于以色列人说来，它被理解为很不同的事情。一方面是对上帝的话的信赖，另一方面则是对他的谕告的顺从，这种顺从变得日益强化和内在化。按他们的体验，实际上，这里的契约是接近友谊关系的。这点后面还要讨论[③]。它的牢固基础则是耶和华所宣布的永恒性**真理**：

> 他纪念他的约直到永远，
> 他所吩咐的话，直到千代，
> 就是与亚伯拉罕所立的约，
> 向以撒所起的誓。
> 他就将这约向雅各定为律例，
> 向以色列定为永远的约，
> 说：我必将迦南地赐给你，
> 作你的产业。[④]

---

① 《创世记》第 15 章。在日本的艾丽娅中有众多契约理念的例子，详见 Jevons, *The Idea of God in Early Religions*, 1913, 第 92 页以下。
② 参见本书第 50 章。
③ 参见本书第 71 章。
④ 《诗篇》105∶8 以下（Moffat）。

我们可以清楚地看到,与较早的契约观念不同,出现了一种"新的"
契约。这种新的契约首先具有末世论的意义:"我要追念在你幼年时与
你所立的约,也要与你立定永约。"①另一方面,作为这种重新许诺的救
475 赎的中保,第二以赛亚的身份便是神的仆人,是神的顺从者②。但是,
耶利米通过他的体验强调了契约的深厚根源在于永恒性之中——耶和
华本人宣布了这种新的契约在于:

> 我要将我的律法放在他们里边,
> 写在他们的心上,
> 我要作他们的神,
> 他们要作我的子民。③

在此,新的与旧的契约所包含的不同意义都得以清楚显示,这就有
可能显出《新约》采取的方向。人完全地退回到了背景中:契约仅仅意
476 味着神在历史中的拯救行动,神的信实仅仅表示他的恩典。

---

① 《以西结书》16:60(Moffat);另参见《以赛亚书》55:3,61:8,66:22。
② 《以赛亚书》42:6,49:8。
③ 《耶利米书》31:33(Moffat)。

第71章 / 与神的友谊

1. 任何以契约结合在一起的便是朋友。[1] 因而凭契约而被接受，或者说这契约本身的缔结者即神，也就是朋友。另一方面，与神的友谊也可能唤醒神人之间的某种相似性感觉，所以我们可以清楚地了解，在宗教领域内，人在用朋友的称呼时是很谨慎的。佩得森已经讨论了希腊—闪米特世界中的与神的友谊的起源，[2] 并且他还发现这主要流行于希腊化时期的社会中，或受希腊文化影响的社会中。最先使用与神的友谊观念的是柏拉图，这种观念偶尔也遭到反对，[3] 但在后来的哲学中，它已经变成了极受尊重的贤者的一种称号。族长亚伯拉罕就被称为神的朋友，[4] 也许它最初便起源于受希腊文化影响的地方，除亚伯拉罕外，摩西也作为神的朋友出现。另一方面，与神结为朋友又有两个条件，首先要掌握神圣的知识，《约翰福音》便依据这层意思来谈耶稣的朋友："以后我不再称你们为仆人，因仆人不知道主人所作的事，我乃称你们为朋友，因我从我父所听见的，已经都告诉你们了。"[5] 因而，与神的朋友关系取代了仆从的关系。其次，与神的友谊还要求履行神的命令："你们若遵行我所吩咐的，就是我的朋友了。"[6] 我们在前面已经分辨过，顺从即是服务的前提要求，这里它又转化为友谊的前提要求。当

---

[1] Pedersen, *Israel*, 201.

[2] 关于 φίλος（希腊语）"神圣的、奉献的"最初含义，参见 Pfister 神父的说法，载于 Pauly-Wissowa, *Realenzykl. d. klass. Alt.*, *Kultus*, 5.5。关于作为托勒密王朝廷上的称呼，参见 A. Deissmann, *Bibelstudien*, 1895，第 159 页以下。关于以色列人为上帝的朋友，参见 Strack-Billerbeck, *Kommentar zum N. T. aus Talmud und Midrasch*, II, 1924，第 564 - 565 页。

[3] 参见 E. Peterson, *Der Gottesfreund*（*Zeitschr. fur Kirchengeschichte*, 42, N. F. 5），第 166 - 167 页。

[4] 《雅各书》2:23。

[5] 《约翰福音》15:15。

[6] 同上，15:14。

然,《约翰福音》是在说上帝所启示的基督。因而这种朋友关系的最终
依据,是驱除了害怕的神的爱,而这爱存在着。

2. 神秘的存在或"在基督里面"的存在,通过"葡萄树及其枝条"的譬
喻,得到了不朽的表达。所有这些特点——与奴役地位和畏惧相对照,从
佩得森转引奥利金(Origen)的话中,可以看出神秘的团契性(这甚至与圣
事相关)和对上帝的了解。奥利金说[1]:"起初基督牧人将羊带到草场,而现
在是朋友邀他的伙伴来到餐桌边。他说,'因我不再叫你们作仆人,而称为
朋友'。对上帝的畏惧造成仆人,而对上帝之神秘的了解组成朋友。"

友谊,进一步说,包含了一定程度的亲密性。而在神秘主义当中,
这一点特别得到强调,如加扎里(al-Ghazali)所说:"当神秘者因接近神
而为快乐所征服,当他全心思索那以启示传给他的意义……一种幸福
在他心中生起,而这种幸福感便是亲密。"[2]苏菲神秘主义与后来十四
世纪的德意志神秘主义一样,都把神当作朋友。[3] 从另一面说,人之转
向神是友谊,"因而,人转向了那最好的一方,即神……所以他们被称为
神的隐秘的朋友。"[4]那位"天使漫游者"(西里西亚的安杰勒斯)更进一
步说:"那会拥抱他的,必不只是他的朋友,而必是他的孩子和母亲。"[5]

在朋友关系中,爱成为可见的与神的喜悦的亲密。神秘主义将这
种亲密看作完全结合的前奏,所以用《效法基督》一书中的话——佩得
森也以之作为他的结语——来说:"只有你才对我讲话,也只有我才对
你讲话,一如情人对他的情人,一如桌边的朋友对朋友私语。这是我的
祈祷,我的渴望——与你结合……啊,我的主,何时我能与你合一,消融
在你中间,完全忘却自己? 你也在我中间,我也在你里边? 请允诺与我
们在一起吧。"[6]

---

① 参见 E. Peterson, 前引书,第 191 页。
② A. J. Wensinck, *Semitische Mystiek* (*De Gids*, 83, 1919),第 289–290 页。
③ 参见 E. Lehmann, *Mystik in Heidentum und Christentum*, 第 2 版,1923;另外参见 Grete Lüers, *Die Sprache der deutschen Mystik des Mittelalters im Werke der Mechtild von Magdeburg*, 1926, 181。
④ 参见 Lüers, 前引书,第 182 页。
⑤ Silesius, *Cherubinischer Wandersmann*, Ⅲ, 17.
⑥ 同上书,Ⅳ, 13, 1。

第72章 / 对神的认知

1. 力量总是求取认知,我们在讨论力量观念与能力观念之间的密切关系时,已说明了这点①。无论什么人要行使力量,他首先必须知道自己能力的来源,并且知道要支配的对象。尽管知识并不等于能力,但能力又总是同知识有密切关系的。认识这些引申出力量因而受到高度重视的说法,以及认知任何由长辈或祭司保存下来的传统,也就决定了社会的力量。不管什么时候,即令在最原始的条件下,认知都在宗教中起着某种作用。

不过,如果存在着**有关神的知识**,那么,能力就肯定不仅必定包含某种程度的知识,而且知识也必须与能力有关。知识是一种力量——理解便是一种获取。但对于学问的这种自由主义和乐观主义的名言的有效性——我们知道这是十九世纪的人们熟悉的——在我们当下的议题中具有完全不同的性质。因为这里所指的知识既非系于技术意义上的世界,也与心理学意义的自我无关,而只是就拯救而言:我如何才能参与力量之中?无论我是否希望向自己担保这点,认为我优越于它,还是出于恐惧和战栗跪在它面前,我在这两种情况下都必须弄清楚,它存在于什么地方,它由什么构成。而我也可能相信,这种知识真正是至为根本的事,它本身便影响到拯救的实现。在这种情况下,我就是在寻求**对神的认识**的路,也称为神智。所以,虔诚的犹太人都承认自己有神圣的责任去研读《托拉》和《塔木德》。耶雷米亚斯发现,华沙的所有行业中,无论面包师、马车夫、铜匠,还是别的行当的犹太人,都有一个"小房

---

① 参见本书第1章。

间"供他们在工作之余研读《托拉》。① 因此,通往救赎之路便是学习。②

不过,我们发现,在印度,对神的认识有更为深刻的意义。在婆罗门看来,通过学习掌握神圣的祭祀仪轨可以获得世界的力量。③ 他因为自己的知识,才有资格主持那支持着世界进程的祭祀,而神所赖以立足的也是这种祭祀。实际上,最先产生世界和神的都是祭祀的仪轨。"这里的知识即力量的格言与我们说这句话的含义不同,它所指的并非我们理解的作为正确行动的能力,而是以神秘的方式正确行动的能力,是从神秘的方面造成知者与知识之间的直接联系……因此,它不是理解的知性能力,而是某种提供知识的神秘手段,目的在于防御抵抗隐伏的偶然性力量。"④关于神的这种知识的本质属性,奥登堡的表达再准确不过了,他指出了一个恰当的例证:"它(指太阳)实际上从来没有落下去"——在我们看来,这种认识是符合事实的,但经文接着说:"那知道太阳不落的人,能与它相通并取得了类似的性质,以及那个世界的生命。"⑤

2. 其次,巫术的知识**神秘地**发生了"转移"。我们发现,这种神秘的转移现象主要发生在印度。一旦领悟到世界与自我最终是一体便会导致拯救解脱,⑥而全部佛教便是主张内观这种宇宙与自我的本质性。对于"四正谛"真理的认识,会带来因走出轮回而来的解脱。佛陀说:"这种知识已在我心中生出,我已产生信念,我的解脱已经确认,我不复轮回。"⑦当然,佛陀的这种颖悟并非"理论性的",像我们平时说的那样,它仍然属于巫术性的神秘主义,因为它并没有使人具有能力去得到解脱,而只是传递给他解脱的感受。而今天,所有印度教徒关于神的知识以及那种理性主义的科学意识,都作为现代的神智学理论保存下来。

① A. Jeremias, *Judische Frömmigkeit*, 1927, 26.
② 参见本书第 64 章。
③ Oldenberg, *Die Lehre der Upanishaden*,第 6 - 7 页。
④ Oldenberg, *Die Lehre der Upanishaden*,第 6 - 7 页。
⑤ 同上书,注释 1。
⑥ 参见本书第 2 章。
⑦ Bertholet, *Lesebuch*, Ⅱ, 40.

任何时候,只要关于神的知识与如何把握与神合一的神秘相关,那它就仍然在整体上是神秘主义的。自然,这一原则对于印度教的冥想方法也是适用的,在这一方面,婆罗门教也罢,佛教也罢,都绝对是神秘主义的,当然,希腊化时代的诺斯替也是如此。《拿森尼颂歌》说:"我宣布了神圣之路的秘密,我称它为知识。"①而它之实现获救是通过神化的过程:"那些获得了知识的人的最高归宿便是变为神。"②诺斯替派的感恩祈祷文对此作了很好的说明:"我感激您,至高者! 凭着您的恩典,我们得着知识的光。您是不可称名的,我们吁请您为神,我们赞美您为父。因为您给我们中的每一位,给我们大家以爱眷、仁慈和祝福的力量,您以思想、理智和知识眷顾我们,我们因认识您而喜悦⋯⋯凭着思想,我们看见了您,可把握的光;我们认识了你,人的生命的生命;我们了解了你,在母亲一辈中给予了生命,你是一切的子宫;我们认识您,永恒不衰的生命赐予者。因而我们崇拜您,我们不求您的善,而您却保存我们于您的知识之中,愿您庇佑我们,使我们永不丧失因此而得的生命。"③在此,同样看到,知识给予力量,使人结合于神,为人获得神性。另一方面,它也绝不是基督教指责诺斯替派的那种它认为的理性主义或唯理智论,也不是那引起《提摩太书》中警告的东西:"躲避世俗的虚谈和那敌真道的、似是而非的学问。"④在基督教方面,这种拒绝更适用于关于上帝的所有知识在本质上是神秘的特征,即,认为**我**对上帝的认识会最终导致获救,甚而创造上帝。因此,我们正是在这个意义上来理解这种警告的——"但知识是叫人自高自大,惟有爱心能造就人。若有人以为自己知道什么,按他所当知道的,他仍是没有真的知识。但如果有人爱神,这人乃是神所知道的。"⑤于是,爱,事实上是对神的爱,便成了一切"真的知识"的基础。除了在此基础上所树立的,便再没有任何

---

① Bertholet,前引书,第 5 页,第 57 页。
② 同上书,第 74 页。
③ 同上书,第 5 页,第 85 页。
④ 《提摩太前书》6:20。
⑤ 《哥林多前书》8:1 以下(Moffat)。

永恒的东西。[①] 于是，认识本身就依赖于被认识。

3. 神秘主义[②]企图通过主体和客体的融合来清除对神之认识的巫术性质的成分。于是神便被人心中的神所理解，或借用歌德的话："眼睛本身并非太阳，太阳也并不会为它而发光。"（关于这一点，我们以后再来思考）[③]。前面说了这么多，这里只需要补充一点：对神的认识，尽管作了应有的限定，但可以肯定它不是基督教中没有的东西，事实上，在基督教中这正表现为对神的分享参与。《约翰福音》中渗透了这样的思想，它强调知识的重要性和完善性。但这中间的"认知"绝不是现代意义上的理论性质的东西，也不是史前社会中要取得力量的意愿那样的含义。它是一种分授的生命——"认识你独一的真神，并且认识你所差来的耶稣基督，这就是永生。"[④]但对于使徒圣保罗来说，"知道的有限"便会转化为："到那时就会完全知道，一如主知道我一样。"[⑤]而这才在某个时候使爱成为可能。

481

482

---

① 《哥林多前书》13：8 以下。
② 参见本书第 75 章。
③ 参见原书第 494 页。
④ 《约翰福音》17：3。
⑤ 《哥林多前书》13：12，另外参见 R. Bultmann, *RGG*, "Paulus"。

第73章 / 对神的追随

1. 如果力量具有某种形式,而且它又按人所能理解的方向运动,那么人能**跟随**它。不过,这种追随并不是那种非强制的和任意的态度,像新教徒圈子中常说的那样。按一些现代主义团体的主张,当"仅只追随耶稣时",这种态度便既不是非强制的也不是任意的。"追随"一语总是包含着追随者的生命与他所追随者的生命相结合的意思,就是说,如果我追随某人,我则下定决心要分担他的生命,使他的幸福、他的成败、得失成为我的幸福和成败得失,让我的力量融入他的力量,使我的生命加入他的生命。例如,哪怕是我决定了要服从警察的指导,遵循某些车道,我也是在服从某种具体的力量,那就是行走路线的方向、目标和转折。但在这时,我仍必须能够着**得见**线路如何延伸,它必须显示给我可以理解的方向,换言之,它必须向我表现某种固定的和恒久的形式。我不能"追随"一艘飞艇,因为它会一下子便消失在我的视线外,我得有支撑,得有某种可见的路。

因而,联系到有关人的生命之隐伏在救主生命之内[①]的神秘观念这方面,在我们看见的"追随"或仿效当中,也没有什么特别奇怪的东西。事实上,在古埃及有稽可考的是国王"所做的是俄西里斯神要做的",而他所过的生活便是模仿或"追随"神。也有这么一种关于神圣剧的基本观念,认为戏剧是"重复神的生、死与复活。"[②]不单崇拜活动是这种形式的"重复",参与崇拜的人的生活也如此。我们前面也已经注

---

① 参见本书第12章。
② Junker, *Stundenwachen*, 2.

意到,俄西里斯神秘教中的参与者是如何站在神这一边并为他去战斗
的,①而且我们也清楚,希腊的神秘教的核心就在于其成员"参与"那拯
救之神的生与死。事实上,神秘教圣化仪式的力量便在于通过入教式
将入教者的生命整个地融入神的生命,这方面最好不过的颂词,也许来
自阿提斯崇拜——"尽情欢乐吧,入教者啊! 因为神已经得救了,而你
也在劳苦之后得救了。"②

以完全相同的方式,圣保罗也在礼拜的实践意义上谈到了追随耶
稣:"我们若是与基督同死,就信必与他同活。"③而在谈到洗礼时,就更
为明白了:"岂不知我们这受洗归入基督耶稣的人,是受洗归入他的死
吗? 所以我们藉着洗礼归入死,和他一同埋葬,原是叫我们一举一动有
新生的样式,像基督藉着父的荣耀从死里复活一样。因为我们若在他
死的形状上和他联合,也要在他复活的形状上与他联合。因为知道我
们的旧人和他同钉十字架,使罪身灭绝,叫我们不再作罪的奴仆。"④无
论是在《新约》中,还是希腊化时代的伊西斯或密特拉神秘教中,这种追
随有时被认为是服兵役,被视为某种神圣的军务,忠诚于神被譬之于士
兵的忠贞。⑤ 在密特拉教的仪式中,实际上通过拒绝王冠而表明了这
一观念。要求得到**士兵**身份的入教者被送给一顶王冠作为胜利力量的
象征,但他必须对此加以拒绝,并且说密特拉就是他唯一的王冠。之
后,他还得再次表示拒绝,即便有人告诉他说这是军人的荣誉,因为他
天经地义地只归于他的神——invictus(不可战胜者)。⑥

2. 追随不但表现在崇拜活动中,也表现在宗教习俗当中,这方面
的最好例子是波斯的宗教类型。在那里,人生的使命便是投入阿胡

---

① 参见本书第 66 章。原始的荷露斯的追随者一词便来源于这种类型的"仿效"吧? 而决定最古老
　 时代的船上用语,似乎显示了对这种模拟的水上战斗的关系。参见 Flinder Petrie, *The Royal
　 Tombs of the First Dynasty*,Ⅰ,16.22;Ⅱ,8,5;12,1。Sethe, *Beiträge*,第 67 - 68 页。
② 引自 Frimicus Maternus, *De errore prof. rel.* 22。
③ 《罗马书》6:8(Moffat)。
④ 《罗马书》6:4 - 8(Moffat)。
⑤ Reitzenstein, *Hell. Mesterienreligianen*,第 3 版,第 192 页以下。
⑥ F. Cumont, *Die Mysterien des Mithra* (Gehrich), 第 3 版,1923,第 143 页以下。

拉·马兹达一直在坚持的反对邪恶力量的伟大抗争。这样的投入，进一步说，完全是实践性的，它是行动、德行，甚至耕地种田也体现了这样的意义。因而农业耕作本身也被视为是对抗邪恶的力量：[①]被耕作的土地是阿胡拉·马兹达的，魔鬼的领地是沙漠。因而通过耕作劳动，人参与到了神的战斗中来，种植、道德与崇拜（ynz），都因为追随战斗之神而结合一体了。"那培育谷物的人便培育了律法，他也以最积极的方式推进了马兹达的信奉者们的宗教……当谷物收获时，魔鬼便（怕得）流汗。"[②]另一方面，在希腊人那里，习俗中很少有模仿神的观念，但我们在毕达哥拉斯的书中发现，他认为获得拯救的条件之一，便是过一种"毕达哥拉斯式的生活，他说这便是"对神的追随"。[③]

3. 另一方面，即令在运用某些外在手段时，比如，使用带钉的十字架或者对于十四幅描绘耶稣受难的画像作冥想，神秘主义仍倾向于将仿效和追随整个地转化为内在的行动。在虔诚信仰者的灵魂中，重现基督受难而死去的情形。像基督一样，神秘主义者的出发点是人性的，这样才能通过痛苦和死亡而上升到神性。神秘主义的起始点当然在《新约》中间，它也希望与耶稣一道上十字架并重新复活。但这样一来，它不但完全取消了所有的限界，而且也将追随看成了是用禁欲苦行来获取的拯救，而不再是被给予的东西。不仅如此，与神的结合也主要是从形质方面来加以表述的——我们可能回想起圣方济各或别的圣徒的斑斑血迹；另一方面，按大法官狄俄尼修斯的图式来说，追随的自我满足性由神的自我异化（通过道成肉身）而被视为了人的实现。从而这种单一的基本行动的完成也就分成了两步：一是上升到三位一体的上帝，另一则是下降为人。[④] 因此，上帝的行动便同时具有神的与人的两个方面属性，因此基督的存在也就成了神—人结合的范例：通过他的上

---

① 参见本书第 57 章，参见 Lommel, *Religion Zarathustras*, 250。

② Bertholet，前引书，I，第 37 页。

③ G. van der Leeuw, *Goden en Menschen in Hellas*, 157.

④ 因此，可参见 Görres, *Christliche Mystik*, I，第 168 页以下。

升,基督已经"给所有神秘主义显示了通往终极目标的道路。"①

4. 然而,对于基督教来说,仿效或追随在崇拜活动和习俗中都有实际意义,但也有神秘主义的含义,它同时又是某种不同的东西,因为它表明了:作为耶稣这个人物的本质特性——自我弃绝;他所指出的道路正是软弱无力的道路,任何时候这都不是一条争强好胜的路——"你们不要单顾自己的事,也要顾别人的事。你们当以耶稣基督的心为心。他本有神的形象,不以自己与神同等为强夺的;反倒虚己,取了奴仆的形象,成为人的样式。既有人的样子,就自己卑微,存心顺服,以至于死,且死在十字架上。"②这里所突出的、追随神的目标都不是神性,而是顺从;不是权力,而是无力;加入神中不是为了获胜而是为了十字架。"如有人要跟从我,就当舍己,背起他的十字架来跟从我。"③因此,在教会史上,单一的基本色有了突破,成为完整的色谱:殉道者是牺牲自己生命的基督追随者,是克服了世界的僧侣;是卑谦者,因为他们接受了基督蒙受的羞辱;是志愿的穷人,因为他们接受了基督的贫困;是有德行的人,因为他们以基督的顺从作自己的榜样。但无论怎样将它作为特例来表述,这种效法总是保留着同生命的联系,即它绝不抬高自己使自己为神,恰恰相反,他卑谦自己,如同上帝之取形于基督。青岑多夫④在他的赞美诗中便是如此表达的,在其中指明了这条道路:

> 耶稣仍然在带领我们,
> 直到我们都跟随他。
> 虽说这是一条痛苦之路,
> 但我们追随它,平静坦然,
> 毫无畏惧。

---

① Görres,前引书,第172页。
② 《腓立比书》2:5(Moffat)。
③ 《马可福音》8:34(Moffat)。
④ Zinzendorf(1700—1760),奥地利宗教改革家、社会改革家。——译者

　　借你的手的指导，

　　我们走向父亲的国度。

　　这样的信念也表现在《新约》当中。它所指示的道路并不是通向那掀起狂风暴雨的他，而是通向那温柔的婴孩——"所以你们该效法神，好像蒙慈爱的**儿女**一样。也要凭**爱心**行事，正如基督爱我们，为我们**舍了自己**，将自己当作**馨香的供物和祭物**，献与神。"①

486

---

①　《以弗所书》5：1-2。

第74章 / 为神所充满

1. 在讨论萨满教时[①]，我们发现出神是促进生命力量的方式之一。真实，多少有些粗糙的说法是：这种出神方式可以描述为某种剧烈的腾空内在[②]而从事的活动，但它的用意却在完全的充满。为了参与更高的也更有潜在能力的生活，人试图完全地压抑自己的意识，他可以采用药物或采取修炼，或实行苦行，最终在自己获得的生理状态的驱使下，或在精神失序的状况下达到目的。

姑且不论这种灵感获得方式是不是可以说为被魔鬼所控制；无论如何它是一种减损自我，而增加某种异己的、神秘的或着魔的生命力。例如，古代的犹太士师便是借着降在他们身上的耶和华的灵而领导他们的人民走向胜利的。[③] 这样的提升，这种神的充满提供了强大的力量：我们只需要想一想参孙是如何挥舞一根驴腮骨便杀掉一千人的故事就够了。[④] 类似的还有古代日耳曼的"贝塞克尔（berserkr）"，他们在战斗中会灵魂出窍，在疯狂的出神态中将敌人撕成碎片，最后又因精疲力尽而虚弱，再回复到正常状态。《埃吉尔传奇》精彩地描绘了这一点："当他们动武的时候，是这样的锐不可当；而当愤怒发作过后，他们又比平常人还虚弱。"[⑤]从而似乎可以说，腾空（emptying）不仅产生力量而且产生名副其实的攻击力量，那人会发狂地进攻他人——他迫不及待地

---

① 参见本书第 26 章。
② 腾空，英文为 empty oneself，即抑制而最终放弃自我的意识。——译者
③ Schwally, *Semitische Kriesaltertiamer*, I, 100。另参见《士师记》，3：10；6：34；11：29。另见《撒母耳记上》11：6。
④ Schwally, 前所书，第 101 页。
⑤ *Die Geschichte von Skalden Egil* (Niedner), 1914, 84；也请参见马来人特有的那种狂热的心理状态。出自 F. H. G. Loon, *Revue Anthrop.* 37, 1927，第 109 页以下。

要想显示破坏性的力量。即令在以精神武器进行斗争时,这一点也没有变。福克斯以给人印象深刻的方式描绘了他在伦敦高等法院出庭时的情境:"我感动地四顾,转向那些人,并对他们说'和平在你们中间';于是主的力量立刻弥漫在法庭上。"[①]

因此,出神状态中有某种暴力的成分,这与腾空内在而充满神的状态是相同的。发狂便赋予了某种非同寻常的力量。甚至自然也会受这种狂热的支配,巴库斯节的少女们"在狄俄尼索斯附体时可以从河里汲出奶和蜜来,而等她们头脑处于正常态时却做不到这点"[②]。在出神的狂喜中,看似关闭的门都开启了,而一切障碍,特别是肉体的障碍全都消失,于是出神者便不受束缚地轻飘飘地升腾起来。例如,使用氯仿引起的狂喜是这样被描绘的:"随着味觉和听觉的丧失,身体也失去了方位感,一方面,好像完全处于虚无的境界,但另一面,又像是在空中翱翔。"[③]以这种方式获得的力量,要么会引起宁静安详的喜悦,要么是破坏性的愤怒、神秘的豁然光明、异乎寻常的能量,或者生产的能力以及智力。不过,我并没有这样的意思:将这一切都完全归结为肉体方面的力量丧失和灵魂方面的力量加强,就像洛伊巴(Leuba)和其他学者所说的那样。[④] 当然,这可能与此有关,而且也可以肯定,出神的体验在心理学理论方面有其特别功用。只不过,我们在这里所关心的不止于此——一般生命力的减弱,所有感觉活动的减弱,同时也伴随了正常的意识的弱化。另一方面,这种新获得的异己的力量会影响肉体与灵魂两者,并不只是肉体的丧失而获得灵魂,两者都有所丧失,而新获得的既是肉体也是灵魂。[⑤] 我们并未步行而是翱翔,我们也不是思想而是

487

---

① *Journal* (Parker), 313.

② Plato, *Ion*, 534 (Jowett).

③ J. H. Leuba, *Extase mystique et Révélation* (*Mercure de France*, 36, vol. 172, 1925), 673。下文中所说参考 Achelis, *Ekstase*.

④ 参见本书第 42 章以下。

⑤ 如果出神状态完全取决于肉体和灵魂之间的这种二元分离,原始人中就不会有出神的实践出现。Klages(氏著 *Von Kosmogonischen Eros*,1926,第 63 页)表达了同样的看法,虽然他在其他方面的结论过于一概而论了。

启示降临；而且如前面已经注意到的，这里既有某种和谐，又有不和谐的冲突，有发狂的心理状态，又有纯然的喜悦和谵妄。但基本的体验大体总是自身的力量的萎缩和自外而来的东西的充满。因而，这也是生命扩张的感受，所有的限制都已经崩塌，仿佛整个世界都在内心运行。[1]

能够达到出神态的手段有酒精、鸦片、大麻、烟草和别的毒品，不过，酒是神也会饮用来加强生命力的东西。它对人说：

> 我将一头扎进你的怀抱，神的植物佳酿，
> 最为宝贵的种子乃永恒的播种者撒布，
> 于是从我们的爱生出诗歌，
> 如同稀有的花卉向着上帝开放。[2]

古代的印度人也有一种叫"苏摩"的饮料，神话中就提到过它。[3] 喝了苏摩会有神圣的力量，"我们现在已经饮了苏摩，我们已经长生不死，我们已经到达光明，我们已经得见诸神。"[4] 这里已经出现了所有出神态中的因素：升至神性存在的狂喜、不死的境界，还有内心的光明。众所周知，在神秘主义中，尤其是伊斯兰的神秘主义形式中，狂喜是如何转变为充满神的刺激性导因或象征的：

> 你知道那手持酒杯给神端饮料的吗？
> 你知道那手持酒杯者倾倒出的佳酿吗？
> 那持杯者是我的爱人，为了你，
> 他倾倒出一切湮灭。
> 饮料是火，饮下它，你便得到光明。

---

[1] Baudelaire, *Les paradis artificiels*；另参见 Jaspers, *Allg. Psychopathologie*, 75。
[2] 原文法文，底注为英文，今据英文译出。诗名为"酒的灵魂"，波德莱尔著。
[3] 参见本书第 52 章。
[4] 参见 Bertholet，前引书，第 9 页，第 57 页。

　　　　　饮料是迷狂，饮下它，你便在爱的火焰中燃烧！

　　　　　每一微小的点滴都欣喜地寻求消亡于那强大的洪流之中。

　　　　　全宇宙就是酒馆，每一物件都是酒杯。

　　　　　我的朋友高举圣杯，我们都是酒客。

　　　　　智慧已经醉了，它陷入酩酊的狂喜。

　　　　　天地已经醉了，每个天使也已步履蹒跚！[1]

　　还有更明确的表达："我的朋友啊！只有在醉乡中，你才能清楚地看见与神的联系，那里并不存在我们的自我。"[2]

　　就苏菲派而言，通常我们看不出他们是否真的饮了酒，或者这只是一种象征，但不管如何，出神入迷是实有其事的。这种出神入迷，也可以靠仪式、苦行、训练、静想等来达到。所有这些手段当中，舞蹈和音乐与凝思入定和尽可能保持僵硬不动状态同样可以发挥作用，这是我们在酒神巴库斯的女祭司和印度瑜伽师那里都可以看得到的。我们也可以看到，精神状态的失调，无论是个人的还是感染性的，都可以引起自我的虚空化（emptying）。这里并没有精确的临床诊断法，而在好些精神失常态下出现的状况，如人格的解体、区分个人与环境的界限的崩溃、狂喜等都可以见到。[3] 不过，我们所关心的问题并不是出神状况的原因，而是这一事实：它给我们提供了把人放到与力量的关系中去加以理解的非常特别的方式。

　　2. 神的充满性，或者"充满神的状态"，当然并不是指"宗教狂热"（enthusiasm）这一用语在现代的意义，甚至也不是人们所详尽阐述此

----

① Lehmann-Haas, *Textbuch*, 376。另见 Mahmud, *Gulshan I Raz*。

② F. H. G. Tholuck, *Blutensammlung aus der morgenländischen Mystik*, 1825, 219。另参见 *Gulshan I Raz*。

③ 如果将出神入迷与抑郁型的或周期型的精神失常联系起来，未免过于简单化了，显然巴库斯教女祭司的行为——先是极度的不能自已，而后是麻木的沉默不言——都与这些病态有相似处。但是歇斯底里、癫痫也都表现出出神的特征，而精神分裂症的病人也有与外部环境同一化的倾向。参见 Storch, *Archaischprimitives Erleben*。Jaspers, *Psychologie der Weltanschauungen*, 1922, 137。

词的含义,像雅斯贝尔斯所作的阐释那样。① 这一用语应该依据它的原始含义,即从狄俄尼索斯神秘教中引出的意义来理解。这样的体验同狂喜和精神分裂不同.因为出神入迷,一方面是失却自我,同时又与充满相联结,而充满的因素便是力量或神。所谓宗教狂热的人,在这个用语的全部含义上,所指的是自知完全为某种无上力量支配的人,它使他脱离其自我,以新的光、新的力量和新的生命来充满他。我们都熟知柏拉图《斐多篇》中为疯狂所作的绝妙辩护②:"疯狂"是最好的状态,是"上天的特别礼物",若无这种礼物,就无从达到出神态中的预言,也就不能奉献和赎罪。它使病人和疯子得到安慰。没有疯狂,也就没有了诗歌,因为"若他的灵魂中没有缪斯疯狂的印记,诗人来到缪斯殿堂的门口,并自忖他可以登堂入室。但我要说,他的诗歌并不被承认","而他清醒的诗歌便完全地被那疯狂诗人的诗歌所完全遮盖了。"尤其重要的是,疯狂的诗人有着对他所见过的神的回忆,他可能这样谈到疯狂:"当他忘掉了尘世的利益而为神欣喜若狂,俗世大众便认定他是疯子,对他加以斥责","因为大众并不知道他被神充满(enthousiazon)。"③这样的"疯狂"是对神的美的爱慕,而在柏拉图看来,这是对智慧的入迷的爱——philosophia④。但如我们所知,柏拉图的哲学,并不仅仅是关于生活的理论,他说的生命本身更是受厄洛斯(Eros)所驱使而上升到神的。因此,这一观念同它在狄俄尼索斯神秘教中的意义完全相同,"狄俄尼索斯教中的出神,这种暂时的精神异化(alienatio mentis)不应被看作某种毫无结果的、无目的的在纯粹幻觉的领域内的漫游,它是一种hieromania(神圣的疯狂),这是一种灵魂出窍而一路飞翔与神合一的状态。它是当下与神的结合和融入,是一种狂热的状态。完全为此状态支配的就称作入神,他们生活并存在于神里面……入神完全在神的力

---

① Jaspers,前引书,第 117 页以下。
② 柏拉图此处所说也必须加以考虑,参看 Plato, *Ion*, 534。
③ Plato, *Phaedrus*, 245, 249(Jowett).
④ *Symposium*, 218,"追求智慧时的疯狂和激情"(Jowett)。

量里面,神通过他来说话行动。他已经完全丧失了自我的意识。"①完全置身于出神入迷态的人自己就是神,是男的或女的巴库斯祭司。这样的人为数并不多,因为,如神秘教中所说的:"他们大都是持酒神手杖的,而没有几个是酒神祭司。"②

　　3. 因而,出神入迷是神秘主义的条件,而它的目标便是为神所充满。③ 于此,从外表上看,它也可能带有或多或少程度不一的骚动。不过,暴力的成分总是会有的,因为,如理查德·洛尔(Richard Rolle)所断言的:"它藉某种暴力才得以完成,那似乎是违反自然的。"④与这种暴力特征相连系的,还有这种相反的说法:出神的神秘体验几乎是在他的欣喜停止的一瞬间出现。片刻之前他还充满了神,而现在仿佛神便已经抛弃了他。这像是他口中的苦味,而他觉得自己再次地无力和被抛弃,像以前一样。

> 啊,这挫折是多可怕——这痛苦无以复加——
> 当耳刚开始倾听,眼才开始观察;
> 当脉搏开始悸动,而大脑开始思索——
> 灵魂开始感受肉体,肉体则感受到桎梏。⑤

　　作为结论,我想引述一个印度教徒和一个现代人的例子,说明这种腾空自我以充满神的过程。印度教的诗人马尼卡·瓦恰卡尔　　491
(Manikka Vachakar)这么描绘出神:"我既不能理解,又不能言说。可

---

① Rohde, *Psyche*, Ⅱ,第 19 - 20 页及其注释,第 259 页, 275 页。作者还引用了普罗克鲁斯(Proclus)的话。
② *Phaedo*, 69.
③ 参见本书第 75 章。
④ 见 Underhill, *Mysticism*,第 440 页。洛尔区分了出神(狂喜)为"出于肉体感受"的和"以冥想提升灵魂至上帝"的两种,这就又一次显示出出神从根本上对整个人的影响。
⑤ 见 Emily Bronte, *The Prisoner*。我们不妨将它与 Tholuck 的平淡描述作对照(参见其 *Blutenlese*,第 115 - 116 页),他言及了贾拉鲁丁·鲁米对出神的美丽描写:"陶醉仍是陶醉,每一次欢悦流出,而后都是激烈的头疼。"

怜的我呀！我如何才能承担它呢？我不懂他对我所做的，我不明白您
对您的奴隶的赐予。我尝试它而毫无满足，我饮下它而不能保存。如
同乳白色大海上的汹涌波涛，他在我的灵魂深处掀起大波。不可名状
的美好仙浆渗透我浑身的每一毛孔，这正是他慷慨的神功！他的甜蜜
充满了我卑贱身躯的每一肢体。由于他的敕令，我的全部存在沐浴在
琼浆玉液之中。他借爱的灵魂为我塑造一个降恩的形体，仿佛他在塑
造我，如同他自己。如同大象在寻找蔗田，他寻求我、发现我并使我复
生。他将慈悲的甘露倾注于我，在他的恩典里，我得享天上的馔食——
他的本性甚而不是大梵天所能了解的。"①

　　与此相类似，斯特凡·乔治(Stefan George)赞颂道：

　　　　有如奶清一样洁白温柔，大地在摇晃颤抖——
　　　　我登临这令人畏惧的深渊，
　　　　仿佛我在众云的上端击水而游，
　　　　在那晶莹的闪光的海中——
　　　　我像是神圣大火中溅出的火星，
492　　同那神圣的大音声相比，我不过是一句喃喃低语。②

---

① Lehmann-Haas, *Textbuch*, 148.
② *Der siebente Ring*, Entruckung.

第75章／神秘主义

1. 在神秘主义中，为了获得支配权或行使力量，人突破了他自身和外部环境的障碍。在神秘主义中，他不再经验到什么对象性的东西，同样也就不受任何对象一类的东西所影响或决定，在神秘主义的无形式和无内容的融合中，不再有主客观的分别。如我们刚才已经见到的，出神产生于腾空自我和为某种被"相异者"所充满的可能性。在神秘主义当中，腾空有其一席之地，同样，客体也好，主体也好，都有一席之地。因此，我们说，每一种神秘主义的经验中，都内在地包含着出神，但神秘主义总会比出神走得更远，它会逾出所有的界限，甚至逾出人所赖以生存的原始关系。借用雅斯贝尔斯发明的一个说法：在神秘主义当中，主客观之间的分离原则上被废除了。人类不但拒绝接受被给定的，而且还反抗焦虑、陌生、异己性和任何可能性。他不再需要任何仪则、习俗、形式，他不言说，不再命名，也不企望有名称，他所希求的只有"在无名者之前的静默"[1]。

因而，这是指"极端的"神秘主义。但是，大多数神秘主义者或是只到中途，或是中途而返。不过，从本质上看，所有的神秘主义中都是压制主客观之区分的，因为它的本质便是企求消除这种区分。也就是在这方面，神秘主义者同原始人有所不同，后者的全部世界局限于巫术经验中的内在的领域。[2] 但是神秘主义者不但将所有外在的转化为内在

---

① Mehlis, *Die Mystik in der Fülle ihrer Erscheinungsformen*, 13。雅斯贝尔斯前引书，第84页以下。Hofmann, *Rel. Erlebnis*, 45；另外，参见 Jaspers, *Allg. Psychopath*. 262："那种原始的现象——超越自身的人格。"

② 参见本书第82章。关于巫术和神秘主义的区别，参见 Kraemer, *Javaansche Primbon*, 第110页以下。另外，也请参见 Underhill, *Mysticism*, 85。

的,同时还将内在的转化为外在的,从而剩下来的是完全的空虚和
荒芜:

> 哪里是我的结合处?
>
> 那里既无你也无我。
>
> 哪里是我的终极目标——向着它我必须奋进不已?
>
> 哪里是空无的所在?
>
> 我是否应该现在就启程呢?
>
> 进到比神更远处——一个茫茫的荒野之地。[①]

493

2. 另一方面,神秘主义又是各个民族,各种宗教表白中都有的,在
这方面,它并无什么界限。不过在新柏拉图派的神秘主义当中,它取得
了某种典型形式,一方面它通过**苏菲派**,另一方面又通过基督教而非常
鲜明地表现出来。基督教方面,这种神秘主义部分地借助那始于亚略
巴古的官丢尼修的教会神秘主义显示给我们。[②] 正是通过它们,神秘
主义发展出了一种特别的知识论,它的源头是柏拉图的一句话,[③]普罗
提诺(Plotinus)对它作了经典表述,而歌德则赋予它极美的形式。

> 如果眼睛本身不是明亮的太阳,
>
> 那么太阳也显得暗淡无光,
>
> 如果心灵本身没有神性,
>
> 那它便对任何神性事物无动于衷。[④]

---

① Angelus Silesius, *The Cherubinic Wanderer*, 1:7.
② 关于罗马天主教会方面对此的接受,可以参见 A. Merx, *Idee und Grundlinien einer allgem. Geschichte der Mystik*, 1893, 24。另外,请参见 H. Dorries, *Erigena und der Neuplatonismus*, 1925。
③ *Republic*, VI, 508b.
④ Dwight 译本。

苏菲派所说的话并无二致。"那谈论永恒的人,他的心中必得也有永恒的灯……心灵看见神所依凭的是确实无疑的直觉之光,而这正是神撒布在他内心的光;不然如何能够得见神呢,"拜齐德·巴斯塔米说道。[①]神只被神认识。在托马斯主义的体系中,人的认识手段在于相似性(similitudines),使上帝形象显现的必须是恩典的光(lumen gratiae)。按圣托马斯的讲法,这是一种创造的光,但对于真正的神秘主义者陶勒(Tauler)来说,它是非创造的。从而结论——于此学术界是犹豫不定的——便是:上帝在人之中既作为主体又作为客体而爱,而认知。但对于圣托马斯来说,在对上帝的沉思中,神的本质既是所见者,又是能见者(et quod videtur et quo videtur)。[②]

教会当中的神秘主义是有节制的神秘主义,而陶勒的神秘主义则不受节制——圣托马斯希望的是通过上帝而看见上帝,陶勒则是要享有上帝,似乎要使他有效用。[③]圣托马斯在神圣的障碍前停住了脚步,而陶勒则突破了神圣的同时也是自身的障碍。只有内在的神才认识那外在的神,或者这么表达更恰当一些:任何神被认知了的地方,无论内在或外在,无论此处或彼处的分别都被废除了。在这样的认识行动中,神与自我实则是不能分别开来的。"认识活动的前提便是能知者与所知者之间的相似性,它使两者处于平等的关系中。"[④]

从而,在这里,知识又是力量。比起巫术来,神秘主义更近乎无所不能。但它并不利用这一真理。神秘主义的认知是一种神圣的行动,它是某种"无模式的模式",因为上帝将要来寓的自我必须为他腾出位置来,所以这里有一个"腾空"将取某种具体而神秘的形式的问题,用古代德意志神秘主义的说法,我们称之为"存在的被剥夺"(das Entwerden)。

3. 最表现神秘主义的特征的,莫过于人为了达到其目标而采取的

494

---

① R. A. Nicholson, *The Mystics of Islam*, 50, 51.
② G. Siedel, *Die Mystik Taulers*, 1911, 22 - 23.
③ 前引书,第20 - 21页。
④ 埃克哈特语,出自 Lasson, *Meister Eckhart der Mystiker*, 96。

道路。这条道路可分为几个**阶段**,它们的名称可以不同,但事实还是一样的。[1] 在苏菲派那里,这是逐步上升的 7 个台阶:忏悔,禁欲,弃世,贫穷,忍耐,信真主及满足;也可能分为 4 步,像佛教的四禅;或者分为 6 步,象德·拉·巴底说的:与神接触,启发,提升,与神结合,寂静,沉睡。[2] 但从充满生命到最高的非存在之空无,即消亡于神里边,始终是一条极艰辛的道路,这种神秘之路当然可以被称为禁欲苦行,[3]不过,我们这里还不是指这一层意思,而是指其字面上的"修炼"。神秘主义的能手,当推印度教的瑜伽师,他们几乎都达到了非物质性的程度,同时还有枯瘦的基督教圣徒、波斯的伊璧鸠鲁派和狄俄尼索斯的秘密仪式的参与者。但所有**这些手段,这种实践**,都是一直地重复的,或通过放纵,或通过斋戒来使自我丧失,就是说,这里所开启的是一条剥夺自我存在的路,也就是新柏拉图派的"湮灭"(annihilatio)。[4] 禁食、狂喜、调息、冥想、修定、祷告,所有这些且不止于这些都只朝向一个目的,即引生无意识状态,将自我衰减到空无的境界。用经院神秘主义的语言来说,便是必须放弃那作为普通知识传递手段的"意象"(形象)。"我儿,是到了该抛弃我们的意象的时候了",[5]但丁梦中的青年说道。在此,表象能力已经失败而形式也已消失。

495

> 你可知道我如何从意象而来?
> 当我凝视内心的结合——

---

[1] Field, *Mystics and Saints of Islam*,第 124 页以下;二,Fr. Heiler, *Die buddhistische Versenkung*,第 2 版,1922。

[2] H. Heppe, *Geschichte des Pietismus und der Mystik in der reformierten Kirche*,1879,第 294 - 295 页。在爪哇,神秘主义分四个阶段,其名称依据当地的面具戏剧的不同形象。一,Schare at-Wajang-play(由创造者控制的木偶的演出),这里的创造者指木偶表演人。二,Tarekat-Barongan-play(演员和头领的结合,但此结合是隐秘的,所以表演人披着动物的道具)。三,hakekat-Topeng-play(演员和头领的结合,仅仅用动物面具来掩饰)。

[3] 参见本书第 66 章。

[4] 参见 Heiler,前引书,第 10 页;另外参见 Guyon 夫人的诗:啊,他的命运多幸福,他已不再有自我!那样的灵魂多悲惨,它生活在自我当中!……借着自我的不断减损,在垂死中我们不再知道自己的意愿,到那时候,至高者的意愿事实上成了我们的愿求!(Segond, *Prière*, 107.)

[5] *La Vita Nova*.

那才是真正的结合，

当我们不为任何东西惊异——

无论是爱还是悲伤，

我已经不再存在。

你可知道我如何从圣灵而来？

当我在自身中一无所见，

除了那不可测度的神，

彼时我再不能保持缄默——

我必须明白宣布：

我已经不再存在。

我既已经消融在这深渊当中，

我也就不复言说——

我是哑巴，神因此才将我吸入他的里面……

我已经消灭无遗。[①]

或者，可以从施特拉斯堡再引几行：

无论何人，只要他爱那不复有所依赖的纯善，

他就必须超越所有感官；

由此才能获取无以伦比的勇敢。

啊！**不呈形式的形式，**

你是真正的精巧，美伦美奂，

你已经克服了所有感官，

得其所哉地自由翱翔。[②]

496

---

① 引自 Merx, *Idee und Grundlinien*, 12‑13. 此处及随后的所有引文皆为典型的神秘主义的用语。

② H. A. Grimm, *Von Gottes‑ und Liebfrauenminne*, 40.

类似地，康拉德·伊门多弗尔（Konrad Immendorfer）有一首诗《赞美三位一体》：

> 在他的周围，甚至圣灵也不曾环绕。
> 这条**路**便通向那里，进入一片奇异的浩瀚——
> 它不可测度，广袤无垠，连时间与空间都不复存在；
> 这便是它的存有，如此独一。

> 这是任何足迹不至的**荒漠之路**，
> 一切被造的思想均不能企及，
> 它存在——那是什么呢？
> 无人能知道。
> 它在此又在彼，在远又在近，
> 它深不可测，又高不可攀，
> 而我仍然是虚妄之言——
> 因为它**既不是此也不是彼**。

> 做孩子吧！做聋子吧！做瞎子吧！让你的心忘掉存在的一切！
> 一切存在的，一切不存在的——
> 让其存在！
> 毋理会时间，毋理会空间！
> **离开一切有形之相**！
> 循着那狭窄的虚无之路走下去，
> 那样你便会寻到那荒漠的轨迹。[①]

[①] Will Vesper, *Deutscher Psalter*，43 行以下。另参见 Siedel, *Tauler*, 99. 关于托马斯和埃克哈特说的形象和基础，参见埃克哈特，前引书，第 56 页："除了在湮灭的原始基础之上，神再没有适合于它的位置。"

这里的神人二者都同样变成了混沌,一种无属性、不可名称的虚无,即德意志神秘主义经常谈到的**原基或基础**(ground)。换言之,只有当 annihilatio,即剥夺存在的修行将人与神二者同时减损,使之归于同一虚无,即空与空相遇时,主观与客观的分隔才会被取消,神与人才会融为一体。而在驱逐了一切有形之相后,神秘主义则以如此壮美和刻骨铭心的形象谈到:它们绝没有被遗忘。

497

譬喻之一是因爱投火而死的**蝴蝶**,从哈拉智到歌德都是这么谈的:[①]

> 告诉那智者吧,在人群不再嘲笑的时候!
> 我高声赞美他——那渴望着为活着的人们忍受死之痛苦的人。[②]

《雨滴》也讲了一个譬喻:在奔向海洋的途中幸福地死去。

> 那雨滴如此哀伤:我离大海还有好远好远!
> 但大海笑了:如此哀伤何必?
> 因为我们本来一体,都在神的里面——除了那微不足道的时间差,
> 任何东西并不能使我们分离。[③]

与此相仿,又有:

> 深深地吸进出神的欣喜,在爱的光耀中炽烈燃烧!

① Massignon, *Al Hallaj*,473;至于 Saadi,参见 Tholuck, *Blutenlese*,247 页以下;另外,参见 Field, *Mystics and Saints of Islam*,第 128 - 129 页。
② *West-Eastern Divan*, 19;"福佑的渴求"(Dowden 语)。
③ Omar Khayyam,引自 Lehmann, *Textbuch*, 296。

> 在那滔天的洪水中,小水滴欣喜地寻求消亡。[1]

又可以这么说:"如同裹挟一切奔赴海洋的众多河流,它们已脱离了任何名称与形式;同样,那已脱离名称与形式的认知者,逼进那神圣的最高的神灵。[2] 或者,最终如居昂夫人在《精神的急流》中描述的那样。

爱也是神秘论者用来说明其道路的一种譬喻,不过它始终是通向死亡的爱。无论它的内容怎样极富感性,无论对其描述如何富于色彩,最终它都会淹没在心爱的对象当中,消失并死亡:

> 不要为我的爱斥责我! 我永远地将自身献给爱了。
> 只要爱是真实的,死就是心爱者的命运。[3]

因为神之消融于人,人之消融于神之可能,只有在不可描述者自身结合于不可描述者时,在虚无结合于虚无之时。因而,神秘主义乃首先转向内在——在内部去寻求那秘密,亦即湮没的基础。因为在外部,爱者无所寻求。所以,当居昂夫人向某位圣方济各会修士抱怨自己祈祷的困难时,后者答道:"夫人,那是因为你一心在外面去寻求你内心才有的东西。设法让自己习惯于在自己心中去寻求上帝,你就会发现,他在那里。"结果这番话便改变了她的一生。[4] 现代的神秘主义者又把我们引向了内心:

> 如果你在周围去寻找罪恶,
> 如果你在外边寻求解脱,
> 那等于往破漏的容器中注水,

---

[1] Mahmud, "Gulshan I Raz",引自 Tholuck, *Blutenlese*, 218。另参见 Field,前引书,第 180 页。
[2] Oldenberg, *Lehre der Upanishaden*,第 147 页;"蒙达卡·奥义书"。
[3] 原出于 Saadi;转引于 Tholuck,前引书,第 248 页。
[4] *Vie de Mme Guyon*, 1791, I, 78.

> 你在为毫无意义的事费尽努力。
>
> 你自己便是一切，便在一切中，
>
> 出神陶醉中吐露的每一祈祷的字符，与爱交融为一，
>
> 它就叫上帝、朋友，也是新娘。[①]

　　从内在出发的路通向那最深的中心、基础、scintilla（"火花"）、灵魂的灵魂。而这绝不仅是抽象，也绝不仅是什么"纯粹意识"，而只是人心中的最实在的因素，是那作为他之全部的虚无。婆罗门教的神秘主义对此有现成的概念，它称之为阿特曼（ātman），这是比灵魂本身还要更基本的真实："彼为称之'否'，'否'的阿特曼；彼为无可譬拟者，因其乃不可捉摸者；不可坏灭者，因其不可摧破；不可依着，因其不可附着；不可解，因其不可缚、不受苦。"[②]因为如此，所以那湮灭的基础也才如同上帝的原初本质一样是不可言喻的，"它处在超越了这种对立（指主客对立）而神与灵魂融为一体的地方"。[③]佛教的神秘论者也了解"他的精进最终会达到既无意识亦非无意识的境界（非识非非识处）。"[④]这里也许可引用特斯特根（Terstegen）对这种基础的感性描写：

> 当发现那久久追求的至善**就在心头**，何以一切便都与灵魂融洽无间？
>
> 此刻它拥有一切，无不如愿以偿。它得到抚慰，享受爱意，
>
> 它与上帝共处，已**在那基础中**。[⑤]

499

　　另外，勒伊斯布鲁克（Ruysbroek）又以具有原始神秘的有力语气，

---

① Stefan George, *Der Siebente Ring*.

② Oldenberg, *Lehre*, 63；(Brihad-Aranyaka Upanishad).

③ Fr. Delekat, *Rationalismus und Mystik*, *ZTh K. N. F.* 4, 1923, 第 280 页以下。

④ Heiler，前引书，第 28 页；另参见 Lasson，前引书，第 101 页以下；另见 Underhill, *Mysticism*, 120。

⑤ *Geistliche Lieder*, 1897, 17.

着重说到了"永恒的空"以及"原始的、荒凉的又无形式的毫无遮掩":

> 完全地敞开你的心大声呼喊:
> 啊!巨大的深渊!
> 为何没有入口?
> 让我们进到你的深处吧,
> 对我们宣布你的爱。[1]

也正是在此——即令这是一个完全没有形象与形式的领域,我们仍发现了丰富的意象:以夺目的色调来描写的没有色彩的存在以及那作为最大宝藏的空。如前所述,这种"基础"便是荒漠[2],而下一个意象便是静默。"有人要求:请教我以梵,那受赞叹的唯一者。但他(智者跋婆)沉默不语。别的人又作第二、第三次的请求。于是他开口说道:'我其实已经教过你了,而你不曾领悟。这阿特曼便是静默啊。'"[3]特斯特根又说道:

> 借着沉默,他们被了解,
> 他们的心才是神的寓所。[4]

在此,如雅斯贝尔斯所说,"表达的悖论"又一次出现。因为神秘主义的本质就是沉默——在基础上,哑然的沉默主导着。但这种沉默又只能凭语言才会显明,事实上它是以过剩的喋喋不休的话语来显示的,一个形象只有靠另一形象才被取消,而它之前的(形象)也同样如此才给抹掉并受到抑制。在一切形象的绚丽光彩之后,是那无形象的至高

---

[1] Huizinga, *Herfstty*,第 375 页以下。
[2] Tersteegen, *Geistliche Lieder*,21:我进入那荒原,其中只有上帝和我,也只有灵与灵在交流,啊!何等的孤独,远离一切创造与时空!那至上的被爱者遗世而立。
[3] Oldenberg, *Lehre*, 133.
[4] *Geistliche Lieder*, 23.

的无掩饰性或坦露性,在形形色色的语言形式之后是令人生畏的沉默的力量。[1] 神秘主义者必须静默,但他又不能如此——他必须开口,他得"欢呼"——"冲破静默的音乐"。[2] "Jubilus(欢呼)是多么大的恩典,你应该遵奉它,这恩典是远胜一切地伟大,以致于无人能保持这个大秘密,也无人能将它完全表达",这是《教会山修院史》所说的。[3] 埃克哈特大师也告诉我们"神秘的道生自那基础……那里有深邃的静默,因而任何造物,任何形象均不能达到它"……于此静默中,有"道所生出的空间及其他,而在天的父神在其中说出他的道"[4]。

　　与静默相联系,睡眠也是神秘主义的类比状况。因而苏菲便像是传说中的七个入睡者,[5]而那位寂静主义者描绘出她安宁的灵魂如何"常常进入神秘的睡眠,在其中一切力量均静默不语"[6]。人完全没有意愿,只是消极地交出自身,像某种工具一样,像书写或演奏的器具一样:

> 我们便是琴,而你便是借琴发音的弹奏者;
> 你不就是那借我们的呻吟而呻吟的他吗?
> 我们便是笛子,而你便是气息,
> 我的主啊;
> 我们是那些山岗,而回声仍然是你的。[7]

与此类似的是**狂喜**,它使存在被剥夺成为可能。[8] "我以这酒樽喻指那永恒的琼浆,"哈菲兹说,"而对我说来,这琼浆的意义便是放弃自己,压

---

① 参见本书第 63 章。
② 圣十字约翰。
③ N. von Arseniew, *AR*. 22, 1923—1924, 271, 279.
④ 同上书,第 269 页。
⑤ Tholuck,前引书,第 62 - 63 页;另见 Field,前引书,第 161 页。
⑥ Mme Guyon, *Moyen court et très facile de faire oraison*, 12, 5.
⑦ 贾拉鲁丁・鲁米诗,参见 Tholuck,前引书,第 66 页;第 62 页;另见 Oldenberg, *Lehre*, 140。
⑧ 参见本书第 74 章。

抑自我。"①

501

4. 但当神秘主义的道路走到尽头，当完美的结合已经实现，它则是喜不自禁的、喋喋不休的。当苏菲神秘主义者拉比娅被问道，她如何成功地与永恒结合时，她答道："全靠消失于我所发现的他的里面"；而当有人问她如何得到关于神的知识时，她又答道："哦，哈桑，你以某种方式认知，而我却不用任何方式"。②此外，便是"无形式的形式的德意志神秘主义"，代表法国神秘主义的神之充溢于人。事实上，居昂夫人及其朋友费纳隆（Fenelon）根本没有谈到神，但他们这两位神秘论者之间"却始终有神的流溢在进行"③。"只有两种真相：大全和虚无，此外一切都是谎言。我们只有通过自己的湮灭才能荣耀神圣的大全者，与此同时，我们便是湮灭了的神。因为神不能容忍空白，一旦我们湮灭，他就会用自己填充我们。"④神因而是某种流体，一旦何处有空间余下，它便流溢其中。这里还有一个镜子的譬喻：

> 苏菲在世间只有一个任务：
>
> 他们的心可以成为神的明镜。⑤

然而这里占主导地位的是否定，尽管它明确地表现为隐喻性的否定——贫乏中的富足，一种一再湮灭的形式，一种被反复赋予形式的非存在。或者，对这种统一性会不会有一种更粗糙也更隐喻的描述呢？这样的隐喻描述同时也更尖锐地表现出比伊斯兰教的 fana（转瞬即逝）

---

① Merx, *Idee und Grundlinien*, 7 另外参见奥马尔·卡亚姆（Omar Khayyám）的诗,（Lehmann, *Textbuch*, 296）："我之举杯并非为了痛饮狂欢，也不冒犯《古兰经》的教义，仅只是为了那非存在的片刻幻觉——那是智者得启示的基础。"与此相似，诗人鲁米还说："人们因酒和毒品招致谴责，但那给他们以片刻得以逃避自我意识，因为大家都知道，这生活是陷阱，是地狱一般的狂暴思想和回忆。"（引自 Nicholson, *The Mystics of Islam*, 67）。
② 参见 Tholuck, 前引书，第 32 页。
③ M. Masson, *Fénelon et Mme Guyon*, 1907, 37.
④ Guyon, *Moyen court*, 20, 4.
⑤ 贾拉鲁丁·鲁米诗见 Tholuck, 前引书，第 115 页。Ghazali, 见 Field, 前引书，第 16-17 页。

更鲜明的不充足,他们说 fana-al-fana,即比意识到转瞬即逝还要短促时,便显现了这种描述的矛盾性。[1] 佛教徒也谈到涅槃这样的"孤岛"——在这样的状态中,喜悦也就在于不再有任何感受。"[2]这也就是《特里斯坦与伊索尔德》中最后一首歌中的幸福:

> 我将吮吸它们吗,或深潜入它们?
> 在热望的呼吸中赢得它们?
> 在四周的微风中,在和谐的音响中,
> 在这世界上驱人的旋风中陶醉?
> 深深地沉下去,
> 细细地品味,
> 在一个吻,最高的幸福当中。[3]

即令是在除简单的否定外别无其他语词可用的情形下,在只有"空无"足以表达最善与最宝贵的时候,这个词也透露出某种声音——它许诺了不可言表的财富,按照十七世纪基督教神秘论者卢维尼(Louvigny)的说法,这是"丰富的虚无"。[4]

此外,这里还有这样的意思:说人是上帝,意味着上帝是人。反过来也可以这么说。因为完善的结合之可能,全在于人之"剥夺其存在"和使自己虚空化,神秘主义所声称的神圣性是不再需要任何先定条件了的。这一点在曼须尔·哈拉智(Mansur Hallaj)的辨白中被引证过。一个受到桎梏的神秘论者,要想得到至上的喜乐,就得付出代价忍受最可怕的折磨。他说:安纳哈克(Ana'l-Haqq),意为:我便是真理。就是

---

[1] 这一说法也许源于印度。苏菲派首先使用它的是巴亚齐·巴斯塔米(Bayazid Bastami);另外参见 Nicholson,前引书,第 17 页以下;参见 Schuurman, *Myst. u. Glanben*,第 17 - 18 页。

[2] Heiler, *Versenkung*,第 36 页以下。另参见这些美丽的诗行:安息中的他无可测量,也没有任何言说可描绘他,一切可以把握的思想均已逝去,人的语言完全与此绝缘。

[3] Corder.

[4] Heppe, *Quietismus*, 90.

说,依据伊斯兰教信仰:"我即是神。"当然,哈拉智本人并未这么说,而是神借无私的哈拉智之口道出的。[1] 同样,用散文写作的祝奈德(al Junayd)这么回答他也并非不对:"不,你只有通过真理才存在! 你用你的血弄脏那绞架了。"[2]而在这神秘主义者的意识中,他不过是神的手、神的工具。[3] 由于如此地取消界限,他甚至能够这样祈祷:噢,我的真主,你知道我实在没有力量向你作感恩祈祷,尽管你要求感恩。真主啊! 到我体内来感恩吧。这才是真正的感恩祈祷者! 别无其他。"[4]如同这些神秘的形象一个盖过一个,神秘论者们也在攀比并压过别人。所以,拜齐德·巴斯塔米便以奥秘难解的话这么断定道:"我从神到神,直到他们在我里面从我呼喊出来'啊,你我。'"[5]

因而结合是一种沉入,就是说,是死去。以死为乐的可怕性充分地表现在哈拉智描述其与神的关系的著名诗行中。他带着镣铐跳舞,当被带到法官面前时,人们问他:"哦,大师,你如何进入这种状态的哩?"他答道:"通过爱抚他的美人,她强烈地吸引着想与她结合的人。"然后他背诵道:

> 为了不至显得是冒犯我,
> 主人让我从他喝过的碗中饮酒,
> 像是那待客体面的主人。
> 于是,当酒碗从手中递过,
> 鞭与剑也由此传来。

---

① Nicholson,前引书,第 152 页。
② Massignon, *AL Hallaj*,第 62 页。
③ 同上书,第 260 页。
④ 同上书,第 116 页。
⑤ Nicholson,前引书,第 18 页。

这降临他的头上,那在仲夏与龙饮酒的人。①

这里通过那崇高而轻柔的神秘的刺激,再次表现出人类原初的经验。对死亡的渴求结合于对力量追求的意愿,并预言那最高力量的灭绝。与此相似,苏菲派的法里德丁·阿塔尔(Fariduddin Attar)所描绘其朝圣历程的"三十只鸟",在其目标处只发现了他们自己:Simurgh。②安拉是一面镜子,每个人都可以由中看到自己,"从而,他们永远地消失于他里面,如同阴影在阳光下消失。"③因而,那由神发出的光束是"黑暗的光"。④ 恐惧和死亡的放纵是紧密相关的,实际上,它们在消灭的充满恐惧的幸福中已融合为一。

5. 既然神秘主义本质上便是静默,唯其如此它才使用一切语言,因为从本质上看这是可以容忍的:

宝塔和克尔白是虔诚者的场所,

他们的旋律便是那铃声。

帕西人的腰带、教堂、念珠和十字架——啊,这一切都是虔诚者的象征。⑤

因而,对于神秘主义,宗教中的个别的、差别的、历史的每一事物归

---

① Massignon,前引书,第9,第301页。法文文本如下:

　　　Celui qui me convie, pour ne pas paraître me léser,

　　M'a fait boire à la coupe dont il a bu; comme l'hôte que traite un convive.

　Puis, la coupe passée de mains en mains, Il a fait apporter le cuir du supplice et le glaive.

　　　Ainsi advient à qui boit le Vin, avec le Lion en plein Êté.

　引自Tholuck,前引书,第322页下;Field,引前书,第68页下。

② 意即"三十只鸟"。——译者

③ Field,前引书,第131页以下。关于结合,参见Tholuck,前引书,第64页,第87页,第105页(贾拉鲁丁·鲁米)。另见Oldenberg, *Lehre*,第126,142,181页;Kraemer, *Primbon*,第72页(其中有爪哇神秘主义的kawula-gusti即主仆的真理);另外,可参见Schuurman, *Mystik und Glauben*,15。

④ 大法官狄奥尼修语,见于Merx, *Idee und Grundlinien*, 20, 71。

⑤ 奥马尔·卡亚姆的歌,转引自Merx,前引书,第26页。

504　　根结底是无关紧要的。因为存在的被剥夺影响到了宗教往往视为至关
重要的一切形象、观念和思想。而神秘主义所使用的是所有宗教的语
言,对它说来,任何宗教都谈不上是根本性的。无论在德意志还是印
度,无论就伊斯兰教还是基督教而言,空仍然是空,无依然是无。神秘
论者也许是一个忠实的伊斯兰教徒,也可能是基督教会的真正儿
子——归根结底,这些都不重要。个别宗教中的象征、礼仪和观念,至
多可以帮助他走上湮灭之路,而最终,这一切又都是要给抛弃的。贾拉
鲁丁·鲁米说,真正的克尔白是一颗悲伤而破碎的心,[①]而拜齐德·巴
斯塔米——他希望绕克尔白完成自己的神圣之旅——发现一位圣者对
他这么说:"把你作这旅行所需的两百块金子给我,你只绕我转七圈便
够了。"巴斯塔米便按他的话做了,因为人就是克尔白,是真主的房屋。[②]

　　实际上,基督教的神秘论者也常常忽视经典与圣事。那些圣徒,甚
至圣母都多半满足于他们形象的湮灭。[③] 对于神秘论者,即令是基督
教的核心——道成肉身的上帝——也会被最终看作个人历史的一种象
征:道成肉身是在人们心中永恒地产生的。这一方面,最引人注意的特
征也就是:伊斯兰教神秘主义者与基督徒抱有类似的观念,并甚而以热
情洋溢的话赞美耶稣,把他视为心中永恒诞生的基督。[④] 救主只能是
传信的使者,而那认识差谴人的他,对使者会有多少兴趣呢?

　　　　那隐藏在苏丹怀中的他,

---

① Field,前引书,第 151 页。
② 参见本书第 57 章;Field,前引书,第 54 页。
③ Mme Guyon 说:"除了上帝,我再不会看见圣徒和圣母;但我在上帝中见到了他们大家,若非费尽
心力,我无从将他们与上帝分开。"见 Heppe, *Quietismus*, 161. 关于埃克哈特,参见 Lasson,前引
书,第 323 页。
④ 圣·特雷萨、摩利诺斯语。另外参见 Heppe, Quietismus, 20. 埃克哈特,参见 Lasson,前引书,第
129 页,第 120 页,第 9、12 页等。费纳隆语,参见 Heppe,前引书,第 394 页。现代的类似说法,请
参见 Inge, *Personal Idealism and Mysticism*;贾拉鲁丁·鲁米语,则参见 Field,前引书,第 159、
161、211 页。

　　　　　既不要大使也不要诏书。[①]

庆典仪式是无济于事的,因为这里完全没有支持作用;习俗也失去了作用,因为在不可分辨者当中,任何行动都是没有差别的。因此,神秘主义始终是敌视任何道德法典的,这倒并非出于什么非道德的倾向,而只不过是因为法律和秩序所欲约束的地方,正好是不再有什么东西可加约束的地方。因为那已经达到了神秘结合的他,已不需要再注意任何指示。贾拉鲁丁·鲁米认为自己高于法律,他这么说:

　　　　　他已经获得特许状,

　　　　　想吃多少便是多少,他已得到允许。[②]

英国神秘论者布莱克(Blake)允许天堂(善)与地狱(恶)的婚姻;[③]布朗宁则将自然主义成分融入了自己的神秘论中:

　　　　　类型需要反类型,

　　　　　如同黑夜需要白天,如同光亮离不开阴影,

　　　　　因而善需要恶——若无痛苦

　　　　　又如何理解怜悯呢?

调子如出一辙。不单是伤痛,还有邪恶,都失去了它们的特定位置,因

505

---

① 鲁米语,参见 Tholuck,前引书,第 167 页。值得注意的是,晚期希腊化时代有与此异教风格相类似的地方,它将阿提斯神话当作灵魂史的典型,比如 Sallustius 便是如此。参见 Murray, *Five Stages*,246;也可参见诺斯替运动。

② Tholuck,前引书,第 153 页。

③ Spurgeon, *Mysticism in English Literature*,第 141 页以下。

为在总体上并无分别的神性混沌中,已不可能有特别的位置或立场存
在。[1] 因而对于神秘论者,除了完全的安息、消融和转瞬即逝,也就没
有合适的譬喻。神秘主义的伦理又是寂静主义:"养成习惯,绝对地无
所作为。即令看见约柜倾斜也不要用手去扶。因为这也许对他人来说
是一善举,而对你则毫无价值,因为神希望你只是消极无为。"[2]

因而神秘主义是某种鲁莽的尝试,它要以自我的湮灭来达到自我
解放。它是以死来给自我提供力量的努力。"上帝是像人一样出生的,
因此我也可以如上帝那样出生……上帝的'基础'便是我的,而我的'基
础'也就是上帝的。"[3]或者,用苏菲派的话来表达:

> 啊,贾拉鲁丁,你是海洋,你是珍珠,
>
> 你便是宇宙的奥秘,
>
> 无需遵从任何繁文缛节。

506 最后,还有那半自然主义和半神秘论的奥马尔·海亚姆的:

> 天堂只是满足了的欲望的憧憬;
>
> 而地狱是烈火上的灵魂的投影。[4]

因而,神秘主义只是在自我的不可穿透性中兜圈子。[5] 因而,它可以随
时变为最铺张的自我夸饰;又可以成为对虚无的极度深邃的意识。用

---

[1] 例如 *Revelations of Divine Love* 一书中的诺维奇的朱利安(在第 26 页);关于 Mme Guyon 和 French quietists,参见 Seillere, *Mme Guyon et Fenelon*,1918,第 32,217,71 页;另参见 Maasson, 前引书,第 55、58、227 诸页。关于爱克哈特,参见 Lasson,前引书,第 8 页。关于苏菲派,参见 Field,前引书,第 65、188 页;Tholuck,前引书,第 81,96,120,130,159 诸页。另见 Nicholson,前 引书,第 88、99 页。关于大法官狄奥尼修,参见 Merx,前引书,第 19 页。

[2] Mme Guyon 语,参见 Masson,前引书,第 277 页;另参见 Tersteegen, *Geistliche Lieder*,第 19 页以 下;Siedel, *Tauler*,118。至于现代的例子,则可参见 Amiel, *Fournal*,4 月 6 日,1851。

[3] Lasson,前引书,第 205 页。

[4] 关于奥马尔·卡亚姆与《鲁拜集》的不同来源,参见 A. Christensen, *Critical Studies in the Rubaiyat of Umar-i-Khayyám*,1927.

[5] 参见 Hofmann,前引书,第 47 页。

埃克哈特大师的话说,自我的神化过程转为了"强有力的恩典的学说",①就一般的神秘主义而言,甚至伊斯兰教的神秘主义也不例外,先定论的观念起着相当突出的作用。无论是对于一个"天使漫游者",还是一个赖纳·马里亚·里尔克,自我的湮灭转化成了完全的虚无,消失为零,也即是对神的依赖性。

> 啊,上帝,如果我要死,你将如何办呢?
> 我是你的酒樽——但如我会破碎呢?
> 我是你的药剂——但如我会泼洒在地呢?
> 我是你的服饰,你的声音,
> 当失去了我,你不也丧失了意义么?②

上帝成了从巢中掉出来的乌鸟!人子的身份也就类似地转化成了父亲的或母亲的身份。

> 我爱你如同深得宠爱的儿子,
> 他抛弃了我,当他还在孩提时代。
> 因为命运将他召到王座跟前,
> 故而万国匍匐如同山谷。③

在西里西亚的安杰勒斯那里,这以简略的终结性语气表达得更加露骨:

> 深邃才能呼唤深邃,
> 在我灵魂的深处突然响起对上帝深处的呼喊——请说,

---

① Otto, *Zeitschr. für Theol. und Kirche*, N. F. 6, 1925, 425.
② *Das Stundenbuch.*
③ 前引书;另外参见 A. Faust, *Der dichterische Ausdruck mystischer Religiosität bei Rainer Maria Rilke*, Logos, II, 1926。

二者中哪一个更深邃呢？[①]

　　尽管如此，我们不应该将神秘主义视为一类特别形态的宗教，也不应该提出这样的问题，例如：基督教与神秘主义是否可以妥协。神秘主义是宗教当中可能产生，事实上已经在所有宗教中生成了的一种确定倾向。在形式上，它是自我指向的、自我思考的，亦即"生活在自我当中"的；但是神秘主义并非巫术形式，[②]即并不像巫术那样，是人将外部世界转化而移入自我。它是一种更为极端的类型，借助于空无，人将自我组成大全。换言之，神秘主义是对力量的意识的强制夸张，它在死亡的无限威力中去寻找满足——因为无人能损害死者，甚至自己也不能。因而，实际上每一宗教都可能和必然包含神秘主义成分。但它们之所以能在自身中包容这些成分，只是因为这些成分并不与宗教的本质特征相矛盾。因此，就原始宗教而言，神秘主义的前沿或边界也就是带有实用目的的巫术；就伊斯兰教和犹太教而言，是神的凌驾一切的命令；在基督教而言，则是爱。[③] 公平地说，还有已经讨论过的"有限制的神秘主义"。[④] 而除了诸如西里西亚的安杰勒斯、居昂夫人和贾拉鲁丁·鲁米这样的极端例子之外，神秘主义一般说来总是"有限制的"。即令是"纯粹"的神秘主义也并不完全"纯粹"。神秘论者绝不会完全丧失同一性，不太会像精神分裂者或原始人那样，后者的体验都差不多，都依赖于主观与客观的界限消失，尽管他们还达不到神秘论者那样的炽烈程度。因此，神秘主义就像但丁，全身心地沉浸于贝雅特丽齐，一动不动地凝神注视她。但是生活本身、其可能性以及信仰就像神学的三种美德，将诗人的凝视目光从他"过份专注的凝视"（troppo fisso）上引开，使其恢复意识。[⑤] 正是神学美德对那"过份专注的凝视"做出了宣判，这非偶然。

[①] 参见 *The Cherubinic Wanderer*，1，68。
[②] 参见本书第 82 章。
[③] 参见本书第 76 章。
[④] E. Brunner.
[⑤] *Purgatorio*，31，32。

第 76 章 / 对神的爱

1. 我们在讨论恐惧时，就已经看到了，宗教的体验往往是双重性质的。与力量的关系总是一方面被吸引，**与此同时**，又是被排斥。任何时候，只要这种关系达到某一明显强度，就必然如此。**恐惧**和着迷是并存的。因此，在宗教意义上说的爱，就绝对不是生活当中纯粹和谐的态度，因为一旦完合摆脱其对立面恐惧，爱本身也就不存在了。反过来，如果离开了爱，恐惧这一方面也是不存在的。即令恨也紧密地联系于爱："每一个怀恨的人都是并不了解它的不幸的爱者。"[1]因而在此意义上，人类生活中遭遇的力量，即令没有显示严格含义上的上帝的爱，也始终是被爱的，这种爱惧兼有的经验也许甚至可以视为宗教中的基本感受，因为若无吸引，也就不会有恐惧，没有庆祝，其实，也就不会有宗教本身了。在某一种确定的力量范围内的身份——在社会中或作为某种缔约者——都会是某种形式的爱，它意味着被邻里吸引，为兄弟情谊或伙伴关系吸引，走出自我而与他人融合，所有这些的基础是共同的潜在可能性（common potency）。[2]

2. 除了这层一般的意义，爱又表现为**屈服**。"在我们内心的纯净中，会出现愿意屈服的努力，出于感恩，匍匐在某种更高的、更纯的及未知的存在跟前——以此方式来显明那永远无从称呼的唯一者。我们称此为虔敬。"因此，屈服中有以自身为礼品的意思。而如我们前面已经见过的，[3]礼品本身在某种程度上是一种放弃自我，因而是一种属于内

---

① Kunkel, *Einführung in die Charakterkunde*, 16.
② 参见本书第 32 章以下；另外参见 Marret, *Faith, Hope and Charity*，第 178 页。
③ 参见本书第 50 章。

在体验但又外在化的行为。因此，从整体的经验上看，牺牲与爱是相联系的。因而可以得出这样的结论：爱总以爱的回报为前提，这同送出礼物时总期待礼物回报并没有两样。或者更准确地说：如同人的礼物永远是对等性的东西，因此，他的爱也就永远是回报性的爱。

　　我们在《旧约》中所见的爱就具有这样的性质。起初，那当中的爱属于耶和华因之选择为其民的缔约者。在《申命记》中，对上帝的爱是一种直言不讳的命令："你要尽心、尽性、尽力爱耶和华你的神。我今日所吩咐你的话，都要记在心上。"①对民众的这种爱，以及后来对某个人的爱，本身似乎是对上帝之爱的回应。他的爱是真实而牢固的，即令有时候民众或某个人的行为有欺骗性时，神的爱也不改变。从而这里便一再会讲到那无信心的妻子的故事，但无论她如何不忠，都不曾使丈夫动摇对她的爱。从另一面看，何西阿按照神的命令，将爱与燔祭仪式对立起来："因我喜爱怜恤，不爱祭祀；喜爱认识神，不爱燔祭。"②耶和华爱他的民众，而在这些社会成员中，尤其帮助义人、卑微的人和不幸的人；③而他的人民要得到他的爱，必须赞扬他们之间的相互的爱。因此，这里也就不存在伊斯兰教当中的那种对立性命题，对神的爱只在神秘论者和异端当中起着明显的偶尔是中心的作用，而人对神的态度必须首先是竭尽全力来赞美，说自己亏负于神，因为在此，人也恰好感受到所有的爱都是相互性的，即令在他不能够将任何人类的自我放弃的爱归属于至上的创造主时，也是如此。④

　　另一方面，说到印度的宗教情感，事情就完全不同了。任何地方，当形式与意愿显明于力量时，另一方面的居主导地位的仪式——哪怕它采取了苦行自虐的形态——以及对神的认识，都会让位于屈服，亦即虔信（bhakti）。但就是在这里，激发起人类的爱的，仍首先是神的态

① 《申命记》6：5。
② 《何西阿书》6：6。
③ 《诗篇》146。
④ 参见 Massignon, *Al-Hallaj*，第 161－162 页。

度,是神的爱的举动。在大乘佛教中,屈服于佛(神)取代了依佛修行的
自我解脱形式——"我依佛得庇护"。佛曾经立下誓言,除非一切众生
得渡,否则不欲取证涅槃。他的话现在成了神的爱的证据,实际的显
明,这是对于屈服的挑战。[①] 其次,在印度教中,如《薄伽梵歌》中就将
这两条道路即知的道路与善行的道路结合起来,更高的则是虔敬的,也
就是放弃自我的道路。大自在天的人格之神吸引着人类的爱,他是宗
教的核心。[②] 而这种爱和回报之爱的本质,在《薄伽梵歌》第十八首中
作了漂亮的表述:

510

> 自在天寓于众生之心田,
> 阿周那！他以莫耶之力
> 使登上转轮的众生
> 旋转不止轮回不息。
> 您真挚地去求福佑吧！
> 由于他的恩施,婆罗多！
> 您将得到无上平静
> ——永恒不灭之所。
> 此为我所讲述的
> 机密而又机密的智慧,
> 如若您对他已经全知,
> 那您便可以随意而为。
> 请听我再来讲一讲
> 机密中的最高机密,
> 此因您为我的心腹,
> 故进此言让您受益。

---

① 有关此主题的其他方面,可参见 Tiele-Söderblom,前引书,第 187 页以下。
② 很显然,将 bhakti 译为"爱"或"屈服"远较"信心"更恰当。参见 Chantepie,前引书,II,第 148 页。

> 请您思念我！虔信我！
>
> 礼拜我！做我的祭献者！
>
> 您为我所喜爱，
>
> 故我真诚许诺，
>
> 您将归我"。[1]

这里我们可以清楚地看到，对神的认识——印度所有宗教价值观的最基本部分——逐渐演化为对神的热爱。在这一变化过程中，大自在天从一个教师，最高的古鲁（guru）日益成为一个满足一切的上帝："放弃任何（别的）责任到我这儿来吧，我给你庇护处，我会免除你的一切罪愆，使你不复忧苦。"[2]

在诗人的眼中，bhakti——尽管没有完全丧失其知识的附属意义——是与仪式和苦行对立起来的：

> 为何唱颂《吠陀》？为何倾听诸论？
>
> 为何日日被教训戒律？
>
> 为何学习或一支或六支[3]的学问？
>
> 只要心中有神就可以实现解脱。
>
> 为何要折磨自抑？为何要挨饿禁食？
>
> 为何要在高山鞭笞自己？
>
> 为何要在圣河中来回跋涉？
>
> 只要不断对神忏悔就可得到解脱。[4]

3. 我们来看看希腊人。对于他们，任何一种经验都会有某种神圣

---

① E. J. Thomos, *The Song of the Lord*. [译文出自张保胜译《薄伽梵歌》，中国社会科学出版社，1989 年版。——译者]

② *Bhagavad-Gita*, 18, 66. (E. J. Thomas).

③ 支，即 anga，原书括号内释为"一种辅助性学问"。——译者

④ Bertholet, *Lesebuch*, 14, 55.

的外表。希腊人不谈对神的爱,更很少谈神的爱,因为爱本身就是神,
事实上,就是诸神当中最古老的神——厄洛斯(Eros),宇宙的最原初冲
动。而整个生命运动——无论其是感性形式最令人愉悦时还是处于最
壮丽的时刻,它或者指向美,善或者指向真——在柏拉图看来,它永远
是向上的努力冲动。厄洛斯[①],在俄尔甫斯教中是原初的世界原理,在
索福克勒斯看来,是"战斗中不可抗拒的"胜利者,而它演变成了爱,最
高的终极的理念。不过,这种理念本身并不会爱。"神会爱(而柏拉图
的理念并不会爱)。出于对人的爱,神差遣了他的儿子到世上来。基督
是那爱者:爱上帝的人,又是爱人的上帝。爱的动力从此不再是单向
的,像古代那样从人向更高存在的,而是双向的过程,它也从那更高存
在者指向人。而耶稣基督自己身上便结合了这两种倾向。"[②]"在基督
教中,从总体上并且用非柏拉图的理念来看,作为其中心的"(我更愿意
说:从本质上看)"不单是爱,还有被爱……对于古代文化,厄洛斯是一
种膜拜的创造,而对于基督教,它是救赎。"[③]于是,在这一方面,希腊的
精神与基督教精神之间也就出现了强烈的对立。当然,厄洛斯是屈服,
但也是本能,因而也就是被支配的着魔,是一种神圣的错乱(lunacy),
而且也永远是力量的增强。然而,基督教的圣爱(agape)、博爱
(caritas)则是对那已经放弃其自我的神的屈服,这既不是本能,相应地
也非冲动,而是恩典;既不是被支配的着魔,也非力量的增强,而是纯粹
的感恩。[④] 在基督教中,由神秘主义可以看到达致柏拉图的爱的最接
近的道路。至于新娘的爱的比喻和因爱而死的比喻,往往只不过是从
孩子般的感激变成强有力冲动的转化过程。

　　4. 就基督徒的信仰而言,爱就不是某个神,而是说上帝才是爱。[⑤]

511

---

① 　参见本书第 95 章。
② 　Marcuse, *Über die Struktur der Liebe*, *Jahrbuch der Charakterologie*, 5, 279.
③ 　同上书,第 280 页。
④ 　正因为如此,伊斯兰教在拒绝爱的同时又接受柏拉图的那种爱之观念,便绝非偶然了。参见
　　Massignon, *Al-Hallaj*, 176。
⑤ 　《约翰一书》4:6 和 4:18。

因而，基督教的爱的概念就不是那作为"感性的"相对立的"精神性的"爱。确切地说，这种爱之存在"既外在于精神实在也外在于肉体实在。"①它意味着所有生命状况的无例外的完全转换。事实上，基督徒寻找到了它自己特有的关于爱的用语——agape，而拒绝其他形形色色的流行说法。② 而这个词的基本含义是"接受、欢迎、拥抱"。因此，它已经预先设定了爱的礼物，就此而言，它既不同于希腊文的 phileo 也不同于希腊文的 erao③。原则上讲，agape 是相互的爱，它既非直觉也不是冲动，而是准备、预备、对神的行动的响应；就此而言，它就不是人类自身的内在隐秘的行动，而是对上帝的态度。"我所要求的既非一般的也非偶然特殊的爱，而只是我之被爱的爱"；④在此意义上，所谓反基督的尼采的那句有名的断言是并不错的，他的话区分了爱与**怜悯**。⑤ "所有伟大的爱首先是其怜悯，因为它寻求——创造了被爱的东西!"⑥因此，上帝的爱是创造性的，而对上帝的爱是被造物的感激。它甚至不再首先是给予，而只是允许自己去接受。⑦ "就此而言，爱并不在于我们对他的爱，而在于他对我们的爱——这体现于他差遣他的儿子来为我们赎罪……我们所以爱，因他先爱我们。"⑧神来俯就人，那是真正的爱，而人类的爱只是作为一种回应存在着。因而，基督教的爱是能动的，因它是神的行动和人的回报性行动。克尔凯郭尔言及了它的"辩证性"，并蕴义深刻地讨论道："一个人的地位若比他所爱者愈高，按人的用语来说，就愈会倾向于要使对象提高到自己的位置；但更重要的是，用神学的话说，他会感到不得不俯就其对象，这就是爱的辩证法。"⑨因而，

512

---

① 见 Marcuse，前引书，第 283 页。
② Lohmeyer，*Rel. Gemeinschaft*，59；另参见 Tromp de Ruiter，*Gebruik en beteekenis van AGAPAN in de grieksche literatuur*，随处。
③ 即 phileo(喜好之爱)和 erao(欲望之爱)。——译者
④ Bultmann，*Glaube und Verst*，242，237．
⑤ 参见本书第 97 章。
⑥ *Thus Spoke Zarathustra*，105．
⑦ Scholz，*Eros und Caritas*，第 51 页以下。
⑧ 《约翰一书》4：10 和 4：19(Moffat)．
⑨ Geismar，*Kierkegaard*，193，参见第 115、194 页以下、497－498 页。

在基督教中,爱占据了中心地位,因为它符合上帝的行动,符合成为人的上帝。这绝不只是某种情绪的美化,或某种值得赞许的感情,而是绝对的行动。而作为人对神的爱,它只能依靠神的强有力而存在。"从而这种无力的唯一者——它既不能救自己,也不能救他人,只会将不幸带给那所有将自己依附于他的人——那便是绝对者。谁会相信这点呢?人并不会。因为人有不容抹杀的力量究竟是什么这一观念。而这种无力并非力量,更不用说并非绝对者之力量。"① 通过前面的讨论,我们已经很熟悉这种"不容抹杀的观念"了! 在基督教的爱当中,直接引起争论的是:上帝与人的以及人与人之间的关系——即爱的共同体,以基督的爱为基础的共同体——所赖以立足的,是那既非人类的属性,也非人类的特征的某种力量。而这种力量只是给予人的礼物,一种父亲给予儿子的礼物。最后说明一点,关于这种爱,使徒保罗写过非常伟大的赞美诗,那是对任何人类卓越的赞美的一种颠倒。因为它是对上帝的礼品的赞美,对绝对不可或缺者、对永恒存在者的赞美:

> 我若能说万人的方言并天使的话语,却没有爱,我就成了鸣的锣、响的钹一般。我若有先知讲道之能,也明白各样的奥秘、各样的知识,而且有全备的信,叫我能够移山,却没有爱,我就算不得什么。我若将所有的周济穷人,又舍己身叫人焚烧,却没有爱,仍然与我无益……如今常存的有信、有望、有爱,这三样,其中最大的是爱。②

513

514

---

① 同上书,第 412 页。
② 《哥林多前书》第 13 章。

第 77 章 / 神的儿女

1. 俄尔甫斯在冥界的诸神面前,提到他的出身说:

> 我是大地和星空的儿子,
>
> 但我属于天族,这是你们都知道的。

又说:

> 因为我也声称:我属于你们诸神,享有福祉的一族。[1]

荷马时代的英雄也在夸耀他们的神的谱系,在不胜枚举的史前民族当中,与力量的关系同时就是与神的关系,或者至少是与潜力极大的祖宗的联系。在这三种例子中的任一种中,人类都声明了他们出自一个共同的与力量相关的本源和能力——似乎自身就在其中。不仅如此,旧约谈到以色列人和弥赛亚都是上帝之子,显示出伴随神性渊源的那种强烈的依赖感。因为说到儿子就内在联系到了父亲,联系到了对父亲的服从和信赖。父亲的形象是儿子最熟悉不过的了,[2]正是在此意义上,保罗在亚略巴古的演讲,就可以引用希腊诗人的话说:因为我们也是神的子孙。[3]

---

[1] 佩特利亚及图里奥的黄金铭版,引自 Diels, *Vorsokratiker*, II, 175;另见 Olivieri, *Lamellae orphicae*;另参见 K. Kerenyi, *AR.* 27,1928,第 322 - 323 页,以及 Kern, *Orph. Fragm.* 105 - 106。

[2] 参见本书第 20 章。

[3] 《使徒行传》17:28。

不过基督教在继承这一观念时,也就改变了与上帝的父子关系,关系问题便成了**信仰问题**。① 就关系而言,只有耶稣基督才是唯一的神子。因此人不是神的儿女,但他有可能成为神的儿女。换一句更准确的话说,因为这里根本不存在任何纯粹的世俗性的暂时关系,人就不是寄寓于永恒不变的存在之宁静中的神之子,而是在信心的焦虑中的神的儿女。这样的儿女身份本身就是一种礼物:"因为凡被神的灵引导的,都是神的儿子。你们所受的不是奴仆的心,仍旧害怕;所受的乃是儿子的心,因此我们呼叫:'阿爸,父!',圣灵与我们的心同证我们是神的儿女。"②与此相似的是使徒约翰的思路:"你看父赐给我们是何等的慈爱,使我们得称为神的儿女;我们也真是他的儿女。"③因此,我们之所以成为上帝的儿女,并非因为是其后裔或有神的渊源,而是因为那拣选了我们的神的无私的爱。

515

516

---

① 参见 Piper, *Ethik*, I, 121。

② 《罗马书》8:14(Moffat)。

③ 《约翰一书》3:1(Moffat)。

第 78 章 / 对神的敌意

1. 本章主题为对神的敌意。因而我们不再讨论那使反作用释放出来的对力量的违背,也不讨论对禁忌的服从。此外,我们也不再关心庆典仪式和行为;或者,换句话说,也不再提及任何习俗方式。[1] 不过,当我们在这一节的后半部分,意识到**内在**行动被突出出来时,我们会看到,我们要讨论的问题绝不是习俗,而是自律的道德。当然,道德在其中是以另外的不同于宗教的多种形态显现的,只不过其范围狭窄而有限罢了。至于对神的敌视,与道德失败并无任何关系,只与上帝有关。而以往多少世纪中提出来的不同道德辩护,也对我们无济于事。因而,它就绝不可能意指,例如,那种经验,即诱使俄尔甫斯教以及后来的基督教在肉体牢笼对灵魂的禁锢中去发现罪感的经验。这是悲惨的,也许是失败,但肯定不是敌视。[2] 同样,从道德功用方面对善的作用的解释,也引不出什么结果来。按《圣经·旧约》和许多史前民族的说法,我们断定"善"同样属于一种特性、一种行动,正与食物和睡眠一样。[3] 我们没有看到这种情况:缺乏这一类型的善便意味着敌视。在此,到自然当中或人类的随意性中去寻求内在行动的依据,对我们也帮不上什么忙。这根本不是人偏离了自然,也不是人背离了其正常的发展,也不是对任何普遍原则的违反。我们宁可这么说,这一问题与人的过失(guilt)有关。"过失首先并不是什么缺陷的结果,而应反过来看。过失

---

① 参见本书第 66 章。

② Brunner 有这么一种说法:罪并非产生于肉体性,而产生于灵魂的自由。参见其 *Gott und Mensch*,84。

③ Westermarck, *The Origin and Development of the Moral Ideas*, I, 132 - 133.

之可能,其依据为某种原初的过失状态。"①因此,这种过失状况既与习惯、习俗、法律、命令无关,也与"应该"(ought)无关。它绝不是指缺少了某种行为或气质。海德格尔是这样准确叙述的:人不仅仅是负担着过失,他是有过失的。"负担过失"的状态源于仪式和忧虑的反复。而过失本身并没有特别的本源,毋宁说过失属于人的存在本身。

因而,罪(sin)和过失关系到人的最深层成分,关系到他之存在的基础。如同其自身的存在一样,无须任何可能性的产生,也无须任何仪式造成任何变化。② 只要人还依附于可能性,只要他还以仪式来规定他的经验,他就会继续设想自己的力量是不会整个地丧失的。但在这些可能性后面的仍是虚无,而在这种虚无中存在的,不只是虚弱无力,也有过失。一旦有良心的召唤,人就会了解到其存在的基础上的这种构成威胁的虚无。③ 可是,这种情形如何出现又是难以说明白的。因为,依据克尔凯郭尔令人印象深刻的说法,畏惧——我们在前面已经遭遇了对可能性的畏惧——并不能解释过失,尽管"它指向过失"。④ 那站得高的人,会因恐惧而眩晕,会跌下来并产生罪感。不过,在恐惧与过失之间有一道深渊,这是某种并不要理解的,同时也不是外显的东西。因此,过失,连同信仰,也就完全落到了现象学的范围之外了。

此外,那进入经验的虚无,是以**敌意**形态出现的。以非宗教的观点来看,人之为"尘土和灰"——正因为这点他要自责——的中间,是什么也不存在的。不过,宗教绝不关心也许因此而会受赞扬或谴责的行动和气质,它所关心的是存在的基础。这样的虚无自身便显示为对神的敌视。良心呼喊出来,他恨神。这种与神敌对的意志,产生于人的最深刻存在。他不欲接受任何礼物,而愿意自己便是神,或给他的神以什么

---

① Heidegger,前引书,第 280 页以下。
② 这也是**原初的**罪的意义。参见 G. Mensching, *Die Idee der Sünde*, 1931, 50。"基督教的罪的观念,其明显的特殊性应该依据作为原初过失的一般的罪恶概念来看待。"另参见同上书,第 51 页所引的毗湿奴教中与基督教的浪子的寓言相仿的故事,以及从罪的概念上进行的区别分析。
③ 参见本书第 68 章。
④ *Begriff Angst* (*The Concept of Dread*).

东西。但那便是违背神的本质的罪,是违背爱的罪。自我满足的人甚至将所有神圣的行动都服务于自身——为了克服自己的恐惧,必须借仪式的帮助来忽视良心的呼声,不顾一切地获取力量。但这样一来,他的良心也就蜷缩退回到无力的虚无中,这是敌视神的。因此,说起来,敬畏或原始的回避较之道德的失败,距离过失意识更为接近,尽管它们绝不是一回事。

2. 进一步说,罪是对神的敌视。但神并不能以人的标准测度,无论他们的道德水平有多高。神是**圣洁的**。就是说,他永远是高尚的、遥远而不可理解的:"我的意念非同你们的意念;我的道路非同你们的道路。"[①]我们甚至并不需要把握《申命记》和《以赛亚书》中的上帝的最高观念,就能够明白违背上帝的罪与每一违背形式——缺乏善、缺乏颖悟——之间的深刻对比。因此,一个埃及的普通工匠才有这么一段对"山峰"所作的感人祈祷,也许这也是相当出色的仪式:"我是无知无识的人,不明事理,不会区分善恶。要是我冒犯了这山峰,就让它惩罚我吧。无论白天黑夜,我都在它们的手中。我像怀着孩子的女人坐在瓦楞上,我呼喊风,但它不过来;我对那高大的山巅祈告,对所有男女神灵祈告'睁眼看啦'。我对大小的工匠说,'在这山峰面前一定要谦卑,因为狮子踞伏在那里,它会象盛怒的狮子那样袭击人,凡得罪它的将被追逐'。我呼喊我的女人,然后我看见她如清风一般过来,她对我慷慨,让我得见她的手(天意)。她慷慨地转向我,使我无视所受的苦难,她对我实如清风。那西边的山峰实在慈爱,如果我们去拜望它。诺费尔-阿布说:'你们活在世上的人都务必用心听着:面对西方的那山顶一定要谦卑'。"[②]也许像我们这样,依据这位在沙漠中渴待要死的工匠的祷词,透过其朴素地观察宗教的本质,是件虽有可能而极不易的事。最深刻的绝望与最快乐的解脱紧密联系在一起,两者所倚赖的都是神的本性。

---

① 《以赛亚书》55:8。

② 转引自 G. Roeder, *Urkunden zur Religion des alten Ägypten*, 1915, 57。

山峰的峭厉并不影响问题本身,比起基督徒如此众多的讲道文中的开明的、理性的和慈爱的上帝,它更加切近宗教的本质吧!而这一点完全证实了克尔凯郭尔的格言:罪的反题不是**美德**而是**信仰**。[1] 那位埃及工匠的祈祷与基督徒的罪感意识的深刻说法,在本质上是同出一辙的!因为"主啊,我实不配","我实不配称为你的儿子",这些都并不是指什么罪过或什么违背的过失,而是指人的本性,而按至高无上的上帝的判断来说,"你配,我们的主。"[2]

过失的本质也清楚地显现于巴比伦之囚时期的赞美诗,即所谓的忏悔圣歌,这里再次显示出,原初的回避较之道德的缺陷更加接近宗教的罪的意识。巴比伦之囚时期的所有经文——它们都是咒文——都开始于这种回避。悲叹是因罹病或别的什么不幸而发,而由于自己力量的衰落,受苦的人将其归结为上帝的愤怒,以及自己无意识的罪过。在不知道的情况下,他已经接触了力量并承担后果,而这一点肯定从未被认为属于道德问题。但与此相关,诗人的宗教虔诚又得到了一个特别合适的显现机会。[3] 那患病的人让人给自己被除驱魔,同时祈求病得治愈,对他说来咒语和治疗与神的解救都是一回事。不过,在这种实用的态度中,他也开始意识到神的圣洁性以及自身罪过的深重。虽然他没有立即认知自己的过错,但毕竟有对自己的罪过和不配的意识。他的错误也许真的是未守仪式,或者按我们的说法,是道德的错误。但神的愤怒、疾病、污秽、罪,这些都可以归结为同一桩事——我们得罪了神,哪怕我们对此既不知情也非故意。[4] 我们是上帝的敌人,但实际上,没有任何理由说他是我们的敌人。这一点鲜明地表现于这有名的

---

① 参见 Geismar,前引书,第 328 页。
② 《马太福音》8:8;《路加福音》15:19;《启示录》4:11。马克·科纳里的现代黑人剧 *The Green Pastures* 便是真正宗教的罪感意识的绝好说明,尤其是其中的第 1 幕第 4 场。
③ Morgenstern, *The Doctrine of Sin in the Babylonian Religion*, 1905。A. H. Edelkoort, *Het zondebesef in de babylonische boetepsalmen*, 1918。Ch. F. Jean, *Le péché chez les Babyloniens et les Assyriens*, 1925;另参见 A. van Selms, *De babylonische termini voor Zonde*, 1933。
④ Jastrow, *Religion Babyloniens und Assyriens*, I, 第 1 页,第 68 页以下;另参见 Paul Dhorme, *La religion assyro-babylonienne*, 1910。

圣诗中,它可以同《约伯记》相媲美:"啊！我已从那过去的(危机)时刻**恢复**,但我仍发现它便是罪恶。我的**痛苦**更为添加,我的正义无处可寻。如我呼唤我的神,他向我掩去他的脸;如我祈告我的女神,她并不对我抬头。**燔祭**的卜者盲视半晌仍无从判断原委,**占梦者**焚了香也不能告诉我结论。我又去找**预言的人**,但他不能开我的耳。**被除祭司**不能以他的法术平息**神的愤怒**。哪里才有解救的办法？我看我的后面,迫害与痛苦！像是一个未曾向神奉献贡品的人,一个女神不愿悦纳其食品的人,因他未曾表现谦卑,也不知道交托;从他的口不再祈求哀告,对于他,神的日子也就终结;他忽视了那飨宴的日子,只将手放在腿上,不理会神的意愿,又不教导他的人民害怕神和赞美神;不向他的神呼告,吞咽了为神准备的馔食;背弃了他的女神,不作按时的祭献;轻视一切,忘了他的主,且用神的名义随便起誓——因此我出现了。"

"但**我自己仍记得祈求哀告**。祈祷是我的心意,祭献是我的仪则,祭拜神的日子是我心中的欢喜,女神出游的日子是我的财富和收获。我的欢乐是荣耀王者,我的喜悦是为他演奏。我命令我的臣民要敬重神的名,让我的子民赞叹女神的名。我把对王者的礼拜看作对神的礼拜,我告诉子民对宫殿也要表现出尊敬。"

"因我知道这样的行为是神所悦纳的。**但那人以为美丽的却是神所厌恶的,而人心所憎恶的倒是神所愉悦的。**谁学会理解天上诸神的意愿、神的安排,谁充满智慧？谁能够明白呢？**什么时候,愚蠢的凡夫会明白神的道呢？**那昨天还活着的,今日死了,他突然陷入黑暗,很快归于粉碎。此一刻他在欢歌嬉戏,再过一刻他便会大声号丧。神的意志悬殊差别,犹如光与黑暗绝然不同。"说到神至高者,又说:"**他的手太重,我承担不起;他甚为可畏……他盛怒的话,有如大洪水——他的步伐何等强大……**"最后,守护神马尔杜克解救了病人,他领病人经过伊沙吉拉(E-sagila)的 12 道门而使其得以净化。[①] 因而,我们说,在这里

---

① Lehmann-Haas,前引书,第 312 页以下;另参见 Jastrow,前引书,I,第 2 页,第 124 页以下。

的巫术性的罪愆观念中,绝妙地显露了它的真正的本质的特征。[①]

同样深刻的过失意识还可以在印度教徒献给伐楼那神的赞歌中找到。从完整的宇宙背景来看,[②]伐楼那神属于那些最高的,我们认为与道德紧密相关的存在,但他同时也是那些自认有罪的人的告解者:"我反省自己,何时我曾得过伐楼那的恩眷?他会不会没有愤怒而接受我的奉献?何时我才能满怀信心看见他的恩典?我细细地思索我的罪,哦,伐楼那!我向智者请教,了解我的罪。而贤智的人们所说的都是一样:你应该向伐楼那祈告。伐楼那神哦,难道此罪如此严重,连歌颂你的人,你的朋友也要被你毁灭?请晓谕我吧,你这不会失误者,你这自我满足者!我预先知道了这一点,我要以服从和离罪来求得你的宽恕。请不要追究我们先人的罪,请宽恕我们所犯下的罪过!"[③]

我们大家知道,在《圣经·旧约》中,同样的忏悔语调也在《诗篇》和别的地方反复出现。而在《约伯记》中,虔敬的罪感意识当然是完全分离出来了的,它既脱离了以前的巫术的环境,也脱离了祈祷人对成功获救的指望。尽管约伯处于极悲惨的逆境,但他以手掩口,没有发声。这里的上帝从头至尾都是第一的也是唯一的神。而从整体上来考虑,《诗篇》较之其他任何文献都更为清晰地显示了罪和过失的真实本性,就此方面言,它用与现在的道德教训明显对立的方式描绘了一种道德情形。在此也可以看到,苦难是神的愤怒的启示:"求你把你的责罚从我身上免去;因你的手的责打,我便消灭。你因人的罪恶惩罚他的时候,让他的笑容消灭,有如衣被虫所咬!"[④]"主啊!求你怜恤我,医治我,因为我得罪了你。"[⑤](但这并不是道德的灵魂所在!)但是,苦难不幸,首先是疾病,是直接与耶和华神相关的。它们显示了他的愤怒;但对于悔悟的

521

---

① 在所谓的 Shurpu-Texts 中,为了得到解救而"获自由",对于触怒神的可能类型有详尽的考察(编纂了所有罪过的清单)。参见 Lehmann-Haas,前引书,第 317 页以下。

② 参见本书第 18 章。

③ Bertholet,前引书,第 9 页,第 51 页,另参见 Oldenberg, *Religion des Veda*。

④ 《诗篇》39:10 - 11。

⑤ 《诗篇》41:4,并参见 38:19,100:17。

忏罪者,他也加以怜恤:

> 得赦免其过,遮盖其罪的,这人是有福的。
>
> 凡心里没有诡诈,耶和华不算为有罪的,这人是有福的。
>
> 我闭口不认罪的时候,因终日唉哼而骨头枯干。
>
> 黑夜白日,你的手在我身上沉重;我的精力耗尽,如同夏天的干旱。
>
> 我向你陈明我的罪,也不隐瞒我的恶。我立誓要向你忏悔,耶和华便赦免我的罪恶。
>
> 因此,凡虔诚人都当在困苦中向你祷告,等大水泛滥时,他们已不能到他那里。[1]

在此,忏悔[2]和祈祷已经取代了咒语的地位。罪是一件人和神必须以斗争方式来解决的问题。我们自己的罪感意识仍为自己保持逃逸的通道开放,而上帝的愤怒却是他的恩典的唯一补救。因为过失的基础并不是过犯,而是神与人两种意志间的对立。因此,上帝一方面奇迹般地显示他慈爱的宽厚言词,另一方面也不乏愤怒的警告:

> 永恒者有怜悯,有恩典,不轻易发怒,且有丰盛的慈爱。
>
> 他不长久责备,也不永远怀怒。
>
> 他没有按我们的罪过待我们,也没有照我们的罪孽报应我们。
>
> 天离地何等的高,他的慈爱向敬畏他的人,也是何等的大。[3]

因而罪是与神的敌意的接触,不过它仍然是与**神**的一种遭遇。罪存在于人最深层的本质中,它将人带到神的跟前,使意志面对意志,力

---

[1] 《诗篇》32(Moffat)。
[2] 参见本书第 62 章。
[3] 《诗篇》103:8 以下(Moffat)。

量面对力量：

> 我向你犯罪，惟独得罪了你，
>
> 在你眼前行了这恶，以至于你责备我的时候，
>
> 显为公义，判断我的时候，显为清正。
>
> 我是在罪孽里生的，在我母亲怀胎的时候就有了罪。① 523

在此，如同在巴比伦一样，罪被深深地掩藏起来，甚至犯罪者也不知道，而只有上帝才知道。② 不过，这一切显然是相依并行的，而从正义的意识出发，也是不难看出的：

> 耶和华啊，
>
> 求你为我伸冤，因我向来行事纯全……
>
> 耶和华啊，我要洗手表明无辜。③

因为罪完全在别的地方，而这正好是罪的可怕方面——人是有过失的，哪怕他并未做什么错事，他也不可能在自己的行动中作什么修正，正如耶和华才能避免愤怒一样，也只有耶和华才能宽恕这种过失，并"从他的眼前掩去。"

> 主啊，你若严格究察罪孽，谁能站得住呢？
>
> 但你有赦免之恩，要叫人敬拜你。
>
> 我在希望中等候永恒者耶和华，我的心等候，我也仰望他的
>
> 允诺。

---

① 《诗篇》51：4 以下（Moffat）。Kautsch 论及公义时说，这里的罪并不是（如何西阿说的）共同体中的奸淫起源的问题，更不是性关系上的罪性，而只能是这么一个事实：罪属于人的本性。

② 《诗篇》，69：6，90：7 以下。

③ 《诗篇》，26：1，6（Moffat）；另参 7：9，11：4 以下。

我的心等候主，胜于守夜人等候天亮，胜于守夜人等候天亮。

以色列啊，你当仰望耶和华，因慈爱与他同在，且有丰盛的救恩。

他必救赎以色列脱离一切罪孽。[①]

因为过失、罪孽和对神的敌意，其中的不可思议之奥秘就在于：人在这当中发现了上帝——当然是作为敌对者而发现他的，但毕竟处在极为紧密的关系中。因此《诗篇》第 22 首中的"我的神！我的神！为什么离弃我"这样的呼喊，非但不说明其疏远，反倒说明极亲密。那可以"离弃"的神，首先是必须靠得紧密的神。荷兰和法国新教会中的信仰告白，显示神的离弃，亦即最深刻的孤独被认为就等于"地狱的畏惧"。但神的恩典从而便转为天堂的喜悦。正是这一原因，苦难和欢乐二者可以超越一切，达到往上的至高处和向下的至深处，因为不是人离弃或寻找到归途，而是上帝离弃或者找寻。在《诗篇》中可以听到这样的祈求上帝临近的声音，它强硬而又温柔，不顾一切地催促，而又是几乎无法听得见的恳求：

主啊，求你睡醒！为何尽睡呢？

求你兴起，不要永远抛弃我们。

你为何掩面，不顾我们所遭的苦难和所受的欺压。

我们的性命伏于尘土，我们的肚腹紧贴地面，

求你起来帮助我们，凭你的慈爱救赎我们。[②]

这里再没有提及虔诚和人的软弱，一切均扎根于上帝，只有上帝是重要的关键所在：

---

① 《诗篇》130(Moffat)。关于作为上帝行动的赦免，参见 *Theol. Wörterbuch z. N. T.*，(Bultmann 撰写)。

② 《诗篇》44:23 以下(Moffat)，另参见 88:15,89:47,143:7。

> 神啊！我的心切慕你。如同鹿切慕溪水。
>
> 我的心渴望神，就是永生神。[1]

这是渴望。而其实现则借不可思议的《诗篇》第 73 首宣示出来。这首诗从不可理解的世界不义的过程转向对耶和华的赞颂，被认为唯一具头等意义的，只是他的临近，他的荣耀：

> 然后我常与你同在，你搀着我的右手。
>
> 我要以你的训言引导我，以后必接我到荣耀里。
>
> 除你以外，在天上我有谁呢？
>
> 除你以外，在地上我也没有所爱慕的。
>
> 我的肉体和我的心肠衰残，但神是我心中的力量，又是我的福
>
> 分，直到永远。
>
> 远离你的，必要死亡；凡离弃你行邪淫的，你都灭绝了。
>
> 但我亲近神，是与我有益；我以主耶和华为我的避难所，
>
> 好叫我述说你一切的作为。[2]

在此，上帝的怜悯是其本质，而他的本性是临近的，他之存在于近旁便是他的行动：**他**离弃人，但**他**也重把人寻回。**他**总是独一无二的，上帝就是上帝。

525

从这里，信仰者被引向了对未来的巨大可畏的极大恐惧，对那威严可怖的王的惊恐的崇拜，不过也引向信任——"拯救者拯救感恩的人（qui salvandos salvas gratis）。"因此从这种观点来看，我们能理解彼得的话："主啊！离开我吧，我是罪人"，也能理解圣仪中的 miserere nobis（"求你怜悯我们"）；依据同样的精神，也能理解这一圣仪中的 qui

---

[1] 《诗篇》42:1 以下（Moffat）。

[2] Moffat.

laetificat juventutem meam("他使我的青春欢乐喜悦")以及教父们的
felix culpa("幸福的堕落")。

　　3. 此外,这样来看待罪和过失的基本构成,不可否认地就有可能
在宗教与道德之间产生冲突。两者的竞争会这样表现出来:宗教方面
作为防卫会反对夸张了的伦理,另一方面,一种"独立"的伦理为了保护
也要反对宗教心理的侵蚀。因而施莱尔马赫在其《再论宗教》(*Second
Discourse upon Religion*)中,还有后来的鲁道夫·奥托都按他们自己
的方式将道德与宗教原则上脱钩。因为照施莱尔马赫的看法,宗教根
本不关乎人们的实际活动,宗教的感情"就像圣乐一样伴随所有人的行
动,因而人会与宗教一道去做任何事,同时做任何事又可以不因宗教。"
实际上,奥托区分了道德完美主义含义上的神圣和作为纯宗教属性的
神圣,不过后来又将二者结合于某种先验的复合范畴中。不过,就此关
系提出的这组问题,几乎没有什么例外,都属于道德现象学。但另一方
面,联系到我们前面所说的罪孽的本质是对上帝的敌意的说法,又产生
了其余的问题。这里我只需补充一点:宗教与道德的融合最终会导
致——如我们在儒教和我们自己的十八世纪那里所见的——宗教的消
灭,除非像康德那样,道德律自身据有了真正的宗教地位,宣称它自己
就是终极而绝对无条件的,因而同时就是那全然相异者。[①] 除此之外,
"伦理的文化"仍然只是"文化"。[②] 也就是说,它之所以为宗教,只是在
所有的文化都是宗教这个意义上。实存必须成为某种要"关切"的事,
而这种"关切"就仪礼和习俗两者的意义而言,都同样可以转变为仪式。
不过,这并没有揭示那"相异者"的存在的最深刻依据。只要人还有要
关切的事,于他,宗教就不会获得终极意义。只要人还有什么事非做不
可,那他在对上帝的关系中就不可能完全成为尘土和灰烬。人们常用
一种教导的方式引用这句话:"你们要将一切的忧虑卸给神,因为他在

526

---

① 关于这种"纯"道德论的基本宗教性质,参见 Otto, *Zeitschr. f. Rel. Psych.*, 4, 1931, 9。
② Felix Adler 在 1875 年提出了"就伦理的文化而言的社会"("Society for Ethical Culture")。

顾念你们。"①在前面的意义上来说,这句话便成为一种令人畏惧的但又赐福的宗教的主要命令。

不过,道德与宗教的对立并不一定就导致道德上的漠然态度。因为在对信仰的服从当中,道德命令本身便发现了它的嫌恶和它的满足。诚然,圣保罗在《罗马书》中竭力强调对于罪孽的正当理解,而当他言及为了恩典会"更多显现"而陷于罪中的可能性时,他一再声称的"断乎不可",向我们揭示了焦虑的冲动与因信称义的平静这两方面的强烈张力:"律法本是外添的,叫过犯显多;只是罪在哪里显多,恩典就更显多了。……这样,怎么说呢?我们可以仍在罪中而叫恩典显多吗?断乎不可!……我们在恩典之下,不在律法之下,就可以犯罪吗?断乎不可!岂不晓得,你们献上自己作奴仆,顺从谁,就作谁的奴仆吗?或作罪的奴仆,以至于死;或作顺命的奴仆,以至成义。不是这样吗?"②这里,使徒面前展开的是神秘主义的道路,③它回避了所有的忧虑,与此同时对顺从也似乎一无所知。圣保罗本人选择了信仰的道路。

4. 这要从**忏悔**开始。"正是被宽恕者的圣洁悔恨,使我们得以接触到救赎者的爱的事业的核心部分。正是圣洁者才能正确估价那神圣的唯一者及其爱的条件。不过,我所指的圣洁者是那倏忽刺痛的良心的圣洁,是激情的和悲剧性灵魂的圣洁,是那得宽恕者的圣洁——正是它们,而不是那无瑕生命的白花、天使的纯洁和神秘的心境,才称圣洁。它所产生的是朗斯洛特(Launcelot)而不是高贵的亚瑟王(Arthur)。"④英国教义神学家的这番话同下面所引的诗句有着完全一样的意义:

> 上帝对我讲,我对上帝说,
>
> 我们以同样的声音言说,

---

① 《彼得前书》5:7。

② 《罗马书》5:20;6:1,15 节以下(Moffat)。

③ 参见本书第 75 章。

④ P. T. Forsyth, *The Expositor*, X, 1915, 354 - 355.

　　　　但他想向我传达的
　　　　清楚表明于他的创造，
　　　　而我要向他的宽容所说的
　　　　深藏在我的过失当中。①

　　很显然，这里并不是道德意义上的忏悔问题。②我们并不关心对已经犯下的罪愆的痛悔，而忏悔"首先获得的完满意义，已不再是只由邪恶引起的，而是由我们称为罪的，上帝眼中的邪恶引起的。"③这种忏悔得到"神的爱的支持"，它首先给我们以力量去忏悔。"这种爱的冲动首先对我们表现为我们的爱；然后我们又认识到它已经是相互的爱。"④因而忏悔直接引向皈依和信仰。

---

① Roel Houwink, *Strophen*, 1930, 12.
② 参见 Piper, *Ethik*, I, 101。
③ M. Scheler, *Vom Ewigen im Menschen*, I, 50(1921).
④ 同上书，第 58 页。

第 79 章 / 皈信与重生

1. 前面在讨论人类生活时,[1]我们注意到了,通过仪式的标识,人生相互区别的各阶段随不同场合中的那一种而显现为某种新生。在那时候,每一种转变都是一种**重生**:"通过仪式"(rite de passage)标志着一种新的开端。例如,我们发现,通过原始社会中的成年礼的仪式,新人被祝贺,好像刚生下来一样,他的成年人生活也被当作全新的阶段。在希腊,为神许可而接纳入秘密教团体的人,被当作 deuteropotmoi,意即"被给予第二次命运的人。"[2]如我们已经知道的,生命既可以在死后也可以在此世结束之前更新[3]。密特拉神秘教中的新入会者自称 renatus in aeternum(永恒中之再生)。类似地,基督徒的洗礼也有重生作用。[4] 在所有这些不同例证中,获得力量便是一种完全的更新过程。

不过,对于所有这些外在事件掩盖下的精神潜流,我们根本一无所知。但很显然,在每一类似的新生实例中,与外在的过程相应,总有某种内在的体验。所以,当埃及法老宣称自己为 whm ankh(重复并更新生命)时,这肯定不是仅仅指那促成新生的确定仪式,而一定要以某种内在体验作为新生的先决条件,不过我们对这些还很无知。但这种无知并不意味着我们在外部事件发生表露时,对其内在的结构可以不作描述。这样的场合会有我们称为皈信的事件发生,在皈信过程当中,重点落在内在事件上,不过也要在不脱离它的情况下,才可以从外部加以

---

① 参见本书第 22 章。
② Rohde, *Psyche*, Ⅱ, 421;E. T, 602.
③ 参见本书第 47 章。
④ 参见本书第 52 章。

观察。

但是，在我们尚不能用适当的语言来表达所谓的"外在"和"内在"之间，有一种中间过渡，它可见于列维-布留尔所称的"倾向"当中。[1] 这些都是事件的"积极方面"，人类在成功地着手进行任何事业前，必得对它有一些了解。这里不得不讨论的存在者是否倾向于善意、公允，甚或是敌意呢？这里牵涉到的例如武器的"倾向"等那样的关系，都是我们的头脑完全无法理解和认识的。但这也是一桩特殊的事情，我们也会称之为气质或情绪，诸如喜好斗嘴等气质。这里的显著特点在于，这些"气质"或倾向并未被看成是从属于任何心理影响力的东西，而完全被看作巫术性质的、客观的物理事件。事实上，原始人置身于我们作了多方区别的环境，而他们不会作任何的区分。我们可以理解，若要防止某物理事件发生，这企图的实现得依靠某种具体的手段，这如同我们都知道，要影响某人的气质就得采用心理上的手段一样。但对于那种以某种仪式来改变他人的意见，或以某种友好方式来安抚风暴或一棵树之类的做法，我们认为是不可理喻的。[2] 另一方面，原始人也不能理解我们如此强调这两种程序的鲜明分别。另外，我们都知道，为了获救，人们才受洗，我们都明白人为此而皈信。但我们径不能理解，洗礼和皈信怎么就会是相同的。在我们的眼中，一个是客观的，属于仪式方面，而另一个是主观的，属于心理方面。可是，从根本性质上说，二者又是同一范围内的东西——因为内在的和外在的经验不应该相互割裂开来。这里，我们的极端重要的对"精神性"的偏爱——尽管说起来，这通常只属于心理的东西——又一次地毁掉了我们对于现象本身的了悟。皈信是一种新生，而新生即是皈信。[3]

2. 然而，在我们考虑大奋兴运动中所常有的皈信之前，应该就"内

---

[1] *Primitives and the Supernatural*, 65.
[2] 可以这么简单解说，我们向某位小姐求爱，但我们得"利用"某幢与她一起生活的房子；但对原始人，是反过来的，他们"利用"爱的咒语去迷惑姑娘，而求房子给予祝福。
[3] 系统神学当中的这种皈信与重生的关系难题，完全可以根据这种观念的虚假的"现代化"来理解。

在一外在"的皈信的一个例证进行考察。阿普列乌斯（Apuleius）在关
于其主人公卢西乌斯（Lucius）的著名小说中最后一章，真实地描绘了
这一皈信过程。不幸的主人公在经过无数的放纵行为和挫折痛苦之
后，决意完全服侍女神，他的精神已崩溃，他忏罪、后悔，所有这些方式
都揭示出内在与外在事件的统一性，而所有这些事件又都借那位伊西
斯神的祭司的教训而得到了清楚的表达。要到达新的境界，须有三个
互相补充的条件：召请女神询问她的"神意"；新入教者的准备；随后是
必须举行的仪式。三者共同构成了重生。然而，重生的实现并不依赖
于信者的虔敬态度，而只是神的意旨。那祭司说："每个人之入教的日
子是由**女神点头**而规定的，而命定为女神服侍的祭司同样也经**她的意
旨**而选定，并且由她指定举行仪式所需要的那笔费用。他吩咐我要象
别人一样怀着尊敬和耐心等候所有仪式程序，警告我一定要警惕自己
灵魂中的过分急迫以及不安分，要避开这两种毛病，**当神召来临时**，既
不延误，也不忙乱。他说：'伊西斯神的祭司的任何命令，没有一个在精
神上可以废除，或要交托给死亡，因为轻率冒险和**未得允许**而侍奉女神
都是渎神，从而会招致死罪。要知道，地狱的大门和生命的力量都掌握
在女神的手中，而奉献行动本身被视为一种**自愿的死和蒙恩的拯救**。'"
"因为女神往往倾向于**挑选**那些死期已近和站在黑夜边缘的人，更多的
则是那些女神的强大神秘可以顺当执行的人。女神**以其神意而给他们
以新生**，并再次将他们置于**某种新生历程的起点**。因此，为了得到事奉
女神而来的恩宠，你要清楚地选定伟大的神灵，你必须长久地等候，才
能得到上天垂示的命令。为达此目的，你必须与所有的伊西斯神的仆
奴一样，远离一切冒渎不敬的不合法的食物，这样你才有可能获得通往
最纯洁信仰的隐秘神秘的那条路'。"[①]

　　唯有如此，我们才能理解入教仪式和皈信体验之间——哪怕是语
言形式上的——存在的意义深远的相应关系。入教的人，不论是原始

530

———————————

① Apuleius, *Met.* Ⅺ, 21.

部落的黑人,还是希腊化时代的希腊人,从名称看,都是"新人"或"新出生者"等。而对于皈信宗教的人,何尝不是如此呢? 不过对于前者来说,显示于我们面前的是这一过程的外在的一面,而在后一情形中则是内在的一面。但必须说,两者的基本经验是一致的——某种新的力量进入生命,于是体验到了一种"完全相异"的感受,从而生命便获得了新的基础并重新开始。从别的方面看,皈信当然不含仪式,但并不意味它没有外在确定性。相反,皈信都有确定的日期,常常精确到某一具体时辰。不过,这里我不打算转述有关皈信的那些有名的或不太有名的描述,我只在此引述一段绝妙的文献,它是布莱士·帕斯卡尔(Blaise Pascal)对自己在那个皈信之夜的体会的描述,其形式之精确,足以使我们身临其境:①

帕斯卡的回忆。主恩的 1654 年 11 月 23 日,星期一,教宗和殉道者圣克莱芒的日子,圣基所恭节的前夜。从夜晚 10 点半到 12 点半。火。亚伯拉罕的神,以扫的神,雅各的神,而非哲人和智者的神。平安、感情、欢乐、平和。耶稣基督的神。Deum meum et Deum vestrum(我的神和你的神)。《约翰福音》20:17。你的神将成为我的神。《路得记》。除了主上帝忘记了这世界和一切,只能以福音书中教导的唯一方式找到他。人的灵魂的伟大。公义的父啊,世人未曾认识你,我却认识了你。《约翰福音》17 章。欢乐,欢乐,欢乐的眼泪。我自己以往一直已经同他分离。我的神,为什么离弃我? 愿我不至与你永久分离。这是永生:他们会知道你是唯一的真神,你就是他,那差遣耶稣基督者。耶稣基督。我以往一直与他分离。我曾逃避、放弃,并将他钉在十字架上。愿我与他永不分离。他仅仅以福音书所说的方式留在我心中。放下是完全的、甜蜜的。完全交托给耶稣基督和听我忏悔者。世上的一天愁苦,

---

① 原文为法文,原书底注将其英译形式列出,今据英译部分作汉译,不再列法文原文。——译者

将来是永恒的欢乐。永志不忘的讲道。阿门。"[1]

532

在所有的宗教当中,这种皈信的体会几乎都是一样的。第二自我站出来反对第一自我;一种全新的生活开始了;一切都迥然有异。因此弗里克才将圣奥古斯丁和加扎利的皈信等量齐观。[2]

皈信的原因往往看上去是极琐碎的。它可能是经常听到的某段经文挟着异乎寻常的力量突然在脑际出现,就像圣奥古斯丁的那个著名事件那样。这种情形在伊斯兰教的苏菲神秘派中也有许多。原因之一也可能是见到异象或别的什么出神态,正如在使徒保罗同样著名的事例中那样。威廉·詹姆士在他专讲宗教体验的经典著作中提出了一种关于皈信的理论,就这种体验的心理过程而言,它大概讨论了所有的基本要点。詹姆士将这一心理过程譬之于这么一种状况:有时候,我们会费尽心力地搜寻回忆某个词,某个名字或别的什么,但在头脑空空、无济于事后,我们会放弃这种努力,可就在我们悄悄坐下时,那个词或名称会一下子在脑海中蹦出来。这种情形也同科学问题的解决或音乐家的作曲相仿。因此,皈信是某种长期聚积于意识阈之下的东西的迸发,它以强力的方式最终冲出一条路来。所以,皈信过程有强制性和突发性;所以,关于某种全新的东西的意识完全压倒了皈信者。所以我们完全可以理解,转变的出现可以是逆向的,也就是从信仰转到不信。关于这一点,詹姆士也举出例子,最独特的是罗曼·罗兰的自传体小说《约翰·克利斯朵夫》。那里有很具真实性的描述:"克利斯朵夫醒来。他吃惊地四顾……他莫名惊诧,周围的一切全变了,他的内心也变了。不

---

① 法文本载于帕斯卡的《思想录》,I,3 以下,1904 年(Brunschivicg 版)。另请参见对 Stilling 皈信过程的典型描述,见 Günter,前所引书,第 48 页。又参见有关 Sicco Tjaden 的皈信描写,他称自己信主的那一年是"奇迹的 1716 年"(Heppe, *Pietismus*, 418);另见 Brakel,前引书,第 174 页;H. Martensen Larsen, *Zweifel und Glaube*, Volksausgable, 1916, 114;后一本书第 271 页上有值得注意的关于皈信的文献,以自我向主献礼。另外可见 B. H. Streeter 和 A. J. Appasamy 在 *The Sadhu* 第 5 页以下所描述的萨都(印度弃世修行者)苏恩达尔·辛格的非基督教的皈依。参见 Lehmann-Haas, *Textbuch*, 147;以及 Field, *Mystics and Saints*, 第 19 页以下。
② H. Frick, *Ghazalis Selbstbiographie, ein Vergleich mit Augustins Konfessionen*, 1919.

再有上帝……至于信仰,信心的丧失常常也是恩典的洪流,如同突然来临的光。理性不能解释,哪怕一点最微细的东西——一个词、沉默、铃声——也就足够了。一个男人散步、做梦、心中无所希望,突然间,整个世界崩溃散落,周围的一切化为废墟。他是孤独的。他不复有任何信仰。"[1]因而我们说,信仰的转变是一种在意识阈之下积蓄了好久的心理迸发,如酝酿成熟的结果。

3. 不过,尽管这里的皈信理论从心理学上看非常中肯,从现象学方面看,也对人生当中的绝对目标的重加选定作了令人满意的说明,但是,它对我们在此想完全揭示的问题的说明又是不充分的。因为在皈信的过程中,问题所及并不仅仅是关于力量的彻底转向,还在于放弃自己的力量去赢得那完全压倒自己的力量的恩典,去体验它之为神圣或为"全然相异者"。当然,我们在这里并不是讨论皈信体验中的任何神的影响的可能,那属于神学内容。但作为我们全面理解的重要因素之一,我们恐怕不能在叙述中不涉及神圣的影响而描述皈信的结构。依据这一标准来判断,比较地说,皈信是否与任何具体的仪式相关联也就没有太大的关系了;并且实际上,一般地,皈信是否可以外在地观察到也就没有太大的关系了。因为,当皈信完全不考虑仪式和确切时节这两者时,甚至排除所谓突发性的特征之后,宗教仍然可能涉及皈信问题。因而并不是人转变自身去皈信,而是上帝在转变他——上帝赐予新生。因此,关于这一点,我们再次回到了那些基本的条件;比起现代的心理学说来,史前的宗教仪式仍然更为接近这一情况的本质——**皈信,从本质上讲,是重生**。上帝更新了生命,以神圣取代邪恶,使"重复再现"成为可能。因而,对于人来说开始一种新生命是完全不可能的,但对他不可能的事,对神来说是可能。在皈信中,问题只是这种神圣可能性的实现。正如我们在宗教仪式典礼中遇见的,这里我们再次发现自己所面对的是"重复再现"的巨大可能性。"更新生命"是古代埃及人

---

① *John Christopher*,Ⅱ,27.

最热切的愿望。信仰本身就包含着这种重复再现。想重回母腹的原初
渴望在这里被经验到了，它并不是任何自然的过程，而是上帝、在天之
父的行动。[1]

534

---

[1]　Geismar, *Kierkegaard*, 185.

第80章／信仰

　　1. 信仰首先是一种揣度。我说"我信"，那意味着我们并不真正了解，意味着我们正在考虑某种不确定的事情。无论是谁信仰上帝，那他就离开了对上帝的认识。但他明白自己对上帝有某种知觉。不过，信仰者所拥有的，总比仅仅是知觉要多。如果有人对我说那乍看之下不可思议的东西，我也许末了会说："我相信你"；但这决不意味着我已经知道他告诉我的事实，而仅仅表明我接受说话人的正确性。这又一次表示，我其实一无所知（否则我就不需要"相信"了！），但我接受来自别人的真实性。当我说："我信上帝"，那就意味着我承认上帝存在之事实，事实向我宣布，而我相信它。因而在信仰结构中，**顺从真相**是对立并联系于知觉的。谈到信仰，也就是谈到**真理**，其含义并不在于是否正确，而在于可靠、确实、终极、结论和完全等属性。我们马上便会注意到：其实我们并不能谈论这种真相或真理，因为关于它，我们实在说不出什么来，除非我们完全被它把握，除非我们相信它——我相信了，所以我才谈论。

　　终究，信仰也是**信赖**。某些事情或任务或人物要求我们信仰，即是说，我们必须对他们有信心。例如我相信自己人民的未来，或者我缺少信仰，在这桩事上没有信心："我当然听说了这消息，但我缺少信心。"但是进一步说到信赖，信仰则以意愿为前提。我们不依赖事物，而依赖某种意愿。无论是谁，只要信神，就有对神的确定了的意识，顺从他的真理并信赖他。这从另一面又意味着，他所做的是人自己不能够做到的。知道神并不难，但为了获得关于神的意识，服从他、能信赖他，他得唤起某种关于他自己的意识，允许他自己被人了解，寓于人心中。因而，放弃涉及信仰,这首先要求神这一方面的顺从——必须给予人信仰,人不能自己给自己信仰。哪怕是非常普通的事,我们也是这样说,而这实质上也是正确的。信仰永远是一种礼物;哪怕是对上帝最微弱的意识也绝不仅仅是人类自己反思的结果。这里我们且不谈表象的或内在体验的领域,信仰如同罪感意识一样,对我们简直没有"显示"些什么。[①]

2. 因此,有了信仰,宗教生活中便有某种全新的成分加进来,尽管从严格字面上看,这种成分并不能"进入"这种生活。因为在这里,它只是一种现象。确切地讲,它是在影响生活,事实上,它首先是对生活所作的判断,然后才是一种解放。对于拒绝简单地"接受"生活以及为此烦恼的信教者来说,有三种不同的路径是开放的:(1) **支配**——人在其中寻找到他的三种可能立场:a. 巫术性地,在神里面的立场;b. 理论性地,在全部观念中将某一位置划给生活的某方面,通过此手段而企图支配生活,希腊人便是这么做的;c. 经验地,只要有可能,便使生活在感情中充分开发,这是一条浪漫主义的道路。(2) 其次的主要路径是**行为**方面的,它或在(a)仪式方面,调节生活以获得完整性;或在(b)习俗方面;或在(c)祈祷方面,这并不会克服什么,却是一种期待、要求和希望。所有这些也就包含了那进行着的一切事情。

但是这里又引起了更进一步的思考。因为生命根本就不属于我们,它属于神,神创造了生命。因而我们既不能战胜它也不能乞求它,因它永远只属于神,而它所具有的一切可能性都在我们所接受的东西中间。因此,无论外在还是内在,忙乱一气是无济于事的。只有神的行动能解救我们。是他创造我们、重新造出我们,使我们进入"新的创造"。[②]

因而,**拯救**——一切宗教都无例外地要达到它——于此便不再是某种要赢得的东西,而仅仅是恩典的赐予,因而,它实际上首先是任何

———————————
① Boulgakoff, *Orthodoxie*, 5.
② 参见本书第 45 章。

现实意义上的解救。因为生命本身,即令在其力量的巅峰也绝不是真正的拯救。[①] 救赎绝对不是由人自身去获得或实现的东西,也不是他的生活中成长出来的或者在其中可以见到的东西。它是在神里边隐藏起来的生命基础。它是罪的对立面,或者说是罪的反面。就真相而言,这里没有可见的东西,一切都是隐秘的。

因此我们可以理解,何以基督教的**说教**在阐释其所信赖的救赎时,要将它说成是罪的**赦免**,说成是罪的**赎免**;理解上帝**拣选**的观念——最初它起源于犹太教和伊斯兰教(原文如此),而后成为基督教的中心思想——是何等的深刻。信仰因此就不是人的一种感情,不是人的行动、感受或意志,而是从一开始便是蒙选的状态。上帝出于其自由而不可意料的恩典选择了信仰者,给予他信仰的礼物。因此人之拯救是完全外在于他自身的生活的(即所谓法庭的辩护),它取决于上帝。生活中的力量完全消失了,唯有上帝拥有一切力量。"对于大能的力量,我们无计可施。"并非自愿地,我们在此使用了那场宗教运动即新教改革运动的语言,它认为信仰是所有宗教的核心,无论是路德宗还是加尔文宗,其所说的 sola fide(哇有信心)都应该依此观点来理解。"因为(信仰)便是(基督徒的)生命、公义和幸福,它保存了自我使其可以被接受,又使一切基督所有的给它,就像我们以往已经看到的,就像圣保罗在《加拉太书》中所证实了的——'我如今以肉身活着,是因信神的儿子而活。'"[②]

---

① Scheler, *Rel. Erneuerung*, 335; Hofmann, *Eelebnis*, 12 页以下, 34 - 35 页;另外参见 Piper, *Ethik*, I, 111。
② Luther, *Of the Liberty of a Christian*. [其中圣保罗的话出自《加拉太书》2:20。——译者]

第 81 章 / 敬拜

1. 因而,信仰本身并不"显示",也不会变得可见。不过,存在这么一种现象,虽说它并非信仰的"显现",但其结果仍揭示出信仰的存在。这就是**敬拜**。无论是谁,只要他信仰,就会敬拜。他不光是祈祷,因为祈祷源于忧虑。[①] 需要造成祈祷,而不是造成**敬拜**,这是舍勒尔的准确表述。[②] 任何进行敬拜的人因而也便会忘记祈祷,在那时只知道神的荣耀。

> 上帝显示出他的存在,
> 好让我们能作敬拜,
> 我们怀着敬畏来到他的面前。
> 上帝在他的神殿里,
> 其中一切静寂无声,
> 我们怀着深深的敬畏匍匐在地。[③]

因此,敬拜是崇拜的极致,在敬拜当中,内在与外在整个地交融起来。无论在基督教,还是在以色列,无论在伊斯兰教,还是在印度,都可以听到这种无言的声音。奥托编纂了一部奇妙的"神秘赞美诗集",所表达的便是敬拜。不过,当整个崇拜群体面对神的临在而深深俯下身去时,敬拜的声音就会达到高峰:"提起你的精神来吧!让我们的心升

---

① 参见本书第 62 章。
② *Rel. Ernenerung*, 300.
③ Testeegen.

扬,直达在天之主。"

2. 但是,敬拜中渐至高峰的不只是仪式典礼。习俗当中也有达到终极完满的手段,它也可以转换为赞美和感恩。从而,生命的唯一任务便是赞美上帝,正是从这当中,才自发地产生出所有的道德行动。由此,罪的神秘淹没在更深的上帝之爱的神秘中——只有希望还保留着。而这样的主旨也可以在基督教之外听到(我们可以回想《薄伽梵歌》),尽管是新教改革家们,特别是加尔文,最有力地强调了这一点。所有这些因素结合起来,也就构成了那回响在教会活动中的赞美诗歌——《赞美上神》:

538

> 啊,上帝,我们赞美你,我们承认你是我们的主。
> 世上万物皆崇拜你,永恒的父。
> 一切天使都向你欢呼,天堂和一切天堂中的大能者。
> 一切大小天使,都在不断地向你欢呼:
> 神圣,神圣,神圣呐,万军之主的上帝。
> 天地皆充溢了你的荣耀和尊严,
> 啊,我们主,求你赐予我们,使我们今日脱离罪。
> 啊,我们主,怜悯我们,怜悯我们吧。
> 啊,我们主,愿你慈爱的光降临我们,使我们得以依靠你。
> 啊,我们主,我们信靠你,不要使我们惊恐惶惑。

539

第四部

世

界

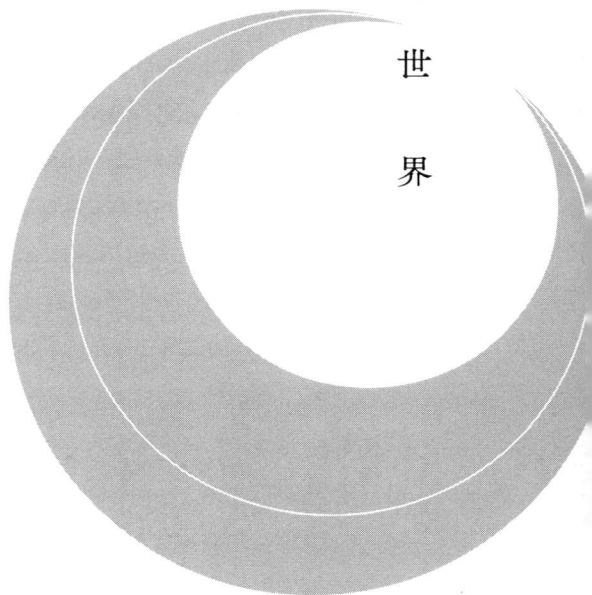

第82章 / 通往世界之路：创造性的支配

1. 在第 81 章中,我已经说明,对于原始人来说,"世界"这一现代概念并非真正存在,而且,原始人完全不是将自己的环境视为一种客体,而是直接把它构成自己的"联合世界"(conjoint world);宗教世界观的本质特征在这个原则中已经得到了表达。然而,现在我还要重复一下,在此意义上,"宗教世界观"绝不仅仅只是一种"观点",而总是意指一种**参与**、**分享**。因为从人自己特定的环境出发,每个人都为自己建构了一个世界,并相信自己能够支配它;因此,不存在一种**单一的**世界,而是有多少人,就有多少**世界**。所以,适用于儿童的东西一般来说都是真实的:"与各种认知理论相比,对于意识体验来说,实在绝非永恒不变,相反,它随着个人心理结构的变化,事实上是随着个人发展阶段的变化而变化,这应该是每一种心理学的基本原则;因此,在开始时,就必须肯定地说明,每一个儿童生活于其中的世界,都是与我们的世界完全不同的。"[1]在这个意义上,世界是"客观的心智"[2];人的精神并没有将自身引向一个被给定的世界,反之却是在对那个世界作出足够的修改后,允许适合它的东西成为它自身的部分。因此,从本质上说,"世界"是被"赞颂的"世界,它不仅是一个"被接受的"世界,而且也是一个被支配的世界。[3]

2. 列维—布留尔提出的参与、分享原则的真理就在于此。事物并不会"以实体形式在空间"彼此相遇,相反却是你中有我,我中有你,还

---

[1] Spranger, *Psychologie des Jugendalters*, 32.

[2] 参见 Spranger, *Lebensformen*, 17 - 18。

[3] 参见 Heidegger,前引书,87。

会相互混合,交替出现。因此,人不会引导自己"客观地"走向"世界":他参与世界,就像世界参与他一样。所以,他通往世界的路既不是沉思的路也不是反省的路,甚至也不是把自己视为一个主体而去建造一种"基础结构"的路,他的路是**指向**世界而实存的路。于是,人对世界的支配总是一种从内部行使的支配。

进一步说,这种参与事实上是深深地植根于人类天性中的一种态度;它并不是一种需要克服的倾向,而是一种完全自然的精神面貌,甚至是"现代"人的精神面貌,"现代"人完全习惯于理论与实践的知识,习惯于客观的观察与实验。① 对这个主题,列维—布留尔本人曾这样深刻地论述过:"甚至在像我们自己一样的人群中,参与的需要无疑保留了某种东西,它比对知识的渴求以及对与理性的要求保持一致的愿望更加迫切,更加强烈。它存在于我们内心的更深处,其源泉更加遥远。"②因此,这种心理态度既不作出剖析也不作出概括,既不作出推断也不作出分析,而是应对那个整体,具体地把握它,将其诸本质与诸体验的参与联合在一起,这种心理态度是我们今天的态度,正如它也是原始人的心理态度。当然-就后者的情况而言,它据有的控制范围更广,尽管所谓"原始人"显然也是"现代的",而且他们相当熟悉分析思维与逻辑思维! 但是对我们来说,它也是通向世界的实际道路③:绝不是一条"懒于思维"之路(正如图恩瓦尔德认为的那样),而是一条指向世界而实存的路,它与只是观察世界的进路截然不同。也就是说,自我是世界的伙伴,反之亦然,世界也是自我的伙伴。④

这种连续不断的关系导致了世界上的种种事件,同样地,伴随着人

---

① 参见 Marett, *Faith, Hope and Charity*, 86。
② *How Natives Think*, 385;参见关于列维—布留尔思想的著名讨论,载于 *Société française de Philosophie* 会刊,1929年第4期。十分重要的是,史学界和民族志研究界低下的哲学水平,事实上误解了列维—布留尔的观点。绝大多数领域的研究者们都表现出了这种误解。在这方面,两种迫切的需要日益明显,一方面是心理学和现象学之间的相互理解,另一方面是所谓纯史学论、人类学和民族志研究界,几乎毫无例外地,至今为止都是从最特殊的认识论的、心理学的和形而上学的原则出发,完全没有意识到那些正在发生的事情。
③ Thurnwald, *Bequemes Denken*。
④ 参见 Danzel, *Grundllagen*, 432。

自己的活动，这种关系也被各种"神秘"因素支配着；我将借用列维—布
留尔创造的这个说法。由于我认为它包含了某些错误的理解，因此，我
宁可把"神秘主义"（mysticism）和"神秘的"（mystical）这两个词，限制
在第 75 章所描述的那些现象之内。[①] 然而，就诸种事实而言，列维—布
留尔是完全正确的。例如，格雷布纳（Gräbner）企图通过表明"澳大利
亚人没有把自然物想象为超自然物，而是把超自然物想象为自然物"，
而且他们使用的巫术力量被认为是"物质性的东西"[②]，来试图证明列
维—布留尔的断言无效。但这只能说明，这位人种学家没有理解，是我
们自己将超自然与自然相互对立，而且这种对立的看法在西欧思想中
已经逐渐发展，不过这种对立在原始思想与宗教思想中根本不存在。
原始思维是在某种自然的意义上去理解每样超自然的东西，这是非常
正确的；然而，比起我们的"超自然性"来，原始人的"自然性"是更加"超
自然"，更加"神秘"，或者说更让人肃然起敬。把力量理解为物质同样
也是对的；然而我们在前边说过，物质与精神之间的差异，其重要程度
远远不是我们当前流行的大众心理学乐意相信它所是的那样。[③]

　　因此，我能够影响这个世界，正如这个世界能够影响我一样。而所
采用的方式既不是靠逻辑也不是靠事实来证明，但是它在最可能的范
围内构成了非常真实的争斗。我把这种争斗称为**"巫术的态度"**；尾随
争斗而来的休战本身，也仍然是一种拉开新战斗序幕的支配而已，我将
称之为**"神秘的赋予形式的态度"**。前者关注的是诸种力量，后者关注
的是意志与形式，但是两者都同样地以参与为条件。因为没有参与便
没有斗争，同样也没有亲近。然而，这种巫术的态度仅仅是过去精神生
活的一种结构，关于它，现在能够留给我们的证据非常贫乏；它既不是
退化，也不是孩子气的混乱状态；它既不是"原始的科学"，亦非初级的

──────────

① 参见 Werner, *Entw. Psych.*, 270。
② *Weltbild*, 16.
③ K. Hidding 最近在书中（*Gebruiken en godsdienst der Soendaneezer*, *De Opwekker*, 1933, 3）提供
　了对所谓原始心态的精彩描述。

技术。[①] 相反,它是一种原初的态度,深深地根植于人的天性之中,它在我们之中犹如以往一样地生气勃勃,事实上,它是一种永恒的结构。这也是在巫术态度的特定条件下不断出现的统治欲的证据。稍后我们再考虑儿童,因为施托希(Storch)讨论了精神错乱的缘由,并且搜集了关于思维的巫术态度的精彩案例,他显然把这些等同于"原始"资料。"在每个人身上,作为清醒的白日思想的潜在过程,巫术式的古老体验时刻都是做好准备的;但是这种体验与日常的理性思维发生严峻冲突"的情况,只存在于各种特殊类型的精神分裂症患者的典型例子中[②];因此,对精神分裂狂妄症的受害者来说,世界从一种千差万别的客观性,变成了他自身存在的直接内容[③]……事物的世界不是一个客观意识的对象,而只是自我感觉的变体。"[④]例如,一个病人"称自己为'女神',并讲述了她如何被安置到太阳的领地,世界末日已向她显现,但是她生活中的快乐不可能被扼杀,因为她希望毁灭掉紧随着世界末日的那段时光"。我们将这种心理态度简称为夸大妄想狂,但是我们决不能忘记,这种狂妄毫无例外地保存在我们的血液中——这是想支配世界的狂妄——任何一个完全消灭了这种疯狂的人都不可能再活下去。从本质上说,这就是人类,它不接受给定的世界,相反却想操纵这个世界,直到使之适应人自己的生活。"在我创造它之前,这个世界都不是这样的"[⑤]。所以,斗争的条件总是占优势,其胜利的结局暗示着世界力量的衰落变成了个人力量的衰落。[⑥]

---

① 持完全不同的看法者有 Allier（巫术是退化），Lindworsky（原始人会理性地思考,但对自然过程的条件却一无所知:巫术是无知），Boas（原始人有支配的感觉），Bartlett（发挥本能的先入之见）;我在拙作 *Structure* 一书的各处讨论了这些观点,与我的观点相近的有 W. Mayer-Gross, *Zur Frage der psychollogischen Eigenart der sog. Naturvölker*,载于 *Congress of Psychology*, *Proc. and Papers*, 1927,第 206 页以下。

② Storch,同上书,第 88—89 页。

③ 同上书,第 74 页。

④ Storch.

⑤ 《浮士德》,第二部分第二幕。

⑥ Cassirer,同前引书,II,第 194 页:"因此,在巫术世界的研究中,自我所行使体的几乎是一种对实在的无限的支配;它把所有实在拉进了自身。"

　　3. 按照所罗门·赖纳赫（Salomon Reinach）的形象比喻，采取巫术态度的人，就像支配其管弦乐队的指挥家；也许他认为是他自己创造了这些音响！然而，与这类具有巫术性情的人最为相似的，却是尚特克莱尔（Chanticleer），他认为是他的鸣叫器使太阳升起，有一天早上，当太阳在那儿"自行其事"时，他遭受了最悲惨的幻灭！因此，人也会向诸种力量采取攻势：[1]他要通过自己意志的力量去战胜它们；似乎它们是他创造的一样。当然，纯巫术的态度实际上并不存在，因为那是上帝的态度，是造物主的态度：

> 在我的命令下，在那个最初的夜晚，
>
> 明亮的群星显露了它们灿烂的星光。[2]

546

然而，在巫术中，这条格言"你将像神一样"得到了完全的实现；实际上，巫术式的思维在字面上并不被视为仅仅"是意愿"。[3]

　　因此，把"宗教"与"巫术"置于完全相反的关系中，好像宗教是巫术的继承者，而后者是非宗教的，前者又绝非巫术，这是完全不合理的。巫术本身就是宗教，因为它关注诸力量；当然，它需要的不是"神"，但是一种"无神的"行动也可以是宗教的。然而，巫术不同于所有其他形式的宗教，因为希望支配世界是前者的本质特征。并非每一种宗教都具有这种目的，然而许多非巫术性的宗教都接受它，只是所用的方法不同而已。因此，我既不能同意把宗教与巫术视为社会与反社会、伦理与科学的对立物，也不能同意巫术先于宗教的说法：[4]有宗教的地方就有巫术，尽管巫术的溪流并非总是追随着宗教的主要渠道；类似地，有巫术

---

① Reinach, *Orpheus*，第 32-33 页，ET. 23。

② 《浮士德》，第二部分第二幕（Swanwick）。

③ Prinzhorn, *Bildnerei*, 311.

④ 参见 W. Otto 对于这些问题的精彩论述（*AR*. 12，1909，第 544 页以下）；参见 Clemen, *Wesen und Ursrpiung der Magie*, *Arch. f. Rel-Psych*. , II-III）；Beth, *Religion und Magie*；Bertholet，前引书，第 23 页；Thurnwald, *Zanber*，第 485 页，498 页以下；Vierkandt, *Die Anfänge der Religion und Zauberei*, *Globus*, 92, 64。

的地方就有宗教,虽然它可能只是一种特殊的宗教。所以,圣伊夫
(Saintyves)是非常正确的:巫术是一种艺术、一种知识、一种膜拜,它只
应对神秘的事。[1]

所以,巫术的态度当然是宗教的态度:尽管它所要求的不是任何
"超自然"的东西;从某种程度上说,今天的学者理所当然地把现代概念
用于原始宗教,事实上是一般地运用于宗教,这是令人吃惊的。如果我
用箭瞄准一个与我面对面的敌人,就我们的思维模式而言,这无疑是不
愉快的,但完全符合逻辑的行动。然而,如果我用箭瞄准的是一个住在
百里以外的另一个城镇里的对手,我们的逻辑就不起作用了;我们说的
是一个以"超自然者"为理由的行为,因为超自然者要为其结果负责。
然而,在原始人的意识中,这两种行为绝无区别:在任何情况下,为了使
二者成功,我们要求的都是一种高超的、神秘的力量。[2] 虽然菲尔坎特
(Vierkandt)认为巫术行为源于原始人的**技术**的说法几乎没有什么力
量,但在强调普通**技巧**与巫术过程有密切关系的那些理论中,这是一条
真理;[3]尼采以其一贯敏锐的洞察力,理解了此处的本质特征:"当人们
划船时,并不是划桨使船移动,相反,划桨只是一种巫术的仪式,通过划
桨这种仪式,人们迫使**魔鬼**移动船"(我个人愿用"力量"一词来取代"魔
鬼")。"所有的疾病,甚至包括死亡本身,都是巫术影响的结果。疾病
与死亡决不会自然发生;**'自然顺序'这整个概念是不存在的**……当一
个人射箭时,总要用无理性的手和力量去瞄准……人就是**定律**,自然是
无规律的。"[4]关于这一点,我勿需赘言。

但是,真正有助于使巫术态度适合于人类的内在好奇心的,是其反
抗的特征:普罗伊斯(Preuss)陈述过,在巫术式的思维中,人如何反抗
动物的本能以及如何得以超越自身;他也说过,人类精神之自由的可能

547

---

① *Force matique*,9,14.
② 参见 Arbmann,前引书,第 325 页。
③ 参见 Beth,前引书,第 84 页。
④ *Human, All Too Human*, I, 117,118。(Foulis 版)

性与一切唯心主义（idealism）的根基，如何存在于巫术中。[1] 所以，施巫术者从动物的"环境"中创造了"世界"，他自己的世界。因此，巫术是将个体之目的结合在一个包罗万象的世界图景中的最早模式。[2]

进一步说，这种巫术态度在最简单的例子中，比在复杂的巫术仪式中表现得更清楚。例如，列维—布留尔提到一种逆向行动的仪式：在一些部落中，从任何人身上跨过都是被严格禁止的，然而如果有人无意中做了此事，他就必须从那个人身上再跨回来，以便使其第一次行为无效，但仅有这一次行为属于"逆向"。[3] 这就是巫术的行为，我们中的多数人都可以从我们自己年轻时的经验中辨认出它：例如，你不应该用左脚踢到右脚，如果发生此种情况，你应立即用右脚触摸一下左脚，作为弥补。然而，在这个简单的动作中就存在着对世界的支配，它要所发生的事情得到修正，或者，甚至使其逆转。在此，人提出了他的抗议，说出了"只能如此"，绷紧了自己的意志以反对简单地既定给他的东西。因此，在唯心主义与巫术之间存在着某种关系完全不令人惊讶。我们已经在歌德的《浮士德》中引用了那位学者的话，我们也可以引用阿米尔的话，他正确地辨识出了施莱尔马赫在《独白》（*Monologues*）中的巫术倾向："这种难以驯服的自由，个人精神的神圣尊严，在延伸扩展着，直到它既不接受任何限制，也不接纳任何与之相异的东西，而且能够意识到具有创造力的一种强大本能。"[4]

然而，凭借意志支配世界有一个根本的条件——在世界能够被这样控制之前，它必须向内转变，人必须将它纳入自身，即，只有当世界用这种方式变为一个内在的领域时，人才能够实际上支配它。因此，一切巫术都是自我中心主义的，或者说"只在个人内心中存活"。[5] "从关于环境的感官材料我们得知，以自我满足为自我中心的精神分裂症患者，

548

---

[1] *Geistige Kultur*, 8.
[2] Kretschmer, *Medizinische Psychologie*, 34.
[3] *Primitives and the Supernatural*, 381.
[4] *Journal*, 1 Feb. 1852(Ward).
[5] 关于更详实的材料，参见拙作 *Structure*。

为自己营造了一个完全不同的、但更丰富充实的世界,他并不凭借符合逻辑的常规去赢得或适应其他的人,而是为他自己的想象、幻想和需要而保留着原材料。实际环境本身被贬低了;它不需要承认——它可以被利用,也可以"被摒弃,完全随心所欲"[1]。在此,关于精神失常可以确定的东西,几乎完全适合于一般的施巫术者。[2] 人完全不会为"实在"而烦恼:他创造性地支配它,因为他在暗中反对它;他在内心建立了一个王国,一种心灵中的神圣工作。无论在人与世界之间,主体与客体之间,给定任何设制好的限制,剧烈的冲突都会发生,正如在精神病中或者在艺术家与世界之间的斗争中所发生的那样;在这些冲突不存在的地方,例如在原始人中,巫师取得了自己职务上的地位,而每一个人都以某种方式参与了巫术的行为。正如克雷奇默(Kretschmer)正确地指出的,神话与教义并未把世界看成其实际的样子,而是完全随意处理它,使它成为它应该是的世界。在神话故事中,同时表达出来的思想和完成的心愿,即便在今天也是适用的,完整的仪式和庆典,离开了这种自我中心的态度是完全不能理解的:正是人自己决定他自己的条件。因此,原始人毫无疑义地相信,天是不会下雨的,除非吟诵了某些话或采取了某些行动;类似地,那些同样生活在自己的世界中的具有巫术气质的儿童也会这样想,"如果你收拾好你的抽屉橱柜,你就会得到暑假"。这种孩子会说:"当我最亲爱的朋友生病时,我相信我只需每天在街上来回走六次就会救他的命",当然要非常小心地避开铺路石中的裂缝![3] "孩子们离巫术的世界更近:事情可能性的难题并不会折磨他们,虽然他们的思想并不禁止关于实在的体验,然而他们仍处于这种体验所属的领域之外;他们是自我中心的,而且生活在自己的世界里,这

549

---

① Prinzhorn, *Bildnerei der Geisteskranken*, 55.

② 在拙作 *Structure* 一书中,我讨论了这个问题(与此有些关联),即同样的态度如何在诸如精神错乱者、原始人、儿童、艺术家等众多不同类型的人中出现。总之,在进行系统的概括时,我们必须非常谨慎。

③ Zeininger, *Magische Geisteshaltung im Kindesalter und ihrer Bedeutung für die religiöse Entwicklung*, 书中还有其他的例子。

并不是因为他们离开了世界，而只是因为他们还未与实在建立一种适当的关系。"吕姆克（H. C. Rümke）①用这些术语表达了这种精神态度的本质，同时也揭示了控制儿童与原始人生活的那一准则，为什么会在现代成年人中导致疾病。②

　　当从其客体的观点来考虑时，以体验之主体为特征的自我中心地"生活在自身之内的"世界，是以"情感迸发"（catathymia）的方式呈现的——这个术语被克雷奇默用来描述一种精神状态，在那种状态中，每件事情都是根据自己的主观心境去理解的，因此，客观实在在某种程度上被歪曲了。结果，这个世界被完全视为个人自己的天地，只是"依照人的主观性"、其愿望与需求去体验它。例如，一个紧张症患者在床下爬来爬去，试图用自己的全身力气顶起床：这正是他想要用来"使地球离上帝更近些"的方式。③ 而另一个患同样病的人则从床上跌落下来，"为的是保持世界旋转，以便让轮子继续转动。"④由于在所有这类案例中，"世界"都存在于内部，除了自我之外，外部的任何东西反而都未被感受到。另一个病人感到疲乏，认为她自己的力气是被正在田间劳动的农夫们用尽了！⑤ 尽管如此，我不能同意克雷奇默，他仅仅是在情感方面去寻求这种"情感迸发"的原则；⑥当然这种观点也不是完全不对，在支配欲望中，在情感的渴求中，意志也得到了表现，这种意志依照"完全相异者"的方式形成了自身。于是我们可以又一次说：施巫术者在**反抗**。

　　这种"情感迸发"的态度延伸到整个宇宙："地下世界"变成了冥王哈得斯的地府、地狱，天堂成了得福佑的人的住所，荒漠成了魔鬼出入

---

① *Geneeskundige Bladen*, 25. Reeks, X, 1927, 329；也可参见 *Psych. und Neurol Bl.*, 1928, 5, 6, 29。

② Prinzhorn，前引书，第 298 页以下。这决不意味着原始人的思维在每个方面都与儿童的思维一致。

③ Storch，前引书，页 73。

④ 同上，第 8 页，参见第 69 页、80 页，以及 Jaspers，*Psychopathologie*，第 400 页中的典型案例。

⑤ Storch，同上书，第 41 页。

⑥ 按照克雷奇默的观点，因果律的思维将事物联系在一起，并与频率原则一致，但是巫术思维却是以情感共同体原则为基础的。前引书，第 34 页。

550 之地；①在所有条件下，在每一个事件中，人都发现了自身。人就是力量：他就是上帝，然而，在人身上所表现的，也许是浮士德的渴望：

> 我真想能跟魔术分道扬镳，
>
> 把那些咒语一古脑儿忘掉，
>
> 自然啊，能在你面前做堂堂男子，
>
> 那样才有努力做人的价值。②

确实，希腊人已能做到这一点，因为在表现其精神的荷马史诗的结构中，他们最早发现了现代意义上的"自然"。③ 他们的宗教（当然就它是荷马史诗式的而非神秘的柏拉图式的而论）是既定的宗教，是关于静止之存在的宗教，在诸宗教中，它本身就保持了一种非常特殊的位置。④

一种超越了巫术的完全不同的胜利构成了**创世**的观念。当然，巫术绝没有被否定，但是，上帝说出了他创造性的话语，他现在是唯一的魔术师；而人的话本质上是一种回答，决不可能拥有巫术的力量。然而，上帝说"让它存在吧！"它便存在了：他又说了一次，第二次创造就完成了重生的奇迹：他说"只要你一句话，我的仆人就必得治愈。"⑤在此，既无"接纳"也无自我满足的"仪式"庆典，只有领受。

4. 正如我们已经观察到的，创造性支配的第二种模式可以理解为一种静止的中断，随之而来的是骤然地巫术般地达到的神秘境界。现在，人从世界退出，到了某个遥远的地方，一开始，他似乎只渴望沉思。这便是神秘世界的静止的方面：它似乎完全无视时间的存在，时间被固定了；⑥这个世界的各种形式都是永恒的，永远不变的。人的每一种热

---

① 参见 Danzel, *Psych. Grundl.*，第 436 页以下。Werner, *Entwicklungspsychologie*，62。

② 《浮士德》，第二部，第五幕。

③ Otto, *Götter Griechenlands*，47.

④ 参见本书第 95 章。

⑤ 《马太福音》8：8。

⑥ 参见本书第 55 章、第 60 章。

情、每一种愿望、每一种思想，在这个神话的天地中都有自己的"永恒方面"。①

　　然而这种看着是沉思的支配仍然是控制：人赋予了世界的诸种力量以形式，以便他能够更有效地战胜它们，哪怕以一种完全不同于其巫术态度的方式来达到这个目的。于是，赋予形式的个人②乞求并召唤着类似神话的种种事件，③采取一种与施巫术者完全相反的态度。后者是要将世界吸纳进自身之中：然而其他类型的人则要把世界从自身中驱逐出去。人把所体验的力量投射到外部世界；他自己的爱采取了塞浦路斯岛女神的形式，他的渴求变成了伊甸园，他的罪过就是堕落。④ 他的死又一次地与其渴望复活的希望联系在一起，他将在光的神话中有"双重"的体验（对形式的双重体验），在魔鬼的形象中体验自己的害怕。

551

　　进一步说，逃离自我相当于自我中心主义，与急切地寻求自我也是一致的。诗人把世界拉入自身之内，为的是要用其作品的各种形式去重新从"外部"改变它：那个从世界退到其内心深处的年轻人，不断地写诗，试图将世界的丰富性再次显示出来。⑤ 类似地，"原始人也为自己创造了一个世界，尽管这个世界对我们来说只是幻想之产物，但在原始人看来，它却表示了一个十分具体的实在；然而他从自己的心灵中祈求他所经历过的一切可能性。他的愿望、害怕、希望以及厄运的形象在原野和森林中处处可见。"⑥这是人性中的万物有灵论倾向，而在此，我们在精灵与神灵都是"情感之代表者"这一意义上，又一次看到了这种倾向。⑦ "在具有敌意的世界的这种压抑之下，人不满足于存在于自己内心的避难所，因而创造了除他自己以外的一种生活，一种'你'，在这种

---

① 　Otto，前引书。
② 　参见本书第 17 章。
③ 　参见本书第 60 章。
④ 　参见 Danzel，*Psych. Grundlagen.* 。
⑤ 　参见 Spranger，*Psych. des Jugendalters*，68。
⑥ 　参见拙作 *Structure*，19 - 20。
⑦ 　Wilamowitz。

生活中，他重新发现了自己的恨与爱。所以，巫术式的自我中心主义与神秘地赋予形式这两种倾向，既相互呼应也相互完善。二者同时存在，交替着处于统治地位。唯有精神失常（神精分裂症）的态度不存在于巫术的方法中，所以这种态度会钻进死胡同。但是我们也是像'原始人'一样的'神话作家'"，仅仅凭借意识到使我们的"原始性"与我们具有逻辑基础的知识分离的深渊，我们才不同于原始人。[1] 施托希的主张是对的：诗的形象和隐喻作为比较或比喻在我们的思想中占有一席之地，或者说，只有当我们的概念休息时，这些修辞形象才会出现。[2] 但是我认为，当切斯特顿（Chesterton）把创造的规律描述为"疯狂而且急速的冲撞，凭借这种冲撞，地球上的一切被造之物都被释放，飞回到她的心中"，他说的是一种真正具有生命力的"万物有灵论"的观念[3]，这种观念尽管缺乏科学的精确性，但它却准确地表达了那种情况的本质。尽管，可以把诗歌当作只是轻松的比喻，把宗教当作同样只是轻松的奇想的时代已经过去了。

因此，神话的形式是体验的形式；任何一个希望理解神话的人，首先必定不会在其中发现任何关于某种自然现象的解释，而只能发现达到一种控制世界的状态。虽然比起巫术方法来，这种状态的力量较弱，但是它仍然能从"你"中千方百计地得到巫术从诸种力量中争取到的一切。在这种联系中，为了领悟神话，更新的神话学方法在其竭力理解膜拜方面首先得到了证实。[4] 因为生活在神话中的东西已经继续存在于神圣的行为中，存在于事件的"仪式"中，反之亦然！

再者，与巫术类似，形式的神秘赋予要达到一个目标，然而却绝不是终极的目标。因此，也许我们绝不可能把巫术从我们的路途中完全地除掉，正如我们几乎不可能中断形式的自发性创造，或者无视传统给

---

① 参见 Tillich, *Rel. Verwirkl.*，第 96 页以下。
② 同上书，Ⅱ。
③ 拙作 *Structure*，第 20 - 21 页。
④ 参见本书第 60 章。

定的东西一样。然而，从本质上说，对形式的神秘赋予的确能在任何有力量者以虚无为目标（goal）的地方达到其目标（end）。神秘主义，尤其是印度教类型的神秘主义，能够在这点上给予我们启发。[1] 因为在以"无模式的模式"达到那种"空"或"无"的地方，每一种形式都毫不例外地消失了。但是神秘形式也在给予信仰一种包罗万象的形式中达到一个目标，[2]它并非有意去促进对力量的获取，但其自身就是一种仆从的力量，因此，对道成肉身的信仰也许从本质上（即从神学角度和末世论的角度）就使每一种形式成为不必要的。

　　5. 说到底，我们已熟知的通向世界的两条路径，事实上只是具有两条轨道的**一条**路而已。然而我们还要说，这并不涉及遵循这条路径达到其目的地的人性，除非它注意到它引起了一种困境，然后打开其他途径，例如科学途径、神秘主义途径或者信仰途径，正如进化论者和种系发生学者倾向于坚持的那样。因为我们过去、现在，甚至永远，都要在这两条路上旅行。然而我们并未被局限在这两条路上，就这一点而言，两条路的比喻就到头了：它现在必须由诸层面（strata）的比喻所取代。正因为如此，人的精神生活构成了不同的层面，其中一个层面既是位于最深层的，也是最重要的层面：那就是自我中心主义与神话的双重层面，在那里，"参与"是基本法则，其他或多或少以这个层面为基础的层面都位于它之上。

　　对那些继续着的其他层面而言，对于世界施行巫术——神话式的支配，与苏醒意识相关联，这与在梦境生活中所采用的是同一种方式。从近年来的心理学中我们得知，梦的体验并不比日常生活缺少"真实"性。事实上，对梦的研究比起对苏醒意识的探索来，并不是一条更缺少可靠性的路；威廉·拉伯（Wilhelm Raabe）说："当我们反省并仔细考虑这个事实，即，愚蠢的人和精神贫乏的人也许都做着最美妙、最聪明的

553

---

① 参见本书第 75 章。
② 参见本书第 80 章。

梦,正如那些聪明人白天黑夜的梦境都同样有才气且又奇怪一样时,[1]
我们掀开了罩在这个世界的伟大奥秘之上的帷幕的一角。"在此,我们
又一次更接近原始人的情感而不是十九世纪的人的情感,在十九世纪,
我们把梦境的事实视为生活的有效根据,虽然不是苏醒时的生活的根
据。正如堪察达尔(Kamchadale)部落的人所做的一样,他们告诉一个
女孩说,他们想望在梦中已经赢得了她的青睐,于是这个女孩便服从
了。[2] 类似地,对于原始人来说,一旦在梦中梦到自己的妻子不忠,那
就会被认为是确定的事实[3],而在加蓬,"梦比证据更具决定性"。[4] 在
此我们必须承认,对实在的意识是被体验到的,而且这不仅是在巫术的
态度中体验到。因此,梦境与苏醒意识有三方面的不同:1. "当我们醒
来时,意识体验的支柱,主客体之间的张力"都消失了;[5]2. 梦中组织事
件的方式与日间体验的方式相比,是不合逻辑的——其结构松散或者
"散乱",[6]其形象的安排与梦者的情感、忧虑和愿望相符,正如在前边
定义的"感情迸发"中一样;[7]3. 梦境的世界与日常的实在完全分离:它
是神秘的,既无过去也无未来。[8]

当然,梦境本身不在宗教范畴之内;然而它是生活:生活是一种梦,
梦是一种生活。在使支配世界首先是可能的方面,它以巫术—神话的方
式向我们展示了生活;顺便说,它用这种方式,在被机械化了的意识之前
沿,出现在其最深奥的深处。用普罗斯佩罗(Prospero)的话来说:

> 我们是造成梦境的材料,
>
> 而我们微不足道的生活被睡眠包围着。

---

[1] *Das Odfeld*(*Sämtl. Werke*, 4, 90).

[2] Lévy-Bruhl, *Primitive Mentality*, 115.

[3] R. Thurnwald, *Die Luge in der primitiven Kultur*: *Die Luge*, O. Lippmann 编, 1927, 第 398 页。

[4] Lévy-Bruhl, 同上书, 101。

[5] Storch, 前引书, 第 25 页;然而并不是用神秘主义的方式,因为梦缺少情感因素。

[6] Werner, *Entw. Psych.*, 41.

[7] Kretschmer, 前引书, 第 57 - 58 页。

[8] Kretschmer, 前引书, 第 64 页以下。Binswanger, van der Leeuw, *Structure*。

第 83 章 / 通往世界之路：理论性的支配

1. 与通过巫术方式和创造形式的方式支配世界并行的,是通过**思维**(thought)来达到目的的方式。"思想(thought)是存在的诸力量之一种,在这种力量中,命运从自身中解脱出来;它是一种实存的力量。"[1]然而,只用"思想"一词,在此提及的支配世界的类型不足以表现出其特征。因为巫术的态度和神秘的形式创造态度也以思想为前提。[2] 因此我们必须补充说,尤其在**理论的思想**之中,人可以解放自身,可以完全脱离周围世界,尽可能地远离世界,以便从一个适当的距离尽量不带情感地去**观察**它。巫术的与神秘的态度总是消解主客体之间的对立,然而在此正相反,这种对立被严格地观察到:我把自己的思想**引向**了世界,因此,我们谈的是**被引导的思想**。

这种思想与巫术—神秘态度的关系,正如清醒时的经验与梦境的关系一样,然而由于在前一章中我们已经谈过,因此几乎不需再补充说,这决不意味着这种关系类似于实体与表象之间的关系。因为清醒时的思想和梦境中的思想都是通向世界的途径;白日梦是存在的,犹如夜间思想存在一样,其区别在于,在清醒时的思想中,人自身是明显地指向某一客体并对之进行思考的,以便构建某种**理论**;而在睡梦中,不存在任何绝对的客体,同样也几乎没有任何稳定的主体。然而,在这些

---

[1] Tillich, *Philosophie und Schicksal*, 310.

[2] 这种思想类型在 Pedersen 的《以色列》(*Israel*)一书的第 75 页中得到了很好的说明:"对于以色列人来说,思想并不是解决抽象问题的方法。它并不是一环扣一环地联系着的,也不是为了从中得出结论而去构造主要的和次要的句子。因为在以色列人看来,思想就是要使人自身成为一个整体。人将其灵魂直接引向主要因素,即整体性中的决定性成分,并将这种因素纳入其灵魂,于是,灵魂才开始活动,并被带向一个确定的方向。"

科学与认识模式中，我们发现了一个转化阶段，当然，这些科学与模式
显然将人提升到世界的总体之上，然而却又把人作为一类世界来考虑，
也就是说，仿佛是作为外在世界的反面来考虑的。我们在前边已经讨
论过**占星术**，它规定了人在与作为宏观世界的整体相对的一种微观世
界的地位；[①]我还要进一步提及印度思想，当然，印度思想极其重视作
为"阿特曼"（ätaman）的人类心智。但是其直接的目的仅仅是为了将它
与宇宙精神等同。我借用奥尔登贝格（Oldenberg）的术语把这种理论
称为"前科学的科学"；[②]而且在这些关系中，占星术因其将生命固定在
宇宙节奏之中而衰落了，而印度人的冥想则因为其巫术式的认知而衰
落了，他们认为，"认知就是力量"[③]。

　　然而，思想，即便是被引导的思想，当然并不是文化的特权。原始
人也会思想："思想者们会想，居住者是居住在他们的世界中的。在他
们一堆堆的篝火之后，所表现出的那一切都在说：我们究竟与我们的思
想有什么关系呢？我们如何用我们的语言来说话呢？"科拉的印第安人
如是说。[④]然而另一方面，没有原始巫术—神秘的因素，文明的思想也
绝不可能存在：人绝不可能完全使自己的心思脱离世界。事实上人会
常常感到（这是很有道理的），在这种心智活动中，他正在破坏他的实际
生活。

　　现代意义上的"科学"一词诞生于古希腊；在理论知识态度之前，巫
术—神秘态度是如何慢慢地退却的，这很值得注意。所以，在菲勒赛德
斯（Pherecydes）看来，宇宙论是逐渐地、几乎是自发地，把自身融入了
宙斯与冥府鬼神联姻的神话中；事实上，整个爱奥尼亚哲学家们的一元
论都依赖于"参与"（或"分有"）这个概念：一物参与另一物，否则它就不

---

① 参见本书第 7 章、54 章。
② 参见 *Vorwissenschaftliche Wissenschaft. Die Weltanschauung der Brahmann-Texte*，1919。
③ Oldenberg，*Lehre der Upanishaden*，第 6-7 页。卡西尔对神秘思想和前科学科学作了精彩全面的描述，见氏著 *Begriffsform.*，第 15 页以下。
④ Preuss，*Nayarit-Expedition*，Ⅰ，88；参见 A. Titius，*Der Ursprung des Gottesglaubens*，第 357-358 页。

可能影响以它为基础的任何东西；爱奥尼亚自然哲学探索的原始力量arche，本质上与原始人信仰的玛纳力量相关；[1]事实上，自然哲学（以及一般的科学）是"从神秘主义之中诞生的"。[2] 但是后来，由于苏格拉底和众多的智者，巨大的变化出现了。人发现了自己，也就是说，发现了自己的精神，然后人开始客观化世界：普罗泰戈拉的"人是万物的尺度"的名言，变成了一切知识的标准。人学会了构建各种概念，从这些概念中他很快就形成了种种永恒的理念。在柏拉图的《理想国》结尾的动人神话中，"神秘赋予形式的整个力量又一次得到了表现"，然而"我们不能再站在神话的领地上了。因为与神话式的罪过和神话式的命运的观念相反，苏格拉底式的基本原则出现了，即道德的自我责任的概念：人类生命的意义和本质，以及构成人类实际命运的东西，被转向了其内在的自我。"[3]但是在苏格拉底式的爱智慧的原则中，这种道德的自我责任，首先是关于美德的知识——洞察，于是人确立了自己判断的力量，并视之为至高无上的力量。

557

2. "纯粹的理论家只是一个构建者"：[4]理论的形式总是非理论内容的容器，认识也总是远远多于纯理论知识的。[5] 甚至在对几何学知识的思考过程中，其他的所有知识都是共同发挥作用的。在理解球形时，有美学的知识参与，在评价其完美性时，宗教知识会起作用，等等。[6] "在每一心理过程中，心智都是整体地参与的"。[7] 因此，通向世界的理论态度不只是构建，而且也是难以抗拒的冲动，同样也是对顽强地拒绝接受给定它的一切的那种精神的构建与强制，是对用这种方式

---

[1]　参见本书第 2 章。

[2]　Joel, *Der Ursprung der Naturphilosophie aus dem Geiste der Mystik*，随处。并参见 Kuiper, *Mythologie en Wetenschap*，1919，16，27。O. Gilbert, *Griechische Religions philosophie*，1911，第 29 页以下，第 36 页。

[3]　Cassirer，前引书，Ⅱ，166。

[4]　Spranger, *Lebensformen*, 122.

[5]　同上书，第 92 - 93 页。

[6]　同上书，第 48 页。

[7]　同上。

可更为方便地征服的世界的构建与强制。正如我们已经指出的,在所有自然科学的基本概念中,苍白失色的拟人说仍旧是非常明显的,换言之,它们都是神话式的。[1] 而哲学不仅来源于理性的范畴,而且表达了生活的全部体验,这一点同样也得到了恰当的说明。[2] 因此,在一切知识的基础上,都存在着一种信仰;[3] 通向世界的理论途径是一条围绕着信念或信仰的路,然而它的开端恰好是源于唤起信仰的同一种力量的危机。所以,著名的费希特式名言"科学代替了一切信仰,把它变成了见解",[4] 应该被替换为:信仰曾唤起科学而又废除了科学。因此,科学自身仅仅凭借信仰而存在。

558

然而,首创对世界的理论征服的古希腊人,绝没有忽视科学对信仰的这种依赖。平静地服从不仅被赞誉:

> 世界的智慧并不明智,
> 它要求的东西逾出了凡人;[5]

而且一切科学的神秘根基也被揭示:"因为它不像知识的其他分支那样容易暴露:但是,在关于物质自身和生活不可分割的对话之后,从一端跳向另一端,而后还维持自身的一团火焰,突然在我们的心灵里点亮了一束光。"[6]

559

---

① Joel,同前引书,第 57 页。

② Grünbaum, *Herrschen und Lieben als Grundmotive der philosophischen Weltanschauungen*,第 2 - 3 页。

③ 同上书,第 62、121 页;参见 Brunner, *Gott und Mensch*,6。"所有的形而上学,所有对于上帝的哲学式信念,都是从某种宗教传下来的,而且更多地是从其诸种冲动而不从其自身的各种理由中存活下来的。"

④ Fichte, *Popular Works*,II,375(W. Smith):"通向被祝福的生活之路",第五讲。

⑤ Euripides, *Bacchae*,395 - 396

⑥ Plato, Letter 7. Harvard, *The Platonic Epistles*, 135.

第 84 章 / 通往世界之路：服从

1. 不论是凭借神秘——巫术的方法还是理论的方法，人都把世界变成了**他自己的**世界，把他自身变成了世界的君王：这就是一切文化深刻的宗教根基。[1] 但是信仰[2]从根本上毫无例外地敌视支配世界的各种形式，因为宗教把这些形式视为与上帝的对抗，认为不论是巫术的、神话的还是理性的形式，都是伪创造，同时信仰自身也与文化对立，甚至被认为与在本质上是宗教的文化对立，信仰要寻求自己通向世界的途径。[3] 从原则上说，它质疑人类的一切控制，哪怕是它自己的各种看法，就其必然参与文化而言，都会直接被信仰所否定。[4]

因此，信仰的路是**服从**，这暗示着要谈论宇宙，首要和最主要的是谈论上帝，或者，换句话说，是神学。在古代，"神学"一词表明的是系统的，尽管不是理论的关于神性的讨论，正如诗人与教师所做的那样；在这个意义上，赫西奥德（因其《神谱》）与俄耳甫斯都是神学家。[5] 所谓箴言（logia）是在逻辑上连贯的言论——既不是教义也不是理论，却是神话；后来，正如我们将要看到的，神话将自身理性化为教义，形式也变成了理论。然而通过这种理性化，一切神学独有的特征在本质上却几乎都没有变化；总之，人的精神必须讨论这种无论是从形式上、理性上、

---

[1] "这种本领的获得——部分是为克服和根除那种不适当的倾向（这些倾向在我们之内先于理性的觉醒和对我们自己独立的意识而出现了），部分是为修改外在的事物——改变它们使其符合我们的观念，这种技巧的获得被称为文化。参见 Fichte, *Popular Works*, I, 181; "学者的使命"(The Vocation of the Scholar)，第一讲。

[2] 参见本书第 80 章。

[3] 论及信仰与理论之间敌视的相对理由，参见 E. Spranger, *Der Kampf gegen den Idealismus*, 20。

[4] 参见 Tillich, *Rel. Verwirklichung*, 第 13 页以下。

[5] 参见 Plato, *Republic*, 379a; "所说的是关于众神"。F Kattenpusch, *Die Entstehung einer christlichen Theologie* (*Zeitschr. f. Theol. und Kirche*, N. F. 11, 1930), 第 163 页以下。

解释上还是抽象上未被控制的,也绝不会被控制的东西。因此,神学不
是非理论的理论,正如不是赋予无形式以形式一样:它涉及言说不可言
说者。这是它自身具有的本质的、特殊的张力,其基础在于以拯救而非
支配作为其目标,以及以信仰而非其自身的潜力作为其起点的。[1] 正
如我所论述过的,神学生产的任何东西,事实上不是形式赋予就是理
论,而这二者在本质上都是神话:却是一种难以了解的形式,一种"恩典
的形式"。[2] 换言之,神学绝没有自己随心所欲的对象;它处理的一切
都是可疑的,而它控制的一切都会消失;给予它的和在其对象中有的东
西是难以了解的,然而却是可以辨识的。在此,作为一种被控对象,神
话或理论,以及作为一种"恩典形式",一种"对形式的双重体验",是可
以获得的。

2. 再者,神学是一种布道的形式。最早的基督教完全没有神学
家,然而,事实上作为正式庆典节日的布道者,当时的古人对之却十分
熟悉;在崇拜团体中,布道或宣讲都被称为**神学**(theologia)。[3] 神学总
是保留着"被宣讲"这一特征;在关于神圣对象的知识(关于上帝的知
识)[4]中,或在关于崇拜的仪式与崇拜的表达的知识中,神学的任务已
经得以表明;于是神学变成了努力调整这些事务及其效果,使它们相互
协调。然而,这种神学事实上只是神谱学:它是诗人与多神论思想家的
产物。因此,我们能够用某种不严谨的术语来谈论古埃及赫利奥波利
斯城的(Helioplitan)神学,因为赫利奥波利斯古城不断地努力,企图使
整个众神的世界臣服于太阳神,并企图把每一种神话都拉进关于光的
神话范围之中;这种神学的与众不同之特征是诸种宗教学说的混合。
古代传统信仰的表达方式和各种神圣著作的解释,都典型地提供了这

---

① 参见 Boulgakoff, *Oxthodoxie*, 197:"面对在教会中显现了自身的神圣奥秘时,这种惊奇也是激励
神学活动的原则,无论是理论上的还是实践上的。"
② 参见 Tillich, *Rel. Verwirklichung*, 51,53。参见本书第 50 章。
③ 参见本书第 27 章。Kattenbusch,前引书,第 201 - 202 页。
④ 参见本书第 72 章。

种协调的各种例证。^①"埃及国王阿赫那呑以他指定给他的神的名字
概括了他的太阳神学。旧式的神"苏"（Shu）最初被保留了，却与新的
神阿呑（Aton）等同。后来，他又被取消了；在其位置上，我们发现的是
对拉（Ra）的父亲（已经被转化为阿呑）的详尽解释。"^②这就是神学上的
重新解释与调整。古埃及《死亡之书》的第十七章提供了一条非常古老
的注释，它把新的意义赋予了那条更古老的经文。同样地，琐罗亚斯德
教的《波斯古经》也为古老的死神伊玛（Yima，他是远古时代人类父亲
般的保护者）注入了新的意义，"因为他，古经失去了效用。"所以在《新
约》中，源于《旧约》的话也多次用新的结构引进。神学的这种解释活动
是长期有效的活动；在传达神谕的实践中发挥作用的最早期阶段，我们
就发现了它，普鲁塔克把皮提亚宣告的解释者们称为德尔斐的神学
家。^③对宗教的科学思考是将一般的哲学概念运用于宗教，它远离了神
学真正的本质；经常的看法似乎把神学视为只是宗教材料对流行的哲学
世界观的顺应。在古代，在这方面提供了最清楚例证的是斯多亚派，在
现代则是所谓的自由神学，自由神学几乎完全是按照康德哲学来定向
的。因此，从字面上看，这条通向世界的路如同理论沉思的路一样：只有
在与达到支配世界之目标一致时，宗教才会被考虑；正因为这个缘由，信
仰作为对控制世界原则上的否定，在这里不会有任何位置。

　　真正的神学的先决条件，是教会的存在^④：教会是把关于信仰的话
语符合逻辑地连接起来的地方。在宗教中已展示的或正在显示的一
切，都要就其拯救的内容受到审查。神话、教义、律法、仪式等对于人类
拯救的意义，都要受到检查。"因此在众多的神话中，关于拯救的神圣
故事是最为突出的；^⑤在许多仪式中，圣礼与献祭也得到了充分的说

①　参见 H. Schäfer, *Amarna in Religion und Kunst*, 1931。G. van der Leeuw, *Achnaton*, 1927。哈
　　纳克讨论过这种妥协神学的危险：Harnack, *History of Dogma*, IV，第 341 页以下。
②　Chantepie，前引书，II，第 215 页。
③　*On the Cessation of the Oracles*，第 15 页。并参见本书第 54 章；*RGG. Theologie*, I。
④　参见本书第 36 章。
⑤　参见第本书 61 章。

明;而共同体则被视为带来拯救的教会。圣典（canon）被从圣著（sacred writings）区分开来;已被接受的每一种单独的因素,因其与启示的关联而受到审查。在这种宽泛的意义上,神学仅存在于有教会的地方,存在于基督教中,尽管在许多地方都有某种趋于神学的倾向。"[1]

3. 因此,通向世界之路在此依靠的是上帝之路;它必然是在服从中通向世界的途径,它发端于上帝已为世界所做的一切。因此,在作为拥有神学的唯一宗教——基督教中,创造处于首要地位,其次是再创造以及通过基督道成肉身的得自由。这两条原则当然会有区别,但是却不可分割。

更进一步说,以这种方式探索世界,就是在发现历史。"对于任何开始认识世界的人来说,历史的力量禁止那种客观的支配的态度",[2]如果这是真的,那么,服从的态度使得我们可以接近这些历史的潜在可能性,也同样是真的。在其最深刻的意义上,历史总是上帝的历史。"诸如人类的故事这样的东西是存在的,神圣故事其实也是人类的故事,这类东西也是存在的……每一段短小的历史的确都以创造为开端,以最后的审判为结束。"[3]因此,对世界所作的历史思考,只以体验拯救的事实为开端。原始人只了解宇宙背景之中的最早的事件;[4]印度教徒对世界的态度完全是非历史的,一种非时间性的认识制约着拯救。对于古典时代的人来说,所有的事件都是安排在一个固定的、特有的、典型的系统之内的:国王除了能打垮他的敌人外什么也不能做;在官员的墓碑上,描述其值得效法的一生的方式只有同一种;无论人在什么时候反思一下当今的世界,与过去相比,它总是一个不幸的时代,[5]而希腊人的精神尤其是最彻底的非历史的混合物。[6] 历史从亚伯拉罕开

[1] *RGG. Thologie*, I.
[2] Tillich,前引书,第73页。
[3] Chesterton, *The Everlasting Man*,第284-285页。
[4] 参见本书第18章。
[5] 参见 A. de Buck, *Het typische en het individueele by de Egyptenaren*, 1929。
[6] Cassirer,前引书,Ⅱ,第151-152页。

始，因为在他的故事中，上帝的拯救意志第一次显现了自身；再往后，生活中不变的定期的节日，变成了对上帝业绩的庆祝。逾越节是庆祝出埃及的得救。而在《诗篇》126 篇中，通过丰收而产生的"拯救"，变成了从被掳中得到的历史性的拯救。[1] 耶和华是历史的上帝，是其自己的历史的上帝，他与其子民一起经历了他的历史。[2] 基督教在上帝是历史中的上帝这个意义上（其对立面是力量，例如在印度发现的力量，这种力量的产生完全缺乏历史性特征，但完全压倒了生命），也就是以色列。[3] 文德尔班尖锐地评论道：历史意识第一次展现在基督教对世界的描述中，它在世界事件的焦点上，确定了堕落与解放等事实；[4]于是，基督教拒绝把世界的意义视为与拯救相分离的东西。[5] 因此，在历史中所揭示的东西，以及向人的良知宣告就是上帝意志的东西，最终都是同一的。确实，这一切只向信仰揭示；其目的是"使历史成为永恒，并使永恒成为历史。"[6]但是，这是一个奇迹，而且确实是人的形式所设定的奇迹，即**道成肉身**的奇迹。

563

4. 正如人在很大程度上并非一个被支配的身体中的支配性灵魂，[7]宇宙也并非一种似乎是其王国或材料的世界领域内的统治性精神。与人类似，宇宙也是一种**创造物**。当人反省自身时，他当然显现为一个沿着通向世界之路前进的人；但是他完全知道，不是他，而是上帝，在穿越这条路；上帝是一切神学的事实上的主体。[8] 所以，当人渴望求寻自己通向世界的路时，对人来讲要做的只是，跟随上帝：[9]为此，他需要**启示**。

564

---

① 参见本书第 56 章。
② Söderblom, *Nat. Theologie*，第 97 页以下。
③ 参见本书第 22 章。
④ *Praludien*，II，1919，第 156 页。批判我们时代的思想，也在基督教关于整个历史的概念中有其根源，这种概念等同于拯救的计划，参见 K. Jaspers, *Die geistige Situation der Zeit*，1931，7。
⑤ 参见 Frick, *Rel. Gesch.*，25。
⑥ 克尔凯郭尔。
⑦ 参见本书第 45 章。
⑧ 参见 Piper, *Ethik* I，252，注释 1。
⑨ 参见本书第 73 章。

第85章 / 世界的目标、启示、作为目标的人

1. 在启示面前，现象学将会中止。也许看来奇怪的是，被"启示的"东西绝不可能"显现"；然而这并不像我们以为的那样奇异。因为在表象与实在之间为人熟知的对照这一意义上，任何现象本身的表象，毫无疑义地必然在本质上不同于上帝的自我揭示，而启示关注的就是上帝的自我揭示。经验部分地是一种现象事件；[①] 而这也同样适用于对启示的体验。然而从原则上说，这本身完全是在我们视线之外的：它不为人所知，不显现，也不展示。"只有那种从根本上隐匿，而且不靠任何认知模式就能接近的东西，才能通过启示来传授。然而，即便被揭示，它也仍然保留隐匿的特性，因为其秘密性属于其本质，因此，当它被启示时，它仍然是那被隐藏起来的东西。"[②] 蒂利希这些非常恰当的话已经足够清楚了；用宗教术语来说，在启示中，某些未被任何肉眼看见（甚至未被我亲眼所见的）的东西向我揭示了！我听见了未被任何耳朵（甚至包括我的耳朵）听见的某些东西！某些还未进入人心中（甚至未进入我心中）的东西是为我准备的！只有现象本身才能向我的理性显现；[③] 然而，由于这种处境的基本条件，因而要理解启示是不可能的，[④] 因为被理解的启示必不会是启示。我可能拥有的任何"洞见"，即便它以强制性的清晰突然向我涌现，它都绝不是启示，而最多是向我涌现的某种现象的表象。因此，所有关于"光照"的报告，或者是关于"像启示"一样

---

① 参见本书第 67 章。
② Tillich, *Die Idee der Offenbarung*, *Zeitschr. für Thelo. und Kirche*, N. F. 8, 406.
③ 参见参见本书 107 章。
④ 当然，在此的"理解"意味着"理智的或知性的领悟"；在信仰中，启示当然是被理解了，只是不是作为人获得的任何洞见，而是作为上帝恩赐的光照被理解的。

向我们揭示的种种关联的报告，都只是比喻，而且还是糟糕的比喻。再者，与所谓神秘学的材料相比，[①]启示仍然只得到较少的关注；而那些材料至多能够扩大我们的知识面，却不可能在任何程度上深化我们的理解，更不用说传授任何能够超越我们理性的东西了。诉诸某种类型的宗教先验，或者某种宗教的基本原则，都是徒劳无益的：当然它也许能够说明人自己的宗教倾向性，却不可能说明在启示中与之交流的"全然相异者"。最后，对每一个人的"普遍"的启示与只恩赐于信仰者的"特殊"启示之间的区别，在某种特定的方面，是非常有害的。因为就它最初总是给我自己的而言，启示绝非"普遍"的启示，相反却总是"特殊"的启示。因此，当我们涉及某种普遍启示时，例如在自然或历史中，这只意味着自然或历史作为启示的媒介向大多数人显现，原因很简单，对许多人来说，它们已经变成了一种现实的启示。然而，某些人或者其他人必然是第一次得到，因为对他们来说，启示在任何意义上都不是"普遍"的，如果我不把自然或历史视为只是启示的模式，而只在实际上体验它们，那么它对我来说也不是普遍的启示。因此，作为现象学家，我们必须把任何呈现自身的东西都视为有效的启示。我们可以努力在对启示的真假**体验**之间作出完全的区别，以便把派生物或伪品与原初的、本质的类型分离开。**启示是上帝的行动**。只有某件事对他而做，或者某件事从上帝那里降临其身的那个人，才会谈论启示："因为他为我成就了大事"。[②] 现象学家只能讨论向他报告的东西；他能够倾听那可靠的声音，并且根据信仰者自己的陈述来描述那些对象，对他而言，启示是已经有了效果的东西。

　　2. 启示要体现在一个**对象**之中，它要有其合适的媒介。然而这种对象并不因为服务于启示而变成某种神圣的实体，正如自我揭示者通过在一个对象中揭示自身，或向某种媒介传递自身而并不失去其本质

---

① 　或者用今天的术语，灵学或者超心理学（Parapsychology）。
② 　《路加福音》1：49。

奥秘一样。① 在此,我们又一次与那些对象相遇,在形形色色的序列中,那些对象已经从我们眼前逝去:**事物或地点**,**时间或人物**,恰恰是因其与启示的关系而被**神圣化**了。在所有这些对象中,某种力量启示了它自身,然而它并未展示自己,因为它总是从根本上隐匿着的,那就是"完全相异者"。

在原始人特有的以经验为根据而无任何理论可言的方式中,我们已经了解到②原始人是如何体验物体中的玛纳的。例如,由于某些物体作为启示媒介的特征,它们变成了禁忌,而且,只要与启示的这种关系不变,它最终就变成了物神。在此,对启示的体验出现了,仿佛每时每刻,都不完结。例如,酋长具有一种力量,而神圣物的某种奇特丰富性在酋长身上启示了自己:但是,当岁月使他衰弱时,他就明显地丧失了这种力量,因而不再是启示的承载者。

其次,通过**神谕**而来的启示不再完全是"原始的"。③ 因为对于原始人来说,所发生的事件都可以是神谕,而且都向他指明了一条路,但是对于那些不再完全是原始的人来说,那道路只显现在一些确定的地方,而且只在某些被证明是神圣的地方才去求神谕。因此这种行为包含着对启示纯经验意识的衰减:人不再凭借其自身去发现道路;无论是拥有力量的人还是有力量的事件(仪式),都不足以去发现正确的道路。因此,神谕成了特殊的东西,被隔离开来,它多少会使人感到惊奇;而大多数物体、行为和人等,不再是启示的媒介,事实上几乎不可能再是启示的媒介了。因此一方面,对于真正原始的个人来说,他踩上的任何一块石头在某些环境下就是神谕;④另一方面,不再完全原始的人,为了寻找到那根本的启示,就必须长途跋涉去找某块特殊的石头,比如去找

---

① 参见 Tillich,前引书,第 409 - 410 页。
② 参见本书第 1 章。
③ 参见本书第 54 章。对于希伯来人而言,Bath-Kol 像橡树、桌子和灯具一样来自天上,参见 A. Marmorstein: *AR*. 28. 1930,第 286 页以下。
④ 参见本书第 3 章。

克尔白①。进一步说,奇迹作为某种显然是例外的事情的观念出现了。
在原始思维中,完全不可能的东西,这种意识是不存在的:"我们会称为
不可思议的东西,对原始人来说似乎是普通的,尽管这些东西可能使他
们激动,但绝不会使他们惊奇……我们可以说,他们生活在奇迹中,如
果不是把奇迹的本质定义为某种例外事情的话。对原始人来说,奇迹
就是日常发生的事,他们的巫医可以任意制造出许许多多奇迹。"②然
而,在那些半开化和文明的地区,情况则不同,尽管在古典时代,所发生
的每件事都"可以被设想为奇迹,即便它遵循的完全是一种自然过程"。
因此,在那个时期,奇迹与非奇迹之间的分界线是很不确定的,对事物
的判断留给了人;③但是,也会根据启示的标准来做出判断——一件事
宣告了关于神或神圣行为的什么东西呢? 所以,奇迹的确是一种"迹
象",令人惊奇的因素(在埃及语、希伯来语和希腊语中,奇迹都有惊奇
的意思)伴随着力量的意义和表征。对于原始思维来说,甚至下雨这样
简单的事实,也会成为上帝(神)的奇迹;④那只是诸多宣告它们是启示
的媒介的事实之一。这些话是对人说的:

> 约伯啊,你要留心听,要站立思想。
> 神奇妙的作为。⑤

"在其最深的根源中,对奇迹的信仰宣称的只不过是'一个活生生的上
帝存在'"⑥:在作为整体的世界的映衬下,某些物体、事件和人物,仿佛
被赋予了突出的位置。例如,在某些确定场合,空间对人来说成了第
57 章中所提到的那种意义上的"位置";从这种观点出发可以说,在上

---

① Ka'ba,意即立方体,指伊斯兰教的天房,位于麦加。——译者
② Lévy-Bruhl, *Primitives and the Supernatural*, 5, 34.
③ Weinreich: *Ant. Heilungswunder*, Ⅶ, Ⅷ.
④ 《约伯记》5:9 以下。[原文:他行大事不可测度,行奇事不可胜数。降雨在地上,赐水于田里。——译者]
⑤ 《约伯记》37:14。
⑥ Jon. Wendland, *Der Wunderglaube im Christentum*,1910,Ⅰ;参见第 60 页。

帝的行为的意义上,某些体验在经验的整体和所谓奇迹之内,显得鲜明突出。

因此,奇迹越来越被认为是稀有的事,最终被认为是直接与世界的进程相对、与自然相反的事实,这本身并无损于奇迹的本质。因为这种变化与从巫术—神秘态度走向理论态度的一般变化相关联,我们已在前边讨论过这一点。① 再说一遍,对于原始人来说,任何东西都可能是奇迹,但对现代人来说,几乎任何东西都不是奇迹;然而,如果说原始人确实相信奇迹,那么他的信仰就更是情感性的。但是,奇迹的稀少和令人惊奇的因素被认为是胜过了它作为表征的特点时,对奇迹的信仰则是一种真正的伤害,因为那样一来,奇迹就完全丧失了启示性的内容,同时也就丧失了它的本质。因此,各大宗教的创始人都警告不要有对奇迹的狂热,如在耶稣与佛陀的例子中那样。② 奇迹,在其令人惊奇的意义上,当然仍然会是启示的媒介,但是它也可能不论在理论上还是实践上,都会成为信仰的障碍;而关于这第二种可能性,比昂松(Bjornson)的戏剧《人的力量之外》,就是令人印象深刻的例子。③ 桑牧师把其所有的信仰都放在所要求的奇迹的基础上:但是在这种仅仅是人的意志(极大膨胀的意志)中,"超越人之力量"的意志,即巫术的意志变得十分明显。而当奇迹被证明失败后,这位神奇教士的幼稚的话泄漏了这一点:"不过,这不是它的意思——?"

由于奇迹变得越来越明显地是一种例外,力量在其中揭示自身的那些对象便退缩到了更遥远、更加非物质性的地方:实实在在的物神们变成了梦境、幻象、视觉的转瞬即逝的形象。我们已经讨论过梦境;④ 在古希腊,以梦为启示是非常普遍的现象。⑤ 在前面我们也已经看到,

---

① 参见本书第82章,第85章。
② 《马可福音》8:12;当一个阿罗汉飞到空中去时,"佛陀被描绘为在指责他:'这将既不会造成不皈依者皈依,也不会使已皈依者增加,相反,只会使些仍未皈依者保持不变,使已皈依者又转身回去'"。J. A. MacCulloch, *ERE*, Ⅷ,第676页以下。
③ 第一幕。
④ 参见本书第82章。
⑤ Weinreich, *Heilungswunder*.

那个通过长时期的禁食而做好准备的年轻的红种印第安人，如何进入荒野，以便在梦一般的幻觉中了解他的动物保护神即他本人的图腾。①而佛陀、穆罕默德、圣保罗和其他许多较小的创教者和改革家们的幻想与异象，则是众所周知的。一般而言，摩西的异象可以作为一种一般的典型：燃烧的荆棘成了启示的媒介。

在所有这些例子中，不断扩展的理论化强调了启示的异常特征。但是，正如在崇拜中发生的一样，人也能尽力调整启示：例如在庆典中，神在特定的时间向他的人民显现自身；他有他的**显现日**；"因为有天使按时下池子，搅动那水。"②于是在圣事中③或讲道中④，在这个或那个固定的场合，人能够肯定上帝的自我通告来临；事实上，几乎所有的宗教现象都存在于同启示体验的关联中。在这些现象中，启示以"语言"的方式占据了非常突出的位子。这常常是从沉重的具体的物质领域进入了更为稀有的领域，那个领域看来更接近非物质的却是人格性的东西。但是这只是"看来"如此，因为以"语言"为形式的启示，即使在其最高点，实际上也不可能脱离物体，同样，在追求精神性福音的基督教中，无论它如何热烈地寻求灵性的和人格性的东西，仍然显现出某种并未消失在话语中的遗迹，这种遗迹导致了圣事的教义。然而，话语自身也并非无形之物。因为它以亲自发挥其作用的说话者⑤为前提，因此它所诉诸的不是视觉而是听觉，且最终是人的理性和道德能力。所以，人所摒弃的原始性越多，每一件事就可能越多地成为内在的：甚至来自上天的声音，如圣保罗在异象中听到的，以及直接被说出来的一般异象的状态，也都是"物质的"。所以，"内在的声音"经常与意识相关联，⑥内在的光也如此，它们都被视为完全不可见的和非物质的启示的媒介；神秘主

569

---

① 参加本书第 8 章。
② 《约翰福音》5：4。
③ 参加本书第 52 章。
④ 参加本书第 28、61 章。
⑤ 参见本书第 27 章。
⑥ 参见本书第 66 章。

义的倾向在其中也很明显。在那里,物体必须被排除,任何中介都是累赘,启示似乎必须在空中翱翔。当然,在此存在着各种各样的中间形式,在这些形式中,对神的声音的感知,是与外在的声音相连的,甚至与一种客观的景象相连的。例如,在上帝于西奈山上的启示中,讲述的重点落在启示的理性与道德内容上[①],然而摩西与亚伦则"见到了"上帝。但是,无论这些情况如何,脱离物质从未完全地成功,更重要的是,它实际上从没有脱离过客观的东西。人类的体验也许比"意义的生命"更缺乏物质性。然而它并不缺少客观性,用宗教术语来表达,即不缺乏在"此界",不缺乏世俗性和无常性。人不可完全避开启示的中介。

3. 但是,人却尽了力! 例如在虔信派和与其相关的种种倾向中,最精采的奇迹是信仰者自身内在的**体验**:

> 恩典向我走来,我不配得到的恩典;
> 我想,这就是奇迹。[②]

但是,那伟大而且事实上是唯一的奇迹,就是皈依,[③]就是对拯救的体验;君特非常正确地指出,奇迹的这种"转变"被经历了启蒙时期后的虔敬派认为是必需的。[④] 当然这只是条件之一;但是基本的理由在于趋于精神化,趋于摒弃启示之物质性的倾向,这种倾向完全独立于历史条件,它对神学也有所影响。其典型代表之一是威廉·赫尔曼(Wilhelm Herrmann)。西伯格(Seeberg)曾断言:"体验这种重生与皈依的奇迹,就是**凭借人自身的个体体验**而进入奇迹的领域";[⑤]赫尔曼又补充说:"我们真正的目的,是那基督当中救赎性的上帝之爱对其显

---

① 《出埃及记》第 24 章。
② Ph. Fr. Hiller.
③ 参见第本书 79 章。
④ *Jung-Stilling*,76.
⑤ W. Herrmann,*Offenbarung und Wunder*,1908,53.

现的人，**应该发现他自己的生命越来越变成了一个奇迹。**"①于是，由于这种趋于非客观的倾向，特殊的"启示"最终变得相当地无足轻重了：——写下来的话语，已成为一种"位置"的地点，神圣的时间，等等，都是如此。但是，这类"体验"出现在其身上的那些人，容易忘记那些体验也是客观的。因此，在虔敬派与卫斯理派的圈子内，引导的观念是很受珍视的；但是，这种导引只能通过某些必须被认为是启示中介的事件来传递给人。但是，在此当然未排除，把任何令人满意的东西都视为引导，把所有不愉快的东西都视为诱惑（考验）的自我欺骗，而且，这常常导致悲剧性的冲突。因此，启示并非关注外在与内在之间的任何对立，②而是关注人与上帝之间的对立，或者说，它关注的一方面，是在本质上理性的和可理解的东西，而另一方面则是本质上非理性的和不可理解的东西，这一点，怎么强调也不过分。

4. 然而，在此，某种理性化被加了进来；因为我们必须谈及不可言说的东西，必须讨论从本质上是隐匿的东西，仿佛它没有被真正地启示，而是被展示或显示出来一样。因此，教义、理论以及律法，常常被认为传递了确定的宗教内容，于是这使人们忘记了，真正的启示内容永远只能是上帝自身。由此，巨大的启示体系出现了，不论是仪式、神话还是习俗，都存在于一种团体之中，被重新宣布为"启示"。当然，没有某些伟大创始人，如摩西、穆罕默德、琐罗亚斯德的实际启示性的体验，这也绝不可能发生，他们的体验丰富了过去被接受的一切，以新鲜的动力，事实上是以一种新的精神鼓励了这一切。在这种联系之中，可以清楚地看到，**启示中介者**有着极其重要的任务。③ 再进一步说，这种中介者自身，最终可能成为启示的内容，正如在基督教中那样。④ 他的形象构成了启示的对象、奇迹，以及一切其他的第二手"启示"的前提条件。

---

① 前引书，第 63 页。参见第 49 页，第 57 - 58 页，第 70 页；Bultmann, *Glaube und Verst*, 第 220 页以下。
② 参见本书第 67 章。
③ 参见本书第 101、106 章。
④ 参见本书第 106 章。

　　从另一个方向看，启示的对象也会扩展而超出整个实在，一神论和泛神论遵循的就是这个方向，于是，原始的条件在某种程度上又回归了。当然，理论在此起着支配作用而不受任何限制：并非每一种对象都**能成**为启示之对象，但是，由于在其中具有的神性，每种对象又都**是**启示之对象。我们只能从正确的角度来思考它，也就是说，从其自身神圣的方面去思考它，那样的话，奇迹就是"所发生的一切的宗教名称"[1]。对启示的这种体验的一种极端但很有特色的典型，是伟大的诗人惠特曼：

> 我发现上帝的字句撒落在街道上。
> 所有这些，还有别的，一切一切，对于我都是奇迹，
> 所说的整体，各有特色的、各得其所的，都是奇迹。
> 究竟是谁，为了什么，创造着这么多的奇迹？
> 对我而言，我所知道的，无一不是奇迹。[2]

572

---

[1]　Schleiermacher.
[2]　*Leaves of Grass*. "Song of Myself", 48; "Autumn Rivulet", "Marucles".

第 86 章 / 世界的目标、启示、作为目标的世界

1. 我们在前边已经注意到神圣生命如何循环,并定期更新自身。[1] 世界也会作为一个整体,遵循着同样的轨道运转:它在自身中包含了其目标,并向人呈现其自身的力量。

例如,仙女的故事是以一百年为周期的:那个差点被释放出来的仙女悲伤地对故事中的主人公(他恰好没把她救出来)说:"现在我恐怕必须再漫游一百年了。"一个世纪之后,这件事又会重复。然而在这些关键点之间,仙女的故事的时间是空虚的;什么都没有发生,既无开端也无结尾。它说的是"从前",而不是"在那个时候",结局是:"他们幸福地生活了很久,如果不死的话,那么他们至今仍然活着",而不是"他们最终死了"。所以,这个自我启示的世界既无始亦无终:它是一个圆圈。

在古希腊人看来世界的确如此。希腊思想敢于想象永远**重复**的观念,例如在俄耳甫斯教义中,不仅个人的生命可以永远重复,而且宇宙的生命也如此。在斯多亚派的教义中,众多的世界绝对地相互等同,而且还永远相互跟随,从原始的火焰到世界的战火,其节奏都永远保持着一致。[2] 正如赫拉克利特所言:"这个永远都相同的世界(宇宙),不是神或人所造,它过去是、现在是、将来仍是一团永不熄灭的火,在一定的分寸上燃烧,又在一定的分寸上熄灭。"[3]因而在此,宇宙不可能是启示的对象,它不可能意味着任何东西。它只是它自身。

占星术也是以同一种方式发展的。它毫无例外地从宇宙的永恒运

---

[1]　参见本书第 22 章。
[2]　参见 Windelband, *History of Philosophy*,第 178 页以下。
[3]　*Frag*,30,Diels(Cornford).

动中推出一切事件,同时毁掉特殊的和有意义的一切,以支持存在于其
基础之上的永恒的相同性。事实上,在古代巴比伦人看来,诸天的作品
是一种启示,但它只揭示自身。在印度,启示最终被完全融合在悟力
(insight)之中而成为空无,即宇宙的非实在性。在此,仙女的故事被完
全剥去了其所有的历史痕迹;佛陀讲述了许多美丽的故事:"当主人宣
布这条教训时,他解释了真相并联系到了本生经;那时阿难达是梵,是
神人,佛陀的组织是结集,但是聪明的塞那卡是我自己。"①此处的"那
时"与"那里"完全消失了,而所有的意思都变成不可能的了。宇宙启示
自身,那就是它的无能(impotence);切斯特顿(Chesterton)在这一方面
常常表现出深刻的现象学见解,他曾有些不够精确,但在总体上很恰当
地评论说:"对于佛教徒或东方的宿命论者来说,生存是一种科学或一
个计划,它必须以一定的方式结束。但是对基督徒来说,生存是一个**故
事**,它可以以任何一种方式结束。"②换言之,在一种状况下,宇宙作为
故事而展示自身,在另一种状况下则作为过程展示自身,即,一方面作
为启示的对象,超验力量的表征,另一方面作为启示,作为力量自
身……或作为无能!

2. 再者,在作为一个圆周揭示自身之时,宇宙是永恒的。它可以
不具有任何一种目的:它只能存在,一切力量都积聚于它之中。所以人
是宇宙之一部分;他不可能变得更多,而只能意识到他属于世界,只能
在思想上和想象中(虽然几乎不在崇拜中)"赞美"世界。"愚蠢的人会
向外在的动力求助什么呢!谁会肯定这些肢体自己运动呢?谁会满足
于在前的(prior)或中间的实体,生存于灵魂与被移动者之间呢?至于
灵魂自身,尽管它是一种非肉体实体,它仍完全包含在整体之中,由此
也在每个部分中,正如声音和话语处于它达到的那些人的每一感官之

---

① Lüders, *Buddh. Märchen*,第 75 页及各处。并见本书第 22,61 章。
② *Orthodoxy*, "The Romance of Crthodoxy", 250.

中一样。"[①]趋于这种作为力量的宇宙之启示的倾向,在古代爱奥尼亚哲学家的思想中已经很明显了;他们说的各种"起源",被视为是世界活生生的、神圣的、最远古的实体,其形形色色的活动来源于永远不变的和永不可改变的东西。[②]

574

在这里,肯定存在着启示,因为宇宙真实的神圣本质从未揭示过自身:它一直是神秘的,本质上是隐藏着的。欧里庇得斯在那段我们已经谈及的动人的祷词中非常精彩地表达了这一点:[③]

> 你是深深的世界之根基,
>
> 你是高高的世界之上的宝座,
>
> 无论你是谁,
>
> 未知的,无法猜测的,
>
> 或者是事物之链,
>
> 或者是我们的理性之理性;
>
> 上帝,我要对你高声赞美,
>
> 凝视那沉默的道路,
>
> 它在行进结束之前带来正义,
>
> 对一切人,不管是活着的还是死去的。[④]

所以,这个世界是"上帝活生生的外衣";它不再拥有自己的力量,也不再与宇宙相区别,而只是世界之力量。[⑤] 它不再有自己的名字:名

---

① Giordano Bruno, *De Immenso*, XV。参见歌德的诗,第 185 页:一个在运用外在的神,会是什么呢……
② 参见 Rohde, *Psyche*, II,第 142 - 143 页;E. T. 第 364 - 365 页;Joel, *Naturphilosophie*。
③ 参见本书第 2 章。
④ *The Trojan Women*,第 883 页以下(Murray);参见 Joel,前引书,第 112 页以下。Diels, *Vorsokratiker*,第 142 页以下。关于本原问题,在此可参阅 Diogenes of Apollonia。Wilamowitz, *Gr. Trag.*, III, 282 - 283。H. Diels, *Zeus*, AR. 22, 1923 - 24, 14。L. Parmentier 和 H. Gregoire, *Euripede* IV, 1925, 63, Note 3, Joel, *Geschichte der antiken Philosophie*, I, 637。Ferd. Dummler, *KL. Schriften*, I, 1901, 163, 174, 190, 209。G. van der Leeuw, *Een dramatische geloofsbelydenis*, *Hermeneus* II, 1929。
⑤ Marie Gothein, *AR*, 9, 1906,第 337 页以下。

字只是"声音和烟云",赞美诗的词语是在名字前再加名字,并以一种小心谨慎,把未知的神包括在其中,①通过巨大的"变位"(transposition),它成了埃斯库罗斯的泛神论意味的呼吁:"宙斯啊,他就是一切。"②当然,宇宙这种深不可测的奥秘得到了承认;但是保存着它的"基础者",也就是拥有"高高的世界之上的宝座"者;他就是神、是宙斯、是世界的原因。最后,让我们回到布鲁诺和歌德那里:

> 他从内部,通过整个自然而生活,
> 自然培育着精神,精神也培育着自然;
> 因此,在他之内旳一切生活着、运动着、存在着,
> 依然感受着他旳力量,并且依然从属于他。③

3. 然而,与这种良好的信念相反,完全离开宇宙而在上帝④中追求目的的宗教,不断地与之对立。例如,信奉创造的宗教就与信奉生育的宗教发生抗争;崇拜父亲旳宗教与崇拜母亲的宗教在抗争。⑤"基督教的主要观点是这样的:自然不是我们的母亲;自然是我们的姐妹。我们能够为其美丽而自豪,因为我们有同一个父亲;但自然对我们没有权威性;我们不得不赞美,但不必仿效。……自然是伊西斯与赛比利⑥的崇拜者们的神圣母亲。自然对华兹华斯和爱默生来说,也是神圣的母亲。但是……对于圣方济各来说,自然是姐妹甚至是年幼的妹妹:一个跳着舞的小女孩,被人嘲笑也被人爱。"⑦但是走出犹太—基督教范围之外,创造就不是字面意义上的创造,而是生殖了。生命繁衍着自身。神是

---

① 参见本书第 17 章。
② 参见 Kurt Latte, *AR*, 20, 1921—22, 第 275 页及注 2; Wilamowitz, *Gr.*, *Trag.*, Ⅲ, 283。
③ *Prooemium*, "God, Soul and World".
④ 参见本书第 85 章。
⑤ 参见本书第 15、25 章。
⑥ 埃及司生育与繁殖的女神;希腊女神、自然之母的象征。——译者
⑦ Chesterton, *Orthodoxy*, "The Eternal Revolution", 205.

母亲，不断地繁殖，永恒地将生物带回她的子宫。[1] 比较有逻辑性的，是古埃及关于阿图姆神（Atmu）与自己结婚的神话。[2] 那是一个凭借自己的手而使自己满足的神，而即便这个极其令人不悦的观念，也涉及对于世界观来说是非常重要的价值：正如沙费尔正确地评论的，自己同自己结合是一种关于母亲地球的低级粗浅的概念，那是古埃及在其他方面还无知时的一个形象。[3] 事实上，自己同自己结合的观念，要比永远生育的母亲的观念更为恰当：因为每一样东西都出现在全能的神——世界——存在之中；受孕者也是那孕育者。

    形形色色的神话都把宇宙视为是从某个原始巨人的身体中出现的，这些神话也表达了另一种世界观，一种企图把开端固定在根本就不可能有开端的地方的努力。[4] 在艾达的易米尔、巴比伦的提阿马特、中国的盘古、印度的原人之中，都有着最原初的存在物，它们的肢体组成了世界的各个部分。进一步说，在印度，宇宙的源头被认为是一种献祭的模式，原始的巨人被奉献，它的肢体在仪式中被切割。[5] 梵书中的世界创造者生主，从其自身带出了世界，首先是水从他身上流出来，然后他从自身产下他种子，种子变成了金蛋，他自己则从金蛋中生出来。[6] 在此，每一样东西都完全"出于自己"（of itself）而发生，出于它自己的本性，那就是生育，至多是流溢，但不是创造。"分离或者流溢强调的是起源者与人之间的关系，因此神秘主义和虔敬主义更喜欢它，因为在这两派看来，那首先是人性与神性融合的问题。而建构或创造强调的是起源者意志的自由行动，在此所推崇的是，对上帝的信仰，而这种信仰，是由人的行为和神的力量深刻地激发起来的。"[7]

576

577

---

[1]   参见本书第 10 章。

[2]   *Pyramidentexte*(Sethe)，1248.

[3]   H. Schaefer, *Aegyptische und heutige Kunst und Weltgebaüde der alten Aegypter*，1928，107。"通过自己的手满足"这个短语，被运用于创造者普塔赫（Ptah）；参见 A. Wiedemann, *AR*. 21，1922，448。

[4]   Alviella，前引书，第 236 页以下。

[5]   Oldenberg, *Religion des Veda*，270.

[6]   J. S. Speyer, *De indische Theosophie en wy*，37.

[7]   Söderblom, *Gottesglaube*，151。并见本书第 21 章。

第 87 章 / 世界的目标、启示、作为目标的神

1. 在人之中，我发现这是最高的知识——

    无论是大地，还是高高的天空，

    无论是树木，还是高山，

    无论是星星，还是明亮的太阳，

    无论是散发清辉的月亮，还是闪闪发光的海洋，

    都不曾存在。

    在没有任何边界，任何区分的时候，

    只有唯一的、全能的上帝存在，

    那是最为优秀的人，同他在一起的，

    有许多光荣的精灵，还有神圣的上帝。[①]

    这篇所谓的"韦索布伦(Wessobrunn)祈祷文"，是出自 9 世纪一位女士之口的古老的日耳曼诗歌，它用基督教语言谈到了那样一个时代，在那个时代，"没有任何边界，任何区分"，"宇宙"尚未存在，只有上帝与其神圣的精灵们。因此在这里，**开端**是指与上帝相对照的世界；有一个时期世界不曾存在：不与上帝同在。后来人作为最后的被造者出现在这里，成为宇宙整体中的最终界限(boundary)。人轻视自身与世界的

[①] G. Ehrismann, *Geschichte der deutschen deutschen Literatur bis zum Ausgang des Mittelalters*, I, 1913, 133。详细参见 K. Müllenhoff 和 W. Schereer, *Denkmäler deutscher Poesie und Prosa aus dem VIII. bis XII. Jahrh*, 1892, II, 1。W. von Unwerth 和 Th. Sicbs, *Geschichte der deutschen Literatur bis zur Mitte des elften Jahrhunderts*, 1920, 149。

存在，既不在其自身中也不在宇宙中追求自己的目标。他生活在其中的历史，当然是他自己特有的因素，他不可能使自己脱离历史，而历史是在某个时刻开始的，在这个开端"之前"已经存在着某些东西，而在它结束"之后"，也仍将存在某些东西。对原始状况的描述经常出现在各民族的神话中，而我们在其中所知的作为存在物的一切，那时都还没有呈现。它通常都包含着关于万物更好状态的模糊预兆，那更接近于神。然而，被描绘的这个先于我们的世界的世界，也并未去追求一个更好的宇宙；例如在马雅人的神话中，"既不存在人、动物、鸟、鱼、蟹，也没有树、石头；既无岩洞和峡谷，也无植物和森林。只有天空存在着，大地的表面是看不见的，只有海静静地躺在广袤的天空之下。也没有任何凝结或粘合在一起的东西，没有任何东西形成地层，也没有任何东西组成线条。没有任何东西引起沙沙声，或者在天空下引起一点声响。在那里绝对无一物……在漆黑中，在深夜里，一切都安宁无声，静止不动。只有特普·古库马茨（Tepeu Gucumatz）存在着，他们集建造者、创造者、母亲、父亲于一身……"[1]

578

现在实存着的东西曾经绝对不存在，这一概念超出了人的理解力；马雅人的例子在这方面具有启发性，因为天空和海洋已经呈现，地球也存在了，尽管它仍不可见。因而，创造在此表现出**安排**或**构建**出物质层次的特征，它以这种或那种方式已经呈现，即，从已经提供出来的材料中构建，所以，世界的创造者是造物主[2]，是指引者，他克服了混沌。即便是把创造放在开端的《圣经·旧约》，也没有回避混沌这一观念，并且把创造的工作描述为几个阶段的劳作，从混沌中逐步形成了宇宙；尽管在《旧约》中其他提到创造的地方（与混沌恶魔争斗，等等），[3]造物主克服混沌的观念仍然存在。进一步说，在这方面，光的神话[4]深深地影响

---

① 　W. Krickeberg, *Märchen der Azteken und Inkaperuaner*, *Maya und Muisca*, 1928, 121.

② 　与柏拉图对造物主最著名的说明类似，见 *Timaeus*，第 30 页以下。

③ 　H. Gunkel, *Schopfung und Chaos*，载于 *Urzeit und Endzeit*，1921。

④ 　参见本书第 7 章。

了创造的神话：杀死提阿马特的马尔都克，杀死大毒蛇阿帕普的瑞，它们都是驱逐混沌黑暗的光明之神。关于造物主之作品的一个不同概念是埃及人的概念，即制造器皿的陶工（在《旧约》中也出现过）；在此也有着某种为造物主所利用的基本物质。

在这些创世神话中，人与之斗争的东西，似乎是没有他自己的合作就被给定的[1]，人还与他所遇到的这个世界斗争，并且努力去相信一个并非出自这个世界的行动本身。当然，人不可能摒弃自己与他的世界；但是他尽力去遵循服从的道路，走向这个世界的目标，认为世界的终结和目标只在上帝那里，体验到启示乃是上帝之真实行为。然而，在这方面，教义可能比神话说得更清楚；在教义中，从虚无中的创造得到肯定，尽管这是当然看不见的。[2] 因为一旦最初的意志和形式得到了适当的认识，"虚无"便让位，创造者成了造物主。因此，真正具有创造性的业绩，作为上帝的自我献身，被赋予了信仰——那既不是理性也不是言辞。

然而在这一切中，创造绝非对宇宙起源的解释。或者换一种说法：世界的"起源"绝不是宗教中所说的"原因"，至少不是所谓最初的原因。正如布鲁纳所说，作为原因的上帝本身会是宇宙的一部分[3]；而创世的观念旨在肯定某种绝不是出于这个世界的东西。所以，在这方面，这种状况与所谓的本原论神话一模一样，这种神话告诉我们乌鸦为什么是黑的，天空为什么在大地之上；所有这些都不是某种原始的自然科学，而且每一种要在理论上支配这个世界的企图，都与之相去甚远。[4] 反之，它是将宇宙置于神秘的、不可思议的、充满力量的原始根基之上，创世也是一则本原论神话，它将世界置于神圣意志的原初根基之上。[5]

---

① 参见本书第 21 章。
② 参见 Cassirer，前引书，II，261。
③ *Gott und Mensch*，9。
④ 参见本书第 83 章。
⑤ 参见 H. Frick, *Theol. Rundschau*, N. F. 2, 1930, 86。Piper, *Ethik*, I, 第 114 页以下。

或者换用另外的术语来说,上帝是唯一的魔法师:魔法的态度[1]只属于他;他的思想同时也是他的行动。世界是他的创造物,而且仅仅凭借他那把世界引入存在的意志而存在。

2. 如果宇宙有开端也有结尾,如果它既是上帝开创又由上帝结束,那么它必然也有一个**中心**,[2]再者,如果它的进程不是永远没有完结的过程,而是一出戏剧的话,那么,这出戏剧必然会有一个焦点,整体就从这个焦点显示其意义;因为当任何一种现象向人显露时,人都要寻求关键点,寻求"中心",从这里他能理解整体,而整体的意思也从这里变得可以理解。然而,宇宙不是"现象",人不可能简单地观察它,因为人自己就属于宇宙,决不可能脱离宇宙来思考。然而,他可以讨论宇宙的意义,但他只能在**信仰**中做到这一点。因为宇宙没有向人显露,但是上帝在其历史中心向人揭示了它的意义,换言之:在"现象中"作为**意义**并**被理解**的东西,在宇宙中就是**被赐予的拯救。因此,在历史的中心,上帝揭示了作为拯救的世界之意义。**

580

然而,在此我们可以不理睬这样一个问题(此问题属于系统神学),即,所有的历史是否都是**拯救的历史**。[3] 只说出这一个原则就足够了:对于在上帝之中寻求宇宙之目标和目的的信仰者来说,世界的进程,从其在上帝创造中的开端,到其在上帝完成中的终结,都是**拯救的历史**。对于信仰者来说,这是可能的,因为在这个历史的中心,拯救被赐予了他。因此,在历史中,人寻求上帝的历史,也就是说,他寻求超出他自身之上的东西,恰如他在灵魂中所为的那样。对他来说,由于拯救,历史首先变活了,事实上变成了严格意义上的历史;因为历史对我们大家来说,仅由其意义而存在,而其意义首先只是我们自己的意义,但最终却是上帝的意义。所以对于信仰者,它仅凭借拯救的力量而继续存在,而与拯救一起开始的,是信仰者的力量,但最终却是上帝救赎的力量。后

---

[1]　参见本书第 82 章。
[2]　Tillich, *Rel. Verwirkl*, 116.
[3]　同上,第 131 页。

来，历史就总是教义化了的历史：以色列人进行"雅赫维之战"，就像埃及人攻击野蛮人，而野蛮人实际上是神话中的太阳神的敌人。国王像神一样站在宇宙争战的中心，进一步说，他的胜利决不可能有问题，因为他必定得胜，即便敌人"实际上"已战胜了他。[①] 在《创世记》中，犹太民族祖先的历史，其实是非常"不自然的"；换言之，那是拯救的历史，以撒的出生与得救，雅各胜过以扫的优势，约瑟在其兄弟中的地位，向以法莲显明的恩惠，以及相反的情况，亚当有罪的自作主张，拉麦和巴别塔的建造者——所有这些，正如莱曼在其最后一篇文章中敏锐地描述的[②]，都是历史的结构，我们不应把它们作为幼稚的或者顽童的伪造来否定，而应该把它们理解为描述在历史中心赋予人的拯救的一种努力。同样地，对观福音书没有提供关于耶稣生平的逐年记录，但它们提供了在其身上传递出来的历史拯救的故事，而第四福音书的作者走得更远，与拯救比起来，他几乎完全忘记了历史。

进一步说，在基督教中，历史的这种"中心"，是**基督的道成肉身**，正如蒂利希坚持认为的，就一般的历史概念是西方欧洲人和基督徒的历史概念而言，对历史的所有解释，事实上导向了基督论，[③]所以，基督徒在历史中发现了赐予他拯救的"具体位置"。然而，这个宗教—历史概念的开端，是在以色列人那里发现的，与所有的古代民族一样，以色列人不仅根据拯救的方案构建了他们的历史，而且还把上帝的行动视为直接的引导，视为救助以及指引，而其目标就是上帝自身和对他的"事奉"。

3. 因此，在精神生活的这种结构中，世界是一出伟大戏剧的舞台，其拯救的历史在上帝的启示中向我们展示[④]：这就是所谓神曲，但是我

---

① 参见 R. Weill, *Les Hyksos et la Restauration nationale dans la tradition egyptienne*（*Journal asiat.* 16, 1910; 17, 1911）。de Buck, *Het Typosche en het Individueele*。G. van der Leeuw. *Historisch Christendom*, 1919。

② *La pensée du Jahviste*, SM, 3, 1927.

③ 同上书，第 110－111 页。

④ "向我们"，意思是说"向我们的信仰"；因为在这里，离开了信仰，没有任何东西向我们的理解展现。

们已经相当熟悉这样一种历史：它就是"神圣的故事"，是神圣的逻各斯，我们在前边已经对之进行过充分的讨论。[①] 在神圣的逻各斯中，历史变成了**拯救的历史**，为我们制作的那出关于十字架的戏剧，是带有这样告诫的：与你有关。然而，现在我们在"神圣故事"（例如神秘宗教）中看到的与自然的联系，已经不存在了。由于拯救史是纯粹的历史，而且拯救对我们而言，并不是在"世界的进程中"从永恒的母亲子宫中生长出来的，而是由神的意志赐予我们的。正因为如此，进一步说，拯救在此也能够意指**救助**：拯救的行动把世界和人从世界的"进程"中带出来，使它们服从于超越这个世界的意志。因此，基督论是灵魂拯救论。人不再希望使自然承担其力量的负累，也不再把自然有用的力量交给他自己，他既不期待自己做创造者，也不期望靠"既定"的潜力支持而生活，但是在全能的造物主面前，他却屈膝服从，只从他的手中接受救助。

4. 然而，正是因为救助完全存在于上帝的手中，因此，它必然渗透到最深层的因素中，在人与世界中，这种因素却与趋于上帝的倾向相对立，那就是**罪恶**。于是，这里不是说："看啊！看谁呀？看新郎！"而是说："看吧，看哪里呀？看我们的罪过！"因此，上帝从世界中制造出了某些与我们自己在其中所发现的完全不一样的东西，即便我们挖掘到最深处也是如此。换言之，上帝改变了世界的本质：救助并不亚于**重新创造**。而且，上帝并非简单地从旧事物的残片中装配出一个新的世界，在这里，他也不用任何质料去工作，他的创造又一次是从虚无中去创造，是从人的理智绝对不可理解的东西——当无物存在时而存在的东西中去创造：或者，我们用宗教术语来表达，即出于**恩典**而创造。[②]

换言之，救助和新创造就是**救赎**：上帝把对罪的背负置于历史的中心，而且基督徒会这样祈祷说：agnus Dei，qui tollis peccata mundi（"除免世罪的天主的羔羊"）。

582

---

① 参见本书第 34、61 章。
② 东正教会用拯救一重新创造来理解 theosis，即人类的神化，但是同时也接受"新创造"的神秘悖论，即"人作为神的最终创造"。Boulgakoff，*Orthodoxie*，153。

5. 这种新创造以拥有世界的开端作为其条件，拥有历史的中心作为其环境，它也必然为世界安排了一种终结；于是我们由此进入了**末世论**的领域。世界的更新与世界的终结互为条件。当然，我们不可能在此设想去展示关于时间之终结的所有图景，因为在各个不同时期，不同的宗教都描绘过这些图景，尤其是印度袄教、基督教、犹太教、伊斯兰教以及日耳曼人诸民族是这样。[①] 我将撇开这一点，努力去描绘末世论的一些主要的特征和某些最重要的类型。

首先必须注意的是，**末世**即最终的界限，不仅被认为是在某个遥远的将来，而且也是在远逝的过去：正如我们已经发现的，原始时代和时间的终结是相互联系的。因此，人力图把自己的世界作为自己的虚无和上帝的一切来对待；但是，他能做到这一点，只能是以神话的形式，而且只能在尽可能远离开自己时代的一个时间，即最早的昨天和最遥远的明天。而且这个时间是**上帝的时间**，黄金时代的在我们之后：拯救的永恒天地就在我们面前。[②] 事实上，某些原始民族能够描述原初的状况，那时候，天地之间的共同体仍然存在着，它们被一根长长的藤连接起来，例如西里伯斯的托拉查人就是如此。[③] 梨俱吠陀中的描绘也具有一种典型的非宇宙论调："没有非存在者，也没有存在者；没有空气，也没有它之后的苍穹。什么在搅动（有风吗）？在何处？在谁的庇护之下？是在水的深处吗？没有死亡，永生也不存在；没有昼夜之别。**独一者**在呼吸，没有风，自我依靠。此外什么也没有。"[④]确实，这听起来像具有印度风味的**"韦索布伦祈祷"**。另一方面，希腊人关于黄金时代的神话改变了原始的世界，无疑更接近神。[⑤] 在那里，原始时代和终极时代彼此相遇，而灵魂的世界[⑥]不可能离开这些观念。天堂在开端时

① A. Bertholet 给出了精彩的评述，见 *RGG. Eschatologie*，I。
② Lietzmann，*Weltheiland*，44.
③ Adriani，*Animistisch Heidendom*，5.
④ Bertholet，*Lesebuch*，9，88. E. J. Thomas，*Vedic Hymns*，127.
⑤ L. Preller，*Griechische Mythologie*，I. 1894，第 87－88 页。Hesiod，*Works*，第 109 行以下。
⑥ 参见本书第 46 章。

存在，也在终结时存在；在埃及，同样的概念也出现了：“八个原始神灵的时代，按照其实际的性质，被认为是没有任何生命的虚无时代，却是一个幸福的过去，一个黄金的时代，由此形成了稍后的底比斯宇宙演化论”，塞特（K. Sethe）的这些说法独具特色。[1] 类似地，按照波斯人的看法，伊玛的王国持续了很久，无霜冻，无酷热，无疾病，无死亡，直到它必须在正在接近的世界冬天到来之前，退进其堡垒时都是如此。[2]

从原始时代到其终结，世界的这种进程的一般模式，最初的周期性节奏都是发展缓慢的、统一的。[3] 事实上，在这种思想的序列中，每一个新的年代都是一次新获得的成果，每一次日出都是对黑暗的一次胜利；植物的生产是一次重新创造，春天生命的复苏是世界创造的重现；就连国王也是其自身时代的拯救者。[4] 因此，末世从一开始就只是这种周期性宇宙演化论的一个“特殊事例”。[5] 然而后来，整个世界史都被理解为是在一个单一的时期之内，许多循环的时间系列统一进了一个唯一的进程中：雅赫维，这个在每年之初战胜黑暗的神灵，变成了在开端时创造、在终结时征服的世界之主。[6] 许许多多重复或循环的危机关头，被减到只有两种：最初的创造和结尾的、完美的胜利；冬天和夏天的周期变化，也以极其类似的方式，在北方变成了极其漫长的冬天的概念，那就是世界的末日，是世界的衰落。[7]

于是，末世论的模式教条式地闯入了日常世界：埃及人的智慧书描述了这种危机关头的状况，每样东西在其中都处于激烈变化的状态，其特征当然取自某些现实中的危机。然而，对于诗人来说，这些特征本来并不需要呈现，因为它必然会随时发生。这种危机是真正的危机，也就是说，它不是事实而是判断。例如，犹太—希腊的启示录文学描写，就

584

[1]　K. Sethe, *Amun und die acht Urgötter von Hermopolis*, *Abh. der Wiss.*, 1929, *Phil. Kl.* 4, 63.
[2]　Lehmann, *Zarathustra*, I, 第 95 - 96 页。
[3]　参见本书第 22、55 章。
[4]　参见本书第 13 章。
[5]　Wensinck, *Semitic New Year*. Mowinckel, *Psalmenstudien*, II.
[6]　F. M. Th. Bohl. *Nieuwjaarsfeest en koningsdag in Babylon en Israel*, 1927.
[7]　A. Olrik, *Ragnarök, die Sagen vom Weltuntergang*, 第 15 页以下。

完全被这种危机的模式充斥,危机之后是一个幸福的时期;[①]古代希腊人也知道"黑铁的种族"和他们不幸的时代。最后,人们在《新约》中很熟悉一种不可避免的危机,据称它会在没有任何迹象的时候到来;[②]这与先知宣称的"主的日子"相一致。但是在福音书中,这种模式不仅仅是世界的末日(尽管它同时也是末日,见《马可福音》第8章等),它首先是信仰的基础,弥赛亚生命的发展,是与此相一致的。因为他必然受难,而他的门徒与他一起受难,苦难的时代将会来临:兄弟出卖兄弟,父亲出卖孩子,一切自然的关系都会被颠倒。[③] 所以,耶稣的生命历程,也是他向其门徒描述的未来,只是在这种教义的、末世论的历史体验之基础上,才可以理解:苦难必然降临,以便荣耀能够显露。[④] 信仰的这种模式——这将是世界的命运——被作为中保的耶稣用于他自身,[⑤]他使这一危机成为对他自己的审判:"因为人子来……要舍命,作多人的赎价。"[⑥]

历史在信仰之基础中的这种戏剧化,仿佛是希望"毁灭"世界与时间,以便上帝之国和上帝之时代能够显现:它为着"主的日子"而否认今天。然而,**末世**不是在空虚意义上的毁灭,而是在所有现存状态毫无例外地激烈颠倒的意义上的毁灭。于是,甚至关于自然人也相信,"在将来,夏天的阳光将会暗淡·邪恶风将会吹过。你还要知道更多的吗?加尔姆(Garm)在格尼帕(Gnipa)洞穴的门口大声吼叫:链条断了,狼逃走了。我知道这些大潮,我看得既远又宽:众神的**伟大末日**。"[⑦]但是,激烈的变革也涉及习俗与文化:兄弟们将争战直到双方都倒下,堂表兄弟会杀死他们的亲戚,世界会解体;他们都犯通奸罪;没有一个人会放掉

---

① Kampers, *Kaisermystik*, 102.
② Hesiod, *Works*, 第174行及以下。*Murray*, *The Rise of The Greek Epic*, 102。
③ 《马太福音》第10章。
④ 也许,史怀哲著作的永久价值就在于这样一种洞察。Schweitzer, *The Quest of the Historical Jesus*。
⑤ 参见本书第106章。
⑥ 《马可福音》10：45。
⑦ *Voeluspd*;Lehmann-Haas, *Textbuch*, 245.

585

另一个人。"[1]《新约》中也清楚地表达了同样的意思：

> 日头要变黑了,月亮也不放光,
>
> 众星要从天下坠落,天势都要震动。[2]

还有,"弟兄要把弟兄,父亲要把儿子,送到死地,儿女要起来与父母为敌,害死他们。"[3]然而,当每件事都被颠倒过来时,上帝的统治就开始了:"你们可以从无花果树学个比方:当树枝发嫩长叶的时候,你们就知道夏天近了。这样,你们几时看见这些事成就,也该知道人子近了,正在门口了。"[4]

按照其性质,末日可以被描述为一种垂死、一种衰败,但是也可以描述为上帝的作为,最初的形式在许多地方发生,然而非常精彩的表述却见于日耳曼人关于末日的神话中。在那里,众神变成了主人翁,而在《Voeluspá》的作者看来,众神与世界一起消灭,[5]这种描述的实质特征也许取自典型的部落衰亡;[6]就像一个氏族一样,众神与其世界也被无能和不义毁灭了。世界死了,众神也死了。卡勒曾敏锐地察觉,这种世界末日概念正好与基督教的概念相反。因为在前者看来,众神被击败了;而在后者看来,上帝胜利了。在第一种概念中,世界向前进直至其末日,在第二种概念中,上帝把世界带向了末日。[7] 然而,在这幅日耳曼人关于世界毁灭的图景中,有一种动人的悲剧之光:这是日落的悲剧,太阳从中升起。人假定他的整个世界是虚无的,而他的众神也包括在这个世界之中。

---

[1]　*Voeluspd*；Lehmann-Haas, *Textbuch*, 245.

[2]　《马可福音》13:24 - 25(Moffat)。

[3]　《马可福音》13:12。

[4]　《马可福音》13:28,29。

[5]　Olrik,前引书,第 51 页,也可见其书 *Nordisches Geistesleben*,第 2 版,1925,101。

[6]　Grënbech, *Folkeaet*, I,第 176 - 177 页。

[7]　参见 B. Kahle, *Der Ragnarök-Mythus*, AR,8,1905,第 444 - 445 页。

第二种类型有大量的例证：许多关于洪水的传说[1]已经倾向于这种类型，在这些传说中，神因为罪恶而让世界终结；然而，这种类型很少是完整的。另一方面，在波斯，"世界进程"被认为是通向一个目标的道路，它的周期性被视为向神之胜利的上升；[2]明智的神的意志统治着一切。后来，在基督教中，这种意志（在晚期犹太教中，它既是世界的开端也是其终结）采取了这样一种上帝的形式，他在其整个生命中安排了世界的终结。"因为耶稣的特点就在于，他超越个人的完善与至福，期盼着世界与选民的完善与至福。他充满了对于上帝之国的意愿与希望，并据此而做出决定。"[3]他宣布了终结的到来，并造成这种终结。"上帝的国近了"：当他将其圣灵降于其门徒时，随着他自己历史的终结，在最后的自愿行动中，终结的时间最终来到了；在那之后，世界仅在一种过渡期间继续着，但它已丧失了其内在的价值。

所以，首先，世界的这个终结是**一种审判**。印度祆教也努力强调过这种特征：frashokereti，即世界的完成，首先是洁净，是审判。众所周知，在基督教中，末日的概念与审判的概念是如何紧密地联系在一起的。末日只不过是接近上帝，审判绝不是关于遥远之将来的历史事实，而是启示，是上帝的自我给予。上帝通向世界的道路本身就是审判与末日。

然而，再说一次，世界末日也是上帝统治的开始，是上帝之国的开始：[4]**上帝之国**变成了现实。世界的完结开始了：上帝之国中的世界之目标得以实现。统治权与审判有关；"审判是事件的决定性特征，要从**末世**的角度去理解"；反之，"时间的审判特征只能从**末世**的观点去理解。"[5]但是，统治包含了这样一个事实，即，世界仅存在于上帝之

① H. Usener, *Die Sintfluthsagen untersucht*, 1899. G. Gerland, *Der Mythus von der Sintflut*, 1912. R. Andree, *Die Flutsagen*, 1891.

② 参见 Lommel, *Zarathustra*，第 130 页以下。

③ Schweitzer, *Leben-Jesu-Forschung*，634；参见第 636 页以下。

④ 在印度的伐楼拿宗教中也有类似的观点，R. Otto, *Das Gefühl des Überweltlichen* (sunsus numinis), 1932, 168。

⑤ Tillich, *Rel. Verwirkl*, 139,136。

中——上帝与世界一起，"与上帝同在"。因此，上帝之国也可称为**圣灵之国**：第三个王国。但是，任何时候都不应该把它从历史现实中分离出来，自弗洛里斯的约阿希姆（Joachim of Floris）时代以来，各种各样教派一直在不断地这样做。① 世界仍旧是世界：没有了历史的中心，也就不存在开端与终结了。但是关于世界的启示，存在于属于上帝的最深的根基，从**末世**中向我们走来，伴随着它，那些"现象"的循环完成了，现象实际上并非如此，因为它们并未向我们显象，而仅仅是被启示出来。因此，在现象学透明的领域之下是**生命**，在它之上是**罪**、是**信仰**、是上帝主权的**世界**。既在上又在下，半是被理解，半是被信仰的，是**教会**。

587

---

① Em. Gebhart, *L'Italie mystique*，第 8 版，1917，第 75 - 76 页。

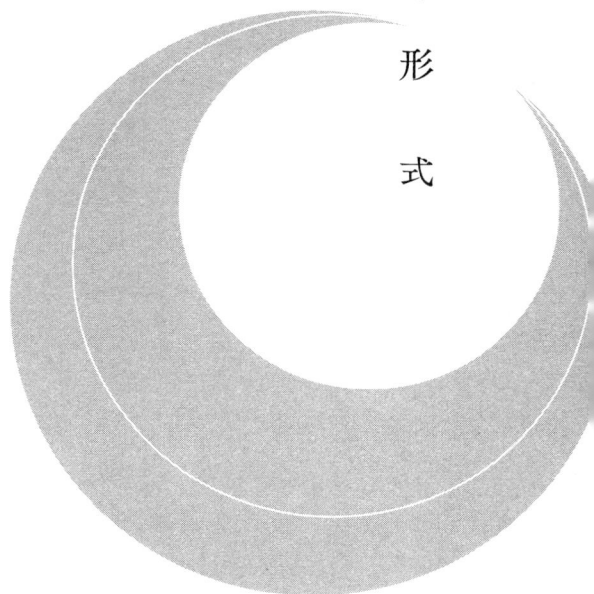

第五部

形

式

A　诸宗教

第88章 / 诸宗教

1. "宗教"实际上仅存在于诸宗教中,弗里克(Heinrich Frick)在论及施莱尔马赫的第五次《论宗教的演讲》时,作出了这个非常正确的断言。[1] 这就意味着宗教本身并不向我们显现;因此,我们能够观察到的,永远只是一种具体的宗教,换言之,向我们显现的,只是宗教正在流行的历史形式。[2] 由此而来的结论是,"原初的宗教"在此被忽略了。[3] 从本体论或形而上学的意义来看,宗教的原初的基础在原则上是隐匿的。但是宗教的原初的历史基础却只是一种神话,显然它不是史前宗教,对于它本身,我们几乎一无所知![4] 除了亚当的宗教之外。现在的看法是,要么亚当是世界上第一个人,其宗教显然是我们无法接近的;要么他是"每一个人"。因此,对其宗教的探究又分为两个方面:首先是探究关于每个人身上毫无例外的宗教意识的觉醒,这会是一个心理学难题;其次是探究每一个人心中的上帝启示,而要回答这个问题,又会是神学的任务。于是"原初的东西"脱离了我们的理解;而"原初的体验"[5]既不能重新来一次,也不能被观察到。当然我们可以说,宗教的源头在上帝那里;但那是一种神学主张,从现象学的角度来说,它很难对我们有帮助。因为从启示的观点来看,每一种宗教都是原初的:为了得到启示,[6]内容就必然是原初的,过去所不知道的。

---

[1] *Vergl. Rel. viss.* 62.
[2] 参见 Wach, *Rel. wiss*,第 50-51 页。
[3] 参见 H. Frick, *Theol. Rundschau*, N. F. 2, 1930, 72。
[4] C. Clemen, *Urgeschichtliche Religion*, I, 1932.
[5] 参见本书第 107 章。
[6] 参见本书第 85 章。

　　然而,人们的研究已努力在四个不同的方面触及原初的宗教:A.
提出了"**自然宗教**"的观念,不论是通过创造物(或自然)还是依靠良知,
每一个人身上的本质上是神圣的因素揭示了这一点。在这种普遍的基 591
础之上,历史宗教的大厦得以建立(用神学术语来说,是作为特殊启
示);虽然施莱尔马赫已经论述了这种毫无吸引力的抽象,但它却仍然
不断地出现。不过赫尔德(Herder)绝妙的格言却与这形成了对照:"每
一种宗教在其自身中关注的都是至福。"①B. 其次,原始宗教是最初的
宗教,它先于所有后来流行的各种宗教种类,各种特定宗教只是原初
的、形形色色的、用来向我们宣讲的方言②之专门化形式。这种浪漫主
义的观点在神智学中一直维持至今。人们在诸多现实的宗教中看到了
被新入会者小心翼翼保护的某种原初宗教的象征性伪装。C. 原初的
宗教是一种不均衡的、单线**发展**的胚胎,它被一些学者命名为万物有灵
论,被另一些人叫做活力论。③ 我们在法国社会学派那里发现了对此
的另一种修正版,在该学派看来,原初的宗教被设想为意指对人性的崇
拜。④ 但是,在企图作出解释的所有努力中,共同的目标,是在进化论
的意义上,从一种简单的起源中推导出现实宗教的多种形式。D. 与之
相反,所谓退化论却力图把这种多样性解释为从最本源的一神论的下
降;而这种一神论被认为已包含了信仰造物主与被神认可的道德的基
本特征,它非常接近 A 点,即所谓的自然宗教。⑤

　　2. 要从一开始就否定原初的宗教,其理由当然不充分;我们自己
的原则的一贯主张是,宗教只与诸宗教并存,同时也只在**诸宗教**中存
在,这个主张毫无疑义地发现自己面临着不可忽视的困难。首先存在
着一种反对意见,即大量的宗教不可能被充分地观察到,严格地说,其
根本的原因是每一个体都有自己的宗教。所以,我的基督教离开了我

---

① 参见 Wach, *Rel. wiss*, 84。
② Creuzer.
③ 参见本书第 9 章第 1 节。
④ 参见本书第 32 章。
⑤ 参见本书第 18 章。

的近邻的基督教，就常常会变为极端的，在一种更高的程度上，这也是适用于一个农民的基督教，或者一个改宗的原始人的宗教，等等。当然，不可否认，宗教在每个人自己的心中会采取某种特定的形式，所以正如我在祈祷时的态度，或多或少会与我的邻人的态度不同。甚至，当我们在祈祷时的一般举动是一致时，甚至当我们属于同一教会，并抱着同一种虔敬态度时，我整个的宗教行为也会与他不同。但是，这种反对意见还关注到对待主观问题（subject matter）而非宗教的那些文化形式：即美学、法学和伦理学。例如，每一个艺术家都有自己的风格，而每一个个人也有自己的艺术鉴赏模式。然而，我们都会同意，没有纯粹存在与自身之中的艺术，每一个艺术家在其创造中，每一个体在其审美鉴赏中，都必然服从一种客观的理念，他从这种理念开始，在这种理念中生活，并参与它的构建或修改。因此，存在着一种时代所特有的风格、意识，一种**客观精神**：[1]要使精神史完全重新开始是绝不可能的。我当然有我的宗教，但是我必须承认，它只是在一定条件才是"我的"；因为在我自己的体验中，宗教采取了一种特定的形式，然而，它只是我自己生存于其中的时代的广阔历史形式中的一种特定形式。我只在自己狭小的范围内参与保持这种历史宗教之生命；如果我碰巧是个"大人物"，我也许有可能协助它的改变，并最终参与它解体，以一种新的形式取而代之。但是即便如此，这种"新"宗教绝不可能完全是"我的"，而同时总是已经给定的东西的延续。因此，所有伟大的创始人，从本质上说都是改革者。[2]

3. 但是，进一步说，客观精神也是如此肯定地千差万别，以致于**类型学**的必要性是绝对不可避免的，因此，我们必须通过诉诸某种理想型，来努力获得对宗教诸历史形式的理解。然而，这种类型学也许会遵循两种不同的路线。首先，就其可能而言，它会忽略历史的东西，并在

[1] Spranger, *Lebensformen*；Dilthey, *Werke*，各处可见。
[2] 参见本书第 94 章，102 章。

尽可能高的程度上,在非常一般化的观点之下去理解特定的历史。这种类型学的方法不仅被证明完全有道理,准确些说,它还是我在自己的研究中一直奉行的一种方法。因此,在这些条件之下,除了从我们特定的考虑中得出一般的结论之外,我们不需做得更多,在这种具体的考虑中,没有任何新的方面会进入我们的视线。但是同时,为了理解事实上是作为形式的诸宗教,我们必须采取不同的路线;我们所发现的这种理想型,必然是现象学把握与对历史上给定的一切的研究之间的最密切的合作之结果。由此而来的结论是,例如,我们不关注任何怜悯的宗教,但却关注佛教,把它作为这种宗教在历史上的活生生的形式。

因此,一般的类型学能够从最多种多样的观点来加以阐述:我仅引用其中一些为例。

A. **集体型**区别于**个体**和个人型,整个原始宗教都包括在集体型之内。充分发展的国家宗教属于这一类的典型例子,例如罗马宗教,整个社会组织在其中都与各种力量有着确定的法律关系,也涉及相互之间的义务。与此相对立的是,例如,虔敬主义的热诚:

> 只要我有了上帝,
> 我就会欣喜万分,将别的一切抛开,
> 实实在在地献身于我唯一的主,
> 追随他,依靠我朝圣的手杖;
> 让别人走他们宽广、明亮、拥挤的大道吧,
> 我已十分满足![①]

B. **较高级**的宗教区别于**较低级**的宗教。原始宗教是所有宗教中最低级的,其发展遵循的是半文化的诸宗教之路,后来最终成为基督教,或者犹太教。但是这种类型(现在仍经常被人倡导)的缺陷方面(首

---

① Novalis, *Geistliche Lieder*.

593

先)是，它完全从今天的立场来评价历史宗教，它用基督教，实际上通常是现代化了的基督教来作为其他所有宗教都必须适应的标准。其次，这种类型还涉及一种误解，即，宗教发展相对较低与较高的程度完全是根据大众文化来作评价的。因此，任何既定宗教的科学、道德、哲学概念越接近我们自身的文化，这种宗教就被认为越高级，这种类型的典型例子是蒂勒（Tiele）的宗教类型划分，他把宗教分成"最低级的自然宗教，最高级的自然宗教以及伦理宗教"。[①] 然而，当这些不恰当的术语"**高**"和"**低**"（它们或者什么也未表达，或者是从肤浅的进化论借用来的）被"**原始**"和"**现代**"等词语所代替时，而且只要这些术语不被认为与宗教史上的时期或阶段有关，而是与永恒的结构有关，只要它们也根据它们在其中分有这些结构中的这种或那种的程度来划分历史上的宗教，对这种类型学的评价就必然是极其不同的。

C. 然而，比 B 类更危险的是种族的类型学。我们已经说过[②]，人们比较容易对照（例如）"闪米特人的"神的概念与"印度—日耳曼人"的神的概念。但是，"种族"是一个极其含糊的范畴，而我们自己最熟知的宗教至少与两个"种族"的宗教有本质上的亲密关系，这些事实应该是对我们的警告，它们引导我们，不如根据其实际特性去描述那些内在特征，那些特征是以典型的"闪米特人的"，或者甚至"雅利安人"的特征出现在我们面前的，并引导我们按照它们与神意的关系，或者与非人格力量的关系来表述它们。

D. 一种非常有用的类型已经由弗里克提出，[③]它在**业绩**宗教与**恩典**宗教之间作出了划分，而且不仅在天主教与新教之内，也在印度教的各种倾向中展示了这种对照。无论任何宗教的"原初现象"是否可以了解，在此我们都可以完全不去做决定。总之，这种类型学不适合宗教整体，一般的原始宗教从来都不适合这种重要的划分。

---

① *Elements of the Science of Religion.*
② 参见本书第 20 章。
③ *Vergl. Rel. gesch.*

E. 然而，以形式特征为根据的类型学是极其重要的：例如，**父系宗教**与**母系**宗教形成了鲜明的对照；不过我们已对此作过充分讨论了。[①]

F. 索德布洛姆把宗教分为三种：**万物有灵论、活力论**和**原创者宗教**（用我的术语来说，即意志与形式的宗教、无形力量的宗教、在背景中的半成形力量的宗教）。这种分法有明显的优点，即它包含了整个宗教史；索德布洛姆本人通过展示在各伟大文化宗教（如犹太教、基督教和伊斯兰教，印度宗教，中国宗教和自然神论）中的其三种类型的典型特征，对这种划分做出了精彩的说明。[②]

G. 可靠的类型学也可以以每种宗教的宗教感情特征为基础：在此，我所指的是海勒尔（Heiler）关于神秘的与先知的虔敬性之划分，很多研究者都同意这种划分。而这种类型的两种古典分类法，是黑格尔的分类与歌德的分类。黑格尔对客观阶段（在那里，上帝是自然的力量）与主观阶段（在那里，上帝作为精神性的个体出现）作出了区分；第三个阶段是基督教，在其中，上帝作为绝对精神启示了自身。[③] 确实，这里可能出现一个问题，即，哲学结构是否取代了现象学的观察。歌德把**崇敬**作为原初的现象提了出来，他的论据远不及黑格尔。首先，这种现象被认为导向了高于我们的任何高级东西；而且，它形成了作为主要是要摆脱恐惧的异教世界的宗教。其次，崇敬在与我们自己平等的事情中也可以体验到：那是一种哲学性的宗教。另一方面，基督宗教也涉及对低于我们的东西的崇敬，对弱小者、低下者甚至令人厌恶者的崇敬；它是关于苦难与死亡的宗教。这是最终与最高的形式，确实，它又一次被理解为高级宗教的三种特殊形式之一，这种形式包含了人对自己的尊敬。[④]

4. 然而，所有这些类型学[⑤]几乎都没有使我们离**作为历史形式**的

595

---

① 参见本书第 10、20 章。
② *Gottesglaube.*
③ Hegel, *The Philosophy of Religion*, III, 第 107 页以下。
④ *Wilhelm Miester's Apprenticeship*, II, 1.
⑤ 参见 Frick, *Vergl. Rel. gesch*, 第 10 页以下。

诸宗教更近一些。无可否认的是，它们都是对通过宗教现象学所提供
的特定材料所作的一般概括，但是，它们都没有构成诸宗教的现象学。
例如，我可以写出关于英雄或圣徒的现象学，但我也可以写出关于古斯
塔夫斯·阿多尔夫斯（Gustavus Adolphus）或关于圣方济各的现象学；
现在，后者（指诸宗教的现象学）应该是我们的任务——当然要以其最
简略的形式。遭到许多嘲笑的黑格尔分类法（不是已经提到的一般分
类，而是根据历史类型的分类），应该作为一种很值得考虑的最必须的
努力来给予评价。历史的类型学是宗教现象学非常必需的、本质性的
次级分类。这种类型学摈弃了非历史的以及原本是非历史的（即原始
的）那些宗教；我不必重复这个论点，即每一种宗教或多或少都是原始
的。然而尽管如此，有一些宗教拥有区别于其他一切宗教的明显的历
史形式。但是这种类型并不包括所谓原始人的宗教，而所谓高级宗教
的扩展部分也被忽略了：就是说，在其他宗教中也可见到，因此不具有
其自己特定形式的那些部分被略去了。

第 89 章 / 遥远型宗教与逃离型宗教

1. 历史形式首先是由**遥远型的宗教**表现出来的,在第 18 章中,这种宗教的本质特征已经得到了讨论,在那里,我们也已指出,这种宗教首先在中国,事实上是在盛行的儒教中得到了其历史形式。然而,正如任何一种遥远型宗教必然具有的情况一样,这种形式是极其不确定的。因此毫不奇怪,对所谓自然宗教的鼓吹一直在那个国家努力地寻求着历史的辩护。①

在中国,对象之间的神秘联系(这是我们在前边已讨论过的"分有"的一种形式②),常常夹杂着这一种明显的倾向,即仅仅从一定的距离之外去思考力量。但是,一切日常生活事务中的无数潜力的直接关联,在任何情况下,任何时刻中,都呈现出与这种同一般力量的远离形成的鲜明对照,而小心谨慎的遵奉决不意味着排除了近乎于逃避的冷漠。于是,遵奉变成道德与习俗,而后者是统治一切的。"子曰:为政以德,譬如北辰,居其所而众星拱之。"③然而,那首要的美德,从虔敬的意义上说,是指对父母的爱(孝)。"子曰:"父在,观其志;父没,观其行;三年无改于父之道,可谓孝矣。"④首先,这种对父母之爱是生活遵奉习俗的力量的保证;但是,它也延伸进了表现出有力的人本主义倾向的对人类的普遍之爱。这种胸怀宽广的博爱的道德,只受限于智与礼,也就是说被礼节所限,然而,这种礼节对于儒家的情操来说,是与礼仪一致的。⑤

---

① Söderblom, *Naturliche Theologie*, 30.
② 参见本书第 82 章。De Groot, *Universismus*。
③ Bertholet, *Lesebuch*, 6, 68.
④ 同上书,6,69。
⑤ 同上书,6,71。

这些东西是要使人能够致力于一种贵族气派的人性之爱,远离令人兴
奋激动的一切:"子不语怪、力、乱、神。"①习俗被一成不变地遵守;诸神
与众精灵得到适当的对待,因此我们可以平静地专注于人类:"务民之
义,敬鬼神而远之,可谓知矣。"②因此,力量只有在其被调节被赞颂的
人类形式中才具有影响力;其他的每件事物都引起警惕,因此,激烈的
行为和一切特别神圣的东西都同样应该避开——子曰:"圣人吾不得而
见之矣! 得见君子者,斯可矣。"子曰:"善人吾不得而见之矣! 得见有
恒者,斯可矣。亡而为有,虚而为盈,约而为泰,难乎有恒矣。"子曰:"参
乎,吾道一以贯之。"曾子曰:"唯。"子出,门人问曰:"何谓也?"曾子曰:
"夫子之道,忠恕而已矣。"③因此,除了习俗和来源于这种习俗的德行
外,没有任何东西是强制性的;从原则上说,要避免与有力量的意志相
遇。当然,这种意志与许多鬼神的意志一起,都得到了承认。尽管如
此,人仍然与之保持着适当的距离,对神也一样。在此,神就是背景中
的力量与意志。④ 他的临近会涉及暴力、激动和非人性,因此他是被限
定的,因为他只是天帝,而天是十分遥远的。

   2. 遥远型宗教的第二种历史形式,是十八世纪的自然神论,事实
上,自然神论曾求助于中国;在古典时代,这同一种倾向的确是存在的:
"众神关注着大事,而忽略小事。"⑤然而,在十八世纪的西欧文化中,这
种态度却意为逃离上帝。上帝是如此地遥远,如此地至高无上,他当然
得到赞美;但是人们却相信他不可能在太近的地方注视我们,因为没有
他,我们也能够做得很好! 然而人们说:"上帝离得太远了",只因为他
退回去了,在其最虔诚的形式中,在萨瓦牧师的告白中,对神圣实在忠
诚和热烈的情感,毫无疑义地占主要地位;然而它还是这样说:"对自我
的首要的回归,产生出对我们人类之创造者的感恩与谢意,这种感情

---

① Lehmann-Haas, *Textbuch*, 19.
② 同上书,19。
③ 同上书,21。
④ 参见本书第 18 章。
⑤ Cicero, *De Deorum Natura*, II, 167.

唤起了我对仁慈的上帝的最初的忠诚。我崇拜他伟大的力量，我的心 598
认识到他的恩惠。在这种宗教中，我不需要任何教诲，**自然本身**向我指
明了这一切。**我们的自爱的一种自然的结果**，难道不是对我们的保护
者的尊崇，以及对我们的慈爱者之爱吗？"①大爱与大缺陷一样，都来自人
自身：所以让我们回归自然；即便里斯本被摧毁，那也不是因送来地震的上
帝的缺陷，而是建立了里斯本的人的缺陷！在完全不同的精神氛围中，关
于遥远的上帝的宗教就如远离了上帝的宗教一样，变得可以理解了：

> 骄傲！除了骄傲，一无所有！
> 那口铁锅，竟想被白银的钳子
> 从火中举起，
> 于是，它可以自视为一口银锅。——呸！
> 你想问这有什么害处，什么害处？——
> 什么好处？我可以这样问你吗：——
> 因为，你那"更接近上帝的意识"，
> 要么是胡言乱语，要么是无聊渎神。
> 但是它有何害处？——就是这样，
> 它肯定大有害处！②

　　然而奇迹，也就是说，上帝的直接和当下的临在，是遥远型宗教开
始与其他宗教抗争的关键问题。上帝在奇迹与圣礼中、在神圣的话语
与教堂中的接近性逐步消失；上帝变成了未被遗忘但却毫无生气的、
躲在背景中的上帝：③他之所以被承认，只是因为人不能完全没有他：

> 这种伟大的奥秘人不可没有，

---

① *Emile*, Book IV, 240 (Everyman's Library Edition).
② Lessing, *Nathan the Wise*, Act I, Scene 2.
③ 参见本书第 18 章；van der Leeuw, *Höchstes Wwsen*。

> 它是社会的神圣粘合剂，
>
> 是神圣公正的首要基础，
>
> 它限制坏人，给义人以希望。
>
> 如果诸天竟然没有了他神圣印迹，
>
> 甚至不再显示出他的存在——
>
> 如果上帝竟然不存在——
>
> 那么，人也必须创造出他。[①]

遥远型宗教与爱的宗教之间的本质区别可以非常清楚地辨认出来，如果我们充分地意识到，浪子回头（那父亲匆匆地出去迎接浪子）的寓言要用来说明这两种宗教的第一种的话，那么，就得完全排除其最本质的特征。

3. 进一步说，逃离型宗教是抑制**无神论**。但是，无论在任何条件下，它都从来没有获得过历史的形式。当然，有许许多多的人一次又一次地逃离了上帝，尽管如此，他们不可能从他们的逃离中构造出一种宗教形式。因为他们刚逃离一种力量，就落入了另一种力量的虎口；当然，他们可以从上帝那里逃到魔鬼那里；但是从现象学的角度说，魔鬼也是某一种"神"。或者，他们也可以从上帝那里回到人或人类那里；但是，在这样做时，他们的逃离只会使他们回到所有力量中最原始的一种那里。显然，也存在着许多与对上帝的肯定体验和上帝的肯定观念相对立的宗教：例如（原始）佛教根本就不承认什么神。[②] 事实上，当代许多学者也因此一理由而不称佛教为宗教，可以推测的原因是，佛教并非源于对人格神的体验。但是，这只是断言佛教不是我们已经相当熟悉的犹太教和基督教而已！ 早期的研究者们同样也否认原始民族中有宗

[①] Voltaire, *Epître à l'auteur du Livre des trios Imposteurs*, XCVII, *Œuvres completes*, XIII, 1785, 226. 这样看来，巴尔扎克的这句名言就不算太严重了："具备这些面貌的特性和表情的，包括所有的百科全书派，吉隆特党的演说家，和当时毫无宗教信仰，自称为自然神论者而其实是无神论者的那批人物。那些无神论者是为了保险，才自命为自然神论者的。"

[②] 参见本书第 19 章。

教存在，因为他们没有侍奉过"神"，值得庆幸的是，这种观点现在已被抛弃了；即便在历史的黎明时期，也不存在任何无神论的历史形式。宗教总是存在，而且普遍存在着。甚至印度公开宣布的无神论体系也仍然是宗教，Samkhya 是关于灵魂与其解脱的宗教，而耆那教追求没有神的帮助的涅槃境界。在一种更高的程度上，所谓无神论的宗教特征，在某些现代体系中是显而易见的，例如自然神论、自然主义、观念论所自称的无神论就是如此。[①] 因为在所有这些例子中都出现了某种类似的不同的神，它们替代了迄今为止人们崇拜的众神：那就是道德、人性、自然和观念。在每一个例子中，其本质都是力量（永远是在这个词的宗教意义上）。在现代的无神论中，也是完全如此：在这里，上帝之国的梦想与关于人类的宗教被合并在一种新的宗教性的理想中，只有当与古老的宗教相比时，这种理想才是无神论的，但是，它本身也是在寻求上帝而不是逃离他。

　　然而事实上，我们完全可以从我们对宗教之诸历史形式的讨论中略去无神论，因为不存在任何无神论的宗教：只有逃离上帝的个人——信徒在很久以前将之描述为"愚顽人心里说：没有上帝"。[②] 我们仍在此提及无神论的理由是，完全没有无神论的历史宗教是不存在的。换言之，没有任何宗教是无神论宗教，然而，每一种宗教却毫无例外地都是无神论。因为每一种宗教都承认逃离上帝的因素；而无神论，也就是说，这种最深的怀疑，在宗教中导致了一种激烈的张力，使它摆脱停滞不前的状态，[③]因此，只要宗教还有生命力，它将把那些在心中说"没有上帝"的愚人包括在其追随者中。而这些愚人将不会是虔敬者中最糟糕的！因为实存或生存的怀疑，与实在相关，与罪恶相连，[④]并在逃离中表现出来，但它在同时也是对上帝的一种认识，尽管它受到压抑。

600

601

---

① 用一般真理来谈论上帝的人，本质上是一种无神论者——也就是说，他逃离了上帝。Bultmann, *Glanben und Verst*, 27。
② 《诗篇》14：1；53：2。
③ Tillich, *Rel. Verwirkl*. 102.
④ 参见本书第 78 章。

第 90 章 / 斗争型宗教

1. 在前面第 19 章与 21 章中,我们详细讨论了各种力量的多元性与统一性。统一性意指或是绝对力量(一元论)的胜利,或指形式(有神论)的胜利。然而,诸力量在数量上也许会减少到相互之间斗争的两种——**二元论**。于是,宗教就成为这些力量之间以及人自身在其中参与的竞争。

二元论存在于许多地方,我们已经观察到,在古埃及的崇拜中,人们如何自称为神的一部分,以反对其敌人。[1] 事实上,埃及人对于二元论以及分裂的任何东西,如天堂、地狱、王国、行省、庙宇等,都有着极大的热情。大体上说,他们把整个世界视为是分裂的,由两个领域的神来代表,通常是何露斯与塞特。但是,二元论的历史形式出现在波斯琐罗亚斯德教中,在这种宗教中,伟大的奠基者与改造者构成了由自然的二元论而来的行动的二元论:正如不停地斗争着的人的整个生命一样,宇宙的整个生命也是如此。

然而,琐罗亚斯德教的二元论并不关注精神与肉体的对立,即是希腊人的两个对应物——尽管它肯定也承认这种区别——但是,它关注的是善与恶这个更深刻的二元论。"智慧的心智"与"恶的心智"相对立,"恶"思想与"善"思想相对立,"真实"与"谎言"相对立,等等。[2] 而琐罗亚斯德与虔诚的人类的对立物是非人,家畜的对立物是狼、水的对立

---

[1]　参见本书第 53 章。

[2]　H. Lommel, *Die Religion Zarathustras nach dem Awesta dargestellt*, 1930, III. 在这一章和接下来的章节中,这些特殊宗教的主要文献并未列出;最具价值的应该是 H. S. Nyberg, *Die Religionen des alten Iran*, 1938,第 263 页,第 372 页以下。

物是旱灾、植物的对立物是虫害等。[1] 因此,对整个世界的理解是从对相互冲突的宗教体验的观点,根据对照的双方来进行的:"在这个世界上,服从将战胜违抗,和平战胜不和,慷慨战胜吝啬,谦恭战胜自大,真实战胜虚伪,真理战胜谎言。"[2]

602

2. 在波斯人看来,正如在北方民族看来一样,"生活就是斗争。但是,波斯人有着劳动者的清晰信念:努力是会有用的,而北方人却梦想每样东西都将被摧毁。"[3]波斯人自己已意识到了被称为工作的肯定性的斗争,在这方面,琐罗亚斯德是典型:"他将被选为主人甚至是代表法律的主人,他在此生为马兹达,在未来的王国中,为阿胡拉准备着正面的或善的工作。"[4]神圣的农业劳动是实践的形式,斗争在其中仍继续着:"培育稻谷的人也培育了法则,并用可能是最好的方式发展了马兹达崇拜者的宗教;他用一百根柱子,一千次的支持,一万次的祈祷,强化了这个宗教。如果有谷物,恶神会因害怕而出汗;如果有谷穗,恶神就会变湿;如果有面粉,它们会瞎叫,如果有生面团,它们就会发狂了。"[5]因此,波斯宗教并不区分"精神性"工作与这种"体力"劳动;相反:所有以农业为基础的劳动,都是在为这个主人服务,因此美德就是工作,就是斗争。

事实上,这种斗争在出生之前就出现了。因为二元性存在于事物的第一因中,人类原初的精神存在要在善与恶之间作出选择,确切地说,正如两大精灵自身在最初的一次选择中决定世界的命运一样,上帝之国被称为"人应该选择的东西",即 varya,对信仰来说,这个术语并不意指坚信或它的同义词,而是指"成为一部分,出于自愿的决定"。[6] 宗教就是斗争。

---

① 　Lommel,同前引书,第 120 页。
② 　*Yasna*,60,5;Lommel,前引书,第 86 页。
③ 　Olrik, Geistesleben, 25.
④ 　Bertholet, *Lesebuch*,Ⅰ,7.
⑤ 　同上书,Ⅱ,37。
⑥ 　Lommel,同前引书,第 156 页以下。

　　进一步说,这种斗争也有其最大的限度,它不在于这个事实,即,阿胡拉·马兹达是主宰,是造物主,他的力量从根本上说最终是会胜利的。在有神论者看来,印度袄教的一神论并未排斥斗争,主宰之神的精灵就是善的精灵,是与恶之精灵相对立的斗士。但是,在所谓的大明神论的一元论中,在无限时间的教义中,这种竞争有其极大的限制,它是琐罗亚斯德教分裂的一个因素,因为,关于阿胡拉·马兹达与安格拉·曼纽同样都出自大明神阿卡拉纳,出自无限时间的这一信仰,消除了斗争的理由,完全使其道德方面变成无效的了。[①]

　　3. 最终出自琐罗亚斯德教的摩尼教,几乎不可能被视为斗争型宗教的历史形式。因为,在这个宗教中,世界被抛弃,被忘却了。大体上说,只有个人的灵魂是努力的目标,这再一次被重新解释为禁欲主义,二元论关注精神与物质之间的对立。但是这似乎也结束了作为宗教之基本特性的斗争;于是,斗争型宗教消退成了一般的二元论,我们最早在希腊的俄耳甫斯教义和诺斯替宗教中可以辨识出这种二元论:上帝不再是世界的上帝,斗争已丧失了其基础。

---

① Lommel,前引书,第 24 - 25 页。Nyberg,前引书,第 388 页。

第 91 章 / 安宁型宗教

我们已经多次讨论过安宁型宗教。然而,它没有历史形式,尽管如此,我们仍必须在此提及它,因为就像无神论与我们稍后将会谈及的不安型宗教一样,它是一切历史宗教中的一种重要因素,事实上,它就是神秘主义。[①]

任何一个如此强烈地体验过力量之**魅力**,以至于无法抽身退出或逃离这种魅力,但是另一方面,却会从冲突中退缩出来,或者至少是不可能把斗争视为其生命中的典型因素的这一个人,都会渴求宁静,渴求安宁,这种安宁在神的本质与人自身之中,在上帝与人性之间,在大多数人之中占主导地位。如果人把这种宁静设想为或者是根本上可获得的,或者是完全可达到的,那么,它就拥有了一种安宁型宗教。但是与此相关联,他总还有一种不同的宗教,安宁型宗教至多是一个主导性的组成部分。因为不仅是斗争型宗教与意志型宗教反对安宁,而且无限型宗教同样也不是完全对它没有影响。首先,一种完美的安宁型宗教必然会完全废除作为一种历史形式的自身,因为没有某种活动,就没有任何宗教;其次安宁本身没有斗争是不可能获得的,事实上,它是通过激烈的斗争才获得的。因此,安宁只是渴求的目标;然而它可能会完全地支配一种宗教,于是,出现了一元论与泛神论的体系。但是,它也可能被吸收进宗教的种种活跃倾向中,或者作为人的终极目标,或者从末世论的角度看,作为终极的活动,即上帝的终极行动。第二种类型的一个例子是圣保罗的如下宣言:"万物既服了他,那时,子也要自己服那叫

---

① 参见本书第 75 章。

万物服他的，叫神在万物之上，为万物之主。"①这当然是安宁，但既不是泛神论，也不是一元论：这是渴求统一在被称为爱的上帝之中，这爱最终是由上帝自己恩赐的。荷尔德林的这一精彩说法也可以作为第一种类型的例子："世界的各种纷争就像爱人之间的争吵一样。在争斗中将会发现和好，所有已分离的东西又会再统一。动脉在心脏里又一次地分开、汇合，一切都成了一个单一的、永恒的、放出光辉的生命。"②这些话所描述的是，疏离之后**必然**到来的联合，尽管无疑只是一种渴求、一种前景。

---

① 《哥林多前书》15:28。
② *Hyperion.*

第92章 / 不安型宗教

在此,不安型宗教、有神论,也必须有其特定的位置,因为它也是每种历史宗教的一种因素,尽管它从未得到过自己的适当形式。它既非斗争的,亦非安宁的,既不受好争斗的风尚支配,也不受对和平的渴求支配。事实上,它是一种从不休息的上帝的宗教,这个上帝"不打盹也不睡觉",①也不让他的子民们安静。然而,这种宗教并未排斥斗争与安宁,因为斗争是不安的形式之一,而安宁是其另一端与对它的渴望。不安一直是人性中的本质要素。斗争的状况也是毫无歧义的。也许是人的上帝召唤人去斗争,但也可能是上帝把人抛入了不同的不安之中,因为他可能是如此优秀的一个战士,以致于他只能在斗争中找到他的安宁;不过他不必这样做。平和的安宁作为最后的目标在召唤着,我们可以回想一下这段熟悉的话:"直到我们的心安息在你的怀中,我们都没有安宁";而对这一目标的每一次期待,看起来却是罪愆。

所以,上帝是永不安宁的**意志**,它统辖着人类的所有生活。这一点在《旧约》中可以很清楚地看到。在《旧约》中,上帝担忧与安慰、放弃与追求、惩罚与同情,生气与爱——但没有片刻的安宁。

> "神啊,你丢弃了我们,使我们破败。
> 你向我们发怒,求你使我们复兴。
> 你使地震动,而且崩裂;
> 求你将裂口医好,因为地摇动。

---

① 《诗篇》121:4。

你叫你的民遇见艰难；

　　你叫我们喝那使人东倒西歪的酒。

你把旌旗赐给敬畏你的人，可以为真理扬起来。

求你应允我们，用右手拯救我们，

　　好叫你所亲爱的人得救。

神已经指着他的圣洁说：

　　"我要欢乐，我要分开示剑，丈量疏割谷。

基列是我的，玛拿西也是我的。

　　以法莲是护卫我头的，犹大是我的杖。

摩押是我的沐浴盆，我要向以东抛鞋。

　　非利士啊，你还能因我欢呼吗？"

谁能领我进坚固城？谁能引我到以东地？

神啊，你不是丢弃了我们吗？

　　神啊，你不和我们的军兵同去吗？

607　求你帮助我们攻击敌人，

　　因为人的帮助是枉然的。

我们倚靠神才得施展大能，

　　因为践踏我们敌人的就是他。[1]

　　然而，不安型宗教并不局限于以色列的历史形式。事实上，它不仅在伊斯兰教与基督教这类紧密相关的宗教中，而且也在所有的宗教中出现。对宗教来说，无论安宁的成分会如何强烈，上帝也仍然是一个令人不安的因素。因为，力量首先总是阻障人接受生活、放纵自己的那样一种强力；[2]在《诗篇》中，也可发现对此最直截了当的表达。

---

① 《诗篇》60：1－12(Moffat)。
② 参见 Jaspers, *Psych. der Weltanschauungen*, 339。

我往哪里去,躲避你的灵?

我往哪里逃,躲避你的面?

我若升到天上,你在那里;

我若在阴间下榻,你也在那里。

我若展开清晨的翅膀,飞到海极居住,

就是在那里,你的手必引导我,

你的右手必扶持我。

我若说:"黑暗必定遮蔽我,

我周围的亮光必成为黑夜",

黑暗也不能遮蔽我使你不见,黑夜却如白昼发亮。黑暗和光明,在你看都一样。①

　　我们发现这种思想毫不例外地在所有宗教中或多或少地被不断重复,从原始的宗教(其中,对神的恐惧占统治地位)到最神秘的宗教(其中,对上帝的爱融化了虔敬的信众)都是如此。的确,在这些宗教中,并没有那样一种基础:在以色列宗教中,那种基础表现为人与上帝之间激动人心的戏剧场面。

我的肺腑是你所造的;

我在母腹中,你已覆庇我。②

而这构成了作为一种历史宗教的犹太教的本质。在那里,在基督教中也一样,上帝的创造性意志本身就是不安的根源。上帝到人间来,摧毁了巴别之塔,又第二次下降,以便拯救人类;无论是发怒还是怜悯,他都从未让人类平静,无论人到哪里,上帝创造性的爱都追随着他。

---

① 《诗篇》139:7-12(Moffat)。

② 《诗篇》139:13(Moffat)。

第 93 章 / 宗教的动力·混合宗教·传教使命

1. 在前面的第 19 章中，我们已经知道，混合宗教就是导致从多魔鬼论到多神论的过程。但是现在我们必须更彻底一些地把握它的本质特性：事实上，它是**宗教动力**的一种形式。换言之，如果我们希望发现所谓"诸大宗教的本质（我们现在必须来讨论它），我们就不只要考虑它们的静态特征，也要考虑它们的动力，这是绝对必要的。因为历史宗教是一种形式，一种有组织的体系。然而，它的特征并不是固定的、不变的，相反，它们总是处于不断的变化中：不是被构建而是在生长，处于一种连续不断的扩展状态中。"因此，每一种宗教都有其过去的历史，在某种程度上都是一种'混合宗教'。当时机成熟的时候，它就从一种混合不变成了一个整体，并且须遵从自身的规律。"[1]

埃及宗教（希腊宗教也类似）是从大量的地方宗教中产生的。在古埃及，这种混合的过程在很早就开始了，并且非常有意识地继续着。[2]其中一个大城市的祭司集团热情地致力于地方流行的膜拜团体的统一，并对众神之间的相互关系进行的阐释。另一方面，在希腊，神谱受到诗人们的影响。然而，在埃及与希腊文化的顶盛时期，仍然存在着例如俄赛里斯教、瑞教（Ra）或卜塔教、阿波罗教、宙斯宗教或狄俄尼索斯宗教，它们都保持了自己的独立性，并且相互对立。它们最后合并成为一个大的整体，这种合并一直是理论上的或诗意的。[3]然而，当"世界"

---

[1] Wach, *Rel. wiss*, 86.
[2] H. Kees, *Zeitschr. für. ägypt. Sprache und Altertumskunde*, 64, 1920, 99 - 100.
[3] Chantepie, 前引书, I, 75。在某种程度上，"万神殿"一直是理论或诗歌。参见本书第 19 章，以及 G. Furlani, *Actes du V. Congrès*, 154. 巴比伦的众神被认为是尼木塔（Nimurta）的四肢。

逐渐越来越小时,几种宗教便开始有了接触,这方面最令人印象深刻的
例子是希腊化时期的诸宗教混合,那个时代将整个有人居住的世界的
宗教吸引到那里,并且使它们交织合并,或者成为巫术的活动模式,或
者成为神秘仪式,或者成为哲学沉思。确实我们可以断言,在帝国时代
结束之时,存在着无数的宗教,因为每个人都有其个人的信仰体系,许
多人甚至同时有好几个信仰体系;但是也可以说只有一个唯一的宗教,
因为所有具有最不同起源的宗教的组成部分,都统一在了一种具有占
星术一泛神论色彩的虔敬中,对它来说,宙斯的名字象征着一种集合点
而不是任何不同的特征。

　　因此,每一种历史宗教都不是一个而是多个;当然,也不是不同形式的
总和,而是在各种各样的形式接近其自身的形式并合并于其中的意义上的
多个。在某种特定的程度上,这种说法也适合于大的,即所谓的世界宗教。
例如,当我们把自己限制在基督教与伊斯兰教范围时,从动力学的观点来
看,它们也是混合宗教;我们在基督教中发现了以色列的遗产,希腊的遗
产,甚至还有来自波斯的一小份遗物;混合的痕迹,尤其是希腊精神和以色
列精神的混合痕迹,并未完全地消除! 类似地,在伊斯兰教中,基督教、犹
太教和原始宗教相遇并溶合进一种独一无二的新形式。[①]

　　近年来,与罗马帝国时期的无边无际的混合宗教非常类似的东西
也出现了。在各种半隐秘或完全隐秘的神秘膜拜倾向之中,出现了神
智学、人智学、基督教科学或(新的)苏菲主义等名目之下的神秘膜拜。
所有这些形式大体在某种程度上都致力于混合宗教,因为它们深信,所
有的宗教从根本上说,只是外表不同的一个终极。尽管如此,它们都是
来自在所有地方都出现过的宗教和精神倾向的混合物,例如东方宗教、
基督教、现代的观念主义、自然科学的倾向等。这些混合物自然常常造
成非常特殊的混淆的印象,然而,这种印象完全没有使它们自己的信众

---

① 日本的民族宗教神道教是一种没有混合论的宗教,因此是一种不需传教的宗教! 在这个例子中,
宗教完全被吸收进民族特征中了(参见本书第 37 章)。R. Pettazoni, *Die Nationalreligion
Japans und die Religionspolitik des japanischen Staates*, *Orient und Occident*, 1932, 5。

有任何不安！

2. 但是在这一点上，一个我们已多次碰到的概念的更准确定义，也许就出现了，这就是"**转换**"的概念。"转换"是指任何一种现象之意义的改变，这些变化出现在宗教的原动力中，而其形式却保持不变。关于"神的殿"①那个"圣神的字眼"，即伯特利的神话，是从物神崇拜的体验到对神的显现的体验之"转换"，由此又转换为宣告神的临近，最后是训导的安慰。类似地，在前琐罗亚斯德教的印度祆教中，屠杀公牛被视为值得赞许的对生命的释放（因为密特拉神根本不是恶意地杀害动物，而只是为了给出生命，仿佛它是流动的一样），类似地，对公牛的屠杀，在琐罗亚斯德教中也发生了"转换"，它被魔鬼化而成了阿里曼最早的毁灭行为。② 在基督教的崇拜仪式中，烧香的祈祷，通过"转换"而变成了对圣餐仪式中主的降临的**祈祷**。③

进一步说，"转换"出现在所有的时代，但是它主要出现在改革④与传教时期；通常宗教的古老东西仅在很小的程度上被替代，而在本质上却一直保留着已被改变的意义。因此，几乎所有的新教团体都保留了圣餐仪式，但是已经"转换了"，保留着一种转变了的意义，而这一点，在罗马教会自身从古代教会接受它并改变它之后，也如此。以色列先知的预言，继承了贝都因的十诫律法，并用一种宗教—伦理的意义去解释它，从那时起，我们自己也没有停止不断地转换更新十诫，从福音书直到路德都是如此。当然，一种现象的实际特征也常常会在转换中完全丧失，例如在关于烧香祈祷的上述例子中就是如此。然而，我们也经常有这样一种印象，即现象的本质从根本上说还是被保留了，哪怕对它的解释已经改变了的时候也是如此·正如在关于律法的例子中所看到的。

3. 进一步说，宗教的原动力表现在传教使命中。这一点在最初时

---

① 《创世记》第 28 章。
② Lommel，前引书，183。
③ Lietzmann, *Messe und Herrenmahl*；关于圣礼中的转换，亦可参见 Will，前引书，II，第 112 页以下。
④ 参见本书第 94 章。

也许完全是无意识的,只是诸宗教间的相互影响,这种影响是地理上的
接近和文化上的交流等等的结果。然而称之为传教,是因为它是传讲、
论述和见证的结果,[①]并伴之以影响与被影响的两种宗教生活中的一
切转换。弗里克多次对宗教的这种相互功能进行过具有启发性的描
述。在这里,宗教间相互的同化发生了,或多或少已改变的意义的宗教
价值观的替代也发生了;[②]但是与此同时,还出现了一些因素被孤立的   611
情况,那些因素似乎被认为是无害的。例如,天主教吸收了神秘主义,
代替了民间宗教,而同时,它又将禁欲主义隔离在修道院制度中。[③] 这
种传教类型也可见于每一种存活着的宗教。

　　但是,一旦传教的扩张被理解为宗教团体的核心活动,它就有了一
种完全不同的特征。它的影响就会变成对教义与崇拜的完全有意识地
宣扬,以及对一种宗教之特定性质的广泛传播。正是在这个意义上,犹
太教造就了它的新入教者,但是它也遭到了挫败,因为它使"给定的"团
体与拯救的团体统一;[④]但是一般而言,有意的传教运动则是以这种平
等性的瓦解为前提的。因此,大规模传播的宗教都是世界宗教,如佛
教、伊斯兰教和基督教。在这三者之中,伊斯兰教目前是一种典型的传
教型宗教,因为它认为,信仰的能动力量完全是一个过程的问题:所以,
征服在伊斯兰教中处于核心地位。结果,它根本不用派遣专门受过训
练的传教士,先知的每一个追随者本身都是一个传教士,他们以先知为
榜样,宣扬一种极其简单的崇拜以及同样基本的教义。[⑤] 但是,传教活动
也被内在地整合在基督教会的核心中,尽管基督徒自身对这一点的重新
认识是非常缓慢的。无论如何,宗教只能通过活动而存活;在基督教中,
这种不间断的运动是圣灵的生命运动,没有任何限制可以强加给它。   612

---

① 参见本书第 58 章。
② *Vel. Rd. wiss*,第 53 页以下。
③ *Vel. Rd. wiss*, 55.
④ 参见本书第 32 章以下。
⑤ 参见本书第 62 章;W. T. Gairdner 和 W. A. Eddy,"*Christianity and Islam*",*The Christian Life and Message in Relation to non-Christian Systems*,*Report of the Jerusalem Meeting of the Int. Miss. Council*,Ⅰ,1928,第 252 页以下。

第 94 章 / 宗教的动力・复兴・改革

1. 每一种宗教永远都是要改革的,虽然它们也都已经经历了改革。生命的动力迫使宗教不断地改变自身的形式,而当其具有生命力时,它就要进行改革;改革的出现不可能仅与某种明确的冲突有联系,即便在最重要的情况下,例如涉及关于罪的不同概念的那些冲突中,也是如此。① 事实上,改革可能与任何既定的条件,任何一场争论有关。毫无疑问,路德的改革在对罪的一种更为深刻的意识中,发现了它的生命及正当理由;也许穆罕默德的改革也一样,佛陀的情况却大不相同,琐罗亚斯德的改革其基础也在另一些方面。然而即便如此,我们也可以说,任何宗教的改革都开始于改革者自身对神的体验,改革者属于宗教创始人那一特殊的类型。② 路德的忏悔的斗争,佛陀对苦难的体验,摩西的神的显现,穆罕默德的异象——这一切,对于他们各自属于的宗教团体来说,都意味着逐渐涌入新的教义、戒律、洞见等渠道的新生命。

然而,“被改革”的本质在历史宗教中是相当独特的,因此,佛教乃是对婆罗门教的改革,但是后者又是对古代吠陀的多魔论的改革;类似地,伊斯兰教是对阿拉伯人万物有灵论的改革,琐罗亚斯德教是对波斯“自然宗教”的改革;希腊宗教当时作为“荷马的宗教”与“柏拉图主义的宗教”,是对各种地方膜拜的改革;③最终,基督教是对犹太教的改革,而犹太教本身则出自对迦南人万物有灵论的信仰雅赫维的改革。事实上,当每一种宗教以其具本形式出现时,它们都毫无例外地是对一种改

---

① Mensching, *Sünde*, 68.
② 参见本书第 101 - 102 章。
③ 参见本书第 95 章。

革的改革：北传佛教是对原始佛教的改革，后者是前者的组成部分；基督新教是对中世纪基督教形式的改革，中世纪基督教又是对原始基督教的改革，等等。因此，没有一种宗教是完成了的，每一种宗教，即便"最原始的宗教"，都曾经不同，都将在某个时候再次显出不同。当然，这些改革不完全是在同等层次上进行的，它们也没有达到同样的深度。从佛教中产生出"大乘"，即普渡众生的改革，与出自原始基督教的中世纪教会，都只是变化的过程，[①]它们个别的发展阶段，事实上也许是在不同程度上以宗教体验为基础的，但并不像原初的力量及特征那样明显地相互区别。因此，它们部分地是由于需要适应，并且回归到某种改革前的阶段而产生的。当然，我们不可忘记，例如，圣方济各对上帝的体验是中世纪教会结构中的一个因素，后来也是其解体的一个因素。所以，唯一可肯定的是，有生命的宗教处于永恒的活动中，因此，改革不是某种任意的行动，而是**宗教之生命本身的一种形式**。

　　进一步说，一次改革要么会由于缺少所必需的能力而失败，要么会由于它完全放弃了它想改革的那个团体，而可能导致一个教派，或走向分裂：例如伊斯兰教的什叶派，以及基督教东西方之间的大分裂就是如此。[②] 从这些争论中，常常出现的结果是，这些教派或分裂的教会认为自己是正宗的真正的宗教，而其反对者则认为它们只是个教派，或者是异端。例如，新教就自认为是改革了的基督教，但对罗马天主教而言，它只是个异端。[③]

　　所以，用一般的术语来说，改革的三种类型应该是不同的：(1) 源于各种历史发展的改革，它们是从无数小的或大的宗教体验中派生出来的。这种改革会是，例如，从古代教会向中世纪教会的逐步演化；但是这一点不需再讨论，因为这种改革自身是明显而简单的，几乎不值得

---

①　瓦赫(Wach, *Rel. Wiss*, 162.)称之为"特征转换"，或者一种宗教的结构矫正；在这种宽广的意义上说，例如，荷马宗教的发展和奥古斯都对崇拜的改革，都是另一种类型的"改革"。

②　参见 O. Piper, *Sekte und Konfessionskirche*, *Zeitschr. für Theol. und Kirche*, N. F. 11。

③　参见本书第 35 - 36 章。

冠以改革之名,尽管它在原动力方面与正常改革一样,发挥着同样重要的作用;但是,看待它的角度也许只是转换和宗教混合论的观点。[①] (2)源于大众体验的改革——源于对神的重新获得生命力的集体体验的改革:我称这种改革为复兴。(3)源于某一个体对神的体验的改革:这便是完整意义上的改革。

2. 通过复兴这一术语我意指,一种宗教感情和期望的浪潮席卷了一个团体,而且使得其中的每一件事物都随着这种浪潮而进入了一种宽广情感和意愿的河道。它也可以与入神的体验相关联。[②] 但在所有的事件中,它包含了生命之潜力的某种释放,所有这些潜力都因宗教之目的而聚集起来,没有任何障碍,摆脱了所规定仪式的强制性。它也可能由某种单个的人所维持,但那种人的人格也可能在每方面都操纵着群众,尽管群众总是需要领袖;它可能形成一种宗教社团,也可能作为一种与现存团体分离的教派而自立。这种复兴是一种大规模的热情的浪潮,它在希腊早期的历史中,以一种基本的力量从北方渗透到希腊,并席卷一切。与所有的复兴一样,这种复兴是传染性的,从关于酒神狄俄尼索斯的迁移的传奇故事中,可以清楚地看到这一点;虽然极少数孤立的个人进行了反抗,[③]但是大多人都被卷进了神圣疯狂的漩涡中。正是这样,在奥尔科梅诺斯,国王弥尼阿斯的女儿们卷入那种疯狂,直到葡萄藤突然绕住她们的织布机,牛奶和蜂蜜从天花板上淌下来;然后她们也抓住了自己的一个儿子,把他撕成几块,与众多疯狂的女人们一起到山上去寻求解脱。[④] 在这则故事中,历史事件本身的背景是相当清楚的:流行的时尚更强烈地抓住了最初抵抗它的狂热的人们,酒神狂欢节的复兴变成了希腊宗教的一种盛行的潜流,它不仅在各种教派如俄耳甫斯教、毕达哥拉斯派中维系着自身,而且对整个希腊人的思想和

① 参见本书第 93 章。
② 参见本书第 74 章。
③ Euripides, *Bacchae.*
④ G. van der Leeuw, *Goden en Menschen*,第 117 - 118 页。Nilsson, *A History of Greek Religion*, 207。

愿望也有着久远的影响；因此也许可以这样断言，虽然它不是一种严格意义上的改革，但是它仍然彻底地改变了希腊宗教；没有这种复兴，也就不会有悲剧或柏拉图主义。

　　十三、十四世纪的鞭笞运动也是一次类似的复兴，它部分地旨在反对教士阶层，并把一切都带到忏悔的潮流中，而与此类似的是再洗礼派的复兴，其狂热思想转向了所谓新耶路撒冷——上帝之城： 　　615

> 　　我听见了号声，
> 　　在远方就听见了它的召唤，
> 　　在耶路撒冷，在以东，在巴珊，
> 　　信使在到处呼喊。[①]

　　更近代的复兴，从虔敬派到卫斯理宗，也属于这个范畴，虽然它们通常没有显示出明晰的狂热特征。然而，总是有那样一种必须的热情奔放的情感，即对上帝——唯一者的服从，在这种情况下，就是服从于信仰的内在性，生命的神圣性以及圣灵的能动性。进一步说，这些运动也可能会再次变成狂热的，正如起源于伊万·罗伯茨的威尔士复兴的圣灵降临运动，在今天已清楚地证明的那样；而以一种令人惊叹的组织，救世军，则以劝人皈依信仰这唯一目的席卷了大众。

　　3. 正如我已说过的，实际的改革起源于某些个人自己对拯救的体验。从那里出发，一种新的力量涌入生命，而这种生命在某种程度上使得旧的习俗、教义和道德走向终结，并使得一般的现存的生活与力量之间的关系走向终结，而且，在某种程度上使那些麻木僵化的因素恢复生命。通常强调的是第二个特征：改革者并"不是要废掉，乃是要成全"[②]，他想创造真正的宗教因素，宗教的生活，想在停滞的广袤荒芜的

---

① 殉道者阿尼克·雅恩斯(Anneke Jans)之复兴颂，见 Lindeboom, *Stiefkinderen*, 211。
② 《马太福音》5:17。

沉寂中再次引起反响。这也适用于《旧约》的先知们和律法，但律法是写在人的心里的；献祭，但那是出于破碎的心灵的；正如它也适合于耶稣、佛陀和"真正婆罗门"的理想，以及穆罕默德，诉诸亚伯拉罕。[1]

616 典型的改革是埃及的"异教王"阿赫那吞。[2] 为了恢复原初的倾向与努力，他把对太阳的崇拜置于核心位置，以替代对有形神的崇拜。但是在这样做时，一方面，他不可避免地冒犯了古代传统的动物崇拜（以及对一般的具有人性与兽性的众神代表的崇拜），另一方面，他认为他使太阳神的真正本质与其最初得到的恰当尊敬相一致，他在对神的名字的解释中表达了这个意思。他也保持了古代关于王权的教条，但却用新的神秘的内容去充实它。[3] 他的改革不是与旧的宗教对立，但却不顾传统的整体方面——即对死者的崇拜——而加以实行，这依然是一种典型的改革，在所有的改革中，同样本质的特征或多或少都会明显地呈现。琐罗亚斯德与穆罕默德，佛陀与耶稣，路德与加尔文，他们都废除了一些东西、保留了一些东西，完成了一些东西，而在涉及他们已改革的宗教时，他们也会采取一种完全不在乎的态度。用耶稣自己的话来说："你们听见有吩咐古人的话……只是我告诉你们……我来不是要废掉，乃是要成全。"[4]旧的东西或者被废除，或者被成全，或者被作为无关紧要的东西置诸侧旁。同样的描述也许可以用在路德身上：天主教忏悔的做法被废除了，教会就其本质而言得到了肯定，而崇拜保留

617 下来了，对它的态度是明显地不太在乎的。

---

① Frick, *Vgl. Rel. wiss.* , 47.
② H. Schäfer, *Amarna in Religion und Kunst* , 1931. G. van der Leeuw, *Achnaton* , 1927.
③ 参见本书第 13 章。
④ 《马太福音》5：17 – 18。

第95章 / 张力的宗教与形式的宗教

1. 当我们接近诸宗教中的那些"大的形式",并通过考虑它们的原动力来做准备时,我们越来越多地意识到,任何单一的术语几乎都不可能表现它们的特征。因此,为了对这些宗教作一个非常详细的描述,只有大量相互交叉的线索才能满足对其轮廓的清楚描绘。然而,即使在现在,当我们关注类型学时,任何一种单一的特征都不能使我们满意,这种情况正如黑格尔描述的那样,因为不可否认的是,当我们在处理那些大宗教所具有的如此错综复杂的历史结构时,我们绝不应该从分析的角度去解构(至少在现象学中不应该)历史自身已经结合起来的东西,因为这些东西已经在最紧密的联系中成长起来,而不仅仅是处于并列的关系之中。然而与此同时,我们如果不考虑那些交叉的方面,就几乎不可能发现任何坚实的历史基础,那些交叉的线索指明了一种宗教的本质特征,但其自身还是属于那个本质本身。因此,我们在开始工作时,必须像罗马人那样,一安置好营地,就决定大门和出口,即从北到南的主要通道,和从东向西的主要交叉线。

首先,大门会成为张力,出口会成为形式;而张力的宗教和形式的宗教就是希腊的宗教。事实上,很久以前我们就不得不完全放弃了关于希腊精神的古典主义观点:[①]希腊人不仅是平静伟大、高尚简单的民族。在这方面,罗德(Rohde)强调了希腊人对生命的感情有神秘的方面,而尼采则以对今天科学成就的精彩预言,肯定是把希腊人气质中的不协调现代化了,然而他并没有清楚地把握它。所以,希腊人是傲睨神

---

① G. van der Leeuw, *Goden en Menschen*.

明的民族,是狄俄尼索斯和阿波罗式的民族,是死寂的黑夜与明朗的白天般的民族,是厄洛斯黑暗的张力与轮廓清楚的形式的民族。正如克恩(Kern)所指出的,酒神狄俄尼索斯是解放之神;[①]在酒神节狂欢的膜拜中,在罪恶起源的神话中,在对死亡的神秘渴望中,在悲剧艺术的超验沉思中,狄俄尼索斯乃是在不屈不挠地渴求与寻找解脱,事实上是在寻求解体中努力超越自身的生命的象征。人们对狄俄尼索斯祈祷如下:"人们一年四季都将奉献祭祀,赞美摆脱无法无天的祖先的那些狂欢,疯狂地赞美他们。而从这一切中释放出力量来的你,将会使你要从沉重的辛劳与无尽的折磨中解救出来的那些人获得自由。"[②]酒神的神秘主义者没有像阿波罗的崇拜者那样吟唱;一旦他攀登上狂喜的高峰,他就会保持沉默。[③] 但是哲学家也知道概念有无助于他的时候,所以他只能够在神秘的外衣中来直面自己的思想。因此,希腊人敏锐地意识到了生命最远的边界,意识到了超越现实生命最初开始的地方:"谁知道这生命是否就是死亡,死亡是否可视为下界的生命呢?"欧里庇德斯如是说。[④] 在酒神赞歌中,生命被揭示为"死亡和消失,源于生命和走向新生的旅程"[⑤]。而对不朽的信念,则源于酒神节崇拜的入神体验。[⑥]

因此,是张力创造了生命,它是诸神中最古老的,但是它也胜过了生命,直到它停止呼吸并且只在消亡中找到安息:

> 在战斗中无敌的爱啊,
>
> 所以一切看到你的明眸都会投降,
>
> 你整夜躺卧,以少女的脸颊为枕,

---

① *Die grichischen Mysterien*, 48.

② Kern, *Orphicorum Fragmenta* No. 232.

③ Rohde, *Psyche*, II, 9;英译本,第 288 页。

④ Fr. 639;Cornford, *Greek Religious Thought*, 155.

⑤ Plutarch, *On the E at Delphi* , IX ; Cornford, 前引书,56。

⑥ 参见本书第 44 章。

你在高原上漫步，

又下到没有道路的大海之中，

爱俘虏了所有的神秘。

世间的人能不向你投降吗？

你所有的臣民都已疯狂。[1]

不过，我们已经讨论过爱神厄洛斯。[2] 作为一种历史形式，他被柏拉图从狂欢的俄耳甫斯教的渴求梦想中借用来，并且打造为一种永恒的象征。厄洛斯是神圣的张力，是贫穷和财富的儿子：这既是永恒的争斗又是永恒的消失，是对人不具有的善与美的爱，是一种永恒生命的产生，是性的渴望以及最具精神性的创造，是本能和最高尚的意愿。事实上，生育是人类最高能力的本质："所有的人都用其躯体、用其心灵带来生命……生育必然包含在美之中，这种生育是神圣的事情；因为孕育和生育是会腐朽的被造物中的不朽原则。"[3]在《斐多篇》中，厄洛斯导致了从身体到形式的转向，在此，这种转向预示了从希腊精神到希腊基督教的转向。但是，希腊精神的极性首先以一种恰当的外表体现在《会饮篇》中：永恒的张力在持续地生育着，然而却在对形式的极乐冥想中，得到了它最高的完成。

2. 因为这是希腊宗教的另一方面：此时清醒，彼时发狂，但却总是处于**对形式的平静的沉思冥想**中：这是古典文化的真相，也是黑格尔在论述从埃及宗教到希腊宗教之转变时的著名断言："这个迷要被解开，按照一则意义深刻而又美妙的神话，埃及人的斯芬克斯被希腊人杀死了，于是迷就被解开了。这意味着其内容是人，是自由而又自知的精神。"[4]因为，尽管埃及宗教几乎不能被描述为是迷一般的，尽管俄狄甫

619

---

① Sophocles, *Antigone*, 781 行以下。
② 参见本书第 76 章。
③ *Symposium*, 206；再参见 186b；"爱之神是何等的伟大、何等的奇妙与普遍，它的疆域延伸到一切事物，不仅延伸到人，也延伸到神。"
④ Hegel, *The Philosophy of Religion*, Ⅱ, 122.

斯的斯芬克斯也不是埃及人，而且如果再进一步说，"自由而又自知的精神"只可能按照自由而又有自我意识的形式来塑造自己，然而，一种学究式的科学应该了解，希腊宗教的一面事实上在此得到了相当清楚的表达：那就是纯粹的人性。实际上，没有一种宗教像希腊宗教一样是如此具有**人性的宗教**；甚至神秘主义、悲观主义和对"超越"的渴求的全部压制性的重量，都不可能压灭这种纯粹的人性。荷马用人的美妙形式来描写诸神：但是他没有把人奉为神；[1]与柏拉图的宗教相比，荷马的宗教——如阿波罗的宗教与狄俄尼索斯的宗教之对照——是对纯形式的感知，对形式的沉思：它并没有支配神，事实上也没有这种愿望。[2]"希腊人赞赏一种极高程度的健康——他们的秘密在于，即便是疾病，只要它拥有**力量**，也要把它当作神来崇敬"，尼采曾如此评论说。[3] 正是这一点对我们来讲是尤其重要的。因为，看起来荷马笔下的希腊人似乎在每种宗教应有的基本元素方面比较缺乏：不是简单地接受生命，而是将某些东西加于它，从它之中要求某些东西，并且决心利用它。从我们已讨论过的那种意义来看，荷马笔下的希腊人既非巫师，亦非信徒：[4]他们眼盯着这个既定的世界，把它作为神圣的形式来崇拜；迄今为止，黑格尔（和他之后的许多思想家）都是正确的，因为，如果忽略了希腊精神的另一方面，希腊宗教当然就是一种美丽的，具有本质上是审美特征的宗教。然而，这种宗教事实上是一种真正的宗教，还说不上是唯美主义。经过诗人和哲学家的改造，它仍然与死亡和神秘仪式的悲哀的、或渴望的崇拜一起，活在人们之中。[5] 事实上，对形式的这种沉思，正好是这种宗教中的"典礼"：与其他人不同，希腊人接纳了这个既

620

---

[1] Murray, *The Rise of the Greek Epic*，第 158 页以下。对希腊宗教这一方面的论述，参见 W. F. Otto, *Der Geist der Antike und die christliche Welt*，1923；以及氏著 *Der europaeische Geist und die Weisheit des Ostens*，1931。

[2] 这种说法在某种程度上表明，我同意 W. F. 奥托观点的正确和分量，尽管它比较片面。参见前引书第 621 页注 3。

[3] *Human, All too human*，I，192.

[4] 参见本书第 82 章。

[5] 参见 S. Wide, *Griechische Religion*。

定的世界,并把它作为形式来庆祝。当然,这种形式对希腊人来说,肯定既不是支配他的意志,也不是他胆敢希望去控制的意志,既不是他加以限制的力量,也不是压抑他的力量。奥托认为,对完全相异者的畏惧与渴望,在荷马笔下的希腊人中同样地缺少。然而,在那种情况下,人当然不可能理解为什么他的世界观应该被称为一种宗教,但是,完全相异者恰恰存在于那种**形式**之中,那种形式不是偶然的、以经验为根据的,而是神圣的、完满的、永恒的,它从既定的生命中灿烂辉煌地浮现。没有人比奥托本人更好地感受并表达了这一点。

让我们暂且追随他的说法:希腊人信仰的领域是来自"实存之财富与深度的一种发散,而不是来自其关怀与渴求"。[1] 因此,就希腊精神而言,重要的不是事件和能力,而是"存在。诸神变成了现实的形式,自然的多方面的存在得到了完美永恒的表达"。[2] "一切存在与发生的意义都蕴藏在形式中。它是真正的实在,是神圣的。它呈现在每一个地方,它和它所控制的生命循环的种种表现是一致的。但是,作为最高的本质和持久的存在,它在上天的光辉中独自高居于尘世之上。"[3]进一步说,这种宗教的情感几乎不关注死者或死亡:死者拥有形式,仅仅把它作为终结了的生命;"活着的人的形式实际上没有被消灭",但是死者并不呈现为魔鬼。[4] 再者,它并不力求从世界、从神或从人那里争取任何认可。人不应该从世界的过程或高于世界的诸神那里要求公正;只要"对神存在"意识是清晰的,人就绝对一无所求。[5] 低下的神话在地方膜拜的混杂中有一种完全可以理解的源头,[6]但是,荷马笔下的诸神

621

---

[1] *Die Goetter Griechenlands*, 1929,371。已经引用的这部著作,对关于形式的心理学和现象学而言特别有意义;参见 G. van der Leeuw, *Gli dei di Omero*, SM,7,1931。关于希腊宗教,Rohde 的 *Psyche* 和 Harrison 的 *Prolegomena*,尤其重要。另可参见 Wilamowitz-Mollendorf, *Die Glaube der Heillenen*, 1931-1932; Kern, *Die Religion der Griechen*, Ⅰ, 1926; Nillson, *History of Greek Religon*; Farnell, *Outline History of Greek Religon*; Murray, *Five Stages of Greek Religion*。
[2] *Die Goetter Griechenlands*,第 49 页。
[3] 同上书,第 210 页。
[4] 同上书,第 182 页以下。
[5] 同上书,第 331-332 页。
[6] 参见本书第 19 章。

并不需要任何这一类的辩护；他们的罪过绝不会冒犯奥林匹斯时代的希腊人。原因很简单：一个神的罪过只是一个实存物的永恒形式，人们不能指责实存者的存在。[①] 人的罪过事实上也是一种缺陷；但它并不导致悔恨，甚至更少导致关于罪的形而上学，例如在俄尔甫斯教中就是如此。因为神也会在人身上造成恶行，作为那些恶行之起因的激情"在诸神中有其美妙动人的永恒外貌，人甚至可以从其悔恨中去仰视它。"[②] 因此，令最早的希腊人深深苦恼的东西，即狄俄尼索斯的那种类型（那些永恒的神，自己也会有罪过），恰恰就是荷马笔下的宗教情感的基础；欧里庇得斯的赫卡柏，是因为被引入堕落而责骂海伦，怪罪的不是女神，而是她自己的性欲，她在这里怪罪错，因为女神正是升华到永恒形式的那种激情本身。[③]

这种形式的宗教在阿波罗的本质的真实特征中，得到了最充分的展示——在此，我们可以要再一次追随奥托。当然，阿波罗的形式是根据各种混合的线索从其他形形色色的神中发展起来的；但是在荷马的宗教中，它变成了一种崇高而卓越的形象，这是荷马笔下的一般形式的类型：由于体现了具有适当距离的理想，它"撇开了距离太近的一切，撇开了陷入事物中的状况，这是出神式的光景，同时还有灵魂的溶化、神秘的狂喜以及入迷的梦幻。"[④] 在此，正如奥托所设想的，在这种宗教与不仅是犹太教基督教等意志宗教与爱的宗教，还有希腊神秘主义与狄俄尼索斯（这个神在荷马那里几乎不扮演任何角色）之间，出现了一种鲜明的对照。因为阿波罗是一个贵族式的人物，他总是保持着他的距离："难道这些最完美者允许他们的极乐被人的任何严肃参与及其抱怨所打扰吗？"[⑤] 人只能是人，永恒的神不需要为他们过多地操心；在伊留姆之前的战斗中，当波塞冬向阿波罗挑战时，阿波罗回答道："震撼大地

---

① *Die Goetter Griechenlands*，第 311 页以下。
② 同上书，第 225 页。
③ 参见本书第 19 章；Otto，前引书，第 242 页。
④ *Die Goetter Griechenlands*，第 99 页。
⑤ *Die Goetter Griechenlands*，第 165 页。

者,如果我现在为着那些不时充满热烈的生命,吃着地上之果,而后就消瘦又死去的凡人,那些可怜的受造物去与你争战的话,你会认为我没有一点头脑,神志不清。"[1]当他的妹妹阿尔忒弥斯因为其胆小而责骂这个神时,他也因其威严的自我意识和自我尊严而保持着沉默。

因此,这种形式宗教并不追求另外的世界,只是追求已给定形式和形态的世界,而这个处于获得形式之中的世界(在此我与奥托有分歧!),严格地说就成了一种"新的"世界。事实上,我们在此是站在宗教最远的边界上:荷马时代希腊人的"神","既不是一种辩护的解释,也不是对世界之自然过程的阻碍和废除;它就是世界之自然过程本身"。[2]这方面还是有其局限,我们已在前面第 19 章中陈述过:因为一旦力量完全等同于世界本身,宗教就不可能再存活;它绝不可能没有"相异者"。所以,希腊宗教的拯救就是使既定的形式在进入无时间性的崇高中不朽与完美:它的缺陷(其自身的所有"狄俄尼索斯"式的诗人和哲学家都为之痛惜)在于,它只是预先设定这种崇高性而不去为之奋斗。因此,我们可以对奥托让步说:荷马宗教不仅具有美学价值,而且可以作为平等者同以色列宗教对立[3]——事实上甚至可以说,几乎没有任何地方比在这种希腊宗教中能够发现任何与以色列宗教的更纯粹的"对立面"。但是另一方面,我们也不能够排斥这种观点,即,恰恰是从荷马宗教中产生出来的这一极,已把宗教的要素化约到其最小限度。如果它确实不是荷马宗教所说的那种奋争、渴求、要求、无限、不可思议以及错综复杂的东西,而是形式的话,如果"人类存在的诸形式(对荷马时代的希腊人来说),是以这种他不得不把它们作为神明来尊崇的现实程度出现的话",[4]那么,完全相异者就的确可以在这些形式的完美性和永恒性中得以保留;然而,它总是在被完全合并于世界自身与人性的危险

---

① 　*Iliad*, XXI, 461(Murray).
② 　*Die Goetter Griechenlands*,第 218 页。
③ 　同上书,第 173 页。
④ 　同上书,第 299－300 页。

之中盘旋。所以，这种宗教被明显地划分出来，既不同于它自己的环
境，也不同于一般的宗教世界；没有任何令人敬畏的、专横的意志会坚
持要反对人；没有任何会毁灭已分离的东西的统一性会有吸引力；形
式，纯形式代表着崇高与卓越，人可以对之沉思。"在天堂范围内，诸形
式代表着相互之间的纯粹与伟大。在那里，纯洁的阿尔忒弥斯会以极
大的惊奇，去看待阿芙洛狄特的柔和。"①那是美的，因为它是完满的，
也是神圣的。但是，当奥托断言，"直接的肉体呈现而且同时具有永恒
的真实性（那是希腊人的形式创造的奇迹）"时②，这样一种危险至少并
不为其幻觉，即"直接呈现"遮蔽了"永恒的真实性"。事实上，它就是使
得悲剧作家痛苦的那种危险，而"狄俄尼索斯"式的神秘主义者和哲学
家们，却因憎恨肉体与这个世界而力图逃跑这种危险，躲到了对肉体和
这个世界的憎恨之中。

　　3. 形式宗教和厄洛斯宗教，在一个**单一的**民族的心灵中占有地
位，这是宗教史中一切奇迹中最伟大的奇迹之一；而且，这不是与张力
与调和并列，而是与之相统一的。厄洛斯是一个美男子，而形式通过其
美唤醒了厄洛斯；③这是一个奇迹，它是希腊宗教之丰富性及灵活性的
见证。因为它能够产生出菲蒂亚斯、也能产生了欧里庇德斯、荷马，但
是也能产生柏拉图。最终，荷马的诸多神并不是纯粹经验的自然形式，
而是在美学上"塑造出来的形式"；柏拉图的理念也离不开形式与美，它
们存在于"类似菲蒂亚斯的大理石雕像的那些东西之中。"④于是我们
可以理解，为何《伊里亚德》与《斐多篇》都是出于同一民族的天才。⑤
总而言之，狄奥提玛（Diotima）精彩的说法可以证明形式宗教**与**厄洛斯
宗教的统一性，显示出对厄洛斯神秘性的最终的洞察："（在实践上和在

---

①　*Die Goetter Griechenlands*，，第 309 页。
②　同上书，第 321 页。
③　至于对希腊精神的理解，参见 Geffcken, *Kantstudien*, 35, 1930, 第 427 页以下。G. Mehlis, *Logos 8*, 1919 - 1920. G. van leeuw, *Goden en Menschen*, *Einleitung*。
④　Mehlis, 前引书，45。
⑤　G. van der Leeuw, *Gli dei di Omero*, 19.

认识中)那些一直在爱的事物中受到教育的人,那些学会了按适当的秩序和顺序去认识美的人,当他们来到终点时,就会突然发现那令人吃惊的美的本质(苏格拉底啊,这是我们过去一切辛劳的最终原因)——这种本质首先是永久存在的,既不会增长也不会衰退,或者说,既不会盈也不会亏……走向爱的事物或被他人领向爱的事物的真正秩序,是用尘世之各种美的事物作为台阶,沿着这些台阶,他为另一种美的缘故而向上攀登,从一种美的形式走向两种美的形式,从两种美的形式到所有美的形式,从美的形式到美的实践,从美的实践到美的观念,直到从美的观念达到绝对美的观念,最终知道美的本质是什么……那种美并不是在黄金、华服、美男靓仔等标准之后……但是,如果人有那样一种眼睛能看见真正的美——我意指的是神圣的美,纯洁、清亮、纯粹,没有凡间的污染的阻塞,没有人类生活的形形色色和名利虚荣的污染——朝那个方向看,同那种真正的,即神圣的和简单的美进行交流,那又会如何呢? 难道你没有发现,只是在那种交流中,人可以用心灵的眼睛观察美,他将能够创造的,不是美的形像,而是种种实在(因为他所掌握的,已经不是形像而是实在了),他将创造并培育出真正的美德,从而成为神的朋友,如果凡人能够不朽的话,他将会成为不朽。那难道会是一种卑贱的生命吗?"[①]在此,形式与厄洛斯之间的平衡被发现了,从末世的观点来看,张力最终得到了缓和。

624

625

---

① *Symposium*, 210‑212(Joweet).

第 96 章 / 无限的宗教与苦修的宗教

1. 印度诸宗教象征着渴望战胜形式的胜利。如果希腊人不是希腊人，他们也可能会拥有摆脱"轮回"并走向涅槃之无意识的愿望，并且更加强烈地关注拯救以致到苦修的地步。然而，就历史实际的发展而言，我们发现，由于希腊人对世界的轻视，他们从未把无形式性作为标准，而在古典希腊人的世界中，苦修与贞洁的观念曾经一度流行，欧里庇德斯很欣赏这种观念：[①]这是对这位目光敏锐的诗人的伟大，以及希腊精神和印度精神之间的本质区别的证明。

如果我们暂时撇开佛教不论（在我们的思考中，它会占有一席之地），那么，印度诸宗教就**作为无限宗教和苦修宗教**向我们呈现。当然，我们清楚地知道，"印度诸宗教"包含了几乎是无穷无尽的多样性；与希腊宗教类似，印度诸宗教是在原始宗教之基础上建立起来的，它们至今还保留了许多这种原始宗教的成分。再者，印度诸宗教在守贞专奉（bhakti）的宗教中有其自身的界限，我们稍后将会讨论这一点。然而，印度宗教情感的主流，也曾冲击过欧洲的海岸，对现代世界仍然具有强大的影响，它把自己引向无限，并力图凭借苦修来达到目标。

因此，整个世界—事件都是原人的"普遍祭品"，一切事物都起源于这个原人；[②]有许多神将原人作为祭献，但它们并不是基本的神；此外，也存在着一个关于被肢解的巨人的神话，但是这同时也不是基本的。真正基本的是，把一切发生的事减化为一个单一的事件，把一切化约为

---

① 在 *Hippolytas* 中。
② 参见本书第 86 章。

一个唯一的存在:"原人就是整个宇宙,过去是、将来也是……诸神通过
献祭献出了这个祭品。"《梨俱吠陀》的赞颂诗中是这样说的。[1] 对孤独
和可能性的畏惧,对世界的关心或"关注",被无限地放大,于是,可能性
变得如此的有力,以致于人不再呼吸了——事实上,从字面上看,在瑜
伽的训练当中是如此;这种"关注"伸延到了宇宙的基础。它攒走了诸
神,把世界奠基于自我之中,把自我奠基于世界之中。"起初,这个世界
只是以人的形式出现的阿特曼(原人)。他环视周围,除自己外什么也
未看见。后来他先说了这句话:'这是我',于是出现了'我'这个字。他
害怕了。因此他确实害怕他是绝对孤独的。他默想着:如果除我之外
别无所有,那我实际上怕的是谁呢? 于是他的畏惧消失了。"亚哈瓦尔
恰(Yajhavalkya)如此说。[2] 因此,那伟大的平衡为自身准备了一条路,
它在一种强烈的激情中带走了涉及庆典的一切关注,和一切意味着畏
惧和诸神的距离:宇宙是自我,自我是宇宙,梵—我同一。奥尔登伯格
明确地描绘了这种平衡的发展,[3]这种平衡得到了桑蒂尔亚(Sandilya)
最精彩的表达:"梵是真理:因此它应该被尊崇。人只是由意志组成的。
从这个世界上经过的都是他的意志,要达到另一个世界的那一切也将
是他的意志。所以让他去尊崇自我吧:思想是它的天性,呼吸是它的躯
体,光明是它的形式,以太是它的自我——它象愿望一样被造成,象思
想一样敏捷;它在思想中是真的,在实信中也是真的,在香气方面很丰
富,在本质方面也很丰富;它渗透宇宙的一切领域,充满了这个整体,既
无声息,也无思虑。象谷粒或麦粒,或粟子或粟子种一般的小,这种精
神寓于自我之中,象无烟的火焰一样金灿,比一切天空都更大,比以太
更大,比大地更大,比一切存在物更大。这就是呼吸的自我,是我的自
我。我将凭借与这个世界的分离来达到这个自我。真正拥有这种知识

626

---

①　Lehmann-Haas, *Textbuch*, 92-93。参见 Otto, *India's Religion of Grace*, 68。

②　Bertholet, *Lesebuch*, 9, 102.

③　*Die Lehre der Upanishaden*, 第 55 页以下。

的任何人都不会有怀疑。桑蒂尔亚如此说。它就是如此。"①由于印度
多神崇拜的庞大体系以无数次重复来使这同一主题延续,由于印度文
学的伟大史诗在定语上不断地堆砌辞藻,印度宗教伸延至存在的一切
之中,宇宙与自我,在永恒的重复中变成了无限,在那里二者合成了一。

　　于是,所有的庆祝都停止了;但是**苦修**②必然会导向这种极点。通
常,我们只在行为、见解与认识的途径之间作出区别;然而,苦修既是行
动又是洞察,似乎是变成了行为的洞察。事实上,古代婆罗门的理想将
yatin(即征服自我者)的存在置于生命的终结处,征服自我者不再献
祭,但是在严格的苦修之中,他却将自己奉献给了冥想,可以这么说,生
命被延伸到了无限之中。成年人开始要作为婆罗门的弟子,要履行其
祭祀与生育子女的责任,然后隐退进森林,即"出家"③;从纷繁多彩、忙
忙碌碌的生活中产生了无限者的空隙。人并非简单地实践苦行:一旦
生命将自身引向实际的力量,那就是苦行。"大经(Great Text)指明了
这种力量。'那就是你','你,你真实的本质存在,你的精神是与在一切
之中统一的一:你就是宇宙'。"④吠檀多的宗教—冥想的热情与无限相
分离(无限是真实的、实在的世界),只是由于幻(Maya)的骗人的面纱:
"人应该知道自然只是幻象,大神只是骗子,整个宇宙充满了仅仅是他
的残片的元素。"⑤因此,世界与人都必须清洁,通过苦行、洞察或隐退,
来消除那块面纱:而印度宗教就是无限之路。幻象(Maya)、无明
(avidya)⑥必须停止剥夺"我"与"你"之间关系的本质统一。"显现出"
的世界是有梵同幻一起带来的:因此,创造是一种幻想的行动;人格神
只有暂时性的任务,只是无知崇拜的对象。洞察本质存在者知道不二
元论(advaita),即没有二,只有一。然而,这个"一"实际上是存在的。

---

① Oldenberg, *Lehre*, 57 - 58.
② 参见本书第 66 章。
③ 参见本书第 34 章。
④ Tiele-Söderblom, *Kompendium der Religionsgeschichte*, 157.
⑤ Bertholet, 前引书,9,140。
⑥ 梵文 avidya 的意译。佛教名词,变名"痴","愚痴","十二因缘"之一,"三毒"之一,"根本烦恼"之
　　一。特指不懂佛教道理的世俗认识。——译者

在这方面,吠檀多最伟大的注释者,也许也是无限宗教的所有先知中最伟大的商羯罗,把关于无的宗教与佛教作了区别。梵是无时间性的、永恒的存在,当它释放出自身之后,自我便通过洞察,从世界的虚无和你"与之合并"[①],因此,把印度宗教的特征定为统一性宗教是不充分的:因为具有无限性的一切被缠结成为统一,在那里,人类自我构成一个不可分离的部分。梵并没有命令什么,它仅仅存在着;根本没有任何其他的途径通向它或从它出来,除了存在之途径外。人既不能寻求它,也不能影响它,甚至不能爱它,他只能是它。作为宗教,那是作为人的一种态度,因此,婆罗门教是无限的宗教:它的目标,它的任务都是无限的。"虚无"已经提出了它的要求,但是被拒绝了。

2. 无限的宗教在佛教的"空"之中,发现了其逻辑后果以及其边界;然而,在专奉苦修的宗教中,又面对着另一条边界——那就是对伊斯瓦拉(Isvara)神的服从,奥托相当公正地指出,印度不仅有一个商羯罗,而且有一个罗摩奴者(Ramanvja):"在印度本土上,就曾经发生过反对非人格绝对者的'一元论'神秘主义之最激烈的争战。"[②]商羯罗的一位追随者对奥托说:"你们基督徒与我们的专奉苦修派一样。你们与上帝的关系是孩子与其父亲的关系。我们也赞成这一点。此外,ekata的专奉苦修派真正的、最终的完成,是与神完全的合一并成为合而为一的关系,在它之上并超越它。"[③]因此,在这种有神论的专奉苦修宗教中,神实际上是"赋予人以之信任、爱、崇敬和忠实的自我交托的神",[④]而不是为着民众的虔敬而作的引导和权宜之计。他的二元性的缺乏正是他的独特之处,然而,不二论必然归属于它充分的合理性,因为神和世界与灵魂和肉体一样,成为一体了。[⑤] 的确,这构成了无限宗教的一个边界;但是它绝不是通向意志宗教与形式宗教的桥梁。无形式性当

628

---

① 参见 Otto,前引书,第 30 页以下。
② 参见 Otto,前引书,第 17 页。
③ 同上书,第 21、22 页。
④ 同上书,第 29 页。
⑤ 同上书,第 32 - 33 页。

然受到限制,情感性地逃入无限之中,也会受到阻止。因此,在冥想性的专奉苦修宗教中,不断给我们留下了深刻印象的是,同伊斯兰教,但首先是同基督教的影响深远的一致性,因为,在此涉及的是一种"恩典宗教",[1]在某种意义上说,也是爱的宗教,在此,凭劳作得救与只凭专奉苦修获救(唯有信仰!)之间的对照,也会出现。事实上,在理解《薄伽梵歌》时,也可以参照意志与信仰的宗教中的专家们的教诲。[2] 而使专奉苦修宗教最终无疑成为无限型宗教的(尽管这些特征已在不同的方面指出了这一点),首先是它对生命的概念,其次(并不脱离这一点)是它对宇宙的概念。

奥托进一步指出:"再生"(在基督教中意指通过圣灵的全新创造)在专奉苦修宗教中只能意味着轮回,即没有断裂的出生之链;在一种宗教中属于最高恩典的东西,被另一种宗教视为这种恩典的粗劣赝品,而一种宗教称为解脱的东西,对另一宗教来说,恰恰是人必须从中摆脱的东西。对一种宗教来说,生命是有待完全再造的东西,对另一种宗教来说,生命会丧失,而且最后必然在无限中消失。[3] 至于宇宙,意志宗教与爱的宗教视之为一种创造物,是神的业绩;然而在无限型宗教看来,甚至在专奉苦修宗教中,被缓和并变成了更多是一种心灵宗教的东西。

629 看来,宇宙只不过是那唯一者的游戏(lila)而已。"当我想到体面家庭中忠于配偶的妇女时,我在她们身上看到的,是穿着贞节女子的外衣的神圣母亲;当我望着城中的妓女穿着人间的、无知羞耻的衣裳坐在露天的阳台上时,我看到的也是神圣的母亲。她正以一种完全不同的方式在做游戏",罗摩克里希纳(Ramakrishna)这样说过,他是印度教最后一位伟大的导师。[4] 因此,"显现"出的一切都只是对那唯一者的揭示,它在此拥有一种暂时的形式(印度教母亲女神的形式),然而,这种形式使

---

① 参见本书第 76 章。
② 参见 Otto,前引书,第 50 页。
③ 同上书,第 87 页。
④ Bentholet,前引书,14,83 – 84。

其他每一样东西都不再重要了；如果宇宙在运动，那运动也只可能是那唯一的力量与自身的一场游戏。因此，无论在空间中还是在时间中，神与人都没有任何分派好的"位置"：无限的运动随之将甚至最不能运动的一切一起带走了，而且，再一次消解了最坚固的形式。

630

第 97 章 / 虚无的与怜悯的宗教

1. 在佛教中,无限的途径导向了**虚无**。对早期佛教来说,最忠实地保留在"小乘"佛教中的,是敌视一切感官的表现:佛教艺术是存活在大乘佛教中;[1]这不值得奇怪,因为在小乘佛教中,神的每一种再现都被禁止了:形式消失了,意志也必然被消灭。因此,佛教首先是这样一种洞见,即,这种消失与消灭都是实在的;因此,这是关于否定性的宗教。

在这一方面,弗里克在三大宗教的"神圣黑夜"之间,作了具有启发性的比较。在伊斯兰教中,力量的黑夜(lailat al kadr),是《古兰经》被降下的时刻。在基督教中,神圣之夜是救主降临之夜。但是在佛教中,在那个神圣之夜,佛陀在尼连禅河畔获得了觉悟,也就是说,洞察到了四谛和解脱之途:"在此,我用沉思的斧子砍断了与世界存在之树相连的情感枝蔓,用知识之火烧毁了它们;官感欲望的溪流已被知识的太阳烤干;纯洁无暇的慧眼为我睁开,疯狂之网已被撕裂;世界存在的一切镣铐已为我松开了。"[2]不知道不理解关于苦难和它的起因、关于它的压迫、关于导致这一切的道路的真谛,是罪过与在这条漫长道路上徘徊的原因。"[3]因此,根除苦难的根源会导致轮回的停止;由于印度人的气质不可能设想除了循环之外的存在,所以它导致了虚无。事实上,对于僧人来说,如来最后的话所指的是这种循环的空无:"众生,听着,我对

---

[1] Mensching, *Buddh. Synbolik*, 5.
[2] *Vergl, Rel. wiss*, 第 68 页以下。参见 Bertholot, *Buddhismus im Abendland der Gegenwart*, 1928, 29。
[3] Bentholet, II, 17.

你们说,注定消失是生存(轮回)的表象;不停地精进努力吧。"①然后这
位导师进入了涅槃,他是通过几个阶段才达到涅槃境界的:四种程度的
沉浸把他带入了"无限的空间"的领域,然后他进入"无限意识"的阶段,
最终达到了"非存在"的境界。但是这也有正面的意义,幻想与感觉完
全不存在了。按照阿难达的说法,佛陀在这个阶段已经达到了完全的
安宁;但是阿努鲁达(Anuruddha)对此理解得更为充分,道路又一次回
转到了第一阶段的沉浸,然后又遵循着同样的过程。但是,从**第四种禅
那**开始,佛陀随即达到了完全彻底的涅槃。众神之王舍卡(Sakka)作出
了以下评论:"啊! 轮回的现象变幻无常,注定了上升和死亡。在它们
进入轮回后,它们就被消灭了;**它们的停止是至福**。"②佛陀绝不是神,
不是乾闼婆也不是夜叉,但他也不是人,事实上他可以是一切,在他身
上,这些不是被根除的"基本罪恶"。"从那里,我也许会再回来成为神,
成为生活在空中的乾闼婆,或者成为夜叉,或者成为人,就是说,基本的
罪恶在我身上被灭绝、被毁弃、被根除了。正如美丽的荷花在水中不会
被污染一样,我未被世界污染。因此,婆罗门啊,我是一位觉悟者。"③

　　当然,虚无具有一种正面的意义。④ 在大乘佛教中,虚无再一次以
"不可度量性"的面目出现,⑤甚至作为形式出现。然而,每一件事情又
都总是被否定:(救渡的)"大车"是从"虚无出发,它不会在任何地方停
下,或者,因为无所不知,它仍会在不停的意义上保持静止。"⑥"在不停
的意义保持静止",这种神秘主义的奥秘不可能被作出更为雄辩的表达
了,佛教是典型的神秘主义。拯救即涅槃,既不是存在也不是非存在;
"从比梵、比原人更深的深处,涅槃的预兆遇到了虔诚者的注视,他不曾
努力去解开它的迷,而是让自己迷失在其中。思想在其中静静地从这

---

① 　Bertholet,前引书,Ⅱ,24。
② 　Bertholet,Ⅱ,第 25 - 26 页。
③ 　同上书。Ⅱ,第 31 - 32 页。
④ 　参见之前对神秘主义的讨论,见本书第 75 章。
⑤ 　Bertholet,前引书,15,65。
⑥ 　同上。

种谜语中避开的方式,对想知道'结合创造之种种最深的能量的那种力量'①的浮士德式的渴望来说,似乎是虚弱而胆怯的。然而,佛教是如何彻底地弃绝了这样一种渴望啊!一种内在的伟大以及一首独一无二的诗存在于内心之中,因为人在此站在盖着面纱的超越者的形象之前,摆脱了要去揭开肉眼不可见的荣光的愿望;而在其自身存在的深处,他静静地、极乐地体验着这种荣光本身。"②对于这位敏锐的专家关于印度所说的这些精彩的话而言,只有一点可以补充,那就是,基督徒对得救的渴求,对佛教徒的宁静而言,也是陌生的,因为安宁的荣光并非宁静,而永远是"以主的名义来到的上帝"。上帝的形象与佛陀的神奇形象完全不同:在这些形象中,愿望被根除了,生命随之也被根除了;每一种潜力事实上在原则上都被视为十分遥远。除了那样一种精神操练之外,苦修也没有任何帮助,而那种精神操练则在沉浸的过程中,逐步剥光了个体,并导向了虚无。③

2. 然而,如果它拥有洞见,就会明白,出生与苦难必然**相随相伴**,所以佛教的本质意义是**怜悯**。④ 因此,卷入同样的苦难中,也就是整个地被带进同样的至福中——"它们或者可见或者不可见,或者远或者近,已经出生,或还要出生——愿一切存在物都在心中受到祝福!正如母亲保护她的孩子,她唯一的儿子,甚至以牺牲生命为代价,人也应该对一切存在物怀有无限的仁慈!他应该培养对整个世界的无限的爱的精神:上下四方,无牵无挂,没有仇恨也没有敌意。"⑤菩萨完全献身于一种单一的美德,而佛陀的一切美德同时存在于其中;那就是慈悲:"哦,佛主,当生命的功能显现,其他一切功能就运作,同样地,当大慈大悲存在,所有其他一切使人觉悟的美德也就显现。"⑥进一步说,这种慈

---

① 《浮士德》,第一部,"黑夜"。
② Oldenberg, *Lehre der Upanishaden*, 333.
③ Bertolet,前引书,Ⅱ,17。参见 Friedr. *Heiler, Die buddhistische Versenkung*, 1922。
④ 参见 Willy Lütge, *Christentum und Buddhismus*, 1916,第 30 页以下。
⑤ Bertholet,前引书,Ⅱ,84。
⑥ Bertholet,前引书,第 15,35 页。

悲的基础,是与生命轮回有关的一切存在的本质性的统一:"一个希望
以自己的本质存在走近一切存在物,以便帮助他们的菩萨,一个热爱佛
陀教诲的菩萨,怎么能够食任何活物的肉,一种人类的亲戚的肉呢? 他
们在第一次出生中完成了自己的存在,又在一个野生动物、一头牛或一
只鸟的子宫中再次出生。"①一个婆罗门弟子将其守贞的誓言维持了
42000 年,却因为同情一个否则就会死去的妇人而破戒;这个故事至今
犹存。② 这类故事后来发展到这种程度,例如,一个变成了野兔的菩
萨,为一个饥肠辘辘的婆罗门能有吃的而在火中烧烤自己,但在之前,
他小心翼翼地从自己的毛皮中抖掉寄生虫,以便它们不会受到伤害!③

633

　　然而,怜悯或慈悲并不是爱,"即便它是充满爱心的理解的一种表
现形式。怜悯或慈悲是在他人的痛苦(不论可能是哪一类的痛苦)中自
己也受苦。怜悯或慈悲与绝对者毫无关系,而只是反对苦难,它没有在
任何程度上针对作为个人的个体,而是被普遍化了。因此,它实际上贬
低了它所关切的人……而且在怜悯中唤起了一种绝对优越感,因为在
帮助他人时,人感觉到自己有力量……我们保持着这样一种态度,在这
种态度看来,痛苦与愉悦之间的价值对比是绝对的。当我们怜悯并且
因为我们怜悯时,我们并不是在爱。"在尼采无情地揭露美德的真相的
基础上,雅斯贝尔斯的这些评论,④完全可以适用于佛教。因为正如我
们已经一再观察到的那样,⑤爱永远是相互的爱,而且永远与绝对者和
神的行为直接关联,而怜悯则是看透了苦难的普遍性。怜悯是知道自
己可以使自己摆脱的人的高尚行动,而爱是知道自己被爱的人的行为,
对一切生物的仁慈,既不会制造地狱也不会创造天堂。但是即使在地
狱中,

---

① Bertholet, 前引书,15,50 页。
② 同上书,第 15,40 页。
③ Lüders, *Buddhistische Märchen*, No. 53.
④ *Psychologie d. Weltanschauungen*, 128.
⑤ 参见本书第 76 章。

当怜悯死亡时,爱仍然活着。①

3. 一方面,虚无的宗教在无限的宗教中发现了自己的边界,另一方面,也在形式的宗教和服从的宗教中发现了自己的边界。因此,对于严格的佛教而言,佛陀的圆寂并非本质的丧失,因为它仍然保留了主要的因素、教义和洞见。但是显然有许多人,当他们看来那拯救的光不再从佛陀的身上发出时,他们的太阳就暗淡了:"当佛主最后离去安息时,许多僧人也未摆脱情感,他们绞扭着双手,悲叹恸哭;另一些人突然倒在地上,来回打滚,他们悲叹道:'佛主最终这么快就去安息了,有福的人这么快就彻底倒下长眠了,宇宙的眼(即光)这么快就消失了。'但是,那些战胜了情感的僧人们,以严肃的思想和敏锐的见解忍受了这些。他们认为,存在者的一切表象都是短暂的,在这个例子中,它又如何可能不同呢?"②当阿弥陀佛的"重要誓言",即,直到渴望救渡的芸芸众生得救后才进极乐世界,把这种"洞见"和"教义"改变为意志的真正行动时,其门徒的信念事实上才被引向了逝去的佛主的意志,因为人会信赖这个誓言,它是要求信仰的一种拯救行为。③ 在此占上风的是这样一种虔诚,传教士们不失公平地把它与路德宗教改革的虔诚作了比较。顺从、信仰使人得到福佑。佛陀自己的决心本身就是一种牺牲:"我必从深渊中救起众生,我必从苦难中解脱众生,我必从**轮回**的洪流中引导他们出来。我必将把众生的全部苦难加在我身上,我决心在每个人不幸的生存形式中活过无数万亿的世代……的确,比起众生陷入生存的种种苦难形式的处境来说,我独自遭受苦难要好得多。"④然而,佛陀施行的拯救永远都是极乐的虚无:"为了寻找这种临时住房的建造者,我将不得不穿过许多次生命的历程,只要我仍未找到他,就会有一次又一

---

① *Inferno*, Canto XX, 29.
② Bertholet,前引书,II,27。
③ 参见 Frick, *Vergl. Rel. wiss*,第 93 - 94 页。
④ Bertholet,前引书,15,34。

次轮回的痛苦。但是现在,临时住房的建造者,你已被发现了,你将不
会再建造这种临时住房。你所有的椽都断了,你的栋梁也开裂了,接近
永恒的心智已达到了万念皆灭的境界。"①

635

---

① *The Sacred Books of the East* (*The Dhammapada*), X, 153, 154(Müller).

第 98 章 / 意志的与服从的宗教

1. 在宗教方面（在其他方面也一样），历史仅提供了有限数量的可能性：形式的宗教或无形式的宗教，意志的宗教或虚无的宗教，苦修的宗教或张力的宗教，怜悯的宗教或服从的宗教——关于上述这些宗教，历史的整个库藏似乎在实践上已被穷尽了。正如在历史过程中，人类很少一次又一次地转向某些少数的象征一样，也很少存在这样几种特征，它们可以用来描述力量之本质，也只有很少几种属性可以用于力量之上。因此，意志的与服从的宗教首先在以色列产生于物力论—万物有灵论的基础；多神论的任何中间阶段，例如像印度和希腊那样的阶段都不存在，或者说几乎完全不存在。因此，原始的以色列人在其生命中所感受到的力量，总是具有被称为魔鬼意志的特征；正如索德布洛姆正确地观察到的，以色列的宗教，至少是雅赫维崇拜倾向的宗教，是万物有灵类型的宗教，正如伊斯兰教那样。雅赫维被认为是"毁灭者、凶恶者、危险和莫明其妙地发怒者，因为他喜欢进行毁灭，出人意料诡计多端地去破坏，他无情地进行惩罚，残酷地要求并制造苦难。"[1]一位全能的武士，他消灭了其子民的敌人，但他也攻击他的仆人摩西，为了杀他，[2]便从他的朋友亚伯拉罕处强迫其唯一的儿子作为牺牲。他的话强而有力："到了第三天早晨，在山上有雷轰、闪电和密云，并且角声甚大，营中的百姓尽都发颤。……西奈全山冒烟，因为耶和华在火中降于山上，山的烟气上腾，如烧窑一般，遍山大大的震动。角声渐渐地高而

---

① P. Volz, *Das Dämonische in Jahve*, 9 (1924).
② 《出埃及记》4:24。

又高,摩西就说话,神有声音答应他。"①这是对火山爆发的描述,但同时也是对神秘体验的描述,对恶魔般的意志降至一个民族身上的体验的描述。但是神的谕旨失败后,他的沉默比他的话语更凶险更令人害怕。② 当耶和华"出了他的居所"(也许最初是在西奈山),事情十分可怕:"众山在他以下必消化,诸谷必崩裂,如蜡化在火中,如水冲下山坡。"③因为他的意志首先是惩罚:他就像一股热气扫荡沙漠,于是,以色列人体验到了作为令人敬畏的意志的力量之神圣。在先知们看来,这没有什么区别:"但要尊万军之耶和华为圣,以他为你们所当怕的,所当畏惧的。"④阿摩司也听到了雅赫维的声音,犹如从锡安来的狮子的吼叫:"耶和华从耶路撒冷发声,牧人的草场要悲哀,迦密的山顶要枯干。"⑤雅赫维也会"妒忌",他进入人的生活并破坏它,以使人的生命成为它的财产:"一个会妒忌的神进入了他们的生命,以令人畏惧的力量帮助他们,现在他渴望他们的整个存在与生存。"⑥有了这些,某种巨大无比的东西,对于宗教来说,才得以完成。

现在,这种令人畏惧的荒漠意志变成了历史的上帝,**他自己**子民的上帝。他把那个充满惰性的民族置于世界混乱的中心,他驱动着他们前进,并希望他们执行其恶魔般的意志,除他和他的意志外什么也别知道。而事实上,无论这个民族偶像崇拜的故态如何常常复萌,无论这个民族对其顽强而有爱心的主人如何缺少感恩之心和信仰之心,作为各民族中独一无二的民族,他都知道,其上帝是其唯一的拯救。就以色列人自身与其他所有民族共有的对力量的体验,在此为何既未导向多神论也未导向二元神论,相反却被整合进了对雅赫维压倒一切的体验之中,以至于在以色列,"那唯一的雅赫维囊括了一切",沃尔兹对此给出

---

① 《出埃及记》19:16,18-19(Moffat);Bertholet, 17, 39。
② 《撒母耳记上》19:37,27:6。参见 Volz,前引书,第13页。
③ 《弥迦书》1:4(Moffat)。Bertholet,前引书,17,40。
④ 《以赛亚书》8:13(Moffat)。
⑤ 《阿摩司书》1:2(Moffat)。
⑥ Volz,前引书,27。

了一种深刻而全面的描述。①"雅赫维变成了恶魔似的；相反，因为雅赫维吸收了每一样恶魔似的东西，他自己就是最有力量的恶魔，所以以色列人不再需要任何恶魔。"②因此，这就是以色列民族从事的伟大而大胆的事业。通过那样一种强有力的团体，它被自己的上帝所连接，它感到降于其身上的超人意志的能力是如此广大无边，以至于这个民族根本不可能去相信除雅赫维外的任何一种别的力量，即便对于各种事件的这种有力的简单化解释，竟会意味着邪恶力量也是上帝的力量。进一步说，信仰上帝方面的这种冒险，以色列民族的各个阶层都曾经进行过，例如，把最崇高的和最凶暴的东西同时归诸于雅赫维神的那种传说的编织者，还有在摩西一诫中出现的民众意识，都进行过这种冒险："在我的面前，你不可有别的神"；另外，在《约伯记》中，"万物都统一于那唯一的上帝——在这里，以色列的上帝自身变成了恶魔似的，事实上几乎是撒旦似的。"③

因此，再说一遍，某种巨大无比的东西，对这个小小的民族来说，就已经完成了：**信仰就诞生**了。力量作为意志现在得到了信仰；而且，即使当它导向了谜一般的、令人疑惑的历史混乱时，甚至当它以比最坏的恶魔更具恶魔性的面目出现时，事实上，甚至当它"抛弃"了这个民族时，也是如此。

进一步说，按照这种情况来理解，一种富有特色的相似线索也可以在希腊人那里引出。因为，无论是《旧约》的犹太人还是荷马笔下的希腊人，都从未承认过巫术。当然，巫术事实上在这两种情况下都出现过，但是从原则上来说，它已被克服了。对此的理由是：在希腊，人们不从神那里求得什么，神也不求于人；而在以色列，**一切**都要从神那里索求，而神也要从人那里要求一切："在这个将上帝与恶魔之力量集于一身的凶恶、可怕的神的面前，巫术完全消失了。在这个不仅是恶魔也是

①　Volz，前引书，31。
②　同上。
③　Volz，前引书，30。

上帝的神面前，任何魔咒都不可能有用。"①所以，以色列人与其上帝**生活**在一起：在争斗与分歧中，在忿怒与悔悟中，在忏悔与执着中，在爱与信仰中。

尽管就负面意义而言，进一步的线索肯定也出现在希腊人那里——我们在希腊人中，发现了形式的宗教。然而在意志的宗教中，**形式并不存在。**②希腊人是在诸神的某种辉煌王国的远处来感受与神的关系的，而在以色列人这里，与神的关系却过于密切：上帝竟然是这样一种实在，以至于可以让人去描绘他的种种特征。按照《申命记》的说法，在西奈山上，肯定有"一个声音从火中响起"；③摩西听见了声音，"却没有看见形象"。④ 所以，在以色列人当中，在这种形象中十分接近的力量面前，原初的敬畏获得了一种十分独特的意义：使自身强加于人的那种意志是如此地接近，以至于人什么也看不见，但又是如此地"全然相异"，以至于什么都看不见反而很好。因为，看见上帝的任何人都必死无疑："你不能看见我的面，因为人见我的面不能存活。"雅赫维对摩西如此说。⑤ 但是，从上帝的山上那令人畏惧的黑暗中发出的声音，同样也在人最深的心灵中响起，它是更令人敬畏的，就因为它更加在近之处。

这声音说到了天谴，但也说到了仁慈。当然，这句话通常被认为是天谴停止的表象："耶和华有怜悯……他不长久责备，也不永远怀怒"；⑥然而，显然正是雅赫维的爱与恩典，仁慈与怜悯的条件，通过天谴，给了这些东西一强烈的现实性，这种现实性同时也是"相异的"、超越的、赋予了它们以"选择"的特征。这个既责怪雅赫维欺骗了他，又不能再承受上帝之力量的先知，⑦用这些美丽的言辞来表达雅赫维的爱：

638

---

① Volz，前引书，31。
② 因此，这几乎完全是神话。
③ 《申命记》5：20。参见 Bultmann, *Zeitschr. f. d. Neut. Wiss.* 29，1930，第160页以下。
④ 《申命记》4：12；参见本书第65章。
⑤ 《出埃及记》33：20。Bertholet，前引书，17，45。
⑥ 《诗篇》103：8－9。
⑦ 《耶利米书》20：7以下。Bertholet 前引书，17，78。

"我以永远的爱来爱你,因此我以慈爱来吸引你。"①

2. 从黑暗中再度响起的这种声音,传达了这样的**诫令**:人的**服从**是对上帝意志的回答。然而,关于这个主题的论述,前面第 69 章已经说过,不需要再作补充了。同样是在这条诫命中,上帝也近在人身旁:"我今日所吩咐你的诫命,不是你难行的,也不是离你远的。不是在天上,使你说:'谁替我们上天取下来,使我们听见可以遵行呢?'也不是在海外,使你说:'谁替我们过海取了来,使我们听见可以遵行呢?'这话却离你甚近,就在你口中,在你心里,使你可以遵行。"②

因此,以色列人的伟大口号是:"以色列啊,你要听!耶和华我们神是独一的主,你要尽心、尽性、尽力爱耶和华你的神。我今日所吩咐你的话都要记在心上。"③在此,这声音在人心中回响,它支配着整个的生命。在《约伯记》中,这种信仰达到了顶峰。

当然,在这条诫命中,④意志的与服从的宗教发现了自己的边界。因为,一旦上帝变成了法律,他便丧失了恶魔的特征,随之而去的还有其本质的特性。发布许多禁令的上帝(耶稣那些动情的布道是直接针对它们的)实际上会让人感到困惑,但几乎不会令人畏惧!对律法奇妙的爱,对来自内心的那个声音的服从,已经成为一种典册与律法主义的宗教,在这种宗教中,荒漠中滚烫的气息已经永远沉寂下去了。

这种宗教的一种完全不同的边界,出现在把契约说成是人与神之间的相互关系的现代解释中。因为现在,不仅是人,还有上帝也一样,都会言及"废除"或"抛弃"。亚当说:"你已抛弃了我",上帝回答道:

> 我的孩子,我们结合得如此紧密,
> 你是在用你自己的话打击你自己。

---

① 《耶利米书》31:3;Betholet,前引书,17,93。
② 《申命记》30:11 以下;Betholet,前引书,17,112。
③ 《申命记》6:4 以下;Betholet,前引书,17,112。
④ 参见本书第 62 章。

　　　　亚当说:"可怜我吧!"

　　　　上帝道:"可怜我吧!"①

　　但是,人自己必须支持的上帝,人必须向其表示怜悯的上帝,是对《旧约》中那种毁灭一切的意志的彻底发展,这种发展如此之彻底,以致它的本质已经超出了实存。

640

---

① 　Franz Werfel, *Zwiegespräch an der Mauer des Paradieses*, *Het wezen der joodsche religie*; K. H. Miskotte, 1932.

第 99 章 / 威严的与谦卑的宗教

1. "奉至仁至慈的真主之名,你说:他是真主,是独一的主! 他没有生产,也没有被生产;没有任何物可以做他的匹敌。"[1]在此说话的是那种威严的与谦卑的宗教。伊斯兰教是在犹太教和基督教强有力的影响下发展起来的,它不仅在起源上,而且在本质上,与这两种宗教都有密切的关系。伊斯兰教使我们面临着这样一个任务,即,理解它如何既能成为一种"大"宗教,又能在这种伟大性中获得一种真正独特的品质。因为伊斯兰不仅是精神的世界—力量,也是一种精神的形式。

一个已在伊斯兰教徒中工作了多年并能说那种语言(当然,我指的是他们的科学与宗教的语言)的朋友,能够主持一场关于古兰经章节的神学讨论,他在给我的信中写道:"伊斯兰第一是、第二是、第三还是一种宗教—社会情结,在其中,同样的重要性应归于这种结合的每一种因素……其动机的力量,是对真主之国度的渴求,其弱点则在于,它毫无怀疑地期望从一种不会再生,并且说到底,仍是此世的精神中实现这一目标。从其历史的从属关系来看,它是闪族先知学说的一个分支,因此,伊斯兰教在思想上和感受上相对较为贫乏。然而,它发展了一种巨大的力量,这种力量之根基,是对真主的信仰,或者换言之,它绝对严肃认真地看待真主的主权。"[2]不过,出于我们在此书中的目的,以及根据我们关于神圣团体所论述过的东西,[3]我们可以不讨论伊斯兰教中真

---

[1] 《古兰经》,第 112 章;Lehmann-Haas, *Textbuch*, 350。

[2] H. Kraemer, Solo. , Java。参见 W. H. T. Gairdner 与 W. A. Eddy 的 *Christianity and Islam* (*The Christian Life and Message in Relation to non-Christian Systems* , Report of The Jerusalem Meering of the Int. Miss. Courcil I , 1928), 250。

[3] 参见本书第 32 章以下。

主之国度的原则(其鼎盛在哈里发政权统治期间),[①]而仅限于讨论它对真主的信仰。

　　我将从尼采给人印象深刻的名言开始:"就其最高的形象而言,每种宗教在宣布相信它的那些人的精神状况中,都有一种类比。穆罕默德的真主:出于荒漠的孤独,狮子在远方的吼叫,强壮勇士的景象。基督徒的上帝:当男男女女听到"爱"这个词时所想到的一切。希腊人的神:梦中美丽的幽灵。"[②]雅赫维也是荒漠中咆哮的狮子,是令人畏惧的战士;在穆罕默德体验到安拉的种种形象并听到他的声音之前很久,他早就是这样了。安拉是一种人格的意志,他与这个世界有着十分固定的关系,[③]而且从他那里可要求某些东西。就这个事实而言,伊斯兰教与犹太教没有区别,正如前面已经看到的,我们在《旧约》中发现这一点肯定在程度上没有什么不同,但原创性更大。如果没有什么超过这一点的话,伊斯兰教实际上只会是"闪族先知学说的一支"、一派,或者说,如果我们愿意,可称之为对犹太教的改革。但是,伊斯兰教独一无二的特点是,(再说一遍),绝对严肃认真地看待真主的主权,或者用盖尔德纳(Gairdner)的话来说,真主拥有"绝对无限的权能","人在每一方面都只有顺从,而且,人自己的生存也需通过安拉的意志和力量的直接作用。"[④]伊斯兰教"崇拜无条件的权能"。"安拉的独一无二性与活生生的至高无上性,若干世纪以来,传遍了清真寺的每一个尖塔,传遍了几乎整个世界"。[⑤] 在伊斯兰教中,力量的概念达到了顶峰;正如在《旧约》中,形式完全消灭而接近于完全无形;但是,那种奔放、热情的意志使力量复生,并且使它成为唯一的实在,宇宙的力量。

　　我们也许会问,这一切在《旧约》中是否没有预示;事实上,在某种

---

①　参见 R. Tschudi, *Das Chalifat*, 1926。
②　*The Case of Wagner, We Philologists*, 165 (Foulis Edition).
③　Gairdner, 前引书,239。
④　同上。
⑤　同上书,第 238 页。

程度上,是有预示的。因为伊斯兰教和犹太教都曾崇拜万物有灵。^①盖尔德纳对穆罕默德的先知体验作过这样的描述:"这个阿拉伯的先知逐渐对安拉——唯一神——有了热烈的信仰。不仅是他逐渐拥有了信仰,信仰也逐渐拥有了他。他感到他已经**体验到安拉**,一个活生生的、绝对具有一切力量的、不可抗拒的存在"。^② 这段描述也许同样地适用于以利亚或耶利米的体验。但是在伊斯兰教中,独特的、决定性的因素是,关于真主的这种权能,无论怎么说都是不够的,而且说到任何事都要提及它。^③ 这也许是我的朋友用"毫无怀疑地"这一词意指的东西。无论是希腊宗教还是婆罗门教,是佛教还是犹太教,我们都不可能坚持认为,它们"毫无怀疑地"崇拜或者把形式赋予他们所体验到的力量或潜力,或者取消或服从这种力量。因此,在上述所有宗教中,在创始人和有生命力的团体中,都出现过在伊斯兰教中完全不存在的挣扎。于是,希腊人努力把形式赋予力量,而伊斯兰教,原则上说则憎恶一切形式。不二论的教义把外形的多元视为骗人之物,而伊斯兰教绝不以外形来影响自己;佛教曾进行过一种反对生命本身的空无的激烈争战,而伊斯兰教对这一切毫不关注。最后,犹太教与其上帝争执,而伊斯兰教绝不会产生约伯! 真主的至高全能,事实上被穆罕默德的追随者们"毫无怀疑"地信仰,而且似乎是毫不费力地进入生活之中;当然,这意味着一种强烈的信念,但同时也暗示着一种软弱的人性。所以,用悖论的说法,我们可以说,伊斯兰教是关于**神的实践的宗教**。因此便有了伊斯兰教徒著名的"专注、冥思":"无论在哪里,伊斯兰教徒都在祷告中学习独处;有些伊斯兰教徒则学习只与真主同在。"^④但是由此也造成了启示被忽视,尽管有先知和"经书";"启示只是对立双方之间一种形式的、机械的联系;^⑤整个伊斯兰神学都是在为真主的统一性,经常是独一真主

①　参见本书第9章。参见 Frick, *Vergl. Rel. wiss*, 83。
②　同前引书,第237页。
③　关于这种无限权能的"无常性",参见 Mensching, *Sünde*, 90。
④　Gairdner, 前引书,第246页。
⑤　同上书,第267页。

的统一性而争论。没有什么东西比像逃避（即把任何别的独立存在者同真主联系起来）更可怕的了。①

2. 此外，伊斯兰教是"**审判**"的宗教："当那件大事发生的时候，没有任何人否认其发生。那件大事将是能使人降级，能使人升级的！"② 真主的绝对有力，他的至高无上，不会被任何东西限制，这一点，甚至在世俗故事《一千零一夜》中也不断地重复，这意味着对人的审判。而人自己的态度只能是最深的**谦卑**："一切赞颂，全归真主，全世界的主，至仁至慈的主，报应日的主。我们只崇拜你，只求你佑助，求你引导我们上正路，你所佑助者的路，不是受谴怒者的路，也不是迷误者的路。"③ "阿卜·胡赖拉讲述先知的故事——真主将至福与宁静授与他！他说：人在浪费他的生命；当他的末日临近时，他这样告诉他的孩子：'我死之后，你必将我火化，碾碎我的骨灰并让它们随风飘洒，因为如果真主抓住我，他就会惩罚我，从没有人像我这样受罚。'当他死后，一切都照此办了。但是真主命令大地：'把他落在你每一处的骨灰集拢起来。'大地照办了。然后他又来了。真主问他：'什么使你如此行事？''是对你的害怕，真主'，他答道。于是真主宽恕了他。"④

那狮子在荒漠中咆哮：一位先知，代表了所有先知的"这位先知"⑤，体验到他的全能。那本经书从永恒中降临，先知的榜样解释了经书。现在，人知道他该做什么了，他怎样地谦卑都是不够的。由于真主，他只知道真主存在，他的存在是压倒一切的。应该承认，这种描述很多，但是另一方面，与更成熟的宗教相对照来衡量，它还是很少。

① 参见 I. Goldziher, *Vorlesungen über den Islam*, 1910，第 111 页。
② 《古兰经》，第 56 章。Lehmann-Hass，前引书，第 348 页。
③ 《古兰经》，第 1 章。Lehmann-Hass，前引书，第 350 页。
④ Lehmann-Haas，前引书，第 361 页。
⑤ Gairdner，前引书，第 249 页。

第 100 章 / 爱的宗教

1. 在处理历史问题,尤其是宗教领域的历史问题时,长期以来流行的作法是,尽可能小心地把个人自己所属的宗教置于背景之中,并造成这样一种印象,即一涉及宗教,个人就完全摆脱了偏见。然而,这种态度是与这样一种严重错误相关联的,即认为在精神领域,一个人可以采取任何一种自己想要的立场,或者可以随意扔弃它,仿佛选择任何一种世界观,或者暂时放弃所有的派性,都是可能做到的。但是,人们正在逐步地认识到,人是以某种相当确定的方式**生存**在世界上的——而且所有方面都与其自己的世界观相关联,任何"不偏不倚"的处理方法不仅不可能,而且无疑是有害的。因为它阻碍研究者以自己全部的人格去从事其科学任务。即便研究者并非自觉地是此种宗教或彼种宗教的信徒,而是折衷主义者或不可知论者,或者换句话说,如果他并未意识到他自己的宗教(实际上他有宗教!),这种企图也会有某种灾难性的影响,因为在努力获取对宗教问题的彻底理解时,研究者可以使其自身充满活力的宗教情感不起作用;进一步说,这种消除归根结底只是一种伪装,因为任何人都不可能从自己在世界上扮演的或多或少是确定的角色中摆脱出来。唯一可能的结果是,"不偏不倚"的(但那只不过是说不够聪明的)完全被一种宗教态度左右的处理方式,这种处理方式并未得到科学的阐明,因此它避免了所有的批评和讨论。因为"不偏不倚"的研究者通常习惯于一开始就毫不费力地或者从某些自由派西欧基督教那里,或者从启蒙运动的自然神论那里,或者从所谓自然科学的一元论那里借用来的宗教解释入手。

所以,如果在这一章中,正如在前面所有章节中那样,我遵循另外

的方法,有意识地从基督教观点开始我们对宗教现象的考察,那么,我
当然绝不会提倡任何教条式的处理方法,这种处理方法在除基督教本
身之外的所有宗教中,只可能了解伪宗教和宗教的腐败退化。相反,我
坚持现象学特有的理性的悬搁(epoche),同时我又铭记不忘,只有根据
个人自己的体验,[1]才有可能这样做,而这样做绝不可能摆脱其自身宗
教的明确限度。因此,对一个从事宗教现象学的佛教徒来说,以自身的
宗教作为出发点是完全可能的;然后他自然会在佛教中发现宗教的顶
峰。然而,他这样做是否"正确",要决定这件事,不是现象学的事情,而
是神学或形而上学的事情。但是他不能够以其他的方式开始。

所以,我本人就把基督教视为诸历史宗教的核心形式,[2]一般而
言,在诸历史宗教之间进行的宗教比较,仅仅通过从个人自己的生活态
度开始,才是可能的。因为,宗教不是一个人能在一张桌上铺开的器
具。[3] 因此,从基督教的观点出发去审视诸历史宗教的领域,我认为我
们可以发现,福音是作为一般宗教的完成而出现的。但是,这种"面貌"
是否在任何终极"实在"中有其根基,又是神学必须决定的问题。

基督教的类型学只需**一个**词来表现,即**爱**。[4] 这是因为,在基督教
中,上帝的活动以及与人的相互活动,从本质上看就是同一种活动:朝
向世界的力量之运动是爱,而朝向上帝的世界之运动是相互的爱,其他
的词都不适用,人对上帝的爱,是人对于神对人的爱的反映,换言之,是

---

① 参见本书第 107、109 章。"悬搁"(epoche)一词,是胡塞尔和另外一些哲学家在近来的现象学中
  所使用的一个术语。它的意思是,关于客观世界不能表达出任何判断,客观世界因此似乎被放到
  了"括号之中"。因此,所有的现象被认为仅仅是呈现于心智之前,并没有考虑其实在的实存,或
  者其价值等任何进一步的方面;这样一来,观察者就把自身限制于只系统地从事纯粹的描述,对
  于那些争论的问题,自身采取的是完全的理智上的悬搁,或者说是避免作出一切判断。
② 参见 van der Leeuw, *Strukturpsychologie*。
③ 在这个意义上的比较宗教学是一种相当晚近的研究领域;从其有限的文献中,我选择了 Hegel,
  The Philogophy of Religion。Frick, *Vergl. Rel. wiss*。H. Frick, *Ghazalis Selbstbiographie*,
  1919。van Cennep, *Religons Moeurs et Legendes* I, 第 67 页以下。H. Groos, *Der deutsche
  Idealismus und das Christentum*, 1927。Lüttge, *Christentum und Buddhismus*. Mensching,
  Sünde。P. Masson Oursel, *Foi bouddhique et foi chrétienne* (*RHR*, 95, 1927)。Otto, *West-östl*,
  Mystik, *ID.*, *India's Religion of Grace*。M. Schlunk, *Die Weltreligionen und das Christentum*,
  1923。
④ 参见本书第 76 章。

"基督成形在你们心里。"[1]

646　　　2. 其次,进一步说,爱的宗教,将意志置于焦点,而这样做时又未忽视形式,而且它也充分意识到意志和形式在其与无限力量之关系中的边界,在这个意义上,它就是**完成**。上帝,即圣父、圣子和圣灵于是达到了顶峰。类似地,(以色列的)意志的宗教,(希腊的)形式的宗教和(印度的)无限的宗教,也都在这里达到了顶点。圣父的意志作为上帝创造的行动被荣耀,其本质是对世界的爱。耶和华(还有安拉)的那种推动的能量,被体验为一种爱所推动的行动:"上帝是如此地爱这个世界",以致于他以圣子的形式将自己给予了世界。

　　然而,这种圣子的形式并不象荷马时代希腊人的形式那样是一种形式的赋予。同样地,圣子的"完成的"形式,同阿波罗或雅典娜等等,在人的外形方面是同样可见的,但由于是被体验为"给予的",而且事实上,是在历史中给予的,这就明显地与希腊人的形式相区别。确实,在"形式赋予"方面,基督教在很大程度上保留了犹太教的东西,伊斯兰教徒也是这样。也就是说,力量并未被感知为一种形式,但是上帝以人的形式的道成肉身确立了信仰;因此,从根本上说,上帝乃是意志:这个世界是被造的,而人则属于世界。[2] 然而,上帝降临到这个世界之中并且带来了拯救:那就是他自己,与十九世纪的看法相反,我们无论怎样地强调这个事实都不过分,即,在基督教中,没有出现任何一种新的世界观,任何新的上帝观。[3] 事实上,基督教的世界观以及基督教的上帝观在起源时完全是犹太教的,后来又被希腊化时代的一般观念所修改。然而,基督教中真正新的、独一无二的东西,是上帝的爱已经"显现"。所以圣诞福音这样开篇:"它在**这些日子**来临了。"这意味着上帝完成了

---

[1] 《加拉太书》4:19。

[2] 参见 J. de Zwaan, *Paulinische Weltanschauung*, *Zeitschr. für syst. Theol.* 8, 578。在此,Connelly 的戏剧 *Green Pastures* 表明了这一最崇高的基督教信仰的最原初的形式,尤其在第二幕最后部分。

[3] 参见布尔特曼令人钦佩的文章:Bultmann, *Urchristentum und Rel. gesch.*, *Theol. Rundschau*, *N. F.*, 4, 1932。

时间，在时间自身之内，上帝为时间设置了界限。因此，"耶稣的宗教"是犹太先知的宗教，信仰耶稣基督就是相信，上帝的意志作为形式在此世已变得可见，并已经实现：[①]因为在**这一天**，一个救世主降临到你们之中。

　　但是进一步说，圣灵的教义确保了，在宗教本身转变为或是历史、或是美学这种意义上，在上帝的意志和基督的形式中并不包含任何一种限制。在此，创造的意志和完成的形式是无限地和毫无局限地，有力的：

647

　　　　来吧，圣灵！
　　　　来充满你的信众的心，
　　　　在他们心中点燃你的爱火。
　　　　你把地球上讲各种语言的人们
　　　　召聚在一个信仰之中。
　　　　哈利路亚！哈利路亚！

　　3. 因此，关于上帝，基督教可以宣称的一切，都包含在这种生气勃勃的爱之中：它就是上帝的本质，是作为恩典给予人的。对于被从伊甸园逐出的人，是这样说的：

　　　　对于要作出回答的认识来说，
　　　　只需要加上行动；
　　　　加上信仰；
　　　　加上美德，
　　　　加上耐心，
　　　　加上节制；
　　　　以降到我们之中的所谓"圣爱"之名，
　　　　再加上爱，

---

① 参见 Bultmann, *Gl. u. Verst*, 144。

　　　　　那是所有其他一切的灵魂：

　　　　　所以，你不要恼恨，

　　　　　离开这个乐园，

　　　　　在你心中，你将会拥有，

　　　　　另一个乐园，幸福得多的乐园。①

　　因此，人能够以其自己对力量的态度，或行动、或成就、或成为的一切，都包含在爱之中：服从，谦卑，圣洁，希望。

　　所谓上帝的属性也全都在爱中得到理解。因为这些属性既非对上帝独一无二性的描述，亦非启发人各种奇想，甚至不是哲学推论，而是对这样一种爱的体验，对这种爱的解释在各种情况中会不同。在爱之中，有两种我们必须对宗教提出的要求②会一起出现。上帝是终极的。这一点，通过无所不在、无所不足、无所不知和无所不能等"属性"来表达，但是，同样在这些例子的每一个中，这只是对作为终极者而被体验的爱的宣告。但是，上帝是"完全相异者"，他是圣洁的，至善和至义的，这一点，也只是对作为"相异者"（也是作为终极者）之爱的同一种体验的宣告；于是，在爱之中，从人到上帝的上行线和从上帝到人的下行线相遇了。爱的象征就是十字架。

　　4. 此外，进一步说，相互的爱本身拥有一种形式：教会③，教会通过作为"基督的身体"而展显了它与爱的不可分离的统一。因此，教会的基本任务，是提供感恩的奉献，④那是生命的奉献，而且提供了相互之爱的表达。

　　但是，教会总是非常清楚地意识到，基督的身体在不断地受到威胁：

648

---

① *Paradise lost*，XII，第 581 行以下。
② 参见本书第 108 章。
③ 参见本书第 36 章。
④ 参见本书第 50 章。

> 驱赶那些邪恶的仇敌远离我们吧，
>
> 把真正的安宁带给我们吧，
>
> 带我们穿越一切危险，
>
> 在你神圣的翅膀之下获得平安。①

无论这个说法会有多么的熟悉，它在教会的历史上却常常被忽略，圣灵像"风随意思而吹"，你说不出它何时吹来，吹向何处，这一点也常常被忘记；我们还忘记了爱的能动的性质。"公教的类型在使行动能够持续方面十分成功，它把发生变为存在，把事件变为形式，它相信，通过使行动空间化，它可以使行动变成永恒。"②与此相反，基督教的新教类型唤起了我们对"无条件的危险"的记忆，③这种无条件的危险威胁着人的存在；新教的类型还充分意识到，在教会之内，基督徒所具有的是一块边地或"边界处境"，他所有的东西仅仅只靠其地位而拥有。同样地，一旦新教把上帝的力量局限于圣经的词句，或者局限于任何不变的教义，教会从作为活生生的身体，变成仅仅是死气沉沉的外壳的时候，它也就不再意识到这种"处境"了。另一方面，如果它不想在完全无对象的情感中失掉自身本质的话，基督新教就不断地需要对自身的提醒，通过罗马公教会与东正教会来提醒自己：在这个世界的生活中，上帝的力量所具有的，不仅是一种警告，而且也是一种形式，教会不仅仅是在作出宣告，而且也是道成肉身的场所，尽管只有上帝的创造性的爱，才能决定时间与地点。"主肯定在这里，我以前不知道"，这同样是基督徒的体验，正如"这是主的门，义人将会进这扇门。"

649

---

① Hostem repellas longius,
Pacemque dones protinus,
Ductore sic te praevio
Vitemus omne noxium.
② Frick, *Vergl. Rel. wiss*, 第 103 - 104 页。
③ Tillich, *Rel. Verwirkl*.

B 创始人

第 101 章 / 创始人

1. 在前面第 25 章中,我们所讨论的是被人代表和存在于人中的力量之代表:即人如何能够通过参与力量而变得"神圣",以及如何能够造成他们的某种神圣性持续的表象,以及他们那被描述为属于他们的地位或"职位"的有效性。

现在我们将再次与这些"神圣的人"相遇,不过,是在完全不同的情境中罢了:作为一种现象,这不再是关于神圣的人的问题,而是在各种不同宗教之内,在历史上将形式赋予宗教的问题,是在这种对形式的历史创造中,关于什么部分是由人的品格而获得的问题。因此,与形形色色的宗教自身的历史形式连在一起的,还有这些**创始人**的历史形式,他们以不同的方式出现在时代的某些转折点,并且"正式确立了"某种对力量的特殊体验。这样的"创始人"有许多,多得像宗教本身一样,事实上比宗教本身还要多,因此,我不可能讨论历史上为人们所知的所有创始人。但是,通过一些例证,我将努力通过思考创始人自己的品格来说明,宗教体验如何取得了历史形式。

当然,正如"古斯塔夫斯·阿道弗斯联盟的"创始人之类,或者社会主义创始人等等,或者所有的大发明家一样,这里的"创始人"不是一个宗教的"正式确立者",如他在某些参考著作中被描述的那样。实际上,宗教既不是被发明的,也不是被正式确立的;它们是以"已创立"的面目出现的。这便意味着,对上帝的每一种体验,不容置疑都是原初的,因为上帝自己就是其原创者,他并不是第二手的创造者。但是,对上帝的每一种体验也是某些刺激的结果。它似乎被从某个先辈那里抽离出来;只要这种最初的体验具有特殊的强度,以至于它引起了许多随后的体验,并且继续在历史上发挥作用,那么我们就可以谈论一种"宗教的创始"。当然,这种创始并不只局限于"大"宗教,甚至也不局限于一般宗教:每一种宗教运动,在宗教生活的过程中的每一种特定的变化,都必然会有其创始人。正如摩西、摩尼,还有琐罗亚斯德一样,圣方济各也是如此;那些"小"人物也是如此。因此,在严格意义上,每一种真正的宗教体验都是一种**创始**,从中出现了某些新的体验,但是,我们只是当其创始的历史影响在大规模的范围内可见之时,才会关注到。例如,母亲也许是其子女的宗教的"创始人",但是,只有当母亲自己的体验推动了历史的浪潮时,我们才开始讨论她,也就是说,创始是一种突出的历史事件。

2. 首先,创始者主要是启示的**见证**[1]人:他看见了或听到了某些东西;"看见者或先知属于那神秘者"。"离开了他,彩虹就只是彩虹,天空就只是石头做的蓝色屋顶"。[2] 然后他会谈到他的体验,以**预言家**的身份出现。[3] 此外,创始人通常部分地把新的教义建立在他们自己的体验的基础上,还创建某些新的法则:在那种情况下,他们也是**导师**。[4] 然后,他们必须使自己适应传统中已给定的东西,这样也可能成为**神学家**;但是,在任何事件中,他们在某种程度上总是**改革家**。[5] 然而,他们的教义只有在他们的整个生活进入了那种"创始"活动时,才会拥有力量:于是他们成为**榜样**,[6]成为充满力量的、真正的虔诚生活的典型。最后,当他们将其整个的存在献身于创史时,他们便被称为**中介者或传递者**。当然,毫无例外,他们都是启示的传递者,不过,"传递者"[7]这个词涉及某种不止是体验、言辞、教义及榜样之总和的东西。

正如我们所见,创始人多得数不清;任何既定宗教都有这种情况,

---

① 参见本书第 29 章。
② Otto, *Gefühl des Überweltlichen*,第 79 页,第 86 - 87 页。
③ 参见本书第 27 章。
④ 参见本书第 28 章。
⑤ 参见本书第 94,102 章。
⑥ 参考本书第 105 章。
⑦ 参见本书第 106 章。

即，要么承认其创始人很多，要么不承认有许多创始人。在这方面，希腊人不承认任何一种妨碍形式的无休无止的创造的东西；而在犹太人那里，上帝与其子民打交道的历史，则延伸到了诸位先知个人，因此，先知的众多可能被视为历史的必然。[①] 但是另一方面，在伊斯兰教徒看来，所有的先知形式最终都归结为穆罕默德的形式；而对基督徒来说，所有的先知预言都在基督中保的形式中完成了。

651

3. 弗里克[②]曾在被三大宗教视为神圣的三个夜晚之间作了某种比较：佛陀觉悟之夜，伊斯兰教中的力量之夜，基督教中的圣诞之夜。[③]然而，严格地考虑起来，上述的最后一个夜晚并不是"创始"，因此，我要进行的比较，更愿意是在这三种宗教实际的原初体验之间进行，另外，还有以色列人的原初体验——或者至少是在被传统提高到主要体验层次的那些体验之间进行。

除了前摩西的传统之外，犹太人的宗教的创始与那个关于燃烧的荆棘的故事有关。我不想在那不会烧光的燃烧着的荆棘（尽管在荒漠里神的显现犹如一团火焰当然是非常有特色的）里寻求太深刻的意义。但是在此，正如后来在历史上不那么重要的与撒母耳有关的情况中那样，本质的特征是上帝说话而创始人倾听："神见他过去要看，就从荆棘里呼叫说：'摩西！摩西！他说：'我在这里。'"这就是召唤与服从；接下去发生的事也同样有特色："神说，不要近前来，把你脚上的鞋脱下来"，摩西脱了鞋并且"蒙上脸"。接着神又说："我是你父亲的神，是亚伯拉罕的神，以撒的神，雅各的神。……我下来是要救他们脱离埃及人的手。"[④]所以这就是上帝，他在历史中表明了他的意志，他在此向那位创始人宣告了自己，而创始便由接受自己的上帝之历史委托的摩西完成了。而摩西自己服从的体验就被永远保留下来，作为子民的体验，这必

---

① Leo Baeck，载于 Miskoorte, *Wezen der joodsche religie*，95；亦可参见《希伯来书》1：1 以下。
② *Vergl. Rel. wiss*，第 68 页以下。参见本书第 97 章。
③ 参见本书第 97 章。他在创始人的临别话语中所作的比较也很有价值，第 70 页以下。
④ 《出埃及记》3：4 以下；Bertholet，前引书，第 17,34 页。

然以一种忠诚的形式表达自身。

正是在那个力量之夜,穆罕默德接受了他的第一个启示,而且因此成了一位创始人。在此,力量是神圣的权力。"我在那高贵的夜间确已降示它,你怎能知道那高贵的夜间是什么?那高贵的夜间,胜过一千个月,众天神和精神,奉他们的主的命令,为一切事务而在那夜间降临,那夜间全是平安的,直到黎明显著的时候。"①这本经书被传了下来,正如在犹太教中一样,此处的原初体验是神圣的交流,我在前边曾把它称为那种威严十足的绝对的力量,赋予那种体验一种独特的色彩。其余的是训导,它是写下来的话;每样东西都存在于审判的阴影中。

"古老的传统说,那一个夜晚,决定性的时刻来临了,那个时刻赐予探索者(佛陀)某种发现。于是,佛陀坐在树下(从那以后,此树被称为知识之树),他成功地通过了超脱意识的那些越来越纯净的阶段,直到无所不知的觉悟意识降临到他。"②对于苦难之最根本原因的洞察,在四重真谛中获得。"当我领悟到这点,当我观察到这点时,我的灵魂便从欲望之罪恶中得以释放,从世俗生存的罪恶中得以释放,从错误的罪恶中得以释放,从无知的罪恶中得以释放。解脱的意识在得解脱者中苏醒:毁灭即再生,它在神圣的历程得以完成。完成了任务,我回报这个世界别无其他;我知道这一点。"③奥尔登伯格继续说:"佛教徒们把这个时刻视为佛陀一生伟大的转折点,神与人之世界的生命中的转折点:苦行者乔达摩变成了佛陀、觉悟者、启蒙者。佛陀从生长在尼连禅(Neranjara)河岸的知识树下经历的那个夜晚,是佛教世界的圣神之夜。"④在此,原初的体验显然是可以看到的:具有启发性地洞察到世界的空无。解脱与释放的感受肯定会涉及具体的认识,但是这一点却又转向了空无。

① 《古兰经》,第 97 章。Frick, *Vergl. Rel. wiss.*,第 69 页以下。Lehmann-Haas, *Textbuch*,345。
② *Buddha: His life, His Doctrine, His Order*, 107.
③ 同上。详细参阅 Frick, *Vergl. Rel. wiss.*, 69。
④ *Buddha*,第 107,108 页。

最后，耶稣基督的原初体验不可能毫无歧义地确定下来，尽管按照传统的说法，在约旦河受洗、在旷野中的试探、变容以及客西马尼园中的时刻，都可以成为考虑的对象。正如在以色列，有一种同上帝相关的历史，它的创始人们与摩西一起，是众多的先知。同样地，在福音书中有一种与上帝打交道的历史，它不断地被重新"创建"。因此，如果我们选择上述四种体验作为历史的象征，那么便可以肯定，耶稣的原初体验由于在历史中已成为有效的，所以它显示了下面四个主要的特征：对作为神子的意识，或者更一般地，对作为弥赛亚的意识；对其使命的肯定，而且必须不顾一切完成其使命的肯定；对神直接呈现的肯定；心甘情愿牺牲自己，这种心甘情愿在完全被上帝弃绝的时候达到了高潮，并使得前三种因素再次成了问题。

因此，我们已经发现了与力量关系中所表达出的几种典型的原初体验：力量已经发言，并得到了服从；力量已经发言，并发出了命令；力量向洞察力表现为空无；属于创始人的力量要求他在绝对无力之时，完全交出他自己。

第 102 章 / 改革者

1. 如果说按照其本质特征，每一种宗教既是改革过的也是将会被改革的宗教，[1]那么，在某种程度上，每一次的创建必然同时又是一次改革；而且实际情况也是如此。"上帝的人"从来不会将其体验建立在全新的基础上，而是在昔日成就的废墟上重新进行建构。因此，改革者是创始人中的一类，只要历史的重点落在对既定之物的改变之上，我们就可以使用这个狭义的称呼。所以，正如佛陀、琐罗亚斯特和耶稣一样，穆罕默德也是一个改革者；不过，我宁可称他们为创始人。路德当然是一个创始人，但我宁愿称他为改革者。事实上，改革者的行动是"再发现"[2]，但是这种发现自身是一种新的体验；正如创始人不愿废除而是想完成一样，改革者也期望所建立的新体系是真正古老的体系，而他反对的旧体系却表明已经遭到了错误的理解。因此，只有亚当这位"第一个人"，能够完成一种不带任何改革含义的创建，反之，没有"创建"，任何一个改革者都不可能完成他的任务。

2. 从上述这些思考中，我们可以得出这一结论：最重要的创始人或多或少也是具有影响力的改革者；琐罗亚斯德、佛陀、穆罕默德、耶稣，还有罗摩奴者、圣保罗、圣方济各、依纳爵·罗耀拉、卫斯理以及皮由兹等等，都是其工作具有改革价值的创始人。

为了清楚地表明这类创始人是如何在历史中出现的，我在此选择两个例证。首先是埃及国王阿赫那吞（我们在前边已经讨论过）[3]，他

---

① 参见本书第 94 章。reformata；reformanda。

② Frick，同上书，第 48 页。

③ 参见本书第 94 章。

是一位具有纯粹印记的改革者。读过其《太阳颂》的任何人，都不可能否认他自己对神体验的独创性，[①]它的改革特性表现得非常清晰：这个国王恢复了一种旧的传统，即第五王朝对太阳的崇拜，经过若干世纪，日城（赫利奥波利斯）的祭司们在许多世纪中仍保持了这种崇拜的生命力，并且反对底比斯的祭司们的信仰，他认为那种信仰是错误的。在推及他自己的神在仪式中的名称时，国王把古代神的名字"瑞"解释为"作为阿吞而归来"的神的名字，这种方式同样证实了把对与阿吞之名相关联的神的新体验，变为一种创建的改革意向，证实了展示传统中曾是正确的一切真理的努力。[②] 他尽可能突出地强调了这个神同底比斯"隐匿的神"阿蒙的对比，他自己的神是那可见的发光体，向四周发散出它爱的光线，他以如此的热情发展了对这个神的崇拜仪式，以致于事实上没有为其他诸神留下任何空间：它们或者默默地消失，或者被严厉地排斥。然而，尽管他只是在神的名字方面进行神学尝试，但这位国王（也许在某种程度上正因为他是国王）显然没有使自己适应他生活于其中并从其中出发的宗教；他低估了旧的宗教，首先是对超越者之信仰的宗教意义，还有对奥西里斯崇拜的宗教意义；他不得不遭到惩罚，尽管他自己独创的体验热烈而纯洁（这一点在他留给我们的几乎所有言论中，以及同他有关的艺术创造的每种形式中，都可以见到），但是，他的改革并未比他的生命维持得更长。[③] 因此，阿赫那吞可以被视为一位极端的改革者，他的形象主要决定于这种致力于改革的努力。

另一方面，如果我们把注意力转向路德，所出现的是在忏悔的冲突中对上帝原初体验的类似的屈服，但也与他由之出发的宗教有着非常

655

---

① 参见 F. Schaefer, *Amarna in Religion und Kunst*, 1931; van der Leeuw, *Achnaton* 1927; 还可参见 *Altorientalische Texte zum A. T.*, H. Gressmann 辑, 1926, 15 以下; Lehmann-haas, 前引书, 259 以下; Roeder, *Urk. zur Rel. des alten Aegypten*, 62 以下; Erman, *Literatur der Aegypter*, 358 以下。

② 参见本书第 84 章。

③ Schaefer 前引书。van der Leeuw 前引书。详细参见 Meyer, Gottesstaat, *Militärherrschaft und Ständewesen in Ägypten* (Sitz. ber. der preuss. Ak. der Wiss. phil-hist. Kl., 1928, 28); K. Sethe, *Amon und die acht Urgötter von Hermopolis* (Abh. der peruss. Akad. der Wiss, 1929, phil-hist, Kl. 4)。

656 密切的关系；对于路德来说，"如果他以前不是修道士，那么他就不会成
为改革者"。① 事实上，我们可以说，在那个旧宗教中，几乎没有什么重
要东西不是他所关切的；他对自己处于基督的真正教堂的强烈信念，以
及对基督教信仰的共同财富充满信心的肯定，同他反对腐败和不信（这
同他的基础体验一起发生）的斗争是结合在一起的。就我自己能够了
解的而言，路德并未以反对腐败的仇恨和对基督教共同信仰的忠诚来
思考的，是旧宗教唯一具生命力的特征即崇拜，而他谴责为偶像崇拜
的，则是关于弥撒的献祭教义。在此，路德以明智的判断力，认真地思
考了旧宗教的各种实践活动，仍然承认其具有广大的空间。

　　当然，就其历史的重要性而言，阿赫那吞和路德的改革几乎是无法
相比的。但是另一方面，考虑到他们在历史上出现的方式，他们则不仅
是典型的例证，而且也是直接的对照。因为前者原初的改革体验，几乎
完全存在于共同的体验之外；而后者的原初体验，则几乎完全存在于共
657 同体验之中。

---

① Karl Holl, *Reformation und Urchristentum* (*Reden und Vorträge bei der 28. General-versammlung des Evang. Bundes*, 1924).

第103章／导师

1. 在前面第28章中,我们曾讨论过导师的问题。导师的历史形式,也是创始人的形式,他的特性在于这样一个事实,即他的"创建"作为教义,是与存在于其基础之中的体验相分离的。他可以是教士、使徒、传教者;总之,在任何情况下,他自己的体验都使他不能不进行公开的宣告;于是,这就会采取一种系统的整体的形式。再者,教义自身又是独立于导师的,哪怕在导师去世很久,他个人的活动被忘记很久之后,教义仍自行其路。事实上,象佛陀那样的导师,本身也希望如此。[①]

2. 从最严格的意义上说,导师出现在印度:佛教是教义,仅仅只是教义。而且只要在其自身的洞察导致拯救的地方,导致这种洞察的教义都可以继续独立地发挥作用。因此,佛陀是典型的导师;他的体验结晶为教义理论,尽管对这位创始人自身有着各种人化和神化,教义仍然还是教义。佛陀的历史形式是一位教导者:受苦的缘由是欲望。在他看来,这一点在觉悟当中就会变得清楚;但是离开了这种觉悟,离开了导师本人,受苦就会反复出现。这种教义肯定是一种拯救的宣告,不是关于已出现或已发生的东西如何的宣告,而只是关于必须获得的东西的宣告,是正要通过这种教义才能获得的东西的宣告;因此在某种程度上,它十分常见于印度的每一个教义和每一个导师,正如在许多的古鲁那里那样。

教义与导师的一种完全不同的类型,可见于犹太教—基督教:在经典方面学识渊博的犹太人,被人们称为"我们的导师"。这种教义也是

---

① 参见本书第28章。

独立于将教义置于历史中的创始人的;它变成了传统。但是,它涉及某
些实际发生的事情,涉及上帝与其子民的活生生的关系,涉及所谓的
约;因此,它是关于一个事件而非独特的教导的宣告,虽然它也是教导。
所以,在这方面,导师具有一种更重要的历史地位:

> 658　　　　　　他使摩西知道他的法则,
> 　　　　　　　叫以色列人晓得他的作为。①

　　于是,教义成了上帝与人之间活生生的联系;事实上它是教导,但
首先是宣告,类似地,就基督教的导师而言,圣保罗可以作为其伟大的
榜样。他意识到他只是个出生较晚的使徒,他本人什么也不是,而十字
架之道才是一切,但是他同样也意识到,他处于一种伟大的历史关联之
中,他将这种关联的历史形式给予了最初团体的福音宣讲,而上帝的历
史作为,是从他自己宣告的阿尔法到俄梅嘎。换言之:他自己是不重要
的,但是他的教导也同样不重要;唯一重要的因素,是耶稣赎罪的历史。
因此,这位导师自己的历史形象,正因为与启示的出现相比无足轻重,
所以,不需要像佛陀在小乘佛教中的形象那样去小心翼翼地退回到背
景之中。就像犹太教的老师活在人民之中一样,它活在有生命力的教
659　会之中。

---

① 《诗篇》103:7。

第104章 / 哲学家与神学家

1. 我个人认为,那些对人类宗教思想具有影响的伟大的体系创造者,必须包括在"创始人"之中,这一点似乎是不可怀疑的。确实,在精神史上,克尔凯郭尔关于那位修建了一座宏伟宫殿,然后坐在外边的建造者的比喻,不断地被证明是有道理的;那座宫殿就是"体系",而建造者就是体系化者。当我们观察精神的城堡是如何一次又一次地变成精神的棺材时,我们就能够很好地理解雅斯贝尔斯对伟大的反体系化者克尔凯戈尔和尼采的偏爱。但是,这不应该妨碍我们去了解所有体系结构的原创性影响,因为归根结底,一个伟大的体系是起源于某种原初的体验,并且展示了从这种体验之观点出发去指导世界的企图,以及使它能够得到教化的企图;[①]发挥作用的并不是体系结构在艺术上或技术上的完成,而是这种体验的力量。圣奥古斯丁、托马斯·阿奎那、路德、加尔文显然都通过他们的逻辑论证影响了受过教养的世界;然而尽管如此,他们实际上的精神影响,则来源于其体验的高度情感性的张力,以及他们将之运用于整个世界的胆识。苏格拉底和柏拉图、康德和黑格尔等伟大的哲学家也完全一样,他们都领悟了某些东西,并从某种确定的立场去思考这个世界,同时还有勇气去使这些看法成为征服精神领域的开端。

然而,在这样做的时候,哲学家遵循的是从其自身体验到在理论上支配世界的途径,[②]而神学家则相反,他们选择的是服从的途径。[③]前

---

① 参见本书第 83 章。
② Grunbaum, *Herrschen und Lieben*,第 83 章。
③ 参见本书第 84 章。

者是从世界这个层面向上看到力量的层面；而后者则从力量的住所（教
会）向下看到世界的层面。但是，当然常常有一些哲学家，他们实践了
神学的服从，也有一些神学家获得了哲学上的支配权。

　　2. 有些人把理论研究视为与对力量的某种不可抗拒的体验不可
分割，对任何一个这类人来说，哲学家们从属于宗教史，这一点几乎无
可怀疑。然而在此，这不是哲学现象学的问题，而仅仅是作为创始人，
哲学家将其个人对力量的体验引入历史世界的途径的问题。我从中选
了三个例子：我们从黑格尔开始，他是所有哲学家中最具哲学性的；他
实行了自己的思想，而在他之前或他之后，再没有另外的人是如此。精
神之运动在其宏大的历程中揭示自身，并且原则上是在自身中完成。
在它之中，每一样东西，从最高级的到最低级的，都有一席之地，但是，
每一样东西的位置都在其中，而且只在其中；发展是辩证的，是绝对精
神的独白；这里与神秘主义的关系是显而易见的。[①] 思想家本人参与
了这种永恒的运动。所以，在此每一样东西都是指定的，被表明的，在
某种意义上也被证明是合理的。

　　而康德，则是相反类型的代表。在此，思想的运动也被思考过，但
是其运动是开放的、未完成的。因此，这个体系是对其自己权威的批
判，最突出的重点被放在实践理性和行动上，而精神的途径只有通过这
种行动才能导向绝对力量。思想本身并不受到崇拜，但是某些仍是纯
形式的东西，如内在的道德律，则受到崇拜。人的精神至少不是上帝的
思想；然而，上帝却不会舍弃它。哲学主要是人间的、此世的，然而仍然
有一条通向超人间和超世俗者的道路是开放的。

　　站在这两位现代哲学家中间的，是古代思想家柏拉图。从对人的
兴趣和苏格拉底的自我批评出发，柏拉图上升到了对神圣美的沉思。
但是，朝向这种远景的运动既不是敞开的道路，也不是辩证的必然性；
那是一场战斗、一种斗争；因此，柏拉图哲学的恰当位置，处于天和地之

---

① 参见本书第 75 章。

间，它的最具特征的语言，既非辩证的，也非苏格拉底批判式的探究，而是神话。

3. 与其任务的概念一致，神学家遵循的是服从的途径；他们不从这个世界开始，而从启示出发。他们为服务信仰共同体而工作：如果他们是基督徒，就是为教会而工作。因此，在他们与他们自己的体验之间，存在着一种中介因素：先知和使徒的宣告；在这方面，他们远不是"创始人"，而是哲学家。然而尽管如此，他们的劳动也是一种被活化了的体验：他们听到了教会的召唤，然后他们将历史的形式赋予教会。他们也会与先知或使徒共有某些东西，而且也具有导师的许多特征，但是，他们真正的历史任务在于对上帝的作为进行系统的表述。因此，他们与我们在前一章中讨论过的第二类导师有密切的关系。

在此，我将对这三种类型作出区别：首先是神学家，他们的历史任务在于，根据其自己团体的集体体验和早期传统与相异的体验、异端、革新和当代哲学的关系等等，来阐明这种体验；于是，他们造成了与传统中既定东西的联系，以及与其自己时代之思想的联系。然而在这方面，也许会出现这样的事情，即他们过多地向传统中既定的东西让步，力图重新确立它，只因为它是给定的；或者，他们太容易使其教义屈从于流行的思想。然而，他们真正的任务，是避免这两种极端，因此主要就是一种中介的任务。每个神学家都有这个任务；圣保罗和圣约翰都曾努力实行这项任务。然而，某些神学家或多或少只代表这种类型，例如，在公元二世纪时期，希腊的护教者们曾企图使基督教与流行的通俗道德哲学一致；在现代，赫尔德与施莱尔马赫力图根据那个时代的精神来解释基督教的本质。但是，由二世纪的护教者和上世纪初的神学家们奠定的基础，至今仍然具有影响力。

第二种类型的代表是这样一些神学家，他们寻求把赋予教会的启示，包容在一个宽泛而且最终完满的思想体系之内。他们是一群神学上的黑格尔，然而不同的是，他们自己必须遵循服从的途径，并受到启示的约束。然而这种体系表明，它是包含在启示中的一切，以及在教会生活中从启示基础的开始产生的一切的固定场所；因为教会是这样一个领域，在那里，恩典的种种表征得以表现出来，基督教会的神学是那些既定表征的总和。不过，教义与神学之间的精确界线事实上是很难确定的；然而，**教会博士**对于发展教义的意义，还是很容易辨识的，这个类型的伟大代表是托马斯·阿奎那。

662　　最后，第三种类型以这样一些神学家为代表，他们肯定是要力图把一种体系的构建与第一种任务相结合，但是那似乎是一种开放的未完成的体系，在其中，那种原初的体验产生了，或者会产生明显的打破沉寂的影响。这种类型以强烈的情感主义和个人性言辞的主调为特征，圣保罗、圣奥古斯丁、路德等，都属于这一类。站在这种神学形式前沿的有反体系化的克尔凯郭尔，他凭借从保留在教义中的启示开始，通过他自己从其中创造的结构，和有意地在两个方向上（向上到永恒活动和揭示神圣的意志，向下到处理实在的活生生的实存的思想）都停在未完成状态，从而表明了他自己是这个团体的真正成员；尽管如此，这种结

663　构自身决不可能有最终的完成。

第 105 章 / 榜样

1. 在前面我们对跟随上帝的讨论中，[1]那种神圣的人的榜样已进入了我们的视野；现在我要来考虑一种创始活动如何作为榜样在历史中出现的**方式**。当然，每一个创始人的品格，在某种程度上是其自己追随者的榜样。他的体验本身就是标准；然而这个特点本身，也可以在创建之中成为压倒一切的因素。因此，伊斯兰教的苏菲派对"圣徒"与"先知"做出了区别。先知以决定性的措词宣告律法，他宣布他是"使者"，[2]使者需要具备的唯一的个人品格，是忠实地传达他的信息：他不必是圣徒。他"具有支配恩典之赐礼的权威，并分配这些礼物，但是这些礼物却没有权力支配他"；另一方面，圣徒是被恩典充满的，他的天性已经改变，他自己不可能控制恩典，由于这个原因，耶稣高于（例如）阿布·贝克尔（Abu Bakr），前者与上帝的关系有两重性，而后者与神的关系只是单一的：即他只能重复他所听到的东西。[3] 然而在这种情况下，恰好在伊斯兰教流行之后，一种重要的看法被夸大了。当然，除非恩典控制了他，否则先知不可能完成他自己的使命；相反，圣徒传递的是控制着自己的恩典，伊斯兰教对于任何一种二元论的神人关系明显的厌恶，表现在它排斥对于圣徒的依赖之中。然而，**这一点**也一直可以明显地感受到：有一些**创始人，他们的教义并不是**主要因素，因此，他们的创建只体现在他们身上由于神的恩典而表现出来的东西。

2. 于是，在此起作用的，乃是创始人自身的生活与行为：他们"创

---

① 参见本书第 73 章。
② 参见本书第 27 章。
③ Massignon, *Al-Hallaj*，第 738 页以下。

建"了一个团体，一种团体的生活，一种虔敬。最近，当阿尔伯特·施韦泽在荷兰一个小镇进行管风琴独奏时，许多普通人在演出后到管风琴的楼座出口来看他——然而这不是向这个艺术家欢呼，而且更说不上是向这个学者致敬，正如一些人所说，"是要看看当别的人只是在高谈阔论时做了某些实事的这个人"。这正是榜样的力量；我们能够指出某些人的生活并且说，在那儿发生了某些事情，力量出现在这个生命中。此外，圣方济各与佛陀比较起来，属于这类更纯粹的创建的类型，虽然佛陀当然是其门徒的榜样，但他主要强调的是教义；另一方面，前者的榜样造成了穷困的"方济各会式的生活"。耶稣也是这样一些人的榜样，这些人在一种更深的意义上相信他，然而是在超出一个创始人的榜样的意义上。他也完成了许多伟大的业绩，但是对这个榜样的追随，是与救世主的一种神秘结合；当圣保罗希望"基督成形在你们心里"[①]时，正如圣约翰在他的"葡萄树与其枝干"的比喻中所说的，[②]这一点得到了最清楚的表达。

---

① 《加拉太书》4:19。参见本书第 73 章。
② 《约翰福音》第 15 章。

第 106 章 / 中介者

1. 因为所有"圣人"都是中介者,他们的"再现"或"代表性"保证了力量与人之间的关系,因此,创始人也是中介者。但是在最本真的意义上,他乃是那样一种中介者,他的全部存在就是中介,他交出自己的生命作为那力量的"工具"。在这种情况下,创建便不仅是导致某种教导、教义或仿效行动的体验;它也等同于创始者本人;创建与创始人合二为一。当我们对(例如)阿弥陀佛的拯救与基督的拯救进行比较,就可以非常清楚地理解这一点。因为进入佛陀的天堂只是拯救性预备目标,是进入涅槃的门厅;但是基督自身就是拯救。[1] 而且,不仅是他的行动,他在十字架上交出生命,都在带来拯救中发挥了作用;他整个的存在都是那"工具"——"为了我们人类,为了我们得救,他从上天降临。"从犹太教的弥赛亚主义开始,出生在希腊化时期的东方世界,拿撒勒的耶稣被其追随者们作为中介者来崇拜;[2]其中的意义,在与其他拯救者,例如与生活在公元一世纪时的提亚那的阿波罗尼乌斯相比较,就可以非常清楚,二者的生活史在许多方面都是相似的;他们的胸像,与亚伯拉罕、俄尔甫斯、亚历山大大帝以及一些皇帝的胸像一起,被安置在拉留姆即亚历山大塞维鲁皇帝的神龛里。[3] 但是,阿波罗尼乌斯不是这种最真正意义上的中介者,正如犹太教的弥赛亚(例如)所罗巴伯(Zerubbabel)并不是真正意义上的中介者一样。然而,耶稣就是中介

---

[1] 参见 Otto, *India's Religion of Grace*,第 1 章。

[2] 《希伯来书》8:6;9:15,12:24。他是《新约》的中介者,正如摩西被称为《旧约》的中介者(《加拉太书》,3:19 以下)。

[3] 参见 Th. Hopfner, *Apollonius von Tyana und Philostratus* (*Seminarium Kondakovianum*, *Rec. d'Et*, IV), Prag, 1931。详细请参阅 Wendland, *Hell.-röm. Kultur*, 161。

者,因为他整个的本质存在就是一种"中介",是人向上帝以及上帝向人的运动。

2. 最后,在此,我们已达到了现象学的边界地带,那是在我们前边对世界和教会、对罪和信仰的全部讨论中都证明是不可能进入的地带。在基督教的信仰看来,中介者的形象绝不是"现象";现象学家不可能感知它在何处以及如何进入历史。他观察先知、改革者、导师、榜样,但是他不可能在中介者的历史作用之内了解中介者。拿撒勒的耶稣的体验如何在历史上建立了信仰体验的强大主流,这一点对现象学家来说已经变得清楚,但是他却不清楚,在历史中上帝如何以中介者的身份把他自己交给人。他能理解耶稣奉献了自己:但是他只能相信耶稣正是给出了自己的上帝。他充其量能观察到,这位中介者的独一无二性,从本质上讲是属于这种信仰的:启示的中介者成了启示本身,道成了肉身,由此,上帝的每一个启示,都与基督中上帝的唯一启示相一致。"他也是教会全体之首,他是元始,是从死里首先复生的,使他可以在凡事上居首位。因为父喜欢叫一切的丰盛在他里面居住。……便藉着他叫万有,无论是地上的、天上的,都与自己和好了。""神本性一切的丰盛,都有形有体地居住在基督里面。"[1]进一步说,我们可以断言,他的中介必然与一切事物之中的最深遂者即罪相关。这个拯救者就是和好者。于是我们能够理解,"救世主"的每一个称号,每个有代表性的作用,当然都属于他:从创造的中介人的高贵(在《歌罗西书》中),到希腊语所谓的"世界拯救者"(此词派生于拯救的神和皇帝),[2]从犹太教的弥赛亚式英雄,到中世纪的比武冠军,[3]从先知到导师,从改革者到榜样,从慈爱的牧羊人到世界末日的审判者等称号都是如此。因为基督的出现,对世界、对历史、对人的一种新理解才成为可能:[4]"因为只有一位上帝,

---

[1] 《歌罗西书》1:18 以下;2:9(Moffat)。
[2] 参见 O. Weinreich, *Aegyptus*, II, 1931, 17。
[3] Burdach, *Vorspiel*, I, 245.
[4] 参见 R. Bultmann, *Theol. Blätter* 8, 1929,第 146-147 页。

在上帝和人中间,只有一位中保,乃是降生为人的基督耶稣。他舍自己作为万人的赎价,到了时候,这事必证明出来。"①

因此,这里存活着一种信仰,在这种信仰看来,上帝以人的形式,慈爱地遮盖了这个尘世和人心中最深的东西,遮盖了罪;这种信仰看来,上帝全能的力量成为人脆弱身躯中的生命。但是在这一点上,这项研究的深思熟虑和冥思领悟的仆人要恭敬地后撤了;他自己的话语要让位给宣告信仰的言辞,他的服务要让位给圣所里的服务了。

667

---

① 《提摩太前书》2:5(Moffat)。

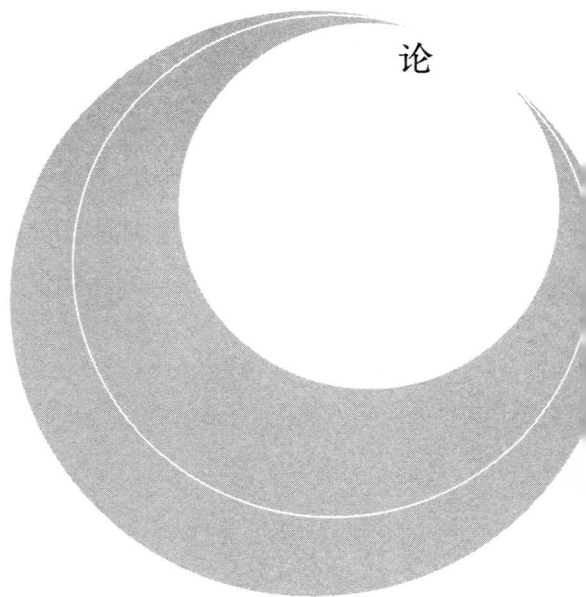

后

论

第107章／现象与现象学

1. 现象学探索的是**现象**本身；而现象就是"**显现着**"的东西。这一原理有三重含义：（1）有某件事物实存着。（2）这件事物"显现着"。（3）正是由于它"显现"，它是一种"现象"。但是，"显现"同等地涉及显现的东西以及它对之显现的那个人，因此，现象既不是纯粹的客体，也不是那一个客体，即现实的实在，那实在的本质存在仅仅是被现象的"显现"所遮蔽了；处理这种问题的是一门特殊的形上学。进一步说，"现象"这一术语并不意指某种纯粹主观的事物，并不是指主体的一种"生活"；[①]就其有可能做到这一点而言，心理学的一个特定的分支所关注的就是这个问题。因此，"现象"本身是同主体相关联的客体，又是同客体相关联的主体；尽管这并不意味着是主体在以任何方式处理或修饰客体，也不意味着（相反地）客体以某种方式受到主体的作用。进一步说，现象并不是由主体制造的，更不是由主体转变或展示的；它的全部本质是在它的"显现"中，在它对"某人"的显现中给定的。最后，如果这个"某人"开始讨论"显现"的东西，那么，现象学就产生了。

与此相应，在同现象对之显现的那个"某人"的关联中，它具有三个层次的现象性：（1）它的（相对的）**遮盖**；（2）它**逐渐被揭示**；（3）它的（相对的）**透明性**。这些层次并不等同于，但却关联于生活的三个层次：（1）**经验**；（2）**理解**；（3）**见证**；在得到系统的或科学的运用时，后边两种态度就构成了现象学的方法。

---

① "经验"（Erlebnis）一词本身是在客观方面定位的（我们总是经验到某事物），而且用来称呼某种"结构"；参见本书第416页。

所谓"经验",是指一种实际持续着的生活,就其意义而言,它构成了一种统一体。[1] 因此,经验并不是纯粹的"生活",因为它首先在客观上受到限制,其次是同它作为经验的解释不可分离地关联的。"生活"本身是不可理解的:"赛斯（Sais）的门徒所揭示的是形式,而不是生活。"[2]因为我们的经验奠基于其上的"原初经验",总是在我们的注意力被引向它之前就不可逆转地消失了。例如,我在写下面这句话的几行字的时候所体验到的我自己的生活,同我在三十年前写下学校论文中的那几行字联系在一起的"生活",距离我同样地遥远。我不能把那生活召唤回来;它已全然成为过去。事实上,几分钟之前写那几行字的经验,并不比四千年前在纸草书上写下笔记的古埃及书记员的经验离我更近一些。他是"另一个人"而不是我,这并没有任何差别,因为三十年前那个准备学校论文的男孩,对我自己的思考来说,也是"另一个人",而且我必然会把我在过去日子里的经验中的自身客体化。因此,直接的东西并不是在任何时候和任何地方被"给定的";它必然总是被重构的;[3]而且,对"我们自己"来说,对我们最内在的生命来说,我们没有任何通道可以进入。因为我们的"生活"并不是我们住在其中的房子,也不是肉体,我们至少可以对之做某些事情的肉体:正相反,在面对这个"生活"的时候,我们是完全无助的。对我们显现为最大的差异和可能的最极端的对照的东西——即我们自己与"相异者",我们近在身边或远在遥远的中国、属于昨天或属于四千年前的邻人之间的差别——这一切同我们想要接近生活本身就会发现自己出生于其中的那个巨大无比的、不可解决的矛盾处境比较起来,都不过是鸡毛蒜皮。即使我们把生活化约为其在历史中的现象,我们也还依然困惑:大门依然紧闭,通向昨天的大门恰如通向古代的大门一样;而且每一个历史学家

---

[1] Dilthey, *Gesammelte Schriften*, VII, 194.

[2] 同上书,195。

[3] 参见 E. Spranger, *Die Einheit der Psychologie, Sitzber. d. Preuss, Akad. d. Wiss*, 24, 1926, 188, 191。F. Krüger, *Ber. über den VIII. Kongress für experim. Psych.*, 33。

都知道,他可以在任何地方开始,但无论如何,他都终结于自身;换言之,他在进行**构建**。[1] 那么,这种构建意味着什么呢?

　　一开始,我们可以把它描述为在所谓"实在"的混乱迷宫中勾画出一个轮廓,这种轮廓被称为**结构**。结构是这样一种关联,它既不仅仅是被直接经验到的,也不是符合逻辑地或符合因果地被抽象出来的,而是**被理解的**。那是一种有机的整体,它不能被分析为组成它的各个因素,而只能从那些因素得到理解;或者换句话说,它是一种由具体事物组成的结构,不能由其增添而合成,也不能由其他具体事物推演出来,它仅仅**被理解**为一个整体。[2] 换言之:结构当然被经验到,但不是直接经验到;它确实被建构,但不是被逻辑地、因果地和抽象地建构。结构是被有意义地组织起来的实在。但是,这意义本身又部分地属于实在自身,部分地属于正在努力去理解它的那个"某人"。因此,它总同时是理解,又是可理解性;而这确实处于一种不可分析的、被经验到的关联之中。因为,什么是我自己的理解,什么是被理解的东西的可理解性,这不能以任何确定性作出断言;而这正是下述说法的目的所在:对一种关联的理解,或者对一个人或一件事的理解,开始**照亮了我们**。[3] 于是,意义的领域乃是第三领域,它位于纯粹的**主体性**之上,又位于纯粹的**客体性**之上。[4] 通向原初体验之实在(它本身完全不可进入)的进口,就是**意义:我的**意义和**它的**意义,二者已经不可逆转地变成一体,那就是理解的行动。

　　进一步说,意义之相互关联——结构——首先是在某一给定的时刻被理解所经验到的;那意义照亮了我。但是这并非全部真相,因为理解绝不会只限于短暂的经验。它会同时延伸到几个经验的统一体上,因为它确实会从对这些经验统一体的理解中发生。但是,这些其他的

672

---

[1]　关于一个不同的研究领域,可以参见 P. Bekker, *Musikgeschichte*, 1926, 2。

[2]　这就是 G. Wobbermin 特别加以注意的所谓解释学循环;参见 Wach, *Religionswissenschaft*, 49。

[3]　A. A. Grünbaum, *Herrschen und Lieben*, 1925, 17. *Spranger*, *Lebensformen*,第 6 页以下。

[4]　Spranger,同上书,第 436 页。

经验是同时在连接之中被理解的，而且是在理解中相互配合的，它们当
然会呈现出与那瞬间被理解的东西的相似性，那瞬间被理解的东西恰
好是在理解之中并通过理解本身，而表现为根本性质的共同体。于是，
在理解中并借助于理解，被理解的经验就被安排在某种更宽广的客观
联系的经验之中了。因此，**每一种个体的经验已经是连接**；而每一种连
接又仍然总是经验；这就是我们谈论**类型**，将其同结构放在一起谈论的
时候所意指的东西。[1]

继续往下看，现象之持续是作为一种形象。它拥有一些背景，并拥
有一些相互关联的方面；它通过在此会出现的相似性，或者对照性，或
者许许多多的**细微差别**而与另外一些显现的实体"相关"；那些差别有
环境、边缘的或中心的位置、相互的竞争和距离等。然而，这些关系总
是**可以感知到的关系**，总是"**有结构的关联**"[2]：它们并不是事实上的关
系，也不是因果的关联。当然，它们并不排斥后者，但是它们也并不就
其有任何清楚的说明；它们仅仅是在有结构的关系内部才是有效的。
这样一种关系，不论是关涉到一个人、一种历史情境，还是一种宗教，最
终都被称为一种**类型**，或者一种**理想类型**。[3]

然而，"类型"本身没有任何实在性；它也并不是实在的照片。正如
结构一样，它是无时间性的，而且在实际上并不一定出现在历史之
中。[4] 但是它拥有生命，有其自身的意义，有其自身的法则。再说一
遍，例如"灵魂"本身，在任何时间和任何地点都不曾显现；但总有某种
而且仅仅是某种确定的灵魂种类被人相信，而且在此其确定性是独一
无二的。我们甚至可以说，由任何两个人所形成的灵魂观念，可以是在

673

---

① Spranger, *Einheit der Psychologie*, 177。参见 Wach 的这一评论：关于类型的理论与关于解释的
理论之间的密切关联，一直没有得到足够的强调；*Religionswissenschaft*, 149。

② 这个术语由 Karl Jaspers 所引进：*verständliche Beziehungen*。

③ 关于这一观念的历史，可以参见 B. Pfister, *Die Entwicklung zum Idealtypus*, 1928。

④ Spranger, *Lebensformen*, 115；B. Pfister, *Die Einführung in die Probleme der allgemeinen
Psychologie*, 296；van der Leeuw, *Über einige neuere Ergebniss der psychologischen Forschung
und ihre Anwendung auf die Geschichte, insonderheit die Religionsgeschichte*, SM, II, 1926, 各
处；P. Hofmann, *Das religiöse Erlebnis*, 1925, 8。

同一个文化圈和宗教圈之内,但绝不会完全相同。然而却存在一种灵魂的**类型**,即各种独特的灵魂结构之结构性关系。类型本身(再说一遍)是无时间性的,也并不是实在的。尽管如此,它却是有生命的并对我们显现;那么,为了在实际上观察到类型,我们应该怎么办呢?

2. 我们求助于现象学:就是说,我们必须讨论已经向我们"显现"的任何东西——显现一词本身在这个意义上是十分清楚的。[①] 进一步说,这种谈论包含以下几个阶段,我按顺序列出这些阶段,但在实践当中,它们从来不会按顺序出现,而总是同时出现,在它们的相互关系中,它们更经常地连成一串:

A. 首先,已经表现出来的东西得到了一个**名称**。一切谈论首先都在于**命名**:"使用各种名称,就构成了对感知和想象之间的连接进行思考的形式。"[②]在命名的时候,我们把现象分离出来,也把它们联系起来;换句话说,我们在进行分类。我们在进行包容或者排斥:我们把这称为一种"献祭",把那称为一种"净化";自从亚当为各种动物命名以来,说话的人总是在做这件事。然而,在这样命名的时候,我们很容易陷入这样一种危险之中,即迷恋于名称,或者至少是满足于名称——歌德曾经把这种危险描述为"把观察转变为纯粹的概念,又把概念转变为词语",然后就同这些词语打交道,"就好像它们是事物似的"。[③] 我们努力避免这种危险,所依靠的是:

B. 把现象插入或引入我们自己的生活之中。[④] 然而,这种插入或引入并不是任意的行动;我们不得不如此。"实在"总是**我的**实在,历史总是**我的**历史,即"现在活着的人往过去方向的延伸"。[⑤] 然而我们必须意识到,当我们开始谈论向我们显现的东西时,以及我们正在命名的

---

① 我自己凭借宗教现象学所理解的东西,被哈克曼(Hackmann)称为"一般的宗教科学";已经出现过的(但也曾消失的)用来称呼这种类型研究的其他术语有,"超验心理学""图像学"以及"宗教表现形式理论"(Usener)。

② McDougall, *An Outline of Psychology*, 284.

③ *Farbenlehre*,见于 Binswanger,前引书,第 31 页。

④ 通常采用的"移情"一词,过于强调了这个过程的情感方面,尽管这并不是没有某种理由。

⑤ Spranger,前引书,第 430 页。

东西时我们做的是什么。进一步说,我们必须想到,每一件向我们显现的事物并不是直接地显现给我们的,而是作为某种有待我们解释的意义之象征或符号,作为向我们显现以便得到解释的某种东西。而且,除非我们经验到这种现象,否则这种解释就是不可能的,而这种经验确实不是非自愿的和半意识的,而是有意的和有某种方法的。在这里,我想引用乌泽纳那令人印象深刻的说法,尽管他不了解现象学,但他却充分意识到了现象学的含义:"只有通过把自己交出去,让自己沉浸在以往时代的这些精神踪迹之中①……我们才能够训练自己去回想他们的感觉;然后,在我们之中的心弦会逐渐产生共鸣,可以和谐地颤动并发出回响,而且我们会在自己的意识中发现那些把老的东西和新的东西连接在一起的线索。"②这也就是狄尔泰所描述的"对一种有结构的关联的体验",确实,这种体验更是一种艺术,而不是一种科学。③ 事实上,这乃是演员的基本的、起初就属于人类的艺术,它是所有的艺术都不可或缺的,但对关于心智的科学也是如此——对于并非自己的经验有一种密切的和强烈的同感,而且还可以对于自己昨天的但已经变得陌生的经验有一种同感! 当然,这种同感的经验也有一些限制;不过这些限制对于理解自我也会出现,还可能会在更大的程度上出现;homo sum, humani nil a me alienum puto("我也是人,人间的任何事情离我不远"):这绝不是对最遥远的经验得到最深刻的理解的钥匙,但仍然是这样一种乐观的断言,即,本质上是人性的东西会永远在本质上是人性的东西,而且其本身就是可以理解的——除非那个在进行理解的人确实学到了太多的教授的东西,而保留了太少的人的东西!"当野蛮人告诉教授说,世上曾经啥也没有,只有一条巨大的长着羽毛的蛇,那时候除非那位有学问的人感到某种激动甚至沉迷于希望那是真的,否则他就

---

① 这同样适用于所谓"现在"。
② *Götternamen*,1896,Ⅶ.
③ Binswanger,前引书,第 246 页;van der Leeuw,前引书,第 14 - 15 页。

绝对不是这样一类事情的裁判者。"①现象学家只有长期坚韧不拔地努力运用这样一种强烈的共感或同情，只有毫不间断地去了解这种作用，才能够去解释种种现象。用雅斯贝尔斯中肯的话来说："每一位心理学家都这样体验着自己心理生活越来越多的清晰性；他就会更加意识到以前未曾注意到的东西，尽管他永远不会到达极限。"②

C. 不仅仅是"极限"在雅斯贝尔斯提到的意义上永远不可能达到，进一步说，这是意味着实存之不可达到的性质。因此，现象学既不是形而上学，也不是对经验实在的领悟。它观察的是**限制**（即悬搁），它对事件的理解依赖于它使用"括号"。③ 现象学仅仅关注"现象"，即关注"显现"；对它来说，在现象的"背后"不存在任何东西。进一步说，这种限制并不意味着纯粹的方法论的手段，并不意味着任何谨慎的程序，而是意味着人对实在的整个态度的独特的特点。舍勒很好地表达了这种处境："做人就意味着，要对这一种实在大吼一声'不！'当佛陀说到冥想每一件事物是如何重要的时候，说到存在是如何可怕的时候，他意识到了这一点；当柏拉图把对理念的沉思同让灵魂脱离对象的有形内容联系起来时，又同让灵魂潜入自己的深处联系起来以便发现事物的'起源'时，他也意识到了这一点。另外，当胡塞尔把观念的认识同'现象学的化约'联系起来时，他的意思也与此相同——现象学的化约就是把世界中的客体之实存的种种（偶然的）共同起作用的东西'划掉'，或者'放在括号中'，以便达到它们的'本质'。"④这当然并不涉及任何对某种"观念论"或者对某种"实在论"的偏好。正相反，这不过是坚持认为，人只有在背离混乱地和无形式地给予他的种种事物的时候，只有**凭借**首先赋予它们以形式和意义，才能够成为肯定的。因此，现象学并不是一种反思地设计出来的方法，而只是人的本真的生命活动，它既不在于让自

675

---

① Chesterton, *The Everlasting Man*, III; Hofmann, *Religioses Erlebnis*, 4 - 5.

② K. Jaspers, *Allgemeine Psychopathologie*, 1923, 204.

③ 参见本书第 646 页注释。

④ Max Scheler, *Die Stellung des Menschen im Kosmos*, 1928, 63; Heidegger, *Sein und Zeit*, 38.

已迷失在事物之中或**自我**之中,也不在于像神一样翱翔于**客体**之上,或者像动物一样应付客体,而是要采取既非赋予动物也非赋予神的行动——与近如视野的、显现的东西并立,并理解它们。

D. 对显现的东西进行观察,意味着对已经观察到的东西进行**澄清**:属于同一秩序的一切应该连接起来,而类型不同的东西应该分开。然而,这些区分肯定不应该凭借诉诸因果关联来决定,因果关联在此的意思是 A 由 B 产生,而 C 的根源同 D 有关系。决定这些区分的方法,仅仅是运用那些结构性的关系,多多少少就像风景画家把一组一组的对象连接起来,或者彼此分开。换言之,这种并列不应该成为外在化,而应该成为结构性的连接;[①]而这就意味着,我们寻求的是理性类型的相互关系,然后又努力把这种关系安排到某种更宽广的意义整体之中,等等。[②]

E. 所有这些活动同时放在一起来看,就构成了真正的**理解**:那混乱而又难以对付的"实在"于是变成了一种表现,一种启示。经验的、本体的或形而上的**事实**变成了一种资料;对象变成了活生生的语言;死板的僵硬变成了明显的表达。[③]"关于心智的种种科学,其基础乃是经验、表达和理解之间的种种关系":[④]按我的理解,这意味着那难以触及的经验本身不能够被领悟,也不能够被把握,但是,它向我们展现了某种东西,即一种显现:它说出了某种东西,即一种言语。因此,科学的目标就是理解这种逻各斯;从本质上说,科学就是解释学。[⑤]

在此,正如我们现在的情况那样,当我们关注的是历史研究领域的时候,这似乎就会是这样一个阶段,在这个阶段历史方面的怀疑论威胁着闯入了我们的研究,使得对遥远时代和地区的理解对我们成为不可能。对此我们可以回答说:我们早已准备承认,我们不可能**知道**什么,

---

① Binswanger,前引书,第 302 页;Jaspers, *Psychopathologie*, 18, 35。
② Spranger, *Lebensformen*, 11.
③ Heidegger,前引书,第 37 页。Dilthey,前引书,VIII,第 71,86 页。
④ Dilthey,同上,第 131 页。
⑤ 进一步参看 Binswanger,前引书,第 244,288 页。

而且我们进一步承认，也许我们理解得也很少；然而，在另一方面，要理 676
解第一王朝时期的埃及人，并不比理解我们最近的邻居会更加困难。
当然，要理解第一王朝时期的那些纪念碑有很大的困难，但是，作为一
种表达，作为一种人类的陈述，它们绝不比我的同事写的东西更难懂。
确实，在这一方面，历史学家可以像心理治疗专家学习："如果我们对一
则古代的神话或一个埃及人的头感到惊讶，我们面对它时怀着这样的
信念，即，尽管它离我们无限遥远而难以到达，还是有某种东西按我们
自己的经验来说是可以理解的，正如我们惊讶于某种心理病理过程或
某种反常人格的时候一样，我们至少还是有比较深入地去理解观察的
可能性，也许还有达到某种生动再现的可能性……"[①]

　　F. 但是，如果现象学要完成自身的任务，它就必然需要某种不断
的矫正，依靠那种最有良知的语言学和考古学的研究来进行矫正。因
此，它总是必须准备好面对种种实质性的事实，尽管对这些事实本身的
实际把握不能够离开解释，就是说，不能够离开现象学；每一种释经，每
一种翻译，其实还有每一次阅读，都已经是解释学。但是比起纯粹现象
学的解释学来，这种纯粹语言上的解释学都有一种比较有限的目标。
因为它首先关注的是文本，然后才关注其中蕴含的具体内容这一意义
上的事实，关注可以用其他的说法来翻译的东西。这当然就使得意义
成为必须，不过那仅仅是比现象学的理解要更加表面和更加宽泛的意
义。[②] 但是，只要现象学理解脱离了语言学和考古学解释的控制，它就
会变成纯粹的艺术或空洞的幻想。[③]

　　G. 总而言之，这全部的显然是十分复杂的过程，其最终的目标不
过是纯粹的客观性。现象学的目标不是事物，更不是其相互的关联，更
不是"事物本身"。它想要得到的是通向事物本身的途径；[④]而为了这

---

① Jaspers, *Psychopathologie*, 404；Usener, *Götternamen*, 62.
② Spranger 在其对圣经文本更加深入的各种意义的比较中，对此提供了一个杰出的范例；*Einheit der Psychologie*，第 180 页以下。
③ Wach, *Religionswissenschaft*, 117。Van der Leeuw，前引书，随处。
④ Heidegger，前引书，第 34 页。

一点，它就需要一种意义，因为它不可能按自己的意愿去体验事实。然而，这种意义是纯粹客观的：所有的暴力不论是经验的、逻辑的还是形而上的，都要被排除掉。现象学看待每一个事件的方式，完全同兰克（Ranke）看待每一个时代那样，即视之为"处于同上帝的直接关联之中"，因此，"其价值在任何程度上都并不依赖于其所产生的任何结果，而是依赖于其实存本身，依赖于其自身"。① 现象学同现代思想保持着距离，现代思想会教导我们"把这个世界视为尚未成形的质料，我们首先必须使之成形，而且自己要作为世界的主人而行动"。② 事实上，现象学只有唯一的一个愿望：即为已经展现给它的东西**作见证**。③ 它能够做到这一点，仅仅是依靠间接的方法，依靠对于事件的第二手经验，依靠一种彻底的重构；而且它必须从这条道路上清除许多障碍。我们不可能面对面地观看。然而，即使在镜子中，也可以观察到许多东西；而且，谈论所看到的东西是可能的。

① L. von Ranke, *Weltgeschichte*, VIII, 1921, 177.

② E. Brunner, *Gott und Mensch*, 1930, 40.

③ W. J. Aalders, *Wetenschap als Getuigenis*, 1930.

第 108 章 / 宗教

1. 我们可以努力从一个平面,从处于中心位置的我们自身去理解宗教;我们也可以理解宗教的本质如何只能自上而下,即以上帝为开端去把握。换言之,我们可以——用前面已经指明的方式——把宗教作为可理解的体验来观察,或者,我们也可以承认它有那种不可理解的启示的地位。因为对现象的体验属于对它的重新建构。而启示却不属于"重新建构";但是人对启示的回答,人对所启示的东西的肯定,也是一种现象,而关于启示自身的结论,则可以从这种现象中间接地得出。

按照这两种方法去思考,宗教便意味着人并非简单地接受给予他的生命。人在生命中追求**力量**;如果他没有找到这种力量,或者没有达到让自己满意的程度,那么他就会努力吸取自己所相信的那种力量,注入自己的生命。他努力去拔高生命,提高它的价值,为生命获得某种更深更广的意义。然而,在这样做的时候,我们发现我们自己站在地平线上;宗教是生命向其极限的延伸。信仰宗教的人渴望更丰富、更深刻、更宽广的生命,他们为自己而向往那种力量。[①] 换言之,人在其生命之中或生命周围寻求着某种高于自身的东西,无论他只是希望利用它还是崇拜它。

不仅接受生命,而且在生命中有所要求——即对力量之要求——的人,努力要在生命中发现某种意义。他将生命安置在一个有意义的整体之中,于是文化产生了。对于给定的纷繁多样的事物,他似乎抛出

---

① 由此可见,宗教与文化之间存在着本质的统一,说到底,一切文化都是宗教性的;而且从平面的角度看,一切宗教都是文化。

了自己有条不紊地编织起来的网,这张网显现出来各种不同的设计:那是艺术、习俗、经济等等的产物。他用石头为自己塑造形象,靠直觉制定出戒律,把荒野开垦为耕地;靠着这些他发展了力量。然而他从来不停歇;他更进一步地探索着不断加深变宽的意义。当他意识到花儿很美丽并会结果时,他还会去探究其更丰富的、终极的**意义**;当他认识到他的妻子不仅美丽、能干而且生儿育女时,当他意识他必须尊重另一个男人的妻子,正如他要自己的妻子得到尊重一样时,他便更进一步地探究,寻问她的最终意义,于是,他发现了花朵和女人的秘密,而且并由此发现了他们的宗教意义。

因此,事物的宗教意义就是,在它之上,已经不可能有任何更深刻、更宽广的意义了。那是整体的意义,那是最后的话语。但是,这种意义绝没有都被理解,这最后的话语绝没有完全说出,它们总是保留着超越的地位,终极意义是一种奥秘,它反复地揭示自身,然而,又总是保持永恒的隐匿。它意味着向最遥远的边界前进的一步,在那里,只有这样一个唯一的事实可以被理解,那就是:一切领悟都是"超越",因此,终极意义同时也是意义的边界。[①]

于是,宗教性的人投入了通向无限权力、完全理解和终极意义的道路。为了支配生命,他不得不去领会生命。当他了解了土壤时,是为了使它肥沃,当他知道如何跟踪野兽的足迹时,是为了能够制服它们,所以他决心去理解这个世界,以便征服它。因此他不断地追求新的优势,直到最终他可以站在最前沿,并且意识到他永远不能获得终极的优势,相反,终极的优势却以一种不可理解的、神秘的方式临到他身上。所以,宗教的地平线是很类似于圣克利斯托夫的道路的,圣克利斯托夫寻找他的老师,最后也找到了自己。

2. 但是也有一条纵向的道路:从下往上又从上往下。然而这一条道路与前一条道路不同,它不是一条在前沿面前穿过的体验。它是一

———————————

① Spranger,前引书,随处。

种启示,来自超越前沿的地方。平面的道路是这样一种体验,这种体验肯定有启示的一点痕迹或者遗迹,[①]但是它却不可能达到启示。另一方面,纵向的道路是启示,它绝不可被完全地体验到,尽管它分有了体验。[②] 第一条道路当然不是有形的,却是更加可理解的现象。第二条道路根本不是现象,不可达到亦不可理解,因此,我们从现象学的角度从它那里可以获取的,只是它在体验中的反映。我们绝不可能凭借任何纯理性的能力去理解上帝的话语,我们能够理解的,只是我们自己的回答,在这个意义上,我们拥有的财富确实只在泥土的器皿中。

680

在生命中寻求力量的人并未达到这一前沿,但是他意识到他已被移到了某个陌生的地方。因此,他不仅达到了无限遥远之前景向他揭示的地方,而且他也认识到,当他仍在途中时,他无时无刻不被种种精彩的遥远的东西所包围。他不仅清楚地意识到超越者,而且也被它直接地把握。他不只是**远远地**看到了上帝的宝座,而且预先会有一种欣喜,但是他也意识到**那个**地方是令人敬畏的,因为它是"上帝之家",天堂之门。也许天使们会降临他的栖身之处,也许魔鬼们会挤满他的羊肠小道。但是他相当肯定地知道,**某种东西与他在路上相遇了**。也许是那个走在前面为他平安领路的天使,也许是那个带着闪亮的宝剑在路上阻止他的天使。但是完全可以肯定的是,有某种陌生的东西穿越过了他追求自己力量的道路。

而且,正是由于在人自己道路的延伸中并未发现这种陌生的因素,因此它没有任何名字。奥托建议称之为"神秘者"(numinous),也许是因为这个词根本就没说出任何东西,而且,这个陌生的因素只能通过否定的方式才能够触及,在此,又是奥托发现了这个正确的术语,命名为"完全相异者"(the Wholly Other)。然而,正因为如此,宗教自身已经发明了"神圣"这个词。[③] 德语中这个术语出自 Heil 即"有力";闪语和

---

① Ahnung:参见本书第 48 页注释。
② 参见本书第 67 章。
③ 参见本书第 4 章,第 11 章第 1 节,以及 Otto, *The Ideal of the Holy*,随处。

拉丁语中的这个术语,以及原始人的塔布一语,都有"分离""置于一边"的这一基本含义。如果把上述意思都加在一起,它们便为在所有宗教体验中出现的东西提供了一种描述:**陌生的、"完全相异的"、进入生命中的力量。**人对它的态度,首先是**惊异**,[①]最终是**信仰**。

3. 总之,人类力量的局限和神圣性的发端,共同构成了在一切时代的宗教中被追求被发现的目标——**拯救**。它可以是生命的增进、进步、美化、扩大与深化;"拯救"一词还可以意味着全新的生命,对过去之一切的否定,已从"其他地方"接收的对生命之新创造。不过无论如何,宗教总是被导向拯救,而不是导向被给定的生命;在这方面,一切宗教都毫无例外地是救助的宗教。[②]

---

① Otto.

② Hofmann, *Das religiöse Erlebnis*,第 12 页以下。

第 109 章 / 宗教现象学

1. 现象学是对显现的东西的系统讨论。然而,宗教乃是一种避开了我们的观察的终极体验,是一种本质上是而且一直都是被隐蔽的启示。但是,我怎么能去讨论如此难以捉摸并隐而不显的东西呢? 如果没有任何现象,我怎么能够从事现象学呢? 甚至,我怎么能够谈论什么"关于宗教的现象学"呢?

十分显然,在此存在着一种二律背反,这种二律背反肯定对于一切宗教来说是基本的,但是对于一切理解来说也是基本的;的确,恰恰是由于对宗教和对理解**二者**来说都是如此,我们的这门学科才成为可能。毫无疑问,说信仰同理智的悬搁[1]并不相互排斥,这是十分正确的。也可以进一步说,连天主教会都承认一种来自沉思的双重规律,一方面是纯粹理性的,另一方面又完全与信仰一致;同时,像普茨瓦拉(Przywara)这种天主教徒也会希望从哲学中排除任何护教的附带目标,又努力地坚持所谓"悬搁"。[2] 与此同时,人们也不得不承认,所有这些反思是一种困扰的结果。因为说到底,以玄想的方式去面对这样一种事件是完全不可能的,这种事件一方面是一种终极的体验,另一方面又表现在深刻的情感激动之中,表现在纯粹在理智上有限制的态度中。离开了关注于实在的实存的态度,我们永远不可能认识宗教或信仰的任何东西。以这样一种理智的悬搁为前提,这在方法论上肯定会是明智的和有用的;这也会是一种权宜之计,因为简单的偏见或先入之

---

① 参见本书第 646 页注释。
② *Die Prpblematik der Neuscholastik*, Kantstudien 33, 1928.

见总会十分容易地导向这样一种处境，在那里只有这样一种实存的态度才会站得住脚。不过，我们还得问，仅仅凭着从远处进行沉思的观察，我们怎么能够理解宗教生活呢？确实，我们怎么能够理解那原则上完全避开了我们的理解的东西呢？

现在我们已经发现，不仅是对宗教的理解，而且**所有的理解**都毫无例外，最终会达到那样一个边界，在那里，它会失掉自己本来的名称，而只能被称为"变得理解"了。换句话说，悟性越深地进入任何事件，越好地"理解"它，对于正在理解的心智来说，这一点就变得越清楚：理解的终极基础并不在理解自身之中，而在于某种"相异的东西"，理解靠着它从那前沿之外得到了领悟。确实，没有这种绝对有效和决定性的理解，就根本不会有任何理解。因为，一切向"那一基础"延伸的理解都会暂停是理解，然后才能达到那一基础，才会意识到自己只是"变成被理解"。换一种说法：不论指向的对象是什么，一切理解从终极上说都是宗教性的———切意义或迟或早都导向终极的意义。正如斯普兰格（Spranger）所说的："就所有的理解总是指向整体的人，而且事实上是在整体的世界条件中得到最终的完成而言，它们有着一种宗教的因素……我们是在上帝之中相互理解的。"[①]

前面关于宗教中的平面角度所说的东西，也可以翻译成垂直角度的语言。而且，所有的理解说到底都是"变成被理解"，这里的意思是，说到底所有的爱都是"变成被爱"；一切人类之爱都仅仅是对于赋予我们的爱的回应。"不是我们爱神，乃是神爱我们……我们爱，因为神先爱我们。"[②]

事实上，理解本身是以理智之局限为前提的。但是，这绝不是那种冷血的旁观者的态度：正相反，这是爱者对于被爱的对象的怀着爱心的凝视。因为，一切理解都依赖于自我付出的爱。如果不是这样，那么，

---

① *Lebensformen*, 418.
② 《约翰一书》4：10,19。

不仅关于在宗教中显现的东西的所有讨论,而且关于一般现象的所有讨论,都会变得完全不可能;因为对于那不爱的人来说,没有任何东西是表现出来的;这是基督徒的体验,也是柏拉图主义者的体验。

因此,我不会作毫无结果的预言,也不会把现象学转变为神学。我也不想肯定,一切领悟奠基于其上的信仰同作为信仰本身的宗教竟自是同一的。但是,"只同意说神学要紧紧根据其内容跟在哲学(就我的目的而言应该读成'现象学')后面是不够的,因为基本的问题乃是方法的问题,所关注的是哲学(这里又应该读为'现象学')考虑到明显的材料而声称的合理性,还要关注的是把信仰作为神学的方法基础而归结到那些材料是不可能的。换句话说:问题变成了什么是明显的证据。"① 而且,我已经同普茨瓦拉一样,准备去探索依然存在于信仰和显然的资料之间的密切关系,所依据的是这样一个事实,即,那些资料所提供的证据在本质上乃是一种"为启示而作的准备"。②

2. 这样一些词语,如宗教史学、宗教科学、比较宗教史、宗教心理学、宗教哲学的使用,以及与此其他类似的词语,依然是十分松散的、不精确的;而这不仅仅是一种形式上的缺陷,而且也是一种实践上的缺陷。③ 确实,与宗教有关的各门科学(这里使用此词是在其最宽泛的意义上)的不同分支学科不可能相互独立地存在;事实上,它们需要持续的相互帮助。但是,只要看不见自己研究的局限,很多本质的东西就会丧失。宗教史学、宗教哲学、宗教心理学、(居然还有!)神学都是一些严厉的女主人,她们很乐意让仆人们从她们准备好的马轭下通过;宗教现象学则不仅希望使自己同她们区分开来,而且如果可能的话,还希望教她们自我限制!因此,我首先要指出,宗教现象学不是什么,而且在其他学科的特征和运用方面,有哪些东西不适合于宗教现象学自身的本质特征。

---

① Przywara,同前引书,第 92 页。
② 同上书,第 95 页。
③ Wach, *Religionswissenchaft*, 12.

　　所以,宗教现象学不是宗教诗学;这样说一点都不多余,因为我已经很明白地谈到过对于理想类型的有结构的体验具有诗歌的特征。在这个意义上,我们也就可以理解亚里士多德的这一断言:历史学家叙述已经发生的事情,而诗人则重述在任何给定的环境中可能发生的事情;因此,诗歌是一项哲学的事务,比历史具有更多的严肃内涵;[1]在一切枯燥的历史主义和纯粹的编年史的对照下,这一点永远应该记住。同样不应该忘记的是,"艺术像科学一样是研究,而科学也像艺术一样是形式只创造"。[2] 但是在任何情况下,诗歌与科学之间都有明显的区分,这一点在两者的方法中从头到尾都会让人注意到:所以,现象学家在自己的工作中肯定离不开对象;若不是不断地面对被给定者的混沌,若不是一遍又一遍地用事实来进行矫正,他就不能进行工作;另一方面,尽管艺术家肯定要从对象出发,但他却并非不可分离地与对象连在一起。换言之,诗人不需要知道特定的语言,也不需要研究各个时代的历史;即使是写作所谓历史小说的诗人也不需要这样做。为了解释一则神话,他可能会完全改造它,就像(比如说)瓦格纳对日耳曼和凯尔特英雄史诗的处理那样。在这里,现象学家体验到了自身的局限,因为他的道路总是位于历史世界之无形式的混沌同其对形式的有结构的天赋之间。他的整个生命都在这边和那边之间摇摆。而诗人却是一往直前。

　　第二,宗教现象学不是宗教史学。不采纳某种现象学观点,历史学就肯定说不出一个字来;即使是对一个文本的翻译或编辑,离开解释学也不可能完成。另一方面,现象学家也只能靠历史材料来工作,因为他在能够承担起解释的任务之前,必须知道有什么文件可以使用,那些文件的性质是什么。因此,历史学家和现象学家是在一种尽可能密切的关系之中工作的;在大多数情况下,二者事实上是结合在同一个**单个的**

---

① *Poetics*,第 9 章。
② E. Utitz, *Ästhetik*, 1923, 18.

研究者身上的。尽管如此,历史学家的任务在本质上不同于现象学家的任务,而且追求的是另外一些目标。^① 对历史学家而言,每一件事物首先要被引向确立那实际上已经发生的东西;而在这一方面,除非他理解了,否则他就不可能成功。但是,当他没有理解的时候,他也必须去描述他所发现的东西,即使他还只停留在纯粹编目的阶段。但是,当现象学家停止理解时,他就再也没有什么可说了。他到处走来走去;历史学家当然也走来走去,但更经常地站着不动,常常保持安静状态。如果他是一个差劲的历史学家,这只能归因于懒惰或无能;但假如他是一个聪明的历史学家,那么他的暂停就意味着一种十分必要和值得赞赏的退隐。

　　第三,宗教现象学不是宗教心理学。当然,现代心理学呈现为如此之多的形式,以至于要在别的主题方面界定它的边界都变得困难了。^②但是,现象学并不等同于经验的心理学,这一点应该是足够明显的,尽管要把它同关于形式和结构的心理学区分开来要困难一些。虽然如此,各种各样的心理学都只关注于心理的东西,这也许就是它们的共同特点。相应地,宗教心理学努力要理解宗教的心理方面。因此,就一切宗教性的东西所表现和涉及的心理的东西而言,现象学和心理学是有一种共同的任务。不过,在宗教中呈现出来的远远不止是心理的东西:参与宗教并在其中活跃,而且又受宗教影响的,是整体的人。所以,在这个领域,心理学能够展现其能力的条件仅仅是,它能够上升到一般的关于精神的科学(当然是在其哲学意义上)之层次,我们应该说这种情况并不少见。然而,如果我们要把心理学限制于其自身适当的对象,那么就可以说:宗教现象学是在整个宗教生活的领域中,往后走又往前走,但是宗教心理学却只在这个领域的一个部分之上行动。^③

686

---

① 　Wach,同前引书,第 56 页。
② 　Spranger, *Einheit der Psychologie.*
③ 　心理学只纯粹地关注现实的而非历史的经验,因而在此有一种局限,这一点显然有时不会被认可;没有心理学,我们就不能够讨论历史。参见 Spranger, *Einheit der Psychologie*, 184。

第四，宗教现象学不是宗教哲学，尽管它会被认为是对后者的准备。因为它是系统的，而且在关注宗教史的特殊学科与关注哲学沉思的特殊学科之间构筑了桥梁。[①] 当然，现象学会导致有哲学和形而上学性质的一些问题，"它本身未被赋予能力去提出这些问题"；[②]而且宗教哲学也不能离开其现象学。宗教哲学已经过于经常地被描述为纯粹只从"基督教"出发，就是说是从十九世纪的西欧的立场出发，甚或是从十八世纪末的人文主义的自然神论出发。但是，任何人想要对宗教进行哲学思考，就必须了解自己所关注的东西；它不应该假定这是不言自明的。尽管如此，宗教哲学家的目的还是相当不同的；虽然他肯定必须认识到宗教问题是些什么，但他还必须考虑其他的一些问题；他希望借助于"精神"的辩证运动来推动他已经发现的东西。他的前进也会在各种不同的方向上，只是并不在现象学的意义上；正相反，那是在"精神"的内部发生的。的确，每一个哲学家都在内心拥有上帝的某种东西：他似乎应该在自己的内在生命中去搅动这个世界。但是，现象学家却不应该对于任何与上帝类似的观念仅仅感到害怕：他必须把这作为同自己的学科的精神本身相反的罪过而努力加以避免。

最后，宗教现象学不是神学。因为神学与哲学一样宣称要追求真理，而在这一方面，现象学实行的却是理智上的悬搁。然而，二者的对照位于比这更深的层次。[③] 神学讨论的并不仅仅是可能通向上帝的平面路线，也不仅仅是从上帝下降和向上帝上升的垂直路线。神学谈论的是上帝本身。然而在现象学看来，上帝既不是主体也不是客体；要成为主体或者客体，他就必须是一种现象——就是说，他就必须显现。但是上帝并不显现：至少并不以我们能够理解并谈论他的方式显现。如果他确实显现，他也是以一种完全不同的方式显现，那种方法所导致的并不是可以理解的语言，而是一种宣告；而神学要讨论的正是这一点。

---

① Wach, *Verstehen* I, 12.
② Wach, *Rel. wiss*, 131.
③ 参见本书第 646 页注释。

它也有这样一种"向这边又向那边"的途径；可是这种"向这边又向那边"并不是给定的东西和对之进行的解释，而是隐蔽与启示，天上与地上，也许还是天上、地上和地狱。然而关于天上和地狱，现象学一无所知；它是在地上的家园里面，尽管它同时是靠着对于超越的爱而维持下来的。

3. 按照我们在第107章中所说的，宗教现象学首先必须分派名称：献祭、祈祷、拯救、神话，等等。用这样一种方式，它是诉诸各种各样的现象。其次，它必须把这些现象插入自己的生命之中，并且系统地加以体验。第三，它必须退到一边去，并努力观察所显现的东西，同时采取某种理智上悬搁的态度。第四，它要努力澄清它所看见的东西，并且再一次（把前面的各种活动结合起来）努力去理解已经显现的东西。最后，它必须面对混沌的"实在"，及其未经解释过的迹象，并最终为它已经理解的东西作见证。尽管如此，所有那些自身可能是极其有趣的各种各样的问题，在此都必须加以排除。因此，现象学不去了解任何关于宗教的历史"发展"，[①]更不去了解宗教的"起源"。[②] 它的永远的任务是要摆脱每一种非现象学的立场，并保持自己的自由，与此同时，还要保持这种立场那不可估量的价值永远常新。[③]

因此，克尔凯郭尔对心理观察者那令人印象深刻的描述，可以为我们所用，不是作为一种规则，甚至不是作为一种理想，而是作为一种永远的责备："正如心理研究者必须拥有一种比走钢丝者更大的柔软性，从而能够在人们心中确立自己的地位并模仿他们的气质倾向；正如他在密切接触时的沉默安静必须在某种程度上具有诱惑力和热情，从而使约谈能够悄然地顺利进行，在这种能够不被注意到的巧妙人为的气氛中达到轻松的感受，就仿佛是在独白中那样：同样地，他必须在灵魂

---

① Wach, *Rel. wiss*, 82.
② Th. de Laguna, "The Sociological Method of Durkheim", *Phil. Rev.* 29, 1920, 224. E. Troeltsch, *Gesammelte Schriften*, II, 1913, 490.
③ Jaspers, *Allgemeine Psychopathologie*, 36.

深处具有这样一种诗人般的原创性,这样就能够从那**个体**(individuum)
只是在支离破碎和不规则性的条件下呈现的东西中,构建出整体性和有
序性。"①

① *Begrebet Angest* (*The Concept of Dread*), *Saml. Vaerker*, IV, 1923, 360.

第110章 / 现象学研究的历史

1. 宗教现象学的历史是很短的。宗教史是一个年轻的研究领域，而宗教现象学更只是处于童年时期，系统的研究只能追溯到向特比进行研究的那些日子。但是首先，只有当现象学被人们运用（无论称它为什么）时，才说得上其历史已经开始；第二，在宗教史学发展的最丰富多彩的那些阶段，已经产生了进行现象学模式的思考的不同方法，这两种情况使我们可以把现象学的发展追溯到比较早的阶段。而这一点，通过讨论宗教史学发展的一些突出时期，我们很容易明白这一点。这些时期有：

A. 启蒙时期的宗教史学。十八世纪百科全书派的兴趣针对许多话题，其中也有宗教，各种宗教（常常与启示宗教相对立）被解释为是自然宗教的表达，是关于上帝、不朽与德行等内在观念的形式。因此，许多人对中国产生了巨大的热情，认为在中国这一切都是存在的！当然结果是，宽容思想开始张扬，教士的欺骗和对权力的渴望，固执和虚伪受到谴责，未必没有暗指基督教。在这种情况下，哥廷根大学的宗教研究者迈纳斯（Meiners）的工作对我们的目的而言，就非常重要。[1] 就我所知，他是第一个有体系的现象学家。他不仅努力进行了分类，对各种名称做了大量的定位工作，挨个地讨论了拜物教、对死者、星辰、偶像的崇拜，祭祀、洁净、斋戒、禁食、祈祷、节日、葬礼习俗等，而且他的整个态度大体上也是现象学的态度。他希望发现宗教中什么是本质的东西，

---

① 但是关于一位法国的先驱者，可以参见 Rene Maurier，其 *Benjamin Constant，historien des Sociétés ex des Religions*，*RHR*，102，1930。

在做这项工作时,他并未在由于异教徒与基督教徒的对立造成的边界上止步不前:"所有宗教都可能具有他们想要的许多独有特征;然而,每种宗教在更多的方面而不是只在与其他宗教不同的方面,都同其他宗教类似。"[①]在他看来,宗教的一般历史是无形式的,因此他着手去寻求某些"因素":"由于描述包括所有宗教在内的一系列历史是不现实的,或者至少是不可取的,因此,宗教史家能做的就只是把已知的宗教,尤其是多神教,分解为各种因素,然后再观察古代与现代的种种流行宗教的每个基本因素在过去或现在是如何构成的。"[②]他比较了各种宗教,考虑到它们之间的亲缘关系或它们之间的不同;[③]他首先探索一种我会称为结构秩序的"和谐",凭借这种秩序,特定的概念才能够带来特定的崇拜模式等等,直到走向成熟;一种"类比"或和谐,通过它,不同的方面可以相互适应,或者相互一致。认识到某种类型的神的不同民族,必然以一定的方式崇拜它们,反之亦然。而"具有某些关于更有力的存在者以及对它们的崇拜的特定观念的各民族,必然会接受某种祭司和巫司",等等。[④] 当然,比较细微的区别也是存在的:一个民族信仰的是多神或者一神,这本身并不能证明什么,如果以多神教的方式崇拜一个神,那么这种一神教就不是真正的、正宗的一神教。[⑤]

B. 浪漫主义时期的宗教史学以更多地提及宗教之现象方面为特征。哲学的浪漫主义力图通过思考各种特殊的宗教表现,例如原初启示的种种象征,来努力理解宗教史的意义。例如,克罗伊策(Creuzer)将神话和传奇解释为"一种原初的和一般的母语的表现方法"。为了这个目的,他采用了一种特殊的"神话学的统觉",这种统觉很有意义,因

---

① Meiners, *Allgemeine kritische Geschichte der Religionen*, I, 1.
② Meiners, 同上书,I,2。
③ Meiners, 同上书,II,129。
④ 同上书,II,VI。
⑤ 同上书,II,VI。又参见 H. Wenzel, *Christoph Meiners als Religionshistoriker*, 1917。

为它意味着要虔诚地沉浸到宗教史的种种材料之中。[1] 黑格尔以一种完全不同的方式，力图使各种宗教说出理性的语言，以便在绝对精神的永恒辩证中吸收历史的差异。因此，现象学是"精神的现象学"，它把认知的发展描述为首先以直接的精神形式出现（那只是缺乏精神的纯粹感官意识），然后肯定地向绝对精神迈进。[2] 在此，重要的特征是，显现的东西不仅是人呈现的模式（像在康德看来那样），而是绝对精神的表现，把绝对精神作为主体来展示，这是黑格尔哲学的持久的任务。于是，现象就成了绝对精神在某种特定环境中的永恒辩证运动的显现，而宗教所占有的是绝对知识之前的最后位置。它是有限精神与绝对精神在观念形式中的关系。黑格尔是第一个足够认真地探讨了历史，包括宗教史的哲学家：绝对精神正如其被理解的一样，在历史中有其生命。**现象学的**这一结论，对整个历史而言依然极其富于成果，对整个哲学而言依然十分典型："（精神形式的）保存，从它们以偶然形式出现的自由生存的一面来看，就是**历史**；从被理智地理解的组织化一面来看，它是关于知识出现的方式的**科学**。二者加在一起，即理智地理解了的历史，同时构成了记忆，以及绝对精神的各各他，[3]即其宝座的实在性、真实性和肯定性，没有这一切，它便是无生命的、孤立的、寂寞的。

> 只有所有精神这个领地的圣餐杯，
> 向着上帝自己的无限性泛起酒的泡沫。"[4]

　　人的精神与绝对精神的这种合一的结果是，黑格尔的现象学不仅提供了一种关于认知的理论和关于历史的哲学，而且还提供了关于理

---

[1]　Q. Gruppe, *Geschichte der klassischen Mythologie und Religionsgeschichte*, 1921，第 126 页以下。十分明智的是，应该象格鲁伯如此令人佩服地研究古典时期那样，用同样的方法研究宗教史的其他方面。

[2]　Hegel, *The Phenomenology of Mind*, 85, 88.

[3]　各各他（Golgotha），耶稣被钉死的地方。——译者

[4]　Hegel，前引书，第 808 页。

解的心理学。[1]

再者,在浪漫主义之中,与这个研究的分支学科有关联的另外两个非常重要的名字,是赫尔德与施莱尔马赫。赫尔德是第一个理解"民族之声"的人,也是第一个认为历史是一种体验,而历史的写作是"移情艺术"的人。[2] 他也是第一个把宗教语言解释为诗歌因而就是人类实际上的母语的人。[3] 然而,施莱尔马赫却希望把宗教仅仅简单地理解为宗教,他否定了从形而上或道德的兴趣引出的一切派生物,而且以这种方式,他摧毁了启蒙时代的力量,他也通过把无生命的"自然宗教"扫进杂物间,抵制了启蒙时代的那种力量。

692

C. 在浪漫主义语言学时期,宗教史学首先代表着对浪漫主义的反应,因为它用对原始材料的精确研究代替了自由自在的沉思。然而,就其希望把宗教理解为人类思考之普遍模式的表达而言,它仍然是浪漫主义的;以前在赫尔德与施莱尔马赫那里隐而不显的原初启示与人类天性之间的冲突,在此被以有利于后者的方式得到了解决。语言学和比较语言学都被用来揭示从其统一性方面去考虑的人类思想。于是比较宗教学出现在舞台上,而在盎格鲁—撒克逊国家,这仍然是宗教史的名称。这种与马克斯·缪勒和库恩(Ad. Kuhn)的名字相连的语言学的宗教史学,也是浪漫主义和象征性的,因为它希望把握用宗教概念来象征的自然之生命。然而在宗教史学中,这个时期是成果丰硕的,这要归功于对更为广阔的领域的发现与探索;但是,对于宗教的现象学理解来说,这并不那么重要,因为比较的因素在其他特征中绝不可能多于一个,它被过分地突出,[4]反而阻碍了更深刻地去理解的途径。

D. 浪漫实证主义时期的宗教史学虽然几乎完全是存活在发展原则的咒骂声中,但它一直都是浪漫主义的,在此,宗教也被认为是人类

---

① Fr. Brunstäd, *RGG*, "Hegel".
② 参见本书第 674 页注释。[即中译本第 735 页注释 4。——译者]
③ 参见 van der Leeuw, *Gli dei di Omero*, *SM*. 7, 1931,第 2 页以下。
④ Wach, *Rel. wiss*, 181.

的声音：在宗教中，人类说出了某些东西，但不幸的是他说得并不真实。在那里，原初启示或者变成一种"基本观念"（巴斯蒂［Bastian］语），或者甚至变成了关于人性自身的观念（涂尔干语）。不可否定的是，在这段时期，对宗教史的研究成果是巨大的，它是宗教史学上的巅峰期。然而在这方面，现象学的受益却比较小；从那个时期有意识或无意识的进化论比较来看，这并不奇怪。然而，撇开其巨大的成果来看，这个时期造就了寻求并发现了其他途径的一些人，他们在某种程度上为现象学铺平了道路，而且他们在实际上部分地开创了此学科：我这里说的是赫尔曼·乌泽纳（Hermann Usener）和阿尔布莱西特·迪特利希（Albrecht Dieterich）。乌泽纳关于《宗教形式的理论》把形式的创造视为关键的特征，从现象学角度看这是至关重要的；[1]哈克曼（Hackmann）的《一般的宗教史》我们已经提到过。向特比·德·拉·索萨耶的《宗教史手册》（1887）使他在我们这一学科方面获得了最高的赞誉，在该书中，他不仅第一次提出了"宗教现象学的大纲"，而且力图根据主观的过程去理解宗教的客观现象，并相应地把一个宽广的范围划给了心理学，[2] E. 莱曼（Lehmann）随后出版了《宗教史概要》，此书后来又重写过。[3]

693

E. 现在我可以简洁一些。今天的现象学的地位是过去研究的自然结果。[4] 受到心理学影响的宗教史学，产生了德国的冯特（W. Wundt）和法国的列维-布留尔（L. Levy-Bruhl）的极其重要的著作，这些著作在很大程度上涉及到我们的学科。后来的注意力越来越多地转向了内心，海勒尔（F. Heiler）不仅努力确定了关于宗教的科学方面的心理学研究方向，[5]而且与鲁道夫·奥托（Rudolf Otto）一起，为我们提供了某些这方面的最优秀，最重要的成果。

---

① *Vorträge und Aufsätze*，1914，57 页以下。
② Chantepie，前引书，第一版，I，第 48－49 页。
③ Chantepie，前引书，第四版。
④ 关于从其与现象学的关系来看的宗教史学的历史，可以参见我在 *RGG. Religionsgeschichte* 中的文章。
⑤ *Prayer*，XXiv，XXv.

F. 宗教史学借助于"理解的方法论"而得到了发展,并且在这方面,得到了狄尔泰(W. Dilthey)学派思想的论述,近来还有了一个更加自由的历程。当然,这绝不意味着我们今天才第一次理解了宗教现象,因为 19 世纪在这方面的成就,估计再高也是不过分的,但是现在,我们是有意识地、系统地把这样来理解向我们显现的宗教现象视为自己的目标。在所有的研究者中,瓦赫(J. Wach)和我自己一直在进行方法论的研究,[1]另一方面,或多或少属于现象学类型的《宗教史导论》可以说是一种大丰收,它们和其他的专著一起,清楚地表明了在这方面工作可以富有成果的可能性。尽管如此,对宗教史更多地进行现象学论述,的确还有待于将来;但是我在此不想列举许多名字,而只选出了伟大的纳坦·索德布洛姆的名字。因为,如果没有他对"显现者"精确的洞见和深切而透彻的热爱,我们就不可能在我们的领域中再前进一步;当前的现象学观点清楚地表明了宗教史学在方向上的改变,而这一转变是以
694 这位思想家的名字为其象征的。

2. 但是,宗教现象学比其他任何一种知识领域都更具活力:一旦它停止不前,它就会不再发挥作用。它对于进行修正的无限止的需要,就属于它最深层次的存在;因此,关于这部专论现象学的书,我们可以引用民间故事为它自身也是为我们所说的这句安慰的话:"每一件事都有终结,这本书也一样。但是终结了的每一件事,在其他地方又会重新
695 开始。"

---

[1] 进一步说,还可参见 Max Scheler 的"具体现象学"(concrete phenomenology),*Vom Ewigen im Menschen*, I, 1921, 373。

索引

说明：

1. 下列外语单词，正体的是英语单词，斜体的是非英语（拉丁语、古希腊语、古挪威语等）单词。

2. 冒号前的数字表示"第几章"，冒号后的数字表示"第几节"。若无冒号，单一的数字表示"第几章"。顿号后的数字表示同一章内的节数。例如，"Asylum 避难所 6:2;53:2、3"表示"第 6 章第 2 节;第 53 章第 2、3 节"。

Acclamatio，喝彩 20:3;63:1

Achievement of Power，获得力量（权力），力量（权力）之获得 64:1;65:2;68:4;
    80:2;82;83;84:1;104:1

Action，collective，集体行动 32:2;33:2

Action，sacred，神圣活动，神圣行动 48;49;50;51;52;53;54;67;78:1

Adoration，敬拜 29:3;63:3;68:2;81

Aetiological myth，本原论神话 87:1

After-birth，胞衣，胎盘，胎膜 42:3

Agape，圣爱，参见 Love，爱，爱情，Meals，餐，Repast，餐，宴，食事，食物

Age，时代，参见 Eschatology，末世论

Age of enlightenment，启蒙时代 110:1，参见 History of religion 宗教史

Age-class，Age-grade，Age-group，同一年龄范围内的人们，年龄段，年龄组
    34:2

证人

Masculine and feminine,男性的与女性的 20:2;23:1;29:2

Masks,面具 8:3;26:1;53:1

Mass,弥撒 50:4;52:1;60:1;62:3;64:3

Matriarchal law,母权制律法 10:2

Matriarchate,母权制下的家庭(家族或部族) 23:1,参见 Mother,母亲

Matter,物质,质料 39:1

May King,五朔节王,May Queen,五朔节女王 11:2;12:6

Meal,sacramental,神圣食物 22:6;50;51:2;52:1、2

Meal,sacrificial,献祭食物,供饭 50:1、3、4;51:2;52:1、2

Meaning,意义 87:2;107:1;108:1

Measa,征兆 4:1

Medicine,药 26:2

Medicine-man,巫医 26

Mediator,中介者 85:4;87:5;101:2;106

Meditation,冥想,沉思,坐禅 74:1

Medium of revelation,启示的媒介(方法、手段),灵媒 85

Men's houses,男房,男人的家 34:3;57:3

Messenger of God,上帝的信使 16:2

Metals,金属 5:2

Metaphor,隐喻 58:1;60:1;82:4

Militia sacra,神兵 73:1,参见 Service,服役,服务

Miracle,奇迹,神迹 30:3;85:2、3、4;89:2

Mission,使命,天职,传教 36:3;37:3;93:2、3

Mock battles,假想战 8:3;53:2;66:3,参见 Plays,游戏

Modesty,节制,朴素 10:3;29:1、2、3

Momentary gods,瞬间神 17:2、3

Monastic community,修道团体 34:7

Money,金钱 50:1

中译本后记

读者可能注意到了——本书"导言"最后一行写的是，"改定于开始本书翻译三十周年之际"。

不到七十万字的书，好几个人合作翻译，怎么会用三十年呢？

当然没用这么长的时间翻译。我的意思是，从开始翻译到终于出版，用了整整三十年！

个中甘苦，一言难尽。

1993年，在中国社会科学院世界宗教研究所工作的师宁领了主持翻译此书的任务。与她同在宗教学理论研究室工作的吕大吉先生和我，都有一个夙愿，即在研究室寥寥数人当中，在宗教哲学、宗教人类学、宗教心理学、宗教社会学的研究均有人认领之后，有人能认领宗教现象学的研究，从而让中国的宗教学研究事业，在所有主要分支学科上都能起步。

当时，与我从青年时代即为好友的新同事王六二博士有此意愿，而且自愿承担大部分翻译工作，还有其他工作尚未完成的师宁和我，当然很高兴地把翻译工作交给了他。但他当时翻译经验较少，此书的翻译难度又远远超出意料（仅说其涉及的世界大小民族、原始时代和文明时代的生僻宗教资料之繁杂，以及从古代到现代的语种之多，就令人咋舌），更无奈的是他不久之后远赴异国他乡，回国后也未完成这项工作。于是，我们只好为他初译的小部分译稿寻找校者，并为那未译的"大部分"寻找译者。众所周知，当今社会，要找人接手完成别人未竟的工作，是多么困难的事情。

令我们感恩的是,师宁在进行原计划由她完成的那部分翻译工作的同时,经过一段时间的寻索、洽谈,终于有两位好友挺身而出、知难而上——一位也是多年老友,先在世界宗教研究所工作,后任中国社会科学出版社副总编,转任贵州大学出版社社长兼总编,翻译经验十分丰富的宋立道博士,他在自己时间很紧且工作单位和生活地点均在变动的艰难之中,努力完成了那"大部分"的翻译工作(尽管他精通英语,又懂日语俄语,还是为译此书购置了荷兰语和别的生僻语种的词典);另一位是我们的学生兼朋友曹静博士,她在自己和辞职在家的丈夫面临诸多难题的时候,慨然应允,完成了王六二已译文稿的校对修改,并译出了部分遗留未译的字句、段落和章节。

这样折腾了好几年,初稿勉强完成,但尚未通读校阅。我们尽管一直牵挂于心,却因深陷其他工作而无法抽身应对;再加上多方联系出版无着,只能暂时束之高阁。

直到 2015 年初,师宁已经退休,因受北京三联书店编辑张艳华慨允出版的鼓励,再加上我们有机会在香港道风山任"驻所研究员",于是便利用那里幽静的环境,闭门潜心,通力合作,用整整三个月时间对照原文,对很大一部分译稿做了通读、校对、修改、补漏的工作;回到北京后,又用了近一年的时间对剩余部分做了同样的工作。终于,在 2016 年 2 月我退休前夕,把全书译稿交付北京三联书店,为之牵挂多年的心才稍稍安定下来。

说"稍稍"安定,是因为中国的出版界、读书界都很明白出书之难,作者、译者们岂能不知? 果然,由于种种原因,译稿在三联书店搁置,直到 2020 年还没能出版。不久后,当出版界老友陈卓由于个人原因离开北京入职南京大学出版社,并努力让此书获批出版,我们便理所当然地将校改完毕的书稿交付南大出版社。南京大学既然有 1949 年以后中国大学成立的第一个宗教研究所,又有全国仅有的极少几个名副其实的宗教学系之一,那么,其出版社用这部世界学术名著、宗教现象学奠基之作的中译本来为中国宗教学学科建设做出贡献，便也是理所当然的大好事吧。

　　在这部中译本出版之际，我和师宁一起要感谢的人，首先是前面提到的翻译事务主力、老友宋立道，以及曹静和王六二；还有出版事务主力、老友陈卓，以及最初联系出版的张艳华；还有我们为书中诸多外文难题多次请教的中国人民大学教授雷立柏（Leopold Leeb），为查找书中几处古文出处请教的中国人民大学教授温海明；还有我的两个学生，即做了全书校对的刘锦玲和做了部分校对的刘殿利；当然，南京大学出版社编辑岳清等其他朋友，也为此书的出版做了必不可少的贡献，在此一并致以诚挚的谢意！

何光沪

2023 年 5 月 4 日

图书在版编目(CIP)数据

　　文明破晓时 /（荷）范德莱乌著；高师宁等译. —
南京：南京大学出版社，2023.9
　　书名原文：Religion in Essence and
Manifestation
　　ISBN 978 - 7 - 305 - 26107 - 7

　　Ⅰ．①文… Ⅱ．①范… ②高… Ⅲ．①文化史—世界
—古代 Ⅳ．①K11

　　中国版本图书馆 CIP 数据核字（2022）第 153689 号

出版发行　南京大学出版社
社　　址　南京市汉口路 22 号　　　　邮　编　210093
出 版 人　金鑫荣

书　　名　文明破晓时
著　　者　范德莱乌
译　　者　高师宁　宋立道　曹静　王六二
责任编辑　陈　卓
书籍设计　周伟伟
照　　排　南京南琳图文制作有限公司
印　　刷　南京爱德印刷有限公司
开　　本　635 mm×965 mm　1/16　印张 51.75　字数 817 千
版　　次　2023 年 9 月第 1 版　2023 年 9 月第 1 次印刷
ISBN 978 - 7 - 305 - 26107 - 7
定　　价　168.00 元

电子邮箱　Press@NjupCo.com
网　　址　http：//www. njupco. com
官方微博　http：//weibo. com/njupco
官方微信　njupress
销售热线　025 - 83594756

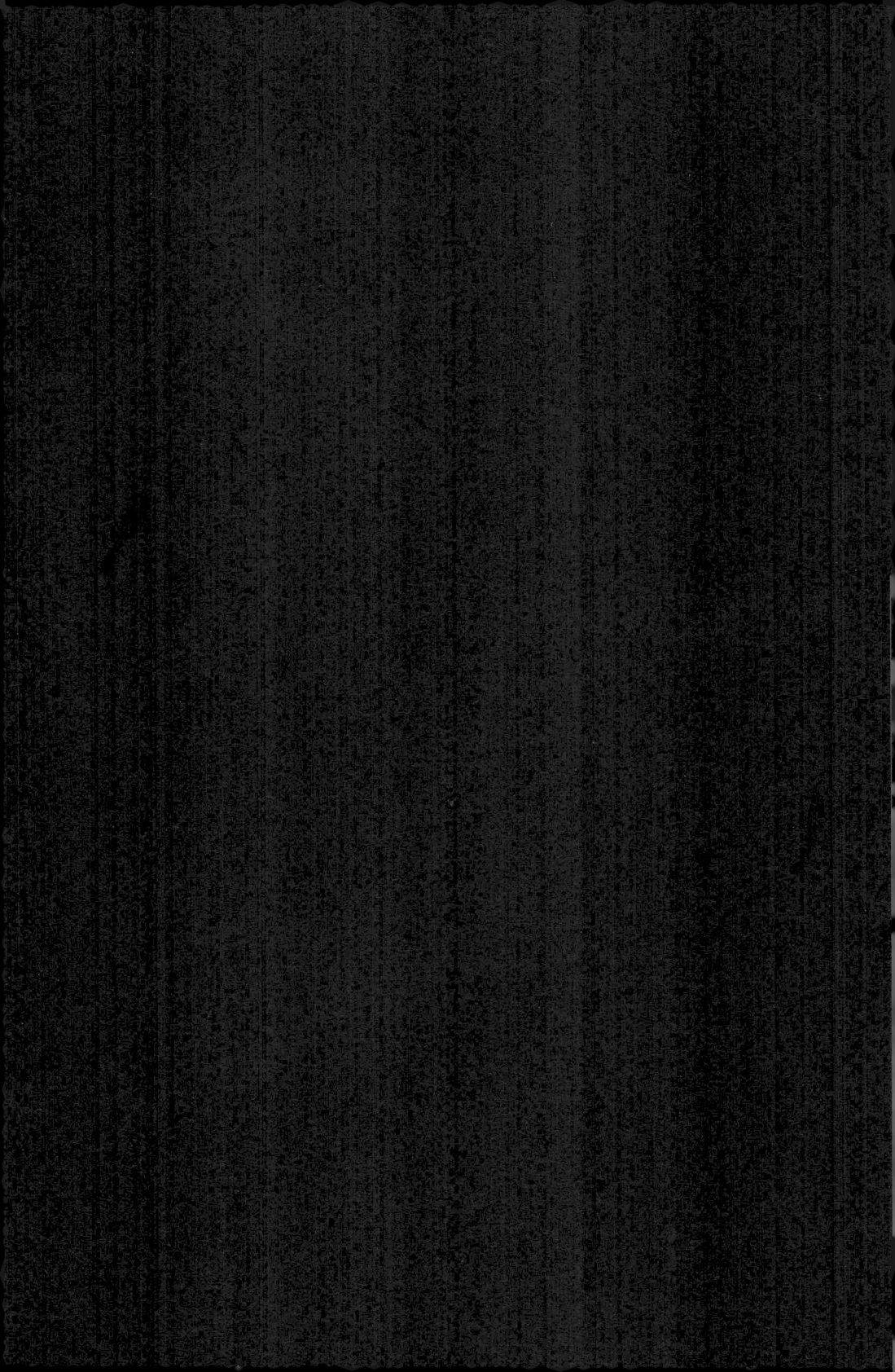